Kaiser Karl
Persönliche Aufzeichnungen, Zeugnisse und Dokumente

Kaiser Karl

Persönliche Aufzeichnungen, Zeugnisse und Dokumente

Herausgegeben von Erich Feigl

Amalthea

Lektorat: Helga Ermacora
Schutzumschlag: Wolf Bachmann unter Verwendung eines Aquarells der Gräfin Stürgkh
Satz: SatzStudio Pfeifer, München-Germering
Druck und Binden: Welsermühl, Wels
Printed in Austria 1984
ISBN 3-85002-179-3

Vorwort des Herausgebers

Wie dieses Buch entstand, läßt sich am kürzesten durch die Tatsache erklären, daß der Autor eine Reihe von Zeugen zur Seite hatte, die teils durch ihre persönliche Aussage, teils durch das Beistellen persönlicher Aufzeichnungen Beteiligter das hier vorgelegte Ergebnis ermöglichten.

In erster Linie ist Ihrer Majestät der Kaiserin und Königin Zita zu danken. Sie stellte die Aufzeichnungen Kaiser Karls zur Verfügung und darüber hinaus ihre »Annotationen«, Bemerkungen, die sie persönlich zu historischen Werken, die Kaiser Karl oder die Geschichte der österreichisch-ungarischen Monarchie betreffen, niederschrieb; auch beim Entstehen dieses Buches ließ sich die Kaiserin fortlaufend über den Werdegang der Arbeit berichten.

Ein zweiter Kronzeuge, besonders hinsichtlich der Aufklärung der Hintergründe des Verbrechens an Kronprinz Rudolf und der weiteren Entwicklung, die zur Ermordung des Erzherzog-Thronfolgers, zum Kriegsausbruch und zu den Friedensversuchen mit Hilfe der Schwäger des Kaisers führte, war Prinz Xavier von Bourbon-Parma.

Alle anderen Dokumente sind im Quellenverzeichnis angeführt.

Es wird in diesem Buch wenig oder kaum berücksichtigt, daß es neben den Friedensversuchen, die Kaiser Karl über seine Schwäger unternahm, noch eine ganze Reihe anderer, wenn auch weniger chancenreicher Unternehmen gab: Jan Smuts (1870–1950), der große südafrikanische Politiker, bemühte sich in diesem Sinne für Österreich-Ungarn, andere Versuche liefen über Schweden, den Vatikan und Holland, über Graf Revertera und Bertha Zuckerkandl; Sonderfriedensversuche gab es auch in Richtung Rußland, wie ja auch der deutsche Bündnispartner immer wieder versuchte, zu einer Verständigung zu kommen. Alles scheiterte dann an dem unerbittlichen, gnadenlosen Durchhaltewahn nationalistischer Politiker, die es auf beiden Seiten gab.

Ich danke herzlich für alle Unterstützung, die mir zuteil wurde, besonders danke ich Herrn Dr. Peter Broucek (Kriegsarchiv Wien) für seine wertvollen Anregungen.

November 1983 Erich Feigl

Prolog

Die Ermordung des Kronprinzen Rudolf

Als Erzherzog Carl Franz Joseph, der spätere Kaiser Karl I. am 17. August 1887 in Persenbeug zur Welt kam, lebte Kronprinz Rudolf noch.

In einem Brief an seinen »politischen Freund«, den Journalisten Moriz Szeps, schreibt Kronprinz Rudolf in jenen Tagen: »... ich bin fort bei Manövern, von früh bis abends zu Pferd; übermorgen ist es aus. Nur für kurze Zeit, dann muß ich wieder nach Siebenbürgen zu den großen Manövern.

In Berlin sucht man Frieden, der Kaiser ist sehr schlecht, der Kronprinz ein halbtoter Mann, Prinz Wilhelm sehr kränklich und nicht als ernster Faktor aufgefaßt; mit Rußland will man sich verständigen; nicht aus Sympathie, sondern aus Schwäche.

Mit uns ist man zärtlicher denn je, nur Rußland gegenüber sehr mißtrauisch. Ich habe viel in den letzten Tagen mit Graf Waldersee, dem eigentlichen jetzigen Moltke, gesprochen und habe nun eine Überzeugung gewonnen: Berlin ist altersschwach. Wo anders ist man aber auch nicht jung. Die ganzen Großmächte sind eine matte Gesellschaft ...

Mit den herzlichsten Grüßen Ihr
Rudolf«

Der Brief umreißt so kurz wie treffend die politische Lage Mitteleuropas im Geburtsjahr Kaiser Karls, 1887:

Kaiser Wilhelm I., jener Hohenzoller, der sich über Drängen Bismarcks nach der Niederlage Frankreichs im Jahre 1871 in Versailles zum deutschen Kaiser hatte krönen lassen, lag, mehr als neunzigjährig, im Sterben. Der Sohn des greisen Kaisers, Friedrich, der sich in den Kämpfen gegen Österreich 1866 und gegen Frankreich 1870/71 so gut bewährt hatte, lag gleichfalls bereits im Sterben ... wohl wurde er 1888 noch deutscher Kaiser, aber schon nach 99 Tagen war seine Herrschaft zu Ende. Kehlkopfkrebs.

Und Wilhelm? Der spätere Kaiser Wilhelm II., der Enkel von Wilhelm I., war zu Recht bereits 1887 »nicht als ernster Faktor aufgefaßt« worden. Was Kronprinz Rudolf damals, im Geburtsjahr Kaiser Karls, noch sehr realistisch vorschwebte, war ein Bündnis Österreich-Ungarns mit Frankreich, nicht mit dem Reiche Bismarcks, das 1866 Österreich zuerst herausgefordert, dann geschlagen hatte.
Eine Annulierung jenes Vertragswerkes, das Österreich seit 1879 so stark an Deutschland band, war das politische Hauptziel Rudolfs ... zugleich mit einer engeren Bindung Österreichs an Frankreich. Es sollte der unerfüllte Traum seines Lebens werden. Er sollte an diesem Traum sogar scheitern.
Wenn nun aus dem Brief des Kronprinzen an Moriz Szeps, damals, 1887, dennoch Stolz und Zuversicht herausklingen, so war das nicht unberechtigt, stand doch die Österreichisch-Ungarische Monarchie damals weit besser da, als viele heute wahrhaben wollen.
Die dynastische Welt der Habsburger und damit Österreich-Ungarns war noch heil, das Staatsgefüge gefestigt.
Kronprinz Rudolf war damals ein strahlend junger Mann von neunundzwanzig Jahren und der Weg zum Thron für den soeben geborenen Erzherzog Karl ebenso fern wie unwahrscheinlich.
Da stand, abgesehen von einer weiteren Vaterschaft des Kronprinzen, die damals durchaus im Bereich des Wahrscheinlichen lag, Erzherzog Karl Ludwig, der Bruder des Kaisers, in der Anwartschaft auf den Thron noch weit vor ihm.

Dann waren da die Söhne des Erzherzogs Karl Ludwig, Franz Ferdinand und auch Otto, der Vater des kleinen »Carl Franz Joseph« ... noch konnte niemand wissen, daß das Schicksal einmal Carl zum Kaiser bestimmen würde.
Noch konnte niemand ahnen, daß die Fäden bereits so gesponnen waren, daß nicht nur Kronprinz Rudolf sich in ihnen verstricken sollte, sondern daß Carl an absolut den nämlichen Umständen, ja bis zu einem hohen Grad sogar an den gleichen Menschen scheitern sollte, die auch den hochbegabten Rudolf zu Fall gebracht hatten: das tödliche Fangnetz hieß Nationalismus, Radikalismus und, in mancherlei Sinn, bereits »Nationaler Sozialismus«.
Es mag auf den ersten Blick absurd klingen, wenn behauptet wird, Rudolf sei eines der ersten, wenn nicht das erste Opfer des nationalen So-

zialismus gewesen, jener grauenhaften Macht, die keine siebzig Jahre später nach Österreich griff; er war auch das Opfer jener Radikalen geworden, die schon genau dreißig Jahre später Österreich-Ungarn zerstörten.

Alles Elend des 20. Jahrhunderts kommt aus der aufkeimenden Pest des übersteigerten Nationalgefühls, das uns das 19. Jahrhundert bescherte.

In diesem Sinn ist Kronprinz Rudolf auch der erste Tote des Ersten Weltkriegs; sein Nachfolger Erzherzog Franz Ferdinand auch in diesem Sinne sein Erbe und zweiter Toter des Weltbrands.

Kronprinz Rudolf wollte mit allen ihm zur Verfügung stehenden Mitteln sein Erbe, Österreich-Ungarn, bewahren.

Dann war er vor die Entscheidung gestellt: den seiner Meinung nach richtigen Schritt zu setzen und die Hand gegen den Vater zu erheben – oder gehorsam zu sein, als guter Sohn zu handeln.

Rudolf ließ sein Herz sprechen, entschied sich, die Hand nicht gegen den kaiserlichen Vater zu erheben.

Bewußt und offen geht er in seinen Tod, einen Tod, den er sicher nicht suchte, von dem er aber wußte, daß er unerbittlich und gewaltsam auf ihn zukommen würde.

Rudolf ist im Kampf umgekommen.

Um die Ursachen und Folgen seines Todes zu verstehen, muß recht weit ausgeholt werden.

Wer das Schicksal des Kronprinzen Rudolf – und seiner Erben! – verstehen will, muß sich vor allem aus der Kleinheit, um nicht zu sagen Mickrigkeit des so gut wie allen »Mayerlingforschern« eigenen Milieus befreien:

Rudolfs Drama findet wohl in einem Jagdschlößl im Wienerwald seinen bewegenden Höhepunkt, aber das Stück begann lange vorher und ist noch immer nicht zu Ende; die Dimensionen des Hintergrunds jener Hinrichtung haben die Ausmaße der Weltgeschichte.

Der Beschluß über Rudolfs femegerichtliche Exekution – eine solche war es – wurde weder in Champagnerlaune noch im Bettgeruch eines Liebesnests gefaßt, sondern kalt und berechnend in einer der wichtigsten Hauptstädte der Erde, noch dazu in einer, die Rudolf über alles schätzte: in Paris.

Die Hinrichtung Rudolfs wurde auch nicht – das kann kaum entschieden genug betont werden – von irgendeiner Geheimorganisation,

schon gar nicht von den »Freimaurern« beschlossen, obwohl der eine oder andere Drahtzieher dieses Komplotts gegen den Kronprinzen Mitglied einer Loge war.
Aber deswegen zu sagen, die Ermordung des Kronprinzen sei auf Grund einer Verschwörung »der Freimaurer« erfolgt, ist ähnlich richtig (oder genauso falsch, das kommt auf den Standpunkt an), wie die Behauptung, »Katholiken« seien Sadisten oder Mörder, weil ein Giordano Bruno oder eine Johanna von Orléans auf dem Scheiterhaufen endete.
Zu allen Zeiten haben bestimmte Individuen einer bestimmten Machtordnung gedient, um mit Hilfe dieser Organisation ihren niedrigen Trieben – im Falle Rudolf waren die Drahtzieher des Mordes besessene Nationalisten – frönen zu können.
Ebenso ungerecht, ja unlauter wäre es, von einem Komplott von »Juden« zu sprechen. Sicher war der Hauptverantwortliche des Komplotts jüdischer Abstammung, aber gläubiger Jude war er mit absoluter Sicherheit nicht. Ironie des Schicksals: der Mann, der die Ermordung des Kronprinzen organisierte, hat als Jude den letzten wirklichen Damm gegen nationalistischen und rassistischen Wahn niedergerissen. Daß er vor der Durchführung des Mordes zunächst einmal die gleichen nationalistischen Kreise ansprach, die – symbolisch genug – im Jahre 1920, also zu einer Zeit, in der Kaiser Karl noch lebte, aber keine Macht mehr ausüben konnte, das Hakenkreuz zu ihrem diabolischen Symbol nahmen, ist wohl ein Menetekel der Geschichte.
Noch ein Wort zu den Quellen, aus denen sich die Klärung der Todesursachen und Todesumstände des Kronprinzen ergaben:
Es ist in erster Linie die Zeugenaussage von Kaiserin und Königin Zita und in der Folge eigenes Recherchieren, das sich aus zahllosen, unendlich wertvollen Hinweisen ergab, die der Autor zu Beginn der siebziger Jahre bei Gesprächen mit Prinz Xavier, dem Bruder der Kaiserin, in Frankreich erhielt.
Zur Veröffentlichung ergab sich keine frühere Möglichkeit, weil die Zeit noch nicht reif dafür war.
Dem Wunsche Kaiser Franz Josephs entsprechend, dem die öffentliche Ehrenrettung seines Sohnes mehr auf dem Herzen lag, als irgendeiner seiner Untertanen auch nur ahnen konnte, sollte die Wahrheit etwa fünfzig Jahre nach dem Tode des Prinzen bekanntgegeben werden. Das war im Jahre 1939 ... gerade auf dem Höhepunkt einer Weltkrise, vor

dem Ausbruch des Zweiten Weltkrieges (der noch dazu in seiner ganzen Konstellation ohnehin auf die gleichen Ursachen zurückging wie die Ermordung des Kronprinzen!) und zu einer Zeit, in der Otto von Habsburg vom Hitlerregime steckbrieflich verfolgt wurde und Kaiserin Zita noch immer im Zielfeld einer hemmungslosen Anti-Habsburg-Hetze stand.
Damals ging es um die Wiederherstellung Österreichs, um die Anerkennung einer Existenzberechtigung Österreichs, die, Ironie des Schicksals, Otto von Habsburg gerade zu dieser Zeit in Paris als österreichischer Emigrant durchsetzte, und zwar mit Hilfe des radikalsozialistischen Premierministers Edouard Daladier, der in mancherlei Hinsicht, vor allem weltanschaulich, aus der Schule des Todfeindes des Kronprinzen Rudolf und Österreichs gekommen war: Clemenceaus.
Und fünzig Jahre nach dem Tode des alten Kaisers? Das war 1966, und abermals stand Österreich im Banne einer beispiellosen Anti-Habsburg-Kampagne, die ein (sozialistischer) Journalist schließlich mit dem Worte »Habsburg-Kannibalismus« charakterisierte.
Wer hätte sich damals mit dem Problem der Hintergründe der Ermordung des Kronprinzen ernsthaft und ruhig beschäftigen sollen?
Es war die einmalige, historische Konstellation der friedlichen, von der Bevölkerung und der Presse und der ganzen Weltöffentlichkeit so positiv aufgenommenen Heimkehr von Kaiserin Zita nach Österreich, die diese Atmosphäre des Vertrauens und der Glaubwürdigkeit der Kaiserin als Kronzeugin überhaupt erst geschaffen hat.
Noch kurze Zeit vorher wäre jedes klärende Wort einfach in den Wind gesprochen gewesen, und die Familie hat sich auch mit beispielloser – oder beispielgebender – Disziplin an das Schweigegebot gehalten. Auch der Autor hat niemals auch nur eine Andeutung über seinen Wissensstand gemacht, wohl aber die Fakten für den richtigen Augenblick gesammelt. Der rechte Zeitpunkt scheint nun gegeben: die Öffentlichkeit ist unvoreingenommen bereit, sich mit der Geschichte Österreichs auseinanderzusetzen, die Jugend ist aufgeschlossen und interessiert an den Werten der Vergangenheit wie kaum je zuvor, und die Friedensliebe Kaiser Karls wird allmählich, aber sicher, ein »Modellfall«, sie wird vorbildlich. Kaiser Karls Friedensliebe, seine Friedensversuche, sein vordergründiges Scheitern sind aber unverständlich ohne die Aufhellung der Hintergründe zu seiner Tragödie.
Deswegen die Erläuterungen zum Tode des Kronprinzen.

Die Ermordung Rudolfs ist, es sei nochmals gesagt, kein Lokal- oder Liebesdrama, sondern historisches Geschehen im Brennpunkt der Weltgeschichte.
Ihre Ursachen werden nun offenbar. Ihre Wirkung beeinflußt unser aller Leben bis heute und wohl noch für lange Zeit, vielleicht bis ans Ende der Zeit.
Der Ermordung des Kronprinzen Rudolf folgte die Ermordung seiner Mutter, der Kaiserin Elisabeth.
In einem weiteren Rahmen betrachtet, gehört auch dieser brutale, menschenverachtende Akt in die Richtung des Weges, der zum Ersten Weltkrieg führt.
Unmittelbarer Anlaß ist schließlich die Ermordung des Erzherzog-Thronfolgers Franz Ferdinand: der Doppelmord an Franz Ferdinand und Sophie folgt dem Doppelmord an Rudolf und Mary, und die Sieger von 1918 scheuen sich nicht, ihr Diktat am 28. Juni, dem Jahrestag der Ermordung des Erzherzog-Thronfolgers, unterfertigen zu lassen.
Der Weg in den Zweiten Weltkrieg ist damit frei ...
Vielleicht kann die schonungslose Aufdeckung der ebenso verabscheuungswürdigen wie niederträchtigen Machenschaften rachebesessener, gewissenloser »Radikaler«, blutrünstiger »Nationaler« und falschgepolter »Sozialer«, die sich in den jeweiligen Gruppierungen Macht zu schaffen wußten und sie erbarmungslos nutzen, doch etwas zum Verständnis der Tragödie Kaiser Karls und damit auch unserer Zeit und der Tragödie Europas beitragen und zu künftiger Friedfertigkeit mahnen.

Kaiser Franz Joseph an Frau Katharina Schratt:

Wien, den 5. Februar 1889

Theuerste Freundin,
... Heute wird mir noch eine schwere Aufgabe: den besten Sohn, den treuesten Unterthan in die letzte Ruhestätte zu geleiten. Der liebe Gott, vor dessen Wille und Gnade ich mich dankbar beuge, der mich bisher aufrecht erhalten hat, wird mir auch dazu die Kraft geben ...

Der Mann, der sich als Vater zu seinem Sohn als den »besten Sohn«, der Mann, der sich als Kaiser zu seinem Untertan als den »treuesten

Unterthan« bekannte, und das an jenem Tag, an dem Rudolf beigesetzt wurde, wußte, wovon er sprach.

In der Woche zwischen dem 30. Jänner 1889, dem Tag der Ermordung des Kronprinzen im Jagdschloß Mayerling, und dem 5. Februar, dem Tag der Beisetzung des Kronprinzen in der Kaisergruft, hatte sich der ganze Umfang der tragischen Verstrickung Rudolfs herausgestellt.

Unmittelbarer Zeuge war der Bruder des Kaisers und nunmehrige Erzherzog-Thronfolger Karl Ludwig, der kurz vor dem Tode des Kronprinzen durch Rudolf selbst in die ganze Tragweite der Verstrickung des Erben eingeweiht worden war.

Nun hatte der Kaiser im Laufe dieser Woche zwischen Tod und Beisetzung des Sohnes erkannt, daß sich sein Sohn wahrlich gut gehalten hatte, als die Stunde der Entscheidung herangerückt war: trotz unvorstellbaren Druckes von außen hatte sich Rudolf nicht gegen den Vater erhoben. Als »Unterthan« respektierte er durch seine Weigerung, seinem Vater den Gehorsam zu versagen, den Monarchen.

Daß es dem Kaiser unmöglich war, in jener Zeit die volle Wahrheit zu sagen, geht aus der Tragik der außenpolitischen – und mehr vielleicht noch der innenpolitischen – Lage Österreich-Ungarns hervor. Eine nachträgliche, unvoreingenommene Beurteilung der Verhältnisse um die spannungsgeladenen Monate vor und nach der Ermordung des Prinzen sowie der folgenden Ereignisse muß Franz Joseph sowohl als Vater als auch als Kaiser heroische Selbstverleugung zum Wohle des Reiches und der ihm anvertrauten Völker zuerkennen.

Selbstverständlich wollte Kaiser Franz Joseph die Ehre seines Sohnes, die für den Kaiser selbst ja niemals in Zweifel stand, auch in der Öffentlichkeit wiederhergestellt wissen.

Er hat aus diesem Grund, nach Beruhigung der Lage und nachdem sich Erzherzog Franz Ferdinand als Erzherzog-Thronfolger etabliert hatte, seinen neuen Erben ausdrücklich auf eine geheime Dokumentenmappe aufmerksam gemacht, die eine Zusammenstellung der Ereignisse um Kronprinz Rudolfs Tod enthielt. Fünfzig Jahre nach dem Tode des Kaisers sollte die Mappe geöffnet und die Wahrheit über die Ermordung des Kronprinzen bekanntgegeben werden.

Nach der Ermordung des Erzherzog-Thronfolgers Franz Ferdinand in Sarajewo am 28. Juni 1914, die in den Grundzügen von der gleichen Machtgruppe arrangiert, zumindest in der Idee auch vom gleichen Mann konzipiert worden war, wendete sich der Vierundachtzigjährige mit derselben Bitte an seinen neuen Thronfolger, Erzherzog Karl Franz Joseph: Karl sollte fünfzig Jahre nach dem Tode des Monarchen die volle Wahrheit veröffentlichen lassen. Der Hinweis auf die im Schreibtisch verschlossene Mappe mit den Dossiers über die Ursachen der Tragödie des 30. Jänner 1889 verpflichtete Karl, die Ehrenrettung des Kronprinzen dereinst in die Wege zu leiten.

Aus verständlichen Gründen kam es jahrzehntelang nicht dazu. Im Jahre 1916 nach dem Tode des alten Kaisers, zwei Jahre nach der Ermordung des Erzherzog-Thronfolgers Franz Ferdinand in Sarajewo, hatte der junge Kaiser außerdem eine erschreckende Erfahrung machen müssen: Als er sich kurze Zeit nach dem Tode Kaiser Franz Josephs der bewußten Mappe, von der der Vater des Kronprinzen gesprochen hatte, versicherte, schien er noch im dokumentarischen Besitz der vollen Wahrheit über die Ermordung des Kronprinzen zu sein.

Als Kaiser Karl noch am Todestag des Monarchen im Beisein seiner jungen Gemahlin die anscheinend unversehrte Mappe öffnete, machte er eine erste, bezeichnende Erfahrung mit den Kräften, die sich hinter den Mordbuben des 30. Jänner verbargen: das Konvolut enthielt nichts als einen Stoß leerer, weißer Blätter.

Jemand, der unmittelbaren Zugang zum Schreibtisch des Kaisers gehabt haben mußte, hatte den Inhalt der Mappe verschwinden lassen!

Die Aktensammlung im Haus- Hof- und Staatsarchiv war zwar unversehrt, aber völlig wertlos, weil sie bloß die offizielle, also unrichtige Darstellung des Tathergangs wiedergab.

Vernichtet waren übrigens auch jene Dokumente worden, die der Kaiser seinem Ministerpräsidenten Eduard Graf Taaffe anvertraut hatte. Die Papiere fielen den Flammen zum Opfer, als Schloß Ellischau, wo sie verwahrt wurden, aufgrund von Brandstiftung niederbrannte.

Es darf heute mit an Sicherheit grenzender Wahrscheinlichkeit gesagt werden, daß es in staatlichen Archiven keine die Wahrheit über den Tod des Kronprinzen betreffenden Unterlagen gibt.

Alle Zeugen, und es waren nicht wenige, die, wenn schon nicht die Hintergründe der Mordtat, so doch ihren Hergang kannten, schwiegen zeitlebens. Sie schwiegen nicht nur wegen des dem Kaiser geleisteten Eides. Sie schwiegen auch aus nackter Angst, und die Drahtzieher des Mordes an Kronprinz Rudolf waren selbstverständlich nie an einer Dokumentation über ihre Missetat interessiert.

Wenn es heute dennoch möglich ist, den Hergang der Tat und, was viel

wichtiger und wesentlicher ist, die Motive der Planer der Untat sowie die Hintergründe der Inszenierung zu erklären, so ist das der besonderen Fügung von politischen und familiären Kräften und Bindungen um Kronprinz Rudolf und die Menschen seines Vertrauens zu verdanken. Kaiserin Zita hat mit größter Akribie alles aufgezeichnet, was ihr wesentlich erschien. Dazu gehört auch ein verhältnismäßig umfangreiches Protokoll zum Fall Rudolf.
Zu den Aufzeichnungen der Kaiserin ist zu sagen, daß die Monarchin zur Zeit der Niederschrift in den sechziger Jahren, als sie noch im nordamerikanischen Tuxedo im Exil lebte, nach menschlichem Ermessen weder eine Chance auf Heimkehr nach Österreich noch auf eine Wiederherstellung einer guten, unvoreingenommenen »öffentlichen Meinung« in Österreich haben konnte, im Gegenteil: gerade zu Beginn der sechziger Jahre steigerte sich die Anti-Habsburg-Kampagne gerade in Österreich ins Hysterische. Kaiserin Zita hat ihre Aufzeichnungen damals ausschließlich für dokumentarische Zwecke innerhalb der Familie gemacht, zur Bewahrung eines Wissensstandes innerhalb der eigenen vier Wände sozusagen, als ein Vermächtnis der Wahrheit – und absolut nicht als Mittel der Familienpropaganda, wie böswillige Kritiker meinen könnten.
Kaiserin und Königin Zita ist die einzige zum Zeitpunkt der Niederschrift dieses Buches noch lebende Person, die nicht nur über alle diesbezüglichen Fakten Bescheid weiß, sondern auf Grund ihrer Herkunft und ihrer Heirat mit Erzherzog Carl Franz Joseph, dem späteren Kaiser Karl, im Zentrum eines Kräftefeldes stand, aus dessen Kenntnis allein der ganze Umfang der Tragödie Rudolfs verstanden werden kann.

Ein Kraftfeld europäischer Geschichte

Wer heute die südliche Ausfallstraße Wiens benützt, die Autobahn in Richtung Graz, kann kaum mehr verstehen, was sich südlich der Wiener Neustadt, vom Stadtrand Wiener Neustadts beinahe, von Frohsdorf nach Seebenstein, von Seebenstein nach Schwarzau und von dort nach Villa Wartholz bei Reichenau an europäischer Politik, dynastischer und konservativer Potenz zusammenballte, welches europäische Kräftefeld da aufgebaut war.

Heute beherbergt Schloß Frohsdorf eine Berufsschule für Fernmeldetechnik. In der zweiten Hälfte des 19. Jahrhunderts aber war Frohsdorf für viele die heimliche Hauptstadt Frankreichs, denn dort lebte der Graf von Chambord, der »König Heinrich V.« der französischen Legitimisten, in seinem österreichischen Exil, von dort aus sollte er, nach dem Willen der Mehrheit der französischen Nationalversammlung, im Triumph als König von Frankreich in Paris einziehen. Es kam nie dazu.
In unmittelbarer Nachbarschaft von Frohsdorf liegt Schloß Schwarzau, lange Zeit im Besitze des Grafen Chambord, schließlich zweite Heimat der aus ihrem Herzogtum vertriebenen Bourbonen aus Parma. Aus dieser Familie stammt Kaiserin Zita – in Schwarzau verbrachte sie ihre Kindheit und Jugend, dort schloß sie ihre Ehe mit Erzherzog Carl Franz Joseph, dem späteren Kaiser Karl.
Aber während es Schloß Frohsdorf im Laufe seiner späteren Geschichte nach einer Art Dornröschenschlaf immerhin zu einer Berufsschule brachte, sank Schloß Schwarzau mittlerweile zu einer Haftanstalt herab.
Wenige Kilometer südlich von Schwarzau wieder lag Schloß Seebenstein, ja, »lag« ... das prachtvolle, geschichtsträchtige Schloß wurde vor einigen Jahren von hirn- und gesinnungslosen Spekulanten dem Erdboden gleichgemacht, um Platz zu schaffen für eine in ihrer Mickrigkeit durch nichts zu unterbietende »Bungalowsiedlung«.
In Schloß Seebenstein wohnte im 19. Jahrhundert und auch bis tief in unsere Tage hinein die königliche Familie von Portugal – Braganza in ihrem Exil. Über die innigen und vielfältigen verwandtschaftlichen und freundschaftlichen Beziehungen des Hauses Braganza zu den Habsburgern, zu den Bourbonen, aber auch zum großherzoglichen Haus von Luxemburg, dem belgischen Königshaus und Liechtenstein wird noch zu sprechen sein.
Und dann liegt da noch, wieder eine kurze Wegstrecke westlich, die Villa *Wartholz*, die Bleibe und engere Heimat von Erzherzog Karl Ludwig, dem zweitältesten Bruder Kaiser Franz Josephs: er war in dritter Ehe mit einer Braganza-Prinzessin verheiratet, mit Erzherzogin Maria Theresia, so wie auch Herzog Robert von Parma (der Vater von Kaiserin Zita) mit der Braganza-Prinzessin Maria Antonia, einer Schwester Maria Theresias, auf das glücklichste vermählt war.
Auf Villa Wartholz spielte sich das harmonische Familienleben jener Habsburger ab, die bis heute das dynastische Schicksal des Erzhauses

tragen: Otto von Habsburg wurde dort 1912 geboren, als Sohn Erzherzog Karls (des späteren Kaisers Karl) … Kaiser Karl hat in dem niederösterreichischen Wartholz immer seine eigentliche Heimat gesehen. Von dort stammte auch Erzherzog Otto, der Vater Kaiser Karls, der Bruder des zu Sarajewo ermordeten Erzherzogs Franz Ferdinand. Sowohl gesellschaftlich als auch politisch bildete die Villa Wartholz mit dem Hausherren Erzherzog Karl Ludwig das eigentliche Schwergewicht dieses Kreises Frohsdorf – Schwarzau – Seebenstein – Wartholz.
Das Wichtigste für die Klärung des Falles Kronprinz Rudolf in diesem Zusammenhang: Erzherzog Karl Ludwig war die einzige absolute Vertrauensperson des Kronprinzen. Zu seinem Onkel Karl Ludwig und dessen so verständnisvoller Gemahlin Maria Theresia konnte Rudolf immer gehen … er tat das auch in der Zeit seiner schwersten Stunden.
Warum die volle Wahrheit und die Zusammenhänge über den Tod des Kronprinzen nicht in der Familie Kaiser Franz Josephs in ihrem gesamten Umfang überliefert wurde, sondern in der Familie des Bruders des Kaisers, Erzherzogs Karl Ludwig, hat eine ganz einfache Ursache, die aber offenbar Generationen von Forschern zum Drama von Mayerling in der ganzen Tragweite nicht bewußt wurde: der Tod des Kronprinzen war eine dynastische Angelegenheit; vom Augenblick des Todes des Kronprinzen an hatte sich das politische und dynastische Schwergewicht auf Erzherzog Karl Ludwig verlagert und auf dessen Kinder: Franz Ferdinand (1914 zu Sarajewo ermordet) und auf den Erstgeborenen von Karl Ludwigs zweitältestem Sohn, Otto, also den späteren Kaiser Karl. Die Wahrheit über den Tod des Kronprinzen und die politischen Hintergründe der Tat wurden niemals an die Kinder Franz Josephs im vollen Umfang übermittelt (obwohl Erzherzogin Gisela davon wußte, sie war nach Bayern verheiratet und stand mit den Braganzas auf bestem Fuß, ausschlaggebend war aber nicht die Verbindung zu Braganza, sondern Kaiser Franz Joseph selbst). Der ganze Umfang des Wissensstandes ging aber selbstverständlich an den jeweiligen Erzherzog-Thronfolger: von Karl Ludwig, nach 1896, dem Todesjahr Karl Ludwigs, an Franz Ferdinand, und nach dessen Tod im Jahre 1914 an den neuen Thronfolger, Erzherzog Karl; dem jeweiligen Thronfolger wurde auch der kaiserliche Auftrag unmittelbar gegeben, dereinst zur Ehrenrettung Rudolfs die volle Wahrheit zu sagen.
Villa Wartholz war, als Heimstätte des Bruders des Kaisers, nicht nur die Verbindungsstelle zur Wiener Hofburg.

Wartholz war mehr: stand es doch über die Gemahlin Erzherzog Karl Ludwigs, Erzherzogin Maria Theresia – sie war eine Prinzessin aus dem Hause Braganza und mit den Braganzas in Seebenstein und den Bourbonen in Schwarzau und Frohsdorf verwandt – auch im Banne der politischen Entwicklung in Westeuropa.
Wichtigstes Machtzentrum, umworbenes Heim des Grafen von Chambord, argwöhnisch von französischen Republikanern wie bismarcktreuen Deutschen beobachtetes Refugium der französischen Monarchisten, das war Schloß Frohsdorf. Übrigens ein Ort, zu dem es den jungen Kronprinzen nie zog; seine politische Linie war eher die jener Männer, die Chambord beobachten ließen: Gambetta, Clemenceau.
Der Informationsfluß Paris–Frohsdorf war perfekt, auch in umgekehrter Richtung; die französischen Republikaner wußten über den Grafen von Chambord und seine Pläne ebensogut Bescheid wie Chambord über die Absichten der Republikaner oder der Anhänger des Hauses Orléans oder gar der Bonapartisten.
Frankreich war in jenen Jahrzehnten in vier Lager gespalten: die Republikaner (unzweifelhaft die zielstrebigste Gruppe) und die Monarchisten, die sich in die eigentlich »Königstreuen« und die Orléans- und Napoleon-Anhänger teilten.
Die »Königstreuen« hingen am Hause Bourbon und dessen Familienchef, ihrem König, dem Grafen von Chambord, ihrem »Heinrich V.«. Die bourbonische Herrschaft, jahrhundertelang in Frankreich verwurzelt, war am 21. Jänner des Jahres 1793 mit der Hinrichtung von König Ludwig XVI. jäh zu Ende gegangen.
Nach einem kurzen republikanischen Zwischenspiel etablierte sich Napoleon Bonaparte im Jahre 1804 zum »Kaiser der Franzosen« – und damit gab es über Nacht zwei Familien, die sich die monarchische Würde über Frankreich streitig machten – die Bourbonen mit ihrem König Ludwig XVIII. – er konnte als Bruder des ermordeten Ludwig XVI. im Jahre 1814 wieder als König von Frankreich heimkehren – und die Anhänger der Familie Napoleon, die übrigens König Ludwig XVIII. klug in ihren Rechten bestätigte.
Doch die Herrschaft der Bourbonen über Frankreich war durch das revolutionäre und auch durch das napoleonische Zwischenspiel, in ihren Grundlagen erschüttert.
König Karl X. von Frankreich, der jüngere Bruder des hingerichteten Königs Ludwig XVI. und Ludwigs XVIII., trat 1824 die Herrschaft

über Frankreich an, mußte aber in den Wirren der Juli-Revolution von 1830 abdanken. Er ging zunächst nach England, suchte aber von Anfang an Asyl in Österreich, das ihm Kaiser Franz in Jahre 1832 gewährte. Damit begann eine neuerliche Verstrickung Österreichs in die französische Politik, eine Verstrickung, die 1793 mit der Hinrichtung der Königin Marie Antoinette einen ersten entsetzlichen Höhepunkt gefunden hatte.

Mit der Emigration Königs Karls X. nach Österreich und dem darauffolgenden, über Jahrzehnte währenden Aufenthalt der Bourbonen und ihres Kreises in Österreich setzte naturgemäß ein ununterbrochener, sehr starker Strom von Nachrichtenübermittlung jeder Art ein. Immer und für jeden war es wichtig zu wissen, was die Bourbonen und ihr Kreis in Österreich planten, umgekehrt mußten die Exilierten immer auf dem neuesten Wissensstand über die Entwicklung in Frankreich bleiben. Österreich wurde über viele Jahrzehnte der Tummelplatz französischer Agenten, Vorort französischer Innenpolitik, auch Brennpunkt französischer Außenpolitik.

Die Selbstverständlichkeit, mit der sich die Planer des Mordes an Kronprinz Rudolf bewegten, ist unverständlich, wenn diese Verquickung französischer Verhältnisse mit den politischen Zielsetzung aus dem österreichischen Glacis französischer Innen- und Außenpolitik nicht in ihrem gesamten Zusammenhang erkannt wird.

König Karl lebte zunächst in Prag, wo er sich mit seinem kleinen Enkel, dem damals zwölfjährigen Heinrich – dem Heinrich V. unserer Vorgeschichte zu der Ermordung des Kronprinzen Rudolf – niederließ. In Frankreich selbst hatte sich inzwischen eine Nebenlinie der Bourbonen, die von einem Bruder König Ludwigs XIV. abstammte, an die Macht gedrängt: seit 1830 regierte dort der »Bürgerkönig« Louis Philippe, der sich in seiner Jugend ähnlich wie sein Vater »Philippe Egalité« sogar der Französischen Revolution angeschlossen hatte; die Februar-Revolution von 1848 zwang allerdings auch ihn, trotz aller Anbiederung an die Linke, zur Abdankung und in die Emigration, womit sich Bourbon und Orléans in das gleiche Schicksal zu fügen hatten. Karl X. war 1836 an Cholera in Görz verstorben, er wurde in Castagnavizza beigesetzt. Sein Tod erfolgte kurze Zeit nach einem operettenhaft inszenierten Putschversch des bonapartischen Thronprätendenten, Prinz Louis Napoleon, der sich in Straßburg von einer Handvoll junger Offiziere zum Kaiser ausrufen ließ.

Der unerbittliche, wechselvolle Kampf der drei legitimistischen Parteien in Frankreich – der Bourbonenanhänger, der Orléanisten und der Bonapartisten – bereitete immer mehr den Boden für die Republik.
Aber in jenem Jahre 1836 betrachtete Frankreich den sechzehnjährigen Enkel König Karls X., den jungen Grafen von Chambord, allgemein als den Thronprätendenten – und der nahm im Jahre 1844 endgültig in Frohsdorf bei Wiener Neustadt Wohnung, freilich ohne damals zu ahnen, daß er den Rest seines Lebens dort verbringen werde, ohne jemals zum König von Frankreich gekrönt zu werden. Die heimliche Hauptstadt der französischen Legitimisten war Frohsdorf.
Zu den zahlreichen Besuchern aus aller Welt zählte auch der Herzog von Lucca, der des öfteren mit seinem schmucken Sohn, dem Erbprinzen Karl – er war auch Erbprinz des Herzogtums Parma – nach Frohsdorf kam.
Am 10. November 1844 heiratete (in Frohsdorf!) der Erbprinz von Parma die Schwester des Grafen von Paris ... und damit hatte sich die »französische Kolonie« (die Bourbonen von Parma betrachteten sich immer als »französische Fürsten, die in Italien regierten«) abermals erweitert.
Die Hochzeit in Frohsdorf, an der auch das Kaiserhaus teilnahm und die zahllose Legitimisten aus Frankreich nach Niederösterreich führte, sollte bald darauf von einer ähnlichen Hochzeit überboten werden: der junge Graf von Chambord heiratete Erzherzogin Maria Theresia Beatrix. Trauzeuge war Erzherzog Maximilian, der schon wenige Jahre später dem Rufe eines bonapartistischen Kaisers – Napoleon III. – nach Mexiko folgte und dort sein Leben ließ. Und, ganz am Rande aber eben doch, hatten die späteren Mörder Rudolfs schon bei der Hinrichtung Maximilians ihre Hand im Spiel ...
Am 3. Dezember 1852 führte Louis Napoleon in Paris einen Staatsstreich durch. Die politischen Gegner der Bonapartisten, allen voran die Freunde und Anhänger der Bourbonen, wanderten in den Kerker. Ein »Frohsdorfer Manifest« des legitimen Königs in Frohsdorf blieb unbeachtet. Vergeblich warnte der junge Thronprätendent vor dem Abenteurer Louis Napoleon. Als »Napoleon III.« wurde er Kaiser der Franzosen.
Napoleon III. wies zunächst durchaus außenpolitische Erfolge auf. Er beteiligte sich erfolgreich am Krimkrieg und unterstützte nationalistische Bestrebungen nicht nur in Polen, sondern auch in Ungarn. Im

Krieg der Piemontesen gegen Österreich unterstützte er die italienischen Nationalisten, und Österreich wurde bei Solferino am 24. Juni 1859 in einer der blutigsten Schlachten des 19. Jahrhunderts von den vereinigten Piemontesen und Franzosen vernichtend geschlagen. Kaiser Franz Joseph mag damals sein anti-französisches Trauma, das ihn zeitlebens verfolgte, diese nie wiedergutzumachende seelische Erschütterung erlitten haben, die ihn daran hinderte, seine Politik jemals wieder an Frankreich zu knüpfen, so lebensnotwendig das auch für den Fortbestand der Monarchie trotz aller bösen Erfahrungen mit Frankreich auch gewesen sein mochte.

Es besteht da eine geradezu erschütternde Wechselbeziehung der Wirkung zweier Schlachten auf das Leben zweier bedeutender Menschen und damit ihrer Völker.

Der junge Kaiser Franz Joseph mußte 1859, ein Jahr nach der Geburt seines Kronprinzen, die Niederlage von Solferino hinnehmen, auch das Bewußtsein, eine der blutigsten, grausamsten Schlachten des Jahrhunderts verloren zu haben. »Frankreich« – das war auch identisch mit der Bedrohung des Erben.

Der junge Kronprinz wieder erlebte 1866 jene fürchterliche Niederlage der Österreicher gegen Bismarck als Siebenjähriger doch schon aus dem kindlichen Verstehen heraus mit; das eigentliche Verstehen dieser Niederlage in den folgenden Jahren ruhte immer auf der traumatischen Erfahrung aus den Tagen der Kindheit. So sah Rudolf stets in Preußen die lebensberohende, den Kaiser bedrängende Gefahr, Franz Joseph in Frankreich stets die den Kronprinzen gefährdende Macht.

Manche heute irrational anmutende Haltung oder Handlung des Kaisers, der sich nie mit französischen Politikern anfreunden konnte – bei aller Wertschätzung für das französische Volk –, ist aus dem Erlebnis »Solferino« erklärbar. Mehr aber noch störten Kaiser Franz Joseph die charakterlichen Eigenschaften und politischen Überzeugungen der Mächtigen Frankreichs: konnte er einen MacMahon noch gut verstehen, ja respektieren (MacMahon hatte Kaiser Franz Joseph bei Magenta besiegt, Österreich daraufhin die Lombardei verloren), so fehlte ihm für die Welt eines Clemenceau oder Gambetta jedes Verständnis – ganz im Gegensatz zu Rudolf, der wieder einen Chambord oder MacMahons Konservatismus nicht goutierte.

MacMahon, französischer Staatspräsident von 1871-1879, war von vielen, auch von Kaiser Franz Joseph, lange als Statt- oder Platzhalter

für die Bourbonen, als ein Wegbereiter einer Heimkehr des Grafen von Chambord angesehen worden.
Aber der Nachfolger des MacMahon, Léon Gambetta ... das war in den Augen des Wiener Hofes ein unmöglicher Revolutionär, ein Putschist. Da setzte man (ganz im Widerspruch zu Rudolf) doch lieber auf »Frohsdorf« – und nach MacMahons Abgang (1879) und der Weigerung Chambords, nach Paris zu gehen (1883), gleich auf die Konservativen in Berlin.
Frohsdorf blieb, über das Unglücksjahr Deutschlands und Österreichs, 1866, hinweg, Hauptort einer bourbonischen, wahrlich europaweiten Beziehungswelt, und das immer noch im Einverständnis und Einvernehmen mit dem übernationalen Kaiserhaus der Habsburger.
So hatten in Spanien, einst Mittelpunkt einer habsburgischen Weltmacht, die von Madrid über Mexiko, Guatemala, Antigua, Kuba, Peru und Chile über die Philippinen und Karolinen rund um den Erdball reichte, zwei bourbonische Linien den Kampf um die Macht angetreten.
König Ferdinand von Spanien hatte im Jahre 1830 eine »pragmatische Sanktion« erlassen, auf Grund derer auch weibliche Mitglieder der spanischen Familie Bourbon die Erbfolge antreten konnten. So ging die spanische Thronfolge nicht an den Bruder des Königs, Karl, sondern an seine Tochter Isabella. Da Isabella noch minderjährig war, übernahm die Königin-Witwe die Regentschaft.
Don Carlos, der Bruder des Königs, trat seiner Schwägerin mit bewaffneter Kraft entgegen ... die jahrzehntelangen Wirrnisse der »Carlistenkriege«, die bis in die Sechziger-, ja Siebzigerjahre unseres Jahrhunderts andauerten, nahmen ihren Anfang.
Wieder war Frohsdorf der Brennpunkt des Geschehens, denn aller Augen richteten sich auf die Stellungnahme des Chefs der »Familie Bourbon« ... und das war der Graf von Chambord in Frohsdorf. Er stellte sich eindeutig hinter die »Carlisten«.
Ähnliche Probleme hinsichtlich der Legitimität seiner königlichen Familie und ihrer Thronanwärter hatte im 19. Jahrhundert übrigens auch Portugal ... und damit kommen wir zum Abschnitt »Seebenstein« und zur Familie Braganza.
Fast das ganze 19. Jahrhundert hindurch war Portugal von bürgerkriegsähnlichen Unruhen erschüttert worden. Auseinandersetzungen zwischen »Liberalen« (oder Republikanern) und »Konservativen« (den

Monarchisten) beherrschten das Bild, und schließlich fand die legitime, königliche Familie in Niederösterreich Zuflucht: in Seebenstein.
König Dom Miguel I., König von Portugal, war mit einer deutschen Prinzessin, Adelhaid von Löwenstein-Wertheim-Rosenberg, vermählt und eine der aus dieser Ehe hervorgegangenen Töchter war Prinzessin Maria Antonia von Parma ... Mutter von Kaiserin Zita. Vier der Töchter Dom Miguels von Braganza führten fruchtbare Ehen und die betreffenden, angesehenen Häuser sind stolz auf diese Ahnherrinnen: Maria Antonia vermählte sich, wie erwähnt, mit Herzog Robert von Bourbon-Parma (Schloß Schwarzau) und dieser Ehe entsprangen zwölf Kinder, darunter die spätere Kaiserin Zita sowie die hochbegabten Prinzen Sixtus und Xavier, die 1917 gemeinsam mit Kaiser Karl die »Friedensversuche« wagten.
Maria Anna heiratete nach Luxemburg – das gegenwärtige, regierende Haus Luxemburg sieht in ihr die hochverehrte Großmutter des derzeitigen Großherzogs Jean von Luxemburg.
Bleibt noch ein Wort zu sagen über die bayerisch-belgische Versippung der Familie Braganza:
Prinzessin Maria José heiratete Herzog Theodor in Bayern, einen Bruder von Kaiserin Elisabeth.
Die Tochter aus der Ehe Theodor – Maria José, Prinzessin Elisabeth, vermählte sich im Jahre 1900 mit Prinz Albert von Belgien, dem künftigen König der Belgier. (Elisabeth ist die Großmutter von König Baudouin). Sie spielte während des Ersten Weltkrieges bei den Friedensversuchen Kaiser Karls insofern eine besondere Rolle, als es ihr Gemahl war, König Albert, der den Prinzen Xavier und Sixtus von Bourbon Parma – den Neffen der Königin – den Eintritt in die belgische Armee ermöglichte. hatte. Die Königin förderte die Friedensbemühungen mit allen ihr zu Gebote stehenden Mitteln, nicht zuletzt deshalb, weil sie – wie auch der König – von den wahren Hintergründen der Tragödie von Mayerling wußte.
Kronprinz Rudolf war ja mit einer belgischen Prinzessin verheiratet gewesen, und anläßlich des Besuches des belgischen Königspaares in Wien, das an den Begräbnisfeierlichkeiten für Rudolf teilnahm, hat Kaiser Franz Joseph den König der Belgier, Leopold II., über die Zusammenhänge informiert.
Maria José wußte von mehreren Seiten über die Ursachen von Mayerling Bescheid – sowohl über die Verwandtschaft zu Braganza und

Habsburg als auch über die belgische Heirat. Die Gefährlichkeit der gegnerischen Kräfte richtig einschätzend wollte sie, solange es nur irgend möglich war, die Friedensbestrebungen des Kaisers und seiner jungen Gemahlin in Wien so rasch wie möglich vorantreiben; sie ahnte, daß die Friedensbemühungen in dem Augenblick noch schwerer zu einem Erfolg führen würden, sobald der von seinem Rachewahn besessene Clemenceau ans Ruder käme – was dann ja auch tatsächlich geschah.

Für die Klärung des Hintergründe und der politischen Zusammenhänge des Todes von Rudolf am wesentlichsten ist naturgemäß das Geschehen im Hinblick auf die Villa Wartholz.

Villa Wartholz war der Wohnort des Bruders Kaiser Franz Josephs, Karl Ludwig; nach dem Tode des Kronprinzen war er, Karl Ludwig, auch Erzherzog-Thronfolger.

Karl Ludwig war in dritter Ehe mit der Braganza-Prinzessin Maria Theresia verheiratet; aus der Ehe mit Maria Theresia stammte eine Tochter Maria Annunziata (erklärter Liebling Kaiser Franz Josephs, später öfter Kaiserin-Stellvertreterin) und eine Tochter Elisabeth Amalia (die Mutter des Fürsten Franz Joseph II. von Liechtenstein).

Aus der zweiten Ehe Karl Ludwigs (mit Maria Annunziata von Bourbon-Sizilien) stammten seine Söhne Franz Ferdinand (1914 in Sarajewo ermordet) und Otto, der Vater Kaiser Karls.

Für die Klärung der Hintergründe der Ermordung des Kronprinzen sind drei Menschen von entscheidender Bedeutung:

Vor allem Erzherzog Karl Ludwig. Er war der erste und zugleich der einzige, dem sich Kronprinz Rudolf erstmals im November 1888, als er die Gefährlichkeit seiner Verstrickung erkannte, rückhaltlos anvertraute. Der Grund, warum der Kronprinz die Aussprache mit Erzherzog Karl Ludwig suchte, war doppelter Natur: zunächst wollte sich der Kronprinz dem Erben anvertrauen. Es war ja klar, daß für den Fall, daß die von Rudolf *erwartete* Katastrophe tatsächlich eintreten würde, Karl Ludwig Thronfolger und die Erbfolge in der Familie Karl Ludwig (also zunächst zu Franz Ferdinand, sonst aber zu Otto oder Karl) weitergehen würde.

Da war aber sicher auch der menschliche Bezug, hatte der junge Kronprinz doch zu seinem Onkel ein hervorragendes, unkompliziertes und sehr herzliches Verhältnis. War die Beziehung zu seinem Vater auf Respekt und grenzenlose Hochachtung gegründet, verband ihn mit Karl Ludwig die Herzlichkeit einer Freund-Onkel-Beziehung.

Die weiteren Personen in diesem Kreis, die zur Klärung, besser: zur Überlieferung der Hintergründe dieses Dramas innerhalb der Familie beitrugen, waren Erzherzogin Maria Theresia (die Gemahlin Karl Ludwigs) und seine Tochter Maria Annunziata.

Maria Theresia hat schon unmittelbar nach der Aussprache des Kronprinzen Rudolf mit seinem Onkel Karl Ludwig, im November/Dezember 1888, über die Hintergründe der Gefahr, in der der Kronprinz schwebte, gewußt. Daß Rudolf sich selbst dieser Gefahr bewußt war, beweisen seine Abschiedsbriefe.

Erzherzogin Maria Annunziata hat als Kaiserin-Stellvertreterin und als die Vertrauensperson des alternden Kaisers sehr oft mit Kaiser Franz Joseph über den ganzen Fragenkomplex gesprochen und der Kaiser selber hat sie in die Zusammenhänge eingeweiht.

Maria Annunziata blieb unverheiratet und verbrachte einen Großteil ihres Lebens bei der Familie Kaiserin Zitas und in Hall (Steiermark). Ihre Schwester, Erzherzogin Elisabeth, heiratete den Prinzen Alois von Liechtenstein, beider Sohn wurde von Kaiser Franz Joseph aus der Taufe gehoben und erhielt auch seinen Namen: Fürst Franz Joseph II. von Liechtenstein.

Erzherzogin Maria Theresia starb 1944, sie hatte Kaiser Karl und seiner Familie auf Madeira beigestanden und sie ließ sich auch durch die Schrecken der Hitlerzeit nicht unterkriegen. Erzherzogin Maria Annunziata starb 1961 in Vaduz.

Die Glaubwürdigkeit beider Frauen steht außerhalb jeder Diskussion, beide waren Kaiserin-Stellvertreterin ... was bedeutet, daß sie der Kaiser voll in das Hofleben aufnahm und beiden Frauen auch sein politisches Vertrauen schenkte. Während seine Beziehung zu Erzherzogin Maria Theresia aufgrund des etwas ungestümen, vielleicht allzu impulsiven Benehmens seiner Schwägerin (Maria Theresia war die Gemahlin Karl Ludwigs) nicht vollkommen problemlos waren, gestalteten sich die Beziehungen zu seiner Nichte Maria Annunziata schlechthin ideal. Niemand, absolut niemand, genoß das Vertrauen und die herzliche, verwandtschaftliche und vorbehaltlose Zuneigung des Kaisers wie die Kaiserin-Stellvertreterin Erzherzogin Maria Annunziata. Zu Maria Annunziata allein hat der alternde Kaiser auch rückhaltlos von der Tragödie seines Sohnes und der zu erwartendenden Ehrenrettung gesprochen. Sie war später die Vertraute von Prinzessin Zita, es war auch Maria Annunziata, die Prinzessin Zita zur Kur nach Franzensbad begleitete, wo die Liebesgeschichte von Erzherzog Karl und Prinzessin Zita begann. Sie blieb der Familie der Kaiserin, selbst noch deren Enkelkindern, die beste und treueste Freundin ... und wurde nie müde, die Wahrheit über Mayerling zu bezeugen, um das Vermächtnis Kaiser Franz Josephs zu wahren.

Ihr Vater, der Bruder Kaiser Franz Josephs, Erzherzog Karl Ludwig stellte so etwas wie einen ruhenden Pol in der Großfamilie des Hauses Österreich dar: während der Kaiser, gehetzt von Amtsgeschäften, sich zum Unheil des Reiches weder um seine engere noch gar um seine weitere Familie kümmern konnte, stellte sich Karl Ludwig nicht nur dem Kaiser zur Verfügung, um alle Kunst und Wissenschaft betreffenden Agenda (höchst erfolgreich!) zu betreuen, sondern hielt auch die Familienangelegenheiten in Evidenz. Karl Ludwig war die Vertrauensperson der ganzen Großfamilie Habsburg.

Kaiser Karl selber hat die Villa Wartholz stets und uneingeschränkt als sein eigentliches Zuhause gesehen, selbst in den Wirren des Krieges ließ er nicht von Villa Wartholz, einfach, weil er dieses gemütliche Haus gewöhnt war, weil ihn zahllose Erinnerungen an eine glückliche Kindheit und Jugend an Wartholz fesselten, weil er dort zum ersten Mal der kleinen Prinzessin Zita aus dem benachbarten Schwarzau begegnet war ...

Villa Wartholz war der Zufluchtsort der Familie schlechthin; als sich Kronprinz Rudolf im November 1888 der unmittelbaren, lebensbedrohenden Erpressung durch seine späteren Mörder ausgesetzt sah, eilte er nach Villa Wartholz, um seinen Kummer und seine Not dem Bruder des Vaters anzuvertrauen, sich auszusprechen, einen Ausweg aus der verzweifelten Lage zu suchen:

Selbstverständlich hat Erzherzog Karl Ludwig das Problem des Kronprinzen mit seiner verständnisvollen Frau, Erzherzogin Maria Theresia, besprochen, selbstverständlich gelangte Maria Theresia schon Wochen vor der Eidesleistung der Eingeweihten dem Kaiser gegenüber, als sich alle Mitwisser zum Schweigen verpflichteten, in den vollen Besitz des Wissens um die Hintergründe der – damals noch drohenden – Gefahr. Ein paar Wochen später hatte sich das Schicksal des Prinzen erfüllt ...

Was waren die Gründe der Ermordung des Kronprinzen?

Das Motiv der Täter lautete: Rache für die Niederlage von 1871. Den Krieg von 1870-1871 hatte Frankreich verloren. Der Sieger von 1871

hieß Deutsches Reich. Rache war also zu nehmen an Deutschland. Von Frankreich. Dazu aber brauchte Frankreich Verbündete, und Österreich schien der natürliche Alliierte zu sein: auch Österreich hatte mit Preußen noch eine Rechnung zu begleichen, jene von 1866 …
Klar, daß die französischen Politiker, die nach der Katastrophe von Sedan, dem Debakel ihres populistischen Kaisers Napoleon III., der Schreckenszeit der Pariser Kommune von 1871 mit all ihren Massenmorden, die natürlich auch den Deutschen angelastet wurden (wären die Preußen nicht nach Paris gekommen, hätte es keine Kommune gegeben …), Rache forderten und daher nach einem Verbündeten suchten.
Der natürliche Partner für ein solches Vorhaben war – wie anders – im Österreich-Ungarn der Jahrzehnte nach der Niederlage von Königgrätz, in Kaiser Franz Joseph, zu suchen.
Die Ideal- und Traumvorstellung der französischen Politiker der Nachkriegszeit von 1871 war ein Einkreisungsbündnis der natürlichen Gegner des neugegründeten Deutschen Reiches: Österreich-Ungarn, Rußland und schließlich Frankreich selbst.
Doch die Rechnung ging nicht so ohne weiteres auf, vor allem, weil dem Deutschen Reich das politische Genie des Fürsten Bismarck zur Verfügung stand. So sehr sich auch Frankreich mühte … zunächst strampelte es in einer völligen Isolation.
Doch wenn auch Frankreich ein politischer Übermensch wie Bismarck fehlte – an Politikern, die konsequent und unbeirrbar den Gedanken der totalen Rache verfochten, fehlte es nicht. Der absolut gnadenlose Vollstrecker der Rache war Georges Clemenceau. Er ist auch der eigentliche, wenn auch der *indirekte* Mörder des Kronprinzen Rudolf.
Merkwürdige Bande bestehen zwischen Georges Clemenceau, dem politischen Kopf im Komplott gegen den Kronprinzen, und dem Organisator des Exekutionskommandos, *Cornelius Herz.*
Cornelius Herz und Georges Clemenceau hatten beide Medizin studiert, Herz war Chirurg, Clemenceau praktischer Arzt.
Cornelius Herz und Georges Clemenceau hatten einander schon in den Vereinigten Staaten kennengelernt, sie fanden sofort aneinander Gefallen, weil sie beide verstanden, was sie sich gegenseitig zu bieten hatten: sie waren Parasiten auf Gegenseitigkeit. Cornelius Herz schmarotzte von der durch keinerlei Skrupel eingeschränkten Machtfülle des Clemenceau, Clemenceau wieder von der durch keine Macht einge-

schränkten Skrupellosigkeit des Herz. Beide entsprachen vollendet dem Wahlspruch des seltsamen Clubs, dem sie in den USA beigetreten waren: »AGIS COMME TU PENSES« – mach' wie du denkst –, ohne Skrupel, ohne Gewissen, ganz nach Gutdünken.
Georges Clemenceau lebte sehr lange, sein Weg führt durch viele Jahrzehnte französischer und europäischer Geschichte.
Als er den diabolischsten Triumph seines Lebens feierte, als er ausgerechnet am 28. Juni, dem Jahrestag der von ihm mitinszenierten Ermordung des Erzherzog-Thronfolgers Franz Ferdinand, den mörderischen Diktatfrieden von Versailles gegen Deutschland unterzeichnen ließ, *wußte* er, was er tat ... es war die amtliche Festlegung einer Antwort auf die Frage nach der geistigen Urheberschaft des Attentats von Sarajewo, ein *Bekenntnis* zu dieser Tat. Sie war eine weitere Antwort an den Vater des Kronprinzen gewesen.
Wer an der Symbolik des 28. Juni als Tag der Unterzeichnung des Schanddiktats für Deutschland zweifelt oder noch nicht überzeugt ist, möge sich in der Sprache des Georges Clemenceau, die oft aus solchen Symbolen besteht, durch ein anderes Faktum überzeugen lassen: Clemenceau wies die österreichische Friedensdelegation, die zu St. Germain das entsetzliche Rache-Diktat von 1919 entgegenzunehmen hatte, ausgerechnet in die »Villa Reinach« zur Quartiernahme ein.
Ein widerlicher Treppenwitz der Weltgeschichte: auch der alte Baron Jacques Reinach, eine der skandalumwitterten grauen Eminenzen des Panama-Skandals, Bankier, Financier, Schieber, Erpresser, schließlich selbst Erpreßter, war eines Tages der Rache des Cornelius Herz (im Falle Reinach ein betrogener Betrüger) zum Opfer gefallen.
Die österreichische Delegation hatte also im Hause jenes Mannes zu wohnen, der letztlich von der gleichen Hand »erledigt« worden war wie der Kronprinz. Wenn das nicht Sinn für Symbolik zeigt ... und makabre Anhänglichkeit an den verblichenen Freund und Kumpanen, Cornelius Herz.
Cornelius Herz war der Organisator im Mordfall Rudolf gewesen. Er hatte auch den alten Reinach auf dem Gewissen, der gleichfalls in diesen Bannkreis gehörte, so daß diese Schicksalsgemeinschaft dem Clemenceau genügte, die Österreicher wie zum Spaß in der »Villa Reinach« unterzubringen, zumal er genau wußte, daß der »deutsch-österreichische« Delegationleiter, Dr. Karl Renner, die Zusammenhänge Rudolf-Reinach-Herz-Clemenceau sehr wohl ahnte, daß Dr. Karl Ren-

ner sehr wohl die richtigen Vermutungen über den direkten Täterkreis hegte ... ein echt Clemenceau'scher Spaß.
Kaum jemand erinnert sich gerne des Georges Clemenceau. Er ist an der eigenen Rachsüchtigkeit erstickt, schon zu seinen Lebzeiten, unmittelbar nach seinem Sieg über Deutschland im Jahre 1918, als er mit brutaler Gewalt die Franzosen zum »Sieg« gepeitscht hatte, wandte sich die französische Nation von ihm ab. Er ist heute in Frankreich, vor allem bei der Jugend, so gut wie vergessen, sein Andenken verdrängt. Jean Jaurès, ja, der interessiert die jungen Menschen, der hat den Frieden gewollt. Auch an der Ermordung des Jean Jaurès war keiner mehr interessiert als Georges Clemenceau – stand doch Jean Jaurès gegen die Anzettelung eines Weltkriegs.
Clemenceau hatte nach seinem »Triumph« von 1918 gehofft, die Franzosen würden ihn zum Staatspräsidenten wählen. Sie wählten ihn nicht, Clemenceau zog sich verbittert zurück, und als er starb, legte er fest, man möge ihn senkrecht begraben. »Damit er leichter zur Hölle fahre«, meinten seine Gegner.
Seine ersten politischen Sporen erwarb er sich im Deutsch-Französischen Krieg von 1870-1871. Damals war er Bürgermeister im Pariser Bezirk Montmartre, wurde Mitglied der Nationalversammlung und 1875 Präsident des Pariser Gemeinderats, ein Jahr später Führer der »Radikalen«, im mitteleuropäischen Sprachgebrauch würden sie etwa extrem Linksliberalen entsprechen.
Doch zunächt einmal eine Übersicht über das Leben des Georges Clemenceau: Im Jahre 1841 wurde er in einem Dorf in der Vendée geboren, ausgerechnet in der wahrhaft königstreuen Provinz Frankreichs. Als Zwanzigjähriger kam er nach Paris, um Medizin zu studieren, bald interessierte er sich für alles Linksradikale. Weil er aufrührerische Plakate verteilte, kam er für einen Monat ins Gefängnis, wo er niemand Geringeren als den Berufsrevolutionär Louis Auguste Blanqui kennenlernte, der schon die Aufstände von 1830, 1839 und 1848 inspiriert hatte und 1871 die berüchtigte »Pariser Kommune« gründete.
Blanqui ist der Namensgeber der revolutionären Gruppe der Blanquisten, und auch des Blanquismus, einer Lehre von der »unermeßlich schöpferischen Kraft der revolutionären Gewalt« sowie – für die späteren Entscheidungen des Georges Clemenceau wichtig – der »Berechtigung der Gewaltanwendung zur Erreichung des [sozialistischen] Zieles«.

1865 machte der junge Clemenceau seinen »Dr. med.«, und dann ging er zunächst nach London, wo er mit Herbert Spencer und Stuart Mill Bekanntschaft schloß, den Systematikern des Positivismus. Motto: gut ist, was dem Umsturz dient. Agis comme tu penses!
Unmittelbar darauf trat er seine Studienreise nach Amerika an, wo er Cornelius Herz begegnete, ein Treffen, das für beider Leben entscheidend werden sollte – und für den Tod des Kronprinzen Rudolf.
Es war genau jene Zeit, in der Kaiser Maximilian I. von Mexiko hingerichtet werden sollte ... sowohl Georges Clemenceau als auch Cornelius Herz waren durch ihre publizistische Schützenhilfe an dem Mord von Queretaro beteiligt.
Georges Clemenceau ließ sich damals als junger Arzt in New York von den fanatisch republikanischen Kreisen, in denen er verkehrte (sein Vater Benjamin, gleichfalls Arzt, gleichfalls fanatischer Jakobiner, trug die Kosten des Amerika-Aufenthaltes von Georges), als »Flüchtling« vor dem Regime Kaiser Napoleons III. feiern und verdiente recht gut als Amerika-Korrespondent für »Le Temps«. Georges Clemenceau reiste viel in Amerika herum, weilte mehrmals auch im kriegs- und krisengeschüttelten Süden und freundete sich mit Radikalen wie Charles Summer und Thaddeus Stevens an, kompromißlosen Gegnern der Südstaaten und des neuen Kaiserreiches Mexiko. In jenen Kreisen verkehrte auch der junge Cornelius Herz, und es ist typisch, daß die beiden, Herz und Clemenceau, die ihr Leben stets auf der Sonnenseite »großbürgerlichen« oder neureichen Wohlstandes verbrachten, ihre Idealgestalten in einem Thaddeus Stevens oder einem Georges Blanqui sahen – bedenkenlosen Revolutionären, skrupellosen Einpeitschern.
Besser als jede Analyse der Berichterstattung Clemenceaus aus jenen Tagen illustriert ein Brief von Georges Clemenceau an eine junge Frau, die offenbar Mitleid mit Maximilian und Charlotte geäußert hatte, die Lebenshaltung dieses Mannes:

»Mein Gott! Ja, ich weiß, diese Art Leute ist stets charmant. Wir wußten das schon immer: sie sind seit fünf- oder sechstausend Jahren so. Sie haben eben das Rezept dafür, tugendhaft zu sein und sind im Besitze des Geheimnisses aller Gnade. Sie lächeln? Wie köstlich. Sie weinen? Wie bewegend. Sie lassen einen am Leben? Welch ein außergewöhnliches Wohlwollen! Sie zermalmen dich? Es ist Schicksal. Nun! Ich will Ihnen etwas sagen: all diese Kaiser, Könige, Erzherzoge und

Prinzen sind groß, erhaben, großzügig, großartig, die Prinzessinen überhaupt finden jedermanns Gefallen.
Aber ich haße sie alle, mit einem gnadenlosen Haß, so wie die Menschen haßten in jenen alten Tagen von 1793, als dieser Schwachsinnige von einem König Ludwig XVI. der verfluchte Tyrann genannt wurde. Zwischen uns und jenen ist Krieg bis zum Tode ... Sie meinen, ich sei ein Wilder; ja, aber was noch viel schlimmer ist, das ist, daß ich maßlos bin, und was diese Dinge betrifft, werde ich mich auch niemals ändern. Ich bezweifle, ob es einen anderen Atheisten gibt, der das Fehlen einer ›Vorsehung‹ so bedauert wie ich.
Alles würde ich aufgeben und Seiner höchsten Gerechtigkeit dienen, und das würde mich von meinem Haß erlösen. Aber es ist so traurig zu sehen, daß alle Bösen unter der gleichen Sonne leben wie die Guten«.*

Hier ist die gemeinsame geistige Plattform mit jenem jungen Cornelius Herz, den er in den USA kennenlernte: Haß. Paarte sich der Haß bei Clemenceau mit maßlosem Nationalismus und Racheverlangen gegen die Deutschen, paarte sich der gleiche Haß bei Herz mit Geldgier und Sucht nach »Annerkennung«, nach Orden, Reichtum, »Position« in der sonst so verachteten bürgerlichen Weltordnung.
Wahrlich ein beispielloses Duo, vergleichbar, wenn überhaupt, nur mit dem ähnlich diabolischen Zweigespann Erich von Ludendorff – Oberst Max Bauer, das während des Ersten Weltkrieges auf deutscher Seite sein unheilvolles Spiel trieb.
1870, gerade rechtzeitig zum Ausbruch des Deutsch-Französischen Krieges, finden sich beide, sowohl Cornelius Herz als auch Georges Clemenceau, in Frankreich ein, und zu dem schon vorhandenen Haß gegen alles, was auch nur irgendwie mit »Monarchie« zusammenhängt, kommt der Deutschenhaß, unabhängig, ob er ein Kaiserreich Deutschland oder eine Republik Deutschland betrifft.
Im Juli 1870 hatte Napoleon III. Preußen den Krieg erklärt. Clemenceau und Herz standen da in einem gewissen Zwiespalt der Gefühle: sie wußten nicht, ob sie die Armee, die da unter der Führung eines Moltke in Frankreich vordrang, mehr verabscheuten als ihren Kaiser Napo-

* Brief des Georges Clemenceau an eine unbekannte Frau, September 1867, abgedruckt bei Jack D. Ellis, »The Early Life of Clemenceau«, The Regents Press of Kansas, Lawrence, 1978.

leon III.; diese Gefühlswelt fand insofern bald ihre Orientierung zurück, als sich der Entschluß durchrang, beide seien zu vernichten ... die französische Monarchie (gleichgültig unter welchem Banner) und Deutschland (egal unter welchem Regime).
Im September 1870 traf Georges Clemenceau in Paris ein, und dort begann er, mit Hilfe von Etienne Arago, einem Freund seines Vaters, seine eigentliche politische Karriere.
Am 2. September verlangte »das Volk von Paris« die Ausrufung der Republik ... Clemenceau war dabei. Und es gelang: Arago wurde Bürgermeister von Paris, Clemenceau Bürgermeister des Arondissements Montmartre, und Gambetta – später eines der prominentesten Opfer des Clemenceau – übernahm die Führung.
Was in unserem Zusammenhang am wichtigsten ist: als die beiden »weißen« Generale Thomas und Lecomte von einer toll gewordenen Menge ermordet wurden, traf Bürgermeister Clemenceau – welch ein Pech – erst Minuten *nach* der Erschießung ein.
Eine Mitschuld an der Lynchjustiz konnte ihm nie im vollen Umfang nachgewiesen werden. Aber seine Taktik in solchen Angelegenheiten zeichnete sich schon ab; bei all den politisch motivierten Untaten, die seinen Lebensweg begleiten, war er nie »dabei« – ausgenommen die zahllosen Duelle seines Lebens, in denen er allerdings immer dann, wenn es sich um prominente Gegner handelte, bloß ins Bein schoß oder gleich daneben ...
Die politischen Erfahrungen während der Zeit der Pariser Kommune (allein im Mai 1871 gab es dabei 30.000 Ermordete) prägten sein weiteres politisches Leben. Seinen »Idealen« im Wege standen: die Preußen, die Monarchisten und jene Generale, die in seinen Augen schuld an der Niederlage von 1871 waren.
Was immer Clemenceau nach den für ihn offenbar traumatischen Ereignissen der Belagerung von Paris im Jahre 1871 unternimmt, steht im Zeichen der Rache, der gnadenlosen, bedingungslosen Rache an Deutschland, und diesem Lebensziel ordnet er alles unter. Dieses Racheverlangen vermag er auf dem Höhepunkt des Ersten Weltkrieges auf ganz Frankreich zu übertragen, die Rache wurde zu seinem allesbeherrschenden Lebensmotiv.
War er zunächst noch mit Jean Jaurès befreundet ... in dem Augenblick, da Jaurès vor einem Krieg zurückschreckte, war er auch schon »erledigt«.

Clemenceau hielt die Wunden von 1870/71 grausam offen bis zum Tag der »Abrechnung« zu Versailles, für den er fast ein halbes Jahrhundert lang mit brutaler, gewissenloser Folgerichtigkeit gekämpft hatte.
Ein gütiges Geschick ersparte ihm das Wissen um die Folgen: weniger hätte Clemenceau die Niederlage Frankreichs von 1940 gestört, vernichtet hätte ihn wahrscheinlich die deutsch-französische Aussöhnung, die Adenauer und de Gaulle in die Wege leiteten, die heute selbstverständlicher Bestandteil europäischen Bewußtseins geworden ist.
Welchen wahnsinnigen Racheideen Clemenceau anhing, mag aus der Tatsache hervorgehen, daß er zunächst auch die Verurteilung des »Verräters« Dreyfus begrüßt, ja dessen Deportation nach der Teufelsinsel mit einer »Reise ins Paradies« vergleicht ... Doch auch das stand, wie alles in Clemenceaus Leben nach 1870, im Zeichen der Revanche.
Seine große Hoffnung setzte er zunächst in Léon Gambetta, wie Clemenceau verbissener Gegner des Zweiten Kaiserreiches Napoleon III. Nach der Niederlage von Sedan (1870) hatte Gambetta selbstherrlich die Republik ausgerufen, ein Volksheer organisiert und nach der endgültigen Niederlage Frankreichs die Fahne der Revanche hochgehalten, nicht vergessend, Monarchisten und Klerikale ebenso ins Visier zu nehmen wie die Preußen ... ein Mann nach dem Geschmacke des Clemenceau eben.
Männer wie der Graf von Chambord, der in Frohsdorf auf seine Stunde wartete, erschienen ihm eben so lächerlich wie suspekt; als am 24. Juli 1871 für den Bau einer Kirche des Sacre Coeur votiert wurde und der Erzbischof von Poitiers, Beichtvater des Grafen von Chambord, sagte, »Gott erwartet von Frankreich einen Herrn« und damit den König in Frohsdorf meinte, tobten Gambetta und Clemenceau.
Übrigens hatte die bekannte Frömmigkeit des Chambord, den ganz Europa schon auf dem französischen Königsthron sah, noch im gleichen Jahr 1871 handfeste außenpolitische Folgen. Der König von Italien, der davon überzeugt war, Chambord werde nach seiner Heimkehr sofort an die Wiedererrichtung des Kirchenstaates schreiten wollen, fuhr eiligst nach Berlin, um sich der deutschen Sympathie zu versichern, womit der Grundstein zum unseligen Dreibund Deutschland – Österreich- Ungarn–Italien gelegt worden war. Die späte Quittung erhielt Kaiser Franz Joseph 1915 mit dem Angriff seines südlichen »Bundesgenossen« gegen sein Reich.

Am 5. August 1873 machte der Graf von Paris, der Chef des Hauses Orléans, in Frohsdorf bei Wiener Neustadt einen offiziellen Besuch. Das Oberhaupt der Orléans erkannte damit den Chef des Hauses Frankreich als König an; gleichzeitig setzte ihn der kinderlose Chambord als Erben ein. – Damit stand, allen fanatischen Republikanern wie Gambetta oder Clemenceau zum Trotz, der Wiedereinführung der Monarchie in Frankreich nichts mehr im Wege, am wenigsten Volk oder Nationalversammlung.
Doch der Graf von Chambord selbst vereitelte eine Restauration. In einem Brief vom 30. Oktober 1873 erklärte er, im Falle seiner Heimkehr als König am Lilienbanner der Bourbonen festhalten zu wollen. Doch dazu konnte keine französische Nationalversammlung, wollte auch das Volk keine Zustimmung geben, zu sehr war Frankreich schon mit der Trikolore verbunden. Der Brief Chambords vom 30.10.1873 zerstörte wohl zunächst die Chancen einer Wiederkehr Bourbons nach Frankreich, nicht aber die Treue der Legitimisten. Dennoch: die republikanischen Machthaber wie Gambetta oder gar Clemenceau lachten sich ins Fäustchen ... für sie war der Tag der Revanche wieder ein wenig näher gerückt. Für den jungen Kronprinzen in Wien bedeutete diese Affaire einen Beweis mehr für die Unfähigkeit der alten Regime. Zu Unrecht? Jedenfalls galten seine Sympathien mehr denn je einem Gambetta.
Allerdings hielt Bismarck Frankreich in einer fast absoluten, außenpolitischen Isolation. 1872 hatte eine Dreikaiserzusammenkunft in Berlin ein Einverständnis zwischen Deutschland, Rußland und Österreich-Ungarn geschaffen, durch das Frankreich völlig ausgeschaltet wurde. Bismarck förderte zudem die französischen Republikaner, so gut er nur immer konnte, weil er wußte, wie nahe die Beziehung Bourbon–Habsburg waren; »Gambetta ist uns nicht gefährlich ... die Gefahr liegt bloß in einer Koalition«, meinte Bismarck, »und die wird die Französische Republik nie gegen uns zustandebringen.«
Wie sollte sie auch: sie, die Republik, war beim Zaren ebenso verhaßt wie in Wien oder Berlin oder Rom gefürchtet. Deswegen Bismarcks »Hoch die Republik«, das heute, zurückschauend, ähnlich »genial« zu sein scheint wie die irre Idee des deutschen Generalstabs, Lenin zwecks Schwächung des zaristischen Rußlands wieder in seine Heimat reisen zu lassen.
Immerhin ließ schon Gambetta nichts unversucht, um Rußland auf die

Seite Frankreichs zu ziehen. Wenn Frankreich jemals wieder eine Chance haben wollte, der Umklammerung durch Deutschland zu entkommen, brauchte es Rußland und Österreich-Ungarn.
Auch Bismarck erkannte die Gefahr. Schon 1879 hatte er einen Geheimvertrag mit Österreich-Ungarn geschlossen, am 20. Mai 1882 war der Dreibund Deutschland – Österreich-Ungarn – Italien unter Dach und Fach.
Für Clemenceau stand fest: Dieser Gambetta, offenbar zu alt und zu müde geworden, mußte weg. Zunächst aus der Regierung, und dann, um ja keinen Rivalen oder unnützen Helden neben sich zu haben ... nun ja, das lief so:
Am 27. November 1882, drei Tage bevor sich Gambetta in aller Stille vermählen wollte, erfuhr Frankreich eine sensationelle Nachricht: Gambetta sei von einer Frau mit einer Pistole erschossen worden. Zwar stellte sich wenig später heraus, daß Gambetta nur verletzt worden war, aber einige Wochen später starb er trotzdem, nachdem seine gesamte Reputation schon vor ihm zu Grabe gestiegen war. Clemenceaus vielgehaßter Gegner war damit erledigt, nicht nur physisch, sondern auch in seiner Politik, die wohl entschieden antideutsch, Clemenceau aber nicht radikal genug gewesen war.
Clemenceau, der Führer der »Radikalen«, wollte mehr, wollte die Rache so sicher und so schnell wie möglich. Vieles hatte ihn an Gambettas Politik gestört, am meisten wahrscheinlich die Tatsache, daß Bismarck Österreich-Ungarn durch einen Geheimvertrag an sich gefesselt hatte – mit dem Vertragswerk vom 7. Oktober 1879 – und Gambetta nicht imstande gewesen war, diese Entwicklung zu verhindern und Österreich–Ungarn zu gewinnen – diesen nach menschlichen Ermessen natürlichen Feind des Reiches Bismarcks.
Die entscheidenden Punkte, deren folgenschwerer Inhalt schließlich auch die Kettenreaktion der Kriegserklärungen vom August 1914 auslösten, lauten:
»In Erwägung, daß I. I. Majestäten, der Kaiser von Österreich, König von Ungarn, und der deutsche Kaiser, König von Preußen, es als ihre unabweisbare Monarchenpflicht erachten müßen, für die Sicherheit ihrer Reiche und die Ruhe ihrer Völker unter allen Umständen Sorge zu tragen.
In Erwägung, daß beide Monarchen ... durch festes Zusammenhalten beider Reiche im Stande sein werden, diese Pflicht leichter und wirksa-

mer zu erfüllen, in Erwägung schließlich, daß ein inniges Zusammengehen von Deutschland und Österreich-Ungarn niemanden bedrohen kann, wohl aber geeignet ist, den ... europäischen Frieden zu consolidieren, haben I. I. Majestäten der Kaiser von Österreich, König von Ungarn, und der Kaiser von Deutschland, indem sie einander feierlich versprechen, daß sie ihrem rein defensiven Abkommen eine aggressive Tendenz nach keiner Richtung jemals beilegen wollen, einen Bund des Friedens und der gegenseitigen Verteidigung zu knüpfen beschlossen.

Artikel I.

Sollte wider Verhoffen und gegen den aufrichtigen Wunsch der beiden hohen Contrahenten eines der beiden Reiche von Seite Rußlands angegriffen werden, so sind die hohen Contrahenten verpflichtet, einander mit der gesamten Kriegsmacht ihrer Reiche beizustehen und demgemäß den Frieden nur gemeinsam und übereinstimmend zu schließen.

Artikel II.

Würde einer der beiden contrahierenden Theile von einer anderen Macht angegriffen werden, so verpflichtet sich hiemit der andere hohe Contrahent, dem Angreifer gegen seinen hohen Verbündeten nicht nur nicht beizustehen, sondern mindestens eine wohlwollende neutrale Haltung gegen den hohen Mitcontrahenten zu beobachten.

Wenn jedoch in solchem Falle die angreifende Macht von Seite Rußlands, sei es in Form einer aktiven Cooperation, sei es durch militärische Maßnahmen, welche den Angegriffenen bedrohen, unterstützt werden sollte, so tritt die im Artikel I dieses Vertrages stipulierte Verpflichtung des gegenseitigen Beistandes mit voller Heeresmacht auch in diesem Falle sofort in Kraft und die Kriegführung der beiden hohen Contrahenten würde auch dann eine gemeinsame bis zum gemeinsamen Friedensschluß ...

Dieser Vertrag wird seine Gültigkeit durch die Genehmigung der beiden hohen Souveräne erhalten und nach erfolgter Genehmigung von allerhöchstdenselben innerhalb von vierzehn Tagen ratifiziert werden.

Urkund dessen haben die Bevollmächtigten diesen Vertrag eigenhändig unterschrieben und ihre Wappen eingedrückt.

Geschehen zu Wien, am 7. October 1879

Andrássy Heinrich VII. von Reuss«

Die Kriegsführung der »beiden Contrahenten« wurde dann tatsächlich auf Grund dieses Vertrages »eine gemeinsame«, und es reichte auch

fast zum »gemeinsamen Friedensschluß«, denn St. Germain und Versailles liegen ja nicht allzuweit auseinander.
Es war dieses Vertragswerk, das den österreichisch-ungarischen Politikern bei der Abfassung ihres Ultimatums an Serbien den Rücken gestärkt hatte, das am 23. Juli 1914 nach der Ermordung des Erzherzog-Thronfolgers in Sarajewo an Belgrad erging ...
Fünf Tage später erklärte Österreich-Ungarn Serbien den Krieg, und es war dieses Vertragswerk, das Österreich-Ungarn nach der Kriegserklärung Deutschlands an Rußland am 1. August 1914 fünf Tage später zwang, seinerseits Rußland den Krieg zu erklären. Doch von diesen Dingen wird noch die Rede sein ... denn damals, 1879, gab es noch starke Kräfte, die von anderen Lösungen und Möglichkeiten träumten, und sie so oder so auch durchzusetzen hofften.
Freilich war man in der Wahl der Methoden nicht zimperlich, auf keiner Seite; manche erwiesen sich allerdings auch als absolut skrupellos.
Am unruhigsten erwies sich das krisengeschüttelte Frankreich in jenen Jahren.
Der Gründer der französischen Republik Léon Gambetta war am 31. Dezember 1882, unmittelbar vor Neujahr, eines merkwürdigen Todes gestorben; die Inszenierung mag für die Planer des Doppelmordes an Kronprinz Rudolf und der Baronesse Vetsera sieben Jahre später wie eine Anregung gewirkt haben, war doch der Eindruck des indirekten »Liebestodes« von Gambetta auf die Massen eher schlimm. Kronprinz Rudolf hatte sich für Léon Gambetta immer lebhaft interessiert; der Tod des Franzosen, dessen »Abwicklung« aus heutiger Sicht wie eine erste Probe für die Inszenierung der Ermordung des Kronprinzen anmutet, berührte ihn sehr, wie er an Moriz Szeps mit einer gewissen Theatralik schreibt:

»Prag, 13. Jänner 1883
... das Jahr hat unter düsteren Auspizien begonnen! Man denke, wie man wolle über Gambetta, ein großer Geist, einer der ersten, vielleicht in unserer armen Zeit der einzige Vorkämpfer freiheitlicher Ideen ist vom Schauplatze verschwunden. Er war eine Titanennatur, eine mächtige Gestalt, die mir immer Bewunderung und Sympathie einflößte; daß er für die liberalen Prinzipien war, ersieht man aus dem Jubel der Gegner bei seinem Tode; Sie können sich wohl denken, daß ich in allen Tonarten dieses Freudengeheul zu hören bekam ... für Nachrichten

über Frankreich seit dem Tod Gambettas wäre ich Ihnen ungemein dankbar; auch über das, was sie allenfalls über Italien erfahren haben …«

Nun, die erbetenen Nachrichten kamen selbstverständlich alsbald. Moriz Szeps, der gleichfalls Nachrichten benötigte, auch Geld, hatte sich nach dem Tode Gambettas, der einer seiner Förderer gewesen war, augenblicklich an den neuen starken Mann der französischen Innenpolitik angeschlossen, bedingungslos sogar: an Georges Clemenceau.
Da flossen die Nachrichten, wie eine ganz kurze Notiz vom 19. Februar des gleichen Jahres beweist, in der bekannten Richtung weiter:

»Den Brief aus Paris mit den interessanten Nachrichten über die Orléans stelle ich mit vielem Dank zurück.
Herzlichste Grüße von

Ihrem
Rudolf.«

Keiner kannte die Schwächen des französischen Legitimismus besser als Rudolf, keiner machte sich ein realistischeres Bild über die Chancen einer Restauration des französischen Königtums als der Kronprinz. Er wußte über den Gesundheitszustand des alternden Chambord zu Frohsdorf so gut Bescheid wie über die Unfähigkeit des Orléans, und daß er sich dem Tode Gambettas rasch die Führungsrolle des Clemenceau akzeptierte, spricht für seine politische Beweglichkeit. Was sollte man auch tun, nach dem »Liebestod« des Gambetta?
Clemenceau konnte sich jedenfalls nichts Besseres gewünscht haben, und auch sonst schalteten sich nun seine Gegner geradezu reihenweise selber aus: als Prinz Jérôme Bonaparte unmittelbar nach Gambettas Tod Plakate anschlagen ließ, auf denen er sich als »Thronanwärter« in Erinnerung brachte, wurde der französischen Öffentlichkeit zwar die ganze Leere ihrer Innenpolitik bewußt, aber gestärkt wurden bloß die Radikalen.
Im Jahre 1883, am 24. August 1883, starb der Graf von Chambord an einem Krebsleiden.
Der Herzog von Parma (der Vater von Kaiserin Zita) war Universalerbe, er erbte auch Schloß Chambord. Übrigens: Nach dem Tode Herzog Roberts wurde dessen ältester Sohn, Elias, Herzog von Parma, er dien-

te als Offizier auch während des Ersten Weltkriegs in der österreichisch-ungarischen Armee, wofür über Betreiben Clemenceaus Frankreich im Jahre 1919 aus purer Bosheit Schloß Chambord einfach konfiszierte und zum Staatseigentum erklärte … doch das nur am Rande. Immerhin zahlte die Republik später eine Entschädigung.
Vertragsgemäß war mit dem Ableben des Grafen von Chambord, Frankreichs heimlichem König Heinrich V., der Graf von Paris aus dem Hause Orléans Anwärter auf den französischen Thron geworden. Der Comte de Paris war nun »einziger legitimer Kandidat«, eher ein bürgerlicher Gelehrtentyp, denn ein vom Volk gern akzeptierter künftiger König, doch seine Anhänger peitschten ihn voran, und Geld stand zur Verfügung.
Zunächst war die Familie Orléans reich, sehr reich, und darüber hinaus setzten reiche Spekulanten mit viel Geld (das ohnehin nicht das ihre war) auf Kandidaten und Prätendenten, Abgeordnete, Minister und wohl auch Parteiführer und Präsidenten wie auf Pferde in einem Rennen. Einer dieser Geldgeber des Grafen von Paris war »Baron« Hirsch (alle diese neureichen Spekulanten hatten sich irgendwo, meist beim König von Italien, gegen irgendwelche Leistungen, meist Kreditgewährungen, eine »Baronie« erwuchert), dessen Bankhaus übrigens auch in regem Kontakt mit Österreich stand, auch mit Kronprinz Rudolf.
Die Französische Republik war durch die Wahlen von 1885 nur noch regierungsunfähiger geworden, die Macht des Georges Clemenceau aber stieg unaufhaltsam: bei der Regierungsbildung vom 7. Jänner 1886 konnte er bereits seine eigenen Männer, Persönlichkeiten der radikalen Linken, in die Regierung entsenden.
Kriegsminister wurde ein Mann des Georges Clemenceau (zumindest damals war er es noch, später ließ der »Tiger« auch den General fallen, weil er seinen Ansprüchen nicht genügte): Georges Boulanger. Boulanger zeigte sich zunächst durchaus als williges Werkzeug seines Beherrschers Georges Clemenceau.
Nun konnte Clemenceau mit Hilfe des linkslastigen Generals Boulanger an die Verwirklichung seines alten Planes gehen, das französische Offizierskorps von allen königstreu oder überhaupt monarchisch gesinnten Kräften – und das waren nicht wenige – zu »befreien«.
Am 11. Juni 1886 schritt das Kabinett Freycinet, das ganz in der Hand des Clemenceau lag, zur Ausweisung sowohl des orléanistischen wie

auch des bonapartistischen Thronprätendenten und, was noch viel schwerer wog, zur Durchführung des berüchtigten »Prinzenparagraphen«, der es allen Mitgliedern des königlichen Hauses fortan verbot, in der Armee zu dienen (wovon im Ersten Weltkrieg dann auch die Brüder von Kaiserin Zita betroffen waren, was ihre Friedensmission im Auftrage Kaiser Karls schwer behindern sollte).

Übrigens hat Hitler in seiner »Wehrmacht« Clemenceaus »Prinzenparagraphen« mit Vergnügen plagiiert ...

Clemenceau machte sich jedenfalls, 1886, mit Hilfe des Generals Boulanger die Armee untertan.

Im gleichen Jahr bahnte sich erstmals eine ernsthafte Allianz zwischen Frankreich und Rußland an.

Zwar verachtete Zar Alexander die Französische Republik nach der Ausweisung der Prinzen mehr denn je, und der russische Außenminister Herr von Giers beeilte sich zu fragen, »wie denn die Franzosen so dumm sein könnten, zu glauben, daß der Zar sich mit Herrn Clemenceau verständigen würde, um gegen seinen Onkel (den deutschen Kaiser) zu marschieren«, aber die panslawistische, zum Teil auch antizaristische Partei gewann täglich mehr an Einfluß und täglich mehr Freunde in Frankreich. Die Stoßrichtung Rußlands war so klar wie jene Frankreichs: zielte Paris nach Deutschland, so Rußland auf den Balkan und damit Österreich-Ungarn. Allmählich bahnte sich jene Konstellation an, die schließlich in den Ersten Weltkrieg führte.

Seit dem gleichen Jahr erschien auch eine Untergrundzeitung namens »Revanche« in Frankreich, die offen und vielbeklatscht die Regierung zum gemeinsamen Vorgehen mit Rußland gegen Deutschland aufforderte. Am 8. September 1886 berichtete der deutsche Botschafter aus St. Petersburg, der französische Kriegsminister Georges Boulanger hege die Hoffnung, daß Rußland gegen Österreich freiere Hand habe, wenn Deutschland durch Frankreich absorbiert wäre.

Die Gefahr für den Frieden verdichtete sich.

Am 10. September 1886 stürzte Clemenceau die ihm zu lahm erscheinende Regierung Freycinet und drückte seinen nächsten intimus in politicis, René Goblet, als Ministerpräsident durch; Boulanger war wieder Kriegsminister.

Alles kam für Clemenceau darauf an, Rußland an sich heranzuziehen, und Österreich-Ungarn zu gewinnen, zumindest aber aus für Frankreich dem fatalen Bündnis mit Deutschland herauszuholen.

Bedingungslos und unter allen Umständen wollte Clemenceau seine Rachepläne gegen den »Erbfeind« durchziehen, und ein Rad im Räderwerk seiner Ränke war die besondere Beziehung, die er sich mit Rudolf aufbauen hatte können ...

Mit Kaiser Franz Joseph, der seit Jahrzehnten bereits die Richtung der österreichischen Außenpolitik vorgab, war nichts zu machen. Seine Abneigung gegen die Französische Republik und ihre Repräsentanten war so bekannt wie die des russischen Zaren.

Aber auch die schier pathologische Abneigung Alexander III. Alexandrowitsch gegen die französischen Republikaner hinderte Paris nicht, sich eine französische Fronde unter russischen Generälen (Kriegsminister Milutin, General Obrutschew ...) zusammenzusuchen, mit viel Erfolg. Schritt um Schritt wurde das zaristische Rußland gewonnen.

Warum sollte das nicht auch mit Österreich-Ungarn gelingen? Dort gab es zwar nicht so sehr die Möglichkeit, in die Generalität einzudringen, dafür aber hatte der französische Geheimdienst, wie erwähnt, seit Jahrzehnten durch die Überwachung der französische Könige auf österreichischem Boden geradezu »heimisch«, längst eine andere, viel wirkungsträchtigere Chance erkannt, um Österreich aus dem Bündnis mit Deutschland herauszulösen, noch dazu eine Chance, zu deren Realisierung sich ein echter durch-und-durch »Überzeugungstäter« anbot, einer, der ahnte, daß das Bündnis mit Deutschland für Österreich-Ungarn tödlich sein mußte und daher alles unternehmen würde, sein Land zu retten: *Kronprinz Rudolf*.

An Verbindungsleuten zwischen Paris und Wien fehlte es noch weniger als an solchen zwischen Paris und St. Petersburg.

Vier Schichten von Informations- und Infiltrationsmöglichkeiten boten sich an:

Da war zunächst die Ebene der Spitzel, Agenten, des besseren Hauspersonals, sogar einer gewissen Beamtenschicht. Sie hatte sich in der Überwachung der französischen Exilkönige bestens bewährt und konnte nach dem Tode des Grafen von Chambord sozusagen nahtlos weiterverwendet werden: zum Teil in der Umgebung des Kronprinzen.

Zum Zweiten bot sich die intellektuelle Umgebung des Kronprinzen zur Nachrichtenübermittlung und Einflußnahme an. Sie war relativ wirksam, fühlte sich doch Kronprinz Rudolf mit so intelligenten und sicher auch guten Männern wie Moriz Szeps und seinem Kreis ausge-

sprochen wohl. Hier »lief« sehr viel, vor allem die ständige, persönliche Kontaktaufnahme. Drittens bot sich die Finanzebene an. Sie war für die herrschenden politischen Kreise in Frankreich in jedem Sinne des Wortes wesentlich, nicht nur, weil sie selbst Geld brauchten, Kredite, Anleihen, sondern weil sie auch potentielle Verbündete mit Geld versorgen mußten, klar, daß auch Rudolf zu den Betreuten gehörte.
Das leitet über in die Ebene vier, die unmittelbare Interventionsebene des Machtapparates selbst, der, auf Österreich bezogen, auf dem Niveau Georges Clemenceau (der sich mit Österreich und seiner ihm abstrus erscheinenden Staatsform mit einer Art Haßliebe verbunden fühlte) und »seines« Ministerpräsidenten – auch Außenministers – René Goblet, lief.
Die Rolle des René Goblet ist in bezug auf Österreich immer unterschätzt worden, andererseits aber hat Goblet die Rolle Österreichs im Revanchekonzept Frankreichs gegen Deutschland immer richtig gewürdigt ...
Zu den politischen Aspekten, die Clemenceaus Interesse an Österreich-Ungarn wach hielten, kamen, wenn auch am Rande, noch gewisse persönliche Bezugspunkte zu Österreich-Ungarn, nämlich die Heirat seines Bruders Paul Clemenceau mit einer Tochter von Szeps, Sophie. Deren Schwester Bertha, die mit dem Anatomen Emil Zuckerkandl verheiratet war, pflegte ebenfalls Kontakt mit Georges Clemenceau. Bei allem Verständnis für die Intentionen der Politik Frankreichs, bei aller Abneigung gegen Bismarck oder gar Wilhelm II., wird selbst der verwandschaftlich und freundschaftlich mit Clemenceau verbundenen Szeps-Tochter dieser »Tiger« schließlich unheimlich, ja verdächtig.
Welche Ausmaße das Interesse des Georges Clemenceau für Rudolf hatte, geht aus den Aufzeichnungen von Bertha Zuckerkandl-Szeps hervor, die in ihrem Erinnerungswerk »Clemenceau – wie ich ihn kannte« (erschienen im Jahre 1944 in Algier), über das Verhältnis ihres Vaters zum Kronprinzen schreibt:
»Clemenceau s' intéressait passionnément à cette amitié ... hatte ihm doch mein Vater den Charakter und den kritischen Geist des Prinzen geoffenbart. Er wußte, daß jener die Allianz mit Deutschland haßte ...« Wahrlich Grund genug, sich des rebellischen Prinzen in Wien näher anzunehmen, war dieser begabte junge Mann mit potentieller Zukunft doch sicher mehr wert als die rebellischen, panslawistischen Generäle von St. Petersburg.

Es ist das unschätzbare Verdienst der Bertha Zuckerkandl-Szeps, also der Schwägerin Clemenceaus, über eine (sicher waren es mehr) Begegnung zwischen Kronprinz Rudolf und Clemenceau genau berichtet zu haben.
Es gehört auch zu den Verdiensten dieser Frau, die trotz aller Verehrung und Bewunderung für Clemenceau immer eine leidenschaftliche Österreicherin, ja sogar eine Legitimistin geblieben ist, ein (auch für sie!) erschreckendes Gespräch mit Clemenceau aufgeschrieben zu haben, das sie mit ihm führte, als er anläßlich der Hochzeit von Sophie Szeps mit Paul Clemenceau in Wien weilte. Ein wahres Schlüsselgespräch.
Es war am 22. Dezember 1886, Clemenceau wollte mit seiner neuen Verwandten, Bertha Szeps, die Gemäldegalerie besuchen. Auf dem Wege »sprach er über Wien, seine Psychologie, seine Werte, den Geist der Stadt, als uns plötzlich die Neugier die Passanten festhielt. Ein Wagen mit vergoldeten Rädern näherte sich. Dach trotz der Kälte zurückgeschlagen, ein Wagen, gezogen von zwei Füchsen edler Rasse. Der Wagen fuhr knapp an uns vorbei. Auf dem Bock, neben dem Kutscher, eine kaiserliche Wache.
Franz Joseph, der Galauniform trug, die weiße Tunika, den Hut von einem großen, grünen Federbusch gekrönt, dankte den Grüßenden und neigte den Kopf. Ein Adjutant, zu seiner Linken, saß da wie eine unbewegliche Marionette.
›Wie seltsam‹, sagte Clemenceau, ›einen Kaiser in Amt und Würden zu sehen. Bis heute habe ich, Napoleon III. ausgenommen, noch keinen gesehen, außer im Wachsfigurenkabinett, im Musée Grévin. Beeindruckend, dieser Wagen mit den vergoldeten Rädern, und lächerlich dieser grüne Federbusch, der an die Operetten des Jacques Offenbach erinnert ... Und wie schnell man doch vergißt! Ich kann mir ein ähnliches Spektakel in Paris schon gar nicht mehr vorstellen. Eine kaiserliche Kutsche, die die Champs Elysées hinunterrollt, und ein erhabenes Haupt, von göttlicher Gnade auserwählt, das leutselig nach links und nach rechts herumnickt! Wie ist das doch alles außer Brauch gekommen ... Wien wäre es doch wirklich wert, von diesem Plunder befreit zu sein!‹« (Ein anderer sagte, 1938, »Wien ist eine Perle, ich werde ihr die Fassung geben, die ihr gebührt ...«)
Fast im gleichen Atemzug kommt er auf die Begegnung mit Rudolf zu sprechen und meint: »Meine Antipathie gegen jede Art von monarchi-

schem Regime hindert mich doch nicht, eine solche Einladung anzunehmen ...« und zu pflegen, ist zu ergänzen.
Doch für dieses Vorbereiten einer großen, neuen Allianz zwischen der République Française und Österreich-Ungarn bedurfte es eines größeren Kalibers von Verbindungsmann, als Moriz Szeps es sein konnte, schon deswegen, weil Szeps zweifellos, trotz aller Sympathie zu Frankreich und Clemenceau, in erster Linie doch Österreicher war.
Für eine so delikate Aufgabe wie die Herauslösung Österreichs aus dem Bündnis mit Deutschland bedurfte es eines Mannes ganz besonderen Zuschnitts, der eine Reihe von Voraussetzungen erfüllen mußte.
Nach menschlichem Ermessen konnte es ein solches diplomatisches, sprachliches, technisches, skrupelloses Einsatzgenie nicht geben, es gab diese Typen höchstens in der Phantasie eines E.T.A. Hoffmann und eines Jacques Offenbach, in der Welt eines Jules Verne und seines ebenso interessanten Zeitgenossen Karl May ... aber gab es so einen Menschen, der Diplomat, Zauberkünstler, Techniker, Arzt, Psychologe, Finanz- und Sprachgenie, Kosmopolit, Politiker, Erpresser, Killer, Abenteurer und Bonvivant, Frauenheld und Ehemann gleichzeitig war, einen, den man auf diplomatische, offizielle Mission genauso schicken konnte wie zu einem Mordkomplott? Es gab ihn: Es war Cornelius Herz.
Cornelius Herz hätte tatsächlich das lebendige Urbild der Offenbach-Hoffmann'schen Kunstfigur aus »Hoffmanns Erzählungen«, jene unsagbare Substanz, aus der sich schließlich Stadtrat Lindorf – Coppelius – Dapertutto – Dr. Mirakel herausbildet, sein können, und es bedürfte einer eingehenderen Untersuchung, um festzustellen, ob und wie weit sich die Textdichter Jules Barbier und Michel Carré beim Niederschreiben des Librettos zu Jacques Offenbachs Meisterwerk an der damals stadtbekannten Figur des Dr. Cornelius Herz orientierten.
Cornelius Herz' Eltern stammten aus Bayern, von wo sie nach Frankreich übersiedelten; der Vater war Buchbinder.
Im Jahre 1845 kam Cornelius Herz in Besançon zur Welt, am Nordrand des französischen Juras.
Den rast- und ruhlosen, ehrgeizigen Vater trieb es weiter: Schon 1848 landet er, in den Vereinigten Staaten.
Cornelius Herz wurde dort amerikanischer Staatsbürger – der er auch zeitlebens blieb – und erwarb schon in frühester Jugend aufgrund seiner ebenso ungewöhnlichen wie mannigfachen Begabung alle mögli-

chen schulischen Auszeichnungen und auch im Militärdienst hatte er überraschenden Erfolg.

Mit neunzehn kam er wieder nach Europa und studierte in Heidelberg, München und Wien Medizin, war dabei immer politisch interessiert und ließ sich folgerichtig das Schauspiel des amerikanischen Bürgerkrieges ebenso wenig entgehen wie das Drama des Unterganges des Kaiserreiches Mexiko und seines unglücklichen Monarchen.

1867, zur Zeit der Ermordung Maximilians, war Cornelius Herz ganze 22 Jahre jung und hatte dennoch schon ein sehr bewegtes Leben hinter sich: mit 16 war er bereits Leutnant in der US-Army, vorher »Schauspieler«, Gaukler auf Jahrmärkten, Quacksalber, jugendlicher »Wunderheiler«, Magnetiseur, Hypnotiseur, »Journalist«; in mancherlei Hinsicht ähnelte er dem etwas älteren, reiferen Clemenceau, wenn auch auf einer anderen, zweifellos niedrigeren Ebene.

Welch ein Geschick, das die beiden in den Vereinigten Staaten zusammenführte; sie ergänzten einander vollkommen. Georges Clemenceau spürte hier den idealen Kumpanen auf, Herz den zielstrebigen Weiser.

Auch ihre gemeinsame Weltanschauung fesselte sie aneinander, waren sie sich doch völlig einig im Kampf gegen Napoleon III. und den unglücklichen Maximilian von Mexiko, in dem sie nicht nur den Repräsentanten des verhaßten Monarchischen, sondern einen Sendboten des Franzosenkaisers sahen.

Beide arbeiteten nach Kräften an der Niederringung Maximilians mit, beide schrieben für ihre Zeitungen, trieben sich auch in den Südstaaten herum und den jungen Cornelius Herz verschlug es bis Mexiko.

1870 kehrte er, so wie Clemenceau, nach Frankreich zurück, schloß – so sagte er später – seine Medizinstudien ab und arbeitete am republikanischen »Le Globe« mit. Als Arzt und Chirurg arbeitete er in mehreren Pariser Spitälern und psychiatrischen Kliniken in Rouen und Auch.

Während des Krieges von 1870 rückte er zum Stab des Generals Chanzy ein, wo er als »Chefchirurg« in Einsatz stand. Im Jänner wurde er, wegen seiner »eminentes services«, die er dort geleistet haben soll, Ritter der Ehrenlegion.

Paul Deroulède, der verbissene Antisemit, wußte über die Ursachen der Aufnahme des Cornelius Herz in die Ehrenlegion andere Gründe: erstens sei sie viel später erfolgt, zweitens auf Grund einer riesigen Bestechungssumme. Doch ist das eigentlich gleichgültig für den Fortgang des Lebensweges von Cornelius Herz. Jedenfals mit der »Ehrenlegion«

muß es 1871 noch nicht sehr weit her gewesen sein, sonst wäre er nach dem Krieg nicht im Marinespital von Berck-sur-Mer gelandet – gestrandet –, von wo es ihn zurück zu seinen Eltern nach Chicago trieb, das kurz darauf einem Großbrand zum Opfer fiel. Die Feuersbrunst verschaffte ihm anschließend den Posten eines Chefs der Ärztekommission, die im Zuge des Wiederaufbaus der Stadt eingesetzt wurde. Dann verschlug es ihn nach New York, wo er Chefarzt im Mount-Sinai – Hospital wurde, anschließend stieg er auf zum Gesundheitsrat von San Francisco.
Stand das alles, um auf Jacques Offenbach und E.T.A. Hoffmann zurückzukommen, im Zeichen des Arztes Dr. Mirakel, sattelte er jetzt auf »Coppelius« um, den Physiker.
Dr. Cornelius Herz hatte seine Liebe zur Elektrizität entdeckt und beteiligte sich mit durchschlagendem Erfolg an der Elektrifizierung von San Francisco, mehr noch: von Kalifornien.
Er machte nicht nur ungeheure Schulden, sondern auch ein ansehnliches Vermögen, und beeilte sich, nach Frankreich zurückzukehren.
Hier gründete er eine Gesellschaft zur Propagierung der Elektrizität, jener gleichen Kraft, die er selber auch verkaufte und die Gerätschaften dazu: Telefon- und Telegrafeninstallation jeder Größenordnung, Elektrifizierung ganzer Städte, ja Landschaften und schließlich Länder.
Ihm ist tatsächlich die »École moderne des électriciens en France« zu verdanken. 1878 gründete er das »Syndicat français d' Electricité«, dessen Präsident er wurde, von dort gingen zahllose Impulse zur Verbreitung der Elektrizität in Europa aus, und im Jahre 1881 organisierte er die »Exposition internationale d'Electricité« in Paris, die Epoche machte.
Nun lief das Geschäft erst richtig an: er tat sich mit der Rothschild-Bank zusammen und mit Hilfe mehrerer Gesellschaften gelang ihm eine Verkabelung Frankreichs für ein Gesamt-Telefonnetz, schließlich dehnte er seine Aktivitäten nach Bayern und Italien aus und die Würde eines Offiziers der Ehrenlegion (1886) sowie eines Ritters des Michaelordens und eines des T. Maurizius- und Lazarusordens (verliehen vom König von Italien) standen ihm ins Haus.
Das ist bereits jene Zeit, in der Cornelius Herz eine »situation prédominante dans le monde politique« in Frankreich innehatte ... in einem Wortspiel, das ein bißchen mit seiner Eigenschaft als oberster Elektrifizierer Frankreichs kokettierte, hieß er bald nur mehr »le grand Electeur

de la France«, was allerdings nicht »Elektriker« bedeutete, wie manche naive Beobachter bis heute meinen, sondern ihn als jenen bezeichnete, der er war: er *machte* schließlich in Frankreich dank seines Einflusses die Wahlen.

Den Suezkanal spielte er, trotz seiner Verbindungen zum Hause Rothschild, dem britischen Premierminister Disraeli in die Hände. Wo immer er seine Hand im Spiele hatte, arbeitete er auch mit den höchstrangigen Kreisen, und seine Verbindungen reichten so gut wie überall hin, selbst nach Portugal. Seit 1861 regierte dort glücklos Dom Luiz I. (er starb im gleichen Jahr wie Kronprinz Rudolf, 1889) und der Gedanke ist nicht von der Hand zu weisen, daß der Anschlag von Mayerling, der ja auch gleichzeitig Dom Miguel von Braganza gelten sollte, in seinen Grundzügen (natürlich nicht was Tatort und Tatzeit betrifft, das blieb weitgehend den unmittelbaren Umständen überlassen) schon vor längerer Zeit zwischen Herz und jenen portugiesischen Kreisen, die die exilierte königliche Familie von Braganza in Österreich treffen wollte, abgesprochen war.

Nahe dem Pariser Pantheon besaß Herz eine wissenschaftliche Versuchsanstalt und in Ternes eine Fabrik. Zwischen Brest und Bordeaux verlegte seine Firma ein erstes elektrisches Kabel in Frankreich. Seine geschäftlichen Reisen führten ihn nach Griechenland, ins Osmanische Reich, auf den gesamten Balkan, Spanien, Portugal, Dänemark, Skandinavien, nach Rußland, Bulgarien, Deutschland, Kanada und die USA, Kolumbien, Kuba, Brasilien, Peru, in den Iran und nach Siam (Thailand), China und Japan, in den Belgischen Kongo und nach Australien.

Mag es auch noch so phantastisch und unrealistisch klingen: dieser deutschstämmige Abenteurer vereinigte in sich zu einem hohen Maß auch all die Eigenschaften, die ein Karl May oder ein Jules Verne ihren Helden zulegten: Sprachgewandtheit, Wandlungsfähigkeit, Einsatzbereitschaft, beispielhaft umfassendes technisches und medizinisches Wissen, Einfühlungsgabe. Was allerdings einem Cornelius Herz – im Gegensatz zu den Helden eines Karl May oder Jules Verne – vollständig fehlte, war eine auch nur bescheidene Basis von Sitte oder Moral. Bei Herz zählte Geld oder Clemenceau ... sonst gar nichts.

Cornelius Herz war ein »Mann von Welt« geworden, rastlos, ruhelos, immer auf der Jagd nach neuen Ehren und neuem Einfluß ..., und um auf das Bild vom Hoffmannesken zurückzukommen, sei an den Kapitän Dapertutto erinnert, nannte ihn doch der schwedische Forscher Nordenskiöld einmal den »großen Seefahrer auf dem Meer der Elektrizität«.

Dabei blieb sein innerstes Anliegen die Politik (mit der damals in Frankreich am meisten Geld zu verdienen war) ... also das Wesen des Stadtrats Lindorf, um bei Hoffmanns Erzählungen zu bleiben.

Vom Jahre 1886 an – im März des gleichen Jahres war er Großoffizier der Ehrenlegion geworden – übertrug ihm »die französische Regierung« wie sich E. J. Reed, der 1897 eine Verteidigungsschrift für Herz verfaßte, »des missions politiques confidentielles de la plus haute importance« ..., von 1886 an stand Cornelius Herz wahrhaftig im Zentrum der Macht der Französischen Republik.

Georges Clemenceau protegierte ihn allenthalben, mit René Goblet stand er auf vertrautem Fuß und, was sicher auch sehr wichtig war, mit Felix Granet, der im nämlichen Jahr, 1886, Minister für »Post und Telegraphenwesen« wurde. Wohl stimmte der sehr vorsichtige Georges Clemenceau gegen eine Konzessionserteilung für Herz, der das gesamte Telefonnetz von Paris für sich monopolisieren wollte, doch blieb für Cornelius Herz genug anderes zu tun.

1886 wurde es überhaupt ein wenig brenzlig um die allzu offen zur Schau getragene »entente cordiale« zwischen Herz und Clemenceau, zeigte sich doch Frankreichs Rechte darüber immer mehr beunruhigt, daß die Zeitung des Georges Clemenceau, »La Justice«, offensichtlich aus den schier unerschöpflichen (dunklen, der französischen Öffentlichkeit immer unheimlicher werdenden) Geldquellen des Cornelius Herz flossen. Immerhin war Herz von 1883 bis 1885 offizieller Teilhaber der »Justice« und im gleichen Jahr soll ihn Clemenceau »ausgezahlt« haben ... wahrscheinlich mit dem Geld des Cornelius Herz selber.

Jedenfalls konnte das Duo Clemenceau-Herz in bezug auf die »missions politiques confidentielles« des Cornelius Herz mit einer Reihe von französischen Politikern rechnen, die alle Wünsche der beiden erfüllten: Felix Granet, René Goblet und Charles Floquet; die beiden letzteren standen auch voll hinter der »Spezialmission Rudolf« des Cornelius Herz, als die entscheidende Wende 1888 heranrückte.

Der Vollständigkeit halber sei noch erwähnt, daß Cornelius Herz auch zu einer weiteren Creation des Georges Clemenceau, zu General Boulanger, beste Beziehungen unterhielt. Der ganze »Boulangismus« war ja ursprünglich eine Bewegung der französischen Linken gewesen, Clemenceau benützte Boulanger vor allem zur Tilgung allfälligen monarchistischen Einflusses auf die Armee, später, als sich sein Geschöpf Boulanger »verselbständigte« und Clemenceau den General Boulanger ins Exil und schließlich in den Selbstmord trieb, hielt Cornelius Herz immer noch Kontakt zu dem Unglücklichen; wahrscheinlich rechnete er noch im Jahre 1889 mit einer politischen Karriere Boulangers.

Doch zurück zum Jahre 1886, als die politische und finanzielle Macht des Cornelius Herz ihrem Höhepunkt zustrebt: während er auf dem Gebiet der »Außenpolitik« – es benützt so manche Regierung Typen wie Cornelius Herz zur Erfüllung spezieller Agenda – auf Österreich-Ungarn und da wieder besonders auf Kronprinz Rudolf angesetzt wurde, betätigte er sich auf finanzstrategischem Gebiet parallel zu seinen fernmeldetechnischen Unternehmungen mehr und mehr auf dem Boden des Jahrhundertunternehmens »Panamakanal«.

Die Idee, einen interozeanischen Kanal zu bauen, der den Atlantik mit dem Pazifik verbinden sollte, war fast so alt wie die Entdeckung von Mittelamerika; zur Zeit Karls V. gab es schon erste Pläne. Zur Zeit des kalifornischen Goldrausches, um 1848, tauchte sie wieder auf, doch erst dem Erbauer des Suez-Kanals, Ferdinand von Lesseps, war es gelungen, die Öffentlichkeit für diese Idee zu mobilisieren. Was heißt Lesseps: die Durchziehung des Gedankens, Geld von den Massen der kleinen Sparer zu organisieren, Hunderttausende, wenn nicht Millionen von mittelständischen oder kleinbürgerlichen Existenzen ins Spiel zu bringen, das war das Metier der Herren Cornelius Herz und Jacques Reinach.

Um aber die Masse der kleinen Sparer zu motivieren, mußte die Presse Frankreichs mitspielen, die »öffentliche Meinung« mußte »gemacht« werden, – und sie spielten alle mit, von links bis rechts – auch Herr Georges Clemenceau, dessen »Justice« immerhin Unsummen verschlang, verbündete sich mit Cornelius Herz zum »Wohle« seines radikalen Blattes. In den Jahren zwischen 1880 und 1888 empfing die französische Presse schier unvorstellbare Summen an Bestechungsgeldern. Als letzten Ausweg sah die Panama-Gesellschaft eine Art Lotterie, die die Masse der kleinen Einzahler noch einmal für das Projekt interessieren sollte.

An sich war Herz schon seit Beginn dieses Abenteuers, seit 1879, mit von der Partie. Doch dürften ihn zunächst andere Projekte, bei denen es um viel Geld ging, mehr interessiert haben, die Orientbahnen etwa, Eisenbahn-Großprojekte auf dem Balkan und im Osmanischen Reich. Beim Bau der Balkanbahnen war Moritz Hirsch so reich wie berüchtigt geworden. Seine geniale Idee, den Bahnbau durch Anteilscheine mit Gewinnchancen auf Lotteriebasis zu finanzieren, hatte ihm viel Geld und der Gesellschaft den Bankrott gebracht, was vor allem den Ruin vieler kleiner Existenzen bedeutete. Das Ganze mutet wie eine Generalprobe zu dem Unternehmen »Panama«: Cornelius Herz kopierte, als die Panamafinanzierung zu scheitern drohte, das »System Hirsch« und brachte schon 1885 Ferdinand Lesseps auf den Gedanken, eine solche »Lotterie« zu veranstalten.

Ausführender dieses Planes sollte Baron Jakob von Reinach sein, der, in engster Geschäftsbeziehung zu Baron Hirsch stand; ein wahres Karussel von Namen, Geld, Schulden, Krediten und ungeheurlichen Gewinnen, in dessen Mitte Männer wie Herz, Reinach und Hirsch standen; mehr am Rande, dort wo die Zentrifugalkräfte wirkten, befanden sich die Anleger und Sparer, gelegentlich auch Politiker. Nun sollte eine Art »Lotterie« die Panamagesellschaft retten.

Zahllose Parlamentarier wurden zwecks Genehmigung eines dafür notwendigen Gesetzes bestochen, aber der richtige Durchbruch gelang Herz und Reinach nicht. Als letzter, verzweifelter Versuch der Korruptionisten verblieb nur mehr die Erpressung des Parlaments. Im Zuge einer beispiellosen, hochbezahlen Pressekampagne gegen die Abgeordneten, denen vorgeworfen wurde, ein Weltprojekt des französischen Nationalstolzes »mutwillig zu torpedieren«, gelang es den Großbetrügern vom Schlage Herz und Reinach und ihren Hintermännern wie Clemenceau und Goblet noch einmal, die Lage oberflächlich zu retten, als sie am 9. Juni 1888 ein Gesetz durchdrückten, das die Ausgabe von Losen autorisierte.

Schon bald darauf wußten Eingeweihte, daß auch dieses letzte Rettungsmanöver nicht gelingen werde, daß ein allen noch unvorstellbarer Skandal im Kommen war ... nämlich die Stunde der Wahrheit, wenn hunderttausend Sparer erfahren würden, daß Großschieber und Abenteurer sie um ihre sauer zurückgelegten Spargroschen gebracht hatten.

Lesseps hatte mit Cornelius Herz schon 1885 einen Vertrag geschloßen, nach dem er sofort nach Beschlußfassung der Kammer zu einem

Gesetz über die Ausgabe von Losen 10 Millionen Franken kassieren sollte, und obwohl es damals nicht dazu kam, kassierte Herz eine runde Million. Zur gleichen Zeit gab Jacques Reinach dreieinhalb Millionen für die »Förderung« der französischen Presse aus. Clemenceau kassierte bei Herz ab; der Nachfolger Goblets, Rouvier, bei Reinach. Am 28. April 1888 nahm das Parlament mit 284 gegen 128 Stimmen »angesichts von 450 000 Petitionären, die das Parlament beschwören« das Los-Gesetz an, am 7. Juni wurde das Gesetz, wie erwähnt, rechtskräftig.

Jetzt aber meldete sich Herz erst recht bei Reinach: er forderte seine versprochenen 10 Millionen auf Heller und Pfennig ein. »Wie das Mikroskop zeigt, daß das Gewürm selbst wieder Gewürm in sich trägt, so zeigt eine genaue Analyse, daß der Schmarotzer Reinach auch andere Schmarotzer fütterte«, meinte dazu Maurice Barrès ...

Clemenceau war tief in den Finanzskandal und die Internstreitigkeiten zwischen Herz (seinem Schützling) und Reinach (Schützling des Ministerpräsidenten Floquet) verstrickt, sollte Reinach vor Herz schützen, aber Herz schien der eigentliche Herr der Republik zu sein, besaß er doch eine Liste von allen Abgeordneten mit genauen Ziffern und Daten, und alles war darauf vermerkt, wer wann wieviel genommen hatte ...

Nicht genug damit. Die innenpolitischen Unruhen in Frankreich erhitzten sich täglich mehr an dem Problem »Boulanger«, dem Problem eines Generals, der ursprünglich wohl Liebkind, ja politische Kreatur des Georges Clemenceau gewesen war, der sich aber längst selbständig gemacht hatte und selbstherrlich eine – nun, niemand wußte so genau was, – vielleicht eine Militärdiktatur nach dem Vorbild Napoleons III. anstrebte ...

In dieser verzweifelten, innen-wie außenpolitisch völlig verworrenen Situation gab es nach dem Dafürhalten Clemenceaus nur einen geschickten Ausweg: einen billigen, raschen, durchschlagenden außenpolitischen Erfolg.

Nach allen Analysen schien so etwas in Österreich mit Hilfe des Kronprinzen, der die Jahre über mit Szeps in intellektuellem, mit Cornelius Herz aber in intensivem politischen Kontakt gestanden hatte, am leichtesten durchführbar.

Daß mit Rudolf unter Umständen etwas zu »machen« sein könnte, wußte sein enger Freundeskreis schon lange. Selbst in der so sorgfältig und gewissenhaft ausgewählten Korrespondenz zwischen Rudolf und Moriz Szeps, die 1922 von Dr. Julius Szeps herausgegeben wurde, findet sich noch eine diesbezügliche Spur:

Laxenburg, 19. November 1884

Lieber Szeps!
... Immer mehr gewinne ich die Überzeugung, daß ernste, vielleicht blutige Tage kommen werden und daß über kurz oder lang die Armee, als der letzte Schutz und Hort des Staatsgedankens und der Ordnung, mit eiserner Hand eingreifen wird zur Rettung des Bürgerstandes und des geordneten Staatslebens. Wenn Sie morgen Zeit hätten, mich um 2 1/2 Uhr in meiner Wohnung zu besuchen, würde es mich sehr freuen. Mit den herzlichsten Grüßen von uns beiden

Ihr Rudolf

Im Jahr zuvor, im Sommer 1883, hatte der Kronprinz seinen vielbeachteten, großen Auftritt bei der Eröffnung der »Elektrischen Ausstellung« gehabt, als er in einer ebenso kurzen wie mitreißenden Rede der Hoffnung Ausdruck gab, »ein Meer von Licht strahle aus dieser Stadt und neuer Fortschritt gehe aus ihr hervor«.
Der natürliche Hang des Kronprinzen, gerade auf dem Gebiet des sich rasch und vielversprechend entwickelnden Elektrizitätswesens als führend Beteiligter Impulse geben zu können, blieb dem Mann, der in ganz großem Stil mit den Erfindungen und Neuerungen der Zeit, Handel und mehr und mehr auch Politik trieb, nicht verborgen – so wenig wie seinem Partner und Meister, Georges Clemenceau.
Zwei Jahre später waren die Kontakte bereits so ausgebaut gewesen, daß Cornelius Herz, an dessen ununterbrochen vorgebrachten und demonstrierten technischen Neuerungen der Kronprinz brennendes Interesse zeigte, zur ebenso »geheimen« wie in höchster Gunst stehenden Clientel gehörte.
Was Cornelius Herz, der »Elektriker«, anzubieten hatte, faszinierte Rudolf: das waren die Erfindungen des David Edward Hughes, der einen Fernschreiber entwickelt hatte und ein Mikrophon, dazu die Entwicklungen und Erfindungen eines Morse – eine Welt, die Rudolf umso mehr reizte, als sein kaiserlicher Vater technischen Neuerungen gegenüber mißtrauisch, wenn nicht uninteressiert gegenüberstand.
Doch diese Welt der Erfindungen bildete nur einen Teil der Direktkontakte zwischen Rudolf und Cornelius Herz; im Mittelpunkt standen

die politischen Verbindungen zwischen Rudolf und Clemenceau mit Blickrichtung auf eine allmähliche Lösung des Bündnisses Österreichs mit Bismarcks Reich.
Wie in einem von Geisterhand geschickt geknüpften Weltendrama wollte es der Lauf der Dinge, daß gerade zu jener Zeit, als der Clique Clemenceau-Herz der finanzielle Atem zum Durchstehen des Panama-Abenteuers ausging, eine weitere, aus heutiger Sicht bewußt hochgespielte und dramatisierte »Datumsgrenze« herandrückte ... es jährte sich zum zehnten Mal der Abschluß des inzwischen längst nicht mehr geheimen Bündnisses zwischen Österreich-Ungarn und Deutschland, genauer gesagt, das »Jubeljahr« 1889 stand unmittelbar bevor, was wohl alles, was deutschnational gesinnt war, zum Jubeln, alle anderen aber zur verbissenen Gegenwehr trieb.
Im Dezember 1888 kulminierten diese Probleme zu einer Krisis im innersten Sinne des Wortes, zu einem Höhepunkt im Leben der Menschen und Völker im Sinne des Wendepunkts.
In welcher Krise das Gespann Cornelius Herz – Georges Clemenceau im hereinbrechenden Winter 1888 wieder stand, ahnten damals wenige, zu geschickt war noch eine potemkinsche Fassade rund um das bereits zusammenbrechende Panama-Unternehmen gebaut. Zwar war das Gesetz, das die Panamagesellschaft zu ihrer Rettung brauchte, bereits beschlossen worden, aber das Volk, die Masse der kleinen Einleger, zog nicht mehr mit. Die Emission vom Juni 1888 hatte statt der erhofften 720 Millionen nur 254 Millionen eingebracht.
Noch einmal versuchte es die Bande von Großbetrügern: Mit einer von ungeheurer publizistischer Wucht vorgetragenen »Lotterie innerhalb der Lotterie« sollten gleich 400 000 Panama-Lose verkauft werden, die – und das war das eigentlich Abenteuerliche daran – rückerstattet werden sollten, wenn die Zahl der verkauften Obligationen nicht 400 000 erreichen sollte. Nicht von ungefähr sprach Lesseps in seinen flammenden Aufrufen von einer »Armee von 500 000 Menschen« die für Panama gezeichnet habe und nun von ihm verlange, »zu siegen«.
Am 12. September 1888 fand die Subskription statt. Aber statt der erhofften halben Million von Menschen, die sich noch einmal das Geld von einem Herz, Reinach, Lesseps, Eiffel und ihren Hintermännern wie Clemenceau und der korrupten Schar der Abgeordneten und der Pressemagnaten aus der Tasche ziehen lassen wollten, stellten sich nur mehr 200 000 Schafe zur Schur ein.

Die Krise war da, der Zusammenbruch unvermeidlich, wenn nicht ein »Wunder« geschehen würde. Hoffnung auf ein solches »Wunder« konnte nur mehr in einem einmaligen, außenpolititschen Erfolg liegen.
Dazu brauchte man noch eine Galgenfrist. Zwei Tage nach der Katastrophe vom 12. Dezember bereits verlängerte der französische Finanzminister die Zahlungsfristen für die Panama-Kompagnie um drei Monate, weil eine Wiederherstellung der Zahlungsfähigkeit »im Interesse der Allgemeinheit« liege.
Aber jetzt mußte etwas geschehen, und zwar sofort, weil nicht nur das französische Staatsschiff finanziell ins Sinken geriet, sondern Clemenceau verbittert, wenn auch noch nicht hilflos wie der Zauberlehrling zusehen mußte, wie seine ehemalige Marionette Boulanger offenbar einem gigantischen Wahlsieg in Paris entgegenzog. Jetzt mußte wirklich etwas geschehen ... und dazu wurde Cornelius Herz nach Wien entsandt, um den Kronprinzen ins Gebet zu nehmen. Die Forderungen des Cornelius Herz, der als Abgesandter der machtvollen Clique des Georges Clemenceau auftrat, waren hart, aber in den Augen des Erpressers, der selbst vom Untergang bedroht war, durchführbar und »legitim«.
Es ging um nichts weniger als einen *Staatsstreich* mit dem Ziel der Etablierung eines neuen, den Vorstellungen der Hintermänner des Cornelius Herz entsprechenden und genehmen Machtgefüges, selbstverständlich unter Beibehaltung »einer Monarchie«.
Die Exekutierung eines solchen Vorhabens sollte mit Hilfe der von Cornelius Herz so meisterhaft beherrschten *Fernmeldetechnik* bewerkstelligt werden, die dem Kronprinzen mit Hilfe eines von Herz beigestellten Spezialistenteams den entsprechenden Zeitvorsprung und die Manipulation der Garnisonen des Reiches bringen sollte.
Eine geniale Kombination aus technischer Faszination und machtpolitischer Passion ... da mußte Rudolf doch zugreifen!
Womit Herz nicht gerechnet hatte, war die Haltung des jungen Habsburgers, der sich der ultimativ vorgetragenen Forderung des Cornelius Herz mit Vehemenz *widersetzte* und sich selbst in seinem Zorn zu heftigen, unkontrollierten Äußerungen über seinen Erpresser hinreißen ließ.
Cornelius Herz war zu weit gegangen ... und nun sah er, der sein französisches »Imperium« aus Volksbetrug und Großschiebertum in höch-

ster Gefahr wußte, eine neue Bedrohung auf sich zukommen: Daß der junge Prinz, den er in einem Ultimatum zu überfahren gehofft hatte, nun »sprechen« würde.

Die außenpolitischen Konsequenzen wären für Frankreich wie für Österreich-Ungarn unabsehbar gewesen, hätte Bismarck erfahren, daß der Kronprinz Kontakte mit René Goblet gepflegt hatte und die Beziehungen zu Herz und Clemenceau nicht nur privater Kredite zur Unterstützung von Szeps und zusätzlicher Informationen wegen bestanden hatten, sondern ganz real über eine Änderung des Bündnisverhältnisses verhandelt worden war.

Von der sofortigen militärischen Besetzung Österreichs durch deutsche Truppen bis zu einem Krieg zwischen Deutschland und Frankreich war alles denkbar.

Rasch erfaßte Cornelius Herz, daß Rudolf zum Schweigen gebracht werden mußte. Das aber verstand auch der Kronprinz.

Trotzdem lehnte er – um Kaiserin Zita hier wörtlich zu zitieren – die vom Erpresser vorgebrachte Forderung, »er solle eine feindliche Haltung gegenüber seinem Vater einnehmen«, kategorisch ab. Wörtlich: *»Gegen die Kirche ja – gegen meinen Vater niemals!«*

Um nochmals auf die technische Konzeption des geplanten Staatsstreichs zu kommen:

Es soll hier nicht behauptet werden, die Staatsstreich-Idee des Dr. Cornelius Herz, die Macht unblutig und durch eine fernmeldetechnische Überrumpelung der Armee abzuwickeln, sei absolut neu gewesen, nein, sie baute bereits auf ein geplantes Unternehmen aus der Zeit der Pariser Kommune und der damals entstehenden Kumpanei auf.

Clemenceau, Blanc, Lockroy und de Montjau haben damals im blutigen Terror ihres Regimes die extreme Linke gebildet, die mit wechselndem Erfolg ihre »Ideale« durch die Zeiten zu tragen suchte.

Im Jahre 1877 hatte MacMahon, jener französische Staatspräsident, von dem Kaiser Franz Joseph einmal sagte, das sei der Mann, mit dem man sich verständigen hätte können, den Herzog von Broglie mit der Übernahme der Ministerpräsidentschaft betraut.

Clemenceau nannte damals die Vorgangsweise Mac Mahons »einen Aufstand der herrschenden Klasse gegen den Willen der Nation« und gründete sein berüchtigtes »Komitee der Achtzehn«, das Mac Mahon unter der Führung Gambettas widerstehen sollte. Es war Gambettas (oder des Cornelius Herz'?) Idee gewesen, damals nach Kappen der Te-

legrafenverbindungen zwischen Versailles und den Provinzen (jedenfalls war die Existenz dieser Linien Herz zu verdanken gewesen) eine »Nationalversammlung republikanisch gesinnter Abgeordneter« einzuberufen.
Cornelius Herz stellte diesen Staatsstreichgedanken jedenfalls im Herbst 1888 insofern auf den Kopf, als er dem Kronprinzen vorschlug, nach der Besetzung der Post- und Telegrafenzentrale in Wien in den Militärkommanden der österreichisch-ungarischen Monarchie über den Telegrafen die Übernahme der Regierungs- und Befehlsgewalt durch Rudolf zu proklamieren. Informationsvorsprung sei hier alles ...
Auch handelspolitisch trat Cornelius Herz mit einer schier unwiderstehlichen Versuchung heran: einen großangelegten Ausbau der österreichisch-ungarischen Flotte vorantreiben zu wollen, der Handelsflotte vor allem, als ein in aller Welt sichtbares Gegengewicht des Fortschritts und der Friedensliebe zu den wahnwitzigen Plänen zum Ausbau einer Kriegsflotte, die Wilhelm II. in Deutschland vorantrieb.
Eine Vision ... hatte nicht ein österreichisches Schiff als eines der ersten den Suezkanal benützt? Könnte nicht eine österreichische Flotte als erste den Panamakanal nützen? Das konnte wie ein Schritt von einer Kaiserin Eugenie, in deren Schatten Kaiser Franz Joseph der Eröffnung des Suezkanals beiwohnte, zu einem Kaiser Rudolf werden, in dessen Schatten die Großen der Welt der Eröffnung des Panamakanals beiwohnten!
Es war sicher eine der größten Versuchungen der Weltgeschichte: mit Hilfe der Technik des 19. Jahrhunderts, mit vollkommen unblutigen, ja friedlichen Mitteln, die Macht in Österreich-Ungarn zu übernehmen, das Reich aus der Umklammerung des wilhelminischen Traumas zu lösen und sich mit der Republik des Gambetta, des Clemenceau, mit den Freunden seiner Freunde zu verbünden ...
Cornelius Herz muß sich seiner Sache sehr, wenn nicht absolut sicher wesen sein.
Vielleicht fühlte er sich bereits allzu sicher, vielleicht verstieg er sich im Ton oder in der Methode: *Rudolf sagte jedenfalls nein.*
Rudolf blieb unerbittlich – niemals und unter keinen Umständen würde er die Hand gegen den Vater erheben.
Die Bindung an seinen Vater und Souverän bedeute ihm mehr als jedwede andere Verpflichtung.

Aus der ersten, entscheidenden Aussprache mit Erzherzog Karl Ludwig, deren Inhalt noch vor der Eidesleistung an Kaiser Franz Joseph im innersten Familienkreis Karl Ludwigs bekannt wurde, ist überliefert, daß Karl Ludwig nach Anhören der Fakten, die ihm sein Neffe mitteilte, seine tiefste Besorgnis äußerte und nach den vom Kronprinzen selbst vermuteten Folgen fragte. Rudolf sagte: *»Ich weiß, was die Strafe gegen diese wissentliche Auflehnung ist«*.
Rudolf war sich schon vorher darüber klargeworden, daß weder er noch Österreich-Ungarn das entscheidende Element im europäischen Kräftespiel um Frankreich und Deutschland darstellten ... mit besonders erschreckender Deutlichkeit hatte sich das gezeigt, als Bismarck hinter dem Rücken des österreichischen Verbündeten mit Rußland einen Rückversicherungsvertrag schloß; darüber hinaus zeichnete sich ab, daß Frankreich auch ohne Österreich-Ungarn mit Hilfe der Russen aus der Umklammerung ausbrechen könne.
Rudolf wußte selbstverständlich auch über seine seine schier ausweglose innenpolitische Lage: die Felle der Liberalen, des schwarzgelben und jüdischen Großbürgertums, schwammen davon. Neue Kräfte, die sich allesamt aus dem Schönerer-Lager rekrutierten, ob sie nun Pernerstorfer, Adler oder Lueger hießen und ob sie nun die Brücken zu Schönerer und seinen wahnsinnigen Nationalen abgebrochen hatten oder nicht, strebten an die Macht.
Rudolf ahnte auch die ganze Tragweite der außenpolitischen Lage, ahnte, nicht zuletzt aufgrund seiner kosmopolitischen Kontakte zu Paris, was sich in der Welt an Entwicklung tat und daß Österreich-Ungarn mit seiner verbrieften und besiegelten Verbindung zum wilhelminischen Deutschland keine Überlebenschance hatte.
Vielleicht war er in diesem Punkte auch insofern »unhabsburgisch«, als Kaiser Franz Joseph in echt habsburgischer Tugend auf Zeit setzte, auf Zeitgewinn, auf die Chance, Konflikte von selbst sterben zu sehen, wohingegen Rudolf, sicher auch aufgrund seiner Jugend, ein Mann war, der ein Problem »lösen« wollte.
Im Dezember 1888 kam es zu einer langen, rückhaltlosen Aussprache zwischen dem Kronprinzen und seinem Onkel, Erzherzog Karl Ludwig, in dessen Villa Wartholz bei Reichenau.
Rudolf sah in Karl Ludwig nicht nur den nahen Verwandten, dem er freundschaftlich verbunden war, sondern auch, das vielleicht sogar in erster Linie, den, wenn auch viel älteren Nachfolger, sprach er sich

doch nicht nur mit dem Onkel, sondern zugleich auch mit dem nächsten Erzherzog-Thronfolger aus.
Es ist überliefert, daß Erzherzog Karl Ludwig, der sich der Gefahr, die über seinem Neffen schwebte, im Laufe des Gesprächs voll bewußt wurde, Rudolf zwei dringende Ratschläge gab: zunächst, sich seinen ehemaligen »Freunden« gegenüber wieder etwas konzilianter zu geben, und zweitens zu versuchen, Zeit zu gewinnen und sich gleichzeitig in keinerlei exponierte Lage zu begeben.
Gleichzeitig versuchte Rudolf, seinen früheren Freundeskreis, den er durch seinen unausgeglichenen Lebenswandel verloren hatte, systematisch zurückzugewinnen.
Die Einladung an Dom Miguel gehörte in eben diesen Rahmen. Hierzu Kaiserin Zita: »Sich am Leben bedroht wissend, trachtete der Kronprinz, seine früheren Freunde wieder heranzuziehen. Diese hatten sich wegen seines nicht eben erbaulichen Lebenswandels von ihm zurückgezogen. Er lud mehrere von ihnen, darunter meinen Onkel, den Herzog Dom Miguel von Braganza ein, zu ihm zu einer Jagdpartie nach Mayerling zu kommen. Mein Onkel sowie einige andere sagten unter diversen Vorwänden ab, denkend, daß dort eine sehr gemischte Gesellschaft wäre und den vorangegangenen Bruch mit der Verbindung, die sie nicht mochten, nicht ahnend.
Eine interessante Einzelheit wäre hier zu erwähnen. Die Mörder des Kronprinzen scheinen gehofft zu haben, die katholische Familie Braganza in diesen Skandal hineinzuverwickeln. Obwohl doch Außenstehende kaum wissen konnten, daß auch mein Onkel Dom Miguel zu der Jagdgesellschaft nach Mayerling geladen gewesen war, erschien in gewissen Zeitungen, über deren Finanzquellen es nur Vermutungen gab, die Nachricht, daß es mein Onkel gewesen sei, der im Zusammenhang mit einer Frauenstreiterei den Kronprinzen erschossen habe.«
Ohne auf die näheren Einzelheiten der Ermordung des Prinzen eingehen zu wollen – das ist kein Enthüllungsbericht, sondern hier sollen die politischen Zusammenhänge erläutert werden –, sei folgendes festgehalten:
Der Kronprinz wußte von einer unmittelbar drohenden Gefahr, offensichtlich war ihm von seiten des Cornelius Herz während der Fahrt nach Mayerling noch eine Drohung zugegangen.
In der Reihe der Vorsichtsmaßnahmen, die der Kronprinz im Bewußtsein der Gefahr, in der er schwebte, traf, gehörte, daß er die Fensterlä-

den stets geschlossen hielt, solange er sich in Mayerling aufhielt, vor allem auch die Tatsache, daß er den Telegrafenapparat nicht in Betrieb nehmen ließ; wollte er doch vor allem mit dem Meister dieser sonst von ihm so hochgeschätzten Einrichtung nicht in Berührung kommen, auch nicht fernschriftlich.

Alles deutet darauf hin, daß er auch die Baronesse Vetsera in einem anderen Teil des Schlosses unterbrachte, um das Mädchen nicht zu gefährden. Sein eigenes Zimmer hat er sorgfältig verbarrikadiert.

Die Mörder stiegen über eine Leiter ein, wobei es zu einem entsetzlichen Handgemenge kam. Der Kronprinz hat sich tapfer und zäh gewehrt, er suchte auch, seinen Körper zu decken, wobei er einen schweren Tisch schützend vor sich hielt.

Kaiserin Zita: »Bei dieser Gelegenheit sind ihm die Finger abgehackt worden, die den Tisch krampfhaft festhielten, weil der ja sein einziger Schutz war, und als ihm der aus den Händen fiel, wurde er bestialisch umgebracht«.

Mary Vetsera wurde von den gleichen Männer – nach allen Indizien handelte es sich um eine Gruppe von Berufsmördern, die weder nach Ursachen noch Folgen fragten, sondern bloß viel Geld kosteten – ermordet und anschließend zum toten Kronprinzen gebracht, um ihn vollends zu kompromittieren. Dom Miguel von Braganza wäre mit höchster Wahrscheinlichkeit ein ähnliches Schicksal beschieden gewesen.

Der Kreis um Erzherzog Karl Ludwig kannte auch Einzelheiten der polizeilichen Erhebungen: da waren Spuren schwerer Männer vor dem Fenster des Kronprinzen gewesen, genau so wie die Abdrücke der benützten Leiter und Blut, was darauf schließen läßt, daß sich der Kronprinz nicht nur lange gewehrt, sondern einen seiner Mörder verwundet hatte. Der Mordtrupp entkam unerkannt.

Nur um die weiteren Zusammenhänge noch anzudeuten: König Carlos von Portugal und sein Kronprinz wurden am 1. Februar 1908 durch ein Bombenattentat ermordet. Kurze Zeit darauf mußte auch König Manuel II. abtreten: verständlich, daß Kaiserin Zita empört und auch besorgt reagierte, als Kaiser Karl 1921 mitgeteilt wurde, die Reise ins Exil gehe nach Portugal ...

Nach der Aussprache des Kaisers mit Erzherzog Karl Ludwig, dem nunmehrigen Erzherzog-Thronfolger, konnte es über den Kreis der Täter und deren Hintermänner keinen Zweifel geben.

In der Woche zwischen Ermordung und Beisetzung ergab sich dann jenes vollendete Bild eines perfekten Mordanschlages, das einenteils die eingeweihten Kreise um den Kaiser zwang, zum wahren Tathergang zu schweigen, andernteils eine schwere Erschütterung des sittlichen Ansehens des Kaiserhauses hingenommen werden mußte.
Übrigens zeigen die Botschafterberichte, die unmittelbar nach der Nachricht von Tode des Kronprinzen von Wien aus nach London und Paris abgingen, mit geradezu erschütternder Deutlichkeit die wahren Absichten und Pläne in diesem Komplott. Nicht, daß die Botschafter von den Hintergründen der Ermordung gewußt hätten, sicher nicht, sie liefern allerdings indirekte Beweise für die Wahrheit, so vor allem wenn der Botschafter der Königin Victoria sich zunächst nicht genug äußern kann über all die Begabungen und Vorzüge dieses kaiserlichen Prinzen (keine Rede von »Störungen«) und zunächst einmal als gegeben eine Ermordung voraussetzt.
In einem Brief an seinen Staatssekretär vom 1. Februar 1889 (»confidential«) schreibt Sir A. Paget an den Marquess of Salisbury in London:
»... und dann eilte ich ins Außenamt wo ich glücklicherweise Graf Kalnoky [den österreichisch-ungarischen Außenminister] traf, von dem ich auch die Einzelheiten erfuhr, die ich in meinem zweiten Telegramm vom Donnerstag schon berichtete. Wie wohl verständlich ist, stand seine Exzellenz völlig im Banne des Geschehenen und zweifellos war die beißende Kraft seiner Gefühle noch durch das Wissen verstärkt, das er gehabt haben mußte, wie der Tod tatsächlich eingetreten war, was er aber nicht sagen konnte ...«
Noch erschreckender der Themenwechsel in den Berichten des Botschafters bereits kurze Zeit später; ist die Korrespondenz zunächst, sich immer mehr an die offizielle Wiener Version nähernd, noch ganz im Banne des Todes des Kronprinzen, tritt nach dem 7. März eine ebenso neue wie absolut folgenrichtige neue Entwicklung in den Vordergrund: der Österreich immer so freundlich gesinnte König Milan von Serbien war abgetreten.
Neue Kräfte etablierten sich in Serbien, Milans Sohn Alexander verlor durch wohlgelenkte Willkür jedes Ansehen im Volk und fiel gemeinsam mit seiner Frau Draga einem Mordanschlag zum Opfer. Der Weg war frei für Peter Karageorgewitsch und seine Rußland- und Frankreichfreundliche Politik. Der Weg nach Sarajewo war bereitet ...

Die Mordtat von Mayerling war insofern in geradezu diabolischer Ausführung durchgezogen worden, als der Macher, Cornelius Herz, sehr wohl imstande war, einen gewissen Verdacht auf sowohl nationale als auch sozialistische Kreise, die beide dem Kronprinzen mit tödlicher Feindschaft gegenüberstanden, zu lenken.
Bis in die Zeit nach dem Ersten Weltkrieg herrschte bei den neu an die Macht gekommenen Sozialisten das Gefühl vor, ein Mann wie Alois Pernerstorfer[1], der gleichfalls aus dem extrem nationalen Schönerer[2]-Lager gekommen war, und der den Kronprinzen mit unerbittlichem Haß verfolgt hatte, könnte in die Angelegenheit verwickelt sein. Und wirklich:
In vernünftiger Voraussicht dessen, daß sich nach Vollendung des Attentats auf den Kronprinzen die österreichische Polizei bestimmter Kreise Tatverdächtiger »annehmen« würde, trat Cornelius Herz kurz in Kontakt mit dem Schönerer-Kreis, vor allem aber mit dem Kreis des Wiener Neustädter Rechtsanwaltes Dr. Riehl, der einer bekannten, anti-habsburgisch gesinnten Familie entstammte und die in seiner unmittelbaren Umgebung lebenden Kreise in Frohsdorf, Seebenstein und in der Villa Wartholz aus fanatisch nationaler Gesinnung heraus haßte wie nichts in der Welt. Übrigens ist es interessant, daß Cornelius Herz die Gegend südlich von Wien besonders gut kannte und auf dem Semmering wiederholt Aufenthalt nahm.
Pernerstorfer wieder war öffentlich durch eine ganze Reihe von Skandalen und Skandälchen als Gegner des Kronprinzen bekannt.
In der »Schule« Pernerstorfer wieder wuchs der junge Dr. Walter Riehl

1 Engelbert Pernerstorfer, 1850 – 1918, Gymnasiallehrer, urspr. deutschnational, später Sozialdemokrat und anerkannter Führer der Partei; scharfer Gegner des Kronprinzen, besonders in seiner deutschnationalen Zeit, aber auch später. Pernerstorfer war von 1885 bis 1897 sowie von 1901 bis 1918 im Abgeordnetenhaus, seit 1907 dort auch Vizepräsident.

2 Georg Ritter von Schönerer (1842-1921, 1888 entadelt) Österreichischer alldeutscher, antisemitischer und habsburgfeindlicher Politiker, in seiner Weltanschauung *der* Gegensatz zu Kronprinz Rudolf. Er arbeitete zeitlebens fanatisch für den Anschluß Österreichs an ein »Großdeutschland« unter preußischer Führung. Nach dem Sturm auf die Redaktion des »Neuen Wiener Tagblatts« des Moriz Szeps wurde er verurteilt und entadelt. Schönerer war in vielerlei Hinsicht Hitlers Vorbild gewesen, doch auch eine ganze Reihe bekannter österreichischer Politiker kam ursprünglich aus seiner Schule (Viktor Adler, Heinrich Friedjung, Engelbert Pernerstorfer, der auch als Redakteur bei Schönerers »Deutschen Worten« arbeitete).

heran, der Sohn des Wiener Neustädter Anwalts Riehl, und es war jener Walter Riehl, der 1920 das »Hakenkreuz« erfand … er war auch einer der ganz wenigen Duzfreunde Adolf Hitlers.

Mit der Mordtat am Kronprinzen hatte der Kreis nichts zu tun, aber es genügte, einen Pernerstorfer oder Riehl überhaupt an den Rand des Geschehens gerückt zu wissen, um dem Kaiser auch innenpolitisch die Hände zu binden.

1919 wieder, als die Monarchie gestürzt und die Republik ausgerufen war, kehrten sich diese Belastungsmomente in ihr Gegenteil um. 1919 war es für eine junge Republik nicht gleichgültig, ob so prominente Habsburg-Gegner wie Pernerstorfer oder Riehl in den Mordanschlag gegen den Kronprinzen verwickelt waren oder nicht.

Dr. Karl Renner war 1919 an einer völligen Aufklärung des Mordes am Kronprinzen, vor allem an einer Kenntnis der beteiligten Personen, mindestens so interessiert wie Kaiser Karl in seinem schweizerischen Exil. Es setzte auch folgerichtig geradezu ein Wettlauf um die in Rom vermuteten Papiere – es ging vor allem um ein klärendes Telegramm Kaiser Franz Josephs an Papst Leo XIII. – ein.

Kaiserin Zita: »Der Kaiser wußte, daß in Rom im Vatikan ein Telegramm liegen mußte, das dem Heiligen Vater Aufklärung geben sollte über die wirkliche Todesursache des Kronprinzen, weil die kirchlichen Behörden auf die offizielle Nachricht des Selbstmordes die kirchliche Beerdigung verboten hatten. Vom schweizerischen Exil aus in Prangins versuchte nun der Kaiser, eine Abschrift jenes Telegramms, das dem Heiligen Vater Aufklärung gegeben hatte, zu erhalten. Die Antwort war, daß wohl ein solches Telegramm dagewesen sei, aber daß die österreichische republikanische Regierung raschestens nach der Proklamierung der Republik das Original herausverlangte und es ohne Abschrift ihnen ausgeliefert worden sei.«

Sollte dieser Bericht, diese Antwort aus dem Vatikan, gestimmt haben, wäre es jedenfalls bezeichnend, daß die damals in Wien herrschenden Kreise, also Dr. Otto Bauer und Dr. Karl Renner vor allem, mit der Antwort nichts anderes anzufangen wußten, als tunlichst darüber zu schweigen. Der von Cornelius Herz organisierte Mordtrupp mußte ja zwangsläufig entweder eine Gruppe von Berufsmördern gewesen sein – nichts wäre für Cornelius Herz leichter zu organisieren gewesen als das – oder eine Mordabteilung extrem Nationaler, für die der Kronprinz ein »Judenknecht« und »Franzosenfreund« war, ein Gegner Ber-

lins jedenfalls. In beiden Fällen führte der Weg zu den eigentlichen Tätern, die wir schon genannt haben. Wenn die republikanische Regierung in den Besitz der Aussage Kaiser Franz Josephs gelangte, wußte sie jedenfalls, warum sie besser schwieg und auf der Familie das Odium von »Mayerling«, das inzwischen längst selbständig »Geschichte« gemacht hatte, lasten ließ.
Außerdem: sollte sich ein Renner, ein Otto Bauer, ausgerechnet im Jahre 1919 mit Georges Clemenceau, dem damals schier mächtigsten Mann der Erde, anlegen?
Der Doppelstrategie des Duos Herz – Clemenceau war schon der Kaiser nicht gewachsen gewesen ...
Mit welcher raffinierten Perfidie übrigens Dr. Cornelius Herz den Hinrichtungstag des Kronprinzen abgewartet und dann rasch gewählt hatte, geht aus der Abstimmung mit einem wichtigen Wahltag in Paris, dem 27. Jänner, an dem sich wieder einmal das Schicksal des Generals Boulanger entscheiden sollte, hervor. Boulanger gewann wohl die Wahl vom 27. Jänner, wußte aber den Sieg nicht zu nutzen. Kurz darauf bezeichnete Clemenceau dem deutschen Botschafter gegenüber Boulanger als »Scharlatan«, womit er sicher auch recht hatte. Der Vollständigkeit halber sei nur erwähnt, daß die 3. Republik ihren einstigen Liebling Boulanger, diese Schöpfung des Clemenceau, kurz darauf in einen Verzweiflungstod trieb, der fatal an den gestellten »Liebes-Mord-und-Selbstmord« erinnerte, den die Weltöffentlichkeit im Drama von Mayerling zu sehen wähnte.
Jacques Reinach, einer der großen Marionettenspieler der Epoche des Cornelius Herz, starb übrigens, so wie Georges Boulanger oder seinerzeit schon Léon Gambetta und später Jean Jaurès, auch keines natürlichen Todes: auf dem Höhepunkt der Panamakrise ermordete ihn jemand, der verhindern wollte, daß er am 24. November 1892 vor dem Richter aussagen konnte.
Schon am 20. November stand er – unfreiwillig – vor seinem ewigen Richter ... so wie der Abgeordnete Richard ein wenig später, der sich gleichfalls das »Leben nahm« und andere merkwürdige Selbstmörder in diesem Bannkreis auch.
Den »grand electeur de la France«, den Mann, der mit Politikern und Finanzleuten wie mit Puppen gespielt hatte, ohne dabei jemals wirklich Politik zu machen (dafür fehlte ihm, im Gegensatz zu Georges Clemenceau das Format!), Cornelius Herz also, mußte zwar nicht zu Gift

oder Pistole greifen, um dem Richter zu entkommen, aber zur Flucht. 1893 schon, kurz nachdem Jacques Reinach zum ewigen Schweigen gebracht worden war, setzte er sich nach London ab, wo er gute Freunde besaß, noch aus der Zeit, in der er mitgeholfen hatte, den Suezkanal unter englische Kontrolle zu bringen.

Wohl ließ der Neffe des alten Jacques Reinach, der wort- und beziehungsgewaltige Joseph Reinach, den Cornelius Herz wegen Erpressung (!) verfolgen, aber England lieferte den Mann, der so viel wußte, nicht aus.

Cornelius Herz war der Boden Frankreichs im Verlauf der Enthüllungen zum Panamaskandal zu heiß geworden. Zur eigenen – und auch zur Erleichterung seiner Freunde! – setzte er sich also nach England ab und verzehrte dort, endlich doch müde und alt geworden, sein Ergaunertes. Er konnte sich, all seiner Verbrechen zum Trotz, in Sicherheit wähnen. In der von E. J. Reed für ihn verfaßten Denkschrift an seine Gegner in Frankreich verpackte er einige handfeste Drohungen, wovon eine ziemlich unverblümt auf seine Rolle im Mord an Kronprinz Rudolf Bezug nimmt.

»Hat doch da einmal ein ehemaliger französischer Minister des Äußeren zu einem Engländer gesagt – und das in Gegenwart von einem Zeugen! – »Der Doktor Cornelius Herz weiß zu viel! Er lebt zwar noch, aber sein Mund wird verschlossen bleiben, so lange er in England bleibt ...«

Der Tod des Cornelius Herz im Jahre 1898 ließ viele aufatmen. Eine der schillerndsten, merkwürdigsten, sicher auch interessantesten Existenzen des Jahrhunderts war ausgelöscht ... im Grunde genommen hatte er nichts erreicht, war immer das geblieben, womit ihn die Nachwelt wohl vereinfachend aber doch treffend bezeichnete: ein Abenteurer.

1898 brauchte ihn auch niemand mehr, die Weichen waren bereits gestellt und der Zug rollte unaufhaltsam in Richtung Unheil.

Die Aktivitäten des unermüdlichen Hassers Georges Clemenceau zeitigten inzwischen allmählich ihre Früchte der Rache. In den Neunzigerjahren aus dem Blickfeld der erzürnten Öffentlichkeit ein wenig verschwunden, schmiedete er dennoch unermüdlich an seiner »Revanche«. Mit Erfolg.

Im November 1917 kam der »Tiger« ans Ruder, im April 1918 brach der unglückselige Ottokar Graf Czernin den Streit mit Clemenceau über die Friedensversuche Kaiser Karls vom Zaun.

Der »Tiger« reagierte so wie schon 1889: ohne Gnade.
Nur die Geschichte reagierte anders: 1889 hatte das Reich überlebt, aber ein Prinz war umgebracht worden.
1918 brachte der Haß das Reich in den Abgrund, aber der Fürst, der den Frieden gewollt hatte, triumphiert letztlich vor der Geschichte.
In seiner Nachwirkung ist es ihm auch gelungen, den toten Prinzen zu rehabilitieren.

1. Kapitel

Des Kaisers Herkunft

Sage mir, woher du kommst, und ich sage dir, wohin du gehst ... Otto von Habsburg formulierte in seinen Vorträgen einmal: wer nicht weiß, woher er kommt, kann auch nicht wissen, wohin er geht, weil er nicht weiß, wo er steht.

Woher kommt Kaiser Karl?

Generationen von Gelehrten und Politikern, Genealogen und Propagandaleitern (das gab's schon immer) beschäftigten sich bereits mit Ursprung und Herkunft des Hauses Österreich.

Wollten die einen beweisen, die Familie Habsburg stamme von Cäsar ab, gingen die anderen einen Schritt weiter und vollzogen den Anschluß zu den Trojanern und zu Aeneas.

Andere versuchten es noch mythischer und suchten die Brücke zu Osiris und Jupiter, andere wieder dachten, das sei zu viel, und der »arme, aber fromme Graf Rudolf von Habsburg« genüge und käme beim Volk auch besser an. Es gab auch schon genealogische Versuche mit biblischer Dimension, selbstverständlich auch Ableitungen von den Merowingern oder Karl dem Großen.

Kaiser Karls Ahnenreihe wird hier schlicht mit dem frommen (wenn auch keineswegs armen) Grafen Rudolf von Habsburg beginnen.

Der Berichterstatter weiß allerdings, daß auch er, obwohl er keine Mythologie betreiben will, einen politischen und propagandistischen Zweck mit seiner Arbeit über Kaiser Karl verfolgt; er meint, daß Worte wie »Objektivität« oder gar »Neutralität« in der Geschichtsschreibung ohnehin weder möglich noch zweckmäßig sind.

In diesem Sinne sei auch eine mythische Genealogie Kaiser Karls gewagt. Karl verstand sich als ein Kaiser und König DEO GRATIAE, als ein Mensch also, der nicht aus sich selbst heraus, etwa wie ein Diktator, handelte und lebte, sondern aus und von und mit der Gnade Gottes.

Es gibt wohl kein Selbstverständnis, daß anspruchsvoller und zugleich bescheidener sein könnte.

König Rudolf I. von Habsburg (1218-1291), vermählt 1245 mit Gertraud von Hohenberg, gestorben 1281, erreichte ein Alter von 73 Jahren. Als deutscher König regierte er 18 Jahre. Sein Sohn

König Albrecht I. (1250-1308), vermählt mit Gräfin Elisabeth von Tirol, wurde 58 Jahre alt und regierte 10 Jahre. Sein Sohn

Herzog Albrecht II. von Kärnten (1298-1358), vermählt mit Gräfin Johanna von Pfirt, wurde 59 Jahre alt. Sein Sohn

Herzog Leopold III. von Österreich (1351-1386), vermählt mit Prinzessin Viridis von Visconti, fiel in der Schlacht bei Sempach in der Schweiz, 35 Jahre alt. Sein Sohn

Herzog Ernst der Eiserne von Steiermark (1377-1424), vermählt mit Cimburgis von Masovien (Masurenland), wurde 47 Jahre alt. Sein Sohn

Kaiser Friedrich IV. (1415-1493), vermählt 1452 mit Eleonore von Portugal (1432-1482), regierte als deutscher König und Kaiser von 1440 an, also 53 Jahre; er starb im Alter von 77 Jahren. Sein Sohn

Kaiser Maximilian I. (1459-1519), vermählt 1477 mit Erbprinzessin Maria von Burgund (1457-1482), war römischer Kaiser von 1493 an, also 26 Jahre, und wurde 59 Jahre alt. Sein Sohn

König Philipp der Schöne von Spanien (1478-1506), vermählt 1496 mit Erbprinzessin Johanna von Kastilien (1479-1554), regierte von 1504 an, also zwei Jahre, als König von Kastilien und wurde 28 Jahre alt. Sein Sohn

Kaiser Ferdinand I. (1503-1564), vermählt 1521 mit Erbprinzessin Anna von Ungarn und Böhmen (gest. 1547), regierte als römischer Kaiser von 1556 an, also 8 Jahre, und starb 61 Jahre alt. Sein Sohn

Herzog Karl von Steiermark (1540-1590), vermählt mit Maria von Bayern, Tochter des Herzogs Albrecht V., erreichte ein Alter von 50 Jahren. Sein Sohn

Kaiser Ferdinand II. (1578-1637), vermählt 1600 mit Maria Anna von Bayern, Tochter des Herzogs Wilhelm II. (gest. 1616), regierte als römischer Kaiser von 1619 an, also 19 Jahre, und wurde 58 Jahre alt. Sein Sohn

Kaiser Ferdinand III. (1608-1657), vermählt mit Maria Anna (gest. 1646), Tochter des Königs Philipp III. von Spanien, regierte als römischer Kaiser von 1637 an, also 20 Jahre, und starb im Alter von 48 Jahren. Sein Sohn

Kaiser Leopold I. (1640-1705), vermählt 1676 mit Eleonore Magdalena, Tochter des Pfalzgrafen Philipp Wilhelm von Neuburg, regierte als römischer Kaiser von 1657 an, also 48 Jahre, und starb mit 64 Jahren. Sein Sohn (Zweiter nach Kaiser Josef I., gestorben 1711)

Kaiser Karl VI. (1658-1740), vermählt 1708 mit Elisabeth von Braunschweig-Wolfenbüttel, regierte als römischer Kaiser von 1711 an, also 29 Jahre, und starb, 55 Jahre alt, ohne männliche Nachkommen. Seine Tochter

Kaiserin Maria Theresia (1717-1780) vermählte sich 1736 mit Franz I. Stephan, Herzog von Lothringen und Großherzog von Toskana (1708-1765), der als römischer Kaiser von 1745 an regierte, also 20 Jahre, und 56 Jahre alt wurde. Maria Theresia regierte von 1740 an, also 40 Jahre, über die österreichischen Erblande, Ungarn und Böhmen, und wurde 63 Jahre alt. Ihr Sohn

Kaiser Leopold II. (1747-1792), vermählt 1765 mit Maria Luise, Tochter des Königs Karl III. von Spanien, regierte von 1790 an, also zwei Jahre, als römischer Kaiser und starb, 44 Jahre alt. Sein Sohn

Kaiser Franz II. (1728-1853), vermählt 1790 mit Maria Theresia, Tochter des Königs Ferdinand I. von Neapel und Sizilien (gestorben 1807), regierte als römischer Kaiser von 1792 bis 1806, also 14 Jahre lang. 1803 nahm er den Titel eines Erbkaisers von Österreich an, so daß er über Österreich im ganzen 43 Jahre lang als Kaiser 32 Jahre, regierte. Er starb im Alter von 67 Jahren. Als Kaiser von Österreich nannte er sich Franz I. Sein Sohn

Erzherzog Franz Karl (1802-1878), (Bruder von Kaiser Ferdinand I., der 1848 abdankte), vermählt mit Sophie (1805-1872), Tochter des Königs Maximilian I. Josef von Bayern, erreichte ein Alter von 75 Jahren. Sein Sohn

Kaiser Franz Joseph I., vermählt 1854 mit Elisabeth (1837-1898), Tochter des Herzogs Maximilian Joseph in Bayern, regierte seit 1848 als Kaiser von Österreich-Ungarn.

Kaiser Franz Joseph hatte nur einen männlichen Nachkommen, der ihn jedoch nicht überlebte

Kronprinz Rudolf (1858-1889), vermählt 1881 mit Stephanie, Tochter des Königs Leopold II. von Belgien. Er erreichte ein Alter von 30 Jahren.

Kaiser Karl besaß mit Ausnahme der letzten Glieder dieselbe Ahnenreihe wie Kaiser Franz Joseph. Kaiser Franz Joseph I. hatte drei Brüder: Kaiser Maximilian von Mexiko (1832-1867), Karl Ludwig (1833-1896) und Ludwig Viktor, geboren 1842. Kaiser Karl stammt von Erzherzog Karl Ludwig.

Erzherzog Karl Ludwig (1833-1896), vermählt 1862 mit Maria Annunziata von Bourbon-Neapel (1843-1871), Tochter des Königs Ferdinand II. von Neapel und Sizilien, wurde 62 Jahre alt. Sein Sohn

Erzherzog Otto (1865-1906), vermählt 1886 mit Maria Josepha, geboren 1867, Tochter des Königs Georg von Sachsen, erreichte ein Alter von 41 Jahren. Sein Sohn

Kaiser Karl, geboren am 17. August 1887, vermählte sich am 21. Oktober 1911 mit Prinzessin Zita von Bourbon-Parma, geboren am 9. Mai 1892. Kaiser Karl erreichte ein Alter von 35 Jahren; sein Erstgeborener ist

Kronprinz Franz Josef Otto, geboren am 20. November 1912. Otto von Habsburg vermählte sich am 10. Mai 1952 zu Nancy, der Hauptstadt von Lothringen, mit Regina von Sachsen-Meiningen. Beider erstgeborener Sohn ist

Karl, geboren am 11. Jänner 1961

Die Mutter Kaiser Karls, Prinzessin Maria Josepha, stammt aus dem Hause Sachsen.

Stammvater der Wettiner ist

Graf Dedo (†957), von ihm stammt

Friedrich II. Kurfürst von Sachsen (†1464), von ihm stammt die Albertinische Linie und die Ernestinische Linie der Wettiner.

Die Albertinische Linie[1]

Albrecht der Beherzte, Herzog von Sachsen (1464-1500). Sein Sohn

Heinrich der Fromme (1539-1541), sein Sohn

August I. (1553-1586), vermählt mit Agnes Hedwig von Anhalt, deren Sohn

Christian I. (1586-1591), vermählt mit Sophie von Brandenburg, deren Sohn

1 Die Zahlen in den Klammern betreffen die Regierungszeiten.

Johann Georg I. (1611-1656), vermählt mit Sybille Elisabeth von Württemberg, deren Sohn

Johann Georg II. (1656-1680), vermählt mit Magdalene Sybille von Brandenburg-Bayreuth. Deren Sohn

Johann Georg III. (1680-1691), vermählt mit Anna Sophie von Dänemark, deren Sohn

Friedrich August I., der Starke, als König von Polen 1697, vermählt mit Christiane von Brandenburg-Bayreuth. Deren Sohn

Friedrich August II. (1733-1763), König von Polen, vermählt mit Marie Josepha von Österreich. Deren Sohn

König Friedrich Christian von Sachsen (†1763), vermählt mit Marie Antonie von Bayern. Deren Sohn

Maximilian (†1838), in zweiter Ehe vermählt mit Luise von Etrurien. Deren Sohn

Johann von Sachsen (†1873), vermählt mit Amalie Auguste von Bayern. Deren Sohn

König Georg von Sachsen (1902-1904), vermählt mit Maria Anna von Portugal. Deren Tochter

Maria Josepha (1867-1942), *Mutter Kaiser Karls*

Der Bruder von Prinzessin Maria Josepha war König Friedrich August III. von Sachsen (jener König, von dem die Legende berichtet, er habe der Deputation, die ihm 1918 die »Ausrufung der Republik« vermeldete, geantwortet: »Dann macht eich eiren Dreck alleene«.)

Maria Josepha, geboren am 31. Mai 1867, wurde auch auf die Namen Louise Philippine Elisabeth Pia Angelica Margaretha getauft und am 2. Oktober 1886 zu Dresden mit Erzherzog Otto, Sohn von Karl Ludwig (der wieder ein Bruder Kaiser Franz Josephs war), vermählt.

Geburt des ersten Kindes Carl Franz Joseph Ludwig Hubert Georg Otto Maria am 17. August 1887 auf Schloß Persenbeug, Niederösterreich.

2. Kapitel

Kaiser Karls Jugend

Auszug aus dem Tagebuch von Markgräfin Crescence Pallavicini, Hofdame von Erzherzogin Maria Josepha. – Von ihr selbst zusammengestellt und Kaiserin Zita übergeben (1926, im Exilort Lequeitio, Baskenland).

»Am 2. Oktober 1886 fand zu Dresden in der Hofkirche die Hochzeit I.K.H. Prinzessin Maria Josepha, Herzogin zu Sachsen, mit S.K.u.K.H. Erzherzog Otto von Österreich statt. Von diesem Augenblicke an ward ich als Hofdame zu der schönen, blühenden, jugendlichen Erzherzogin berufen und durfte seit dieser Zeit bis zum heutigen Tage alle ihre Freuden, aber noch mehr ihre Leiden, manch herbe, bittere Stunde mit ihr teilen.

Der Sonnenschein ihres Lebens war ihr Erstgeborener – Erzherzog Carl, der am 17. August 1887 zu Persenbeug an der Donau das Licht der Welt erblickte. Ein zartes, kleines Kind, das mit viel Sorgfalt und Liebe aufgezogen werden mußte, eine Zangengeburt, deren Merkmale lange Zeit an den Schläfen des lieben, kleinen Säuglings sichtbar waren, eine schwere Geburt, die seine Mutter beinahe das Leben gekostet hätte.

Am Tage nach der Taufe, die im großen Saale in Persenbeug durch den Bischof von St. Pölten erteilt wurde – ich glaube, es war am 20. August, verfiel I.K.H. in schwere Nierenkrämpfe, die fast ununterbrochen drei Tage währten und die junge Mutter an den Rand des Grabes brachten. Daß sie dennoch am Leben blieb, war wohl eine besondere Gnade Gottes, denn trotz der sorgfältigsten Pflege, an welcher I.K.H. Marie Therese hervorragendsten Anteil nahm und trotz aller angewandten Mittel, versicherte der behandelnde Arzt, Hofrat Professor Dr. Gustav Braun, daß nicht er dieses Leben retten konnte, sondern wohl nur die zahlreichen Gebete.

Nach einigen Wochen war – Gottlob! – die hohe Patientin wieder hergestellt und die erzherzogliche Familie übersiedelte zunächst nach Reichenau in die Villa Wartholz zu Erzherzog Carl Ludwig, dem Vater des Erzherzogs Otto, und zu seiner dritten Gemahlin, Erzherzogin Marie Therese, Prinzessin von Braganza, Stiefmutter von Erzherzog Otto. Daselbst wurde die Bestimmung in eine neue Garnison erwartet, nachdem die erste in Klagenfurt, die gleich nach der Hochzeit bezogen worden war, drei Wochen vor der Geburt des Kindes verlassen werden mußte. Bald darauf wurde der Wohnsitz in Brünn in einer kleinen Villa im Schreibwald aufgeschlagen, wohin Erzherzog Otto als Rittmeister im Dragonerregiment Nr. 6 versetzt worden war.

Der kleine Erzherzog Carl entwickelte sich nach und nach zu einem überaus lieblichen Kinde, in dessen großen blauen Augen sich das angeborene, sanfte, zutunliche, warme Wesen sehr wohltuend widerspiegelte. Nie werde ich vergessen, wie er in seine zarten Händchen mein Gesicht nahm und zu mir sprach: »Ich habe Dich so lieb!« Einmal wurde das zarte kleine Knäblein im Schreibwald samt seiner Kinderfrau Nini von einem plötzlichen Gewitter, einem Regenguß erwischt, was für die sorgende Mutter einen großen Schrecken bedeutete, da sie ihr Kind irgendwo im Freien wußte. Triefend vor Nässe wurde es so bald wie möglich heimgebracht, mit vereinten Kräften seiner Kleider entblößt, getrocknet, fest frottiert und dann in sein Bettchen gebracht. Gottlob hat es seiner Gesundheit keinen Schaden bereitet. Im Frühjahr 1889 verbrachte I.K.H. mit Erzherzog Carl und mit mir einige Monate in Arco bei Erzherzog Albrecht, zur Erholung ihrer eigenen Gesundheit, da sie damals an chronischer Heiserkeit litt. Aus dieser Zeit erinnere ich mich einer kleinen Episode, die ich hier erwähnen möchte. Die überängstliche Kindsfrau hatte die Gewohnheit, trotz des milden Klimas in Arco, dem Kleinen, so oft ins Freie gegangen wurde, ein Taschentuch um den Hals zu binden. Die Erzherzogin sah das nicht gerne, da sie darin eine schädliche Verweichlichung sah. Als sie der Kinderfrau deshalb Vorstellungen machte und die Herabnahme des Halstuchs verlangte, war die Kinderfrau empört und sagte in ihrem Schwäbischdeutsch: »Wische Schie, so werde Schie das Kind umbringe!« Gottlob hatte sich das System der Nichtverweichlichung auch in der Zukunft bewährt, an dem I.K.H. trotz verschiedenem Widerstand der Personen, die den kleinen Erzherzog umgaben, stets festhielt.

Bis zum Jahre 1890 währte der Aufenthalt in der Garnison Brünn, in der Zeit wurde einmal daselbst die Wohnung gewechselt, der Sitz in die innere Stadt verlegt. Aber kaum dort eingerichtet, kam die Versetzung Erzherzog Ottos nach Enns zum 4. Dragonerregiment. Nachdem aber in Enns keine passende Wohnung für die Familie zu finden war, mußte der Erzherzog alleine dorthin gehen, um seinem militärischen Dienste nachzukommen, während die Erzherzogin mit dem kleinen Erzherzog Carl abwechselnd in Wien oder in Wartholz im Hause ihrer Schwiegereltern zu Besuche weilte und auch einige Monate in Persenbeug a.d. Donau im schönen Schloß von Erzherzog Otto weilte.

Der Bub, der nun schon im fünften Lebensjahre stand, sollte von der Kinderfrau wegkommen und seine weitere körperliche Pflege und geistige Entwicklung wurde in die Obhut eines gebildeten Wesens gelegt. Es wurde zu diesem Zwecke eine tüchtige Engländerin gewählt, Miss Bride Casey, die schon Lehrerin von Erzherzogin Annunziata in deren Kinderjahren und daher mit den Wünschen und Gewohnheiten einer erzherzoglichen Familie vertraut war und auch sonst wegen ihrer vorzüglichen Eigenschaften längst erkannt und geschätzt wurde. Unter ihrer Leitung sprach der junge Erzherzog bald sehr gut englisch, so daß er sich im Deutschen oft mit englischen Worten aushelfen mußte.

Nach anderthalb Jahren einer mangelnden bestimmten Niederlassung wurde im Herbst 1891 Prag als Garnison für Erzherzog Otto bestimmt. Er war zum Oberleutnant avanciert und einem Infanterieregiment zugeteilt. Waren bisher alle Garnisonswohnungen sehr klein und bescheiden gewesen, so änderten sich jetzt die Verhältnisse ins gerade Gegenteil, da die Hoheiten schöne große Appartements am Hradschin bezogen mit dem herrlichsten Blick auf die malerische Stadt, mit ihren ungezählten Türmen auf beiden Seiten der ruhig dahinfließenden Moldau, über welche sich die berühmte, schöne Brücke wölbt.

Erzherzog Carl hatte nun auch die Gartenanlage des kaiserlichen Schloßes für seine Spaziergänge und seine kindlichen Spiele zur Verfügung. Eine besondere Vorliebe hatte er immer für Affen, das heißt für die künstlich aus Stoff hergestellten Affen, wovon er eine ganze Menge besaß. Den ersten Affen hatte er von seiner Großmama erhalten, und wenn man ihn frug: »Carli, was ist denn das?«, antwortete er: »Die Großmama!«. Er hatte sich mit seinen Affen ein phantasievolles Spiel erfunden, sie in Gruppen aufgestellt, die er sein »Affiland« nannte, mit ihnen Gespräche und Konversation geführt, in Worten und Ausdrükken, die nur ihm selbst verständlich waren; diese nannte er dann die

»Affisprache«. Auch spielte er gerne Soldat und hatte immer Freude am Militär. In dem großen Hofe der mächtigen Burg konnte er oft durchziehende Truppen beobachten, an denen sich sein Herz erfreute. Ganz besonderes Vergnügen fand er an der täglichen Wachablösung, gerade unter Papas Fenstern, und verfolgte mit großer Genauigkeit alle vorschriftsmäßigen Handlungen; ihre »Habt Acht« und »Gewehr heraus« Befehle, namentlich, wenn Papa und Mama gerade in den Schloßhof kamen und ihnen die gebührenden Ehrenbezeugungen erwiesen wurden. Einmal war er gerade bei den Eltern im Salon und sah vom Fenster aus auf die gegenüberliegende Hauptwache. Er hört das »Habt Acht« und »Gewehr heraus« – Kommando, kann es sich aber nicht erklären, da Papa und Mama im Zimmer sitzen, lachend wendet er sich an Papa und meint, die Wache müsse eine Dummheit gemacht haben, da sie nur vor einem Leutnant, den er unten gesehen zu haben glaubte, ihre Ehrenbezeugung ausübte. Gleich darauf aber fürchtete der liebe Kleine, durch seine Bemerkung vielleicht jemandem geschadet zu haben, eilte daher auf Papa zu und sagte: »Aber, nicht wahr, Papa, du tust den Soldaten nichts!«

Große Sorgen hatten die Eltern um ihr Liebstes, als Erzherzog Carl in Prag an Typhus erkrankte. Gottlob nahm aber die Krankheit einen normalen Verlauf und in wenigen Wochen erfolgte die volle Genesung.

Nicht lange währte der Aufenthalt in Prag, der so viele Annehmlichkeiten hatte, besonders in gesellschaftlicher Beziehung. S.K.H. Erzherzog Otto fühlte sich in seinem Dienste bei der Infanterie nicht wohl und sehnte sich nach der Kavallerie zurück. Da diese Zeit ohnedies nur als Übergang gedacht war, damit der Erzherzog sich auch mit der Infanterie vertraut mache, so erfolgte schon im Frühjahr 1893 die Übersetzung zum Husarenregiment Nr. 9 nach Ödenburg.

Es wurde dorthin übersiedelt, von den prunkvollen Räumen der großen Kaiserburg am Hradschin wieder in eine Garnisonswohnung in einer kleinen ländlichen ungarischen Comitatshauptstadt.

Das Palais des Grafen Pejacsevics bot immerhin eine ganz angenehme, leidliche Unterkunft, wenn freilich auch die Raumverhältnisse bedeutend eingeschränkt waren.

Gleich im ersten Winter nach der Übersiedlung nach Ödenburg von 1893 auf 1894 begab sich Erzherzogin Maria Josepha mit dem kleinen Erzherzog Carl, in Begleitung von Graf Cavriani, Miss Bride und mir,

für einige Monate nach Cannes. Dieses südliche Seebad, die schöne französische Riviera, wurde aufgesucht zur Stärkung und Erholung der etwas geschwächten Gesundheit der Erzherzogin, die schon wiederholte Male an entzündlicher Bronchitis in der kalten Jahreszeit erkrankt war. Erzherzog Otto war nach Cannes mitgereist und fuhr dann von dort weiter nach Ägypten.
Erzherzog Carl, dessen Anlage recht zart und die Gesundheit etwas geschwächt war, wurde gleichfalls zwecks Erholung und Kräftigung mitgenommen. Trotz des schönen warmen Klimas war er aber längere Zeit erkältet, matt und herabgestimmt, er war recht blaß und mager und wurde von der guten Miss Bride, die natülich nur das Beste wollte, mit einer überängstlichen Sorgfalt umgeben. Er wurde geschont, ruhig gehalten, ja sogar jeder Scherz, jedes Lachen vermieden, nur um ihn in der Ruhe zu erhalten. Natürlich hatte diese Methode den gegenteiligen Erfolg und das Kind wurde immer matter und kraftloser. Da war es wieder das energische Eingreifen der einsichtigen Mutter, das endlich glücklichen Wandel schuf. Sie erkannte, daß Anregung und Überwindung die einzigen Mittel seien, die aus dieser unnatürlichen Lethargie, ohne vorhandene bestimmte Krankheit, herausführen könnten. Sie beschäftigte ihn, spielte mit ihm, zwang ihn, sie bei der Hand nehmend und, ihn führend, zu gehen, wenn seine schwachen Füßchen auch nachgeben wollten. Gottlob war in kurzer Zeit, man kann sagen in 24 Stunden, Genesung und Erholung erfolgt. Während des Aufenthalts in Cannes erfolgte der Besuch S.M. Kaiser Franz Josephs, der mit I.M. Kaiserin Elisabeth in Cap Martin längere Zeit verbrachte. Er verweilte einige Stunden in der Villa Martha bei Ihrer Kaiserlichen Hoheit, nahm das Frühstück daselbst ein und es wurde noch eine gemeinsame Rundfahrt durch Cannes unternommen.
Erzherzogin Maria Josepha hat die Erinnerung an diesen Besuch festgehalten durch die Aufnahme einer Photographie S.M. mit dem kleinen Erzherzog Carl, der sich nur schüchtern an seinen Großohm anschmiegte.
Nach mehrmonatlichem Aufenthalt in Cannes erfolgte im Mai die Rückkehr nach Ödenburg.
Erzherzog Carl war nun in sein siebentes Lebensjahr eingetreten und schon wurde daran gedacht, einen Wechsel in seinem Erziehungspersonal vorzunehmen und ihm einen Herrn beizugeben.
Die Wahl fiel auf den vortrefflichen Grafen Wallis, der Jahre vorher

bereits Erzieher und Begleiter des Erzherzogs Otto und dessen Bruder Erzherzog Franz gewesen war.
Nicht gering war die Sorge der Mutter, daß die Wahl eines Erziehers auch die richtige sei; manch ein Gebet und reifliche Überlegungen gingen derselben voraus. Daß dieselbe schließlich eine von Gott gesegnete war, bewiesen die späteren Jahre. Einen ergebeneren und treueren Menschen, tadellos in Gesinnung und Lebensführung, hätte man wohl nicht finden können. Erzherzog Carl bewahrte ihm immer, auch als Kaiser, Dankbarkeit, Zuneigung und Anerkennung.
Mit dem Erzieher kam natürlich auch der Studienplatz zur Sprache. Der kleine Erzherzog hatte bisher seine ersten Lehr- und Schreibversuche nur im Englischen mit seiner treuen, braven Miss Bride gemacht, nun mußten seine Studien schulplanmäßig vorgenommen werden. Zu diesem Zwecke wurde ein Schullehrer, Herr Tormássy, in Ödenburg herangezogen und gleichzeitig für den Religionsunterricht ein Geistlicher, Pater Norbert Geggerle O.P.; in der Folge trat auch Dr. Holzlechner als Hofmeister in das erzherzogliche Haus ein. Pater Norbert bereitete Erzherzog Carl zu seiner ersten Heiligen Beichte vor, die er bei ihm in Ödenburg ablegte.
Schon sehr frühzeitig prägte sich bei dem Kleinen der religiöse Grundzug aus. Er war wohl schon als Kind mit einem außerordentlichen Sinn für das Gute begnadet.
Drei große und überaus ausgeprägte Eigenschaften kennzeichneten den Charakter Erzherzog Carls von seiner allerfrühesten Jugend an. Diese schönen Eigenschaften waren die oben erwähnte Frömmigkeit, dann eine nie versagende Pflichttreue, auch in den kleinsten Dingen, und eine große Liebe zu seiner Mutter. Diese glücklichen Anlagen entfalteten sich zu jenen Tugenden, die ihn später durch alle Phasen des Lebens begleiteten, bis zu den höchsten Stufen der menschlichen Stellung. Sie waren sein Leitstern, der ihn als Kaiser und Märtyrer zur Heiligkeit führte.
In die Zeit der Garnison Ödenburg fiel die Geburt des Erzherzogs Max, die am 13. April 1895 in Wien im Palais Favoritenstraße erfolgte. Das kleine Brüderlein war für Erzherzog Carl eine große Überraschung. Viel Spaß machte damals seine kindliche naive Äußerung, als man ihm das Baby zeigte und sagte, daß er einen kleinen Bruder bekommen habe: »Ich habe geglaubt, es ist das Kind der Baronin Perényi.« Diese war gerade damals Braut des Altgrafen Augusto Salm. Die Freude über das

neue Brüderchen war aber dann so groß, daß er die ganze Nacht nicht schlafen konnte.

Noch in der letzten Zeit des Aufenthaltes in Ödenburg erkrankte der kleine Erzherzog Carl an Blut-Masern, sogenannten hämorrhagischen Masern, die eine etwas kompliziertere Form dieses Ausschlages bedeuten. Gottlob war aber seine ganze Konstitution so gekräftigt, daß er leicht darüber hinwegkam. Das Leben in der kleinen Garnisonsstadt bot für den kleinen Erzherzog Carl nicht viel Abwechslung. Lernen, Spazierengehen, kindliche Spiele, füllten seine Tage aus. Manchmal konnte er sich mit den Kindern des Grafen Albert Lónyay unterhalten, der damals Regimentskommandant der 9er Husaren war. So gewöhnte er sich an den Umgang mit anderen Kindern.

Nun sollte bald eine große Veränderung folgen, der Aufenthalt in der letzten Provinzgarnison ging seinem Ende entgegen. Erzherzog Otto wurde nach Wien versetzt und sollte, da Erzherzog Franz damals schwer lungenkrank und beinahe aufgegeben war, gleichfalls wie ein Thronfolger behandelt werden. Daher die Übersiedlung in das Kaiserliche Schloß im Augarten, die Einsetzung des Obersthofmeisters und der Obersthofmeisterin Fürst und Fürstin Montenuovo, die Erweiterung und Vergrößerung des ganzen Hofstaates.

Anfangs waren aber auch dafür die Räume ziemlich beschränkt, da der Augarten seinerzeit nur als Jagdhaus gedacht war, zu dem dann nach und nach einzelne im Parke zerstreute Zubauten gemacht wurden, wo gelegentlich größere Festlichkeiten stattfanden. So entstanden das große Saalgebäude zu Ehren der Anwesenheit von russischen Großfürsten, die bei Kaiser Franz zu Besuch weilten, des Kaiser Joseph-Stökkels, von dem aus Papst Pius VII. anläßlich seiner Anwesenheit in Wien den Segen der Wiener Bevölkerung erteilte, u.s.w. Aber das eigentliche Hauptgebäude, das die eigentlichen Wohnräume enthielten, war sehr klein. So bewohnte Erzherzog Carl nur ein sehr kleines Zimmer mit Dr. Holzlechner und seinem Diener, dem verläßlichen, braven Schweiger, neben sich. Graf Wallis war mit seiner Frau in einem der kleinen Nebengebäude des Augartens untergebracht, dem sogenannten Wäscherstöckel. In den Jahren 1898 und 1899 wurde dann der Umbau des Palais vorgenommen, wodurch große und zahlreiche Räume gewonnen wurden. In der Zeit dieses Umbaues mußten die verschiedenen Nebengebäude des Augarten herangezogen werden. Erzherzog Otto und Erzherzogin Maria Josepha bezogen das sogenannte Gärtnerstöckel, das sonst von den Hofdamen bewohnt wurde, Erzherzog Carl aber bekam einige Zimmer im Kaiser Joseph-Stöckel, in das auch die Hofdamen, d.h. Zosia Zamoyska und ich, eingezogen waren. Übrigens fiel in diese Zeit während des Winters ein Aufenthalt in Abbazia in der Villa Klein, an welchem auch Erzherzog Carl teilnahm, wodurch die weniger angenehme Zeit während des Umbaus etwas abgekürzt wurde.

Das neue Palais war groß und geräumig geworden, wodurch viel Platz gewonnen und es möglich wurde, weiteren Ansprüchen für den nun heranwachsenden kleinen Erzherzog Carl gerecht zu werden. Er trat in das Alter, in dem die Gymnasialstudien beginnen mußten. Dr. Holzlechner war diese Aufgabe zuteil geworden und er erwies sich derselben als vollkommen gewachsen. Der kleine Erzherzog attachierte sich ihm leicht und es waren niemals Schwierigkeiten wegen des Studiums gewesen. Seine Lehrer hatten die Bemerkung gemacht, daß er schwere Gegenstände leichter lernte als leichte. Im Augarten hatte Erzherzog Carl, als er wohl kaum 12 Jahre zählte, ein kleines Unglück.

Er war bei Mama im Zimmer und sollte sich zur Heiligen Beichte vorbereiten. Wohl, um diesem Akte eine größere Weihe zu verleihen, wollte er sich eine Kerze anzünden. Als er aber das Zündhölzchen an der Schachtel anrieb, entzündete sich die ganze Schachtel! In seinem Schrecken warf er die ganze Schachtel weg, sie geriet unter einen Fauteuil und nun fing auch dieser an zu brennen. Zum Glücke war Mama in der Nähe und mit Hilfe des herbeigerufenen Dieners Wawor war die Gefahr bald beseitigt. Dem lieben Kleinen blieben aber Vorwürfe Mamas nicht erspart. Lakai Wawor nahm aber die Partei des Kleinen und erklärte, »er könne ja nichts dafür«.

In die ersten Jahre des Aufenthaltes in Wien fielen wiederholte Reisen und Séjours an der See in Voloska, Abbazia, Lovrana. Der kleine Erzherzog freute sich immer sehr über die Genüsse, die das Leben am Meeresstrande mit sich brachte: Herumklettern auf kleinen, am Meeresufer vorspringenden Felsen, Suchen von Muscheln und Krabben, wie sie in der Adria häufig vorkommen, Baden und Bootfahren waren die Unterhaltungen, denen er sich hingeben konnte. Nach der Beengung des Stadtlebens waren die Abwechslungen, die der sonnige Süden bot, wohl überaus originell und vergnüglich. Der Einfluß des guten Klimas wirkte natürlich auch günstig auf die Entwicklung des immerhin zarten Kindes. Trotz Gesundheit war er kein besonders kräftiger

Knabe. Dies war wohl auch der Grund, weshalb die Personen, die den kleinen Erzherzog umgaben, meist überängstlich mit ihm waren. In Wien die Kinderfrau Nini, Miss Bride und ebenso schließlich der gute Graf Wallis. Ich erinnere mich hier auch einer köstlichen kleinen Begebenheit, die diese übertriebene Ängstlichkeit, aber ebenso die große Gewissenhaftigkeit dieses vortrefflichen Erziehers beleuchtet:
König Karl und Königin Elisabeth von Rumänien waren in Abbazia und hatten Erzherzogin Maria Josepha zum Tee eingeladen. Sie wünschten dringend, den Erstgeborenen auch bei sich zu sehen. Das Wetter war an diesem Tage gerade etwas kühler und regnerisch, trotz der frühjährlichen Saison. Die Erzherzogin ließ einen geschlossenen Wagen kommen, um mit dem kleinen Erzherzog der Einladung Folge zu leisten. Dem feierlichen Anlaß entsprechend wollte I.K.H., daß Erzherzog Carl seinen ganz weißen Matrosenanzug anlege, wie es ja bei günstigem Wetter ganz entsprechend war. Als Graf Wallis von dieser Bestimmung erfuhr, widersetzte er sich kategorisch der Durchführung, da er befürchtete, das Kind müsse sich erkälten, er habe die Verantwortung, es müssen die blauen Wollhosen angezogen werden. Da aber I.K.H. auf diesen Vorschlag nicht gleich einging und meinte, daß eine prinzipielle Verwöhnung des Kindes nicht am Platze sei, kam der gute Graf Wallis ganz aufgeregt zu mir und erklärte, er müsse seine Demission geben, da er keine Verantwortung übernehmen könne, wenn seine Vorschläge nicht befolgt würden. Ich konnte ein Lächeln über diesen Sturm im Wasserglas nicht ganz unterdrücken und brachte nur heraus: »Sie werden doch nicht wegen einer Hose Ihre Demission geben!«
Abgesehen von meiner Überzeugung, daß, wenn die Mutter etwas bestimmt hat, den Erzieher keine Verantwortung mehr trifft, wollte ich doch von dem Vorgefallenen meine Erzherzogin unterrichten und von der Aufregung Wallis' Mitteilung machen, worauf sie mich beauftragte, ihm zu sagen: »Der Gescheitere gibt nach.« Er gab sich damit zufrieden und Erzherzog Carl wurde die blaue Hose angezogen.
Schon in den ersten Jahren der Gymnasialstudien wurden außer dem genannten Dr. Holzlechner noch Fachlehrer herangezogen – und zwar Bischof Marschall für Religion, Prof. Mathieu für Französisch, Herr Tormássy, der jüngere, für Ungarisch und schließlich Herr Schmalzhofer für Musik. Einige Fächer der Gymnasialstudien absolvierte Erzherzog Carl im Schottengymnasium und dann wurden auch einige spe-

zielle Fachlehrer für militärische und andere Staatswissenschaften herangezogen, Reiten und Fechten gelernt, u.s.w. Im Jahre 1899 wurde Erzherzog Carl noch ein zweiter Herr als Erzieher zugeteilt. Es war das Baron Mattencloit, ein ritterlicher junger Herr, der sich durch liebenswürdiges Wesen und chevaleresque Formen besonders auszeichnete und diese seinem Erziehungsplan gewiß auch zu Grunde legte. Für alles Gute und Schöne empfänglich, nahm der heranwachsende kleine Erzherzog wohl einen jeden veredelnden Einfluß in sein Kindergemüt auf ... zeichnete er sich doch seit seinen allerersten Kinderjahren durch Herzensgüte, feine Empfänglichkeit und überaus sanftes Wesen aus. Man kann nicht sagen, daß er jemals schlimm oder ungezogen war, wie es sonst wohl immer, selbst bei den besten Kindern, vorkommt. Ich kann mich nicht erinnern, daß er jemals eine Strafe bekommen habe. Für Bildung und Erziehung, für körperliche und geistige Entwicklung war in jeder Hinsicht gesorgt, um für alle Eventualitäten des Lebens vorbereitet zu sein und der prominenten Stellung, die Erzherzog Carl nach der Entwicklung der Ereignisse im Kaiserhause voraussichtlich einst einzunehmen haben werde, zu entsprechen. Innigeren Einfluß auf Herz und Gemüt, auf Anschauung und Lebensberufsauffassung hat die liebende Mutter wohl selbst ausgeübt. Gerechtigkeit im Urteil, Reinheit des Sinnes, Liebe zum Vaterlande, Treue und Glaube sind ihm von der Mutter angeboren, aber auch durch die Mutter tief in die Seele eingeprägt worden. Wieviel Erwägen und Prüfen, wieviel Sorgfalt und Mühe, Gebet und Arbeit da angewendet wurde, um das Kind zu dem emporzuheben, was er als Mann werden sollte, hat Gott allein gezählt und gewogen und hat der Herr gesegnet in der Vollendung dessen, der seinem Volke und der ganzen Welt zum Beispiel geworden ist!
Nebst der vielen, gewiß recht ermüdenden Studien wurde aber auch für Unterhaltung und Erholung gesorgt. Der Wunsch der Mutter ging auch dahin, ihren Kindern Vergnügen und frohe Stunden im eigenen Heim zu bereiten und sie dadurch gerne und mit Freuden an das Elternhaus zu fesseln. Es konnte und sollte nicht nur die Liebe für das Zuhause genährt, sondern auch Versuchungen vorgebeugt werden, etwa ausgelassenen Unterhaltungen anderwärtig anheimzufallen. So wurden in allen Altersstufen jene Vergnügungen geboten, die am angemessensten waren.
Vor allem wurden andere Knaben und Altersgenossen herangezogen, die an Sonn- und Festtagen sich im Hause oder Garten zu Spielen oder

fröhlicher Heiterkeit vereinten. Zu diesen Jugendgespielen zählten u.a. die Altersgenossen: die jungen Auersperg, Montenuovo, Pallavicini, Draskovich, Wilczek u.s.w. Es wurden auch Fußtouren unternommen, die aber nicht sehr beliebt waren, Tanzstunden veranstaltet mit den jungen Freunden und jungen Mädchen. Für Musik, namentlich für ernste Musik, hatte Erzherzog Carl weniger Interesse, weshalb Concerte und musikalische Genüsse selten aufgesucht wurden. Hingegen hatte er Freude am Schauspiel, weshalb mancher Abend dem Burgtheater gewidmet wurde. In den frühen Kinderjahren gab es Nikoloscherze, später auch immer kleine Sylvesterfeiern, in den letzten Faschingstagen Mummenschanz oder ähnliches, sonst auch noch manche kleine Soirée oder andere Festlichkeiten im Hause oder bei Verwandten und Bekannten. Um den Gesichtskreis zu erweitern, Land und Leute kennenzulernen und sich im Umgange zu üben, wurden mit Erzherzog Carl auch Reisen gemacht. So war er wiederholtemale in Ungarn mit Graf Wallis zu Besuch bei Erdödys, wo auch Knaben seines Alters vorhanden waren.

Im Jahre 1903 machte der schon 16 Jahre alte Erzherzog eine größere Reise nach Frankreich in Begleitung von Graf Wallis und Professor Mathieu. Er hielt sich dabei in Paris auf und auch einige Zeit in Josselin bei der Duchesse de Rohan, die alles aufbot, um den jungen Prinzen zu feiern und zu unterhalten.

Trotzdem war er über diese Reise nicht besonders glücklich, wozu wohl der Umstand maßgebend gewesen sein mag, daß der kaum 16jährige die ganze Reise mit zwei für ihn schon sehr alten Herren machen mußte.

Abgesehen von den kleinen Erkrankungen in den Kinderjahren war Erzherzog Carl eigentlich gesund, wenn auch verhältnismäßig zart veranlagt. Er neigte zu Erkältungen und bekam leicht Halsentzündungen mit heftigem Fieber, die aber immer wieder rasch überwunden und überstanden waren. Hingegen verursachte die öfters erwähnte zarte Veranlagung in den Entwicklungsjahren einige Beschwerden und Unannehmlichkeiten, die sich hauptsächlich in einer Art Zustand von Lethargie, Nervosität, Niedergeschlagenheit äußerten und mit religiösen Skrupeln verbunden waren. Dieser nervöse Zustand kam besonders zum Ausbruch, nachdem Erzherzog Carl leider einmal einen Sturz vom Pferde gemacht hatte. Es wurden alle Mittel versucht, das Kind aus diesem drückenden Gemütszustand herauszuziehen. Die Mutter

widmete sich ihm stundenlang, um ihn zu beschäftigen, zu zerstreuen, aufzurichten. Zunächst wurde eine Reise ins Gebirge unternommen, da von der reinen, kräftigenden Alpenluft Stärkung und Erholung erhofft wurde. Erzherzogin Maria Josepha begab sich nach Gossensaß am Brenner, nahm Erzherzog Carl und Graf Wallis mit. Sie selbst begab sich von dort für einige Tage in Begleitung ihrer Hofdame Zosia Zamoyska nach Gardone zu Besuch ihres Vaters, Prinz Georg von Sachsen. In der Zwischenzeit war im Zustande des Erzherzogs Carl eher eine Verschlimmerung eingetreten, sodaß Graf Wallis, der von den vorzüglichen Heilerfolgen des Dr. Guggenberg in Brixen gehört hatte, mit Erzherzog Carl einen Ausflug zu ihm machte, um so den kleinen Patienten untersuchen zu lassen. Dr. Guggenberg riet wärmstens eine gründliche Behandlung in Brixen an. Nach der Rückkehr der Erzherzogin nach Gossensaß wurde demzufolge beschlossen, Erzherzog Carl gleich nach Brixen zu schicken, um von Dr. Guggenberg in die Kur genommen zu werden. Seine Behandlung hatte auch den gewünschten Erfolg. Die Kur in Brixen wurde noch ein zweites Mal wiederholt und endete Gottlob mit der vollsten Stärkung und Kräftigung der Gesundheit Erzherzog Carls.
In Brixen hatte Erzherzog Carl Herrn Arthur von Polzer kennengelernt, dem er, trotz des großen Altersunterschiedes, seine Freundschaft und Zuneigung schenkte. Wie sehr er ihn zu schätzen wußte und die Treue bewahrte, hat der jugendliche Erzherzog wohl später als Kaiser bewiesen. Wie ja der Grundzug schon im Charakter des Kindes die Treue war. Ungefähr in dieselbe Zeit fällt auch die Bekanntschaft Erzherzog Carls mit dem Grafen Ceschi, dem er gleichfalls seine Sympathie schenkte, obgleich auch er bedeutend älter war. Diese beiden Herren wurden in der Folge oft herangezogen und von I.K.H. Erzherzogin Maria Josepha in Wien oder auch nach Miramar eingeladen, um den nun langsam zum Mann gereiften Sohne Freude und Vergnügen zu bereiten.
Daß der so jugendliche, in seinem Wesen so unschuldige, ich möchte fast sagen, kindliche Erzherzog Carl sich so gerne viel ältere, ernste Leute heranzog, beweist, wie tief denkend und fühlend und abgeklärt in seinem Urteil und in seiner Geschmacksrichtung er selbst war.
Wurde auch in der Erziehungsperiode Erzherzog Carls der größte Teil des Jahres in Wien zugebracht, so konnte doch im Sommer zur Ferienzeit für einige Monate das Land aufgesucht werden. Von 1896 bis 1900

wurde in Persenbeug a.d. Donau Aufenthalt genommen, in dem schönen, von allen geliebten Schloß des Erzherzogs Otto, in dem manche frohe Stunde verbracht wurde. Ausflüge, Promenade, Tennis waren an der Tagesordnung, manche Gäste belebten das Haus, die Wallfahrtsorte Maria-Taferl und Heiligen-Berg und auch sonst manch schöne Punkte der Umgebung wurden aufgesucht. Die Liebe zur Natur und die Freude an den Bergen wurden wohl von frühester Jugend bei Erzherzog Carl genährt und gepflegt und nicht an letzter Stelle trat die Passion und Freude zur Jagd; ein Vergnügen, dem soviel wie möglich Gelegenheit geboten wurde. Diesem Sport wurde dann, besonders später, gehuldigt, da nach dem Verkaufe von Persenbeug an S.M. Kaiser Franz Joseph während des Sommers in Reichenau in der Villa Wartholz Aufenthalt genommen wurde. Dieser Ort wurde dem jungen Erzherzog in mehr als einer Beziehung besonders lieb. Dort empfing er aus der Hand seines Religionslehrers Bischof Marschall die erste Heilige Kommunion im Jahre 1899. Später ebendaselbst das Sakrament der Firmung, und die Feier seiner Großjährigkeitserklärung an seinem 20. Geburtstag wurde in schlichter, eindringlicher Weise auch in der Villa Wartholz abgehalten. Aus diesem Anlaß wurden alle Herren und Lehrer, die zur Erziehung und Ausbildung Erzherzog Carls beigetragen hatten, um ihn versammelt und vereinigt, und der Festtag wurde in weihevoller Stimmung und fröhlichster Laune gefeiert.
Die Erinnerung an alle diese Umstände bringt den schon zum Manne gereiften Erzherzog Carl zu dem Ausspruch: »Es ist doch natürlich, daß ich Reichenau so gerne habe, denn die größten Augenblicke meines Lebens habe ich dort verbracht: Meine erste Heilige Kommunion, meine Firmung und meine Großjährigkeitserklärung.«
Am 1. November 1906 fiel ein düsterer Schatten in das Leben des jungen Erzherzogs, es war der Tod seines Vaters Erzherzog Otto, der einem längeren qualvollen, schmerzlichen Leiden erlag.
Eine besondere Tragik lag auch noch in dem Umstande, daß, nachdem eine leichte Besserung im Befinden des Kranken eingetreten war, die die Ärzte mit großen Hoffnungen erfüllte, Erzherzogin Maria Josepha sich entschlossen hatte, der Einladung zur Hochzeit ihres Bruders Prinz Johann Georg nach Cannes Folge zu leisten und das Ableben Erzherzog Ottos unerwarteterweise gerade in diesen Tagen eintrat. Auf der Rückreise, am Bahnhof in Mailand, wo der Zug nachts gegen 11 Uhr eintraf, kam das Telegramm mit der erschütternden Nachricht. Da

erfuhr Erzherzog Carl von dem traurigen Schicksalsschlag, der ihn betroffen, denn er war in Cannes mit bei der Hochzeit gewesen.
Sein jugendliches Gemüt wurde durch diese Trauerbotschaft wohl begreiflicher Weise sehr erschüttert, aber auch da, wie zu jeder Zeit, war Erzherzog Carl bemüht, seine Mutter mit besonderer Liebe zu umgeben, als hätte er so recht verstanden, daß er an Liebe und Zärtlichkeit ihr ersetzen müsse, was ihr sonst vielleicht am Glück der Liebe im Leben gefehlt haben möge.
Als Erzherzog Carl das 16. Lebensjahr erreicht hatte, bekam er seine erste Uniform, als Leutnant eines Ulanenregimentes, und zugleich das Goldene Vlies, das ihm wohl große Freude bereitete. Nach erlangter Volljährigkeit erfolgte die Einordnung zum Militär, der Eintritt in das Dragonerregiment Nr. 7 in Brandeis.
Damit endigen für mich die Erinnerungen aus der Kinder- und Jugendzeit, aus der Lern- und Erziehungszeit Erzherzog Carls, die ich das Glück hatte mitzuerleben, an der Seite der vielgeliebten Erzherzogin Maria Josepha, seiner edlen, verdienstvollen, aufopfernden Mutter.«

Der Eindruck, den Markgräfin Pallavicini auf manchen Leser vermitteln mag, daß nämlich der kleine Erzherzog Carl verzärtelt oder verzogen worden wäre, trügt.
Hinter allem und jedem stand die Mutter, die mit gesunder Resolutheit die gelegentlich sicher übertreibende Fürsorge der Erziehungshelfer in die Schranken wies. Dazu kam der Vater: allen Gerüchten zum Trotz, die über diesen »schönsten Mann der Monarchie« im Umlauf waren, beherrschte auch ihn die ebenso vernünftige wie klare Sorge um die Zukunft dieses kommenden Erben der Monarchie.
Mehr als tausend erklärende Worte spricht ein einziges, unzweideutiges Dokument: ein Brief des jungen Elternpaares Maria Josepha und Otto an den künftigen Erzieher, den Grafen Wallis: »Unser Sohn Carl, der so Gott will, bestimmt ist, einst Kaiser zu werden, ...«
Diese Formulierung aus einem Brief Erzherzog Ottos vom 22.9.1904 widerlegt wohl ein für allemal die Mär vom »Unvorbereitetsein« auf die Übernahme der Kaiserwürde.
Erzherzog Karl wurde auf sein Amt mindestens so sorgfältig und gewissenhaft vorbereitet wie vor ihm Kronprinz Rudolf. Der Unterschied – allerdings ein wesentlicher Unterschied – war der, daß die Erzie-

hungswissenschaft fortgeschritten war und daß Erzherzog Karls Eltern weniger an das »Machbare« glaubten (so wie die Erzieher des unglücklichen Kronprinzen, für die »Erziehung« und »Bildung« alles war, getreu ihrer Weltanschauung), sondern mehr an die Gnade und die Liebe, vor allem an die Liebe, zuerst die zu Gott, dann die zu den Menschen. Die Kompromißlosigkeit, mit der das Elternpaar sein Recht auf die Erziehung ihres Kindes verteidigten – und durchsetzten – ist auch heute beispielhaft. Die Kernaussage des Vaters lautet dann auch (in dem Brief unbekannten Datums an den Grafen Wallis): »Und so lange wir Eltern existieren, wird die Erziehung unseres Sohnes nur so geschehen, wie wir es für gut befinden.«
Seine Instruktionen an Graf Georg Wallis, den Erzieher Kaiser Karls, sprechen für sich:

Schönau, 22.9.1904

Lieber Graf Wallis!

Da ich durch mein Leiden vielleicht noch längere Zeit verhindert bin, mit Ihnen einmal eingehend über die nächste Erziehungszeit meines Sohnes Carl Rücksprache zu halten, will ich Ihnen meine Pläne, die ich mit der Erzherzogin vereint ausgedacht habe, mitteilen.
Wenn Carl 18 Jahre geworden ist, würde er in eine Garnison kommen, wo er sowohl den Militärischen Dienst ausüben, so wie auch eine allgemeine Universitätsausbildung sich aneignen müßte.
Der Herr, der ihn in diesen zwei Jahren vor seiner Großjährigkeit begleiten würde, wäre nach außen hin quasi sein Kammervorsteher, unter vier Augen noch immer sein Mentor, welcher ihn auf alles aufmerksam machen muß. Da meine Frau sowohl wie ich das vollste Vertrauen zu Ihnen haben, würden wir gerne sehen, wenn Sie diese Stelle bei unserem Sohne auch für diese zwei Jahre beibehalten würden.
Doch so wie wir Sie jetzt schon ein Jahr vorher fragen, ob Sie diesen von uns bestimmten Plan annehmen, so müssen wir Sie auch bitten, sich ganz klar und bestimmt auszusprechen, ob ihre Gesundheit es zulassen wird, diesen Dienst auch wirklich die vollen zwei Jahre durchführen zu können?
Ein zweiter Herr wird auf keinen Falle unserem Sohne Carl zugeteilt

werden; doch muß ich dabei bemerken, daß eben diese Zwischenzeit von 18 bis 20 Jahren auch nach und nach freiere Bewegung und selbständigeres Auftreten unseres Sohnes mit sich bringen soll; daher auch viele Stunden des Tages z.B. V.M. [vormittags] bei Rgt. N.M. [nachmittags] bei einem eventuellen juristischen Vortrage Seinem Mentor resp. Kammervorsteher zum »Freisein« erübrigt werden.
Als Garnisionsort würde ich Sr. Majestät entweder Prag oder Innsbruck vorschlagen; die zwei einzig möglichen Garnisonen, wo auch eine Universität ist und wo man hoffentlich einen oder den anderen verläßlichen Professor findet.
Unser Sohn Carl, der so Gott will, bestimmt ist, einst Kaiser zu werden, muß unbedingt erst gründlich die Infanteriewaffe, unsere Hauptwaffe, kennenlernen. Wie meine Brüder und ich; wir fingen alle bei der Fußtruppe an. Der richtige Verkehr im Offizierscorps, das unauffällige Hintanhalten von nicht besonderen Elementen im Offizierscorps ist und bleibt die Aufgabe des Erziehers, vereint mit dem betreffenden Regt. Comdtn. und mit den Stabsoffizieren kann dies leicht überwacht werden.
Ihre einst vorgebrachte Idee, Carl könnte sich nach seiner Großjährigkeit noch immer für sich in allen möglichen Fächern weiter ausbilden, kann ich nicht teilen; denn das kann sein, kann auch nicht sein. – Ich halte es für unsere Pflicht, solange unser Sohn minderjährig ist, ihn so viel als er für sein späteres Leben braucht (und dies ist viel) studieren zu lassen. Ist er einmal definitiv großjährig und beim Regiment, kann er ja, wenn er Lust hat, weiterstudieren, wenn nicht, so hat er wenigstens genug inne, um sich in allen seinen künftigen militärischen und staatlichen Lagen und Stellungen zurecht zu finden. – Daher muß er in den letzten zwei Jahren neben dem militärischen Dienst noch juridische, geschichtliche, staatswissenschaftliche Studien gründlich durchmachen, wozu in der Garnison der Nachmittag verwendet werden kann. Bei der Infanterie ist der Hauptdienst vormittags, ich will nicht damit gesagt haben, daß er nur vormittags Offizier und nachmittags Studiosus sei; es kann ja auch einmal ein Übungsmarsch, ein Schießen, etc. etc. nachmittags sein – dieser Tag ist dann eben nur militärisch verbracht.
»Prag« hat den Vorteil, daß der gesellschaftliche Umgang bei Carl sehr gut gepflegt werden kann; er könnte sich angewöhnen, einige kleine Diners zu geben etc.

»Innsbruck« hat wieder mehr militärische Vorteile, indem das Tiroler Kaiserregiment sehr schön und Carl selbst so gerne in Tirol ist! Und dann Erzherzog Eugen als Erster in der Garnison, was für Carls Charakter ganz gut wäre.
Natürlich müßte die Garnisonswahl noch sehr gut überdacht werden und ist hierzu noch genügend Zeit und muß einst die allerhöchste Willensmeldung erbeten werden.
Mein ganzes Schreiben soll Ihnen nur zeigen, was wir in Hauptzügen mit unserem Sohne in seinen letzten zwei Erziehungsjahren beginnen wollen und wir müssen vor allem anderen Ihren klaren decidierten Ausspruch wissen und die Versicherung haben, ob Sie den nach unserem bestimmten Plan durchzuführenden Dienst allein und mit Ihrer Gesundheit vereinbarend leisten können und wollen!
Unseres vollen Vertrauens seien Sie stets versichert. Von den Grundzügen unseres Entschlusses würde nichts geändert und vom nächsten Herbst an diese Erziehungsmethode durchgeführt werden!

Eh. Otto Fmlt.

Und in einem anderen Brief heißt es:

»Wir sind mit Ihnen und mit Ihrer Methode, den Carl zu erziehen, ganz und vollständig einverstanden und Ihnen stets dafür dankbar! – Und so lange wir Eltern existieren, wird die Erziehung unseres Sohnes nur so geschehen wie Wir es für gut befinden. Daher nochmals bitte über diesen Punkt ganz beruhigt zu sein, und wenn Sie Ende October mit Carl einrücken, können wir dann in Ruhe über so manches reden und jedwede Maßnahmen treffen!«

Zeitgenössische Übersicht über das Erziehungsprogramm des jugendlichen Erzherzogs

Kindheit und erster Unterricht

Bis zu seinem siebenten Lebensjahr leitete Erzherzogin Maria Josepha, unterstützt von einer englischen Gouvernante, selbst seine Erziehung. Als zu Neujahr 1894 Graf von Wallis, Feldmarschalleutnant und Gardeleutnant der k.k. Ersten Arcierenleibgarde i.P., mit der Leitung der weiteren Ausbildung betraut wurde, konnte Erzherzog Karl bereits lesen und schreiben und bekundete dabei ein ausgesprochenes Sprachentalent. Nun begann der systematische Unterricht. Doktor Josef Holzlechner erteilte bis zum Jahre 1900 den Unterricht allein, dann gemeinsam mit dem Baron Mattencloit. Im zehnten Lebensjahr des Erzherzogs konnte mit den Gymnasialstudien begonnen werden. Nun wurde der Lehrgang des Obergymnasiums in Angriff genommen, jedoch mit Abänderung, daß das Studium des Griechischen hinter dem Unterricht im Französischen, Ungarischen und Tschechischen in zweite Linie gestellt wurde. Im Jahre 1904, also mit dem siebzehnten Lebensjahre des Erzherzogs, wurden die Gymnasialstudien abgeschlossen.

1905 fragte Kaiser Franz Josef den Erzieher des Erzherzogs Karl Franz Josef, Graf Wallis: »Lernt Karl Ungarisch?« »Ja, Majestät« – »Können Sie Ungarisch?« fragte der Monarch weiter. »Ja, Majestät.« Der Kaiser bemerkte lächelnd: »Also, so zum Dienstgebrauch gerade genug.« »Mit Verlaub, etwas mehr, Majestät«, entgegnete Graf Wallis, der als Husarenoffizier sich das Ungarische vollkommen angeeignet hatte. Fünf Jahre später fragte der Kaiser abermals den Grafen Wallis: »Macht Karl Fortschritte?« – »Gewiß, Majestät!« Der Monarch fragte weiter: »Kann er schon ungarisch sprechen? Sprechen auch Sie mit ihm ungarisch? Sie können ja mehr, als zum Dienstgebrauch nötig ist ...«

Jahre nach dem ersten Gespräch hatte sich also der greise Herrscher noch an die seinerzeitige Antwort des Grafen Wallis erinnert. (»Pester Lloyd«, 24. November 1916)

Der Religionsunterricht des jungen Erzherzogs lag, wie einst beim erzherzoglichen Vater und dessen Geschwistern, in den Händen des Weihbischofs Dr. Marschall. Dem ausdrücklichen Wunsche seines Vaters zufolge besuchte Erzherzog Karl Franz Josef das Gymnasium bei den Schotten, in das er, damals ein zehnjähriger Knabe, als nichtöffentlicher Schüler eintrat. Er studierte privat, nahm aber seinen Platz im Unterrichtszimmer seiner Klasse im Schottengymnasium ein, wenn Naturgeschichte oder Physik und Chemie vorgetragen wurde. Dies wurde für unerläßlich gehalten, da man den Anschauungsunterricht und die Versuche, die eben nur in der Schule vorgenommen werden konnten, nicht missen wollte. In der Schule und im Verkehr mit seinen Mitschülern gab sich der junge Erzherzog so ungezwungen und schlicht und herzlich, daß seine Kameraden bald ohne Scheu mit ihm verkehrten. Seine Spielgenossen und Freunde waren zu jener Zeit die jungen Grafen Wilczek, Auersperg, Draskovich und der junge Prinz Montenuovo. Der kaiserliche Prinz, der auch eine ausgeprägte Vorliebe für die Natur zeigte, machte mit seinen Kameraden öfter und gerne Ausflüge, die vornehmlich dem Wienerwald galten.

Er war ein guter Schüler und legte auch die Schlußprüfung über das Untergymnasium mit sehr gutem Erfolg ab. In den beiden letzten Jahren seiner Mittelschulstudien wurde der Gymnasiallehrplan etwas geändert. Man legte nun weniger Gewicht auf die alten Sprachen und zog gewissermaßen den Lehrplan der siebenten und achten Gymnasialklasse zusammen, welches vermehrte Arbeitspensum der junge Erzherzog ebenfalls mit Eifer und ausgezeichnetem Erfolge bewältigte. Diese Maßnahme der Zusammenziehung beider Klassen war notwendig geworden, weil der Erzherzog mit 18 Jahren seine militärische Laufbahn beginnen und vor seinem Eintritt in die Armee noch ein Jahr militär-theoretische Ausbildung genießen sollte. Er absolvierte also die Gymnasialstudien im Alter von 17 Jahren und trat ein Jahr später beim 17. Dragonerregiment, von dem damals einzelne Abteilungen in Bilin und Umgebung lagen, ein.

Eine wertvolle Erweiterung der in der Schule gewonnenen Kenntnisse bildeten für den Erzherzog die verschiedenen Reisen, die er in diesen Jahren unternahm. Im Jahre 1900 lernte er die Adria-Küstengebiete, das gebirgige Bosnien und die Herzegowina kennnen, ein Jahr später die ungarische Pußta, Galizien und die Waldtäler der Karpaten. Als 15jähriger Jüngling kam er in Begleitung seines Erziehers nach Siebenbürgen, in die Bukowina und in die Hohe Tatra. 1902 bereiste er den größten Teil von Frankreich und berührte auf einer Reise Paris und London. Im Jahre 1903 und 1904 wurden die italienische und französische Riviera, Tirol und die Schweiz besucht.

Es waren nicht zuletzt diese Reisen, die ihm jene Sicherheit des Auftretens verliehen, die man an ihm bewunderte, als er unerwartet rasch an die Spitze des Staates gestellt wurde.

Bei den 7er-Dragonern

Auch im Regiment wurde Erzherzog Karl Franz Josef bald der Liebling aller seiner Kameraden. Er tat seinen Dienst so genau und gewissenhaft, daß seine militärischen Vorgesetzten ihm nur hohes Lob spenden konnten. Mit allen Offizieren des Regiments stand er auf freundschaftlichem Fuß, und es muß besonders hervorgehoben werden, daß er seine Freunde nicht nach Abstammung und Herkunft wählte, sondern mit den bürgerlichen Offizieren ebenso herzlichen und vertrauten Umgang pflegte wie mit den Angehörigen alter Adelsgeschlechter.

Großjährigkeit

Am 17. August 1907, an seinem zwanzigsten Geburtstag, erfolgte, einer alten Tradition zufolge, die Großjährigkeitserklärung des jungen Prinzen. Erzherzog Karl Franz Josef genoß neben den Schulstudien eine ausgezeichnete Bildung durch seinen Erzieher, den Grafen Wallis, dessen Mission mit dem Tage der Großjährigkeit vollendet war. Den erzieherischen Absichten des Grafen kamen die bedeutenden Fähigkeiten des jungen Prinzen in großem Maße entgegen. Erzherzog Karl Franz Josef, der eben als Oberleutnant beim 7. Dragonerregiment in Altbunzlau stand, war in Wien angekommen und hatte sich sofort von hier nach Reichenau begeben, wo am 15. August 1907 die Feier der Großjährigkeitserklärung mit Rücksicht auf die Familientrauer [Carls Vater, Ehg. Otto war am 31. Oktober 1906 getorben] im engsten Familienkreis in der Villa Wartholz stattfand.
Über besondere Einladung der Frau Erzherzogin Maria Josepha begab sich vormittags der ehemalige Religionslehrer des Erzherzogs, Generalvikar Weihbischof Dr. Gottfried Marschall, mit seinem Zeremoniär Karl Frim nach Villa Wartholz. Der Weihbischof war sozusagen ein »Erbstück« ... auch dem Vater des Erzherzogs Karl Franz Josef sowie dessen Bruder, dem Erzherzog Franz Ferdinand, und dem Erzherzog Ferdinand Karl, hatte Marschall den Religionsunterricht erteilt. Erzherzogin Maria Josepha hegte daher den Wunsch, daß ihr Sohn den für ihn bedeutungsvollen Gedenktag in Gesellschaft jenes Mannes verbringe, der Dezennien hindurch der geistige Berater seiner Familie gewesen ist. Weihbischof Dr. Marschall las unmittelbar nach seiner Ankunft im Schloß in der vom Großvater des Erzherzogs Karl Franz Josef, dem verstorbenen Erzherzog Karl Ludwig, gestifteten Kapelle eine Messe. Dieser wohnte außer Erzherzogin Maria Josepha und ihren beiden Söhnen die Tante der jungen Erzherzöge, Prinzessin Mathilde von

Sachsen, die Mitglieder des Hofstaates der Erzherzogin Maria Josepha, der bisherige Leiter der Erziehung des Erzherzogs Karl Franz Josef, Oberst Graf Wallis, und die Mitglieder des neuen Hofstaates bei. Der Kaiser hatte nämlich aus Anlaß der Vollendung des zwanzigsten Lebensjahres des Erzherzogs den Oberleutnant des 7. Dragonerregiments, Prinz Lobkowitz, zum Kammervorsteher und den bisherigen Oberleutnant der Leibgardereiter-Eskadron in Wien, Franz Graf Ledebur, zum Dienstkämmerer des Erzherzogs Karl Franz Josef ernannt. Während der an die Messe sich anschließenden Gratulationscour stellten sich Prinz Lobkowitz und Graf Ledebur dem Erzherzog in den ihnen von Seiner Majestät verliehenen neuen Dienstfunktionen vor. Nach der Gratulationscour fand im großen Saale des Schlosses ein Diner statt, an dem die genannten Persönlichkeiten teilnahmen.

Die juristischen Studien

Hienach übersiedelte Erzherzog Karl Franz Josef nach Prag, wo er durch etwa zwei Jahre, bis zu seinem 22. Lebensjahr, blieb. Diesen Aufenthalt in der böhmischen Landeshauptstadt benützte der Erzherzog dazu, um an den beiden Prager Universitäten juristische Studien zu obliegen. Seine Lehrer waren die Professoren Pfaff, Schmidt und Ulbrich von der deutschen, Goll, Ott und Bráf, der spätere Minister, von der böhmischen Universität. Bei der Auswahl der Lehrer war darauf Bedacht genommen worden, nicht nur die hervorragendsten Vertreter der einzelnen Fächer zu gewinnen, sondern sie auch gleichmäßig der deutschen und der böhmischen Universität zu entnehmen. Das Urteil seiner Professoren lautete dahin, daß der Erzherzog eine außerordentlich festgefügte Grundlage an allgemeinem Wissen aus dem Gymnasium mitgebracht habe, und es war daher nicht zu verwundern, daß er auch als Hörer der Rechtswissenschaften sehr schnelle Fortschritte machte. Daneben wurden die Sprachen, besonders die ungarische und die böhmische Sprache, auf das sorgfältigste gepflegt, darüber jedoch auch das Französische und das Englische nicht vernachlässigt.
Dem Grafen Wallis war es – nach dem »Neuen Wiener Tagblatt« (23. November 1916) – zu danken, daß mit der Ausarbeitung des Studienplanes ein hoher Verwaltungsbeamter, eine geistige Kapazität und ein eminenter Praktiker, der gewesene tschechische Landsmannminister

Dr. Rezek, betraut wurde. Der Studienplan für alle Zweige des österreichischen und des ungarischen Rechts und Verwaltungswesens baute sich auf dem Grundsatz auf, daß Erzherzog Karl nicht durch unnütze und verwirrende Details belastet werden sollte.
Als erster informierender Berater wurde Professor Ott von der Prager tschechischen Universität berufen, der kanonisches und Kirchenrecht zu tradieren hatte. Über Staatsrecht, Verwaltungsrecht und Völkerrecht sprach Professor Ulbrich, eine Leuchte der Prager deutschen Universität, über Zivilrecht und Zivilprozeß, Handels- und Wechselrecht, Verfahren außer Streitsachen, Strafrecht und Strafprozeß Professor Pfaff, gleichfalls von der Prager deutschen Universität und schließlich über Nationalökonomie, Finanzwissenschaft, Handelspolitik und die sich anschließenden Parteien des öffentlichen Rechts der nachmalige Ackerbauminister Universitätsprofessor Dr. Bráf.

»Ich habe sowohl Professor Ott als auch Professor Bráf kennengelernt«, bemerkt dazu Kaiserin Zita, »und beide Professoren waren sich darüber einig, daß ihr damaliger Student ungewöhnliche Fähigkeiten hätte. Professor Ott sagte mir unter anderem, daß er niemals vorher noch nachher einen Studenten gehabt hätte, der eine so schnelle Auffassungsgabe und ein so tiefschürfendes Interesse für die Materie an den Tag gelegt habe. Dadurch und weil sie ihn als alleinigen Hörer gehabt hatten, konnten sie ihm in zwei Jahren unvergleichlich mehr bieten als je den Jahrgängen an der Universität. Es sei ›ungemein anregend‹, ja ›ein wahres Vergnügen‹ gewesen, ihn zu unterrichten.
Polzer sagt noch: ›Nach Abschluß der Studien des Erzherzogs hatte ich den Eindruck, daß er ... doch bedeutend mehr wußte, als mancher, der nach Absolvierung der Universitätsstudien die Hochschule mit dem Doktorhut verläßt.‹«

Dies alles zeigt, daß die weitverbreitete Ansicht, der Kaiser sei für seine hohe Stellung gar nicht vorbereitet gewesen, unrichtig ist. Graf Polzer schreibt in seinem Buch »Kaiser Karl«, daß das Studienprogramm durch Graf Wallis eines Tages Kaiser Franz Joseph unterbreitet wurde, der es nach Befragung des damaligen Leiters des Unterrichtsministeriums, Freiherr von Bienerth, auch genehmigte. Bei dieser Gelegenheit, bei dieser Kaiseraudienz, begegnete ihm im Warteraum Erzherzog Franz Ferdinand. Er interessierte sich lebhaft für das Erziehungsprogramm und gab nach flüchtiger Durchsicht seiner besonderen Befriedigung darüber Ausdruck, daß auch das ungarische Staatsrecht in das Programm aufgenommen worden sei, »denn diese wichtige und schwierige Materie bedarf wegen ihrer Eigenart besonderer Pflege und Aufmerksamkeit«. (Aus den Aufzeichnungen Kaiserin Zitas zu Polzers Karl-Biographie)

Zur militärischen Laufbahn Karls

Kaiser Karl gehörte seit dem 1. November 1903 – also schon als Sechzehnjähriger – der k.u.k. Armee an. Es war ein nobles Symbol, den jungen Karl, von dem man schon wußte, daß er dereinst in die höchste Stelle vorrücken werde, zum Ulanenregiment Nr. 1 abzukommandieren ... es trug den Namen seines Vaters, Erzherzog Otto. Das Ulanenregiment Nr. 1, durfte an jenem Tage den Sohn des Inhabers in seine Rangliste als Leutnant aufnehmen. Zum Dragonerregiment Nr. 7 transferiert, rückte der jugendliche Prinz im September 1905 zur 1. Eskadron dieses Regiments nach Kutterschitz bei Bilin ein, und damit begannen seine militärischen Lehr- und Werdejahre. Wie jeder andere bildete und führte Leutnant Erzherzog Karl Franz Josef seinen Zug, ritt und schulte er Remonten. Stallpflege und Kasernenordnung, nichts schien ihm unwesentlich, und während der ersten Manöver sehen wir ihn als Patrouillekommandanten weit vor der Front. Am 1. November 1906 erhielt der Erzherzog den zweiten Stern. In die Freude über die Beförderung mischte sich der tiefe Schmerz über den Tod des Vaters. Der Prinz trennte sich nun für kurze Zeit von den Lothringen-Dragonern und nahm seinen Wohnsitz auf dem Hradschin, um rechts- und staatswissenschaftliche Studien zu pflegen. Während der Divisions- und Regimentsübungen im Mai 1907 finden wir den Erzherzog vorübergehend wieder an der Spitze seines alten, ihm liebgewordenen Zuges in Dobrzan. Im Frühjahr 1908 schied er von Prag, um bei der 5. Eskadron der Siebener-Dragoner in Alt-Bunzlau Dienst zu tun und auch gründlichen militärischen Studien zu obliegen, wobei die Obersten von Dietl und Freiherr von Zeidler ihn in alle Zweige der Kriegswissenschaften einführten. Bei den Kaisermanövern von Veszprim, St. Veit

an der Glan und Groß-Meseritsch gewann er an der Seite seines Oheims weiland Erzherzog Franz Ferdinand Einblick in die Aufgaben und das Getriebe eines höheren Kommandos. Indessen war Erzherzog Karl Franz Josef am 1. November 1909 Rittmeister und Kommandant der 5. Eskadron der Siebener-Dragoner in Brandeis an der Elbe geworden. Hingebung an den Dienst, Fürsorge für die Mannschaft, Anhänglichkeit an die Farben des stolzen Reiterregiments, Treue und Verläßlichkeit kennzeichneten den jungen Eskadronskommandanten.
Die schönen Tage der Dienstzeit zu Brandeis an der Elbe gingen bald zu Ende. Das Regiment wurde nach Ost-Galizien verlegt, und an der Spitze der 5. Eskadron trat Erzherzog Karl Franz Josef am 1. März 1912 den Marsch über Trübau, Littau, Teschen, Biala, Jaslo, Sambor, Chyrow, Sanok, Stryi, Stanislau nach Kolomea an, wo die Dragoner am 14. April ihre neuen Quartiere bezogen. In Ost-Galizien machte der Erzherzog mit seiner Schwadron noch die Regimentsübungen mit, und bald darauf – im Oktober 1912 – wurde ihm der »Ausdruck der allerhöchsten Zufriedenheit« zuteil.
Am 1. November 1912 wurde Erzherzog Karl Franz Josef zum Major im Infanterieregiment Nr. 39 ernannt und übernahm das Kommando des 1. Bataillons in der Stiftskaserne zu Wien. Mit derselben Gewissenhaftigkeit und dem gleichen Ernst, der den Prinzen schon bei den Siebener-Dragonern ausgezeichnet hatte, wirkte er auch als Bataillonskommandant. Seine Bataillonskanzlei befand sich in der Stiftskaserne. Mit dem Regiment machte er die Lagerperioden in Bruck an der Leitha und alle feldmäßigen Schießübungen mit. Die schweren, harten Obliegenheiten des »Fußvolkes im Kriege erkennend, drang Erzherzog Karl mit allem Ernst in die Aufgaben der schlachtentscheidenden Infanterie« ein, wobei er allerdings die Wichtigkeit dreier wesentlicher Schwerpunkte zeitgenössischer Wehrtechnik rasch erfaßte: die Bedeutung eines erstklassigen Fernmeldesystems [etwas, was nach Kronprinz Rudolf wieder in Vergessenheit, zumindest in den Status der Vernachlässigung geraten war] … kein Monarch, kein Staatsoberhaupt jener Zeit hat sich so intensiv und häufig des Telefons und des Hughes-Systems bedient wie Kaiser Karl; zweitens die Weiterentwicklung der Artillerie [die österreichisch-ungarische Artillerie war schon bald nach Übernahme des Oberkommandos durch Karl die anerkannt beste Artillerie aller kriegführenden Mächte] und die Entwicklung der Luftwaffe, vor allem auch im Hinblick auf Luftaufklärung und

Transport. Der Gedanke an Luftangriffe auf zivile Ziele, wie er schon im Ersten Weltkrieg propagiert worden war, erregte Karls Abscheu ebenso wie die Idee des »uneingeschränkten Tauchbootkriegs«, der auch der zivilen Schiffahrt gelten sollte.

Im März 1913 hat Erzherzog Karl Franz Josef als Protektor des Zentralkomitees zur Schaffung einer österreichischen Luftflotte einen Aufruf an die Bürgerschaft Österreichs erlassen, der in vielen Kreisen Aufmerksamkeit erregte. Ausgehend vom Ernst der Zeiten, die jedermann schon damals erkennen lassen mußte, daß nur ein schlagfertiges, zur wirksamen Abwehr bereites Heer die beste Bürgschaft für die Bewahrung des Friedens ist, wird in diesem Appell auf die allgemeine Erkenntnis hingewiesen, »daß in der auch kriegstechnisch so sehr fortgeschrittenen Gegenwart eine tüchtige Luftflotte ein für Heer und Marine gleich unentbehrliches Kampfmittel bildet. Dieser durch praktische Erfahrungen gewonnenen Überzeugung folgend, haben die anderen führenden Kulturstaaten längst begonnen, für die Schaffung und zeitgemäße Ausgestaltung ihrer militärischen Aviatik die gebotene Vorsorge zu treffen. Umsoweniger kann Österreich, in dem so viele Fähigkeiten vereinigt sind, dieses modernsten Hilfsmittels entbehren.« Die in dem erzherzoglichen Aufruf gerühmte Gewandtheit, Unerschrokkenheit, der Mut und die Geistesgegenwart der österreichischen Militärpiloten, die sich über dem historischen Schlachtfeld von Aspern den Höhenrekord errungen und den Semmering überflogen haben, bewies, was die österreichisch-ungarische »Luftschifferabteilung« trotz der geringen Mittel, die zur Verfügung standen, mit Erzherzog Karl zu leisten vermochte. »Noch fehlt es aber an den materiellen Mitteln, um auch in dieser vielversprechenden und hoffnungsreichen Waffe den Armeen anderer Großstaaten gleichzukommen. In wahrhaft patriotischer Betätigung soll es nun jeder als Ehrenpflicht ansehen, sein Scherflein dazu beizutragen, um auch in Österreich eine wichtige Luftflotte erstehen zu lassen und so dem Auslande zu zeigen, daß die Gesamtheit wie ein Mann zusammenzustehen weiß für ein anstrebenswertes Ziel, wenn es gilt, einer dem schönen Vaterlande etwa drohenden Gefahr wirksam zu begegnen. In jedermanns Bewußtsein muß die herzliche Mahnung lebendig werden, daß nur der sich sein Heim, sei es eine Hütte, sei es ein Palast, und die Heimat aller schützt, der zur Schaffung, Ausgestaltung und würdigen Erhaltung der österreichischen Luftflotte nach Kräften beiträgt. Mögen Unterschiede von Nationalität und Partei verstummen, wenn alle Völker Österreichs an einem großen Werk mitarbeiten!«

Damals schrieb das »Fremden-Blatt«:
»Hat es sich schon während der letzten Jahre in den großen Manövern, die, richtig durchgeführt, immer ein Abbild des Krieges waren, über allem Zweifel offenbart, daß die weitestreichende Aufklärung, die eben nur eine Luftflotte ermöglichen und sichern kann, schon in den ersten Phasen der Operationen unschätzbare Vorteile bringt, so sind heutzutage selbst die Anfänge von Schlachten und Kriegen ohne einen ausreichenden, sozusagen auf der Höhe der Situation stehenden Luftdienst kaum mehr denkbar. Eine Armee, die versuchen würde, ohne eine eigene ausgiebige Luftflotte zu operieren, wäre jetzt der gegnerischen Armee, die mittels der aviatischen Apparate alle Details des Aufmarsches und der Gruppierung zum zielbewußten taktischen Vorgehen auswertet, förmlich ausgeliefert.
Und weil nun, nach des Grafen Montecuccoli in der ganzen Weltgeschichte bewährtem Worte, zum Kriegführen drei Dinge nötig sind, nämlich Geld, Geld und nochmals Geld, sind die anderen Staaten mit entsprechenden Investitionen und dringenden Anforderungen für eine schlagfertige Luftflotte geradezu beispielgebend vorangegangen. Es dem Auslande nicht zum mindesten gleichzutun, wäre für Österreich, das die die fernsten Meere nahebringende Schiffsschraube erfunden hat, ein beschämendes Zurückbleiben. Deutschland verlangt neuestens achtzehn Millionen Mark für seine militärische Luftflotte, Frankreich, das zuerst das Problem des persönlichen Fluges, wenn auch von der Sportseite her, gelöst hat, dreißig Millionen Franken. Und wenn der Opfersinn der Bürger in dem uns treu verbündeten, dem Empfinden und dem Denken so nahen Deutschen Reiche in öffentlicher Sammlung für die Luftflotte nahezu acht Millionen Mark aufgebracht hat, so darf der Hoffnung, ja Erwartung Ausdruck gegeben werden, daß der Österreicher, der nach dem Dichterwort ein Vaterland hat, es liebt und auch Ursach' hat, es zu lieben, gerne bereit sein wird, zum Schutze und zur Ehre seines Vaterlandes, zur Stärkung seiner sieggewohnten, ruhmreichen Armee durch eine moderne Luftflotte im Sinne des erzherzoglichen Aufrufes beizutragen.«
Österreich-Ungarn sah sich damals einem der fruchtbarsten Wettstreite seiner Geschichte ausgesetzt, förderte doch Erzherzog Franz Ferdi-

nand gleichzeitig mit allen ihm zu Gebote stehenden Mitteln den Ausbau der Handels- und Kriegsmarine:
»Mit Kaiser Wilhelm II. teilte Erzherzog-Thronfolger Franz Ferdinand das Verständnis für die Seemacht und das Interesse an der Marine, doch hielt es sich bei dem Erzherzog, dem jede Romantik fremd war, in realpolitischen Grenzen«, sagt Emil Franzel in seiner ebenso schmalbändigen wie treffenden Franz Ferdinand d' Este-Biographie... »zu den bedeutendsten Leistungen Franz Ferdinands gehört der Ausbau der Kriegsmarine zu einer modernen Flotte, die von 1914 bis 1918 Österreich-Ungarns Seeflanke erfolgreich verteidigte und sich auch im Angriff gegen vielfache Übermacht bravourös schlug.«
Es gehört zu den Merkwürdigkeiten der Geschichte und ihrer Antworten, daß – solange der tote Erzherzog-Thronfolger in der »Obhut« der bewaffneten Macht Österreich-Ungarns auf seinem letzten Weg von Sarajewo nach Triest und Wien stand, ihm gerade die Marine in Triest jede erdenkliche Ehrung zugute kommen ließ. Ähnlich bei Kaiser Karl, allerdings in einem um eine ganze Generation verschobenen Parallelfall: Kaiser und König Karl leistete sein großartigstes Zeugnis persönlichen Mutes und Einsatzes in einem Flugzeug ab ... auf dem schon zur Legende gewordenen Flug von Zürich-Dübendorf nach Ungarn.
Das hat seine Vorgeschichte: klug erkannte der junge Erzherzog Carl Franz Joseph, dem nach menschlichem Ermessen einmal die Krone der Habsburger-Monarchie zufallen mußte, daß es so sinn- wie zwecklos sei, bei der Marine »mitzumischen« – die Seemacht Österreich-Ungarns war die Domäne Erzherzog Franz Ferdinands.
Voraussehend wandte sich der junge Erzherzog dem Neuen zu ... der Luftfahrt.
Wenn heute ein AUA-Passagier mit einer Mischung aus Stolz, Unwissenheit und wohl auch Ungläubigkeit dem Flugprospekt die Information entnimmt, daß die Austrian Airlines die älteste Passagierverkehrs-Tradition der Welt antraten, das Erbe der ersten regelmäßigen Passagierlinie, die es gab, nämlich Wien–Kiew (eröffnet 1918), so ist das ein Stück Arbeit Kaiser Karls: er hat die Luftfahrt gefördert, wo immer er konnte; in seiner Zeit flog die Postmaschine noch zweimal täglich zwischen Budapest und Wien, war auch Krakau, war auch Lemberg mit Passagierflugzeugen erreichbar. Täglich. Im Jahre 1918.

3. Kapitel

Der Erste Weltkrieg

Nach dem Attentat in Sarajewo rückte Erzherzog Karl Franz Josef als unmittelbarer Thronerbe in den Vordergrund. Der kaum Siebenundzwanzigjährige sah sich vor eine neue Verantwortlichkeit und vor eine unabsehbare Reihe von Repräsentationspflichten gestellt. Zunächst hörte man nach dem Beginn des Kampfes nur wenig von dem jungen Thronerben: man wußte, daß er als Vertreter des Kaisers Franz Josef nach den verschiedenen Kronländern und nach Ungarn gesandt wurde, um Regimenter zu besichtigen; daß er bei der Ausmusterung der jungen Offiziere zugegen war; daß er bei solchen Anlässen militärische Ansprachen hielt, die ihre Wirkung nicht verfehlten. Dann ging er ins Hauptquartier zum Erzherzog Friedrich, empfing in der zweiten Schlacht bei Lemberg seine Feuertaufe und war von da an oft auf den verschiedenen Kriegsschauplätzen in der Feuerlinie bei den Soldaten zu sehen, die seine herzliche Freundlichkeit und menschliche Anteilnahme rühmten. Aus naheliegenden Gründen wurde der junge Erzherzog-Thronfolger damals nur »Karl Franz Josef« genannt (Josef bereits mit »f« geschrieben), privat hieß er immer noch »Carl«, also mit »C« geschrieben ... Die interessierte Öffentlichkeit sah Karl Franz Josef, der am 25. Juli 1914 zum Obersten im Husarenregiment Nr. 1 ernannt worden war, zuerst an der Seite des Erzherzogs Friedrich, dem er knapp nach Aufstellung des Armee-Oberkommandos ins Feld folgte. In der geistigen Werkstätte der operierenden Wehrmacht nahm der junge Erzherzog monatelang an der Entwicklung der Ereignisse teil und wichtige Missionen wurden ihm in dieser Zeit übertragen – so weilte er vom 21. bis 26. Jänner 1915 bei Kaiser Wilhelm II. im deutschen Hauptquartier.

Am 25. Juli 1915 wurde Erzherzog Karl Franz Josef zum Generalmajor und Konteradmiral ernannt, nachdem ihm Kaiser Franz Joseph schon am 3. Oktober 1914 die Inhaberschaft des Infanterieregiments Nr. 19, im gleichen Monat das Militärverdienstkreuz mit der Kriegsdekoration, dann im Juni 1915 das Großkreuz des Stephan-Ordens verliehen hatte. Gleichzeitig mit der Ernennung zum Generalmajor wurde Erzherzog Karl von der Kommandierung beim Armee-Oberkommando enthoben. Eine wichtige Aufgabe harrte seiner. Als Vertreter des allerhöchsten Kriegsherrn hatte Erzherzog Karl die Truppen zu besuchen. So lernte er die Kriegsschauplätze, die Führer und Waffen, die technischen und Etappeneinrichtungen der großen österreichisch-ungarischen, teilweise auch der verbündeten deutschen Armee auf das genaueste kennen. Allen brachte er den Gruß und die Anerkennung des obersten Kriegsherrn; aber er lauschte auch mit nimmermüdem Interesse den Worten eines jeden Mannes.

Kaiserin Zita hat in ihren Randbemerkungen zur Karl-Biographie von Polzer auch zu dessen Berichten über die militärische Ausbildung Stellung genommen:

»Zum militärischen Standpunkt möchte ich noch eine ähnliche Bemerkung machen wie zum allgemeinen Erziehungsprogramm Carls: dadurch, daß Kaiser Karl vom Kriegsausbruch bis zu seiner Thronbesteigung unentwegt zwischen dem AOK [Armeeoberkommando] und allen Truppenkörpern, allen Fronten auf- und abfuhr, dort mit der obersten Generalität, allen Abschnittskommandanten Besprechungen abhielt, war er weit mehr im Bilde der allgemeinen militärischen Situation und der Fähigkeiten, Erfolge oder Mißerfolge der einzelnen Kommandanten sowie auch der Schwierigkeiten an den einzelnen Fronten und der Leistungsfähigkeit der Truppe und der einzelnen Soldaten, als wer auch immer in der österreichisch-ungarischen Armee.

Er hatte auch vor dem Kriege die Generalstabskurse mit General Zeidler absolviert, denen er abends, nach seinem Dienst, noch mehrere Stunden oblag.«

Erzherzog Carl Franz Joseph hat vom Ausbruch des Krieges an eine Art Tagebuch geführt, in dem er seine Beobachtungen festhielt. Die Niederschrift war selbstverständlich zum rein privaten Gebrauch bestimmt, die Ausdrucksweise des jungen Offiziers ist oft recht unbekümmert, der Sprachschatz in seinen Dialektausdrücken bemerkenswert offen und treffend.

Auch durch diese Aufzeichnungen wird einmal mehr das Gerücht widerlegt, der junge Erzherzog-Thronfolger sei »unvorbereitet« in seine spätere Würde getreten. Erzherzog Carl – seit Kriegsbeginn »Karl Franz Josef« – hatte bereits ein umfangreiches Ausbildungsprogramm hinter sich, eine Schulung, wie sie kaum besser gedacht werden konnte. Zu Kriegsbeginn trat nun eine »Praxis« hinzu, wie sie dramatischer und lebensnaher nicht geplant werden konnte.

Die zwei Jahre Front- und Kriegserfahrung prägten den künftigen jungen Monarchen entscheidend. Sie nahmen ihm vor allem – am Anfang des Krieges findet der Beobachter gelegentlich noch Spuren davon – jedwede Illusion über Kriegsgeschehen und Kriegsfolgen ... schon der junge Erzherzog hat innerhalb kürzester Zeit den Krieg als solchen verachten und das Kriegshandwerk und seine Protagonisten kritisch zu betrachten gelernt.

Vom Beginn des Kriegs an befand sich der junge Erzherzog-Thronfolger in unmittelbarer Nähe der Kriegsschauplätze, von ihm kann gesagt werden, daß er ein Frontsoldat war, der die Schrecken der kriegerischen Auseinandersetzungen, den Tod, die Flüchtlinge, die Verwundeten, die Verwüstung, aus unmittelbarer Anschauung kannte.

Die ersten Kriegswochen verbrachte er im Hauptquartier in Galizien, in Przemysl, dann weilte er im Hauptquartier in Teschen, wo der Armeeoberkommandant Erzherzog Friedrich (in den Aufzeichnungen »Fritz« genannt, gelegentlich auch »Onkel« oder »Onkel Fritz«) große Güter besaß.

Dort residierte auch der »Chef«, wie ihn der junge Erzherzog Carl meist nennt, Feldmarschall Franz Conrad von Hötzendorf. Schon aus den ersten Aufzeichnungen Carls spricht eine Mischung aus Respekt und kritischer Distanz zum »Chef« ... vor allem die so verheerende Unruhe in der Armee erzeugende ständige Absetzerei von Kommandeuren und die völlige Front-Fremdheit des »Chefs« erregen sein Mißtrauen; später hat Kaiser Karl die Konsequenzen aus seinen Beobachtungen gezogen, das Oberkommando selbst übernommen und Conrad wie Erzherzog Friedrich entmachtet.

Bald schon hat der alte Kaiser, der selbst ja nicht mehr in der Lage war, das Oberkommando zu führen oder ins Armeehauptquartier zu gehen, die Qualitäten seines Thronfolgers erkannt und ihn an alle Fronten geschickt; bei den wiederholten Besuchen in Schönbrunn, wo inzwischen auch Erzherzogin Zita mit ihren Kindern wohnte, lernte Erzherzog Carl auch die Politiker jener Zeit näher kennen und ihren Wert messen.

Berchthold, der österreichisch-ungarische Außenminister, der die Kriegserklärung an Serbien initiiert hatte, war unter diesem und Graf

Stürgkh, 1911-1916 Ministerpräsident (am 21. Oktober 1916 wurde er von Friedrich Adler erschossen). In der ebenso einfachen wie treffenden Diktion des Erzherzog-Thronfolgers wird der allmächtige Ministerpräsident das genannt, was er sicher auch war: ein »Hascherl« (laut Duden ein »bedauernswerter Mensch«).

Scharf beobachtet Erzherzog Carl die Fehlleistungen des Armeekommandos: die sinnlose Aufopferung von Menschenleben, das gedankenlose »Ins-Feuer-Schicken« der Soldaten durch Menschen, die in ihrem sicheren Hauptquartier saßen und nichts riskierten. So war es denn auch das vordringlichste Anliegen des jungen Kaisers, Menschenleben zu schonen, Angriffe nur mehr dort führen zu lassen, wo es sinnvoll und notwendig war, die technische Ausrüstung der Armee zu verbessern und die umfassende Modernisierung zu forcieren.

Die Gedanken des jungen Erzherzog-Thronfolgers zu den Problemen seines Vielvölkerstaates bedürfen an sich keines Kommentars – aus allen Bemerkungen spricht Liebe zu den Menschen, ganz besonders zu solchen aus kleineren Nationalitäten (wie den Ruthenen), und Mißtrauen gegenüber Machtkonzentration und Chauvinismus jeder Art. Die Aufzeichnungen aus dem Jahre 1914 bilden einen interessanten Kontrast zu den Notizen des Kaisers aus dem Jahre 1918 und den Aufzeichnungen aus dem Exil; in diesem Zusammenhang sind sie auch Dokumente einer persönlichen Entwicklung.

Aufzeichnungen von Erzherzog Carl

Das Kriegsjahr 1914

Conrad:[1] sehr genial, jedoch verlangt er von der Truppe oft zu viel. Er will immer alles sehr schnell haben und bedenkt hierbei nicht die Frik-

[1] Franz Conrad von Hötzendorf, 1852-1925, Chef des Generalstabs der österreichisch-ungarischen Armee 1906-1911 und 1914-1917, wehrte 1914 erfolgreich die russische Übermacht ab, später an der italienischen Front. Am 2.3.1917 wurde er als Generalstabschef abgelöst und durch Arz von Straussenburg ersetzt, im Juli 1918 wurde er auch als Heeresgruppenkommandant an der italienischen Front abgelöst und zum Oberst aller Leibgarden ernannt; das Versagen der Leibgarden im November 1918 ist sicher auch auf Conrad zurückzuführen.

tionen, die sich immer ergeben. Keine Personenkenntnis. Generale will er gerne wegen irgendeiner Kleinigkeit absetzen und erzeugt hierdurch Unruhe in der Armee. Bei einer einzigen Division hatten wir binnen fünf Tagen drei Kommandanten!

Außerdem unterschätzt er die Wirkung gut verfaßter Kommuniqués sowie den Wert der Stimmung im Hinterlande.

Das Verhältnis zwischen dem Armeeoberkommandanten Erzherzog Friedrich[1] und dem Chef [Conrad] ist gut, da der Armeeoberkommandant in richtiger Würdigung der Fähigkeiten des Chefs ihm in taktischen Sachen gar nichts dreinredet. Leider herrscht in anderen, nicht taktischen Sachen ebenfalls Conrad, und das nicht immer in sehr günstiger Weise; hierin ist der Armeeoberkommandant zu schwach.

Der Armeeoberkommandant ist ja gleichfalls der Ansicht von uns allen, daß die Kommuniqués schlecht sind. Er läßt sich aber zuerst durch dem Impuls des Chefs aufhetzen und ist dann, wenn er das Unrecht eingesehen hat, zu nachsichtig und zu gut, um dem Chef energisch entgegenzutreten, wie es der verstorbene Onkel Franz[2] [Erzherzog-Thronfolger Franz Ferdinand] gemacht hätt'. Was Onkel Franzi dem Chef zu viel den Herren gezeigt hat, zeigt ihm Onkel Fritz zu wenig. Bei der hohen Berühmtheit und Intelligenz des Chefs halte ich das Jetzige für das Bessere; einem großen Mann muß man manches durch die Finger sehen. Ich glaube jedoch, daß man dem Chef mit Vernunftsgründen, die seiner Intelligenz entsprechen, auf manche seiner großen Fehler aufmerksam machen könnte. Aber dies geschieht nicht. Der Chef ist kein Politiker, sondern nur Soldat.

Der Kaiser schätzt Conrad sehr als Strategen – aber »vom Kommißdienst hat der Chef keine Ahnung«, sagte mir neulich der Kaiser. Was S. M. dem Chef, besonders während des jetzigen Krieges, vorwirft, und was mir der Kaiser auch zweimal hier im Hauptquartier zu sagen

[1] Erzherzog Friedrich, 1856-19, Enkel des Siegers von Aspern, Erzherzog Carl, Feldmarschall und Armeeoberkommandant bis zur Übernahme des Armee-Oberkommandos durch Kaiser Karl am 2.12.1916, vermählt mit Isabella Prinzessin von Croy, arbeitete unter dem Einfluß seiner Frau, die ihren Sohn (Albrecht) gerne als König von Ungarn gesehen hätte, zeitweise sehr intensiv gegen seinen Kaiser und König.

[2] Erzherzog Carl beurteilt die unterschiedlichen Führungsqualitäten; auch er selber hat mit den Persönlichkeiten, die unter »Onkel Franzi« – gemeint ist der in Sarajewo ermordete Erzherzog-Thronfolger Franz Ferdinand – vielleicht recht gut gearbeitet hätten, nicht unbedingt Glück gehabt.

befahl, ist, daß er gegen das fortgesetzte Absetzen von Generalen ist. Ursache: Dem Chef fehlt die Gabe der Menschenkenntnis. Das Absetzen eines Generals erzeugt größte Unruhe in der Truppe. Man weiß ja schon im Frieden, was der Wechsel eines Regimentskommandanten für ein Regiment bedeutet, wie erst jetzt umso mehr im Kriege! Der Friedenskommandant kennt jeden seiner Offiziere und weiß genau, wie er jeden nach seiner Fähigkeit am besten verwendet; und jetzt kommt mitten im Krieg, nach einer Absetzung, ein wildfremder, neuer Befehlshaber daher, der die Truppe und den die Truppe nicht kennt! So wie im Frieden die Stabilität der unteren Kommandostellen bis zum Regimentskommandanten hinauf für die Ausbildung der Truppe wichtiger ist als ein Wechsel in höheren Kommanden, so ist gerade während der Operationen im Kriege das Umgekehrte der Fall!

Von Infanteriedivisonären:

Feldmarschalleutnant Kraus Elislage, ein »leuchtendes Vorbild« eines jeden Generalstäblers und Wolkenschiebers, war ehemals Chef der Militärkanzlei von Onkel Franzi und führte dessen Diõn [Division] so »genial«, daß er ohne Artillerievorbereitung in den Infanteriekampf trat und durch feindliche Artillerie fast aufgerieben wurde ...

Feldmarschalleutnant Wodniansky, nach Aussage des Obersten Bardolff ein gänzlich unfähiger, energieloser Mensch, der nur das tat, was ihm sein Generalstabschef einflüsterte, erschoß sich und der Generalstabschef kurze Zeit darauf.

Die Geschichte ist ganz interessant:

In Russisch-Polen hatte die Diõn einen vom Feind besetzten Wald gestürmt und der Feind war geflohen. Nun kam eine sehr merkwürdige Tatsache zum Vorschein, die sogenannte Krise der Begeisterung, wie sie Bardolff nennt; alle fingen an, mit den Kappen zu schwenken, alle Trommeln trommelten, alle Signale wurden geblasen, was vor dem Feind streng verboten ist, die Leute riefen Eljen. Oberst Bardolff ritt zum Nachbarbrigadier, ich glaube, auch ein großer Schwachmatikus, und sagte ihm: »Wird jetzt der Feind verfolgt oder wenigstens beobachtet?«, was jener bejahte. Aber de facto geschah nichts; wie bei einer Übung wurde von dort abgezogen und ein Lagerplatz auf einem Hügel bezogen. Den nächsten Tag mußte dispositionsgemäß wieder in die Tiefe, an dem eroberten Wald vorbei über eine Brücke gegangen werden. Als die ersten Truppen über die Brücke kamen, eröffneten die Russen, die natürlicherweise wieder zum Wald zurückgekehrt waren, ein mörderisches Feuer und die Diõn kam in die berühmte rue de cac. In diesem Moment erschossen sich der Divisionär und der Generalstabschef.

Es gibt verschiedene interessante psychologische Momente im Laufe eines Krieges, es gibt Krisen, wo niemand mehr vorwärts will, es gibt Krisen, wo man doppelt umfaßt wird, aber eine Krise der Begeisterung hat es noch selten gegeben. Diese Diõn ist auch sonst noch interessant wegen der zahlreichen Kommandanten, die sie hatte. Nach dem Tode Wodnianskys übernahm der rangältere Brigadier das Kommando, kurz darauf kam Feldmarschalleutnant Arz aus dem Kriegsministerium, der wurde nach zwei Tagen Korpskommandant, ihm folgte wieder der Brigadier, dann kam General Schenk (aus Wien), der bisher Etappenkommandant der Armee gewesen war, nach zwei Tagen berief die Armee General Schenk und der Brigadier kam wieder an seine Stelle. Zwei Tage darauf kam wieder der General Schenk zurück. Also binnen acht Tagen ein sechsmaliger Kommandantenwechsel.

Tisza[1] ist ein bedeutender Mann, wäre ein großartiger Minister des Äußeren jetzt für den Friedensschluß, denn der gute Berchthold wird hierzu nicht taugen. Für gewöhnliche Zeiten ist er vielleicht zu gewagt in seiner Politik! Berchthold ist ein Ehrenmann, ein guter Rennstallbesitzer, hat schöne Krägen, als hätte er einen Ladstock geschluckt, aber ein schlechter Minister des Äußeren. Lorx, ein Ungar, sagte mir, Tisza wäre zu chauvinistisch als Minister des Äußeren. Ein Grund mehr, um ihn für den Friedensschluß zu behalten, denn da kann er keine einseitige ungarische Politik betreiben, denn in dem Falle kann nur was Österreich nützt Ungarn frommen. Im Frieden kann ein chauvinistischer Minister des Äußeren viel schaden. In der ganzen Vox populi ist Tisza Minister des Äußeren, weil er doch der gescheiteste Staatsmann der Monarchie ist.

Stürgkh[2] ist zu zaghaft! Ein Beispiel: In Krakau lassen sie polnisches

[1] István Tisza, 1861-1918, seit 1886 führender liberaler Abgeordneter, 1903 Ministerpräsident, gründete 1910 die Nationale Arbeitspartei. 1913 abermals Ministerpräsident. Vergebens suchte König Karl, der Tisza ungemein schätzte, seinen Ministerpräsidenten für eine Wahlrechtsreform, die in Ungarn zwingend notwendig erschien, zu gewinnen; als sie Tisza verweigerte, mußte er 1917 zurücktreten; am 31.10.1918 wurde er ermordet.

[2] Karl Graf Stürgkh, 1859-1916 (ermordet von Friedrich Adler), 1909-1911 Unterrichtsminister, 1911-1916 Ministerpräsident; Kaiser Karl begnadigte den Mörder Stürgkhs, Friedrich Adler, zu »lebenslänglich«

Geld prägen, richten sie ein »polnisches Kriegsministerium« ein. Dies wurde Stürgkh vom Oberkommando angezeigt. Nach drei Wochen der Erledigung, mit, ich weiß nicht, wievielen Stempeln natürlich, werden die Leute bestraft, es ist dies ja eine Auflehnung gegen die Hoheitsrechte unseres Staates; aber alles geschieht recht vorsichtig wegen der Herren Polen; da hätte ein Tisza anders dreingehaut!

Noch ein Geschichterl vom Berchthold[1]:

Der Krieg war ausgebrochen, die Pferde Seiner Exzellenz des Ministers des Äußeren liefen weiter auf der Rennbahn in Kottingbrunn, bis die Leute so sehr geschimpft haben, daß er es aufgegeben hat. Wenn er es schon nicht anders machen kann, warum läßt er sie nicht unter einem Pseudonym laufen?

Der Bub Seiner Exzellenz ist, glaube ich, 18 oder 19 Jahre alt; er muß also heuer einrücken. Der Alte drückt ihm heraus, daß er nicht zum Termin Mitte September, wie alle anderen Freiwilligen, zu ihren Kadres kommen, einrücken muß, sondern der Lausbub wird unabgerichtet durch Kriegsministererlaß als Offiziersdiener zum General der Kavallerie Giessl, dem Vertreter des Ministeriums des Äußeren, kommandiert, damit der hohe Herr nicht abgerichtet werden und dann nicht in den Kugelregen muß. Onkel Fritz war empört und Oberst Mor schäumend vor Wut. Mit Recht, wie ich gesagt habe. Der Sohn des Ministers des Äußeren muß geradeso dienen wie der Herr Zipfelhuber, wenn er sich drückt, macht das einen empörenden Eindruck; zweitens, wenn der Bursch so wenig Blut in den Adern hat, daß es ihn freut, hinter der Front herumzunockerln, so soll ihn der Teufel holen; drittens, jeder Bursch drängt sich in die Front, sogar Nicht-Österreicher, siehe Felix.[2] Der Alte muß sich den Vorwurf gefallen lassen, daß er seine Stellung zu Gunsten seines Sohnes ausnützt. Dann, frage ich, ist es für einen Grafen Berchthold nobel genug, Offiziersdiener zu sein und Stiefel zu putzen?

[1] Leopold Graf Berchthold (1863-1942) 1907-1911 Botschafter in St. Petersburg, 1912-1915 Minister des Äußeren, unter ihm erging am 23.7.1914 die »befristete Note« an Serbien, 1915 von Tisza gestürzt, weil er Italien gegenüber nachgeben wollte.

[2] Erzherzog Carl spricht vom Bruder seiner Frau, Prinz Felix von Bourbon-Parma, der während des Weltkrieges in der österr.-ungar. Armee diente. 1919 heiratete er die Großherzogin von Luxemburg.

Hohenlohe[1] ist ein sehr gescheiter Mann, man hält hier sehr viel auf sein Urteil (Schwiegersohn), ich habe alle seine Berichte an seinen Schwiegervater (Erzherzog Friedrich) gelesen; manches hat er richtig beurteilt, so etwa, daß die Russen mit den Hauptkräften über Lemberg vorgehen werden, da sie bei Kiew ihre besten Truppen hätten. Das war noch, bevor wir von Wien abfuhren; einige waren der Ansicht, daß sie mehr vom Norden her kommen würden, aber seine Meinung war die richtige! Anderes war, meiner Ansicht nach, auch schlecht, z.B. die arge Geringschätzung der russischen Armee, Hohenlohe behauptete, nur einige Korps der Russen seien gut, die anderen alle schlecht, sie hätten auch eine schlechte Verproviantierung, etc., man mußte sich aber bald überzeugen, daß alle russischen Truppen ebenbürtig waren und ihr Nachschub überall geklappt hat! Und noch etwas: Als wir bei den Deutschen Schritte unternahmen, um möglichst viele deutsche Divisionen gegen Rußland zu bekommen, äußerte sich Hohenlohe: »Wir können nicht mit der gewollten Energie in Deutschland auftreten, da wir die Deutschen mehr brauchen als sie uns!« – Das glaube ich nicht. Umgekehrt ist auch gefahren!
Das waren überhaupt gräßliche Kämpfe, bis wir endlich erreicht hatten, daß die gesamte Armee Hindenburg mit uns kooperiert hat. Sie wollten uns zuerst nur wenige Diõnen [Divisionen] geben.
Vor Kriegsausbruch wurde zwischen unserem Chef und dem deutschen ausgemacht, daß die Deutschen von Ostpreußen aus gegen Süden, etwa auf Siedlce – Warschau hin, operieren würden. Dies geschah nun nicht, da die Deutschen statt dessen vielmehr in östlicher Richtung operierten, von den Russen prompt Schläge bekamen und ganz Ostpreußen von den Russen überschwemmt wurde. Nun wurde der preußische General abgesetzt und Hindenburg, der schon sechs Jahre in Pension war, zum Kommandanten ernannt. Er erhielt den Befehl des deutschen Kaisers, zuerst die Provinz Ostpreußen vom Gegner zu säubern, da dies die allerhöchste Lieblingsprovinz sein soll und dort auch große kaiserliche Jagden seien. Dieser Grund ist natürlich nur ein »on

[1] Gottfried Prinz zu Hohenlohe-Schillingsfürst (1867-1932), 1914-1918 Botschafter in Berlin; sein Bruder Konrad war 1917-1918 Obersthofmeister Kaiser Karls, Konrads Tochter vermählte sich mit Erzherzog Max, dem Bruder Kaiser Karls. Die Anspielung »Schwiegersohn« im Text Kaiser Karls bezieht sich auf die Ehe Gottfried Hohenlohes mit einer Tochter Erzherzog Friedrichs.

dit«. Gemäß dieses Befehls wurden die Russen bei Tannenberg geschlagen und aus Ostpreußen hinausgedrängt. Da erließ Berchthold eine ziemlich gespitzelte Note nach Berlin, warum der ursprüngliche Operationsplan, gegen Siedlce vorzugehen, aufgegeben wurde. Das ist Unsinn, denn erstens geht ihn das nichts an, da die Sache eine Besprechung zwischen den beiden militärischen Chefs war, zweitens konnten die Deutschen wahrscheinlich nicht anders und wollten zuerst lieber ihr eigenes Land schützen, was ihnen nicht übelzunehmen ist. Die Deutschen waren über diese Sache etwas beleidigt und ihre spätere Bockbeinigkeit wegen der Kooperation ist vielleicht auch darauf zurückzuführen. Das Verfassen dieser Note hat, glaube ich, Hohenlohe angeregt.

Ich muß überhaupt sagen:

Das ist der große Krebsschaden bei uns, daß sich nämlich die sogenannte »Politik« und jene, die die Interessen des Militärs vertreten, immer in den Haaren liegen. Wenn es dann darauf ankommt, dann war das Militär schuld!

Im Frieden wird dem Heer jeder Heller streitig gemacht aus politischen Gründen; im Krieg soll das Heer alles das gutmachen, was die Politik im Frieden verbrochen hat; was dem Heere durch die blöde Politik an Soldaten und Kriegsmaterial abgeht, darüber schweigt die Öffentlichkeit und schimpft auf das Militär, daß es nicht genügend leiste. Weil Politik und Militär nicht harmonieren, entstehen solche Blödsinne wie die Polnischen Legionen. Zum Beispiel hatte Conrad von Hötzendorf vor drei Jahren S. M. ein Projekt vorgelegt, wonach wir heute 14 Diõnen und ebensoviele Gebirgsbrigaden mehr hätten, ohne daß die Blutsteuer[1] zu empfindlich geworden wäre. Mit der Reform wären wir heute weit in Rußland drinnen – damals aus budgetären Schwierigkeiten abgelehnt – und heute kostet uns der Krieg schon tausend und tausend Mal mehr. Sic vis pacem para bellum! Ein großes und starkes Heer ist das sicherste Unterpfand des Friedens. Wer weiß, ob es zum Krieg gekommen wäre, wenn unsere Armee stärker wäre. Ein Beispiel: Österreich gibt für Staatsbeamte und -diener 700 Millionen jährlich aus (ih-

[1] Herzog Carl Franz Joseph bezieht sich mit dieser Bemerkung auf das Conrad'sche Programm der Schaffung eines Reserveheeres, das aus erhöhten Mitteln aus dem Budget finanziert werden sollte; »Blutsteuer« bedeutet hier soviel wie »Wehrsteuer«.

re Gehälter) und für das Militär 400. Das ist doch kein Verhältnis! Deutschland weiß genau, warum es soviel auf sein Heer ausgibt – und wir verschwenden unser Geld auf Gehälter von nichtstuenden Staatsbeamten, die irgendein Abgeordneter protegiert. Bei uns ist ja alles so kleinlich, die Volksvertreter, um ihre 10 fl täglich besorgt, halten Reden, ob auf einem Pissoir in Nordböhmen ›zde‹ oder ›hier‹ steht, aber ob die Armee, das Prestige des Staates, darüber zugrunde geht, ist ihnen wurscht. Manche sind aber auch so dumm, daß sie nichts verstehen! Wer muß diese Dummheiten büßen: unsere Soldaten, die Jugend des Volkes, denn bekanntlich hat ein starkes Heer immer weniger Verluste als ein schwächeres und die Früchte der todesmutigen Tapferkeit ohne Stärke sind gering. Diese Mistviecher von Abgeordneten sollte man in die vordersten Linien legen, damit sie sehen, wie es ist, wenn ein Mann mit zweien kämpfen muß.

In Deutschland, dessen blinder Verehrer ich gewiß nicht bin, wird für das Heer sogar von den Sozialdemokraten alles bewilligt. Was ist aber der Hauptgrund all dieser Sachen bei uns?

Kaiser Wilhelm spricht mit allen Leuten über die Notwendigkeit eines starken und gut ausgerüsteten Heeres und einer großen Marine für Deutschlands Zukunft, hebt durch Wort und Tat die Industrie und den Handel, was natürlich mit der militärischen Stärke Hand in Hand geht, zieht Leute aus diesen Kreisen zu seiner Beratung heran, belobt Zivilisten, die etwas für das Heer getan haben durch Telegramm etc. – und bei uns?

Zwei Nebengründe sind noch: Das ist die angeborene Gleichgültigkeit des Österreichers, »es wird schon nicht zum Krieg kommen«, was der Deutsche nie sagen würde; zweitens, daß die meisten Minister aus Popularitäts- und Opportunitätsgründen, um am Ruder zu bleiben, selbst die dringendsten militärischen Forderungen zurückstellen oder reduzieren und auf X-Jahre im Budget verteilen. Noch ein gewaltiger Grund der militärischen Übelstände ist der, daß wir in der auswärtigen Politik kein bestimmtes Ziel haben, sondern immer nur herumlavieren, daher geringes Interesse für Marine, Heer und Handel, etc. Die Deutschen wollen seit Jahrzehnten Frankreich endgültig schlagen, Kaiser Wilhelm hat in Deutschland das Interesse für Marokko geweckt, hat Kolonien errichtet, neue Handelswege eröffnet, bei alldem muß man mit der Eventualität eines Krieges rechnen, daher die durch den jetzigen Kaiser geschaffene Flotte und das starke Heer. Bei uns ist

durch die unglückselige Zweiregierung [Budapest und Wien] bei S. M. alles gegen Rußland, den Südslawen und Italienern eher freundlich gesinnt, beim Belvedere steht man Italien feindlich und Rußland und den Südslawen freundlich gegenüber. Daher das Resultat: Österreich rüstet wie ein Igel gegen alle Staaten und würde, wenn ihm Deutschland untreu würde, in eine große ›rue de cac‹ kommen.
Profitieren kann Österreich bei keinem Kriege etwas, von Rußland, als größtes Unglück, noch mehr Polaken durch russische Polen, von Italien kann Österreich auch nichts wollen, Geld kann man von beiden auch keines kriegen. Bei den Südslawen ist es etwas anderes. Ich glaube nämlich fest an das südslawische Reich, das ist nämlich Banat, Kroatien, Slowenien, Bosnien und Herzegowina, Königreich Serbien, Montenegro und einige Teile Albaniens, die sich teilweise direkt mit der Monarchie vereinigen, teilweise als Halbstaaten, wie Württemberg, mit der Monarchie verbunden werden. Das ist Österreichs Zukunft und sollte der Leitstern unserer Politik sein!
Unsere Zukunft liegt im Slawentum, denn das deutsche Element wird immer mehr zurückgedrängt und die Slawen gewinnen immer mehr Terrain. Der jetzige Krieg ist ja ein Krieg der Vorherrschaft im Slawentum und am Balkan.
Ich werde jetzt meine Theorie begründen:
Wir waren von alter Zeit her immer die Schirmherren der Südslawen, siehe Militärgrenze – das waren ja lauter Serben und brave Österreicher. Ein Zehntel unserer bravsten Offiziere ist ja heute noch serbisch! Die braven Kroaten opferten im Jahre 48 unter Banus Jellacic ihr Blut freiwillig gegen Ungarn. Da kam der unglückselige Ausgleich im Jahre 1867. Die Südslawen, Kroaten und Serben kamen vielfach unter magyarische Herrschaft, wurden dort geknechtet und unterdrückt. Die Folge war natürlich, daß sie, die früher kaisertreu waren, teilweise unzufrieden wurden und über die Grenze schielten. Die Südslawen Kroatiens und Slawoniens waren allerdings selbst daran schuld, denn sie wurden im Jahre 67 gefragt, ob sie zu Ungarn kommen wollten, ließen sich durch Versprechungen der Ungarn betören, suchten also den Anschluß an Ungarn. Mit dem Königreich Serbien verband uns unter der Regierung Obrenowitsch große Freundschaft, serbische Offiziere wurden bei uns abgerichtet – ich sah noch, als ich Leutnant war, bei Manövern serbische Offiziere. Nach der Ermordung des letzten Obrenowitsch [1903] kam die von der russophilen Königsmörderpartei gänz-

lich abhängige Dynastie Karageorgewitsch[1] dran. Wir machten noch dazu einen großen Plutzer, indem wir den Handel Serbiens durch verschiedene Schikanen furchtbar störten. Da entstand die großserbische Staatsidee, alle Serben unter eine serbische Regierung zu vereinigen. Es kam die Annexion Bosniens und der Herzegowina [1908] – damit sahen die Serben die Verwirklichung ihrer Ideen zunichte gemacht. Rußland war damals noch durch den japanischen Krieg geschwächt und in Umbewaffnung begriffen. Serbiens Armee war damals noch sehr klein und eher asiatisch. Daher schluckten die Serben damals die bittere Pille hinunter. Was die antiösterreichische Politik Rußlands anbelangt, so können wir nur ›mea culpa‹ sagen, denn im Jahre 48, als wir überall Revolution hatten, waren es die Russen, die uns damals die ungarische Revolution niederwarfen, und zum Danke dafür stellten wir im Krimkrieg [1853-1856] an unserer Grenze Truppen gegen Rußland auf.
Man sieht also, Österreich kann nur durch eine vernünftige Südslawen-Politik im guten Einvernehmen, wenn nicht gar im Bündnis mit Rußland, nach diesem Krieg prosperieren. Ich sehe ja die großen Schwierigkeiten, auf die die Südslawenpolitik bei den jetzt so braven und loyalen Ungarn stoßen wird, aber die Hindernisse lassen sich sicherlich durch viel Geduld und Liebe den Ungarn gegenüber doch beseitigen.
Österreich, dieses große Völkerkonglomerat, ist ja so schwer zu regieren und was am schwersten ist, das ist, infolge der verschiedenen politischen Interessen der Völker, ein großes, gemeinsames Ziel zu haben! Aber wir müssen es haben, wollen wir im europäischen Konzert eine Rolle spielen. Was das anzustrebende Dreikaiserbündnis anbelangt, werden die Russen, wenn sie gehauen werden, sehr gerne einem Plan zur reinlichen Scheidung der Interessensphären auf dem Balkan – hier österreichisch, hier russisch – zustimmen.
Dieser Plan, von S. M. entworfen, liegt seit vielen Jahren im Schreibtisch des Zaren, er soll ihn wieder herausgeben. Ich dächte Serbien, Bulgarien, Rumänien, Albanien und Montenegro und der Handelsweg nach Saloniki als unsere Interessensphäre; Griechenland, Türkei mit Konstantinopel, Dardanellen als russische Sphäre. Damit wäre der

[1] Karageorgewitsch, serbisches Fürstenhaus. Nach der Ausrottung der Dynastie Obrenowitsch im Jahre 1903 bestieg Alexanders Sohn Peter Karageorgewitsch den serbischen Thron; das »Mörderhaus Karageorgewitsch« war auch führend bei der Planung der Ermordung des österreichisch-ungarischen Thronfolgerpaares beteiligt.

Russen größter Wunsch erfüllt: nämlich Konstantinopel. Rußland ist immer ein treuer Bundesgenosse, besser als das wankelmütige Italien! Denn wenn wir eine wirkliche Südslawenpolitik betreiben wollen, kommt es mit den Italienern bestimmt wegen der Vorherrschaft an der Adria zum Konflikt, und da ist es uns sehr wichtig, wenn Rußland zumindest ruhig ist.
Wenn Rußland und wir, die einzig wirklich berechtigten Mächte auf dem Balkan, einig sind, dann können wir auch die übrigen Großmächte, die dort etwas suchen wollen, hinausdrücken. Das einzige Hindernis bei der ganzen Sache sind die panslawistischen Ideen Rußlands; wenn sie aber nicht direkt gegen die Idee eines südslawischen Reiches unter Österreich ankämpfen und die Zurücksetzung der Slawen durch die Ungarn geringer wird, werden sich die panslawistischen Aspirationen auch verringern oder vielleicht sogar ganz aufhören. Man kann natürlich dagegen sagen, die Südslawen oder Serbokroaten werden nur unter einer ausgesprochen südslawischen Herrschaft sein wollen, denn das nationalistische Prinzip ist momentan die Triebfeder aller Völker. Ich sage dagegen, wir müssen trachten, das rein nationalistische Prinzip zu bekämpfen, dabei aber innerhalb Österreichs jeder Nation ihre größtmögliche, noch mit der Einheit des Reiches vereinbarliche nationale Selbständigkeit gewähren. Da aber die Slawen das vorherrschende Element der Zahl nach sind und immer mehr zunehmen, müssen wir unser Hauptaugenmerk auf die Slawen richten. Wir könnten auch eine andere Politik machen, die wäre aber blöd; sie hieße, in Ungarn alles magyarisieren, also eine Unterdrückung der Slawen, und in Österreich alles germanisieren.
Folge: Auseinanderflattern der Reichshälften, bei den heute herrschenden Kreisen in Ungarn eine kleinliche Krämerpolitik, die nicht über Kecskemét und Szegedin hinausgeht, in Österreich kommt man gänzlich unter deutschen Einfluß, wie die Bundesfürsten – also unmöglich. Eine großdeutsche Politik, ja, die war möglich, als wir noch die erste Stelle in Deutschland innehatten – aber seit 1866 sind die Preußen so mächtig, daß wir diese Politik begraben müssen.
Böhmen ist fast rings von Deutschen umschlossen. Die jetzige russophile Bewegung, durch einige Schreier hervorgerufen, muß energisch unterdrückt werden. Sie ist zum Glück auch nicht tief im Volke eingewurzelt, die Vernünftigeren in Böhmen wollen ja selbst nicht unter russische »Knut«. Eine Krönung des Kaisers in Böhmen wäre unerläß-

lich, da dies der größte Wunsch der Böhmen ist. Sonst aber sollte Böhmen wie bisher erhalten bleiben, außerdem müßte man einen ständigen Landsmannminister[1] und eine böhmische Leibgarde konzedieren. Man könnte meinen, daß unsere Nordslawen, wenn mit den Südslawen eine Art Trialismus bestände, auch selbständig vielleicht als nordslawischer Bestandteil Österreichs einen Quartialismus bilden würden. Ich glaube es nicht, Nord- und Südslawen sind sich in allem sehr unähnlich, verstehen sich nicht einmal, nur der Panslawismus, der hoffentlich nach dem Kriege und nach Niederlagen Rußlands in seiner Zugkraft sehr abnehmen wird und den wir bekämpfen müssen, einigt sie noch, dann besteht eigentlich in dem staatsrechtlichen Verhältnis Kroatiens und Slawoniens (kroatische Kommandosprache bei den Honvéds, aus Kroatien und Slawonien eigene Art Minister, Sektionschefs für Unterricht, Kultur, etc., ein eigener Banus[2], der höher als ein gewöhnlicher Statthalter ist) zu Ungarn schon eine Art Trialismus. Weiters sind die Nordslawen, durch die Deutschen in zwei Teile zerrissen, Polen und Böhmen, dann würden die Ruthenen niemals mit den Polen gehen. Die Sache des südslawischen Reiches ist also eigentlich von langer Hand her angebahnt. Natürlich wäre ein Einheitsstaat wie Frankreich das Ideal, aber bei unserem Nationalitätenkonglomerat ist dies ausgeschlossen und wir haben uns danach zu richten.

Das größte Sorgenkind sind für uns die Rumänen. Das Königreich ist stark und mächtig geworden und unwillkürlich schielen unsere Rumänen im Königreich Ungarn über die Grenze. Da gibt es nur ein Mittel: mit dem Königreich wie bisher gute Freundschaft halten und mit ihm Handel und Verbindungen jeder Art anknüpfen, um es, wie man sagt, in der Tasche zu haben, daher auch, wie früher erwähnt, den russischen Einfluß von ihm fernzuhalten versuchen und unsere Rumänen sehr gut zu behandeln.

An eine italienische Politik ist überhaupt nicht zu denken, da Italien ein nationaler Einheitsstaat ist.

Daher bleibt auch nur die südslawische Politik übrig, denn die Südsla-

[1] Landsmannminister: in Österreich-Ungarn bis 1918 ein Minister ohne Geschäftsbereich; auch Vertreter eines Kronlandes oder einer Nation, so gab es einen polnischen und einen tschechischen Landsmannminister.

[2] Banus (slaw. Ban = Herr) urspr. höchster kroatischer Würdenträger, auch militärischer Befehlshaber in den Grenzbezirken (Banat!), zuletzt bis 1918 Titel des ungarischen Statthalters in Kroatien.

wen waren immer austrophil und sind erst serbenfreundlich geworden; die Polen hingegen waren nie für Österreich oder irgendwas, sondern immer nur polnisch, und ich hoffe, daß die Südslawen, sowohl wegen der ihnen stets erwiesenen Güte als auch wegen der Wahrung ihrer gerechten, nationalen Ansprüche sich wieder Österreich zuwenden, wenn einmal das Mörderhaus Karageorgewitsch zertrümmert sein wird. Wenn ich von »Südslawen« rede, meine ich hierbei die Serben und die Kroaten, und keineswegs die Bulgaren, die ein geschlossenes Königreich bilden.

Die Serbokroaten sollten einheitlich im engsten Verbund mit Österreich bleiben, ist doch schon heute der weitaus überwiegende Teil von ihnen österreichisch gesinnt und sie bilden die Stütze unserer Seemacht!

Ich meine auch, daß die Russen, wenn wir ihnen den Einfluß auf Konstantinopel und die Dardanellen wahren, nichts gegen unsere südslawischen Pläne hätten – und wir haben für immer auf dem Balkan Fuß gefaßt und der Weg nach Saloniki steht uns offen.

Wird eines Tages der polnische Nationalstaat gegründet, soll – sogar nach deutscher Meinung – ein Bruder Zitas dort Herrscher sein. Herrscher über ein Land, das natürlich ein sogenannter Pufferstaat wäre. Logisch, daß alle Polen, ob nun aus dem Deutschen Reich oder aus Österreich, zu diesem polnischen Königsreich hinstreben würden. Die Folge wäre unweigerlich, daß die Verhältnisse in unseren östlichen Grenzprovinzen schlimmer würden als vor dem Kriege. Möglicherweise müssen wir sogar noch Teile unserer östlichen Provinzen an so einen Pufferstaat abtreten – die Russen würden sich freuen, und alles unternehmen, um diesen Pufferstaat auf ihre Seite zu ziehen und dann als die »großen Protektoren der Polen« gegen uns auftreten.

Ich bin ja überhaupt davon überzeugt, daß zwar der Bruder Zitas, der da eventuell König von Polen würde, gewiß nichts gegen uns unternehmen würde, daß aber im Laufe der Jahrzehnte, wenn die Familien sich unweigerlich auseinanderleben, die späteren Nachkommen natürlich ganz als Polen empfinden, und dann sind die alten Probleme erst recht wieder da ...

Was die Ruthenen anbelangt, so sind sie, meiner bestimmtesten Überzeugung nach, an den ganzen Verrätereien, die zugunsten Rußlands stattgefunden haben, nur zum geringsten Teil schuldig. Erstens wirft man wie üblich, alle Ruthenen in einen Topf und unterscheidet nicht

zwischen den wirklich schwarzgelben, kaisertreuen Ukrainern, diesen »Tirolern des Ostens«, die weitaus die überwiegende Mehrzahl des ruthenischen Volkes ausmachen, und den sogenannten Russophilen, die von der »polnischen« Statthalterei unterstützt wurden, um dann aufgrund ihrer antidynastischen Bestrebungen das ganze ruthenische Volk noch mehr zu knechten und schließlich auch noch durch die Staatsautorität zu polonisieren.
Zweitens war die Herrschaft der kaiserlichen, polnischen Beamten eine derart schlechte und korrupte Sache und bis in das Mark hinein ruthenenfeindlich, daß es niemand wunder nehmen darf, daß jene armen, unterdrückten ruthenischen Bauern für Geld, für den rollenden Rubel, zu Reichsverrätern wurden, ohne eigentlich zu wissen, daß sie durch den Kampf gegen das polnische Beamtentum auch einen Kampf gegen Kaiser und Reich führten. Ich bin vollkommen überzeugt, daß viele ruthenische Bauern, die durch die polnische Verwaltung jeder Schulbildung beraubt waren, im Anfange gar nicht recht wußten, daß die Russen unsere Feinde sind – unser Kaiser heißt bei ihnen genauso »Zar« wie der russische Zar. Der beste Beweis für die Richtigkeit meiner Meinung ist, daß die ruthenischen Regimenter mit ihren jungen Soldaten mit einer großen Bravour und altösterreichischen Begeisterung kämpften, während ihre Väter – aus Unwissenheit – »Verrat« übten.
Natürlich ist, wie eigentlich bei jedem unserer Völker, ein Teil der Halbintelligenz im Grunde genommen ein großes Gesindel. Gerade aus diesem Grunde aber weiß ein Teil der halbintelligenten Führer der Russophilen genau, was er will. Er will unter dem Schutze Rußlands später zu höherem Einfluß gelangen ...
Ein weiterer Beweis für die Schurkereien dieser russophilen, halbintelligenten Kreise und der polnische Beamten ist der, daß ein Bauer, der immer konservativ ist, niemals wissend zugunsten des Feindes handeln wird, der noch dazu eine von ihm gänzlich getrennte Religion (die Russen sind orthodox, die Ruthenen griechisch-katholisch) bekennt und außerdem einer anderen Volksgruppe angehört. Es spielt da die alte Feindschaft zwischen Groß- und Kleinrussen hinein.
Wenn einer unter diesen Umständen Verrat übt, dann wurde er von der Halbintelligenz dieser Breiten, den Popen und den Lehrern, wohl gründlich verdorben, weil die Wahrheit in falschem Lichte dargestellt wurde.
Die polnischen Beamten behandelten die ruthenischen Bauern wie Tie-

re. Kein Wunder, wenn dann, durch den Rubel angelockt, von der eigenen Intelligenzschicht belogen, ein Bauer Verrat übt, und dann er anstelle der wirklich Schuldigen hingerichtet wird!
Alle Ruthenen baten immer nur das Eine: nur keine polnische Verwaltung. Eine deutsche, böhmische, oder was für eine auch immer wäre ihnen recht gewesen, nur keine polnische Verwaltung!
Ein alter ruthenischer Bischof von Przemysl erklärte mir unter Tränen, er fürchte, daß Seine Majestät von dem loyalen Volke der Ruthenen fürchten könne, daß es unpatriotisch sei. Er bitte, man solle die schlechten Elemente ausschalten, sie würden nichts anderes verdienen, aber der wahre Ruthene wäre kaisertreu bis zum letzten Atemzuge! Ich versicherte ihm, der Kaiser sei davon überzeugt, daß die Ruthenen treu sind, worauf er glücklich und zufrieden war. Man hat gegen Anfang des Krieges viel zu viele, auch kaisertreue ukrainische Ruthenen durch das Militär – das allerdings durch die polnischen Behörden falsch informiert war – verhaftet und in Untersuchungshaft schmachten lassen. Die Ruthenen baten darum, daß im Zuge der Untersuchung die Schuldigen bestraft, die Unschuldigen aber so schnell wie möglich freigelassen werden. Inwieweit dieser Bitte willfahrt wurde, weiß ich nicht, aber unbillig war diese Forderung jedenfalls wirklich nicht!
Ich bin und ich bleibe ein Verehrer der kaisertreuen Ruthenen. Ich habe dieses Volk während meines mehrmonatigen Aufenthaltes in Ostgalizien kennengelernt und ich habe es liebengelernt. Der Ruthene ist treu, ohne Falsch, und nur durch die polnische Herrschaft in ein falsches Fahrwasser gebracht.
Für die Zeit nach diesem Krieg brauchen wir ein Bündnis mit dem etwas gedemütigten Rußland anstatt mit dem so unsicheren Italien.
Ein Dreikaiserbündnis wäre eine so starke Macht, daß es ganz Europa beherrschen würde. Wir sind einerseits, der Kultur nach, ein deutsches Land und, den Bewohnern nach, ein halbslawisches Land. Schon aus diesem Grunde wäre ein Bündnis mit Deutschland allein gefahrvoll, da wir sonst leicht ein »größeres Bayern« würden – wenigstens mit unseren deutschen Provinzen – und die slawischen Provinzen entweder darüber mißmutig wären, weil sie in die Gefahr der Germanisierung gerieten oder sie würden gleich mit Rußland liebäugeln. Dasselbe, jedoch im slawischen Sinne, würde ein Bündnis allein mit Rußland bewirken. Diese zweite Möglichkeit wäre vielleicht in einem gewissen Sinne der schlimmere Fall, da die Slawen in der Monarchie ohnehin immer zahl-

reicher werden und das deutsche Element immer mehr zurückgedrängt wird.

Das Dreikaiserbündnis wird den Vorteil haben, daß sich die pangermanischen und die panslawischen Aspirationen in allem das Gleichgewicht halten werden, und das ist Österreichs größtes Glück.

Dies alles ist geschrieben vor Durchlesen der Friedensbedingungen des Ministeriums des Äußeren und der Broschüre des Baron Adrian.

24. Dezember 1914

Erzherzog Carl, Oberst

4. Kapitel

Karl wird Kaiser

Über den historischen Thronwechsel von Kaiser Franz Joseph I., der achtundsechzig Jahre lang regiert hatte, zu seinem jugendlichen Großneffen, dem damals neunundzwanzigjährigen Erzherzog Carl Franz Joseph, der, seine damals vierundzwanzigjährige Gemahlin Zita zur Seite, eine Herrschaft von nur hundert Wochen Dauer antreten sollte, gibt es zahllose Berichte; kaum einer ist so lebensnah und so offenen, unbefangenen Herzens geschrieben wie der des Generaladjutanten des jungen Kaisers, des Prinzen Zdenko von Lobkowitz.

Zdenko von Lobkowitz hatte im böhmischen Infanterieregiment mit Regimentsstab »Brandeis an der Elbe«, also in der ureigensten Domäne Erzherzogs Carl Franz Joseph gedient und sich dort die Zuneigung, ja Freundschaft des Erzherzogs erworben.

Kaiser Karl stand dem etwas dicklichen, urgemütlichen, nicht absolut fleißigen und effizienten Prinzen Lobkowitz nicht ganz unkritisch gegenüber; manche Konfusion im allerhöchsten Hoflager ging auf Rechnung des mitunter nicht wirklich die Übersicht bewahrenden Generaladjudanten des Kaisers.

Was aber Karl an seinem Generaladjudanten so schätzte und was auch jede mögliche Unzulänglichkeit aufwog, war seine absolute Treue und Verläßlichkeit im Sinne von Diskretion, Ergebenheit und Anhänglichkeit.

Prinz Lobkowitz hat während des Krieges und auch noch nachher, in den Zwanzigerjahren, als er auf seinem böhmischen Gut lebte, gelegentlich kleine Berichte über seine Erlebnisse mit Kaiser Karl geschrieben, von denen wir hier einige zitieren.

Die Reihe seiner Erinnerungen an Kaiser Karl beginnt mit dem Tag, an dem er zu seinem jungen Herrn zum ersten Male »Euer Majestät« sagte.

Aufzeichnungen des Generaladjutanten des Kaisers Zdenko von Lobkowitz

21. November 1916

»Seine Majestät sind soeben verschieden.« – Diese Worte sprach der Hof- und Burgpfarrer Dr. Seydl in dem Augenblick, als ich das Vorzimmer des Thronfolgers betrat. Ich war kurz vorher benachrichtigt worden, daß es dem Kaiser sehr schlecht gehe und die Auflösung unmittelbar bevorstehe und war nach Schönbrunn geeilt, wohin mich mein Dienst bei der Frau Erzherzogin rief.
In diesem historisch gewordenen Vorzimmer waren eine Menge Personen versammelt, Herren und Damen des Gefolges, Kammerfrauen, Dienerschaft. Ich wüßte die einzelnen nicht mehr zu nennen, alle waren tiefernst unter der Wucht dieses Augenblickes; wir alle konnten ihn noch nicht ganz erfassen, diesen Augenblick, in dem uns zum Bewußtsein kam: »Kaiser Franz Joseph ist nicht mehr!« Es hieß, das Thronfolgerpaar weile noch im Sterbegemach. Wir, nämlich das Gefolge, begaben uns ins Maria-Theresien-Zimmer und erwarteten dort die Rückkehr des – man wagte es kaum auszusprechen – jungen Kaiserpaares! Mit Tränen in den Augen besprachen wir das Ereignis, das wir ja alle erwartet hatten und das uns doch jetzt fast überraschend jäh traf! Es war eine ganz kleine Gesellschaft: Die beiden Hofdamen der Erzherzogin Zita, Gräfin Nora Nostitz und Elisabeth von Kállay, ferner die Hofdame der Frau Erzherzogin Maria Josepha, die Markgräfin Crescence Pallavicini, endlich meine Wenigkeit und der Dienstkämmerer des EH. Carl, Graf Ledochowski. Dieser wurde ans Telefon gerufen und es verblieben nun nur die Vorgenannten, um zu warten. Wie lange dieses Warten dauerte, kann ich nicht mehr sagen, gespannt blickten wir durch die große Galerie zum Vorzimmer des kaiserlichen Appartements, wo die zurückkehrenden Herrschaften erscheinen mußten.
Und endlich erschienen sie. Nie noch vielleicht hatte mich etwas so ergriffen, wie dieser erste Anblick des neuen Kaiserpaares! Kaiser Karl trug an diesem denkwürdigen Abend den Marine-Flottenrock, der ihn besonders schlank und groß erscheinen ließ. Die Kaiserin neben ihm etwas kleiner, auch schlank – beide Majestäten ein Bild vollendeter Ebenmäßigkeit und Harmonie, niemals werde ich es vergessen! Ihnen zur Seite Frau Erzherzogin Maria Josepha, die Mutter des jungen Kai-

sers, so schritten sie langsam näher. Ehrerbietig verbeugten wir uns, doch die Herrschaften kamen direkt auf uns zu und reichten uns in tiefster Bekümmernis, tränenden Auges, die Hand. Vom Augenblick überwältigt, küßte ich die Hand meines Kaisers und Herrn, dem ich schon mehr als neun Jahre gedient hatte, und machte ihm ein Kreuz auf die Stirne, wie ich es auch vor seiner Hochzeit getan hatte und sagte dabei: »Gott segne Eure Majestät!« Der Kaiser antwortete, mich mit seinen treuherzigen Augen anblickend: »Ich danke Ihnen vielmals.« So war ich denn der erste, der dem Kaiser Karl den Titel Majestät gegeben hat; mit Sicherheit kann ich's nicht behaupten, denn ich weiß nicht, was sich unmittelbar nach dem Verscheiden des alten Kaisers im Sterbezimmer etwa zutrug. Die Majestäten hatten die Gnade, eine Weile mit uns zu verbleiben und von dem sanften, ungewöhnlich ruhigen und kampflosen Tod zu erzählen. Nachdem noch eine Stunde vorher das traurige Ereignis nicht als unmittelbar bevorstehend angesehen worden war, so zwar, daß die Frau Erzherzogin Marie Valerie, die Tochter des Kaisers, zum Empfange ihrer Schwester zur Bahn gefahren war, trat plötzlich beim Kaiser der Verfall ein. Rasch wurde die Erzherzogin rückberufen und sie kam gerade zurecht, als Prälat Seydl die Sterbegebete betete. Genau zugleich mit den letzten Worten des Gebetes tat Kaiser Franz Joseph einen tiefen Atemzug – und hatte ausgelitten für immer.

Die Majestäten begaben sich noch lange nicht zur Ruhe; noch war der Kaiser kaum eine Stunde tot und schon hatte Kaiser Karl die ersten Herrscherpflichten zu erfüllen, die Regierung seiner Reiche zu übernehmen; vorüber waren die Tage sorglosen Familienlebens, vorüber auch die Tage persönlicher Betätigung auf dem Kriegsschauplatze, der wahre Ernst des Lebens – er war da.

Die nun folgenden Tage, ebenso unbeschreiblich wie unvergeßlich, repräsentieren einen der interessantesten Zeitabschnitte für einen jeden von den Wenigen, die damals Gelegenheit hatten, in Schönbrunn aus- und einzugehen. Dieser Zeitabschnitt – es sind die nicht ganz vollen zwei Wochen gemeint vom Tode des Kaisers Franz Joseph bis zur Übernahme des Oberbefehles über die im Felde stehenden Heere durch Kaiser Karl – hatte ein ganz eigentümliches, ja einzigartiges Gepräge. Er war, so paradox es auch klingen mag, im wahren Sinne des Wortes Vergangenheit und Zukunft zugleich! In seinem langjährigen Schlafgemach, welches sein Sterbezimmer geworden war, lag der alte Kaiser mit unendlich friedlichem Ausdruck auf seinem Bett, welches mit Blumen bedeckt war. Hie und da sah man auch ein Heiligenbildchen. In den gefalteten Händen ein Kreuz, auf der Brust einen Tannenbruch, den ihm sein Generaladjutant Generaloberst Graf Paar, durch 29 Jahre auf diesem Posten dienend, im Namen aller Jagdgenossen gewidmet hatte. Ein Altar war im Zimmer errichtet worden, auf welchem täglich um acht, neun, zehn und elf Uhr Heilige Messen gelesen wurden, welchen häufig die jungen Majestäten, meist die Töchter und Enkel des Kaisers, Mitglieder des Kaiserhauses, Hofchargen, Herren und Damen des Gefolges, Dienerschaft und eine kleine Anzahl anderer Personen der Gesellschaft, der Geistlichkeit, des Militärs anwohnten. Am Abend fand dann ebenfalls täglich eine Abendandacht dortselbst statt, mit den gleichen, doch täglich wechselnden Teilnehmern. Den ganzen Tag über kamen und gingen Bevorzugte, denen es vergönnt war, den toten Kaiser noch einmal zu sehen. Erst am letzten Tage war ein allgemeiner Besuch gestattet. Die Flügeladjutanten: Oberste Spanyk und Graf Hoyos, Oberstleutnant Catinelli, hielten ihren Dienst weiter, ebenso die Leibkammerdiener Ketterl, Spannbauer, Rukowansky, Egger, Zenz und andere. Im Adjutantenzimmer fanden sich nach wie vor alle ein, die dort seit Jahren täglich verkehrt hatten: Fürst Montenuovo, Graf Paar, Baron Bolfras und Baron Schiessl, Dr. Kerzl, etc. Mit heiliger, pietätvoller Scheu betraten die Besucher die ihnen mehr oder weniger vertrauten bescheidenen Räume, die der Kaiser durch Jahrzehnte bewohnt und die er seit Jahren kaum mehr für kurze Stunden verlassen hatte. All dies brachte es mit sich, daß in den Vorsälen und Wohnräumen selbst den ganzen Tag über ein äußerst reges Treiben herrschte, gleichsam ein Ausklang einer alten Zeit, die mit dem Momente ihren Abschluß fand, als man den Sarg, der die Überreste Kaiser Franz Josephs enthielt, nachts bei Fackelbeleuchtung hinausführte aus Schönbrunn.

Drüben im anderen Flügel hatte inzwischen ein neues, äußerst reges Leben begonnen. Seit Kriegsbeginn hatte dortselbst das Thronfolgerpaar auf speziellen Wunsch des Kaisers Wohnung genommen.

Diese letztere bestand aus einigen hübschen Zimmern, die vollkommen geeignet waren, den Hoheiten auf Kriegsdauer als Absteigequartier zu dienen, umso mehr, als Seine Kaiserliche Hoheit meist im Felde war und die Frau Erzherzogin in dieser Zeit nahezu niemanden empfing.

Dies hatte sich nun allerdings mit einem Schlage gründlich geändert. Wie erwähnt, begannen die Regierungssorgen und Geschäfte in dem Augenblicke, als der alte Kaiser die Augen geschlossen hatte; sie brachten vom frühen Morgen des 22. November an sehr zahlreiche Personen, man kann schon sagen aller Stände, in das kaiserliche Schloß. Nun ist das in Rede stehende Appartement so beschaffen, daß alles durch ein einziges, nicht besonders geräumiges Vorzimmer hindurch mußte. Unmittelbar daneben schon befand sich der Salon, in dem S.M. empfing und schrieb. Später wurde den Adjutanten ein eigenes Zimmer zugewiesen, in dem auch alle, die zum Kaiser wollten, warten sollten. Dieses Zimmer lag aber abseits und es war diese Maßregel absolut undurchführbar. Nach wie vor versammelten sich daher General- und Flügeladjutanten, Hofdamen (die Kaiserin hatte auch kein eigenes Appartement, nur ein bescheidenes Schreibzimmer, zu dem man auch nur durch den oben genannten Salon oder durch die Schlafzimmer gelangen konnte), Leibjäger, Lakaien, Kammerfrauen, Lieferanten in diesem Raum, in welchem gleichzeitig Kardinäle, Oberste, Hofchargen, gemeinsame, österreichische, ungarische Minister, vom Schauplatze abtretende und »kommende« Männer, aber auch Erzherzoge und bisweilen Erzherzoginnen auf die Berufung zu ihrem Kaiser und König warteten!

Für diesen nun war eine rastlose Zeit herangekommen. S.M. empfing und unterschrieb, unterschrieb und empfing ohne eine andere Unterbrechung als die überaus kurzen Mahlzeiten und die allerdings recht häufigen Momente, da sich das Kaiserpaar meist gemeinsam oder auch getrennt hinüber zu dem Paradebett seines Großoheims begab. – Die Errichtung des Salons war anfänglich auch nicht ganz seiner neuen Bestimmung entsprechend.

So geschah es, daß ein Adjutant, das Zimmer betretend, den Herrscher Österreichs und Ungarns am Boden kniend fand, bemüht, auf dort ausgebreiteten Akten mittels einer Löschwiege Allerhöchst seine Unterschrift zu trocknen. Es läßt sich denken, daß daraufhin binnen fünf Minuten ein großer, vollkommen geeigneter Tisch zur Stelle war.

Noch am 22. hatten S.M. die Gnade, mich zum Generaladjutanten zu ernennen, während die beiden anderen, Graf Paar und Baron Bolfras, im Amte verblieben. Auch andere dringende Ernennungen wurden gleich durch S.M. direkt oder durch meine Vermittlung vollzogen. So wurden ernannt: Der Dienstkämmerer und der Flügeladjutant des frü-

heren Erzherzogs, die Oberstleutnants Graf Lédochowski und Brougier zu Flügeladjutanten, Ordonnanzoffizier Rittmeister Graf Hunyady zum Ordonnanzoffizier S.M. Überdies behielt S.M. den Flügeladjutanten des verblichenen Kaisers, Baron Catinelli, in gleicher Eigenschaft in Allerhöchseiner Umgebung. Haushofmeister Schwaiger und Kammerdiener Jüptner wurden zu Leibkammerdienern ernannt.
Im Hofstaate I.M. änderte sich vorläufig nichts. Unter Empfängen, Audienzen, etc. verging die Zeit bis zur Beisetzung. Der Kaiser arbeitete vom Morgen bis zum Abend, ohne sich die mindeste Ruhe zu gönnen, nur hie und da ging er mit der Kaiserin ein klein wenig spazieren oder spielte mit den Kindern. Der Kronprinz hatte, einer alten Sitte gemäß, das Goldene Vlies bekommen. Weit mehr Eindruck machte aber die Ernennung zum Oberstinhaber des Infanterieregiments No. 17 auf ihn. Als er nach den Krönungsfeierlichkeiten in Budapest, denen er bekanntlich angewohnt hatte, von der Kaiserin befragt wurde, wie ihm diese gefallen hätten, sagte er: »Es war sehr schön, aber ich muß doch immer an mein 17. Infanterieregiment denken.« Auf die Beisetzungsfeierlichkeiten selbst komme ich nicht weiter zurück; dieselben sind in der Tagespresse genügend beschrieben worden. Enorm war die Leistung, die in diesen Tagen vom Kaiser vollbracht wurde. Man denke: Der überaus eindrucksvolle Kondolenzbesuch des Deutschen Kaisers, der einen ganzen Tag in Anspruch nahm, der Empfang aller Trauergäste, zahlloser Deputationen aus allen befreundeten und neutralen Ländern, mancher Abordnungen des Inlandes, obwohl da der Grundsatz vorwaltete, in dieser Hinsicht bis zum Ende der Leichenfeierlichkeiten zuzuwarten. Der Tag wurde in dieser Zeit fast ganz in Wien und zwar in dem rasch etwas adaptierten Alexanderappartement der Hofburg zugebracht. Für die Nacht fuhr das Kaiserpaar nach Schönbrunn.
Auch das Gefolge I.M. hatte heiße, scharfe Tage, wie es sich wohl denken läßt. Der nunmehr kaiserliche Dienst hatte sich im Verhältnis zum früheren erzherzoglichen mit einem Schlage, sowohl was die Arbeit betrifft, als auch besonders in bezug auf die Wichtigkeit desselben, sozusagen verzehnfacht! Dazu kam, daß durch Jahre beim kaiserlichen Hofe so viel wie gar keine größeren Veranstaltungen vorgekommen waren, so daß das Personal an Gewandtheit und Schulung entschieden etwas eingebüßt hatte, während eben diese Eigenschaften den jetzt hinzugekommenen Personen selbstverständlich noch abgingen. Es konnte daher geschehen, daß im Zeremoniell hie und da Fehlgriffe

stattfanden. Würdenträger wurden nicht in der richtigen Reihenfolge eingelassen, sogar falsch angesagt, was dann kleine Mißverständnisse zur Folge hatte, die freilich bald aufgeklärt wurden. Ich weiß einen Fall, in welchem durch so eine leidige Verwechslung ein ausländischer Abgesandter von den Majestäten, die gemeinsam empfingen, tatsächlich als ein »anderer« angesprochen wurde; in manchen anderen Fällen war der Betreffende jedoch den Majestäten gut bekannt und erregte sein Erscheinen nach falscher Ansage begreiflicherweise unwillkürlich einige Heiterkeit. Trotz des überaus ernsten, tieftraurigen Anlasses, mußten solchermaßen auch manche Dinge passieren, die einer gewissen Komik nicht entbehrten. Eben war ein regierender deutscher Herzog, ein junger Herr in preußischer Hauptmannsuniform, regelrecht eingelassen worden, als atemlos ein Türhüter nachgelaufen kam, um dem betreffenden Adjutanten zu melden: »Das war der Nuntius!« ———
Die Leichenfeier war beendet und der Kaiser schritt daran, das Oberkommando aus den Händen des Feldmarschalls Erzherzog Friedrich zu übernehmen, da er dasselbe fortan Allerhöchstselbst zu führen gedachte. Nachdem noch Vorbesprechungen wegen der baldigen Krönung in Ungarn abgehalten worden waren, begab sich S.M. am zweiten Dezember mit seinem Gefolge nach Teschen und langte dort am dritten, einem Sonntag, vor neun Uhr früh, an. Vom Feldmarschall und dem Chef des Generalstabes Conrad von Hötzendorf am Bahnhof empfangen, fuhr S.M. ins Schloß und ging sofort in die im Park gelegene Schloßkapelle, woselbst eine Heilige Messe gelesen wurde. Ein Männerchor von Soldaten mit Prachtstimmen trug ein Kirchenlied vor, dann nach Schluß der Heiligen Handlung ertönte das »Gott erhalte«. Alle Teilnehmer, es waren ihrer ja des sehr beschränkten Raumes halber nicht gar viele, stimmten mit ein, es war die erste Volkshymne seit dem Tode des Kaisers Franz Joseph. Tiefernst blickend stand der Kaiser, während der Feldmarschall und auch mancher andere sich der Tränen nicht erwehren konnte – es waren Tränen schmerzlicher, es waren Tränen auch freudiger Rührung – »Gott erhalte, Gott beschütze!«

Laxenburg, 27.07.1917

Z.v.L.

Erste kurze Ansprache Kaiser Karls an die Minister nach dem Tode Kaiser Franz Josephs am 21. November 1916 (Notizen aus dem Archiv von Kaiserin Zita)

... Ich bin überzeugt, daß die Herren geradeso wie sie dem Allergnädigsten verstorbenen Herrn treu gedient, auch mich jederzeit unterstützen werden. Ich rechne auf Ihre Mithilfe. Es liegen große Aufgaben vor uns. Die Hauptaufgabe ist für jeden die baldmögliche Anbahnung eines guten Friedens. Eine zweite Aufgabe, die der ersten ebenbürtig ist, ist die möglichst gute Ernährung des Volkes, eine Sache, der ich mein ganzes Interesse widmen will. Vor allem muß Ruhe und Ordnung herrschen und ich will, daß meine Regierung gerecht, wohlwollend, aber energisch sei. Mit Gottes Hilfe und dem hehren Beispiel meines verstorbenen Großoheims folgend, werden wir dieses Ziel erreichen.

Noch am Todestag Kaiser Franz Josephs erließ Kaiser Karl eine Proklamation an seine Völker, die mit den Worten begann:

»Tiefbewegt und erschüttert stehe ich und Mein Haus, stehen Meine treuen Völker an der Bahre des edlen Herrschers, Dessen Händen durch nahezu sieben Jahrzehnte die Geschicke der Monarchie anvertraut waren ... Sein Werk gilt es fortzusetzen und zu vollenden.«

Nach kurzer Einleitung schon geht Kaiser Karl zu seiner eigentlichen, zu seiner ureigensten Aussage über, die wohl auch an das Wort des greisen Kaisers anknüpft, der mit seinem »Ich mache Schluß« die Friedensbemühungen Kaiser Karls schon vorweggenommen hatte:

»Noch ist das Ziel nicht erreicht, noch ist der Wahn der Feinde nicht gebrochen, die meinen, in fortgesetztem Ansturme Meine Monarchie und ihre Verbündeten niederringen, ja zertrümmern zu können.
Ich weiß mich eins mit Meinen Völkern in dem unbeugsamen Entschluß, den Kampf durchzukämpfen, bis der Friede errungen ist, der den Bestand Meiner Monarchie sichert und die festen Grundlagen ihrer ungestörten Entwicklung verbürgt.
In stolzer Zuversicht vertraue Ich darauf, daß Meine heldenmütige

Wehrmacht, gestützt auf die aufopfernde Vaterlandsliebe Meiner Völker und in treuer Waffenbrüderschaft mit den verbündeten Heeren, auch weiterhin alle Angriffe der Feinde mit Gottes gnädigem Beistande abwehren und den siegreichen Abschluß des Krieges herbeiführen wird.

Ebenso unerschütterlich ist Mein Vertrauen, daß Meine Monarchie, deren Machtstellung in der altverbrieften, in Not und Gefahr neubesiegelten untrennbaren Schicksalsgemeinschaft ihrer beiden Staaten wurzelt, nach innen und außen gestählt und gekräftigt aus dem Kriege hervorgehen wird; daß Meine Völker, die sich, getragen von dem Gedanken der Zusammengehörigkeit und von tiefer Vaterlandsliebe, heute mit opferfreudiger Entschlossenheit zur Abwehr der äußeren Feinde vereinen, auch zum Werke der friedlichen Erneuerung und Verjüngung zusammenwirken werden, um die beiden Staaten der Monarchie mit den angegliederten Ländern Bosnien und Herzegowina einer Zeit der inneren Blüte, des Aufschwunges und der Erstarkung zuzuführen.

Indem Ich des Himmels Gnade und Segen auf Mich und Mein Haus, wie auf Meine geliebten Völker herabflehe, gelobe Ich vor dem Allmächtigen, das Gut, das Meine Ahnen Mir hinterlassen haben, getreulich zu verwalten.

Ich will alles tun, um die Schrecknisse und Opfer des Krieges in ehester Frist zu bannen, die schwervermißten Segnungen des Friedens Meinen Völkern zurückzugewinnen, sobald es die Ehre unserer Waffen, die Lebensbedingungen Meiner Staaten und ihrer treuen Verbündeten und der Trotz unserer Feinde gestatten werden.

Meinen Völkern will ich ein gerechter und liebevoller Fürst sein. Ich will ihre verfassungsmäßigen Freiheiten und sonstigen Gerechtsame hochhalten und die Rechtsgleichheit für alle sorgsam hüten. Mein unablässiges Bemühen wird es sein, das sittliche und geistige Wohl Meiner Völker zu fördern, Freiheit und Ordnung in Meinen Staaten zu beschirmen, allen erwerbstätigen Gliedern der Gesellschaft die Früchte redlicher Arbeit zu sichern.

Als kostbares Erbe Meines Vorfahren übernehme Ich die Anhänglichkeit und das innige Vertrauen, das Volk und Krone umschließt. Dieses Vermächtnis soll Mir die Kraft verleihen, den Pflichten Meines hohen und schweren Herrscheramtes gerecht zu werden.

Durchdrungen von dem Glauben an die unvernichtbare Lebenskraft

Österreich-Ungarns, beseelt von inniger Liebe zu Meinen Völkern, will Ich Mein Leben und Meine ganze Kraft in den Dienst dieser hohen Aufgabe stellen.«

Karl m.p.

Schönbrunn, am 21. November 1916 Koerber m.p.

Armee- und Flottenbefehl

Seine k. u. k Apostolische Majestät geruhten Allergnädigst den nachstehenden Allerhöchsten Armee- und Flottenbefehl zu erlassen:
Soldaten! Euer Oberster Kriegsherr, Mein erhabener Großoheim, Kaiser und König Franz Josef I., der durch Jahrzehnte Euch, Eure Großväter und Väter mit Liebe und Fürsorge geleitet, wie ein Vater für Euch gesorgt hat, ist zu Gott heimgegangen.
Stets ein leuchtendes Vorbild soldatischer Pflichttreue, haben weiland Seine Majestät bis zur äußersten Anspannung Seine Weisheit, Sein ganzes Sein, dem Wohle des Vaterlandes geweiht; solange die Kräfte standhielten, waren Seine Gedanken bei Euch, Seinen geliebten, braven Kriegsleuten.
Soldaten! Die harten aber ruhmvollen Tage dieses Riesenkampfes habe Ich bisnun mit Euch durchlebt.
In großer Zeit, aus Eurer Mitte, trete ich jetzt als Oberster Kriegsherr an die Spitze Meiner kampferprobten Armee und Flotte, in dem unerschütterlichen Glauben an unser heiliges Recht und an den Sieg, den wir, mit Gottes Hilfe, im Verein mit unserem treuen Verbündeten, unserer gerechten Sache erkämpfen werden.
Der Geist des erlauchten Verblichenen wird um Euch sein, Euch anspornen zu weiteren heldenhaften Kämpfen, auf daß es uns vergönnt sei, an Seiner Bahre den Siegeskranz niederzulegen als Zeichen unserer treuen Dankbarkeit für all die Liebe und Fürsorge, die Sein edles Herz unausgesetzt schlagen ließ für Seine treue Wehrmacht.
Wien, am 22. November 1916

Karl m.p.

Übernahme des Armee-Oberkommandos durch Kaiser Karl

Aus dem Kriegspressequartier wurde gemeldet:
Seine k. u. k Apostolische Majestät geruhten nachstehenden Armee- und Flottenbefehl Allergnädigst zu erlassen:
In Ausübung Meiner Herrscherrechte übernehme Ich das Armee-Oberkommando und hiermit den Oberbefehl über die gesamten Streitkräfte Meiner Armee und Meiner Flotte.
Zu meinem Stellvertreter im Armee-Oberkommando bestimme Ich den Feldmarschall Erzherzog Friedrich.
Wien, am 2. Dezember 1916

Karl m.p.

Brief an den ungarischen Ministerpräsidenten

Lieber Graf Tisza!

Von der Absicht bewogen, Mich ehestens zum König Ungarns und Kroatien-Slavoniens und Dalmatiens krönen zu lassen, beauftrage ich sie, mit dem Reichstage sich ins Einvernehmen setzend, Mir Ihre diesbezüglichen Vorschläge zu unterbreiten.
Wien, 23. November 1916

Karl m.p.

Handschreiben an die Ungarn

Ministerpräsident Graf Stephan Tisza unterbreitete in der Trauersitzung des ungarischen Abgeordnetenhauses vom 27. November 1916 ein Allerhöchstes Handschreiben. Der Schriftführer Abg. Mihalyi verlas dasselbe wie folgt:
Wir, Karl I., von Gottes Gnaden Kaiser von Österreich, König von Böhmen etc. und dieses Namens IV. Apostolischer König von Ungarn. Den Bannerherren, kirchlichen und weltlichen Magnaten und Abgeordneten Unseres Ungarn und seiner Nebenländer, welche auf dem von Unserem verblichenen Großoheim, Seiner kaiserlichen und

Apostolischen königlichen Majestät Franz Josef I., für den 21. Juni 1910 in Unserer Haupt- und Residenzstadt Budapest einberufenen Reichstage versammelt sind, Unseren königlichen Gruß.
Liebe Getreuen!
Mit der Trauer der Nation teilendem Kummer Unserer Seele, aber mit Ergebung in die unerforschlichen Wege der Vorsehung bringen Wir Euch zur Kenntnis, daß Unser verewigter Großoheim ruhmvollen Angedenkens, Kaiser und Apostolischer König Franz Josef I., am heutigen Tage vom sterblichen Dasein in das ewige Leben eingegangen ist.
Indem wir daher die Herrschaft als Nachfolger und Erbe Unseres genannten verblichenden Großoheims im Sinne des Gesetzes des Landes, insbesondere im Sinne des I. und II. Gesetzartikels vom Jahre 1723, mit in Gott gesetzter Hoffnung und vertrauensvoll übernehmen, versichern Wir inzwischen, bis Wir, entsprechend dem Wunsche Unseres Herzens und der Verfügung des Gesetzes, anläßlich Unserer möglichst bald abzuhaltenden Krönung in Unserem königlichen Inauguraldiplom von Unseren Herrscherabsichten Zeugnis ablegen können, daß Wir Verfassung und Gesetz einhalten und durch andere einhalten lassen werden und daß Unsere Bestrebungen auf die Wohlfahrt Unseres treuen Ungarns und seiner Nebenländer gerichtet sind.
Denen Wir im übrigen mit Unserer königlichen Gnade dauernd gewogen bleiben.
Gegeben zu Wien, am 21. Tage des Monats November 1916.

Karl m.p.
Graf Stephan Tisza m.p.

Am 8. Mai 1917 richtete der Kaiser folgendes Dankschreiben an seinen Ministerpräsidenten, den Grafen Clam-Martinic, mit dem Auftrag, es zur Kenntnis seiner Völker zu bringen:

»Der dritte Kriegswinter mit allen seinen Härten liegt hinter uns, und wenn es auch noch manchen Monat braucht, bevor die keimende Saat uns Nahrung gibt, so dürfen wir doch erwarten, daß das Frühjahr eine Erleichterung der Lebensführung mit sich bringen wird.
Bis dahin gilt es, durchzuhalten, und dies wird uns, freilich mit großen Entbehrungen, zweifellos auch gelingen.

In dieser schweren Zeit drängt es Mich, Meinen geliebten Völkern zu sagen, wie tief Mir ihre Mühsal zu Herzen geht und daß Ich ihnen wärmsten Dank für die Opferwilligkeit und Geduld weiß, mit welcher sie alle Lasten des Krieges auf sich nehmen.
Und dankbar würdige Ich, was von der Bevölkerung mit bewunderns-wertem Aufgebote ihrer geistigen und materiellen Kräfte in diesen ernsten Tagen geleistet ward: die Arbeit des Landwirtes, des industriellen und gewerblichen Arbeiters, des Bergmannes, kurz aller jener tapferen und ausdauernden Kämpfer des gesamten Wirtschaftslebens, die sich der für unseres Vaterlandes Bestand und Ehre fechtenden Helden würdig erwiesen haben.
Auch des vorbildlichen Wirkens unserer patriotischen Frauen, die sich in schwerster Zeit durch Standhaftigkeit, wirtschaftliche Tüchtigkeit und werktätige Nächstenliebe für immer die Anerkennung des Vaterlandes gesichert haben, gedenke Ich mit innigem Dank.
Von ihnen allen erwarte Ich, daß sie, durchdrungen von der Größe der Zeit, die alle Hände gebieterisch ans Werk ruft, auch weiterhin das Äußerste leisten; für sie alle erflehe Ich, vertrauensvoll in die Zukunft blickend, Gottes reichsten Segen. Möge die zuversichtliche Hoffnung auf baldige bessere Tage sie bei ihrer weiteren, dem Gesamtwohle des Vaterlandes geweihten Arbeit begleiten.«

5. Kapitel

Die Monarchie als Sozialstaat

Erinnerungen des Chauffeurs von Feldmarschall Conrad, niedergeschrieben in Baden/Wien im Jahre 1968.

»Wieder einmal war unser Kaiser nach Südtirol gekommen. Wir waren gerade mit Feldmarschall Conrad auf der Fahrt von Trient nach Malé, zum Kommando von Erzherzog Peter Ferdinand.
Die Straße geht über Madonna di Campiglio.
Knapp außerhalb der Ortschaft befindet sich eine Brücke, die über eine tiefe Schlucht führt.
Dort kniete eine ältere Frau in schwarzen Trauerkleidern und hielt einen Brief in der Hand.
Der Kaiser befahl mir, sofort zu halten, stieg aus dem Wagen, half der Frau aufstehen und fragte sie, was sie auf dem Herzen habe. Dabei kam folgende Geschichte heraus: ihr Mann, Sepp Oberleitner, war gleich am Anfang des Krieges gefallen, und dann noch drei ihrer Söhne. Nur der jüngste, achtzehn jahre alt, war ihr geblieben »und er kämpft als Gefreiter im Ersten Tiroler Kaiserjäger-Regiment« – dem auch der Vater und die gefallenen Brüder angehört hatten in einer Hochgebirgsstellung am Pasubio.
In ihrer Herzensangst, daß ihr auch das Letzte, was sie hatte, ihr jüngster Bub, genommen werden könnte, richtete sie an den Kaiser, als sie hörte, daß er heute hier vorbeikommen werde, die Bitte, er möge doch ihren Sohn nach Hause schicken.
Der Kaiser sagte sofort zu und versprach der Frau, ihre Bitte zu erfüllen und noch am selben Tage zu veranlassen, daß ihr Sohn von seinem Regiment dauernd beurlaubt werde.
Mit Tränen in den Augen dankte die überglückliche Mutter dem Kaiser und wollte ihm immer wieder die Hände küssen.
Im Heeresgruppenkommando Feldmarschall Conrad von Hötzendorf in Bozen angekommen, mußte sich der Adjutant des Feldmarschalls

unverzüglich mit dem Regimentskommando der Kaiserjäger in Verbindung setzen und schon gab der Telegrafist am Fernschreiber die Nachricht durch: »Auf Befehl Seiner Majestät des Kaisers ist der Gefreite Toni Oberleitner sofort dauernd zu beurlauben und nach seinem Heimatort abzufertigen. Ausführung umgehend an uns melden.

Gez. Heeresgruppe Conrad von Hötzendorf«

Schon nach einer Stunde traf die Antwort ein:
»Gefreiter Toni Oberleitner wurde heute Nacht bei einem Sturmangriff des Feindes schwer verwundet und am Morgen in das Militär-Garnisonsspital nach Trient transportiert. Oberleitner verteidigte heldenmütig seine Stellung als einzig Überlebender bis die letzte Maschinengewehr-Patrone verschossen, die letzte Handgranate verbraucht, die Verstärkung eingetroffen und der feindliche Angriff abgeschlagen war.

Gez. Der Regimentskommandant«

Zwei Tage später berichtete das Militär-Garnisonsspital, daß Zugführer Oberleitner (Fm Conrad hatte inzwischen seine Beförderung veranlaßt) entlassen werden könne, nur werde die Ausheilung seines verletzten Schultergelenks noch einige Wochen dauern.
Am nächsten Tag blieben wir auf der Durchfahrt im Spital in Trient stehen. Feldmarschall Conrad besuchte seinen Kaiserjäger-Zugführer und erkundigte sich bei den Ärzten, ob Oberleitner soweit hergestellt sei, daß er sich, da er dauernd beurlaubt wurde, noch einmal zu seinem Regiment begeben und sich von seinen Offizieren und Kameraden verabschieden könne.
Einige Tage später war Kaiser Karl wieder nach Bozen gekommen und wir fuhren an einem prachtvollen Morgen zu den Stellungen unseres Edelweiß-Korps, welches unserm Kaiser und Feldmarschall Conrad besonders ans Herz gewachsen war. Dann hieß es »heute geht es zuerst nach Caldonazzo«. Und als wir dort angekommen waren, da war ein ganzes Bataillon vom I. Tiroler Kaiserjäger-Regiment samt Musik aufgestellt. Es war jenes Bataillon, in dem Oberleitner gedient hatte. Der Regimentskommandant meldete sich und unter den Klängen des Kaiserliedes schritten die Herren die Front ab.
»Und wo ist der Oberleitner?« fragte der Kaiser. »Am rechten Flügel, Majestät, es ist der Zugführer mit der linken Hand in der Schlinge«, meldete der Offizier.

Da ging der Kaiser auf den Zugführer zu, reichte ihm die Hand und sprach: »Zugführer Oberleitner, Sie haben sich meine höchste Anerkennung und den Dank des ganzen Regiments für Ihr heldenmütiges Durchhalten verdient. Ohne Ihren und Ihrer Kameraden aufopfernden Kampfgeist wäre die Stellung wahrscheinlich verlorengegangen. Dafür habe ich Ihnen, als sichtbares Zeichen meines Dankes, die Große Silberne Tapferkeitsmedaille verliehen.«
Dann heftete Seine Majestät dem glückstrahlenden Kaiserjäger die hart erkämpfte Kriegsdekoration eigenhändig an die Brust.
Und nun formierte sich das Bataillon zum Vorbeimarsch vor dem Kaiser. Zugführer Oberleitner wollte zum letzten Mal mit seinen Kameraden mitmarschieren, aber da winkte ihn der Kaiser zu sich heran und stellte ihn vor sich, Feldmarschall Conrad und den Regimentskommandanten hin: »Mit dieser Defilierung ehrt das Regiment Sie, Ihren Vater und Ihre gefallenen Brüder«, sprach Seine Majestät. Der Kaiserjägermarsch erklang und das ganze Bataillon defilierte auf Befehl des Kaisers vor dem einfachen, tapferen Soldaten.«

Es mag unzählige solcher und ähnlicher Ereignisse gegeben haben, Fälle, in denen der Kaiser immer wieder persönlich eingriff, half, wo er nur konnte. Kaiser Karl war sich, gerade aufgrund seiner Erfahrung als Frontsoldat, der, ganz im Gegensatz zu anderen Monarchen oder Staatsführern, das gnadenlose Elend des Krieges aus unmittelbarer Nähe kannte, bewußt, daß in all den Fällen des Jammers das persönliche Eingreifen mitunter wohl vorteilhaft und nützlich, eine gesetzliche Regelung der Vorsorge aber absolut notwendig war.
Es ließe sich aus einer Kette von ähnlichen Aufzeichnungen und Berichten geradezu auf den Tag genau der Ursprung eines neuen Sozialgesetzes oder einer bestimmten Verordnung ableiten.
Erlebnisse wie die von Conrads Chauffeur geschilderte Begegnung mit einer verzweifelten Mutter führten zu einem Erlaß, der in seiner Tragweite erstmalig auf die völlig neue Art der Kriegführung (Stellungskrieg, durchgehende Fronten, was es ja bis 1914 nicht gegeben hatte) Rücksicht nimmt:

»Seine k.u.k. Apostolische Majestät geruhten allergnädigst das nachstehende Allerhöchste Befehlsschreiben an den Chef des Generalstabes zu richten:

Der lange, harte Krieg hat allen Staatsbürgern schwere Opfer auferlegt. Um die am schwersten betroffenen Familien in Zukunft vor weiteren Schlägen möglichst zu bewahren, befehle Ich, daß die nachbezeichneten Militärpersonen der Kampftruppen – insoweit sie nicht dem Berufsstande angehören – auf solchen für Frontdienst-taugliche Dienstposten bei der Armee im Felde verwendet werden, die nicht der ständigen, feindlichen Einwirkung ausgesetzt sind:

1. Der als einziger verbliebene Sohn einer Familie, von der bereits zwei oder mehr Söhne gefallen sind oder infolge der während der Kriegsdienstleistung erlittenen Verwundung, Krankheit oder wegen der Strapazen gestorben sind.

2. Der Vater von mehr als sechs unversorgten Kindern, für deren Unterhalt er zu sorgen hat.

Verordnungsblatt für das k.u.k. Heer, Zirkularverordnung vom 18.9.1917, Abt. lo, Nr. 216370«

Bei einem nicht geringen Teil der Generalität fielen solche und ähnliche Maßnahmen auf denkbar unfruchtbaren Boden; vielfach wurden die Möglichkeiten einer günstigen Auswirkung solcher Erlässe auf die Truppe auf das schamloseste hintertrieben. Schon ein halbes Jahr vorher, im April 1917, hatte der junge Kaiser wegen seiner sozialen Maßnahmen den Unwillen der »Harten« erregt, als er die Strafe des »Anbindens« aufhob:

»Im Vertrauen auf die stets bewährte Disziplin und den in harter Kriegszeit glänzend erprobten Geist Meiner tapferen Wehrmacht fühle Ich Mich bestimmt, die Strafe des ›Anbindens‹ aufzuheben.

Baden, am 2. April 1917 Karl m.p.«

Ergänzend dazu wurde am 15. Juni 1917 ein Allerhöchstes Handschreiben erlassen:

»... verfüge ich die Aufhebung der Strafe des ›Schließens in Spangen‹.«

General Alfred Krauss (dem es 1938 noch ›vergönnt‹ war, den Einmarsch Hitlers mit seinen Truppen in Wien zu bejubeln) schreibt in seinen Erinnerungen darüber:

»Allzu große Herzensgüte und falsch angewandte Menschlichkeit veranlaßten den Kaiser, die letzten körperlichen Strafen im Heere abzuschaffen. Damit wurde dem Kommandanten das letzte Mittel genommen, den Einfluß und den Widerstand schlechter Elemente zu brechen.«
In diesen Kreisen »verspielte der Kaiser sein letztes Ansehen«, als er zu seinem Namenstag, am 4. November 1917, seinen für die damalige Zeit geradezu revolutionären Armee- und Flottenbefehl gegen das Duell erließ:

»Aus längst vergangenen Tagen hat Meine bewaffnete Macht den Zweikampf übernommen und ihn als eine traditionelle Einrichtung beibehalten.
Das Festhalten an alten Überlieferungen kann aber nicht dazu führen, daß wider bessere Überzeugung, wider göttliches Gebot und wider das Gesetz die Austragung von Ehrenkränkungen auch fernerhin der Geschicklichkeit im Waffengebrauch überantwortet und dadurch dem blinden Zufall überlassen wird.
In einer Zeit, in der jedes Einzelnen Leben dem Vaterlande, der Allgemeinheit gewidmet sein muß, dürfen Ehrenkränkungen nicht mehr im Kampfe mit den Waffen ausgetragen werden. Wer sein Leben im Zweikampf auf das Spiel setzt, handelt nicht allein gegen Gebot und Gesetz, er handelt auch gegen sein Vaterland, das auf die uneingeschränkte Kraft jedes Mannes zur Verteidigung seiner Grenzen, dann zum Wiederaufbau und zum Fortschritt zählt. Das altbewährte Pflichtgefühl und das sichere Urteil der militärischen Ehrenräte geben mir eine Bürgschaft dafür, daß sich ihrem Ausspruche jeder wahrhaft ritterlich denkende Mann freiwillig unterwirft und daß durch ihre Entscheidung Ehrenangelegenheiten in Hinkunft auch ohne Zweikämpfe nach Ehre und Gewissen ausgetragen werden können. Ich verbiete daher allen Angehörigen Meiner bewaffneten Macht den Zweikampf und jedwede Teilnahme an einem Zweikampf.
Im Felde, am 4. November 1917 Karl m.p.«

Damit hatte Kaiser Karl abermals ein ebenso revolutionäres wie soziales Denken – und Handeln! – unter Beweis gestellt; die Schweiz konnte sich erst ein Jahr später vage zu einem ähnlichen Schritt entschließen,

in Deutschland schleppte sich der Kampf gegen das Duell bis in die dreißiger Jahre fort, und immer wieder wurde versucht, das Duellverbot als »unsoldatisch« abzutun ...
Während in allen anderen kriegführenden Staaten für die Armeen so gut wie keine sozialen Verbesserungen vorgenommen wurden, im Gegenteil – so wie in Frankreich gerade zur Zeit Clemenceaus – mit drakonischen Maßnahmen durchgegriffen wurde, erfreute sich die Armee Kaiser Karls der besonderen Fürsorge des Monarchen. Für die Invaliden schuf der Kaiser verschiedene Hilfswerke, das Militärversorgungsgesetz erfuhr wesentliche Verbesserungen, in den Soldatenheimen – darüber berichtet der Kaiser in seinen Aufzeichnungen selbst sehr ausführlich – versuchte P. Wilhelm Schmid das Beste zur Linderung der geistigen und seelischen Bedürfnisse der Armeeangehörigen.
Dazu eine persönliche Bemerkung der nachgeborenen Tochter Kaiser Karls, Erzherzogin Elisabeth, die P. Wilhelm Schmidt noch gut gekannt hatte: »Er war ein äußerst offener Berater meines Vaters gewesen, der die Dinge immer beim Namen nannte. Mein Vater konnte absolut darauf bauen, von Pater Schmidt stets reinen Wein eingeschenkt zu bekommen. Daß die Soldatenheime für meinen Vater ein besonderes Anliegen bedeuteten, stammt noch aus der Zeit seines Dienstes in der Armee als ganz junger Offizier. In Kolomea hatte er selber damals ein Heim mit Kantine gegründet, zuerst einmal nur für die Leute von seiner Schwadron, später wurde das auf das ganze Regiment ausgedehnt. Das gab für die Soldaten die Möglichkeit, in ihrer Freizeit gemütlich zusammenzusitzen und sich gewisse Sachen zum Selbstkostenpreis zu besorgen. Später hat er dann als Kaiser diesen Gedanken an P. Schmidt herangetragen, der mit Begeisterung mitmachte und viel zur Abhilfe mancher Nöte der Soldaten beitrug.«
Nicht minder durchgreifend erwiesen sich die Reformen und Verbesserungen, die Kaiser Karl in der allgemeinen Sozialgesetzgebung durchzog; viele der bis in die jüngste Zeit geltenden Gesetze und Verordnungen – so jene über den Mieterschutz – waren nicht nur bahnbrechend, sondern auch beispiellos:

Eine Reihe von einschneidenden Änderungen erfuhr das Krankenversicherungsgesetz vom 30. März 1888 durch die kaiserliche Verordnung vom 4. Jänner 1917. In den Erläuterungen der Regierung wird über die Reform ausgeführt:

»Das Gesetz, das sich durch mehr als 27 Jahre eingelebt hatte und dessen Wirken für die weiten Kreise unserer Bevölkerung so segensreich war, hatte sich im Laufe der Zeit als reformbedürftig erwiesen. Diese Reform sollte bekanntlich gleichzeitig mit der Einführung der Invaliden- und Altersversicherung und einer Reform der Unfallversicherung in einem einheitlichen Gesetzwerke über die Sozialversicherung durchgeführt werden. Diese Pläne schienen nach langjährigen Verhandlungen unmittelbar vor Ausbruch des Krieges der Verwirklichung nahegerückt, mußten aber infolge der eingetretenen Ereignisse zurückgestellt werden. Unter diesen Umständen«, so führt der offizielle Kommentar zu der Novelle aus, »war zu erwägen, ob mit einer Teilreform noch länger zugewartet werden könne. Eine solche Teilreform mußte insbesondere hinsichtlich der Krankenversicherung, die einer solchen nach allgemeinem Urteil am dringendsten bedarf, in Betracht gezogen werden. So wurde aus den beteiligten Kreisen nachdrücklich auf die schweren und bedeutenden Aufgaben hingewiesen, die den Krankenkassen infolge des Krieges unmittelbar nach Friedensschluß erwachsen werden, sowie auf die Notwendigkeit, die Krankenkassen für die Erfüllung dieser Aufgaben entsprechend auszurüsten. Die Regierung hat nun bedeutsame Erweiterungen der Versicherungspflicht im Wege der genannten Verordnung eintreten lassen. Diese Erweiterungen beinhalten die im Interesse unseres Nachwuchses dringende Erhöhung des Mutter- und Säuglingsschutzes durch Verlängerung der Wöchnerinnenunterstützungsdauer von 4 auf 6 Wochen und durch Einführung von obligatorischen Stillprämien, ferner die Ausdehnung der längsten Krankenunterstützungsdauer von 20 auf 26 Wochen, endlich eine mäßige Erhöhung der Begräbnisgelder.«

Eine weitere bedeutsame Änderung bringt die Einführung des Lohnklassensystems, das auf dem Grundsatz der Einteilung der Versicherten in elf nach dem tatsächlichen Arbeitsverdienste ziffernmäßig begrenzte Klassen beruht. Sie tritt an Stelle des »bezirksüblichen« Lohnes, der sich als ganz unzulänglich erwiesen hat und namentlich auch

wegen seiner nicht mehr zeitgemäßen Begrenzung mit dem Höchstbetrage von 4 K einer den tatsächlichen Lohnverhältnissen halbwegs entsprechenden Versicherung hinderlich war.
Eine bemerkenswerte Ausgestaltung erfahren die Bestimmungen über die freiwilligen Mehrleistungen der Krankenkassen. Auf diesem Gebiete wird den leistungsfähigen Krankenkassen die Möglichkeit zu weitgehender Betätigung gegeben, namentlich in der Richtung der Einführung einer Versicherung der Familienangehörigen der Krankenkassenmitglieder auf freie ärztliche Hilfe und Heilmittelbezug, sowie auf Wöchnerinnenunterstützungen (Familienversicherung).
Weiters enthält die Verordnung Bestimmungen zur Regelung des ärztlichen Dienstes und füllt damit eine stark empfundene Lücke des bisherigen Krankenversicherungsgesetzes aus.
Die Reformen der Krankenversicherung gelten für alle Kategorien der nach dem Krankenversicherungsgesetz eingerichteten Krankenkassen, daher auch insbesondere für die Bruderladenkrankenkassen.
Eine gleichzeitig verlautbarte Kaiserliche Verordnung, betreffend die Abänderung der §§94 und 121 der Gewerbeordnung, stand im Zusammenhang mit der Reform der Krankenversicherung. Mit Rücksicht auf die durch diese getroffene Ausdehnung der Dauer der Wöchnerinnenunterstützung von 4 auf 6 Wochen wurde das Verbot der Verwendung von Wöchnerinnen zu regelmäßigen gewerblichen Beschäftigungen von 4 auf 6 Wochen ausgedehnt.
»Diese Neuerung ist durch das große öffentliche Interesse an einem möglichst verstärkten Mutterschutz und Schutz unseres Nachwuchses vollauf begründet.«

Der Schutz der Mieter

In Österreich gibt es wohl kaum eine Verordnung, die so viel besprochen, hochgelobt, vermaledeit, fälschlich für Partei»ruhm« reklamiert und mißbräuchlich angewendet wurde wie die Kaiserliche Verordnung zum Schutze der Mieter vom 26. Jänner 1917.
Was der Kaiser damit wollte ist klar: vor allem den an der Front kämpfenden Soldaten die Sorge um die Familie daheim erleichtern.
Darüberhinaus war auch an den sozialen Wohnbau gedacht – der »so-

ziale Wohnbau« ist keineswegs eine Errungenschaft des späteren, legendären »Roten Wien« und eine Regelung des Mietwohnungswesens an sich: kein Mensch konnte ernstlich daran glauben, daß nach einem Sieg der kaiserlichen Waffen in einem kommenden Sozialstaat Zustände wie in den bewegten Jahren der liberalen »Gründerzeit« wieder einreißen könnten; jedermann wußte, daß mit der Verordnung über den Mieterschutz, auch wenn er nur als zeitlich begrenzte Maßnahme gedacht war, dennoch eine grundsätzliche Weichenstellung auf dem Gebiete des Wohnungswesens erfolgt war.
Daß freilich ausgerechnet diese Verordnung nach dem Kriege zu einer völligen Lahmlegung des privaten Wohnbaus und zu einer nahezu vollkommenen Entwertung des privaten Hausbesitzes mit all ihren bis heute nachwirkenden Folgen – ewige Wohnungsnot, Ablösewucher, Schwarzmarkt, »Graumarkt« und ähnlichem – führte, lag mit Sicherheit nicht in der Absicht des Kaisers.
Immerhin ist gerade diese, zum Schlagwort aus der Sozialgeschichte gewordene Parole vom »Mieterschutz« heute ein klassisches Beispiel von Pervertierung der Sozialpolitik: nicht nur, daß Leute, die den Mieterschutz nicht erfanden, seinen Urheber stets verschwiegen, ja für *sich* reklamierten, sie scheuten sich auch zu einer Zeit, als die Folgen ihrer unglückseligen Wohnbau- und Mietenpolitik allgemein bekannt wurden, nicht, »Kindesweglegung« zu betreiben und die »Kaiserzeit« – auch noch nach mehreren Generationen republikanischer Zeit – für alle Mißstände einer verfahrenen Situation verantwortlich zu machen. Erst in der jüngsten Zeit setzt sich auch auf diesem Gebiet die Wahrheit durch.

Verordnung über Mieterschutz

Eine Kaiserliche Verordnung vom 26. Jänner 1917 zum Schutze der Mieter, die wohl nur bis zum 31. Dezember 1918 in Geltung bleiben sollte, gewährte vor allem der städtischen und industriellen Bevölkerung dringend geboten gewesenen Schutz gegen Mietzinssteigerungen:

»Die Regierung hat sich schon seit längerer Zeit mit der Frage beschäf-

tigt, wie den Folgen der stellenweise bereits eingetretenen und voraussichtlich nach Wiederkehr des Friedens zu gewärtigenden Wohnungsnot begegnet werden könnte. Im Kriege hat sich die Wohnungsnot hauptsächlich an Orten gezeigt, wo strategische Maßnahmen oder andere Ursachen eine ungewöhnliche Zuwanderung von Militärpersonen, Arbeitern der Kriegsindustrie oder Flüchtlingen zur Folge hatten. Ein wechselseitiges Überbieten oder Ausmieten führte hier zu unerhörten Mietzinsen. An anderen Orten, insbesondere in Wien und den größeren Städten, sind zwar, wie mit Genugtuung festgestellt werden kann, Mitzinssteigerungen bisher nur selten, meist nur in geringer Höhe vorgenommen worden. Da jedoch die Wohnungsverhältnisse schon im Frieden nicht günstig waren, sind für die Zeit nach dem Kriege auch hier Schwierigkeiten zu befürchten, weil die für den regelmäßigen Bevölkerungszuwachs ohnehin nicht genügende Wohnungsschaffung durch den Krieg völlig unterbunden wurde, der Bevölkerungszuwachs aber inzwischen nicht aufgehört hat und auch die Kriegsverluste nicht wettgemacht sein dürften.
Um die Bevölkerung im allgemeinen und insbesondere die nach Friedensschluß heimkehrenden Kriegsteilnehmer vor dem Eintritt solcher Zustände zu bewahren, hat die Regierung, wie erwähnt, seit längerer Zeit vorbeugende Maßnahmen erwogen, die nun durch eine Verordnung des Gesamtministeriums über den Schutz der Mieter getroffen werden.
Die Vorschriften der Verordnung sollen nicht unmittelbar und sofort für das ganze Staatsgebiet bindende Kraft erlangen, sondern nur die Orte der Gebiete, für die sie durch besondere Verordnung des Justizministers, des Ministers für öffentliche Arbeiten und des Ministers des Innern anwendbar erklärt werden, weil dort seit Kriegsbeginn eine außerordentliche Steigerung der Mietzinse eingetreten oder zu gewärtigen ist.«

Die kaiserliche Verordnung spricht für sich selbst: sie ist ein unzerstörbares Denkmal Kaiser Karls.

1 1890, Meran
Der Erzherzog-Thronfolger Karl Ludwig, Bruder Kaiser Franz Josephs, inmitten einer ungewöhnlichen Schicksalsgemeinschaft: Erzherzog Carl Franz Joseph (der spätere Kaiser Karl) auf dem Schoße seiner Mutter Maria Josepha; ihr zu Füßen Elisabeth, die Tochter des Kronprinzen, zu ihrer Rechten die Kronprinzessin Stephanie (mit Fächer). Links außen Erzherzogin Maria Annunziata (der erklärte Liebling Kaiser Franz Josephs, wiederholt Kaiserin-Stellvertreterin), Ehgin Elisabeth, die spätere Mutter des regierenden Fürsten Franz Joseph II. von Liechtenstein sowie Ehgin Margarethe (etwas verdeckt). Maria José (Prinzessin von Braganza, verheiratet mit Karl Theodor in Bayern, dem Bruder der Kaiserin Elisabeth) hält ein Kind auf dem Schoß (nicht identifiziert), ihr zu Füßen sitzt Ehgin Henriette (Tochter Erzherzog Friedrichs, später vermählt mit Gottfried Prinz Hohenlohe-Schillingfürst); ihre Mutter, Ehgin Isabelle (geb. Prinzessin von Croy) sitzt rechts außen. Links von ihr die dritte Gemahlin Erzherzog Karl Ludwigs, Maria Theresia (Prinzessin von Braganza, gleichfalls öfter Kaiserin-Stellvertreterin) mit ihrem Neffen Dom Miguel, Herzog von Vizeau, und dessen Schwester Maria Teresa.

2 Ein besonderes Bilddokument aus dem Ersten Weltkrieg: Fernmeldetechniker vor dem »Kronprinz Rudolf-Apparat« in Laxenburg; das brennende Interesse Rudolphs galt der Telegraphie.

3 Cornelius Herz mit seiner Frau
Der »grand electorien« – der »Macher« der französischen Wahlen, Arzt, Quacksalber, Journalist, Spekulant, Vertrauensmann von Außenminister Goblet in vielen »missions politiques confidentielles«, intimer Freund Clemenceaus und Abenteurer.

4 Erzherzogin Maria Annunziata (1876–1961), Tochter Erzherzog Karl Ludwigs aus seiner Ehe mit Maria Theresia, Prinzessin von Braganza. Maria Annunziata war öfters Kaiserin-Stellvertreterin und absolute Vertrauensperson Kaiser Franz Josephs. Ihrer Stellung zwischen dem Bruder des Kaisers, Karl Ludwig, und seiner Gemahlin Maria Theresia sowie dem Kaiser selbst sind ihre Kenntnisse über die Tragödie des Kronprinzen zuzuschreiben.

5 Maria Annunziata mit ihrer Schwester Elisabeth und Prinzessin Zita von Bourbon-Parma.

6 Familie Karl Ludwig: der Erzherzog mit seiner 3. Gemahlin Maria Theresia und seinen Kindern aus 2. Ehe, Ferdinand Karl, Otto, Margarethe Sophie und Franz Ferdinand.

7 Dr. Walter Riehl (1881–1955)

8 Auf der Jagd: Kronprinz Rudolf (2. v. l.) und Dom Miguel von Braganza (vorn, mit Stock).

9 Der Triumph des Bösen: Georges Clemenceau diktiert den »Friedensvertrag« von St. Germain. Vorne Dr. Karl Renner.

10 … empfehlen sich als Verlobte: Erzherzog Otto und Prinzessin Maria Josepha von Sachsen, die Eltern Kaiser Karls (Hochzeit in Dresden, am 2. Oktober 1886).

11 Ein Kinderbildnis Karls

12 Erzherzog Carl Franz Joseph als Schüler.

13 Der achtzehnjährige Carl Franz Joseph als Oberleutnant im Ulanenregiment Nr. 1 (1903 als Leutnant eingetreten).

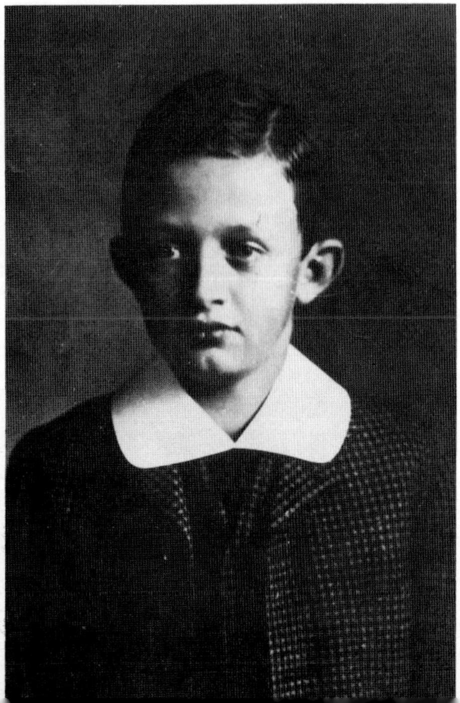

14 Schloß Persenbeug – hier wurde Karl am 17. August 1887 geboren.

15 Die Villa Prangins am Genfersee – hier wohnte die kaiserliche Familie vor dem Ersten Restaurationsversuch.

17 Hertenstein

19 Der Totenzug von der Quinta do Monte zur Begräbniskirche.

16 Villa Warholz bei Reichenau an der Rax, Kaiser Karls eigentliche »Heimat«.

18 Die kaiserliche Familie nimmt an einem religiösen Umzug auf Madeira teil.

20 Hier ruht Kaiser und König Karl: die Wallfahrtskirche Nossa Senhora do Monte oberhalb von Funchal/Madeira.

21 Charles Maurras (1886–1952), Gründer der »Action Française«.

22 Nikolaus von Horthy (1886–1957), 1920–1944 »Reichsverweser«.

23 Oberst Max Bauer, die »graue Eminenz« im Großen Deutschen Hauptquartier.

24 Ottokar Graf Czernin (1872–1923)

25 In Garnison bei der 5/7. Dragonereskadron in Altbunzlau (1909–1912): Erzherzog Carl mit Kameraden.

26 Erzherzog Carl Franz Joseph als Rittmeister der Lothringer-Dragoner und Kommandant der 5. Schwadron.

27 Erzherzogin Maria Josepha, seit 1906 Witwe, mit ihren Söhnen Carl und Max.

Eine Hilfsaktion der Regierung für die mindestbemittelten Volksschichten

Am 2. März 1917 fand beim Ministerpräsidenten Clam-Martinic eine Besprechung in Angelegenheit einer von der Regierung geplanten Hilfsaktion zur Erleichterung der Lebensführung der mindestbemittelten Volksschichten statt. Graf Clam-Martinic skizzierte in folgender Ansprache die Grundzüge der Hilfsaktion:

»Der Kampf ums Dasein hat Formen angenommen und Erscheinungen gezeitigt, denen die Regierung nicht mit verschränkten Armen zusehen kann noch will. Es ist die Pflicht der Regierung, in dieser schwersten aller Zeiten, allen, auf denen die Existenzsorgen am schwersten lasten, zur Seite zu stehen, so gut sie irgendwie kann. In dem furchtbaren Verteidigungskampfe, den wir durchzukämpfen haben, hat nicht nur der Mann im Schützengraben das äußerste getan an Erfüllung der Pflicht gegenüber dem Vaterlande; auch das Hinterland hat großartiges geleistet in nichtrastender Arbeit und im geduldigen Ertragen aller schweren Opfer. Und da läßt es sich nicht leugnen, daß es heute weite Schichten der Bevölkerung gibt, für welche das Ertragen aller Entbehrungen und Erschwernisse ungemein drückend geworden ist, und dies wirkt umso härter, als es andererseits feststeht, daß mancherorts wieder nicht nur von keinem Darben gesprochen werden kann, sondern daß manche Schichten noch im Überflusse leben. Hier ist es meines Erachtens heute Pflicht der Regierung, einzugreifen, um zwischen Überfluß und Elend einen Ausgleich zu schaffen. Ich glaube, daß man hier von zwei Arten von Elend sprechen muß. Erstens von jener, welche durch zeit- und stellenweise eintretenden Mangel an Lebensmitteln entsteht, und hier muß die Staatsverwaltung so weit als möglich durch Beschaffung von Lebensmitteln helfen.
Aber wir haben speziell eine zweite Kategorie von Elend vor Augen, nämlich jenes, das dort herrscht, wo zwar genügend Lebensmittel vorhanden, dieselben jedoch nur um solche Preise zu erhalten sind, daß sie für breite Schichten der Bevölkerung unerschwinglich und infolgedessen für sie nicht zu haben sind. In diesen Fällen wäre die Möglichkeit vorhanden, dadurch abzuhelfen, daß durch Mittel, welche der Staat zur Verfügung stellen müßte, – und ich kann Ihnen mitteilen, daß Seine

Exzellenz der Herr Finanzminister sich dazu bereit erklärt hat – jene Lebensmittel für die ärmsten Schichten der Bevölkerung sichergestellt und zu einem bedeutend herabgesetzten Preise zugänglich gemacht würden, so daß die Lebensführung dieser Kreise wesentlich erleichtert würde.

Nun handelt es sich um zwei Fragen:

1. Wie werden jene Kreise der Bevölkerung erfaßt, welche diese staatliche Hilfe am dringendsten brauchen, wobei auch die weitere Frage zu beantworten sein wird, auf welche Gebiete sich diese Fürsorge zu erstrecken habe, und

2. auf welche Art und Weise wird in der früher erwähnten Richtung für die Bezugserleichterung und für die Verbilligung der Lebensbedürfnisse am zweckentsprechendsten vorgesorgt?

Die erwähnten zwei Fragen, herausgenommen aus dem ganzen großen Komplex, den wir als unser sozialpolitisches Programm bezeichnet haben. Und wenn ich heute Gelegenheit habe, vor einer größeren Anzahl von Vertretern des öffentlichen Lebens zu sprechen, so sei mir gestattet, etwas näher darauf einzugehen. Lassen Sie mich die wichtigsten Aufgaben der sozialen Fürsorge, die, im Kriege zu so eminenter Bedeutung herangewachsen, in den Zeiten nach dem Kriege erst in ihrer ganzen Schwere und in ihrem ganzen Gewichte an uns herantreten werden, einmal zusammenfassend gruppieren.

Dies sind die Fragen: der Volkshygiene, der Jugendfürsorge, der Invalidenfürsorge, der Sozialversicherung, der Wohnungsfürsorge und des Arbeitsmarktes.

Bezüglich der Volkshygiene möchte ich nur auf den Kampf gegen die Volksseuchen hinweisen und die hohe Wichtigkeit der Tuberkulosebekämpfung erwähnen; ein Gebiet, auf welchem die Folgen des Krieges wohl lange nachwirken werden und wo mit aller Energie zuzugreifen nicht nur unsere Pflicht, sondern auch eine der dankenswertesten Aufgaben ist.

In der Jugendfürsorge ist uns Ihre Majestät unsere allergnädigste Kaiserin beispielgebend und begeisternd vorangegangen. Es wird ein neues ›Jugendamt‹ gegründet werden, dessen Arbeitsgebiet sich auf die gesamte Jugendfürsorge vom Säuglingsschutz bis zur Fürsorge für die schulentlassene Jugend und zum Kampfe gegen die Verwahrlosung der Jugend erstrecken wird.

Und da lassen Sie mich etwas sagen, was sich nicht nur auf die Jugendfürsorge bezieht: das gilt für alle Gebiete der sozialen Fürsorge. Das sind Aufgaben, die nicht der Staat allein und die nicht das öffentliche Leben allein lösen können. Nur das Zusammenwirken beider kann eine gedeihliche Arbeit verbürgen. Und dieses Zusammenwirken wollen wir ehrlich anstreben. So sollen alle vereinsmäßigen und gesellschaftlichen Bestrebungen auf dem Gebiete der Jugendfürsorge zusammengefaßt und in engen Kontakt gebracht werden mit der diesbezüglichen staatlichen Tätigkeit.

Der Kaiserin-Zita-Jugendfürsorgefonds soll das Zentrum werden für die diesbezügliche Betätigung der öffentlichen Wohltätigkeit.

Was die Invalidenfürsorge betrifft, so nenne ich als ihre wichtigsten Aufgaben die Nachbehandlung und Schulung der Invaliden, die Berufsberatung derselben, die Arbeitsvermittlung und die Ansiedlung in Kriegerheimstätten.

Und wenn ich noch einige Worte über die Sozialversicherung sagen darf, über die Notwendigkeit ihrer Reform und ihres Ausbaues, über die Wichtigkeit der Alters- und Invalidenversicherung – wenn ich aus den Fragen der Wohnungsfürsorge die Förderung des Baues von Kleinwohnungen, die Frage der Kriegerheimstätten, aus den Fragen des Arbeitsmarktes die Regelung der Auswanderung, die Ausgestaltung der Arbeitsvermittlung heraushebe, so bleibt mir nur noch ein großes Gebiet zu erwähnen – das ganze Gebiet der Ernährungspolitik.

Heute leben wir in einer Festung und müssen trachten durchzukommen; und wir werden durchhalten; zwar mit großen Entbehrungen und Opfern, aber wir werden durchkommen; und endlich ›es muß doch Frühling werden‹ – und die Donau wird offen sein und rumänisches Getreide wird kommen und mit demselben, so Gott will, eine bedeutende Erleichterung der Ernährungslage.

Aber endlich wird der Friede doch kommen, und da dürfen wir uns nicht der Illusion hingeben, daß mit diesem Augenblick die Nahrungssorgen gebannt sein werden. Da wird es dann heißen, eine vernünftige Produktionspolitik mit einer ebensolchen Konsumpolitik in Einklang zu bringen. Auch das ist ein Gebiet unermeßlicher Aufgaben.«

Am nächsten Tage fand dann eine Konferenz, der dieselben Teilnehmer beiwohnten, statt, bei der die Frage der Erhöhung der Unterhaltsbeiträge von der Regierung in Aussicht gestellt wurde.

Mit der Kaiserlichen Verordnung vom 30. März 1917 wurde dann auch eine Neuregelung der Unterhaltsbeiträge, verbunden mit einer Erhöhung derselben, festgelegt.

Regelung der Lohn- und Arbeitsverhältnisse in den Kriegsbetrieben – Vorstufen zu gleitenden Löhnen und Sozialpartnerschaft

Kaiserliche Verordnung vom 18. März 1917 betreffend die Regelung von Lohn- und Arbeitsverhältnissen in den militärischen Zwecken dienenden Betrieben:
Eine sehr bemerkenswerte Verordnung, welche die Regelung der Arbeitsverhältnisse, allerdings nur der in der Kriegsindustrie beschäftigten Arbeiter und Arbeiterinnen betraf. Sie stellt, wie die Motivierung zur Verordnung darlegt, »den Grundsatz auf, daß den in derartigen Industrien beschäftigten Personen ein ihrer beruflichen Ausbildung und ihren Leistungen angemessener, durch die jeweiligen Lebens- und Arbeitsverhältnisse bedingter Lohn zu gewähren ist. Dieser Lohn soll in Betrieben gleicher Art gleichmäßig und nicht niedriger sein als in ähnlichen Betrieben, die nicht militärischen Zwecken dienen. Zur Durchführung dieser wird eine Reihe von auf die einzelnen Länder verteilten Beschwerdekommissionen errichtet, die auch Vertreter der Arbeitgeber und der Arbeitnehmer zu Mitgliedern haben werden.
Durch diese Zusammensetzung ist die Gewähr gegeben, daß sowohl Arbeitgeber als Arbeitnehmer in den Kommissionen gehört werden und eine unparteiische Entscheidung erfolge, wenn eine freiwillige Einigung nicht erreicht werden kann.«
Während die Arbeiter bisher nach der Durchführungsverordnung zum Kriegsdienstleistungsgesetz nur beanspruchen konnten, daß ihre Löhne gegenüber der Zeit vor dem Kriege nicht verschlechtert werden, wird jetzt Vorsorge für eine Anpassung der Löhne an die jeweilig geänderten Verhältnisse getroffen und diese Vorsorge auch auf die Arbeiter der Kriegsindustrie, die nicht dem Kriegsleistungsgesetz unterstehen, ausgedehnt. Ansprüche, die sich auf den bereits bestehenden Lohn- und Arbeitsvertrag gründen, können von den Beschäftigten nach ihrer Wahl entweder gleichfalls bei den Beschwerdekommissionen oder wie

bisher bei den Gerichten, namentlich den Gewerbegerichten, geltend gemacht werden.
Die Kommission hat zunächst zwischen den Parteien zu vermitteln. Für den Fall, als ihr die Einigung nicht gelingt, ist sie aber mit dem Entscheidungsrecht ausgestattet und kann ihren Beschluß in Vollzug setzen lassen.
Während so die kaiserliche Verordnung einen langgehegten Wunsch der Arbeiter der Kriegsindustrie erfüllte, sicherte ihre weitere Bestimmung, daß Arbeiter dieser Betriebe nur aus wichtigen Gründen die Arbeit verlassen dürfen und sich bei Verletzung dieser Arbeitspflicht Straffolgen aussetzen, den Unternehmern eine größere Stabilität ihres Arbeiterstandes und einen erhöhten Schutz vor Störungen des Betriebes durch willkürliche Austritte. Während ein Großteil der männlichen Arbeiter durch das Kriegsleistungsgesetz an die Betriebe gebunden waren, trugen die Durchführungsbestimmungen den in Betracht kommenden Momenten, speziell bezüglich der weiblichen Arbeitskräfte, dadurch Rechnung, daß auch die Erfüllung von unabweislichen mütterlichen und sonstigen Familienpflichten den Austritt aus der Arbeit rechtfertigt. Andererseits dürfen aber auch die Arbeitgeber, soweit sie Inhaber der erwähnten Betriebe sind, fortan nur aus wichtigen Gründen und mit besonderer Zustimmung behördlicher Organe ein Arbeitsverhältnis lösen.
Wenn die Kommission die bei ihr anzusuchende Lösung des Arbeitsverhältnisses verweigert, obwohl nach Ansicht der Partei ein in der Gewerbeordnung vorgesehener Grund zur einseitigen Lösung des Arbeitsverhältnisses vorliegt, so kann die Partei dann noch die Entscheidung des Gerichtes anrufen.
Die neuen Verfügungen brachten sohin sowohl den Arbeitgebern als auch den Arbeitnehmern neue Rechte und Pflichten; als Ziel ergibt sich aber einerseits die Sicherung der ausreichenden Lebenshaltung der Arbeiter, andererseits die Gewährleistung und Förderung der Produktionskraft der Kriegslieferungsbetriebe und dadurch auch der Schlagfertigkeit der Armee.
Diese Verordnung nimmt, wie ersichtlich, Einfluß auf die Löhne, greift also in das einst so vielfach perhorreszierte Recht des Individuums und des ›freien Arbeitsvertrages‹ ein; weiters wäre hervorzuheben, daß von Gesetzes wegen Beschwerdekommissionen eingeführt werden, die auch als Schiedsgerichte zu fungieren haben, also eine Institution in

Erscheinung tritt, die schon vor Jahren im Parlament angestrebt wurde. Die Verordnung hat allerdings vorläufig nur für Kriegsbetriebe Geltung, es ist aber kaum daran zu zweifeln, daß ähnliche gesetzliche Bestimmungen auch in Friedenszeiten zur Einführung gelangen werden« – so kommentierte der zur Zeit Kaiser Karls hervorragendste Kenner der österreichischen Sozialgesetzgebung, Ludwig Brügel, die Szene.

Rückblickend darf wohl gesagt werden, daß diese ›Regelung der Lohn- und Arbeitsverhältnisse in den Kriegsbetrieben‹, die im Grunde genommen schon damals Regelungen für die gesamte Arbeiterschaft umfaßte, eine kühne Vorwegnahme der später so gerühmten »Paritätischen Kommission« ist, die Österreich so viele Arbeitskonflikte ersparte.

Es war Kaiser Karl, der während eines Besuches in einem Wiener Neustädter Betrieb das Wort »Helden der Arbeit« prägte.

Es war Kaiser Karl, der als erster Herrscher überhaupt den Gedanken an ein eigenes Ministerium für soziale Fürsorge und für Volksgesundheit verwirklichte.

Bis zur Stunde freilich wird man sowohl im Sozial- als auch im Gesundheits- oder Familienministerium vergeblich nach einem Bildnis des Schöpfers dieser Idee suchen ...

Nichts bewegte den jungen Kaiser so wie die Suche nach innerem und äußerem Frieden seiner Monarchie. Sowohl seinem angeborenen Instinkt für Machtstrukturen und Gerechtigkeit wie auch seiner Liebe zu den Menschen entspringt seine bahnbrechende Initiative zu den für damalige Verhältnisse sensationellen Gründungen der Ministerien für Volksgesundheit und für Soziale Fürsorge: aus der Not der Kriegszeit und zu ihrer Linderung bestimmt, sollten sie doch von Anfang an im Dienste der Zukunft der Völker der Monarchie Kaiser Karls und seiner Nachkommen stehen.

Das Ministerium für Volksgesundheit und Soziale Fürsorge – ein »Friedensministerium«

Mit Handschreiben vom 1. Juni 1917 wurde die Errichtung eines Ministeriums für Volksgesundheit und Soziale Fürsorge anbefohlen. Das kaiserliche Handschreiben an den Ministerpräsidenten hatte folgenden Wortlaut:

»Lieber Graf Clam-Martinic!

Von dem Wunsche geleitet, den Einbußen an Volkskraft, die der lange währende Krieg im Gefolge hat, nach Möglichkeit zu begegnen und eine Zusammenfassung der von Staat, Selbstverwaltung und Gesellschaft in dieser Richtung entfalteten Fähigkeiten zu sichern, habe ich mich entschlossen, ein Ministerium für Volksgesundheit und Soziale Fürsorge zu schaffen.
In den Wirkungskreis dieses Ministeriums werden außer den durch den Krieg unmittelbar hervorgerufenen Aufgaben der Bekämpfung der Kriegsseuchen und der sozialen Fürsorge für die Kriegsbeschädigten und die Hinterbliebenen der Gefallenen auch jene großen, in untrennbarem Zusammenhang stehenden Angelegenheiten fallen, welche sich auf die Volksgesundheit, die über die Vormundschaftspflege hinausgehende Jugendfürsorge, das Wohnungswesen und die Sozialversicherung beziehen.
Ich beauftrage Sie, die erforderlichen Einleitungen zu treffen, den notwendigen Gesetzentwurf vorzubereiten und gewärtige die Erstattung Ihrer Vorschläge.
Mit den Vorarbeiten für die Schaffung der neuen Zentralstelle wurde Minister Dr. Baerenreither betraut, eine Persönlichkeit, die ihr warmes soziales Empfinden während der ganzen Zeit ihres öffentlichen Wirkens bekundet hat.
Das Kabinett Clam-Martinic mußte nach wenigen Monaten demissionieren, an seine Stelle trat Dr. Ritter v. Seidler. Dr. Viktor Mataja wurde mit den Vorbereitungen für das soziale Ministerium betraut. Am 26. Oktober 1917 brachte die Regierung im Abgeordnetenhause eine Gesetzesvorlage ein, womit anläßlich der Errichtung des Ministeriums für Soziale Fürsorge gesetzliche Bestimmungen über den Wirkungskreis einzelner Ministerien abgeändert werden.
In dem »Motivenbericht« wird ausgeführt: Die Errichtung des Ministeriums für Soziale Fürsorge bezweckt vor allem, die verwaltungsmäßige Zusammenfassung der unter den modernen Begriff der sozialen Fürsorge fallenden Dienstzweige sowie der hiermit nahe verwandten sozialpolitischen Angelegenheiten anzubahnen.

Es werden sich für das Ministerium folgende Aufgaben ergeben.:
1. Jugendfürsorge
2. Fürsorge für Kriegsbeschädigte und Hinterbliebene.
3. Sozialversicherung.
4. Gewerbliches Arbeitsrecht und Arbeiterschutz.
5. Wohnungsfürsorge.«

Schließlich wird ausgeführt: »Den leitenden Gedanken, dem das Ministerium für Soziale Fürsorge bei Erfüllung seiner Aufgaben wird Rechnung tragen müssen, bildet die nachdrückliche Pflege der Volkswohlfahrt im allgemeinen sowie die Hebung der Lage der arbeitenden und minderbemittelten Volksschichten.
Hierbei wird auch darauf Bedacht zu nehmen sein, ein stetes einträchtiges Zusammenwirken der staatlichen Verwaltung mit den Organen der Selbstverwaltung sowie mit jenen der freien gesellschaftlichen Betätigung (Vereine, Anstalten, Stiftungen usw.) herbeizuführen. Auf mannigfachen der Verwaltung des Ministeriums obliegenden Gebieten, wie auf jenen der Jugendfürsorge, der Kriegsbeschädigten- und Hinterbliebenenfürsorge, der Wohnungsfürsorge, der Sozialversicherung und anderen, wäre eine erfolgreiche staatliche Tätigkeit ohne Mitwirkung der von der Bevölkerung aus eigenem Antrieb geschaffenen und ausgestalteten Einrichtungen sehr erschwert, wenn nicht gar schlechtweg unmöglich. Deshalb wird auch auf die nachhaltige Förderung dieser letzteren größter Wert zu legen sein. Ein geeignetes Mittel zur Erreichung dieses Zieles wird nebst anderen Maßnahmen, wie planmäßige Subventionierung u. dgl., auch die Errichtung eines ausgedehnten Aufsichtsdienstes bilden. Den zu bestellenden Aufsichtsorganen wird namentlich obliegen, der Bevölkerung durch Rat und Tat bei Schaffung neuer und bei Fortentwicklung der bereits bestehenden Fürsorgeeinrichtungen an die Hand zu gehen sowie Wünsche und Beschwerden der Beteiligten entgegenzunehmen und zur Kenntnis der Zentralstelle zu bringen.«
»Es wird alles aufgeboten werden müssen, um im Rahmen des Möglichen den vielfach dringenden und drängenden Aufgaben gerecht zu werden, die auf dem Gebiete der sozialen Fürsorge und der die Lage der arbeitenden Klassen berührenden Fragen allenthalben an die Staatsverwaltung herantreten, und zwar dies um so mehr, als die richtige Lösung der in Betracht kommenden Aufgaben eine der wichtigsten Vor-

aussetzungen für den Wiederaufbau der durch den Krieg schwer geschädigten Volkskraft und damit auch für die Sicherung der wirtschaftlichen Zukunft des Staates bildet.«
Der Verfassungsausschuß des Abgeordnetenhauses, dem die Vorlage zugewiesen wurde, beendete schon am 13. November seine Beratungen (Berichterstatter Abgeordneter Dr. Schoepfer) und kurz darauf, am 20. November 1917, verabschiedete auch das Plenum den Gesetzentwurf.
Das Herrenhaus beriet die Vorlage gleichfalls sehr ausführlich. Die Vereinigte Verfassungs- und Sozialpolitische Kommission (Berichterstatter Dr. Exner) hatte eine sehr umfangreiche und eingehende Beratung durchgeführt, an der sich als Vertreter der Regierung Minister Dr. Mataja beteiligte. Es wurden mehrere Resolutionen beantragt, die dem neuen Ministerium die Wege weisen sollten. Auch im Plenum des Herrenhauses kam es zu einer sehr eingehenden und lebhaften Debatte, worauf das Haus am 15. Dezember 1917 dem Beschluß des Abgeordnetenhauses beitrat. Am 22. Dezember 1917 erhielten die Beschlüsse der beiden Häuser des Reichsrates die Sanktion. Am 28. Dezember 1917 publizierte das Amtsblatt zwei kaiserliche Handschreiben. Mit dem einen wurde der Wirkungskreis des Ministeriums für Soziale Fürsorge durch Zuweisung der Angelegenheiten der genossenschaftlichen Krankenkassen erweitert und das zweite verlautbarte die Ernennung Dr. Matajas zum Minister des neugeschaffenen Ministeriums.
Das Ministerium hatte eine andere Gestalt erhalten als sie ursprünglich geplant war. Das Programm war entgegen der Anregung von Dr. Baerenreither gespalten worden in ein Ministerium für Volksgesundheit und in eines für soziale Fürsorge, was in beiden Häusern des Reichsrates bei Beratung der bezüglichen Vorlage auch vielfach bekämpft wurde.
»Doch auf die Form kommt es ja nicht so sehr an; die Leistungen der neugeschaffenen Zentralstelle, des ›Friedensministeriums‹, werden später allein für die Beurteilung maßgeben sein ...«, bemerkte Ludwig Brügel, der »Biograph der österreichischen Sozialgeschichte« treffend die Entwicklung, die damals für einsichtige Menschen schon erkennbar war: hin zu einer Gesellschaft des sozialen Friedens sowie der Verständigungsbereitschaft, weg vom brutalen Machtkampf, hin zum gerechten Ausgleich der sozialen Kräfte.

Auf Grund einer kaiserlichen Entschließung vom 24. November 1917 wurde von der Regierung eine Vorlage auf Errichtung des Ministeriums für Volksgesundheit eingebracht, worin der Wirkungskreis der neuen Zentralstelle festgelegt worden war. Der Verfassungsausschuß legte am 14. März 1918 seinen Bericht vor, worauf das Plenum schon am nächsten Tage den Gesetzentwurf annahm. Im Herrenhause begegnete die Vorlage hauptsächlich wegen der Abgrenzung der Kompetenzen, einigen Schwierigkeiten, doch empfahl der Kommissionsbericht vom 15. April 1918 deren unveränderte Annahme. Im nächsten Tagungsabschnitte, am 18. Juli 1918, trat das Plenum des Herrenhauses dem Beschlusse des Abgeordnetenhauses bei, worauf am 27. Juli 1918 die Sanktion erfolgte und das Ministerium alsbald seine Tätigkeit begann. Der schon unter Dr. von Seidler zum Minister ohne Portefeuille ernannte frühere Professor der Chemie an der tschechischen Universität in Prag und Mitglied des obersten Sanitätsrates Dr. Horbaczewski wurde zum Minister für Volksgesundheit ernannt.

Die politischen Früchte der Gründung der Ministerien für Volksgesundheit und Soziale Fürsorge ernteten zunächst andere; ein Ministerium für Volksgesundheit wurde mit viel Aufwand und wenig Kompetenzen in der Ära Kreisky »gegründet«, selbstverständlich ohne jenes Mannes zu gedenken, der diese Idee schon ein halbes Jahrhundert zuvor verwirklicht hatte.
Es wäre in diesem Zusammenhang überhaupt nützlich, der sozialen Errungenschaften der Altvordern zu gedenken: Eine staatliche Sozialpolitik im heutig gängigen Sinn gibt es erst seit dem 19. Jahrhundert, wobei die besten gesetzlichen Bestimmungen zum Schutze der Arbeiter – darum ging es zunächst – im Deutschland des Fürsten Bismarck, in der Schweiz sowie in Österreich in Kraft traten. In Österreich war es das Verdienst der vielgeschmähten Regierung Eduard Taaffe, den soliden Grundstein für die österreichische Sozialgesetzgebung gelegt zu haben.
In diesem Sinn sprach sich auch schon Kronprinz Rudolf aus, als er in seiner Ansprache an die Teilnehmer des VI. Internationalen Hygienischen Kongresses in Wien im Jahre 1876 sagte: »Das kostbarste Kapital der Staaten und der Gesellschaft ist der Mensch …«

So auch ist der tiefe Ernst zu betrachten, mit dem schon Kaiser Franz Joseph in allen seinen Thronreden, ganz besonders aber in jener vom 29. März 1897 (»Ich hege die Erwartung, daß auch Sie glücklich Begonnenes ausgestalten und weiterführen ..«) im Sinn eines Liechtenstein oder Baerenreither die Sozialgesetzgebung ernstnahm und seine Monarchie zu dem nach Deutschland fortschrittlichsten Sozialstaat seiner Epoche machte.
In dem gleichen Sinne ist hier auch der die Sozialpolitik betreffende Abschnitt aus der Thronrede des jungen Kaisers Karl vom 24. November 1917 zu betrachten. Es soll hier gar nicht von seinen Worten über den Frieden, den er anstrebte, die Rede sein (das war der wohl wichtigste Abschnitt des Sozialpolitischen!), sondern von den ganz nüchternen Ankündigungen, die nicht nur gehalten, sondern noch überboten wurden.

Die erste Thronrede Kaiser Karls

Nach mehr als drei Jahren trat in schwerer Kriegszeit der Reichsrat wieder zusammen. Kaiser Franz Joseph war heimgegangen und sein Großneffe Kaiser Karl war ihm gefolgt. So wie Kaiser Franz Joseph in seinen Ansprachen an die Reichsvertretung stets der Notwendigkeit der sozialen Reformen gedachte, so hat auch sein Nachfolger in seiner ersten Thronrede, die er bei der feierlichen Eröffnung des Reichsrates am 31. Mai 1917 an die Mitglieder der gesetzgebenden Körperschaften richtete, dieser dringenden Notwendigkeit Erwähnung getan.
Er sagte diesbezüglich:

»Nicht minder liegt mir die soziale Fürsorge am Herzen. Der Krieg hat der Volkskraft schwere Einbuße verursacht, deren Ausgleichung nur von einer zielbewußten Bevölkerungspolitik erwartet werden kann. Es bedarf tatkräftiger Maßnahmen auf dem weiten Felde der Volkshygiene. Der Kampf gegen Volkskrankheiten, die Hintanhaltung der großen Säuglingssterblichkeit und Hand in Hand damit eine weitgehende Ausgestaltung unserer Jugendfürsorge, der Kampf gegen die Verwahrlosung der Jugend und die zeitgemäße Reform des veralteten Jugendstrafrechts wird Ihre und die Sorge meiner Regierung sein. Auch wird Vorsorge zu treffen sein, daß das Wohnungsbedürfnis der breiten

Massen, insbesondere der kinderreichen Familien, befriedigt werde. Ebenso beanspruchen die Ihnen seit langer Zeit wohlvertrauten Fragen der Sozialversicherung dringend eine Lösung.
Meine Regierung wird sich den Ausbau der Arbeiterschutzgesetzgebung zur Pflicht machen. Sie wird ihr Augenmerk besonders jenem Teil unserer Arbeiterschaft zuwenden, von deren physischer und geistiger Leistungsfähigkeit die Zukunft unserer Volkskraft und unseres Wirtschaftslebens in erster Linie abhängt: den Frauen und den jugendlichen Arbeitern. Es wird Ihnen eine Regierungsvorlage zugehen über die Regelung der Arbeitszeit der Frauen und Jugendlichen und der Nachtarbeit der Jugendlichen.«

Die soziale Wirklichkeit der kurzen Regierungszeit Kaiser Karls hat den Inhalt der programmatischen Thronrede des jungen Monarchen trotz aller Widrigkeiten noch übertroffen ... fast alles, was heute an sozialer Fürsorge besteht, geht in Idee und Wurzel auf Kaiser Karl zurück.

6. Kapitel

Der Kaiser im Felde

Aus den Erinnerungen von Zdenko Prinz Lobkowitz (im Frühjahr 1926 der Kaiserin in Lequeitio überreicht)

Kaiserreisen

Allgemeines über die Reisen Kaiser Karls
Von 1916 bis 1918

Am 22. November 1916, am Tage nach dem Hingange des Kaisers Franz Joseph, sagte der junge Kaiser Karl zu mir, dem in tiefster Ergriffenheit vor Ihm Stehenden: »Sie sind Generaladjutant« ... Am 22. November 1918, also ganz genau nach 2 Jahren, schrieb ich, nicht minder und doch so ganz anders ergriffen – von Schönbrunn aus, nach meinem definitiven Abschied von Eckartsau, dem letzten Aufenthaltsort des Monarchen in Österreich, dem Kaiser meinen letzten Brief.
In diesen zwei ereignisreichen, mir begreiflicherweise für mein ganzes Leben unvergeßlichen Jahre habe ich alle Frontreisen des Kaisers Karl ausnahmslos mitgemacht. Aber auch die anderen Reisen (Monarchenbesuche, Bereisungen, etc.) machte ich mit, mit nur ganz wenigen Ausnahmen, im Ganzen ungefähr 80.000 Eisenbahnkilometer. Als ebenerwähnte Ausnahmen müßte ich etwa anführen:
Einen Besuch bei der Erzherzogin Marie Therese in Admont, wobei nur ein Flügeladjutant mitfuhr, ferner, Ende 1917, einen Kaiserbesuch in Klagenfurt von Triest aus (weil ich dort anderweitig dienstlich beschäftigt war), überdies mehrere (Auto-)Ausflüge und auch Frontfahrten (während einer Frontreise, wenn – sehr selten einmal – nur kleineres Gefolge mitgenommen wurde, während die anderen im Hofzuge verblieben) – sonst, wie gesagt, war ich absolut immer dabei und möchte daher kurz ein kleines Bild entwerfen, nach meiner Art, hauptsächlich das Formelle berücksichtigend, da es nach meiner Ansicht nicht

Adjutantensache war (und wäre er auch Generaladjutant), viel zu beurteilen, viel zu kritisieren und gar zu politisieren – auch nachträglich nicht. Doch zur Sache!

Dieselbe spielte sich meistens wie folgt ab: S.M. läutete den diensttuenden Flügeladjutanten herbei und eröffnete ihm, daß Er beabsichtige, heute abend, morgen (seltener übermorgen), früh oder abends, dort und dorthin zu reisen. Die Kaiserin fährt mit (oder fährt nicht mit), dieser und jener Minister, Generalstabschef, sonstiger Würdenträger oder Funktionär – hätten S.M. zu begleiten (für die ganze Reise oder bis dort und dort hin). Nun begann die Arbeit, die um so dringender war, je kürzer das Spatium zwischen dem gegebenen Befehl und der angeordneten Abfahrtszeit war. Bedeutend erschwerend war es, wenn, wie eigentlich zumeist, das Allerhöchste Hoflager sich nicht gerade in Wien (Schönbrunn) befand, z.B. in Laxenburg, Baden, Reichenau, Ekkartsau, etc.

Vor allem wurde nun der Hofreisedirektor herbeigerufen. Dieser selten tüchtige, ja in seinem Fache hervorragende Mann, Herr Zdenko Mareš, wurde kurz und allgemein verständigt. Sofort entwarf er einen Reiseplan und legte ihn S.M. vor. Handelte es sich vorläufig nur um eine direkte (also gegebene, einfache) Fahrt, so unterblieb das Letztgesagte auch und Mareš begab sich sofort an seine Arbeit. Diese war, in Anbetracht der meist gar kurzen Zeit, eine kolossale zu nennen. Verständigung der Bahndirektionen, Bahnhöfe, Beistellung der Hofzüge, Fahrplan und Fahrordnung unter oft sehr schwieriger Berücksichtigung der Normalfahrpläne, nicht zu vergessen in Anbetracht der Kriegszeit! Das Obersthofmeisteramt wurde verständigt, in dringenden Fällen das Hofwirtschaftsamt, wo nötig auch der Zeremonielldirektor direkt. Diese hatten das Personal zu bestimmen und zu dirigieren, was eventuell in der Nacht geschehen mußte. Ein besonders markanter Fall ist mir bekannt, wo der Hofreisedirektor anfrug, ob eine Reise geplant sei. Er wohnte damals in Baden auf Sommerfrische, S.M. war in Laxenburg. »Nein«, war da die Antwort des Flügeladjutanten, »es ist mir nichts bekannt.« Mareš sagte nun (telefonisch), er gehe mit einem Freunde spazieren, kehre erst ca. um 11 Uhr nachts heim und – läutete ab. In diesem Moment ertönte die Kaiserglocke: Der Adjutant eilt in das Arbeiszimmer S.M. und erfährt (es war acht Uhr abends): »Morgen sieben Uhr früh (!) Reise nach Gyöngyös, welches soeben durch eine Feuersbrunst verwüstet wird, die Kaiserin fährt mit.« Sofort Mareš ans Telefon – er ist schon ausgegangen, nicht zu finden, kommt erst nachts heim! Nun mußte also der Flügeladjutant vollbringen, was sonst nicht seine Sache war: Bahnen verständigen, Wägen bestellen, Wirtschaft verständigen, Mitreisende avisieren. Um elf Uhr endlich übernahm dann Mareš, der ahnungslos und beruhigt von seinem Ausflug heimkehrte, das, was noch zu machen war. Inzwischen arbeiteten der Oberstküchenmeister und das Hofwirtschaftsamt rastlos. Die Köche, Offizianten und Diener, die die Tour zur Reise traf, mußten aus ihren Wohnungen, zumeist in der Peripherie der Großstadt gelegen, mittels Automobilen geholt, die Küchenerfordernisse, im Kriege, wie schon erwähnt, mit besonderen Schwierigkeiten verbunden, mußten beschafft werden – ich muß noch heute staunen, daß alles pünktlich gelang; der Apparat funktionierte damals über alle Begriffe tadellos, um sieben Uhr früh fuhren wir vom Ostbahnhof ab, die Majestäten, Damen und Herren der Suite, Beamte, Offizianten, Diener – keiner fehlte und das alles binnen 11 Stunden zwischen Laxenburg, Baden – Groß – Wien, per Telefon Budapest (Ministerium), Gyöngyös. – »Hut ab«, muß man da sagen! Dabei war für die leiblichen Bedürfnisse dieser zahlreichen Gesellschaft unter Berücksichtigung des Notstandes vollkommen genügend vorgesorgt.

Bei solchen Reisen, die nicht direkt Kriegs- oder speziell militärische Fahrten darstellten, fuhr, wie ich schon vorgreifend erwähnte, stets der Erste Obersthofmeister S.M. (auch der Obersthofmeister I.M., wenn dieselbe an der Reise teilnahm) mit. Er war dann Chef und Kommandant der ganzen Expedition, welches Amt bei den erstgenannten Reisen dem Generaladjutanten zukam. Allerdings wurde meist alles von S.M. selbst, nach Rücksprache mit dem Reisedirektor oder sonstigem maßgebenden Faktor, angeordnet, sodaß es während der Fahrt, bei dem geschulten und eingearbeiteten, damals wohldisziplinierten Personal, nicht viel zu kommandieren gab; es ging vielmehr alles von selbst, wie am Schnürchen.

Doch ich bin eigentlich dem allgemeinen Thema etwas vorausgeeilt, indem ich einen speziellen, allerdings auch exzeptionellen Fall hervorhob. Gar so hitzig, um mich so auszudrücken, ging es ja für gewöhnlich doch nicht zu. Der Hofreisedirektor, so haben wir gesagt, stellte also die Fahrordnung zusammen und pflog dieserhalb das Einvernehmen mit den Bahndirektionen. Die Hofzüge mußten stellig gemacht werden. Dieser gab es, strenggenommen zwei, den österreichischen und

den ungarischen, die aber beide in Wien standen. Fast schien es, als ob anfangs eine Rivalität zwischen beiden Eisenbahnministerien bestünde und sich auch zuspitzen würde, was natürlich im Interesse der Sache und klaglosen Abwicklung der Reisen äußerst bedauerlich und unerquicklich zu werden versprach.
Die ungarischen Bahnen wollten nämlich ursprünglich, daß der ungarische Hofzug immer zu den Fahrten in Ungarn verwendet werde, ein Ansinnen, das dem Betriebe große Hemmungen verursacht hätte. Denn dann hätte das österreichische Ministerium auch seinen Kopf aufgesetzt und nur Unannehmlichkeiten lästiger Art wären die Folge gewesen. Zum Glücke gelang es rechtzeitig, dem Takte und der Geschicklichkeit Mareš, unter Hinweis auf die allseits gewünschte Reibungslosigkeit der so häufigen Reiseveranstaltungen, die maßgebenden Behörden zu einer gegenseitigen Kulanz umzustimmen und es wurden fortan beide Hofzüge ganz nach Belieben und Notwendigkeit ohne Rücksicht auf das zu befahrende Land benützt; auch Kombinationen beider Züge, resp. einzelner Waggons derselben, kamen häufig vor.
Ein jeder Wagen hatte seinen Begleiter, einen besonders verläßlichen Schaffner, der für seinen Wagen einstehen mußte. Alle diese braven Männer waren uns damals dem Namen nach und persönlich wohlbekannt, sie gehörten so mit dazu, man freute sich, sie wiederzusehen. Da gab es doch die Wägen S. und I. Majestät, die Speisewägen, Küchenwägen, Suitenwägen, die uns allen auch sehr wohl bekannt waren; man hatte dann seine Vorliebe für diesen oder jenen Wagen, je nach seinen Vorzügen oder Nachteilen. Ich habe gelegentlich der Beschreibung der Konstantinopler Reise schon einiges Bezügliches gesagt, möchte mich daher nicht allzusehr wiederholen.
Entsprechend der Entfernung vom betreffenden Bahnhof wurden die Automobile bestellt, man fuhr sehr oft, der Einfachheit halber, von Wien ab und begab sich daher zum Einsteigen dorthin. Oft wurden aber die Hofzüge auch nach Laxenburg, Baden etc. dirigiert. Im Auto fuhren die Majestäten stets miteinander, es folgte der höchste Hoffunktionär (also Obersthofmeister oder Generaladjutant) mit der Obersthofmeisterin oder ältesten Hofdame und so fort, dem Hofrange entsprechend. War I.M. nicht Reiseteilnehmerin und begleitete Sie auch S.M. (selten einmal) nicht zur Bahn, so änderte sich natürlich das Bild insofern, daß dann die betreffenden Herren mit S.M. im Auto und

weiters miteinander, zu zweien eingeteilt, fuhren. Am Bahnhof angekommen, hatten alle den Zug so rasch als möglich zu besteigen, und es gab diesbezüglich strenge Vorschriften. Es leuchtet ein, daß bei der Abfahrt des Kaisers, und fand sie auch noch so häufig statt, immer eine Reihe von Funktionären, die ihre Dienststellung dazu verpflichtete, auf dem Perron erschien. Im Prinzip wurde ja ein für allemal jede Abschiedsaufwartung abgesagt, immerhin war in der Praxis das Erscheinen mancher Persönlichkeiten, besonders höherer Bahnbeamter, Lokalbehörden etc., unerläßlich. Mit diesen Erschienenen wurde nun stets, wenn auch nur ganz kurz, Cercle gehalten, wobei nur der engste Dienst anwesend war und diese Momente wurden zur klaglosen Einwaggonierung aller Mitreisenden jeglicher Rangsklasse benützt. Wieder hatte da der Reisedirektor und bei größeren, bedeutsameren Reisen noch ein zweiter Reisebeamter alle Hände voll zu tun. Auch das Einladen des recht zahlreichen Gepäcks mußte möglichst beschleunigt werden. Bald stiegen dann auch die Majestäten ein und der Zug setzte sich in Bewegung. Sofort begannen bei S.M. die lange vorher bestimmten Vorträge und Audienzen der zum Mitfahren befohlenen Herren. Ich spreche hier natürlich von Reisen, die in der Frühe oder unter Tags unternommen wurden. Wenn die Reise abends begann, so begab man sich sofort zur Ruhe. Die Einteilung der Waggonabteile war auch, wie so vieles, nach dem Range der Insassen geordnet. Die höheren Reiseteilnehmer, Excellenzen, Generäle, etc., hatten je ein ganzes Coupé zur Verfügung. Die jüngeren Herren, Offiziere, Beamte, waren oft zu zweit oder hatten je ein Halbcoupé. Die Dienerschaft endlich war zu viert in einem Abteil zusammen und es bestand in diesen für die Nacht eine ähnliche Einrichtung wie in den Schlafwägen, daß also je zwei übereinander schliefen. Wie man sieht, war für die Bequemlichkeit eines jeden sehr gut gesorgt.

S.M. und I.M. hatten je einen eigenen Salonwagen, die aneinander gekoppelt waren. Das Gefolge war je auf der Seite seiner betreffenden Herrschaft eingeteilt, konnte also, wie man begreift, während der ganzen Fahrt gegenseitig miteinander nicht verkehren. Zu den Mahlzeiten allerdings, so alles im Speisewagen zusammenkam, mußte für eine Möglichkeit fürs Umsteigen der Personen, die sich auf der entgegengesetzten Seite dieses Wagens befanden, gesorgt werden. Es geschah daher recht häufig, daß die letzte Haltestelle vor einer Mahlzeit eine Stunde und mehr vor derselben zum Umsteigen benützt werden muß-

te, was für die Betreffenden recht lästig war; anders war es aber nicht zu machen, denn man konnte doch unmöglich durch die Abteile der Majestäten hindurch gehen. Ähnlich war es bei der Rückkehr, da mußte oft lange in den Abend gesessen werden, ehe die Station kam. Die Majestäten speisten stets allein zusammen.
War der Kaiser allein, so speiste Er mit dem Gefolge. Die Mahlzeiten wurden dann vom höchstanwesenden Hoffunktionär (Ersten Obersthofmeister, Generaladjutanten) S.M. angesagt – und zwar ohne Rücksicht auf einen gerade statthabenden Vortrag. S.M. folgte in manchen Fällen, wenn es sich um Wichtiges handelte, dieser Ansage nicht sofort. Dann wurde eben einige Zeit gewartet, bis S.M. kam.
Diese Mahlzeiten gehörten sicher zu den schönsten Erinnerungen derer, die die Ehre hatten, an ihnen teilzunehmen. Die Unterhaltung war eine vollkommen freie und angenehme und S.M. nahm stets auf das natürlichste und ungezwungenste an derselben teil. Das Essen war gut und reichlich, aber für gewöhnlich ganz einfach: Suppe, Fleisch mit Beilage, Mehlspeise. Zum Nachtisch eventuell Käse, Obst nach der Saison, schwarzer Kaffee. Nur in Ausnahmefällen, wenn besonders hohe Gäste zu bewirten waren, konnten die Hofköche ihre Kunst an einer Vorspeise etc. zeigen. Alles, was daher über Üppigkeit gefaselt wurde, gehört, wie so manches andere, in das Reich der Fabel.
Hier möchte ich eine Sache erwähnen, die mir sehr am Herzen liegt. Es hat sich bald, vermutlich von Gegnern absichtlich und böswillig erfunden und leider vielfach, auch von sehr guten Elementen geglaubt, die Sage – nur als eine solche kann ich sie auf Ehre und Gewissen bezeichnen – entwickelt, der Kaiser sei ein Trinker! Sogar Augenzeugen wollen oder sollen sich zu derer Bekräftigung gefunden haben! Nun, ich habe, wie erwähnt, S.M. bei allen Reisen begleitet und bin bei zahllosen Mahlzeiten zu allen Tageszeiten anwesend gewesen. S.M. trank gerne ein kleines Gläschen Bier, trank bei Tisch meist einen ganz leichten Schilcherwein, welcher, wenn ich nicht sehr irre, eigens aus der Szegediner Gegend bezogen wurde und wegen dem Er von manchen Gästen bei allem schuldigen Respekt beinahe ausgelacht wurde, was Er ganz gerne anhörte; S.M. trank ferner nach dem Essen gern ein Gläschen Cognac an Stelle des Kaffees, den Er niemals nahm – hiermit ist sein »gewohnheitsmäßiges« Trinken aber auch vollkommen beschrieben. Von diesen erwähnten Flüssigkeiten genoß der Kaiser wohl kaum einmal mehr als höchstens zwei kleine Glas, im übrigen war sein Leib-

getränk ein wenig bekannter böhmischer Säuerling, »Boži voda«, den Er schon in Friedenszeiten, als Erzherzog, aber auch als Kaiser sich nachsenden ließ und mit sich führte und mit dem Er den bewußten »Schilcher«[1] wässerte. S.M. trank daher, wie ersichtlich, jedenfalls weniger als ein Durchschnittsbürger in seinen Jahren, wenn man überdies bedenkt, daß Er viel unterwegs war, ging, ritt, kurz, sich körperlich durchaus nicht schonte. Nur ein, wie auch schon erwähnt, absichtlich böswilliger Feind konnte die Trinkerlegende erfinden, nur ein vollkommen Weltfremder könnte in dem von mir Gesagten etwa eine Bestätigung derselben erblicken. Begreiflicher ist ja leider freilich die bereitwillige Leichtgläubigkeit eines zielbewußt falsch informierten, zumeist in jetziger Zeit in solcher Hinsicht auch übel disponierten Publikums.

Für kulinarische Genüsse hatte Kaiser Karl überhaupt wenig übrig, legte denselben, oft zur Betrübnis der Hofküche, soviel wie keinen Wert bei. Er aß als junger, kräftiger Mann gerne ein gutes Stück Fleisch mit Gemüse, alles andere war Ihm ganz gleich, nie hörte man Äußerungen über die Güte der Speisen etc. von Ihm. Ebenso bescheiden war Er als Raucher. Nach den Mahlzeiten rauchte Er eine leichte Zigarre mit Genuß, während die anderen ihren Schwarzen tranken. Hierbei entwickelte sich oft jene anregende, schlichte Unterhaltung, die wir alle so sehr zu schätzen wußten und die sich meist um ernste Themen drehte, wie solche ja im Kriege aktuell waren. S.M. war aber auch einem guten Witz oder harmlosen, wohlanständigen Späßchen nicht abgeneigt, doch durfte derartiges niemals etwas sein, was man gemeinhin unter »leichter Konversation« versteht. Mittags ungefähr 1/2 Stunde nach dem Speisen, abends selten später als 1/2 10 Uhr, zog sich der Kaiser zurück, häufig, um weiterzuarbeiten, wenn möglich aber, um bald zur Ruhe zu gehen, während das Gefolge am Abend noch einige Zeit beisammenblieb, oft bei Bridge oder Tarock. Hazard gespielt wurde selbstverständlich absolut niemals.

Der Salonwagen des Kaisers bestand aus einem Arbeits- und einem Schlafraum. Überdies befand sich vor dem Eingang zu ersterem ein kleines Abteil mit Schreibtisch für den diensttuenden Flügeladjutanten. In diesem Vorraum war der Aufenthalt im allgemeinen verboten, um S.M. daneben nicht bei der Arbeit zu stören. Immerhin

[1] Schilcher, ein südsteirischer Wein, am ehesten einem Rosé vergleichbar.

warteten die verschiedenen Referenten häufig dort auf ihre Berufung. Zu unterscheiden waren bekanntlich hauptsächlich, wie schon mehrfach erwähnt, zwei Arten von Reisen, nämlich Kriegsreisen und Besuchsreisen, resp. zu anderen, unkriegerischen Zwecken. Bei ersteren war das Gefolge, wie verständlich, anders zusammengesetzt als bei letzteren. Die ersteren, gewöhnlich mit dem Namen Frontfahrten bezeichnet, währten zumeist nur wenige Tage (bis auf eine, die mehrere Wochen dauerte). S.M. liebte es, persönlich auf den diversen Kriegsschauplätzen zu erscheinen, um mit seinen Truppen, über die Er sich den Oberbefehl vorbehalten hatte, in Kontakt zu bleiben. Außer dem stabilen mlitärischen Gefolge, also dem General und dem Flügeladjutanten, dem Chef der Militärakademie und dem Pressechef, fuhr bei diesen Gelegenheiten fast immer der Chef des Generalstabes oder dessen Stellvertreter mit Begleitung mit. Bei den übrigen Reisen dagegen fuhr der Erste Obersthofmeister, oft der Kabinettsdirektor, Zeremoniellbeamte etc. mit.

Bei beiden Arten von Reisen waren stets Beamte der Militär- und Kabinettskanzlei, Wirtschaftsbeamte und ein Arzt mit. Einen eigentlichen Leibarzt, wie es z.B. Dr. Kerzl bei Kaiser Franz Joseph gewesen war, hat Kaiser Karl nie ernannt. In den seltensten Krankheitsfällen dieser Zeit wurden Spezialisten von Ruf beigezogen, zu den Reisen die Hofärzte, übrigens durchwegs angesehene Praktiker, abwechselnd kommandiert.

Wenn wir vorerst bei den Frontfahrten bleiben, so war der Verlauf meist folgender: Der Hofzug fuhr bis in die Nähe des sogenannten gefährdeten Raumes, gewissermaßen zur nächstgelegenen Stadt, wo eine Autokolonne die Fahrgäste erwartete. Seltener wurden eigene Autos, höchstens zwei Stück, mitgeführt, weil der zu diesem Behufe gebaute Autowagen sehr schwer war und die Leistungsfähigkeit des Zuges außerordentlich beeinträchtigte. Das Ähnliche gilt von dem, im übrigen sehr praktischen Telegraphenwagen, der daher auch sehr oft zurückblieb. Die Telephonapparate wurden bei halbwegs längeren Aufenthalten an die Leitungen auf den Stationen eingeschaltet und funktionierten immer ausgezeichnet. Wie oft wurde von Siebenbürgen aus mit Wien vollkommen klaglos telephoniert!

Doch zurück zu unserer Beschreibung. Auf dem Perron stand meist der Höchstkommandierende General und erstattete die Meldung. Ohne viel Verzug wurden die Autos bestiegen und, oft in stundenlanger

Fahrt, die Front gewonnen. Unterwegs kamen häufig Aufenthalte vor, um vorbeimarschierende oder auf Retablierung befindliche Truppen zu besichtigen. S.M. scheute sich niemals, durch Geschützfeuer gefährdete Räume zu betreten, oft sahen wir auch feindliche Flieger über uns. Die Truppen, die auf den Allerhöchsten Besuch vorbereitet waren, standen meist in der Nähe der Straße, auf einem geeigneten Platze massiert aufgestellt. S.M. verließ das Auto, schritt die Fronten ab, ließ sich immer alle Offiziere vorstellen, sprach fast alle und sehr viele Mannschaften, besonders die bereits dekorierten an und heftete dann eigenhändig den zu Dekorierenden, die inzwischen nach ihrem Range geordnet in ein Glied getreten waren, die betreffende Auszeichnung an. Höhere Dekorationen, 2. und 1. Klasse, die um den Hals oder als Großkreuze getragen wurden, wurden meist den Betreffenden in die Hand gegeben und oft der Generaladjutant angewiesen, z.B. Halsdekorationen den damit Bedachten umzubinden.
Einem jeden wurden Worte Allerhöchster Anerkennung ausgesprochen, stets in warmer, herzlicher Weise. Eine solche Dekorierung einer ganzen Truppe nahm oft eine sehr lange Zeit, auch mehrere Stunden in Anspruch, wobei S.M. unermüdlich war.
In der Nähe der Truppen, die ja abteilungsweise oft recht weit voneinander aufgestellt waren, ließ sich S.M. sehr oft von den unmittelbaren Vorgesetzten dieser Abteilungen im Auto begleiten. Je nach der Situation fuhr der Divisionär, Brigadier, Regiments- und auch Bataillonskommandant mit S.M. und informierte Ihn über manches Detail. Die Adjutanten und der Pressechef, die Generalstabsoffiziere, immer auch der Arzt, fuhren in weiteren Autos nach und dies war oft eine ganz ansehnliche Kolonne. Hie und da lud S.M. auch Gäste: Erzherzoge, Minister, Statthalter des betreffenden Landes, Offiziere der Verbündeten, etc., zur Mitreise und zum Mitfahren ein.
Der dem Allerhöchsten Hauptquartier zugeteilte deutsche und auch der türkische General waren, ersterer fast immer, letzterer auch wiederholt, Gäste des Kaisers. War ein großer Teil des Pensums erledigt, so fuhr man etwas abseits von der Heerstraße in einen Wald oder in ein Gehöft, oft auch in einen Seitenweg und hielt dort eine halb- bis dreiviertelstündige Rast, wobei das mitgenommene »Frühstückspackerl«, das einem jeden Teilnehmer ausgehändigt worden war, verzehrt wurde. Es enthielt Brot, kaltes Fleisch, eventuell etwas Backwerk, auch Eier, Käse oder dergleichen. Sehr beliebt waren die seltenen Fälle, wo

manchesmal bei ganztägigen derlei Ausflügen, die ja immerhin oft recht anstrengend waren, ein warmes Gulasch, im Rechaud mitgenommen, serviert wurde. Sonst bekam man erst nach der Rückkehr zum Hofzug, häufig ziemlich spät am Abend, ein warmes Essen. Freilich war das alles lukullisch zu nennen neben so mancher Kriegskost und zu irgendeiner Klage hatte niemand von uns jemals weiß Gott einen Grund. War man also eventuell auch erst um neun Uhr zurückgekehrt, da hieß es gleich »zum Essen!«, und man hatte oft kaum oder auch fast gar keine Zeit, sich auch nur flüchtig vom Schmutz und besonders in Oberitalien vom Staub, den ein Nachfahren im Auto unweigerlich mit sich brachte, zu reinigen. Wir sahen mitunter, je nach der Qualität des Staubes, wie Müller oder Rauchfangkehrer aus. Die Nachtruhe in Coupés tat dann sehr wohl; sehr zeitlich früh, je nachdem zwischen fünf und sieben Uhr, ging es ja nächsten Morgen wieder an, ob nun der Hofzug an Ort und Stelle geblieben oder in einen weniger gefährdeten Raum für die Nacht verschoben worden oder in Verfolgung der Reise weitergefahren war. Es traf sich zuweilen auch, daß der Zug während unserer Autofahrt an eine andere Einsteigestelle disponiert wurde. Nach zwei bis drei, selten vier oder mehr Tagen, ging es dann wieder der Heimat zu, wo S.M. immer viele wichtige innere und äußere Angelegenheiten, dessen Generaladjutanten nur ein mächtiger Stoß Korrespondenzen erwarteten. Es möge hier erwähnt werden, daß unabhängig vom Zweck und Ziel der Reise, fast immer Minister oder sonstige Referenten mitgenommen wurden, die nach Beendigung ihres Vortrages an einer vorherbestimmten Station wieder ausstiegen und den nächsten fahrplanmäßigen Zug zur Rückreise benutzten. Sie wurden meistens durch Auslieferung eines »Eßpaketes« der Sorge um ihre Verpflegung, die im Kriege oft recht schwierig oder sogar unmöglich war, enthoben.

Wenden wir uns nunmehr noch kurz zu den als Besuchsfahrten bezeichneten Reisen. Den Unterschied im Gefolge habe ich bereits gekennzeichnet. Oft fuhr I.M. mit und dann war das ganze Gepräge ein anderes, sagen wir, feierlicheres. Die Anwesenheit der Majestäten, andererseits die Anwesenheit der Damen der Suite bei den Mahlzeiten beeinflußten selbstverständlich die Art der Unterhaltung, sehr gemütlich und ungezwungen war diese jedoch immer. Wir mußten zu solchen Reisen vielfach Paradeadjustierung mitnehmen und der Toilette wurde viel mehr Sorgfalt gewidmet. Viel Arbeit gab auch die Vorbereitung der bei der Ankunft am fremden Hofe zu verteilenden Dekorationen. Im Gegensatze zu den Kriegsdekorationen im Felde draußen, liebte es S.M. nicht, persönlich zu dekorieren. Das Amt, den zu Begnadenden Orden oder Geschenke zu übergeben, fiel daher fast immer dem Generaladjutanten zu, bei den zahllosen in die Hunderte, ja Tausende gehenden Auszeichnungen niederer Grade, dessen Flügeladjutanten, der in solchen Fällen eigens deshalb mitreiste. Man lache darüber, diese Sache war aber bei der Genauigkeit, die man darauf verwenden mußte, bei der Kürze der Zeit und der eben angedeuteten Masse der Anwärter – gewiß durchaus keine Kleinigkeit. Nur Monarchen überreichte S.M. die Ihnen zugedachten Dekorationen persönlich und bat sie, dieselben annehmen zu wollen.

Es bleibt nun noch übrig, einiges über den gewöhnlichen Verlauf der Eisenbahnfahrten, wie er sich meistens abspielte, zu sagen. Es wurde schon mehrfach erwähnt, daß S.M. unterwegs während der systemisierten Aufenthalte Meldungen diverser Funktionäre, aber auch öfter Aufwartungen anderer Persönlichkeiten, benachbarter Adeliger und anderer Gutsbesitzer, Mitglieder der höheren Geistlichkeit etc., ebenso Vereinsdisputationen und dergleichen entgegennahm und sich mit denselben, soweit es der Aufenthalt zuließ, aufs leutseligste zu unterhalten pflegte.

Auch I.M. beteiligte sich, wenn Sie mitreiste, vielfach an diesen Perrongesprächen, S.M. lud dann oft solch einen Herren zu einem kleinen Gesundheitsspaziergang ein. War niemand in Betracht kommender anwesend, so begleitete der General- oder Flügeladjutant vom Dienst den Kaiser. Falls sich dieser Spaziergang auf ein Auf- und Abgehen auf dem Perron beschränken mußte, so liebte es S.M. nicht, daß andere Herren sich zu derselben Zeit daselbst aufhielten, und dann war das Aussteigen Unberufener verboten. Ging der Spaziergang bei längerem Aufenthalt etwas weiter in die Umgebung des Bahnhofes, so wurde rasch ein Sicherheitsdienst möglichst unauffällig organisiert und es folgten Dedektive, auch eventuell der Gendarmerieoffizier den Spaziergängern, gingen, wenn dies tunlich war und der zu nehmende Weg bekannt, auch voraus. Immerhin sahen wir vom Gefolge solchen kleinen Extempores nicht ohne innere Besorgnis entgegen, was ein jeder begreiflich finden wird. S.M. selbst hat niemals irgendeine Spur von Sorge um sein eigenes Leben gezeigt. Auch beim Betreten ganz friedlicher Schlachtfelder, so bei der italienischen Offensive meist am nächsten Tage, wo noch keinerlei Bergungsarbeiten hatten vorgenommen werden können. Es bedurfte da stets eines ganz energischen Einschreitens seitens des Gefolges oder der ortskundigen Kommandanten, des Arztes etc., um den Kaiser auf die tatsächlichen Gefahren des freien Betretens des Geländes aufmerksam zu machen und Ihn zu veranlassen, wenigstens nicht als der Erste querfeldein zu gehen. Wie oft lagen Handgranaten und Blindgänger herum! Hierher gehört auch die in allen Zeitungen genügend beschriebene Affäre, wo S.M. beinahe in einer Torrente ertrunken wäre.

Damals wurde er gerettet, denn die Vorsehung hatte ihm noch viel Trauriges und ein gewiß noch tragischeres Ende vorbehalten. Unerschrocken und nur für das, was Er für Seine Pflicht hielt, hat Er gelebt – als ein Held ist er gestorben.

Z.v.L.

Prag-Smichov, den 13. März 1926

Aufzeichnung des Chauffeurs von Conrad von Hötzendorf, 1968 durch Prof. Anton Musger Erzherzogin Elisabeth Prinzessin von Liechtenstein übergeben:

»Zeitlich früh vom Heeresgruppenkommando in Bozen weggefahren, hatten wir schon etliche Truppenverbände und Gebirgsstellungen inspiziert.

Der Kaiser, Fm Conrad von Hötzendorf und die Herren Adjutanten waren bereits auf der Heimfahrt begriffen. Es war gegen 14 Uhr nachmittags, als der Kaiser mir zurief, an einem geeigneten Ort zu halten. Die Herren setzten sich auf mitgebrachten Decken ins Gras, nahmen ihre Proviantpakete heraus, welche jeder von uns vor Beginn der Fahrt vom Koch des Hofzuges ausgefolgt bekam und begannen zu essen.

Da sah der Kaiser einen Bosniaken, einen Feldwebel, schwer bepackt die Straße heraufkommen. Der Bosniak blieb stehen, salutierte und wollte dann weitergehen. Der Kaiser rief zu ihm hinüber und fragte, von wo er herkomme und wo er zuhause sei? ›Ich komme vom Urlaub aus Sarajewo, mit der Bahn bis Trient, von dort zu Fuß. Heute noch vier Stunden bis zu meinem Regiment.‹

Da bemerkte der Kaiser auf der Brust des Bosniaken die Goldene Tapferkeitsmedaille und schon war er mit eiligen Schritten bei ihm, fragte

ihn, bei welcher Gelegenheit er sich diese höchste Kriegsauszeichnung erworben habe und gratulierte ihm dazu mit einigen herzlichen Worten. Dann erkundigte sich der Kaiser, einer plötzlichen Eingebung folgend, ob er heute schon etwas zu essen bekommen habe, was der Bosniak verneinte. Da reichte ihm der Kaiser sein noch unberührtes Essenpaket und meinte dazu, er bekäme in Bozen in längstens zwei Stunden etwas, während der Feldwebel noch vier Stunden Fußmarsch vor sich habe. Mit einem ›Danke gehorsamst, Herr General‹ wollte er sich verabschieden, als mir der Kaiser zurief, ich sollte dem Feldwebel noch eine Flasche Wein aus dem Wagen mitgeben auf den Weg.
Als ich ihm diese überreichen wollte, lehnte er dies jedoch höflich mit der Begründung ab, daß er ein Moslem sei und Mohammed das Weintrinken verboten habe. ›Aber sei net so dumm‹, sagte ich, ›dein Mohammed sieht über unsere Berge eh' net umma, nimm dir den Wein halt wenigstens als Andenken mit!‹
›Na gut‹, meinte der Bosniak darauf, ›aber sag mir, Kamerad, wer ist denn der junge General?‹
›Das ist unser Kaiser‹, erwiderte ich.
Da ging in dem Bosniaken eine seltsame Wandlung vor sich.
»Unser Kaiser«, murmelte er, dann war er mit zwei Sprüngen vor Kaiser Karl und warf sich auf die Knie, kreuzte die Hände vor seiner Brust und sprudelte in seiner Muttersprache hastig Worte heraus, die uns später Fm Conrad, der alles verstanden hatte, übersetzte:
Der einfache Bosniakenfeldwebel aus einer der armseligsten Gegenden unserer Monarchie erflehte von seinem Gott Allah alles Glück der Erde und ein langes Leben für seinen Kaiser.«

Aus einem Brief des Feldkuraten Hauracher, am 5. Dezember 1916, aus dem k.u.k. Feldspital Nr. 13/4, Feldpostamt 401, wo er acht Wochen, an Typhus erkrankt, zubringen mußte.
Durch Lotti[1] eingelangt, sie hat den Brief in Tirol erhalten,
im September 1964
Zita

»Ich will hiermit Deine Karte beantworten. Ich war 3 1/2 Monate dem ehemaligen Thronfolger und jetzigen Kaiser ad personam zugeteilt.

[1] Erzherzogin Charlotte, Herzogin zu Mecklenburg-Strelitz, Tochter Kaiser Karls

An und für sich ist nach den militärischen Bestimmungen bei einem Korpskommando kein Feldkurat. Auf seinen ausdrücklichen Wunsch – ›damit sein Kommando und er und vor allem seine Leute ihren Christenpflichten nachkommen könnten‹ wurde ein Feldkurat (ich) beigegeben.

Nur einige Punkte:

1. Religion. Er ist durch und durch Gläubiger Christ, ein großer Verehrer Mariae, besonders des allerheiligsten Altarsakraments. Das bezeugt uns seine Andacht vor dem Tabernakel, die Art seiner Kniebeugung, die gefalteten Hände. Das Fronleichnamsfest begingen wir, obwohl ganz nah dem Feinde, mit der größtmöglichen Feierlichkeit. Die Hl. Kommunion empfängt er mindestens einmal jede Woche, häufig öfter, Beichte ca. alle 14 Tage. Messe jeden Sonntag und Festtag, oft auch an Werktagen, er ministrierte ein paarmal selbst. Während der Messe kniet er immer, das Meßbuch von Schott in den Händen (nach der Wandlung häufig den Rosenkranz).

In der Liturgie kennt er sich vorzüglich aus. Er ist ein Mann voll Gottvertrauen, in allen wichtigen Anlässen nimmt er zum Herrgott die Zuflucht. Könnte manches Beispiel davon erzählen, was aber für später aufbewahrt wird.

2. Pflichteifer. Immer tätig, bei der Offensive unterfertigte er keinen Befehl, ohne ihn nicht vorher auch studiert zu haben, nichts Oberflächliches ist an ihm, er nimmt alles gründlich. Öfter äußerten Offiziere mir gegenüber, man müsse über seinen Pflichteifer staunen, ja ihn anstaunen. Bei mir erkundigte er sich – bei Gelegenheit von Spaziergängen oder er ließ mich eigens rufen – über die verschiedenen Verhältnisse in Tirol und ich staunte oft über seine gediegenen Urteile, über seinen offenen Blick. Schmerzlich berührte es ihn, daß manche vom Klerus leider im irredentistischen Wasser schwimmen.

3. Im Umgang mit den Menschen ist er liebenswürdig. Er eroberte sich die Herzen aller im Sturm. Ich bin überzeugt, er wird bald nicht weniger beliebt sein, als es der alte Kaiser war. Man kann mit ihm verkehren ohne Furcht und Zagen und ihm offen alles sagen. Im Leben einfach: das Essen das Gleiche wie alle um ihn, bei Tisch ist es sehr gemütlich, sang wohl auch mit, wenn wir manchmal bei froher Laune ein Lied anstimmten.

Bei der Offensive war eine Baracke für mehrere Wochen sein Heim. Ein eigenes Zimmerchen mit Bett, Nachtkastl, darauf Bild seiner Familie, Herz Jesu – Bild, Weihwasser, an der Wand das Sterbekreuz, ein Sessel, Tisch, aus, bei Regen kam auch Wasser in seine Bude, er lachte dabei. Er ist sehr schneidig, fast zu schneidig im Kampf und kam in ziemliche Gefahr.

4. Familienleben ideal, wie man es sich nicht besser denken kann. Jeden Tag telephonierte er, telegraphierte und schrieb er an ›seine Frau‹ wie er immer sagte. Eine innige Liebe, verklärt durch religiösen Geist, herrscht in dieser Familie. Seine Zita ist ihm alles. An seinen herzigen Kindern hängt er mit rührender Liebe.

Das so im allgemeinen. Ich könnte Dir viele Einzelheiten erzählen, die ich nicht schreiben kann und will. Zusammenfassend sage ich: wir haben in Karl I. einen guten, pflichteifrigen, religiösen, lieben Regenten erhalten. Wir können und müssen nur beten, Gott erhalte ihn so wie er jetzt ist – dann glückliches Österreich!

Dein Ferdinand Hauracher«

7. Kapitel

PROPAGANDA FÜR UND GEGEN DEN KAISER

Nicht Skythen und Chazaren,
die einst getilgt den Glanz der alten Welt
bedrohen unsre Zeit,
nicht fremde Völker:
aus eignem Schoß ringt los sich der Barbar!
Franz Grillparzer

Als Oswald Spengler unmittelbar nach dem Ersten Weltkrieg, noch zu Lebzeiten Kaiser Karls, seinen »Untergang des Abendlandes« schrieb, schien sich das seherische Grillparzerwort soeben verwirklicht zu haben: aus eignem Schoß, aus dem unmittelbaren Bannkreis des deutschen Bundesgenossen, war jene Hetze gegen das junge Kaiserpaar gekommen, die in den entscheidenden Tagen, im November 1918, Armee und Volk veranlaßte, tatenlos dem Untergang der Monarchie beizuwohnen.

Eine merkwürdige Diskrepanz, ja ein Abgrund klafft zwischen dem, was absolut glaubwürdige Quellen über das wahre Wesen und die lauteren Absichten des Kaisers und der Kaiserin überliefern, und dem, was sich an einer Flut von Gerüchten über dieses junge Paar verbreiten konnte, erdacht, erfunden, weitergegeben wurde.

Die Gefahr, die von der gegnerischen Propaganda kam, hat Kaiser Karl wohl erkannt, – umso schwerwiegender der Vorwurf, er hätte nicht genügend zielführende Schritte unternommen, um rechtzeitig der Gefahr zu wehren.

»*Majestät, die Ministerverantwortung ist für die Katz' ...*«, bemerkte der ungarische Ministerpräsident Alexander Wekerle zu seinem König Karl IV.

Ja, die Ministerverantwortung war für die Katz' ... verfolgt und bedrängt wurde der Kaiser und König, weder einem seiner Minister noch einem seiner Heerführer widerfuhr auch nur eine ähnliche Behandlung wie dem am Kriegsausbruch bestimmt am wenigsten schuldigen, nämlich Kaiser Karl.
Was waren die eigentlichen Ursachen der Niederlage, und, was noch viel mehr zählt, die Ursachen des Zusammenbruches der Doppelmonarchie?
Die militärische Niederlage auf dem Schlachtfeld?
Mit Sicherheit nicht. Im Laufe der sechshundertjährigen Herrschaft der Habsburger über Mittel- und Gesamteuropa, ja über große Teile der Erde, waren gewiß bereits ebenso schwerwiegende Niederlagen eingesteckt – und überwunden worden.
Die Lage zur Zeit der großen Siege Napoleons, zur Zeit der Besetzung Wiens durch französische Truppen, war weder rosiger noch zukunftsträchtiger, schon gar nicht hoffnungsvoller gewesen als 1918! Oder die Zeit des großen Habsburgerkaisers Friedrich III.: war das nicht schon das totale Ende, das völlige Versinken in Macht – und Rechtlosigkeit gewesen? Und war das Reich dann nicht unter Maximilian I. und Karl V., den unmittelbaren Nachkommen Friedrichs III., größer und mächtiger als je zuvor?
Nein, die Ursachen des völligen Zusammenbruchs der habsburgischen Herrschaft im Jahre 1918, der absoluten Entmachtung einer Dynastie und der beispiellosen Vertreibung Kaiser Karls und seiner Familie waren ganz andere.

Wie kam es, daß dieser Kaiser, der nur den Frieden wollte, zu seiner Zeit als ein »Trinker« apostrophiert werden konnte? Wie kam es, daß die gesamte schweizerische Presse die beiden Restaurationsversuche durchgehend als »Fluchtversuche« (!) bezeichnete und auch die eidgenössischen Behörden fast ausschließlich diesen, jeder Wahrheit Hohn sprechenden Schmähausdruck verwendeten und popularisierten? Wie kam es, daß dieser junge, untadelige Monarch als »Frauenknecht« verteufelt werden konnte? Und schließlich nicht nur der Monarch, sondern auch die Monarchie darüber zu Fall kam?
Die Sympathien der Bevölkerung überwogen ganz klar *für* die Monarchie: auch noch im Jahre 1918. Daß die Republik dennoch ausgerufen wurde, ein paar tausend Menschen vor dem Parlament mehr wiegen als

die Millionen, die zu Hause blieben, hat seine Ursachen: die 5000 vor dem Reichsratsgebäude und die paar Drahtzieher im Parlament wurden in der Presse – sowohl in der österreichischen als auch in der Weltpresse – »verkauft«: das Millionenheer der stillen Loyalen blieb ungehört.
Wieso konnte aber ein kleiner Kreis von – zugegeben zielstrebigen – Menschen das gesamte Volk in seiner sicher überwältigenden Mehrheit überrunden? (Daß die Mehrheit der Österreicher monarchistisch gesinnt war, beweist ja die Nicht-Durchführung einer objektiven Volksabstimmung über die Frage der Staatsform Österreichs.)
Wieso wehrte sich da die »öffentliche Meinung« nicht? Zweifelte man am Kaiser ... an der Kaiserin? Wahrscheinlich ist man damit im Zentrum der Problematik des Untergangs des Herrscherhauses: Volk und Dynastie waren einander durch gezielte Propaganda entfremdet worden; der Kaiser war nicht imstande, seine Absichten dem Volk klarzumachen, die Kaiserin galt nicht mehr als das, was sie natürlich war: als Landesmutter. Aber wieso war es möglich, eine Frau wie Kaiserin und Königin Zita in Österreich als »Italienerin« (damals, im ersten Weltkrieg, das Reizwort für die Menge!) zu verteufeln und in Deutschland zur gleichen Zeit als »Französin« (das Haßwort für damalige Deutsche)?
In Österreich waren die Italiener damals als »Verräter« des Dreibundes und als Aggressoren gegen das schutzlose Tirol äußerst unbeliebt, in Deutschland wieder war es der »Erbfeind Franzmann«, gegen den man hetzte, und diese Ausgangslage nützte der Gegner.
Aber wieso ging das Ganze nicht eigentlich umgekehrt? Wo blieb die kaisertreue, die eigene Propaganda? In Deutschland waren doch Italiener allezeit beliebt gewesen, in Österreich eigentlich immer Franzosen. Berechtigte, logische Frage also: wieso wurde Kaiserin Zita nicht von der österreichischen Propaganda in Deutschland als »die sympathische Italienerin« verkauft, womit ganz zweifellos für die Habsburger zusätzliche Sympathien entstanden wären, und in Österreich als »die liebenswürdige Französin«? Was schätzt der Österreicher mehr als französischen Charme, was der Deutsche mehr als italienisches Feuer?

Die Antwort ergibt sich von selbst: es war ein totales Versagen der für die österreichisch-ungarische Propaganda Verantwortlichen. Weder gab es zur Koordination der einschlägigen Agenda einen entsprechen-

den Dienstposten (in Österreich seit eh und je eine conditio sine qua non), noch gab es einen politischen Kopf, der sich der gerechten Sache wirklich – und gekonnt – angenommen hätte.
Dabei gab es wahrlich jede Menge von begabten Künstlern, Dichtern, Graphikern und Musikern, die sich gerne in den Dienst einer gerechten Sache – die eine Verteidigung des tödlich angegriffenen, altehrwürdigen Gemeinwesens Österreich-Ungarn unzweifelhaft war – gestellt hätten; aber es gab keine Koordination der Talente, von der Formierung einer rein professionellen Propaganda, wie sie die Deutschen, die Franzosen, die Engländer hatten, gar nicht erst zu reden.
Etwas besser standen die Dinge im Bereich der bildenden Kunst, merkwürdigerweise war es leichter, die großen Talente der Malerei und Graphik in das einzubauen, was heute »geistige Landesverteidigung« genannt wird; von der Fülle der Talente, die sich in der Musik zur patriotischen Mitarbeit in der Verteidigung der Monarchie anboten: Erich Wolfgang Korngold – er hat zum Beispiel eine wunderhübsche »Kaiserin-Zita-Hymne« komponiert, Hugo Wolf, Alban Berg, Carl Goldmark, Franz Schmidt, Gustav Mahler, Béla Bartók, Zoltan Kodály – haben sich viele sehr bemüht, aber es waren zu viele, die nicht entsprechend motiviert wurden, in ihrer spezifischen Art etwas zur Verteidigung des gefährdeten Vaterlandes beizutragen; ein so monumentales pro-Habsburg-Werk wie Křeneks »Karl V.« kam, so wie Křenek selbst, Jahre zu spät ins Welttheater.
Ungenützt blieben auch die Chancen, die sich in den damals schon populären Medien der Schallplatte, der Foto- sowie vor allem der Filmkunst anboten. Es gibt ein oder zwei ganz kurze Sprechaufnahmen des Kaisers und Königs, es gibt einige – übrigens recht gute – Wochenschauaufnahmen, aber alles das wirkt zufällig, entbehrt jedweder Systematik.
Es gibt aus der Regierungszeit Kaiser Karls ein erschreckendes Dokument über die Unzulänglichkeit des für die Dynastie-Propaganda zuständigen (an seiner Anhänglichkeit und Anständigkeit soll dabei absolut nicht gezweifelt werden, auch sein schriftstellerisches Talent verdient Respekt) Hauptmanns Karl Werkmann; Werkmann hätte durchaus die Möglichkeit gehabt, den Kaiser in Richtung Film, Schallplatte und Fotoreportage zu beeinflussen; Kaiser Karl hat sich doch auch immer wieder persönlich zu Fragen der Propaganda und der absoluten Überlegenheit der Deutschen auf diesem Gebiete geäußert und auch

Abhilfe angeregt – das kaiserliche Interesse war also bestimmt da! Nur geschehen ist nichts, fast nichts.
Dabei beweisen die vorhandenen Wochenschau-, Front-, Staats- oder Städtebesuchs-Reportagen, die es von dem jungen Kaiserpaar gibt, wie attraktiv Karl und Zita waren!
Es gibt über das geradezu herausfordernde Versagen und Mißverstehen gerade auf dem Gebiet der Filmpropaganda – damals schon ein durch die unzähligen Filmtheater und Kinobuden bereits äußerst breitenwirksames Medium – ein erschütterndes Dokument der Unfähigkeit der Verantwortlichen, und das umso mehr, als der Kaiser ja den späteren österreichisch-ungarischen Filmzaren Alexander (Sascha) Graf Kolowrat selbst nach dem Krieg noch als einen absolut verläßlichen Kurier und Propagandisten einsetzte! Es ist ein historisches Dokument der Unzulänglichkeit im »KPQ«, daß dem »Oberleutnant Graf Kolowrat« ein Filmprojekt »abgelehnt« wurde; der Film hätte damals – mit hoher Wahrscheinlichkeit! – den Bestand der Monarchie retten können, weil ein Kolowrat-Film sicher imstande gewesen wäre, das über Jahrzehnte wirkende Bild des »alten Kaisers«, des »einsamen Kaisers«, in das eines jungen, dynamischen Landes- und Familienvaters zu transponieren; er hätte auch die schöne, junge Kaiserin als Gefährtin Karls so popularisiert, daß die Propaganda Ludendorffs sicher nicht gegriffen hätte.
In den Fragen der Propaganda waren wahrlich nicht die eingesetzt, die davon schon damals etwas verstanden, sondern ein paar beamtete Unzulängliche. Hier ein Beweis:

Akten der General-Adjudantur

GA 7/39. 6.7.1917
»Schreiben Eisner-Bubnas wegen Film über Allerhöchste Herrschaften:
Zu den wirksamsten Mitteln der Propaganda für die Dynastie im In- und Ausland zählt die Filmpropaganda. Im Inlande findet sie bei den breiten Massen den lebhaftesten Widerhall, im Auslande sind ihr weite Gebiete mit niedriger Kulturstufe, in denen Wort und Schrift ungehört verhallen, erschlossen worden.«
Der Sachverständige beim KPQ (Kaiserliches Presse-Quartier) entwikkelte eine Idee über einen Film:

»Ein Tag im Leben Ihrer Majestäten: Hier würde zum ersten Male alles mit den Herrscherpflichten Zusammenhängende wegfallen und dem menschlichen Momente der größte Spielraum eingeräumt werden.«

Stellungnahme durch Werkmann:

Verweist darauf, daß er Damaschka zustimmt, die Pläne des KPQ, die ihm von Oberleutnant Graf Kolowrat vorgelegt wurden, wurden jedoch abgelehnt.
Begründung:
»Ich verfolge mit pflichtgemäßer Aufmerksamkeit die Wirkung von Wort und Bild auf die Massen. Dabei konnte ich noch immer sehen, daß die natürliche Propaganda wirksam, die künstliche Propaganda, das ist jene Propaganda, die erst Ereignisse schafft, unwirksam oder sogar schädlich ist ...
Meines Erachtens wäre nun der ›Tag im Leben Ihrer Majestäten‹ eine Künstelei. Gewiß würde durch diesen Film die Neugierde befriedigt werden, eine richtige Propaganda hat jedoch nicht die Neugierde der Bevölkerung zu befriedigen, sondern der Bevölkerung die Überzeugung zu vermitteln, daß der Herrscher aus dem Gefühl der Verantwortlichkeit vor Gott, aus Pflichtbewußtsein sowie aus Herzensgüte wirkt und schafft, die Propaganda hat also mit sittlichen Mitteln auf sittliche Empfindungen der Bevölkerung zu wirken. Die Neugierde befriedigen heißt aber einem nicht gerade sittlichen Instinkt gerecht werden.
Das bringt die Gefahr mit sich, daß auch andere, nicht gerade sittliche Instinkte wachgerufen werden. Eine solche Gefahr ist die, daß auch übelwollende Kritik laut wird, eine Kritik, die z. B. sagen würde, daß das Dargestellte ›gestellt‹ wurde.
Aus kinematographischen Aufnahmen gewonnene Bilder, wie ... stellen Momente aus dem Leben der Allerhöchsten Herrschaften wahrheitsgetreu dar, sind also durchaus unverfänglich. Diese und noch andere Momente auf einem 1000 Meter langen Film aneinandergereiht, sind in der örtlichen und zeitlichen Reihenfolge unwahrscheinlich und können den Gedanken auslösen, daß die Situation im Interesse des Filmes, also im Interesse der Propaganda herbeigeführt wurden.«

Und dieser Wahnsinn einer Ablehnung eines Kolowrat-Filmprojektes geschah just zur Zeit der Amnestie und der anschließenden Friedensversuche! Wahrlich ein Dokument, diese Begründung. Ein Triumph der Ignoranz, und damit zugleich ein Triumph des Teams Max Bauer im Kreise Ludendorff. Mit dem Grafen Alexander (Sascha) Kolowrat wurde ein paar Tage darauf der Vertrag überhaupt gelöst, Intrigen und Eifersucht zerstörten auch diesen Teil der österreichisch-ungarischen Propaganda ...

GA 1/12. 12.9.1917
Protokolle der am 9. und 10. Juli 1917 stattgefundenen Besprechungen über Kriegsfilmpropaganda von Eisner-Bubna.

Anträge auf Schaffung einer Filmgruppe:
»Die Militärkanzlei, den Generaladjutanten und den Ersten Hofmeister Seiner Majestät bitte ich im Hinblick darauf, daß bisher der Filmdienst für die AH von der Sascha-Filmfabrik auch finanziell bestritten wurde, daß aber nunmehr nach Lösung des Vertrages gewisse Mittel notwendig sein werden, beim Kriegsministerium die Bewilligung des Betrages wenigstens für diesen Zweig der Kriegsfilmpropaganda auf Kriegsdauer zu befürworten.«
»Die Kriegsfilmpropaganda hat ferner bisher seit der Thronbesteigung Seiner K.u.K. Apostolischen Majestät Allerhöchst dessen Leben und seine Tätigkeit festzuhalten sich bestrebt, um dieselben im Film den weitesten Schichten des Volkes zur Kenntnis zu bringen. Dieser Zweig des Filmdienstes wird angesichts der bestehenden Verhältnisse mindestens für die Dauer des Krieges unverändert aufrecht bleiben müssen, weil er die Gewähr bietet, daß jede Verwendung weniger vertrauenswürdiger Personen oder gar eine Indiskretion vollkommen ausgeschlossen bleibt.«
»Für die Bestreitung dieses Dienstes sind heute keinerlei Geldmittel abgesondert zugewiesen und es wird Sache des k.u.k. Ministerium des kaiserlichen und königlichen Hauses und des Äußeren sein, zu erklären, wie weit es an der Tätigkeit interessiert ist. Den einschlägigen Vortrag beim ersten Generaladjutanten Seiner Majestät beziehungsweise beim Vorstande der Militärkanzlei werde ich selber erstatten.«
In dieser Besprechung (Protokoll Seite 2) wird auch die Bildung von Filmtrupps für die Front angeregt, die aus wehrpflichtigen Kinofachleuten unter Führung von Offizieren bestehen soll!

Militärische Propaganda Wort-Bild.

»Während aber Reden und Vorträge nur zu einem begrenzten Zuhörerkreis, Bücher nur zu einem relativ beschränkten Leserkreis sprechen können, Zeitungen als Tageserscheinungen leicht vergessen werden, haben sinnfällige Eindrücke – und diese schafft die Lichtbilderpropaganda – nach Beobachtungen und Wahrnehmungen vieler Stellen die stärkste und nachhaltigste Wirkung hervorrufen.«
»... Diese Zuseher bedürfen keinerlei Vorkenntnisse, sie können sogar des Lesens und Schreibens unkundig sein und sie werden trotzdem der suggestiven Wirkung eines guten Films unterworfen werden.«

Nur gab es diesen geforderten »guten Film« eben nicht, und das trotz der vorhandenen filmischen Talente, der technischen Möglichkeiten und der Verständigkeit des Kaisers, und Graf Kolowrat war hinausintrigiert worden ...
Warum so gut wie nichts geschah, gehört wohl zu den Geheimnissen eines untergehenden Staatswesens. Daß das größte Filmgenie, das dieses Land je hervorgebracht hat, hinausintrigiert wurde und trotzdem treu blieb, ist wieder ein Geheimnis der Anziehungskraft der Dynastie.
Das Nicht-Agieren der österreichischen Stellen ist deswegen doppelt ärgerlich und unverständlich, weil sich der Kaiser immer wieder in seinen Aufzeichnungen über diese Zustände und Verhältnisse ausspricht, also der Beweis erbracht ist, daß »von oben« jeder Wille bestand, etwas zu tun. Schon in der Zeit, als Karl noch Erzherzog-Thronfolger war, beobachtete er in seinen tagebuchartigen Aufzeichnungen (hier aus dem Jahre 1914) das augenfällige Mißverhältnis zwischen den Berichten über die beiden verbündeten deutschen und österreichisch-ungarischen Armeen und der tatsächlichen, also der wirklich vollbrachten Leistung der beiden Armeen; dazu kommen noch die Opfer, die zur Erlangung eines Friedens oder bloß zum Stillhalten unruhig und lüstern werdender Nachbarn von Österreich verlangt wurden: so hätte Österreich, um Rumänien »neutral« zu erhalten, Suczawa (heute in der rumänischen Provinz Moldau) kampflos abtreten sollen.
Kaiser Karl berichtet über diese betrübliche Episode sehr erregt und schließt gleich allgemeine Gedanken zur österreichisch-ungarischen Propaganda an (er war damals noch Thronfolger):

»Ich habe den Kaiser noch nie so bös gesehen wie damals, als er von dieser Plauscherei [über die Abtretung Suczawas an Rumänien] hörte, um dieses Land dafür neutral zu halten. Klar, daß uns die Deutschen seit dieser Zeit bestürmen, wir sollten Suczawa hergeben, damit wir Rumänien ›auf unsere Seite ziehen‹, was für sie den Vorteil hätte, weniger gegen Rußland aufstellen zu müssen und freien Rücken gegen Frankreich zu haben. Die deutsche Führung ist in dem überhaupt großartig: wir sollen Suczawa an Rumänien und das Trentino an Italien abtreten, um ›Rumänien und Italien für uns zu gewinnen‹; sie wollen gar nichts abtreten, aber dafür die Glorie in Frankreich haben. Sie sekkieren uns mit alldem grauslichst.
Überhaupt muß ich sagen, daß der ›Deutschenrappel‹ bei uns furchtbar zunimmt, alles machen die Deutschen, alles können die Deutschen und unsere brave Armee, die Rußland so lang allein gegen eine erschreckende Übermacht aufgehalten hat, würdigen nur die Deutschen (!) und unsere eigenen Leute gar nicht. Das muß ja eine Mißstimmung bei unserer Armee, die mehr als die Deutschen geleistet hat, hervorrufen. Daran ist unser Pessimismus und die schlechte Berichterstattung schuld!
In allen Wiener Theatern werden nur deutsche Freiheitsstücke aufgeführt und keine österreichischen. Jetzt haben sie uns Hindenburg, der in Ostpreußen einen leichten Sieg bei Tannenberg erfocht, mit neuen Diõnen hergeschickt. Aber immer noch sind die Russen um zwanzig Diõnen überlegen. Die deutsche Heeresleitung übersieht in ihrem Eigendünkel und Franzosenhaß die Gefahr, die von Rußland droht, denn die russische Grenze ist näher an Berlin als die französische ...«

Vier Jahre später, bereits in Prangins, bemerkt Kaiser Karl in seinen Aufzeichnungen zum gleichen Thema:

»Eines muß man den Deutschen lassen: Sie unterstützen ihre Führer durch Dick und Dünn, besonders dann, wenn die Betreffenden erst einmal durch die vorzügliche deutsche Propaganda eine gewisse Popularität erreicht haben, und auch dann, wenn dieselben in Wirklichkeit wahrlich nicht jene Genies sind, zu denen man sie für die Volksmeinung gemacht hat ... Ich will, um nur ein Beispiel zu nennen, dem guten, alten Mackensen gewiß nicht nahetreten, gerade er hatte ja immer ein besonderes Herz für unsere Truppe. Aber seine Berühmtheit be-

ruhte auf seiner schönen Erscheinung, auf seiner tadellosen Husarenuniform und seinem vorzüglichen Pferd.
Aber so wie in seinem Falle war es vom Standpunkt der Truppenführung mit den meisten großen Namen, – siehe Hindenburg, Woyrsch, Bülow ...
Wir müssen daraus lernen, daß wir es leider verabsäumt haben, unsere gewiß ebenso tüchtigen Generale durch Presse und Schule zu Volkshelden zu stempeln, die unsterblich in der Geschichte weiterleben ... und das alles aus falsch verstandener Bescheidenheit und leider durch Neid und Mißgunst der nicht so glücklichen Kameraden der oberen Führung ...«

Zwischen diesen beiden Analysen des Kaisers zur »Durchschlagskraft« der österreichisch-ungarischen Propaganda liegen genau sechs Jahre (Front, 1914. Aufzeichnungen von Prangins, 1920), aber an der Propagandatechnik hatte sich auf österreichischer, dynastietreuer Seite in jenen sechs Jahren kaum etwas geändert, bloß einigen Mitarbeitern des Kaisers im Exil, wie den Herren Otto Forst de Battaglia oder Alexander Graf Kolowrat ist besonderes Geschick im Lancieren von Nachrichten über die im Auftrag des Kaisers (viel zu spät!) eingerichtete Presseagentur Agence-Centrale mit Dankbarkeit zu bestätigen; Otto Forst de Battaglia hatte sich da unter den schwierigsten Umständen die größten Verdienste erworben.
Leider gab es zur Zeit, als Kaiser Karl noch in Wien herrschte, kein Massenblatt, das sich um die breiten Volksschichten in entsprechend dynastiefreundlichem Sinne gekümmert hätte, die »Reichspost« stand wohl zur Dynastie, war aber letztlich viel zu sehr mit dem damals »systemkonformen« – aber keineswegs standhaften – Klerus verbandelt. In den entscheidenden Stunden, an den entscheidenden Stellen, hat er dem Kaiser nicht nur die Treue versagt, sondern ist ihm sogar in den Rücken gefallen. Die überwältigende Mehrheit des treuen Klerus kam aber nicht mehr zum Zug.
So hatte die Reichspost in der Stunde der höchsten Gefahr auch nicht viel anderes als den Alibi-Gemeinplatz zu sagen, als daß »die Freimaurer« an dem ganzen Unglück schuld seien und tat damit das schlimmste, was in diesem Augenblick überhaupt zu tun war: sie überantwortete die Geschehnisse in ihrer raschen Abfolge dem Handeln einer »dunklen Macht«, von der die Volksmasse instinktmäßig einen sol-

chen Respekt hatte, daß die Meinung vorherrschte, da sei ohnehin nichts mehr zu machen ... man fragt sich, ob das System oder Dummheit war, doch sicher war es Dummheit, weil kein System da war ... Geradezu wehmütig stimmen in diesem Zusammenhang Bemerkungen Kaiser Karls (Prangins, 1920) zu diesem Thema:

»Bei dieser Besprechung fällt mir die katholische Presse ein ...: auch sie muß gut ausgestaltet, das heißt reich an Nachrichten und Artikeln sein und zwar auf allen Gebieten, dabei nicht aufdringlich den katholischen Standpunkt betonen, sondern – so wie die schlechte Presse tropfenweise ihren Lesern das Gift eingibt – müßten gutgesinnte Zeitungen ihren Abonnenten allmählich katholische Ansichten beibringen. Man braucht hiezu viel Geld, man müßte die schlechten Zeitungen allmählich aus dem Felde schlagen.«

Oder sie bräuchten einen, der etwas von Propaganda versteht, wie ... wie Oberst Max Bauer aus dem Stabe des Generalquartiermeisters Ludendorff.
Oberst Max Bauer, geboren im Jahre 1869 in Quedlinburg, diente bei der deutschen Armee zunächst als Artillerieoffizier. Bald wurde Ludendorff auf ihn aufmerksam und auf dem Höhepunkt seiner Macht zog er ihn im Range eines Obersten zu sich in die Abteilung II. der »DOHL«, der Deutschen Obersten Heeresleitung.
Der »politisierende Offizier« Bauer (wie ihn P. Broucek charakterisiert), der in seinen Anschauungen über Begriffe wie »Blut« oder »Rasse« weitgehend mit der mystizierenden, mythologisierenden Germanentümelei des Ludendorff übereinstimmte, war der eigentliche Urheber (der »Schöpfer« müßte man sagen, wäre das Wort in diesem häßlichen Zusammenhang nicht unpassend) der Propagandastrategie des Ludendorff-Kreises gegen Österreich-Ungarn zum Zwecke der machtpolitischen Infiltrierung und schließlichen Lähmung des Nachbarstaates (Endziel: die Einvernahme Österreichs als Bestandteil des Deutschen Reiches und, gleichzeitig, die Aufweichung der Anhänglichkeit der Menschen des Vielvölkerstaates an ihre Dynastie, die ja das eigentliche Bindeglied des Gemeinwesens war.
Übrigens war Ludendorff ein äußerst gelehriger Schüler Bauers – das Raffinement seiner Kaiser Karl betreffenden Äußerungen in seinen »Erinnerungen« (1921) verdient geradezu Bewunderung. Zurück zu

Bauer: Mit wissenschaftlicher Akribie entwickelte er den Plan einer Schwächung der Dynastie auf dem Umweg über die Verleumdung Kaiser Karls als Trinker und der Kaiserin als »Italienerin« beziehungsweise »Französin«, mit aller Gründlichkeit setzten Ludendorff und Bauer den gesamten Machtapparat ihres Staates in den Dienst dieser Sache, vor allem die Deutsche Botschaft in Wien.

Nach dem Kriege ging Max Bauer nach Ungarn und stellte sich bis zum Tode König Karls in den Dienst der Horthy-Gömbös-Clique, wo er auch bei der Entwicklung des Panturanentums, einer Art ungarischen Rassismus, mitwirkte. Nach dem Tode des Königs, als der Legitimismus für diese Leute keine unmittelbare Gefahr mehr bedeutete, entledigten sie sich des Max Bauer, der, ewiger Abenteurer und Landsknecht, nach China ging, als Militärberater, wo er 1929 in Schanghai starb.

Auf österreichischer Seite wirkte als »Gegenpol« Hauptmann Karl Werkmann, der, mit völlig unzureichenden Mitteln ausgestattet, wohl auch mit unzulänglichen Methoden, gegen die Ludendorff-Bauer-Maschinerie keinerlei Chance hatte. Naiv mutet die österreichisch-ungarische Propaganda im Verhältnis zu jener der Entente und erst recht zu der des deutschen Bundesgenossen an.

Wieder kann nur, um der Zwecksetzung der Propaganda auf den Grund zu gehen, auf die Zielsetzung der damaligen Streitparteien verwiesen werden.

Während die Kriegszielkonzepte hinsichtlich der Zukunft Österreich-Ungarns von seiten der Entente wohl auf eine Veränderung dieses Staatswesens (aber keineswegs unbedingt auf seine Schwächung!) abzielten, stand für das wilhelminische Deutschland eine Einverleibung des »deutschen Teiles« der Doppelmonarchie als Kriegsziel außer Frage.

Dementsprechend verhielt sich auch die Ludendorff-Bauer-Clique in ihrer Stoßrichtung der Propaganda. Es muß in diesem Zusammenhang nochmals darauf hingewiesen werden, daß es unrichtig wäre, aus den in der Folge geschilderten Fakten auf eine antideutsche Haltung des Kaisers und Königs oder seiner Gemahlin schließen zu wollen – im Gegenteil. Viele, wenn nicht die meisten unmittelbaren Unterlassungen auf dem Gebiete der Gegenpropaganda können auf Zurückhaltung des Kaisers hinsichtlich der Abwehr dieser Machenschaften zurückgeführt werden.

Kaiser Karl hat, gerade weil er das deutsche Volk achtete und liebte und wohl auch bewunderte, der Ludendorff-Propaganda deswegen nicht so entgegentreten wollen, weil er eben Deutschland nicht mit Ludendorff identifizierte ... und wahrscheinlich hat er gerade deswegen – unwillentlich natürlich, aus Anständigkeit (!) – den Großsprechern aus der Gruppe Ludendorff in die Hände gearbeitet.
Ein Beispiel: wenn der Militärbevollmächtigte Kaiser Wilhelms in Wien, General von Cramon (übrigens ein besonders übler Einpeitscher, der auch nach dem Krieg noch sein Unwesen trieb) einen seiner tendenziösen, selbstverständlich verschlüsselten Geheimberichte in das Große Deutsche Hauptquartier entsandte, so war die österreichisch-ungarische Abwehr mit der Entschlüsselung der Cramon-Depeschen schneller fertig als die Spezialisten im Großen Deutschen Hauptquartier.
Die Depeschen wurden Kaiser Karl vorgelegt.
Kaiser Karl ließ sich von Cramon kommen und verlieh ihm, nach echt österreichischer Art, einen Orden, was hiesiger Art entsprechend Abschied hieß. Doch von Cramon blieb – blieb über das Kriegsende hinaus und entsandte unentwegt und pausenlos seine Berichte, und die österreichisch-ungarische Abwehr dechiffrierte, und die Berichte wurden vorgelegt und abgelegt, und es wurde wieder dechiffriert und weiter abgelegt.
Ähnlich verhielt es sich mit dem Herrn von dem Bussche ... er war ein Intimus des Grafen Czernin und wahrscheinlich auch ein Erpresser des Grafen Czernin, schon aus beider gemeinsamen Zeit aus Bukarest, wo von dem Bussche genug über Czernin in Erfahrung bringen konnte, um Czernin sein Lebtag benützen zu können ... Die Intimität ging so weit, daß Czernin so in die Absichten der Wilhelm II.-Ludendorff eingeweiht war, hineinverbandelt war, daß er seinem Kaiser glatt mit dem Einmarsch der Deutschen drohen konnte ... und Kaiser Karl sich nicht wehren konnte, weil er von dem Stand der Dinge längst wußte.
Folgerichtig ist auch nichts geschehen mit den Agenten. Von dem Bussche trieb sein Unwesen in Wien bis zum Ende, und die von der Botschaft gekaufte Presse schrieb noch bis in die Hitlerzeit, ihr unseliges Finale, hinein anschlußfreudigen Hochverrat.
Es soll hier abermals darauf hingewiesen werden, daß sich weder die Beamten der Kaiserlichen Deutschen Botschaft, die ja entsprechend den Aufträgen ihrer vorgesetzten Behörde völlig korrekt handelten,

noch gar des deutschen Volkes jemals den Zorn oder die persönliche Abneigung Kaiser Karls zuzogen – Kaiserin Zita legt auf diese Feststellung im August des Jahres 1983, da diese Niederschrift entsteht, höchsten Wert. Aber die österreichische Abwehr hätte doch andere Mittel und Wege finden sollen, um mit diesen Umtrieben fertig zu werden, als alles einfach treiben zu lassen. Was immer an subversiver, staatszerstörender Propaganda gegen Kaiser Karl und Kaiserin Zita im entscheidenden Jahr 1918 auf dem Markte der »öffentlichen Meinung« erschien, war, mit ganz geringen Ausnahmen, von der zuständigen Abteilung der Deutschen Botschaft lanciert oder direkter Zeitungsimport von »draußen«.
Nur ein Beispiel, aus hunderten und aberhunderten ähnlicher Beanstandungen der Zensurbehörde willkürlich ausgewählt:

MK KM 5502, 26.11.1917
Artikel in der »Zeit« am 8.11.1917 – Abdruck aus der »Berliner Täglichen Rundschau«:

»Wenn jetzt ein habsburgischer Kaiser von Österreich und König von Ungarn sich mit unserem Beifall mit der Krone von Polen krönen ließe, dann ist es mit jeder Spur des Rechts und unseren Gewichtes in Polen vorüber. Dann werfen wir uns selbst aus Polen heraus, so gründlich, wie es selbst keine andere Wehrmacht gekonnt hätte. Dann sind unsere Truppen in Polen nur mehr habsburgische Polizei.«
Dazu der Zensor:
»Naturgemäß kann ein Verbot der Verbreitung von Artikeln deutscher Blätter in Österreich seinen Zweck nicht voll erfüllen, da zu dem Zeitpunkte des Einschreitens der Zensurbehörde die betreffende Zeitung den Adressaten bereits zugestellt ist und die behördlichen Maßnahmen daher zu spät kommen.«
Diesbezügliches Ansuchen an deutsches Kriegspresseamt (Oberzensurstelle)

Berlin, Luisenstraße

Leider hatte dieser extrem dynastiefeindliche Zug in der österreichisch-ungarischen Presse zum Teil wenigstens durchaus hausgemachte Ursachen, die ihrerseits wieder von dynastiefeindlichen Kräften bewußt verstärkt und in ihrer Wirkung erhöht wurden oder aber der Eitelkeit gewisser »Presseoffiziere« zu verdanken waren, die sich selber, nicht aber der Dynastie dienten.

Robert Ehrhart hat vor Jahrzehnten in seinen Lebenserinnerungen (»Im Dienste des alten Österreich«) die Chancen der verjüngten Dynastie und den Niedergang des Informationswesens charakterisiert:

»Kaiser Karl wurde bei seiner Thronbesteigung in Österreich enthusiastisch begrüßt. Sein erhabener Vorgänger hatte den Gegenstand unbegrenzter Ehrfurcht, in seiner Vereinsamung den wehmütiger Teilnahme gebildet, und der Begriff der Majestät wurde mehr und mehr von Düsterkeit umflort. Nun kam ein junger Monarch, das Haupt einer blühenden Familie, an der Seite einer gewinnenden Gattin und von gesunden Kindern umgeben, als ein frohes Omen, daß nun auch in das schwergeprüfte Land wieder das Glück einziehen würde. Von dem Augenblick an, das Kaiser Karl mit seinem kleinen Sohne hinter der Bahre des unvergeßlichen Vorgängers einherschritt war die kaiserliche Familie von glühendem Interesse der Bevölkerung begleitet. Die Zeitungen schickten Reporter aus, um möglichst viele Einzelheiten aus ihrem täglichen Leben berichten zu können. Der eine wußte zu melden, daß die Kaiserin mit ihren Kindern längere Zeit in dem Spielwarengeschäfte Mühlhauser verweilt hatte, der zweite von Einkäufen in einer Wäschehandlung, der dritte von einer Besichtigung der Schönbrunner Menagerie, von der Freude der Kleinen bei den possierlichen Affen und dem Zwinger der tollpatschigen Bären. Solche Nachrichten wurden vom Publikum verschlungen. Viele lasen die Zeitungen mehr um ihretwillen als wegen der Nachrichten vom Kriegsschauplatz. Auf publizistischem Wege war ein enger Kontakt zwischen den Allerhöchsten Personen und der Bevölkerung hergestellt, wie es ihn seit den Tagen des guten Kaisers Franz kaum gegeben hatte.

Plötzlich aber war die Leitung unterbrochen. Unter den Amtsstellen, die während des Krieges pilzartig aus der Erde schossen, befand sich auch ein ›Hofpressequartier‹. Schon die Institution als solche, die den Hof ohne Zwischeninstanz mit dem öffentlichen Getriebe in Verbindung brachte, erweckte bei den an die bisher übliche Distanzhaltung Gewöhnten Befremden, besonders aber eine von dieser Stelle ausgehenden Maßnahme. Es erschien nämlich, gestützt auf eine offenbar dem Sinne keineswegs entsprechende Auslegung des Kriegszensurrechtes ein Ukas, daß über die kaiserliche Familie in Hinkunft nur

mehr, und zwar wortgetreu, ohne Hinzufügung oder Weglassung, die vom Hofpressequartier ausgegebenen Mitteilungen gebracht werden dürften. Die Urheber dieser Anordnung haben sich jedenfalls von Wesen und Bedürfnissen der Publizistik keine Vorstellung gemacht. Natürlich bringen die Zeitungen die großen offiziellen Mitteilungen mit dem genauen Texte, bei Detailberichten und insbesondere wie im vorliegenden Falle, bei dem patriotischen Geschmack wohltuenden kleine Genrebildchen, wollen sie unbedingt ihre eigenen Wege gehen. Was in allen Konkurrenzblättern gleichmäßig und mit identischem Wortlaut stand, bot keinen Anreiz. Man wünschte etwas zu bringen, was die anderen nicht oder wenigstens nicht genauso brachten, und wenn der eine die Spielwarenhandlung hatte, wollte der zweite die Wäschereieinkäufe der dritte den Menageriebesuch. Ein bißchen Groll wegen der als schikanös empfundenen Anordnung spielte ebenfalls mit, kurzum, die Redaktionen waren disgustiert, die Nachrichten über die kaiserliche Familie verebbten und hörten schließlich ganz auf.
In das auf diese Weise entstandene Vakuum drangen, von Mund zu Mund gesprochen, allerhand schnöde Verdächtigungen gegen die Person der Kaiserin ... einer solchen Flüsterpropaganda kann man nicht durch Dementis entgegenarbeiten, sondern nur durch starke positive Einwirkung.«

Hauptquelle dieser Gerüchteverbreitung war auf der österreichischen Seite der Wiener »Jockeyclub«.
Dazu Kaiserin Zita (Zizers, 22. April 1966):
»Hier möchte ich noch bemerken, daß ein Hauptkesseltreiben gegen Carl, um ihn als unfähig und ziellos darzustellen, vom Jockeyclub ausgegangen ist. Von dort aus fanden all die Lügen und Verleumdungen ihren Weg ins Wiener Bürgertum und weiter in alle Volksgeschichten. Dieser Jockeyclub hatte seinen Standort in einem dem Hof gehörenden Gebäude. Es war Carl wiederholt nahegelegt worden, dem Jockeyclub die Räume einfach kündigen zu lassen, denn es wäre für diese Leute zu umständlich gewesen, mitten im Krieg die ihnen entsprechenden Lokalitäten für ihre weiteren Quertreibereien zu finden.
Alle anständigen Elemente des Jockeyclubs, die überwältigende Mehrheit, standen ja zu dieser Zeit als Offiziere an der Front, während die Drückeberger in der Sicherheit des Hinterlandes zurückgeblieben waren ...«

Dieser »Jockeyclub« war, der Name möge da nicht täuschen, damals ein reiner Adelsklub, in dem sich Schwätzer, Schieber, Schwarzmaler und Schwarzhändler ihr Stelldichein gaben. Während die Anständigen an der Front ihr Leben für »Gott, Kaiser und Vaterland« aufs Spiel setzten, hielt sich dort eine Aftergesellschaft, die mit ihrem böswilligen Tratsch unsagbaren Schaden anrichtete. Warum der Kaiser dieses Brutnest des Bösen nicht wirklich schließen ließ, obwohl er selbst immer wieder davon sprach, bleibt unklar.
Auch die Gemahlin des Feldmarschalls Erzherzog Friedrich, Isabella (Prinzessin von Croy), schadete durch ihren maßlosen Ehrgeiz viel. Nachdem es ihr nicht gelungen war, eine ihrer nächsten Verwandten mit Erzherzog Carl zu verheiraten, setzte sie ihren ganzen Einfluß dafür ein, ihre Familie in Ungarn zum Zug kommen zu lassen, also ihren Sohn Albrecht eines Tages als König von Ungarn zu sehen. Die Kontakte Erzherzog Friedrichs und seiner Gemahlin Isabella zu Oberst Max Bauer – ein wahres Gerüchtekarussell! – wurden leider nie unterbrochen; als es Kaiser Karl zu bunt wurde, war es schon zu spät, und zu der vom Kaiser geplanten Reglementierung ist es nicht mehr gekommen (wodurch diese Familie ihr Unwesen bis tief in die Dreißigerjahre weiter treiben konnte).
Ähnlich, wenn auch nicht so gefährlich, verhielt es sich mit der Frau des Franz Conrad von Hötzendorf – unglückseligerweise verband den Marschall ein ausgesprochenes Hörigkeitsverhältnis zu seiner Gemahlin (wie es übrigens auch Ludendorff mit seiner zweiten Frau, Dr. Mathilde Kemnitz, geborene Spieß, erging). Auch in diesem Falle hätte ein härterer Zugriff der Behörden sicher nicht geschadet, zumal die Handlungsweise dieser Frauen durch ihre Stellung und ihre gezielte Nutzung durch den deutschen Nachrichtendienst einen besonderen Akzent erhielt.
Gewiß hatte auch der deutsche Verbündete Probleme mit seiner Durchhaltepropaganda. Ein typisches, für die Effizienz dieser Gruppierung bezeichnendes Dokument liegt vom 17. Mai 1917 vor. Das Herzstück der Aussage (die auch für Dr. Goebbels noch von Interesse gewesen sein könnte) findet sich unter § VII: Geldmittel seien »bisher nur für die Auslandspropaganda ausreichend vorhanden gewesen (Kaiser Karl und Kaiserin Zita hatten das schon zu spüren bekommen) ... und aufs tatkräftigste verbreitet. In der Hauptsache bedient sich der Feind der Flugschriften in Wort und Bild, die durch Abwurf und Einfuhr aus

dem Auslande verbreitet werden. Es ist allerhöchste Zeit, daß der starken Wühlarbeit der Feinde mit einer eigenen Propaganda in noch erhöhterem Maße entgegengearbeitet wird.«

Was unternahmen dagegen die zuständigen deutschen Stellen? Hier ein Dokument des Propaganda-Ausschusses:

»Zu Nr. 4240/17.g.A.1.
Kriegsministerium
Streng geheim!
Ergebnisse der Sitzung vom *25. Mai 1917* über feindliche antimonarchistische Bestrebungen und Erörterungen über die zu ergreifenden Maßnahmen.

Sitzungsteilnehmer:
Vorsitzender: Oberst von Wrisberg, Departementsdirektor A.m.W.b.
Vertreter des K.M.: Oberst Waitz, Oberst von Meiß, Major von den Bergh, Major Graf von Büdingen, Major Grau, Hauptmann Pfaff.
Vertreter der O.H.L.: Major Nicolai, Hauptmann d. R. Kliewer
Vertreter des Kriegspresseamts: Major Stotten
Vertreter des stellvertretenden Generalstabes: General Brose
Vertreter des Militärkabinetts: Major Graf zu Waldeck
Vertreter der Militär-Nachrichtenstelle des Ausw. Amts: Oberstleutnant von Haeften
Vertreter des Auswärtigen Amts: Ministerialdirektor Deutelmoser
Vertreter des Reichsamts des Innern: Ministerialdirektor Lewald, Land- von Jacobi
Vertreter der Reichskanzlei: Geheimer Ob.-Rat von Eichmann
Vertreter des Preußischen Staatsministeriums: Regierungsrat Dr. Wolff
Vertreter des Ministeriums des Innern: Geheimer Ob.-Rat von Roedenbeck
Vertreter des Kultusministeriums: Ob.-Regierungsrat Dr. Graeber
Vertreter des Ministeriums des Königlichen Hauses: Graf zu Rantzau
Vertreter des Zivilkabinetts: war nicht erschienen

Die Besprechung zeitigte nachstehendes Ergebnis:

I. Tätigkeit der Presse.

a) Schaffung je einer Sammelstelle von Material für Auslandspressestimmen (auch vor dem Kriege), antimonarchistische Hetzschriften, Bilder und Flugblätter, Gerüchte
   1. bei der Obersten Heeresleitung,
   2. beim Auswärtigen Amt;

   beide Stellen sollen sich im Austausch ergänzen.
   Die Zentralstelle im Auswärtigen Amt (Nachrichten-Abteilung) muß dann alle in Betracht kommenden Stellen, damit im regsten Zusammenhange gearbeitet wird, mit Material speisen und einen einheitlichen, nach jeder Richtung erschöpfenden und wirkungsvollen Pressefeldzug führen.
b) Gewinnung von bedeutenden Persönlichkeiten (führenden Parlamentariern, Journalisten, u.s.w.) aller Parteischattierungen in weit größerem Maße als bisher zum Schreiben von zweckentsprechenden Artikeln und Halten von Vorträgen in Stadt und Land. Vorlage des gesammelten Materials, insbesondere feindlichen Propagandamaterials, an vorgenannte Persönlichkeiten und sonstige Vertrauensleute aus diesen Kreisen mit kurzem Vortrage im Auswärtigen Amt baldmöglichst. Berücksichtigung auch der kleinen Blätter. Sofortige Unterdrückung von Gerüchten.

II. Eine starke innere Politik, die die Bekämpfung dieser antimonarchistischen Bestrebungen miteinschließt, muß sich in klarem, festem »Bis hierher und nicht weiter« abgegrenzt zeigen. Es genügt nicht, daß die Regierung weiß, was sie will, sondern mindestens müssen es auch die anderen mit Verantwortung beladenen Stellen wissen.
Die Berliner politischen Klubs bedürfen der Überwachung und Beeinflussung durch Vertrauensleute der Regierung (Anm. des Sachv.: Der einzige damals bestehende politische Klub war die »Deutsche Gesellschaft 1914«).
Scharfes Vorgehen gegen alle Hetzer – auch Abgeordnete – ist am Platze.

III. Aufklärungsarbeit durch Kirche, Schule und in Lazaretten.
Von Lehrern oder geeigneten Leuten, z. B. von verwundeten Offizieren pp. sind in ausgiebiger Weise monarchistische Vorträge zu halten,

und zwar für die Jugend am besten nicht während der Schulzeit, sondern abends in etwas feierlichem Rahmen (bei Licht, Eltern zugegen). Der Geistlichkeit und der Schule muß dazu eingehende und energische Anweisung gegeben werden, daß die Größe der Gefahr nicht überall im Lande erkannt wird. Auch bedarf es des Einvernehmens mit den Verwaltungsbehörden, um in den einzelnen Orten ein zielbewußtes und einheitliches Vorgehen zu erzielen. Geldmittel für diesen Zweck müssen flüssig gemacht werden.
In den Lazaretten, Gefangenenlagern, besonders bei ausgetauschten Gefangenen, ist verschärfte Aufmerksamkeit geboten, ob dort staatsfeindliche Schriften oder Gesinnung zu finden sind. Einwirkung der Krankenschwestern auf die Kranken.

IV. Heranziehung der Mitwirkung von Frauen.
Die Frauenvereine, Bund der Heimarbeiterinnen und andere weibliche Vereine, Kriegervereine und andere zweifellos auf königstreuem Boden stehende Vereinigungen müssen in erhöhtem Maße herangezogen werden. Nicht durch Schrift allein, sondern auch durch das Wort von Mund zu Mund muß gewirkt werden. Hierzu hat das Kriegspresseamt durch seine Organisationen die Möglichkeit, diese Vereine ständig mit Material zu versehen.

V. Hebung der Stimmung im Volk durch die Krone:
a) Gelegentliche Anerkennung der Verdienste der Zivilbeamten in der Heimat während des Krieges.
b) Weitergehende Ordensverleihung, z. B. Friedensauszeichnungen an Beamte. Erweiterung des Kreises, der für das Eiserne Kreuz 2. Klasse am weiß-schwarzen Bande in Betracht kommenden Personen, Hilfsdienstkreuz, letzteres in Sonderheit auch für die arbeitenden Frauen, besonders auch an die weiblichen Vorstände von Vereinen; Presse.

VI. S. M. der Kaiser sowie sein ganzes Haus muß dem Volke wieder persönlich nahegebracht werden:
a) Öftere Reisen S. M. nach Berlin und zu den kleineren Bundesstaaten, die Gelegenheit bieten, sich weiteren Volkskreisen zu zeigen und mit ihnen Fühlung zu nehmen. Die Reisen müssen einen triftigen Grund haben, über den, sowie über den Verlauf der Rei-

se, in besserer Ausstattung als bisher zu berichten ist. Diese Berichterstattung hat überall zu erfolgen, wo eine Geheimhaltung des Aufenthaltes S. M. oder fürstlicher Heerführer aus militärischen Gründen nicht mehr geboten ist. Eine besondere Stelle muß gefunden werden, die Hofberichte in diesem Sinne veranlaßt, in Verbindung mit der Presseabteilung des Auswärtigen Amtes.

b) S. M. wolle seine Anteilnahme auch für die Arbeiterkreise in äußerlich sichtbarer Weise zeigen, durch Besuche von großen Arbeitsbetrieben, Verleihung von Auszeichnungen an Arbeitgeber und -nehmer einschließlich Frauen nach Anhörung des Kriegsamtes. Stiftung oder vorübergehende Einrichtung von königlichen Gebäuden als Erholungsheime für Rüstungsarbeiter.

c) Presse muß mehr Aufklärung im Wort, vor allen Dingen aber auch im Bild und Film bringen über die in harter Pflichterfüllung geleistete Arbeitstätigkeit des Monarchen und der Mitglieder seines Hauses, über die Einfachheit ihrer Lebensweise, Leistungen vor dem Feinde, Verluste pp. Erhöhte Tätigkeit in Lazaretten und Verwundetenfürsorge. Veröffentlichung der Reden und gelegentlicher geeigneter Äußerungen S. M.

d) Das Hofunterpersonal ist zu strenger Vermeidung jeden Klatsches und falscher Gerüchte anzuhalten.

e) Den Gerüchten über den Kronprinzen muß ein Ende gemacht werden. Weitergabe eines diesbezüglichen Schreibens des Chefs des Generalstabes vom 2. April, auch an die stellvertretenden Generalkommandos und Oberpräsidenten, zur geeigneten Verwendung veranlaßt das Kriegsministerium.

f) Es wird für zweckmäßig erachtet, alle fürstlichen Heerführer mehr mit neutralen und einheimischen Journalisten pp. zusammenzubringen, die ihre persönlichen Eindrücke im In- und Auslande in günstigem Sinne verwerten können. Vorsicht bei der Auswahl dieser Leute, die nie allein empfangen werden sollten.

g) Persönlicher Empfang und Aussprache mit Parlamentariern möglichst aller Parteien durch S. M.

h) Regierungsmaßnahmen, besonders auf dem Gebiet der sozialen Fürsorge und zur Erleichterung der Lebensmittelversorgung weiterer Volkskreise, sind in der Presse usw. möglichst auf die Initiative S. M. des Kaisers und Königs zurückzuführen.

VII. Geldmittel waren bisher nur für die Auslandspropaganda in unzureichender Weise vorhanden. Sie müssen aber auch für Inlandspropaganda sogleich für alle in Betracht kommenden Stellen flüssig gemacht werden.«

Überflüssig, zu erwähnen, daß auf österreichischer Seite diesen Überlegungen nichts gegenüberstand – ausgenommen der brave Hauptmann Werkmann. Der werkte mit seinem unzureichenden »Pressebüro«, einem schäbigen Stübchen auf dem »Fräulengang No. 37« in der Wiener Hofburg, in »schäbigem Byzantinismus«, wie es nach dem Ende der Monarchie hieß, und versuchte verzweifelt, irgendwelche Berichte über Besuche der noch kurze Zeit vorher angehimmelten, nun schon zur Zeit der Monarchie schier verfemten Kaiserin unterzubringen, und das meistens vergeblich, tratschte doch ganz Wien bereits über die von Cramon, von Bussche oder von Riepenhausen fabrizierten neuesten Skandalgeschichten.

Wer die Unmenge von zensurierten Briefen im Wiener Kriegsarchiv einmal durchsieht, wird mit immer größer werdendem Staunen bemerken, wie breit und umfassend die Friedenssehnsucht der einfachen wie der gebildeten Bevölkerungsschichten Österreich-Ungarns war.

Um so fassungsloser ist der Betrachter des Schicksals Kaiser Karls und seiner Gemahlin, daß es nicht gelang, ja nicht einmal im entferntesten gelang, das junge, friedliebende, auf Ausgleich und Gerechtigkeit bedachte Herrscherpaar, den Völkern Österreich-Ungarns entsprechend ihren Zielsetzungen zu präsentieren.

Schließlich erreichten Hetze und Lügenberichte solche Ausmaße – und wirkten so stark über die Jahrzehnte hinweg nach – daß der Autor dieser Zeilen im Jahre 1972, als er anläßlich des 80. Geburtstages der Kaiserin eine Fernseh-Dokumentation herstellte, immer wieder und von allen Seiten gefragt wurde, in »welcher Sprache« das Interview wohl gemacht werde, ob in italienisch oder französisch. Daß Kaiserin Zitas Muttersprache Deutsch war, wußte so gut wie niemand.

Kaiser Karl hat sich in verschiedenen Schriften zu dem Problem der Hetze gegen die Kaiserin und gegen ihn persönlich gewendet; mitunter ist den Ausführungen des Kaisers ganz deutlich zu entnehmen, wie unendlich traurig er über die Lügen und Verleumdungen war, die in den breitesten Schichten des Volkes geglaubt wurden.

Eines dieser Dokumente stammt aus der letzten Zeit seines Exils auf

Madeira; selbst von dort aus mußte der junge Monarch noch miterleben, wie die Hetze gegen ihn und die Dynastie weiterging (übrigens bis in die Siebzigerjahre dieses Jahrhunderts hinein, wenn auch dann schon aus anderen Motiven). Kaiser Karls »handgeschriebene Weisungen« zu der Hatz gegen seine Familie und ihn wirken heute wie eine Anklageschrift eines unschuldig Verurteilten.

Handgeschriebene Weisungen S. M. über Verleumdungen

»Wie kann es heute Nebenregierungen oder Nebeneinflüsse geben, wo keine Regierung und kein verfassungsmäßiger Einfluß besteht. Ich finde es auch merkwürdig, daß gutgesinnte Leute großdeutsche oder sozialdemokratische Wahlschlagworte und Ansichten eidbrüchiger Minister sich zu eigen machen. Es haben niemals Nebeneinflüsse bestanden. Ich habe pflichtgemäß die Meinung verschiedener Leute gehört und mir aus alldem meine eigene Meinung gebildet. Das Volk glaubt immer, der Kaiser könne keine eigene Meinung haben und sucht nach ›dunklen Ratgebern‹, die gar nicht existieren.
Die Hauptfakten, die die Leute immer für die Nebenregierung anführen, sind die Amnestie und der Sixtusbrief. Die Amnestie war meine eigene Idee und ich habe sie dem Ministerpräsidenten Seidler vorgeschlagen, in einem Moment, wo es innenpolitisch keine anderen Ausweg gab und sie im Ausland unsere ernste Friedensgeneigtheit bewiesen hat.
Den Sixtusbrief bereue ich nicht eine Sekunde lang, ich würde heute geradeso handeln, wenn ich in derselben Lage wäre. Ich, der Kaiser, habe über Krieg und Frieden zu entscheiden und vor Gott habe ich die Verantwortung, wenn irgendeine Gelegenheit versäumt würde, diesem nutzlosen Blutvergießen ein Ende zu machen.
Minister kommen und gehen, aber die Verantwortung vor der Geschichte trägt immer der Monarch. Ist denn der für den Krieg verantwortliche Minister des Äußeren, Leopold Graf Berchthold, landesverwiesen und beraubt worden oder die Dynastie? Wird in der ganzen Welt Kaiser Wilhelm II. oder sein Kanzler, der Bethmann-Hollweg, verfolgt?
Ich lasse mir von niemandem ein Sittenzeugnis ausstellen, ob ich in der Lage bin, zurückzukehren oder nicht. Ich habe mich von Früh bis Abend abgemüht, um meinen Völkern den Frieden zu geben, um ge-

nau jenen Leuten, die heute solchen von unseren Feinden erfundenen Schlagworten (Nebenregierung, Unterrockspolitik, etc.) nachjagen, ihre Söhne und Verwandten zu retten!
Es ist dies ein krasser Undank. Übrigens sind solche Verleumdungen von Monarchen so alt wie die Welt. Um nur ein paar Beispiele aus der neuen Zeit zu erwähnen, verweise ich auf die dummen Redensarten, die über Kaiserin Augusta und deren »bösen Einfluß« auf Kaiser Wilhelm I. geführt wurden. Genauso ging es König Ferdinand von Rumänien und Königin Marie, Kaiser Franz Joseph und General de Grunne, dem König von Italien und der Königin-Mutter Margherita.
Man darf auch den Wert solcher Calomnien nicht überschätzen. Sie gehen übrigens auch auf die treuen Diener der Monarchen über und es werden [unleserlich] auch über sie wie über alle anderen mir Getreuen Verleumdungen kolportiert.
Dann gibt es da Gedanken, Kronprinz Otto zum Kaiser auszurufen. Diesen Ottonianern kann gesagt werden, daß ich einem solchen Unsinn, wie daß ein achtjähriges Kind heute in dieser schweren Zeit herrschen soll, niemals meine Unterstützung leihen werde. Ich werde das Kind nie herausgeben, lieber soll es nie mehr zur Monarchie kommen! Eine Monarchie ohne Legitimität ist schlechter als die Republik, da ich nicht abgedankt habe und niemals abdanken werde. Übrigens sollen jene Leute, die solche Ideen haben, aus der Geschichte lernen, daß gerade eine Vormundschaft die größte Quelle aller Intrigen ist und war, und zwar immer zum Unglück des Landes. Was Frankreich anbelangt, so ist dieser Staat heute der führende in der Entente, und England hat ihm die Präponderanz am Kontinent überlassen. Seit der Niederlage Rußlands steht Frankreich stark da.
Was ihre Angst wegen gewisser Persönlichkeiten in meiner Umgebung betrifft, so wissen Sie ja ganz genau, daß ich bei jenen Leuten genau ihre guten und auch ihre schlechten Eigenschaften zu beurteilen weiß. Sie sind nicht ideal, aber man hat nichts besseres.
Ich bitte Sie auf Grund des Vorstehenden, die vielen falschen Ansichten, die leider auch von Gutgesinnten vertreten zu werden scheinen, zu zerstreuen und überall den unsinnigen Ausstreuungen und Gerüchten über eine Nebenregierung und Nebeneinflüsse auf das Entscheidenste entgegenzutreten.«

Doch was soll's … es trat niemand entgegen.

Es sei nicht verabsäumt, hier noch einmal klare Kritik an Kaiser Karl zu üben, und zwar anhand eines von ihm geprägten Wortes, das er im Zusammenhang mit der Affaire Czernin-Clemenceau niederschrieb, als die Friedensversuche ins Scheitern gerieten:
»Wie leicht wäre es damals gewesen, durch den Hinweis auf meine Friedensliebe, die trotz allen Siegfriedlerwahnsinns der Intelligenz und der Politiker dennoch friedenssehnsüchtigen Volksstimmung für meine Aktionen zu gewinnen!«
Wie recht Kaiser Karl hat.
Nur: warum hat niemand rechtzeitig gehandelt, warum überließen die – immer noch – Mächtigen von damals das entscheidende Schlachtfeld, jenes der Propaganda, den anderen?

Dazu Kaiserin Zita (Waldstein, Juli 1983):
»Kaiser Karl war absolut kein Feind Deutschlands. Er hatte natürlich ein berechtigtes Mißtrauen gegen die Leute aus der Ludendorff-Clique und deren geistige Verwandte.
Auch war er davon überzeugt, daß ein Klein-Österreich allein schon aus der materiellen Not der Menschen angeschlossen wird. Und daß das weitgehende Folgen hätte und vor allem ein neuerlicher Zusammenschluß des Donauraumes in weite Ferne rücken müßte.
Dies wieder mußte, das sah Kaiser Karl schon damals klar voraus, eine große Tragödie für alle anderen Länder der Monarchie sein, weil da ja ein Vakuum für den Bolschewismus geschaffen werden würde. Weniger ein Vakuum für Deutschland, da Deutschland mit den slawischen Völkern und mit dem ungarischen Volk ja nicht so viel anzufangen wußte. Deswegen war die Erhaltung Österreichs für den Kaiser auch zur Eindämmung des Bolschewismus notwendig, auch ein unabhängiges Klein-Österreich konnte da noch von Bedeutung sein als Mittelpunkt des Donauraums.
Kaiser Karl hat die Gefahr nicht in einem großen Deutschland, sondern in einem zerstückelten Donauraum gesehen, weil der sich gegen den Bolschewismus nicht zur Wehr setzen kann.
Kaiser Karl macht berechtigte Bemerkungen über die Wirksamkeit der Ludendorff-Clique. Es sollte durch Kommentare nicht der Eindruck erweckt werden, daß dem Leser das Gefühl bleibt, daß Kaiser Karl in welcher Form auch immer anti-deutsch eingestellt war, was er nicht war. Es wurde wohl auch in den Entente-Staaten gegen Österreich und die

Dynastie gearbeitet, und gewisse Pressestellen spezialisierten sich auf die scheußlichsten Geschichten, zum Glück aber haben diese Publikationen im Feindesland nicht so arg über die Grenzen wirken können, wie jene in Deutschland. Vielfach war es auch so, daß gewisse antiösterreichische Ideen, ursprünglich in den Ländern der Entente verbreitet, von der zuständigen Stelle bei Ludendorff aufgegriffen und zu uns weitergegeben wurden. Eine Spezialität der Entente-Propaganda waren übrigens Karikaturen, bei denen wahrer Haß die Hand der Zeichner führte. Naturgemäß blieben aber solche Aktionen in ihrer Wirkung auf die Herstellerländer beschränkt, die Wirkung der antiösterreichischen Gerüchte und Falschmeldungen war unvergleichlich stärker.«

8. Kapitel

Aufzeichnungen Kaiser Karls über seine Regierungszeit

Kaiser Karl hat, den besonderen Umständen seiner Regierungs- und Exilzeit entsprechend, verhältnismäßig umfangreiche Aufzeichnungen hinterlassen, fast alle mit Bleistift, genauer gesagt: dem damals so beliebten wie modernen »Tintenblei« in seiner zügigen, groß angelegten Handschrift verfaßt.
Der Unterschied im Schreibstil des jungen, kaiserlichen Paares ist augenfällig; während die Kaiserin mit ihrer präzis eckigen, bis ins hohe Alter fast völlig unveränderten Handschrift besonders flüssig und spannend ihre Erlebnisse zu Papier bringt, herrscht im Stil Kaiser Karls das soldatische Element vor, eine Sprache, die doch sehr stark durch die militärische Dienstzeit und den überwiegenden Umgang mit Armee und Verwaltung geprägt ist.
Die Wiedergabe der Aufzeichnungen Kaiser Karls erfolgt mit nur ganz unbedeutenden Änderungen; auch die Interpunktion des Kaisers wurde fast unverändert übernommen und nur bei offenkundigen Flüchtigkeitsfehlern berichtigt.
Entstanden sind die Aufzeichnungen fast zur Gänze in Prangins, dem Exilsitz Kaiser Karls am Genfer See, einem Besitz der Familie Napoléon.
Kaiser Karl übersiedelte im Mai 1919 aus dem Schloß Wartegg (Kanton St. Gallen), einem Besitz der Bourbon-Parma, in das geräumige Haus am Genfer See, wo er bis zum Ende des ersten Restaurationsversuches seinen Wohnsitz hatte; ab Mai 1921 bewohnte der Kaiser mit seiner Familie die Villa Hertenstein am Vierwaldstättersee.
Nach außen hin mußte der Aufenthalt Kaiser Karls in der Villa Prangins vom Mai 1919 bis zum März 1921 (seine Abreise nach Ungarn) als eine der ruhigsten, friedlichsten Zeitspannen im Leben des jungen Monarchen und seiner Familie erscheinen.
In Wahrheit hat Kaiser Karl gerade von Prangins aus sowohl den An-

schluß Österreichs an Deutschland verhindert als auch die erste große Anleihe für den Reststaat erwirkt; von dort aus wurden auch alle Fäden zur Rettung Ungarns gezogen.
Diese Fülle von Aktivitäten erklärt auch den flüchtigen Schreibstil, im übrigen ist der Wandel in Gesinnung und Auffassung der Gegebenheiten im Vergleich zu den ersten Aufzeichnungen des jungen Erzherzogs zu Beginn des Krieges, aber auch 1918, bei aller Unwandelbarkeit der moralischen und religiösen Grundsätze, augenfällig. Auffallend auch die meist eher – fast kühl wirkende – distanzierte Haltung des jungen Monarchen: nichts bringt ihn aus der Ruhe, sein schlichtes Gottvertrauen und sein Sendungsbewußtsein halten ihn immer in gebührendem Abstand, ohne daß er deswegen gewissen urwienerischen Tugenden des Redens – und Schreibens – über Leute in seiner Umgebung, seien es nun »Kollegen« (wie König Ferdinand von Bulgarien) oder Menschen in seinem Bannkreis, völlig abhold wäre ... auch Soldatenhumor ist dabei.
Es mag auffallen, daß Kaiser Karl in diesen Papieren ausschließlich auf Vergangenes Bezug nimmt: seine gleichzeitig laufenden Bemühungen zur Rettung der Unabhängigkeit Österreichs und der Wiedererlangung der Macht in Ungarn finden aus Sicherheitsgründen mit keiner Silbe Erwähnung.

Handschriftliche Aufzeichnungen Kaiser Karls, entstanden in Prangins, am Genfer See, zwischen Juni 1919 und September 1921:

Diese Schrift ist ohne die Mithilfe amtlicher Dokumente verfaßt. Sie bezweckt, Gründe verschiedener Maßnahmen zu erörtern und gewisse, bisher wenig bekannte Nebenumstände aufzuzeigen.
Mein Bestreben war von Anfang, ja sogar vor Anfang meiner Regierung auf zwei Hauptpunkte konzentriert: den Frieden im Innern, und den Frieden nach Außen. Im voraus will ich, jetzt, wo man alle Ereignisse klar überblickt, bemerken, warum beides nicht gelang.
Der äußere Frieden scheiterte an der Unersättlichkeit Italiens – kein Kaiser von Österreich konnte unbesiegt den Italienern Österreichs einzigen großen Hafen – Triest – abtreten.
Der innere Friede scheiterte an der maßlos dummen Haltung herrschender Cliquen von Deutschen und Ungarn.

Man kann die österreichische Frage auf zweierlei Art lösen: entweder parlamentarisch, oder durch Staatsstreich. Ersteres war mit dem ungarischen Gentry-Parlament und dem nie arbeitenden österreichischen Reichsrat unmöglich, und für letzteres fehlte die Armee, die ja draußen im Felde stand und auch schon Ende 1916 nicht mehr das alte, verläßliche Instrument war, wie vor 1914.

Unter »Lösung der österreichischen Frage« kann ich mir nur eine föderalistische Lösung denken, in der jedes Volk gleichberechtigt und frei ist, und nur die für das Zusammenleben der Völker unbedingt notwendigen Klammern – Armee, Äußeres, Wirtschaftliches – vorhanden sind. Dies ist die geschichtliche Entwicklung und entspricht den alten Traditionen unseres Hauses.

Wie schon vorher erwähnt, hätte diese einzig richtige Lösung nur gegen den Unverstand der herrschenden Kreise der Ungarn und der Deutschen erreicht werden können.

Aber ein Ankämpfen gegen diese am Krieg am meisten interessierten herrschenden Gruppierungen mit einer Armee, in deren obersten Führungsrängen es zum Teil Menschen gab, die Deutschlands Militärmacht maßlos bewunderten, hätte zum Zusammenbruch geführt.

Dieser Zusammenbruch wäre aber dann nicht die Folge des unglücklichen Krieges sondern die Schuld Wiens gewesen (Anm. des Hrsg.: über dem Wort Wien steht in der Handschrift Kaiser Karls »des Kaisers«).

Im Nachfolgenden will ich die Schritte darlegen, die unternommen wurden, um das Ziel – den inneren und äußeren Frieden – zu erreichen.

Gleich nach der Regierungsübernahme ging ich daran, im Armee-Oberkommando Ordnung zu machen. Ich übernahm den Oberbefehl selbst und stellte den Feldmarschall, Erzherzog Friedrich, kalt. Hierauf zwang ich das A.O.K., von Teschen nach Baden bei Wien zu übersiedeln. Und zwar gegen den Willen des Chefs des Generalstabes, damals noch Conrad, da ich dasselbe stets unter meinen Augen haben wollte und es außerdem nicht weit von den Zentralstellen entfernt sein durfte.

Andererseits ist es aber für ein hohes Kommando gut, wenn es seinen Standort in der Mitte zwischen der Nord- und der Südfront hat. Kurz darauf ging auch Conrad und Arz wurde Chef des Generalstabes. Auch die sonstigen Offiziere des A.O.K. wurden zum großen Teil gewechselt. Die Gründe für diese Sprengung des Armeeoberkommandos sind mannigfaltig. Erzherzog Friedrich war zwar ein guter Mensch aber gänzlich unfähig und ohne irgendeinen eigenen Willen. Besonders Conrad gegenüber war er eine reine Puppe. Conrad wieder war zwar als Chef des Generalstabs zweifellos ein sehr fähiger General; er war auch vor dem Krieg von der ganzen Armee vergöttert worden. Seit Kriegsbeginn aber vermied er es, er, der sonst so jugendliche und agile Conrad, durch seine Umgebung beeinflußt, außer einigen wenigen Frontbesuchen den so nötigen Kontakt mit der Truppe aufrechtzuerhalten. Er verschloß sich in sein Büro in Teschen und operierte mit den Divisionen wie mit den Kasterln am grünen Tisch, ausschließlich auf die nicht immer einwandfreien Meldungen der Armeen angewiesen. Außerdem hatte der im 64. Lebensjahre stehende General mitten im Kriege eine verhältnismäßig junge, geschiedene Frau »geheiratet«! Abgesehen davon daß diese Handlungsweise bei einem Großteil der Armee scharf kritisiert wurde, begann im Hauptquartier eine Weiber- und Protektionswirtschaft.

Ein Hauptfehler des Feldmarschalls war sein gänzlicher Mangel an Menschenkenntnis, wodurch es kam, daß er immer wieder von seiner Umgebung schlecht beraten wurde, das A.O.K. in allen Personalangelegenheiten große Schnitzer machte und voreilig Existenzen ruinierte. Sein Reglement für die Fußtruppen und die Gefechtsführung war zwar ein sehr angenehm zu lesender Roman aber viel zu wenig präzis und beachtete den für unseren verhältnismäßig schwachen und von so vielen Feinden bedrohten Staat so notwendigen Verteidigungskrieg kaum.

Das Wort »nur im Angriff liegt das Heil« hat vielen braven Soldaten unnütz das Leben gekostet. In politischen Sachen war Conrad vielfach wieder durch seinen Mangel an Menschenkenntnis ein großer Dilettant. Er war stark deutsch orientiert; dabei schwebte ihm eine Art Trialismus vor »Österreich – Ungarn – Südslawien« bei Unterdrückung der anderen Nationen. Für die Tüchtigkeit der deutschen Armee erwies er unbegrenzte Hochachtung, was ihm zwar kein Soldat übelnehmen wird, aber er kränkte dabei, vielleicht unbewußt, den Stolz der eigenen Armee. So waren die gemischten Rekrutendepots in denen zum Beispiel ruthenische Soldaten von preußischen Unteroffizieren abgerichtet wurden ebenso wie der gegenseitige Offiziersaustausch für die Armee nur schwer zu ertragen. Besonders gegen diesen Offiziersaustausch habe ich als Heeresfrontkommandant meine schwersten Bedenken gerichtet. Ich habe damals gesagt: »Wie kann man glauben, daß ein preußischer Offizier einen tschechischen oder anderssprachigen Mann im Augenblick des Angriffs zum Einsatz seines Lebens anspornen kann, wenn er weder dessen Sprache noch Sitte und Eigentümlichkeiten kennt? Umgekehrt kann ich es mir bei unseren deutschsprechenden Offizieren in der reichsdeutschen Mannschaft viel eher denken.« Beide Angelegenheiten sind ein schlagender Beweis der Truppenfremdheit des A.O.K.

Feldmarschalleutnant Metzger, der Chef der Operationsabteilung war ein braver Soldat, reich an Ideen aber durchdrungen von der Unfehlbarkeit Conrads. Von den übrigen Herrn ist noch Oberst Slamicka zu erwähnen, der durch seine scharfe Feder sehr viel geschadet hat.

Ich entließ den etwas verknöcherten Minister des Äußeren Baron Burian und nahm den Grafen Czernin, weil er ebenso wie ich den allerschleunigsten Friedensschluß zu seiner obersten politischen Richtlinie erhoben hatte. Czernin erwies sich, wie sich später herausstellte, als ein Blender. Er war gewiß sehr gescheit aber fahrig und nervös. Er hatte immerfort neue Ideen die sich überstürzten und führte keine zu Ende. Dabei war er maßlos ehrgeizig und scheute vor keinem Mittel zurück, seinen Ehrgeiz zu befriedigen.

Ich entfernte auch ein böses Gewächs des Alten Österreich, den Direktor der Bodenkreditanstalt, Doktor Rudolf Sieghart. Als kleiner Konzeptpraktikant im Finanzministerium von Graf Taaffe aus der Taufe gehoben, wurde er innerhalb kürzester Zeit Sektionschef im Ministerratspräsidium und die rechte Hand von Baron Beck, Ministerpräsident bis 1908. Die öffentliche Meinung erzählt von vielen »merkwürdigen« Begebenheiten aus dieser Zeit. Nach Becks Abgang wurde Sieghart Direktor der Bodenkredit und jede österreichische Regierung buhlte um dessen Gunst. Dies ging so weit, daß ihm sogar zahlreiche Akten der Ministerien gezeigt wurden. Grund hierfür war, daß Sieghart durch das Geld seiner Bank fast alle Zeitungen gewonnen und sich zahlreiche einflußreiche Leute bis hinauf in die höchsten Kreise durch seine »Gefälligkeiten« verpflichtet hatte; diese entsetzliche Korruption konnte nur dadurch aufhören, daß dem Herrn Sieghart seine Geldquelle in dieser Bank verstopft wurde. Die politische Gesinnung Siegharts entsprach der jeweiligen Konjunktur. Es ist merkwürdig, daß die Entfernung dieses Mannes sogar in Frankreich Aufsehen erregte.

Ich habe auch sonst alles getan, um nach Möglichkeit die Korruption zu

bekämpfen. Ich verpönte das österreichische Vertuschungssystem und ließ bei den Skandalprozessen (Lustig, Odeskalki, Kranz, Leinweber etc.) der Gerechtigkeit freien Lauf. Daß sich diese wenig schönen Ereignisse in einem großen Kriege hauptsächlich nur auf militärischem Gebiet zutrugen ist nur selbstverständlich. Diese Tatsachen erschütterten die Stellung des Kriegsministers. Es ist meine heiligste Überzeugung, daß der brave alte Soldat Krobatin an allen diesen Unregelmäßigkeiten so unschuldig ist wie ein neugeborenes Kind; daher verlieh ich auch diesem verdienten General nach seinem Rücktritt das Kommando der 10. Armee, was ihn riesig freute. Er war mit seiner Gradheit und Offenheit die niemandem mißtraute und durch die er von seinen Soldaten vergöttert wurde, mehr zum Frontsoldaten als zum Kanzleimann geeignet.
Aber in diesem Zusammenhang muß auch noch zweier anderer unangenehmer Angelegenheiten gedacht werden, nämlich der »Milchgeschäfte« des Erzherzogs Friedrich und der »Dörrgemüse« des Erzherzogs Leopold Salvator. Was den ersten Fall anbelangt ist das Hinaufschnellen der Milchpreise einem ungeschickten Manöver der Angestellten Erzherzog Friedrichs zu verdanken, das ihrem Herrn sehr geschadet hat, zumal dieser ohnehin so reich war. Warum Fritz bei seinem vielen Gelde der Allgemeinheit zuliebe nicht geldliche Opfer bringen konnte, ist mir unerklärlich. Ich erfuhr von der ganzen Milchangelegenheit übrigens erst bei der Revolution. Die Dörrgemüsegeschichte verhielt sich folgendermaßen: der Erzherzog Leopold oder sein Sohn besaßen in Galizien ein Gut Izdebnik, das für die Heeresverwaltung bei einem Gewinn von einem Prozent Dörrgemüse lieferte. Dieser Gewinn wäre keineswegs als »übermäßig« zu bezeichnen. In der ganzen Angelegenheit spielte ein gewisser »Konsul« Kraus eine dunkle Rolle. Man kann aber dennoch den Erzherzog nicht davon freisprechen, daß er gerne Geschäfte entrierte, die in Anbetracht seiner hohen Stellung einfach unmöglich waren. So hatte er zum Beispiel eine Erfindung bei Autos gemacht und führte sie beim Militär ein, weil er sie für praktisch hielt. Er ließ sich aber im Krieg per Auto die Prozente geben. Als ich von der Sache erfuhr, befahl ich ihm sofort, keine Gewinnanteile mehr anzunehmen und die schon erhaltenen zu ersetzen, was er auch nach bestem Können tat. Der Erzherzog fand an all den Sachen nichts dran. Es fehlte ihm, so wie der Erzherzogin Blanka auch, eben die Gabe, zu erkennen, daß das, was für einen anderen Menschen noch recht und

billig ist, für einen Erzherzog bereits einen Fehltritt darstellt. Den Ministerpräsidenten Körber entließ ich, weil er ein Wurschtler des alten Systems war und ernannte den Grafen Clam, von dem ich erhoffte, daß er als Tscheche keinen großen Widerspruch bei den Slawen finden würde. In seinem Programm hatte er zwar noch das Oktroi, das den Deutschen in Österreich die Vorherrschaft gesichert und das Deutsche zur Staatssprache erhoben hätte, aber ich zog die definitive Entscheidung solange hinaus, bis Czernin nach der russischen Revolution erklärte, jetzt wäre dieser absolutistische Akt schon aus außenpolitischen Gründen unmöglich. Der Grund, warum nicht offen gegen diesen deutschen Wunsch angekämpft werden konnte war der, daß das Nationalgefühl der Deutschen in Österreich und hiemit ihre so kindische Herrschsucht durch die deutschen Siege ins Maßlose gestiegen war und man in diesen unglückseligem »Schulter an Schulter«-Krieg unsere Deutschen in Österreich nicht offensichtlich brüskieren konnte. Diese dumme deutsche Politik gegenüber anderen Nationen, von Berlin aus unterstützt, zieht sich wie ein roter Faden, unheilvoll und jede Reform hindernd, durch die ganze Politik der Jahre 1917 und 1918.
Noch ein Wort über den Abgang Clams. Nachdem das Parlament eröffnet worden war, die Opposition der Slawen begonnen hatte und selbst die sonst (gegen Entgelt) so regierungstreuen Polen schwankend wurden, war das Ministerium au bout de son latin. Graf Clam war sich der Unhaltbarkeit der Lage voll bewußt und wurde nicht, wie gewisse Leute behaupten, von mir selbst »abgesägt«. Ich empfing, im Einvernehmen mit dem Grafen Clam, den Führer der Slowenen, Doktor Korošec, der mir gleichfalls die großen Schwierigkeiten, die dem Kabinett drohen, schilderte. Ich teilte dem Ministerpräsidenten Clam den Inhalt meines Gespräches mit Korošec mit und erklärte ihm gleichzeitig, daß nun auch ich seiner öfters geäußerten Ansicht beitreten würde, daß die Lage des Kabinetts unhaltbar sei. Bald darauf demissionierte Graf Clam. Das Gerücht mag durchaus entstanden sein, daß eben am Tage der Audienz von Korošec, Graf Clam mit den Polen zum soundsovielten Male verhandelte und diese Verhandlungen gewisse Aussichten auf Erfolg zeitigten. Dennoch war das Kabinett durch die Oktroifrage dermaßen kompromittiert, daß sein Sturz ob nun mit oder ohne Polen nur eine Frage von Tagen war. Daher entschloß ich mich, das Kabinett lieber demissionieren zu lassen, unter die Oktroifrage einen dicken Strich zu machen und ein neues Kabinett zu berufen. Clams Nachfol-

ger wurde zuerst provisorisch, schließlich definitiv, Doktor Seidler. Die Welt hat über diesen Mann unterschiedlich geurteilt. Eins ist aber sicher: Kein Ministerpräsident in Österreich hatte es so schwer und er war ein treuer, unbedingt verläßlicher Diener seines Herrn. Nebenbei gesagt war es in Österreich furchtbar schwer, einen Ministerpräsidenten zu finden, der, wie wir aus oben Gesagtem wissen, ein Deutscher sein mußte, dabei aber nicht deutschnational fühlen durfte, den Slawen »erträglich« sein mußte und dabei nicht aus der alten »Rüstkammer« sein durfte. Die kriegerischen Verhältnisse brachten es mit sich, daß der Anwärter auf die Ministerpräsidentschaft auch mit Pest, dem Ballhausplatz und Baden harmonieren mußte. Man kann sich denken, daß die Auswahl keine große war.
Es ist vielfach behauptet worden, daß Graf Clam auf die Bitte des Abgeordneten Korošec hin durchs Telephon zur Demission gezwungen worden wäre. Dies ist unrichtig! Graf Clam sah schon lange selbst ein, daß seine Demission unvermeidlich sein wird, nur ich war nicht dafür. Mit seinem Wissen, ich glaube sogar auf des Ministerpräsidenten Bitte hin, wurde Korošec empfangen, der mir die Auffassung der Lage durch Graf Clam selbst vollinhaltlich bestätigte. Dies telephonierte ich Graf Clam und sagte ihm, daß ich nun auch seine Demission für unvermeidlich halte, worauf das Kabinett demissionierte.

Dazu eine Bemerkung von Kaiserin Zita (August 1983):
»Ob man Clam als Tschechen bezeichnen kann, weiß ich nicht. Jedenfalls wurde er dann von den Tschechen enteignet. Ich weiß von immer her, daß Clam ein äußerst anständiger Mann war, den der Kaiser sehr geschätzt hat. Kaiser Karl hat es immer sehr gewürdigt, daß Clam zu einer Zeit, als es viele andre abgelehnt hatten, ihm als Ministerpräsidenten zu dienen, dieses angenommen hatte, obwohl er wußte, was das für eine schwierige und undankbare Aufgabe sei.«

Am 2. Juli 1917 kam die Amnestie heraus, die zu soviel Mißdeutung Anlaß gegeben hatte. Die Gründe zur Amnestie waren sowohl außenwie auch innenpolitischer Natur; außenpolitisch sollte der Entente bewiesen werden, daß die Monarchie allen ihren Völkern ein gerechter Hort ist[1], innenpolitisch sollte die Versöhnung der Völker angebahnt

1 Handschriftliche Anm. Kaiser Karls: »ein Umstand, der bei den Westmächten die Friedensgeneigtheit gegenüber uns jedenfalls stärken mußte.«

werden. Die militärischen Gerichte hatten während des Krieges so viele übereilte, man muß sogar sagen: ungerechte Verurteilungen erfließen lassen und so viele nicht genügend fundierte politische Prozesse entriert, daß bei der Fülle des Materials eine individuelle Begnadigung unmöglich war. Es ist unwahr, daß Kabinettsdirektor Graf Polzer in irgendeiner Hinsicht der Initiator der Amnestie war. Polzer verfaßte nur auf meinen Befehl den Entwurf. Ich allein hatte die Idee der Amnestie und besprach dieselbe mit Ministerpräsident Doktor Seidler, der derselben freudig zustimmte. Es ist unwahr, daß es sich bei der Amnestie größtenteils um Tschechen gehandelt hat.
Es wurden 114 Tschechen und 94 Deutsche amnestiert, dann noch eine große Anzahl anderer Nationalitäten, so daß die Nicht-Tschechen eindeutig überwogen. An den zahlreichen militärischen Urteilen trugen neben untergeordneten übereiligen militärischen Dienststellen Conrad und sein A.O.K. die Schuld, die immer mit »starker deutscher Hand« regieren wollten und dabei unseren wirklichen politischen Verhältnissen fremd gegenüberstanden. Als Beispiele für jene famosen Urteile führe ich an: am Anfang des Krieges wurden in Dalmatien Leute erschossen, die unter dem Rufe »Civio Král Fr. J.« [Es lebe König Franz Joseph] starben. In Cattaro wurde von einem jungen Generalstabshauptmann der Bischof als Geisel für die Wasserleitung ausgehoben. Der Bezirkshauptmann Hofrath Budissajevič, der dagegen Einspruch erhob, wurde als »Serbophil« seines Postens enthoben und nach Wien ins Ministerium einberufen; erst im Jahre 1917 wurde er über meinen ausdrücklichen Befehl wieder in Cattaro in seiner Würde eingesetzt.
Der Prozeß Krámař wurde auf ganz unsicherem Beweismaterial aufgebaut. Krámař wurde ganz ungesetzlich auf Befehl des A.O.K. im Hinterland in Prag verhaftet, ein Vorgehen, das Kaiser Franz Josef dem A.O.K. sehr verübelt hat und zu einer sehr energischen Rüge Anlaß gab. Alle hohen Staatsfunktionäre sagten zu Krámařs Gunsten aus, wie konnten sie auch glauben, daß ein Mann, der noch vor einem Jahr mit Einverständnis des Ballhausplatzes in Belgrad mit den Serben über die Möglichkeit eines freundlicheren Verhältnisses zwischen Serbien und der Monarchie verhandelt hat und immer und immer betonte, daß er zwar auf tschechischer Basis stehend ein Gegner des Deutschen Bündnisses, aber dennoch ein guter Österreicher sei, plötzlich über Nacht ein Hochverräter geworden wäre? Krámař war ein Kriegsgeg-

ner, verhielt sich bei allen patriotischen Anlässen passiv, war aber kein Verbrecher. Der Prozeß schien im Sande zu verlaufen, da wurde er durch einen Wink aus Teschen neu belebt und die gehorsamen, jedenfalls nicht blinden Richter verurteilten ihn zum Tode.
Klofač saß drei Jahre in Untersuchungshaft, ohne daß man genügend Material für den Prozeß besaß. Eine Kellnerin aus dem Gailtal (Kärnten) die sich weigerte, den Offizieren sofort Bier zu geben, wurde zum Tode verurteilt, jedoch nicht exekutiert. Der Führer des Deutschen Nationalverbandes, der sonst gutmütige aber nicht sehr erleuchtete Kärntner Abgeordnete Prof. Waldner und der brave Tiroler Bauernabgeordnete Niederrist wurden aus nichtigen Gründen eingesperrt. So könnte man noch viele Beispiele erwähnen.
Der außenpolitische Eindruck war im ersten Moment ein sehr guter, nur fehlte dann im weiteren Verlauf das dankbare Echo aus dem eigenen Lande. Die Deutschen, die im ersten Moment durch ihren Obmann Prof. Waldner (siehe oben) ihren Dank ausdrücken ließen, fingen dann auf einmal an, furchtbar auf die Amnestie zu schimpfen. Die Abgeordneten hatten die Frechheit mir sagen zu lassen, sie wären in ihrem Inneren zwar mit der Amnestie einverstanden, müßten aber dennoch wegen der Stimmung ihrer Wähler dagegen auftreten. Es kam zu unliebsamen Szenen im Parlament, wo die Slawen »Hoch Kaiser Karl« und die Deutschen »Hoch die Armee« schrien. Die Tschechen nahmen die Amnestie kühl auf und erklärten sie als Wiedergutmachung eines ihnen angetanen Unrechts. Trotz aller bösen Erfahrungen stehe ich heute noch auf dem Standpunkt, daß die Amnestie notwendig war, denn ohne sie wäre das Chaos des Jahres 18 der Dynastie wegen ihrer »Härte gegenüber den Völkern« in die Schuhe geschoben worden.
Die verschiedenen Friedensfühler, die ausgestreckt wurden, sind größtenteils bekannt. Der einzige, der wirklich eine gewisse Aussicht auf Erfolg hatte, war der durch die Vermittlung des Prinzen Sixtus. Die meisten Anderen, von zukünftigen Diplomaten geführt, waren in ihrem Inhalt so »vorsichtig« und daher unklar, daß niemand sie wirklich ernst nahm. Ich persönlich versuchte durch Vermittlung des Hl. Vaters zum Frieden zu gelangen; es handelte sich hierbei meistens um Italien, wo, wie bei den Negotiationen des Prinzen Sixtus, der Standpunkt aufrecht erhalten wurde, daß Österreich nur dann zu kleinen Konzessionen an den Gegner bereit wäre, wenn Italien Österreich

gleichwertige Entschädigungen geben würde. Hiebei möchte ich der Gerüchte erwähnen, die da behaupten, ich hätte über Bitte des Papstes oder der Kaiserin verboten, italienische Kirchen und Städte mit Bomben zu belegen. Dies ist teilweise richtig, teilweise unrichtig. Ich habe verboten, daß offene Städte die in einer gewissen Entfernung von der Front lagen und militärisch ohne Bedeutung waren (keine Kommanden, keine Truppenansammlungen) nicht mit Bomben angegriffen werden sollten und teilte diesen Befehl dem Hl. Vater mit dem Zusatze mit, daß ich bei nicht reziproquem Vorgehen der Italiener gezwungen wäre, diesen Befehl zu widerrufen. Die Gründe, die mich zu diesem Befehl bestimmt hatten, waren: erstens militärischer Natur, zweitens außenpolitischer Natur, drittens zum Schutze der eigenen Bevölkerung. Militärisch: schon bei der Offensive im Jahre 1916 machte ich als Korpskommandant die Erfahrung, daß die eigenen Flieger obwohl numerisch schwächer als der Gegner, anstatt diesem den Einblick in die eigene Situation zu verschließen und ihm das ungehinderte Bombenwerfen hinter der eigenen Front zu verwehren, fortgesetzt große Raids machten, wobei sie gewöhnlich mehrere der so kostbaren Apparate einbüßten und das Ziel, die Zerstörung irgend eines Wasserwerkes oder Bahnhofes auf hunderten von Kilometern hinter der feindlichen Front, nicht im Verhältnis zu dem durch die feindlichen Flieger angerichteten Schäden stand; (nebenbei gelangen die Zerstörungen meistens nicht). Der Zweck war, eben durch diesen Befehl die bei den Fliegern so beliebten Raids einzudämmen. Außenpolitisch: der Papst wußte davon und ich bin bei seiner Friedenssehnsucht überzeugt, daß er diesen Akt der Humanität auch unserem Gegner zur Kenntnis gebracht hat, was wieder geeignet gewesen wäre, unseren Feinden den wohltuenden Unterschied zwischen unserer und der deutschen Kriegsführung vor Augen zu führen. Es ist ja Tatsache, daß gerade die Bombenangriffe, bei denen unschuldige Frauen und Kinder zum Opfer fielen, den Haß zwischen den Kriegsführenden zur Siedenhitze brachten. Schutz der eigenen Bevölkerung: Ich hoffte, daß die Italiener so vernünftig wären, in diesem Falle unsere großen Städte den ihren zuliebe zu verschonen; es war ja auch zu hoffen, daß sie die so dicht gedrängten Fabriken des Steinfeldes schonen würden, damit nicht Wiener Neustadt und die umliegenden Orte Schaden leiden. Eine Intervention der Kaiserin in dieser Angelegenheit hat selbstverständlich nicht stattgefunden.

Ein interessantes Detail dieser Frage: Der große »Friedensmann« Czernin klagte eines Tages während einer Audienz heftig über dieses Verbot: »So viele Mütter geben ihre Söhne freudig für Kaiser und Vaterland her und viele dieser Söhne würden Flieger, die jetzt dadurch in größerer Gefahr schweben würden, da die Italiener die Flak aus ihren Städten herausziehen und an die Front bringen würden. Diese größere Gefahr für ihre Lieben würden diese Mütter jenem Verbote und damit dem Kaiser in die Schuhe schieben«. – Czernins Sohn hatte sich eben zu den Fliegern gemeldet! (Nebenbei glaube ich nicht, daß die Italiener dies auf einen bloßen Befehl des feindlichen A.O.K. hin taten, sie werden halt neue Flaks bekommen haben).
Ein zweites Gerücht besagt, das Gasschießen wäre aus Rücksicht für die Italiener und zum Schaden der eigenen Truppen verboten worden. Die Wahrheit ist folgende: Kaiser Franz Josef verbat das Verwenden von giftigen Gasen, ausgenommen, der Feind würde als erster dieses ebenso grausame als völkerrechtswidrige Mittel verwenden. So wurde es auch gehandhabt.
Es wird behauptet, es wäre verboten gewesen, Brandbomben zu verwenden. Die Wahrheit ist, daß unsere Industrie Brandbomben nicht erzeugen konnte.
Wir sind weit vom eigentlichen Thema abgeschweift. Die ungeschickten Erklärungen des Grafen Czernin vor dem Wiener Gemeinderat und die darauffolgende Controverse mit Clemenceau zerstörte für den Augenblick jede Friedensmöglichkeit im Inneren und im Äußeren.
Im Inneren, da, von Berlin genähert, der Alldeutsche Wahn ins Maßlose gestiegen war; im Äußeren, da kein Staat mit Österreich mehr verhandeln wollte, das sozusagen »à la Trotzkij« jede geheime Konversation preisgab. Ich sage dann noch näheres über die Affäre Clemenceau.
Der schwerste Vorwurf den man gegen Graf Czernin erheben muß ist der, daß er die von ihm mit staatlichen Geldern gekaufte Presse nach seiner Demission nicht anwies, nun nicht mehr seiner persönlichen, sondern der offiziellen Politik zu dienen. Es entstand in der Presse eine Campagne für Graf Czernin und gegen den Kaiser.
Wie leicht wäre es damals gewesen, durch den Hinweis auf meine Friedensliebe, die trotz allen Siegfriedlerwahnsinns der Intelligenz und der Politiker dennoch friedenssehnsüchtigen Volksstimmung für meine Aktionen zu gewinnen!
Das Volk glaubt alles, wie man es ihm darstellt. Hätte man ihm gezeigt,

daß der Kaiser vernünftiger war als seine Führer, so wäre an Stelle des wüsten Schimpfens eine große Begeisterung getreten. Übrigens darf ich alle beruhigen: Popularität ist wie eine Seifenblase. Kaum hat ein von seinen Völkern vergötterter Herrscher etwas getan, was der kurzsichtigen, von großdeutschen Schmocks und sonstigem Gesindel beeinflußten öffentlichen Meinung nicht paßt, und mag die Sache noch so sehr dem Volke zum Besten sein, so ist die »Liebe der Völker« verflogen. Für einen Herrscher gibt es nur eines: Er muß in schicksalsschweren Entscheidung nur so handeln, wie er es vor Gott verantworten kann. Es ist übrigens merkwürdig, daß gerade damals die »Proletarier« für den Kaiser waren, dies einerseits, weil sie die Friedensbestrebungen anerkannten, andererseits aus Opposition gegen Intelligenz und Bürgertum. In Favoriten kam es zu patriotischen Demonstrationen: Verlaß ist aber auf in Massen auftretende Menschen nie.

Einige Zeit nach der Sache Clemenceau wurde mir aus glaubwürdiger Quelle mitgeteilt, die Statthalter und Landespräsidenten hätten sich, und zwar knapp vor Beginn der Auseinandersetzung mit Clemenceau, dem Grafen Czernin gegenüber geäußert, sie würden im Falle eines Putsches auf der Seite Czernins stehen. Unter »Putsch« war zu verstehen, daß Graf Czernin sich zunächst, gegen die bestehenden Gesetze, zum Diktator über Österreich und Ungarn aufgeworfen hätte. Aus der gleichen Quelle erfuhr ich, daß einige österreichische Minister im Juni oder Juli 1918 sich mit dem Gedanken trugen mich zu bitten, die Kaiserin wegzuschicken. Zur Zeit der Affäre Clemenceau interessierte sich Graf Czernin auffällig viel, was für den Fall, daß der Kaiser und König an der Ausübung der Regierungsgeschäfte verhindert sei, nach den österreichischen und ungarischen Gesetzen zu geschehen habe. Czernin sagte mir gegenüber immer, es handele sich darum, daß niemand an der Zentralstelle die Regierung führen könnte, wenn ich an der Front wäre und – sei es nun durch Streiks oder räumlich beschränkte Aufstände – für einige Zeit verhindert wäre zurückzukehren. Er nannte hierbei den Namen des Erzherzogs Friedrich.

Die Sache kam sogar bis vor einen Kronrat, verlief aber dort, wie bei anderen ähnlichen Gelegenheiten im Sande. Das Schlimmste, was sich Czernin leistete war aber, daß er mir zumutete »um die Prinzessin von Parma vor dem Erschießen zu retten« mich als »halb geistesgestört à la Kaiser Ferdinand« erklären zu lassen. Ich sollte mich nach Reichenau oder Brandeis an der Elbe zurückziehen. Mittlerweile würde er, Czernin, alles in Ordnung bringen und ich könnte dann nach längerer Zeit unter dem Jubel der Bevölkerung und Te Deum in St. Stephan als »geheilt« zurückkehren. Ich wies diese Zumutung zurück, worauf er demissionierte.

Wie oft sich die Mittel »zum Schutze« meiner Schwäger bei Czernin änderten, beweist folgende Tatsache: am Abend, bevor er dieses Ansinnen stellte, preßte er mir das bekannte Communiqué in dem von »Fälschungen« gesprochen wurde, am Telefon mit den Worten ab: »Wenn die Erklärung herauskommt, so garantiere ich mit meinem Kopf für das Leben der Prinzen; wenn es aber nicht erfolgt, werde ich mich erschießen.«

Czernin war eben ein Narr. Wie Recht hatte damals General Csicserics, als er mir im Winter von Brest-Litowsk aus geheim telegrafierte, ich solle mich um einen neuen Minister des Äußeren umsehen, denn Graf Czernin sei nervenkrank ...

Die sogenannte »Erzherzog-Versammlung«, die sich angeblich mit den aus der Clemenceau-Affäre für das Erzhaus resultierenden Fragen beschäftigte, machte damals viel von sich reden. Schober und seine so verläßliche Polizei hielten trotz eifrigster Nachforschung den Verdacht für unbegründet. Einzig und allein Erzherzog Friedrich erschien in jenen Tagen bei mir um als »ältester Erzherzog« dem Kaiser über die damals herrschende Mißstimmung zu berichten. Seine Ausführungen waren aber nicht sehr klar. Ich erwiderte ihm jedenfalls, ich würde, käme ich je wieder in die gleiche Lage, genauso für den Frieden arbeiten. Das dumme Gerede der Leute sei mir höchst einerlei und ich wäre überzeugt, daß die ganze Angelegenheit durch neue Eindrücke bald aus dem Gedächtnis der Menschen verschwinden würde.

Eine furchtbare Folge der Dummheiten Czernins war der »Deutsche Kurs«, den die österreichische Regierung nun gehen mußte. Ich war über ihn gewiß nicht entzückt. Aber doch war das das einzige Mittel, den furor teutonicus wenigstens etwas zu mäßigen. Konnte man, wegen der Starrhalsigkeit der Italiener, die jeden Friedensversuch vereitelten, schon nicht von Deutschland los, so mußte man die Deutsch-Österreicher wenigsten an der Stange halten ... und deren namenlos kurzsichtige Politik verlangte eben jenen Kurs.

Ich habe damals den Deutschen so oft gesagt: »Laßt doch allen Nationen ihre Freiheit. Ihr Deutschen werdet doch ganz von selbst durch eure hohe und alte Kultur und durch eure wunderbare Lage in der Mitte

Europas eine geistige Führungsstelle haben. In diesen Zeiten ist es unmöglich, mit Bajonetten die Herrschaft einer Minderheit aufzurichten. Sie würde sich ja in dieser Form nicht halten!«

Es war damals übrigens auch von Seiten der Slawen ungerecht und übertrieben, in gewissen Einzelheiten den »deutschen Kurs« als eine große Härte ihnen gegenüber darzustellen, die sie angeblich und gewissermaßen zwang, eine »vielhundertjährige Verbindung zu zerstören«. Es handelte sich bei der ganzen Sache um sage und schreibe: Das Kreisgericht in Trautenau, einem langjährigen Wunsch der Deutschen, sowie um die Sektionierung des böhmischen Landesausschusses und endlich um das Verbot einiger staatsfeindlicher Versammlungen der Südslawen. Das Kreisgericht Trautenau ist doch wahrlich eine allzu kleine Lapalie um den »gerechten Zorn« des ganzen, großen böhmischen Volkes hervorzurufen; die ganze Sache ist eben eine nationale Spielerei der Abgeordneten und ein gutes Handelsobjekt der Parteien, das den Böhmen verlorenging. Ein trauriges Denkmal der Unfähigkeit und der Schwunglosigkeit des österreichischen Parlaments!

Die Zweiteilung des böhmischen Landesausschusses war auch nichts Neues, denn schon seit Jahren gab es einen deutschen und einen böhmischen Landeskulturrat. Und gerade diese autonome Behörde funktionierte sehr gut.

Bei der Politik der Südslawen muß zwischen staats-, dynastie- und monarchiefeindlich unterschieden werden; staatsfeindlich im Sinne des Kaisertums Österreich war ja auch schon die Maideklaration des Südslawischen Klubs, die, bei Zerreißung des österreichischen Staatsverbandes einen selbständigen Staat, jedoch innerhalb der Grenzen der Monarchie und natürlich unter der Habsburgischen Dynastie, schaffen wollte.

Gestützt auf das österreichische Gesetz, verlangten die Deutschen ein Verbot gegen jene Versammlungen, die, wie oben erwähnt, staatsfeindliche Tendenzen verfolgten. Die Regierung kam dadurch naturgemäß in eine begreifliche Verlegenheit, da es ihr widerstrebte gegen Bürger vorzugehen, die dem Kaiser und dem Gesamtvaterland ja treu ergeben waren. In der Folge erließ zwar die Regierung das gewünschte Verbot, aber gehandhabt wurde es so gut wie gar nicht. Ich will gewiß nicht leugnen, daß gewisse südslawische Schreier schon damals mit beiden Beinen in Serbien standen, aber der Großteil des südslawischen Volkes dachte durchaus im Sinne der Maideklaration.

Unmittelbar nach der Affäre Clemenceau – Czernin fuhr ich in das deutsche Hauptquartier nach Spa, da unsere Bündnispartner damals in Anbetracht der »Seitensprünge« Österreichs sowohl eine engere militärische als auch wirtschaftliche Bindung verlangten.
Damals ist es uns wirklich gelungen, die überschlauen Militanten unter den Preußen zu überspielen. Wir verfaßten, von beiden Monarchen unterschrieben, einen großen Staatsakt, in dem eine enge militärische und wirtschaftliche Bindung versprochen wurde ... unter der einen Bedingung freilich, daß die Verhandlungen über Polen einen beide Vertragsteile befriedigenden Abschluß finden würden. Und das war natürlich unmöglich. Das hat der alte Burian doch vorzüglich gemacht!
Der Empfang in Spa, dem deutschen Hauptquartier, war zunächst ziemlich kühl. Kaiser Wilhelm wollte mir zuerst sogar eine Moralpauke halten, die ihm aber gar nicht glückte. Wilhelm fing an, über den »Einfluß der Damen« zu reden ... gemeint war natürlich die Kaiserin, gemeint war die Erzherzogin Marie-Therese und ihre Schwester, die Herzogin von Parma; ich erwiderte ihm, er hätte mit der Forderung nach »Ausschaltung des Einflusses von Damen« ganz recht. Ich hätte mich seit meinem Regierungsantritt sehr bemüht, die einzige politisierende Dame meiner Verwandtschaft auszuschalten (die sich geradezu in deutsche Dienste begeben hatte), jedoch sei ich bis zum heutigen Tag der Erzherzogin Isabelle noch nicht Herr geworden ... tableaux! Dann sagte er, was für einen Eindruck würde es auf seine Soldaten machen, wenn sie erfahren, daß die Schwäger des Kaisers von Österreich, seines Verbündeten, auf der gegnerischen Seite kämpften. Ich sollte doch trachten, die beiden Parma-Prinzen ins neutrale Ausland zu bringen. Ich erwiderte Kaiser Wilhelm, die beiden wären durchaus keine Prinzen meines Hauses und ich hätte daher auf ihre Handlungen keine Ingerenz; Kaiser Franz Joseph, dem sie sich zu Anfang des Krieges gegen Serbien zur Verfügung gestellt hatten, ließ sie jedoch nicht bei uns dienen und gestattete ihnen das Verlassen unseres Landes; daß sie aber dann später als Franzosen gegen Deutschland gekämpft hätten, wäre doch selbstverständlich.
Später fand dann eine Besprechung mit dem deutschen Kaiser, den Ministern und den Generälen Hindenburg und Ludendorff statt. Auch Arz war dabei. Nochmals streifte ich die leidige Affäre Clemenceau in der offiziellen Darstellung. In bestem Glauben leugnete ich auch hier das Bestehen des sogenannten »zweiten Briefes«. Ich hatte ihn, auch

wegen seiner geringeren Bedeutung im Trubel dieser aufgeregten Zeit vollständig vergessen. Erst im Jahre 1919, als ich bereits in der Schweiz war, erfuhr ich wieder von dessen Existenz. Die Anwesenheit der beiden Prinzen in Laxenburg mußte ja geleugnet werden, da sie ja ohne Wissen der belgischen Regierung dorthin gekommen waren und sie infolgedessen, wäre man draufgekommen, kriegsgerichtlich erschossen worden wären.[1]

Durch dieses Geschwätz von Czernin wurde leider Österreich unglaubwürdig, nämlich daß man mit uns nichts Vertrauliches mehr ausmachen könne. Der Schaden war also unabsehbar.

Während der Besprechung über die sogenannte »Militärkonvention« zwischen Deutschland und Österreich-Ungarn äußerte sich Kaiser Wilhelm in seiner Plötzlichkeit: »Auch Bayern ist doch mit der Militärkonvention sehr zufrieden!« Also ein zweites, größeres Bayern sollten wir werden! Dies waren ja genau die Worte, mit denen ich bei uns in Wien die Idee einer »Militärkonvention« mit Deutschland immer zurückgewiesen hatte! Ludendorff, der seine geheimsten innersten Pläne durch seinen kaiserlichen Herrn enthüllt sah, war sehr aufgebracht gegen seinen Monarchen. Am Abend waren dann die Preußen sehr aufgeräumt, hielten sie sich doch für die Sieger des Tages. Unsere »polnische Falle« hatten sie nicht bemerkt.

Dieser »Sieg« war aber der letzte des alten Preußentums jener Prägung überhaupt. Kurz darauf ging die Marneschlacht verloren und der sozialistische Geist zersetzte ihre Armee.

Hier muß ich übrigens eine Österreich sehr beschämende Tatsache erwähnen. Weder Feldmarschalleutnant Baron Klepsch[2] noch unser Bot-

[1] Anmerkung von Erzherzogin Elisabeth:

»Die Tatsache ist ja bekannt, daß mein Vater sich an diesen speziellen Briefentwurf in der »Sixtus-Affäre« nicht erinnerte. Meine Mutter erzählte immer, daß, als dieser Entwurf bekannt wurde und Czernin ihn erpressen wollte, mein Vater sich die Akte »Sixtus-Xavier« hernahm und alles durchschaute, ob vielleicht ein solcher Entwurf, unter den vielen Entwürfen, die gemacht worden waren, vorhanden sei. Es war aber kein solcher darunter. Daß Czernin diesen unerlaubterweise an sich genommen hatte, ahnte mein Vater nicht. Daher konnte er mit reinem Gewissen sagen, daß dieser Brief nicht existierte. Ottokar Graf Czernin hat den Brief behalten, um meinem Vater zu schaden, und ein Sohn Czernins gab meinem Bruder Otto nach dem 2. Weltkrieg die ganzen Erklärungen dazu. Inzwischen war ja Vater Czernin gestorben. Natürlich ist der Entwurf nie in diesem Text als Brief geschrieben worden.

[2] Österr. Militärattaché in Berlin.

schafter Prinz Hohenlohe wußten uns über die längst völlig verzweifelte Lage Deutschlands und seiner Armee, die ja senkrecht zur Katastrophe trieb, seriös zu berichten. Feldmarschalleutnant Baron Klepsch war ein sehr eleganter Offizier und großer Hofmann, – und bei Kaiser Wilhelm sehr beliebt. Klepsch hielt sich aber leider mehr bei der militärisch völlig unorientierten Suite des Kaisers auf und konnte es nie erreichen, von den militärisch maßgebenden Stellen über die *wahre* Lage der Deutschen informiert zu werden. Man kann sich denken, wieviele Nachteile die Unorientiertheit über die militärische Lage des deutschen Bundesgenossen in einem solchen Koalitionskrieg für die eigene Armee bringen kann – weit mehr noch als politische Unorientiertheit. Unser Botschafter Prinz Hohenlohe war nicht nur ein überzeugter Anhänger und Duzbruder des deutschen Kaisers. Er lebte in der Vorstellung durch diese Umstände ohne weiteres von der deutschen Führung über alle politischen und militärischen Vorgänge aufgeklärt zu werden. Er irrte sich aber hierin. Die damalige deutsche Führung, die diese seine Schwäche genau kannte, benutzten diese und zeigten ihm nur das, was ihr angenehm war. Man muß unserem Botschafter den Vorwurf machen, daß er weder genügend aktiv war, noch wirkliche »Vertrauensleute« besaß. All die dramatischen Ereignisse in Berlin knapp vor Ausbruch der Revolution wurden mir eigentlich erst später durch die Flut der »Enthüllungen« bekannt.
Ein paar Monate später im August war ich wieder in Spa. Welch ein Unterschied gegen das Frühjahr! An Stelle der frohen, ich würde fast sagen übermütigen Siegeszuversicht, war ein tiefer Ernst getreten. Die Deutschen hatten schwere, kaum ersetzbare Verluste erlitten. Trotz der neuen Stimmung war aber von Verzagtheit nichts zu merken. Umso unerklärlicher war daher für die Öffentlichkeit das plötzliche Zusammenklappen der deutschen obersten Heeresleitung, der DOHL, im Oktober. Doch sie hatten eben überall den Bogen überspannt und unsere sachlichen Mahnungen in den Wind geschlagen.
Wie oft hatte ich gesagt: »Machen die Kaiser nicht bald selbst den Frieden, so machen ihn die Völker über ihre Köpfe hinweg.« Früher schon hatte ich darauf bestanden: »Machen wir nicht im Augenblick eines eigenen, großen Sieges einen Frieden, und zwar ohne Annexion und ohne Kriegsentschädigung, ja sogar mit kleinen, eigenen Opfern, so werden wir einst in einer militärisch ungünstigen Lage um Frieden betteln müssen und das bedeutet die Katastrophe«. –

Ich war nach Spa gekommen, um die Deutschen zu einem möglichst baldigen gemeinsamen Frieden zu bewegen. Wir kamen auf der Formel überein, im Herbst, wenn sich die militärische Lage stabilisiert haben würde – was die DOHL als sicherstehend betrachtete –, sich gemeinsam an eine neutrale Macht – die Königin von Holland war damals von Kaiser Wilhelm in Aussicht genommen – mit der Bitte um Friedensvermittlung zu wenden.

Mir dauerte dies aber zu lange. Ich fürchtete, daß sich entweder die Front im Westen nicht stabilisieren würde oder aber – sollte sie sich festigen – die deutschen Militärs abermals wie bei allen diesen und ähnlichen Anlässen wieder nichts von Frieden würden wissen wollen. Ich fuhr daher, bald darauf, zum König von Bayern. Ich schilderte ihm die verzweifelte Lage unserer Mächtegruppe und er sagte mir zum Schluß dieser Ausführungen spontan: »Also wir haben diesen Krieg verloren!«

Ich bat ihn nun inständig in seiner Eigenschaft als ältester und mächtigster deutscher Bundesfürst Kaiser Wilhelm die Lage klipp und klar zu schildern und kategorisch auf einen möglichst baldigen Friedensschluß zu drängen. König Ludwig war einverstanden und wie ich später erfuhr, fand tatsächlich eine bayrische Demarche in Berlin statt. Die Münchener sahen die Dinge überhaupt klarer als die Preußen. Bei der Erwähnung meines damals so überaus traurigen Anlasses meines Besuches in München darf ich nicht eines braven, wohlverdienten Mannes vergessen. Des bayerischen Gesandten Baron Tucher, der mich bei der gesamten Aktion riesig unterstützte. Vor dem hatte ich ihn immer »nur« für einen Kunstkenner gehalten. Ich konnte mich aber dann ihm Rahmen des Unternehmens davon überzeugen, daß er ein feiner, kluger politischer Kopf sei, der gänzlich antisiegfriedlerisch war.

Doch da half in der Deutschen Obersten Heeresleitung kein Zureden und kein Argument. Es war alles vergeblich.

Im Juni 1918 fand dann unsere verunglückte Piaveoffensive statt. Mannigfach sind die Gründe, die ihr Scheitern bedingten: zunächst war es die Anlage der Offensive.

Unser Armeeoberkommando, das A.O.K., beabsichtigte, aus dem Raum Cismon – Monte Grappa – Quero den Hauptangriff zu führen

und sich gleich im ersten Anlauf den Ausgang in die Ebene zu erkämpfen sowie im Zuge dieser Offensive so bald wie möglich Bassano – Romano d'Ezzelin – Asole – Corunda zu erreichen.
Im weiteren Verlauf des Angriffs sollte die große Bahnlinie von Verona nach Treviso unterbrochen werden.
Zur Unterstützung des eigenen Angriffes und zur Täuschung des Gegners sollte FM. Boroëvič[1], jedoch, wohlgemerkt, als Nebenoperation mit zehn Divisionen aus dem Raum Oderzo in der allgemeinen Angriffsrichtung gegen Treviso vorstoßen. Der Grund, warum das Armeeoberkommando die Angriffsrichtung über den Monte Grappa wählte, war einerseits der Wunsch, die kürzeste Linie zum Eindringen in die venezianische Ebene zu benützen und andererseits die Piavefront damit aufzurollen. Darüber hinaus sollte eine Verlegung italienischer Truppen von der Tiroler Front an die Piave Front durch die Zerstörung der Bahnlinie erschwert werden.
Im Februar fand mit Feldmarschall Conrad in Baden eine Besprechung über diese geplante Operation statt. Conrad verwarf die Idee des Armeeoberkommandos mit aller Entschiedenheit und wollte den Hauptstoß auf den Setti Communi führen. Den Stoß zwischen Brenta und Piave betrachtete er als bloße Nebenoperation. Er führte Gründe an, die einleuchtend waren: Daß nämlich der Raum zwischen Brenta und Piave zu eng sei und nur ein Karrenweg zur Front führe ... es sei unmöglich, auf diesem Wege die Munitionierung und Verpflegung einer ganzen Armee zu bewerkstelligen; die Seilbahnen aber würden von dem Gegner, der infolge des Besitzes der Höhen guten Einblick in das eigene Hintergelände hatte, ständig abgeschossen; die Hauptattackelinie Primolano – Arsià – Feltre stehe konstant unter feindlichem Feuer. Aus allen diesen Gründen könnte die zum Angriff nötige Artillerie kaum in Stellung gebracht werden. Auf dem Setti Communi hingegen wären Straßen vorhanden, auf denen auch schwerste Artillerie vorgebracht werden könnte und der große Wald nördlich unserer Stellungen begünstige jedwede Truppenverschiebung und den Stellungswechsel der Artillerie.
Das Armeeoberkommando entsandte Generalmajor Baron Waldstät-

[1] Swetozar Boroëvič von Bojna, geb. 1856 Umatic, † 1920 in Klagenfurt, seit Sept. 1914 Oberbefehlshaber der 3. Armee, leitete den Entsatz von Przemysl, seit 1915 Oberbefehl am Isonzo, hielt in 11 Schlachten einem mehrfach überlegenen Gegner bravourös stand.

ten, den Chef der Operationsabteilung, an die Front, um den Angriff an Ort und Stelle zu erkunden und mit den Truppenführern zu sprechen.
Sowohl die Recognoszierung an der Front als auch die Rücksprache mit den Führern gelangte zu demselben Ergebnis: Angriff nach Conrads Plan. Ich befahl daher den Angriff beiderseits der Brenta. Es wurde später der Anlage des Angriffes zum Vorwurf gemacht, »zu breit« gewesen zu sein. Dies ist aber nicht richtig. Der Durchbruchsraum des Hauptangriffes betrug bei über 20 angesetzten Divisionen bloß 29 Kilometer. Der Nebenangriff von Feldmarschall Boroëvič betrug bei ungefähr 15 angesetzten Divisionen auch nicht viel weniger. Dies alles berechnet nach den Befehlen des A.O.K. Der wirkliche Fehler der Detail-Anlage war, daß die Heeresgruppe FM Boroëvič ihren Nebenangriff durch überängstliche Sicherung der Flanken (Angriff auf Montello sowie Angriff des Corps Cziczewicz auf Meolo) breiter machte als vom A.O.K. anbefohlen worden war. Die Heeresgruppe Conrad übersah, daß dem für die eigenen Truppenverschiebungen so günstigen Walde gegenüber, knapp hinter den feindlichen Stellungen, ebenso ein Wald lag, der es dem Gegner ermöglichte, knapp vor unserem Angriffe die von uns so schön ausgekundschafteten und bereits in unsere Karten eingezeichneten Batterien rechtzeitig zu verschieben, so daß die gegnerische Artillerie bei Beginn unseres Angriffes nicht niedergekämpft war. Außerdem hatte der Feind im Walde uns nicht bekannte Stellungen ausgeworfen und Maschinengewehrnester etabliert.
Die erste, am Waldrand gelegene Stellung, gab der Gegner denn auch ziemlich leicht preis und ließ unsere Truppen in den Wald folgen. Dort sahen sich unsere Männer plötzlich einer wohlausgebauten Stellung gegenüber, die von unserer Artillerie gar nicht beschädigt worden war und die auch dann, als unsere Leute sie schon sahen, von uns artilleristisch nur sehr schwer bekämpft werden konnte. Hier verbluteten unsere besten Regimenter, und diese Dinge hätte die Heeresgruppe Conrad voraussehen müssen. Da war noch ein zweites: die Verpflegung. Die Notlage blieb natürlich nicht ohne Rückwirkung auf die Front. Die Verpflegungsportionen wurden kleiner und kleiner; der schwere Gebirgskrieg zehrte an den Kräften der Menschen. Das A.O.K. trachtete wohlweislich, unsere Soldaten vor der Offensive möglichst gut zu verpflegen. Auch in der stillen Hoffnung, nach geglückter Offensive aus den reichen Vorräten der Italiener leben zu können. Aber trotz aller Anstrengungen der Quartiermeisterabteilung und der allerbesten

Stimmung der Truppe waren unsere Leute durch die vorangegangenen Entbehrungen nicht mehr so leistungsfähig wie einst. Die wegen der allgemeinen Notlage bereits eingestellten älteren und ganz jungen Jahrgänge waren doch auch schon durch die Not im Hinterland stark hergenommen.
Und da war noch etwas drittes: die Munition. Obwohl die Dotationen reichlich waren und für die Offensive an sich genügten, brachten dennoch die fortwährenden Streiks im Hinterland Unordnung in die Munitionsversorgung.
Viertens: Überlegenheit des Gegners durch seine bessere Verpflegung und die ausgiebigere Munitionierung.
Fünftens war da die Ungunst der Witterung: die Piave führte kurz nach unserer Flußforcierung solch ein Hochwasser, wie es seit einem Jahrhundert nicht mehr geschehen war. Alle Brücken, die zu unseren kämpfenden Truppen führten, wurden immer und immer wieder und trotz heldenmütiger Arbeit der Pioniere zerstört und dadurch wurde ein Verpflegungs- und Munitionsnachschub fast unmöglich. Von dieser Kalamität war nur die Heeresgruppe Boroëvič betroffen.
Wie bei jeder verunglückten Operation – so auch bei dieser – erfindet die öffentliche Meinung Gründe für das Mißlingen, die allerdings nichts weniger als stichhaltig sind. So wurde behauptet, daß die Führung versagt hätte, die österreichische Führung an sich nichts wert sei, wir hätten Deutsche gebraucht. Dies alles ist grundfalsch. Bis auf die zwei erwähnten Fehler gab die Führung zu gar keiner Klage Anlaß. Alle Führer eiferten im edlen Wettstreit das Beste zu leisten. Alte Generäle und Oberste waren in der ersten Linie draußen, um die vielen unerfahrenen jungen Offiziere in den schweren Aufgaben des Angriffs zu unterweisen. Brigadiere führten Sturmkolonnen ...
Es wurde weiters behauptet, Verrat hätte eine Rolle gespielt. Ich halte überhaupt nichts von Verrat: bei einer großen, modernen Armee sind für eine Offensive so gewaltige Vorbereitungen notwendig (besonders Eisenbahnzüge), daß der Gegner sie merken muß. Im weiteren Verlauf der Vorbereitungen merkt der Gegner auch unweigerlich die geplanten Einbruchsrichtungen. Das einzige was ich einräume ist, daß dem Gegner die genaue Zeit des Angriffs unbekannt ist. Daher ist es auch Pflicht jedes Führers, der Truppe möglichst lang die Stunde des Angriffs zu verbergen. Denn Verräter gibt es selbst bei der besten Truppe. Diese soidisant-Verräter sind meistens Feiglinge, die um ihre eigene

Haut Angst haben, überlaufen und dem Gegner mehr oder minder richtige Angaben machen. Auch bei den Deutschen waren Überläufer und Verräter an der Tagesordnung. Vor der zweiten Marne-Schlacht soll den Franzosen eine ganze deutsche Disposition zugekommen sein, und dies bei den national fast einigen Deutschen! Um wieviel leichter ist dies bei unserem national verhetzten Völkerkonglomerat.
So sehr all die Erzählungen über »Verrat« auch übertrieben wurden, so sehr schadet, gerade in solchen und ähnlichen Fällen, die dem Österreicher, und da wieder ganz besonders dem Offizier, zur zweiten Natur gewordene Tratschhaftigkeit. Einige Tage vor Beginn der Offensive bereits sollen in Wien ganz außenstehende Menschen (Fiaker!) über Tag und Stunde des Angriffs Bescheid gehabt haben. Woher? Dabei ist den Verbreitern dieser Tratschereien wahrscheinlich gar kein böser Wille anzulasten, sondern bloß grenzenlose Unvorsichtigkeit und Leichtgläubigkeit. Das wäre ein Gegenstand, bei dem die Österreicher wahrscheinlich von den Deutschen etwas lernen könnten.
Eine weit verbreitete Legende im Zusammenhang mit dem unglücklichen Ausgang der Piave-Offensive war auch die Mär, daß wir nicht genügend Gasgranaten gehabt hätten und daß diese, soweit von uns verwendet, bei den italienischen Gasmasken wirkungslos blieben. Die von mir eingeleitete strenge Untersuchung hat ergeben, daß Gasmunition im Verhältnis in genügender Menge vorhanden war und daß es das gleiche Gas war, das die Deutschen bei Tollmein benutzt hatten. Es hatte auch an vielen Stellen durchaus die erwartete Kampfwirkung. Das »nicht überall«, sondern »nur an vielen Stellen«, erklärt sich daher, daß das Gas – wie auch der deutsche Gasreferent aus dem Westen bestätigte – je nach den Windverhältnissen verschieden wirkt. Ein kleiner Windstoß bereits kann bewirken, daß eine ganze, unter Gaseinwirkung genommene Batterie vollkommen unversehrt bleibt. Im Westen geschah es, daß ein ganzer Divisionsstab über ein mit Gelbkreuz vergastes Feld ritt, ohne Schaden zu nehmen, da das Gas in Folge starken Luftdrucks an der Erde haften blieb. Besonders im Gebirge aber wechseln ja die atmosphärischen Einflüsse von Minute zu Minute. Bei einigen gefangenen Italienern hatte man allerdings eine neuartige französische Maske gefunden, gegen die unser Gas wirkungslos ist. Diese Schutzmasken waren aber nur Proben und nicht allgemein eingeführt.
Es erhebt sich die Frage, warum unsere Offensive bei allen diesen Widerwärtigkeiten dennoch unternommen wurde. Nun, nach menschli-

cher Voraussicht waren die Chancen eines Erfolges größer als die Möglichkeit eines Mißerfolges. Die Truppe brannte darauf, die Italiener zu schlagen. Man darf es sich auch nicht verhehlen, daß auch die bessere Verpflegung in Italien und das doch leichtere Kämpfen in der Ebene gegenüber den unerhörten Strapazen des Gebirgskrieges (besonders im Winter) viel zur Hebung der Angriffsfreudigkeit beitrugen. Die Kommandanten waren des Erfolges sicher: Noch am Abend vor dem Angriff meldete die Heeresgruppe Boroëvičs, daß sie vollkommen bereit sei, und Conrad meldete, daß bis auf kleinere unbedeutende Mängel alles fertig sei. Bekanntlich wird keine Offensive jemals bis auf den letzten Knopf fertig. Immer gibt es noch etwas zu verbessern.
Am 13. Juni (Tag vor dem Angriffe) fragte ich persönlich durch Telefon den FM. Boroëvičs, ob es wirklich den Tag darauf losgehen sollte. Er bejahte. Conrad war ja an Ort und Stelle, um jederzeit berichten zu können. Es wird dem A.O.K. der Vorwurf gemacht, bei den Vorbereitungen »gehetzt« zu haben, ein späterer Zeitpunkt wäre demnach für unsere Offensive günstiger gewesen. Dies ist unrichtig. Die Heeresgruppen meldeten, wie bereits erwähnt, daß sie bereit seien. Das Höchste Kommando muß endlich einen Tag bestimmen, an dem die größtmögliche Menge an Truppen, Munition und Verpflegung in dem doch verhältnismäßig schmalen Angriffsraum konzentriert wird: nebenbei wurde, über Bitte der Front, das Datum des Angriffs mehrmals geändert, bis man sich auf den 14. Juni einigte. Es ist doch für jeden denkenden Menschen klar, daß so große Ansammlungen von Menschen und Material so eng beisammen sein können: bei den Menschen leiden Stimmung und Gesundheit, beim Material sind die Gefahren des Verderbens und auch des Explodierens sehr groß. Es wurde behauptet, einige Kommandanten der Heeresgruppe Conrad wären mit ihm über Richtung und Zeitpunkt des Angriffs nicht einig gewesen. Ich halte dies bloß für eine spätere Rechtfertigung, denn ich erinnere mich genau einer Meldung, worin die volle Übereinstimmung der Unterführer mit Conrad über die ganze Offensive erwähnt war. Nachher ist halt immer leicht reden. Das Merkwürdige bei dieser Offensive war, daß den Nebenoperationen im Anfang ein voller Erfolg beschieden war, der aber dann durch den Mißerfolg der Hauptoperation natürlich auch aufgegeben werden mußte; so am Monte Grappa, so am Montello und bei Meolo.
Die am Montello so tapfer kämpfenden Truppen nahm ich trotz des

Widerspruches des Corpskommandanten L. Goiginger deswegen wieder hinter die Piave zurück, weil die Verluste nicht im Verhältnis zum Zwecke standen.
Dieser Berg wäre zwar tatsächlich ein schönes Sprungbrett für eine neue Offensive gewesen, aber diese war ja für den Augenblick unmöglich. Nach Aussage des Corpskommandanten hätten wir trotz des mörderischen konzentrischen Artilleriefeuers der Italiener bei häufigem Wechsel der abgekämpften Truppen den Montello drei Wochen lang halten können. Dann aber hätten wir unbedingt vorwärts gehen müssen, was, wie ich schon sagte, aus technischen Gründen unmöglich war. Die noch weiter anzuführenden werden die Unmöglichkeit einer neuerlichen Offensive noch mehr erhärten. Die Piave führte Hochwasser und riß alle Brücken ab, was Munitionierung und Verpflegung so gut wie unmöglich machte ... und es regnete schier ununterbrochen weiter. Die Brücke zum Montello stand im Kreuzfeuer der Italiener und dazu kam last not least die Verpflegungskalamität. Irgendwo im Hinterland war der Verpflegungsfaden abgerissen und dringende Abhilfe tat not. Ich entsendete den General Fürst Fürstenberg, den Intimus des deutschen Kaisers und den ungarischen Ernährungsminister Prinz Windisch-Graetz zu den Deutschen – betteln. Wir erreichten einiges, das jedoch genügte nur für den Stellungskrieg. Zu dumm ist die Ansicht, daß die Anwesenheit von Arz und mir an der Front und die dadurch bedingte Entfernung vom Badener Hauptquartier das Funktionieren des Befehlsgebungsapparates übel beeinflußt hätte: der Armeekommandant und der Generalstabschef dürfen sich nie trennen, dazu kam in meinem Falle noch, daß hier politische und militärische Leitung in einer Hand lagen. Der Kaiser gehört bei einer so großen Schlacht an die Front und bei der heutigen Leichtigkeit der Verbindungsmittel kann eine Schlacht von überall her geleitet werden. Das Armeeoberkommando ist eine so hohe Kommandostelle, daß es nach der Ausgabe der Angriffsbefehle nur im alleräußersten Falle eingreifen soll und in so einem Falle kann es sich niemals um ein bis zwei Stunden handeln.
Die einzige Konsequenz, die das Armeeoberkommando aus der verunglückten Offensive zog, war der Abschuß Conrads; warum, ist aus vorstehendem ersichtbar, Conrad fiel allerdings auf die Butterseite. Arz bat mich öfters um seine Enthebung, die ich aber nicht bewilligte. General der Kavallerie Prinz Schönburg überreichte mir ein Promemoria,

worin er mir nahelegte, im Armeeoberkommando eine Scheinstellung einzunehmen ähnlich der von Kaiser Wilhelm in der Deutschen Obersten Heeresleitung. Die Deutschen hatten diesen Schritt nach der verunglückten Marneschlacht getan: Kaiser Wilhelm führte zwar nominell den Oberbefehl, in Wirklichkeit aber trug der Generalstabschef die Verantwortung.

Der alte Wekerle[1] hat einst einen sehr richtigen Ausspruch getan: »Majestät, die Ministerverantwortung ist für die Katz'!« Die Richtigkeit dieses Ausspruches habe ich während meiner Regierungszeit und ganz besonders nach den Umwälzungen von 1918 glänzend bestätigt gefunden. Wo und wann hätten die Verantwortlichen nach der Revolution ihre Kaiser und Herren gedeckt? In der Not, wenn die Verantwortungsfreudigkeit doppelt am Platze ist, scheinen die vielen vor Gott geschworenen Eide nichts zu gelten. Oder glauben diese Leute vielleicht, daß sie sich ihrer Schwüre durch an die Macht gekommene Türlschnapper, neuerdings Karrieremacher, für die sie früher kaum auch nur einen herablassenden Blick hatten, entbinden lassen können?

In der Revolutionszeit hieß es, einige wenige Treue ausgenommen, nur sich selbst rechtfertigen, sich stets auf den Kaiser ausreden und selbst der große, alles voraussehende und vorausdenkende Mann zu sein. In normalen Zeiten war so oft die Verantwortlichkeit ein Pressionsmittel der betreffenden Minister, um die dem Herrscher unangenehmen Sachen zu erreichen; dies wurde natürlich dem betreffenden Verantwortlichen bei seinen Leuten hoch angerechnet, man sprach von seinem Rückgrat, vom Männerstolz vor Fürstenthronen und vom aufrechten Deutschen Mann. Und als das Unangenehme für den Minister kam? – Ich bin daher sehr froh, daß ich die Insinuationen Schönburgs abwies. Schönburg versuchte einen zweiten Vorstoß. Bei einer kurzen Frontreise nach der Offensive redete Schönburg den armen Arz folgendermaßen an: »Excellenz, Sie besitzen nicht das Vertrauen der Armee.« Arz war ganz niedergeschlagen, bat neuerlich um seine Enthebung, die ich wieder nicht gewährte und tröstete ihn so gut es ging. Der Schluß war eine große Nase für Schönburg.

Im Februar 1918 war eine Meuterei bei der Flotte in Cattaro ausgebrochen und gleichzeitig hörte man, daß auch bei der übrigen Flotte ein

[1] Alexander (Sandor) Wekerle, 1848 – 1921, liberaler ung. Finanzpolitiker, von 1917 bis 1918 ung. Ministerpräsident.

schlechter disziplinwidriger Geist eingerissen war, der sich in offenem Murren und Schimpfen über die (sehr gute) Menage äußerte. Ich entsendete Admiral Erzherzog Carl-Stefan nach Pola und Cattaro. Sein Bericht über den Marinekommandanten und über die Admirale war vernichtend: »Schwäche, Energielosigkeit und zu hohes Alter.« Ein Admiral hatte, als er mit seiner Flottenabteilung nach 4 Jahren Krieg zum ersten Mal aus Pola auslaufen mußte, einen Weinkrampf. Der Erzherzog sagte mir noch scherzend: »Als ich die Admirale sah, die meine Akademiekameraden waren, mußte ich unwillkürlich selbst in den Spiegel sehen, ob ich auch so alt geworden bin wie jene.« Er schlug mir vor, den sehr tüchtigen Linienschiffskapitän Horthy, der im Kriege die Novara mit so viel Erfolg geführt hatte und infolgedessen bei der Marine uneingeschränktes Vertrauen besaß, zum Flottenkommandanten mir direkt zu unterstellen und als mir zugeteilten Admiral den Admiral Keil nach Wien zu kommandieren. Die Aufgabe Keils sollte es sein, mir über alle Angelegenheiten der Marine zu referieren und die eventuell vom Flottenkommando vorgeschlagenen Operationspläne zur Genehmigung vorzulegen. Der Wirkungskreis des Flottenkommandos sollte rein operativ sein, alle sonstigen Angelegenheiten, die dem Großadmiral Haus so viele kostbare Stunden gekostet hatten, sollten sich Keil und die Marinesektion teilen. Ich genehmigte diese Anträge, denen auch der in dieser Angelegenheit herangezogene ehemalige Marinekommandant Graf Montecuccoli beistimmte. Hierbei bewunderte ich die Geistesfrische des hochbetagten Admirals. Obwohl durch diese Verfügung mehrere tüchtige Admirale übergangen wurden, war ich doch sehr erfreut über die tadellose Haltung der präterierten, die entweder ohne Kränkung in Pension gingen oder sich freudig dem rangjüngeren Vorgesetzten unterstellten. Ein schönes Zeugnis für den Geist unserer Seeoffiziere.

Anfang 1918 war alles glücklich, daß endlich die Aussicht bestand, zu einem Frieden mit Rußland zu gelangen, vor allem, weil wir dadurch auf eine große Entlastung der Westfront und auch der italienischen Front rechneten. Wie bekannt, waren die Verhandlungen mit den Bolschewiken sehr mühsam. Sie verstiegen sich zu endlosen sozialistischen Tiraden, die unsere Geduld auf eine harte Probe stellte. Sie trachteten eben, die Verhandlungen möglichst in die Länge zu ziehen, weil die Streiks bei uns und in Deutschland in ihnen die Hoffnung auf eine baldige Revolution bei den Mittelmächten erweckte. Sie standen

offenkundig in der Erwartung von Verhandlungen mit »ihresgleichen«.
Fast gleichzeitig mit den Bolschewiki trafen in Brest-Litowsk auch einige ukrainische Jünglinge ein, um im Auftrag der Rada[1] in Kiew mit uns zu verhandeln. Graf Czernin, vom richtigen Standpunkt ausgehend, der kriegsmüden Bevölkerung wenigstens einen Friedensschluß zu zeigen, stürzte sich mit Feuereifer in die Verhandlungen. Die Ukrainer versprachen Getreide und dies wirkte bei uns allen, hoch und niedrig, wie ein Zauberwort. Graf Czernin ließ sich aber durch den schlauen General Hoffmann bewegen, weitergehende Konzessionen zu machen, als zur Erreichung unseres Zweckes vielleicht notwendig war, nämlich die Zuerkennung des Chelmlandes[2] an die Ukraine. Dazu kam noch eine Garantie von seiten der österreichischen Regierung für eine weitgehende Autonomie der Ukrainer in Galizien. Beides wirkte auf die Polen wie ein rotes Tuch. Es war ganz bestimmt die Absicht von General Hoffmann[3], eines geriebenen Preußen, uns dadurch für lange Zeit mit den Polen zu verfeinden und die Polen dadurch den deutschen Aspirationen willfähriger zu machen. Graf Czernin kam mit dem Ergebnis seiner Besprechungen nach Wien zurück. Vom Einflusse Hoffmanns auf ihn wußte ich damals noch nichts. Dafür, daß wir mit einem so schwachen Staat verhandelt hatten, waren die Bedingungen sehr hart, und zwar für den Sieger. Dennoch stimmte ich angesichts unserer verzweifelten Ernährungslage beim Kronrat in Laxenburg dem Verhandlungsergebnis zu. Ich war der Ansicht, daß man keine große Polenpolitik betreiben kann, wenn die eigenen Untertanen verhungern. Arme Leute kochen eben mit Wasser. Am 2. Februar wurde der Friede mit der Ukraine unter den im Kronrat verhandelten Bedingungen geschlossen. Die Besprechungen mit den Russen gingen einstweilen weiter. Wir versuchten auch, für die Befreiung des Zaren zu wirken. Aber es wurde uns gesagt, daß, wenn wir, die Zentralmächte, auch nur einen Finger für ihn rührten, die Bolschewiki ihm wegen Einverständnisses mit dem Feinde den Prozeß machen würden, – und wie der ausgegangen wäre, gibt der unglückliche König Ludwig XVI. das beste Beispiel.

[1] Rada = (poln.) Volksvertretung.

[2] Chelmland: in der Woiwodschaft Lublin, an der Ucherka (zum Bug).

[3] General Max Hoffmann, Mitarbeiter Ludendorffs, Vertreter der D.O.H.L. bei den Friedensverhandlungen in Brest-Litowsk.

Endlich ging den Deutschen der Geduldsfaden aus. In einer Radiodepesche hatten die Bolschewiki die deutschen Soldaten zum direkten Ungehorsam gegen ihre Vorgesetzten aufgefordert. Daraufhin kam aus Spa der Befehl, den Waffenstillstand zu kündigen. Ich war damals gerade in Siebenbürgen auf Inspizierung. In Erzsébetváros meldete mir Graf Czernin die geänderte Sachlage. Ich befahl ihm, die deutsche Waffenstillstandskündigung nicht mitzumachen, sondern zu trachten, trotz alledem mit den Russen auf dem Wege von Verhandlungen zu einem modus vivendi zu kommen. Die Bemühungen Czernins waren von Erfolg begleitet. Wir kündigten den Waffenstillstand nicht. Sowohl wir als auch die Russen erklärten beim Auseinandergehen, daß zwar de jure kein Friedenszustand zwischen uns bestehe, der Krieg aber de facto aufgehört habe. So kam es, daß unsere Truppen in ihren Positionen stehen blieben, während die Deutschen vorrückten.
Es fragt sich nun, warum wir trotzdem in die Ukraine einmarschierten. Die ukrainische Rada, die bereits in Brest-Litowsk neben den Russen mit uns verhandelt hatte und die wir durch den Friedensschluß vom 2. Februar als Regierung eines selbständigen Staates anerkannt hatten, bat sowohl uns als auch die Deutschen, in ihrem Lande die Ordnung gegen die roten Räuberbanden herzustellen. Die Ukrainer versprachen uns dafür Getreide und Rohstoffe. Unsere Aktion war daher eine reine polizeiliche Maßregel zum Schutze unserer eigenen Länder gegen den Bolschewismus; bei unserem Mangel schienen uns auch die wirtschaftlichen Perspektiven sehr verlockend. Natürlich entstand sofort ein Streit wegen eines gemeinsamen Oberbefehles. Wir standen auf dem Standpunkte, daß dieser gemeinsame Oberbefehl nicht nötig sei und daß jede der verbündeten Armeen ihrem entsprechenden Oberkommando direkt unterstehen solle. Die Deutschen waren gegenteiliger Ansicht, weil sie hofften, daß sie dadurch für sich mehr wirtschaftliche Vorteile herausschlagen und uns benachteiligen könnten. Die D.O.H.L bewog sogar den Kaiser Wilhelm dazu, mir folgendes Telegramm zu senden: »Auf Grund der seinerzeitigen Abmachungen gebe ich Dir zur Erwägung, die öst. Armee in der Ukraine dem Generalfeldmarschall von Eichhorn zu unterstellen.
Wilhelm«
Also eine Art Befehl.
Ich erwiderte: »Da sich die seinerzeitigen Abmachungen nur auf militärische Operationen der Verbündeten beziehen und unser Einmarsch

in die Ukraine nur die Pazifizierung eines Landes, mit dem wir Frieden haben, darstellt, kann ich mich Deiner Anregung leider nicht anschließen.«

Auf diese Depesche langte nie eine Antwort ein, und damit war der Zwischenfall erledigt. Später, als wir wieder einmal gezwungen waren, uns an die Deutschen um Nahrungsmittelaushilfen zu wenden, konzedierten wir, daß zwar die militärischen Angelegenheiten getrennt bleiben, die wirtschaftliche Aufbringung im Lande aber gemeinsam unter deutscher Führung bewerkstelligt bleiben sollte.

Ich erwähnte vorhin im Telegramm die Abmachungen mit den Deutschen. Diese waren folgende: Als ich die Regierung antrat, war der Vertrag über den gemeinsamen Oberbefehl »aus dem Jahre« 1916 gültig. Ich übernahm aber selbst den Oberbefehl über meine Armee und konnte daher als Kaiser nicht einem anderen Kaiser unterstehen. Nach Verhandlungen mit den Deutschen wurde folgendes stipuliert: Der gemeinsame Oberbefehl hört auf. Strittige Fragen bereinigen die Generalstabschefs, können sich diese nicht einigen, so besprechen sich die beiden Kaiser. Kommen auch diese zu keinem Ergebnis, so überlasse ich, als der jüngere, die Entscheidung dem Kaiser Wilhelm. Dies wurde aber den zwei kleinen Verbündeten nicht mitgeteilt. Selbstverständlich wurde eine solche Entscheidung Kaiser Wilhelms nie akut, weil alle militärischen Stellen im Interesse des guten Einvernehmens bemüht waren, eine so odiose Sache vom Kaiser fernzuhalten. Oberwähntes Telegramm war jedenfalls ein ballon d'essay der D.O.H.L, ob wir einknicken oder nackensteif bleiben.

Von den Bukarester Verhandlungen[1] ist nur erwähnenswert, daß wir fort und fort mäßigend auf Deutsche und Bulgaren einwirkten. Ich richtete an Graf Czernin trotz des Einspruches der auf Grenzberichtigungen erpichten ungarischen Regierung den telegrafischen Befehl: »An den Grenzrektifikationen für Ungarn darf der Friede nicht scheitern«. Ich veranlaßte auch die österreichische Regierung, gleichfalls nach Bukarest zu gehen, um gegen die bereits dort befindlichen, eroberungslustigen Ungarn ein Gegengewicht zu haben. Österreich verlangte für die Vergrößerung Ungarns gewisse Gegenkonzessionen,

[1] Der Friede von Bukarest: Vorfriede auf Schloß Buftea, Friedensschluß (Schloß Cotroceni) Österreich-Ungarns, Deutschlands, Bulgariens und des Osmanischen Reiches mit Rumänien; durch den Waffenstillstand vom 11.11.1918 aufgehoben.

was den Ungarn wenig schmeckte. Ich stand auf dem von mir schon bei der Mission Randa eingenommenen Standpunkt, daß wir und Deutschland nicht das Recht hätten, als Monarchien das rumänische Königshaus[1] abzusetzen. Nach langen Kämpfen drang meine Ansicht durch, obwohl die Deutschen und einige ihnen ergebene – verpflichtete – rumänische Politiker hartnäckige Opposition machten. Als einmal während der Verhandlungen wegen der Dobrudscha die Rumänen gar nicht nachgeben wollten und wir bereits mit dem Abbruch des Waffenstillstandes drohten, legten wir den Deutschen nahe, die ganze Front gegen Rumänien entweder dem Erzherzog Friedrich oder Eugen zu unterstellen. Dies wiesen die Deutschen mit der Bemerkung ab, man dürfe Feldmarschall Mackensen[2] nicht beleidigen. In Wirklichkeit waren sie um ihr Prestige besorgt und fürchteten vielleicht, daß ein österreichisches Kommando die Operationen nicht so energisch führen würde, da ich mich nur mit größtem Widerwillen zu dieser Drohung gegen Rumänien entschlossen hatte. Eines muß man den Deutschen lassen: Sie unterstützen ihre Führer durch dick und dünn, besonders dann, wenn die Betreffenden erst einmal durch die vorzügliche Propaganda eine gewisse Popularität erreicht haben, und auch dann, wenn dieselben in Wirklichkeit wahrlich nicht jene Genies sind, zu denen man sie für die Volksmeinung gemacht hat. Bei den Deutschen muß das Fehlende eben der Generalstabschef ersetzen, und wenn etwas nicht stimmt, so fällt dieser. Ich will dem guten alten Mackensen gewiß nicht nahetreten, gerade er hatte immer ein besonderes Herz für unsere Truppen. Aber seine Berühmtheit kam aus seiner schönen Erscheinung, von seiner tadellosen Husarenuniform und seinem vorzüglichen Pferd. Aber so wie in seinem Falle war es vom Standpunkt der Truppenführung mit den meisten großen Namen – siehe Hindenburg, Woyrsch[3], Bülow[4], etc.

1 Leider zeichnete sich das rumänische Königshaus nach 1918 durch besondere Schäbigkeit gegenüber Kaiser und König Karl aus, obwohl es gerade ihm sein Überleben zu verdanken hatte.

2 August von Mackensen, Oberbefehlshaber der verbündeten Streitkräfte südlich der Donau gegen Rumänien; 1918 durch Károlyis Verrat an die Franzosen nach Thessaloniki ausgeliefert.

3 Remus von Woyrsch (1847-1920), preußischer Generalfeldmarschall, Schlachten bei Baranowitschi (1916).

4 Karl von Bülow (1846-1921), führte die deutsche Armee durch Belgien, brachte 1918 den Rückzug nach der mißglückten deutschen Marine Offensive zum Stehen.

Wir müssen daraus lernen, daß wir es leider verabsäumt haben, unsere gewiß ebenso tüchtigen Generale durch Presse und Schule zu Volkshelden zu stempeln, die unsterblich in der Geschichte weiterleben. Siehe, wie schon erwähnt, wie Hindenburg, Mackensen, Bülow und all die anderen.
Und dies alles aus einer falsch verstandenen Bescheidenheit und leider auch aus Neid und Mißgunst der nicht so glücklichen Kameraden der oberen Führung. Aber auch, weil unser Armeeoberkommando leichtsinnig schon aus geringen Anlässen die höheren Führer »abschoß«.
Ein zweiter Trick, dessen sich die Deutschen aus konstitutionellen Gründen, will sagen wegen der bestehenden Vereinbarungen in dieser Frage, hauptsächlich auf dem Balkan-Kriegsschauplatz bedient haben, ist folgender:
Eines Tages taucht irgendein deutscher Divisionär als Kommandant der X-ten Division auf, und mit ihm kommt selbstverständlich gleich ein Corpskommandant. Und fragt man nach der Ordre de bataille dieser »Deutschen« Division, so erfährt man, daß ihre Kampfkraft von einem deutschen und acht bulgarischen Bataillonen dargestellt wird. Der Corpskommandant erhält daraufhin natürlich einen Abschnitt, in dem seine »deutsche« Division und zwei nichtdeutsche Divisionen stehen. Also für sein Bataillon ein ganzes Abschnittskommando! Auf diese Art trachten sie überall, ihren Einfluß geltend zu machen. Man kann daraus lernen!
In diesen Zeilen wurde soviel über unsere Probleme mit der Verpflegung gesprochen, daß es notwendig ist, auch über jene Männer zu sprechen, die die Verantwortung für diese dornenvolle Aufgabe trugen. General Landwehr, der die ganze Verpflegungssache im Großen leiten sollte, war ja dadurch in allen seinen Handlungen sehr gehindert, daß sich Ungarn »aus konstitutionellen Gründen« geweigert hatte, ein gemeinsames Verpflegsamt zu errichten. Er konnte dadurch immer nur Ratschläge erteilen und die betreffenden Ernährungsministerien, das österreichische, das ungarische und das kroatische, folgten seinen Ratschlägen, allerdings nur, wenn es ihnen paßte. Der österreichische Ernährungsminister Generalmajor Höfer war sehr fleißig und sehr gewandt, war er ja doch früher im Etappenoberkommando tätig gewesen. Nur physisch hielt er diese aufreibende Tätigkeit nicht aus. Mit dem ungarischen Ernährungsminister, dem Grafen Hadik, war das Arbeiten sehr schwer. Er wollte für Österreich nie etwas geben. Erst sein

Nachfolger, Prinz Windischgrätz, sah die Notwendigkeit ein, auch etwas für Österreich zu tun. Er fand aber, obwohl er energisch requirieren wollte, überall, zuletzt auch bei den requirierenden ungarischen Truppen, nur Widerstand; Hadik war in dem Kriege kollosal egoistisch.

Unser Krieg war zweifellos gerecht.

Aber der Krieg war auch – wenn auch die Ermordung des Erzherzogs Franz Ferdinand den letzten Anstoß gab, die Schuld der die Ungaren beherrschenden Gentry gewesen. Es hatte die Serben durch Vieheinfuhrverbote gereizt, angeblich zum Schutze der eigenen Landwirtschaft. Der Krieg war gerecht. Die Ermordung des Erzherzogs Franz, von internationalen Interessengruppen angezettelt, war nur der letzte Anlaß dazu. Gewisse Gruppen hatten seit dem Eucharistischen Kongreß beschlossen: »Austria esse delendam«. Dennoch waren besonders von ungarischer Seite Fehler geschehen, die unseren Gegnern die so gewünschte Handhabe zum Schüren gegen die Monarchie gegeben haben. Wennschon es die gesamte Monarchie abgelehnt hatte, den Serben den Ausgang zur Adria zu gewähren, so waren es doch rein ungarische, agrarische Interessen, die beim »Schweindlkrieg«[1] ausschlaggebend waren. Und ungarische, »staatliche« Interessen haben die Lösung der südslawischen Frage verhindert. Wenn ich diese Maßnahmen kritisiere, so geschieht es nicht aus der Annahme heraus, daß dadurch der

[1] Der »Schweindlkrieg«, auf den sich Kaiser und König Karl hier mit so bitteren Worten bezieht, war kein »Krieg« im Sinne militärischer Kampfhandlungen, sondern ein »bloßer« Handelskrieg, ging aber nahtlos in den Ersten Weltkrieg über.

Ursache war die Handlungsweise ungarischer Chauvinisten, die gegen das Königreich Serbien, lange Zeit mit Österreich-Ungarn bestens verbunden, einen erbarmungslosen Handelskrieg führten und alle Schweineexporte (für Serbien lebenswichtig) in die Monarchie unterbanden, selbst ein Besuch des serbischen Ministerpräsidenten Pasic vermochte daran nichts zu ändern. Statt Serbien handelspolitisch in Österreich-Ungarn zu binden, trieben es Ungarns Magnaten ins Lager der Feinde.

Einer der Hauptschuldigen an dieser Entwicklung war übrigens Sándor Wekerle. Serbien behauptete sich in diesem Handelskrieg bemerkenswert gut, fand neue Märkte, auch in Deutschland, und, vor allem, neue Kreditgeber und – Waffenlieferanten; anstelle der Steyrerwerke, Böhler, Felten-Guillaume, Gräf & Stift oder den Skoda-Werken belieferte fortan Schneider-Creuzot das Königreich Serbien, sehr zur Freude von Georges Clemenceau, der seinem Ziele, der Vernichtung der österreichisch-ungarischen Monarchie, wieder einen Schritt näher gekommen war. Auch das Attentat von Sarajewo ist ohne die Vorgeschichte – des von der ungarischen Gentry erzwungenen »Schweindlkrieges« – unverständlich.

Weltkrieg verhindert worden wäre. Jenen Gruppen, die am Krieg interessiert waren, standen immer Mittel und Wege zur Verfügung, einen Krieg dennoch zu führen. Aber man sollte es dem Gegner doch nicht allzu leicht machen, einen Vorwand zu finden. Es war wenig vernünftig, Serbien vom Meere abzusperren, denn jeder Staat, wenn er auch noch so klein ist, braucht einen Hafen. Und dieser Hafen hätte uns nicht schaden, sondern, im Gegenteil, nützen können, wenn wir die Bahn hingebaut und ihn dadurch unter unsere Kontrolle gebracht hätten. Der »Schweindelkrieg« wurde so hart geführt, daß Serbien buchstäblich in seinen eigenen Schweinen erstickt ist, was die Serben natürlich reizte und sie zwangsläufig in das gegnerische Lager trieb. Die Nicht-Lösung der so brennenden südslawischen Frage und die ungeschickten fortwährenden Sticheleien gegen die Kroaten durch Ungarn sind sicher von allem vorgenannten die schwersten Fehler. Der Trialismus, der alle Südslawen der Monarchie in einem Österreich und Ungarn gleichberechtigten, selbständigen Staat vereinigt hätte, wäre des Rätsels Lösung gewesen; aber dagegen bäumte sich der doktrinäre ungarische Staatsgedanke auf, so lange, bis auch dieser Gedanke zugrunde ging. Es ist kein Wunder, wenn die Österreicher den Ursprung des Krieges bei den damals herrschenden Kreisen Ungarns suchten und dabei umso empörter waren, als Ungarn ihnen, als sie hungerten, und Ungarn noch zu essen hatte, nichts gab. Die ungarische Intelligenz, die doch weitschauender hätte sein sollen als der nur für seine Scholle lebende Bauer, hat es verabsäumt, die Leute über ihre Pflichten aufzuklären. Und das alles nur aus Kurzsichtigkeit, weil sie froh waren, Österreich, dem »Schwarz-Gelben Tyrannen von 1848« eine draufzuhauen, ohne zu bedenken, daß sie damit selbst ihrem Vaterlande das Grab schaufelten. Und wer hielt den Ungarn ihre »Nationalitäten« in Zaum? Die K.u.K. gemeinsame Armee!

In Anbetracht all dieser Umstände erwartete Österreich mit Recht, daß *beide* Staaten der Monarchie gleichmäßig an den Lasten des Krieges beteiligt sein würden. Da Ungarn aber die Österreicher vielfach im Stich ließ, verwandelte sich die große Verbrüderung vom Anfange des Krieges nur zu bald in Gleichgültigkeit und später in Haß, der leider noch heute, wo die zwei Staaten mehr denn je aufeinander angewiesen wären, fortbesteht. Es muß aber hier auch bestätigt werden, daß auch die Tschechen, besonders im letzten Kriegsjahr, wenig für die notleidenden Gebiete Österreichs taten, obwohl gerade diese Zonen vielfach der jetzigen tschechoslowakischen Republik angehören (Randteile Böhmens) oder von ihren jugoslawischen Brüdern bewohnt waren (Küstenland, Dalmatien).

Die bisherige Besprechung über Verpflegung bezieht sich meist auf die Verpflegung der Zivilbevölkerung; die Approvisionierung der Armee erfolgte durch Kriegsministerium, Quartiermeisterabteilung des A.O.K. im Einvernehmen mit den Ernährungsministern. Zwar arbeiteten die militärischen Stellen, besonders Oberst Zeynek, der Quartiermeisterabteilung unter den schwierigsten Verhältnissen sehr brav, aber viele Köche versalzen die Suppe. Es zieht sich wie ein roter Faden durch die Geschichte aller am Kriege beteiligten Staaten, daß alle großen Entschließungen, seien es politischer oder wirtschaftlicher Natur, durch Doppelregierungen, eine militärische und eine zivile, erschwert wurden. Im Anfang des Krieges hat das A.O.K. in jeden wichtigeren Akt der Ministerien Einsicht genommen und seine Meinung dazu abgegeben. natürlich verzögerte dies den Dienstbetrieb ungeheuer. Später, als ich zwecks Vereinfachung das A.O.K. selbst übernahm, befahl ich, nur diejenigen Akten dem Chef des Generalstabes vorzulegen, die irgendwie militärische Bedeutung hätten. Der eben geschilderte komplizierte Verpflegungsapparat mußte aber eben aus den bereits erwähnten verfassungsrechtlichen Gründen aufrecht erhalten werden, denn das Kriegsministerium und die Quartiermeisterabteilung, als gesetzlich anerkannte gemeinsame Stellen, konnten auf Ungarn einen Druck ausüben, und so wurde wenigstens die Verpflegung der schwer kämpfenden Truppe trotz der ungeschickten Ausgleichsgesetze gesichert. Für die Zukunft muß es als oberstes Prinzip gelten, gesetzmäßig bereits in normalen Zeiten festzulegen, daß im Ernstfalle die gesamte Verpflegungsfrage, und zwar die militärische wie die zivile, einem für alle Staatsgebiete mit außergewöhnlichen Vollmachten ausgestattetem »Ernährungsdiktator« unterstellt wird. Die Ernährungsfrage ist in schlechten Zeiten wohl ein kaum zu lösendes Problem. Die freie Wirtschaft hat Dank der Nachfrage enorme Preissteigerungen zur Folge. Der Arme bekommt gar nichts und der Reiche lebt gut. Die staatliche Bewirtschaftung bewirkt, daß der Bauer sein Getreide versteckt, um es teilweise als Vorrat für noch schlechtere Zeiten zu behalten und zum anderen Teil den Reichen zu übermäßigen Preisen im Schleichhandel zu verkaufen. Ergebnis: Der Arme hat kaum genug zum Leben, der Reiche lebt gut und manche werden vom Schleichhandel erst recht reich.

Und gegen die Hamsterei der Bauern hilft wirklich keine Requisition. Sie vergraben ihr Getreide einfach. Die ländliche, agrarische Bevölkerung lebt in dessen Folge besser als die städtische und keine noch so scharfen Gesetzesbestimmungen nützen gegen den Schleichhandel. Ich glaube daher, daß es in Krisenzeiten das einzig Mögliche wäre, beide Systeme zu kombinieren. Nämlich dem Bauern ein gewisses Kontingent zwingend vorzuschreiben, aber die Überproduktion dem Freien Handel zu überlassen. Der Bauer soll außerdem für die richtige Kontingentablieferung eine Prämie erhalten.

Die Zentralen, die während des Krieges so viel böses Blut gemacht haben waren deswegen so schädlich, weil sich dort sofort eine bestimmte Gruppe von Geschäftemachern einnistete, die alsbald recht reich wurde, während das Volk darbte. Die staatliche Bewirtschaftung aller übrigen zum Leben notwendigen Güter hat auch nicht gestimmt, weil – kaum fiel irgendetwas unter staatliche »Kontrolle« – die Sache auch schon aus dem Handel verschwunden war, spurlos. Die Händler hatten ihre Waren entweder sofort versteckt, um sie im Schleichhandel teurer zu verkaufen oder wenigstens zu warten, bis die Preise infolge Mangels steigen würden, sie für eine bessere Konjunktur aufzuheben.

Es ist der Einfluß des Staates auf die Preisbildung an sich ein sehr schwieriges Problem. Der staatliche Kampf gegen den Wucher in Krisenzeiten kann überhaupt nur durch Richtpreise, nie durch »Höchstpreise« geführt werden; wie gesagt »verschwinden« ja die Waren bei Preisfestsetzung. Der Kampf könnte nur über die Gerichte geführt werden, und auch dort geht es dann leider meist so, daß man die Kleinen hängt, die Großen aber laufen läßt … Die »Höchstpreise« bewirken ja auch nichts anderes als die vorher beschriebene staatliche Bewirtschaftung. Die Schleichhändler und Wucherer sind doch viel zu schlau, als daß die Polizei bei Hausdurchsuchungen etwas finden könnte.

Die von mir in dieser Beziehung geäußerten Ansichten bilden bloß die aus meinen persönlichen Erfahrungen erwachsene Meinung, und gerade in diesem Fach, mehr als in jedem anderen, gilt das Wort ›errare humanum est‹.

Um wenigstens in einem gewissen Maße einen Ersatz für die leider nicht bestehende einheitliche Leitung der Ernährungsfragen zu finden, ich berichtete schon von der Unmöglichkeit, berief ich die Ernährungsminister und Referenten immer wieder zu Besprechungen zusammen,

die trotz meiner großen Arbeitsüberlastung unter meinem Vorsitz stattfanden. Bei Besprechungen wird meist viel gequatscht und wenig gehandelt, daher konnte diese Notlösung mit den gemeinsamen Sitzungen auch niemals die mangelnde einheitliche Leitung ersetzen.
Ich habe mir darüber hinaus beinah täglich über die Ernährungslage berichten lassen, ich habe fortwährend auf die Ungarn Druck ausgeübt um Mehrlieferungen zu erzielen und getrachtet, jede sich bietende Gelegenheit zu nützen, um die Not der Bevölkerung zu lindern. Dabei bekam ich fortwährend Hilferufe aus den notleidenden Gegenden. Ich kann sagen, daß jeder, der sich an mich gewendet hat, etwas erhielt, wenn seine Bitte gerechtfertigt war.
Man macht mir in Österreich den Vorwurf, ich hätte auf Ungarn zu wenig Druck ausgeübt in der Frage der Verpflegung Cisleithaniens. In Ungarn heißt es, der König hätte sich zu viel für Österreich gesorgt und die Interessen Ungarns zu wenig wahrgenommen. Es ist eben klar: was ein gemeinsamer Ernährungsminister in seiner Verantwortung zu tun hat, kann nicht der »unverantwortliche« Kaiser und König machen!
Hierin zeigt sich ja wieder sehr deutlich die Absurdität der Ausgleichsgesetze von 1867. Der nicht verantwortliche Herrscher hat zwei verantwortliche Regierungen und muß in so und so vielen Angelegenheiten ungedeckt Entscheidungen zwischen den zwei Staaten fällen, und verfeindet sich natürlich mit jenem Staate, zu dessen Ungunsten er eine Entscheidung faßt.
Die sogenannte »gemeinsame Regierung« ist ja nur den Delegationen verantwortlich und dabei auch nur für die wenigen Ressorts, die sie vertreten: Äußeres, Krieg, Bosnien Herzegowina und die geringen gemeinsamen Finanzangelegenheiten.
Es ist daher in solchen Angelegenheiten wie Ernährung, die gerade in Krisenzeiten tief in die Volksseele einschneiden, ein direkter Befehl des Kaisers von Österreich an den König von Ungarn nicht möglich. Ein Reichskanzler muß sein, der alle zwischenstaatlichen Entscheidungen des Kaisers deckt und die höhere Leitung aller Angelegenheiten, die unsere Gesamtmonarchie betreffen, in seiner Hand hält.
Ein alter, typisch österreichischer Fehler ist es – übrigens habe auch ich diesen Fehler oft begangen, sehr oft begangen –, jede Entscheidung durch zu viele Sitzungen, Beratungen und Sachverständigenurteile zu verzögern. Man beratet und brütet. Und die Entscheidung kommt zu spät oder fällt orakelhaft aus.

Selbstverständlich muß ein wichtiger Entschluß beraten werden. Aber die Beratung soll kurz sein und möglichst wenig Leute sollen bei solchen Beratungen dabei sein. Das Volk glaubt oft, daß in Ministerräten sehr interessante, geheimnisvolle Angelegenheiten geprüft und besprochen werden – dem ist aber nicht immer so ... auch dort fallen die Verantwortlichen sehr leicht in den alten, österreichischen Fehler, das Unwichtige breitzutreten und das Wichtige, wenn dann das Ende der Sitzung schon naht, durchzupeitschen. Ich sage dies, um jeden, der eine Sitzung zu leiten hat, anzuflehen, ja immer das Wichtigste zuerst vorzunehmen und ja keine großen Abschweifungen vom eigentlichen Thema zu dulden. Die Leute hören sich gerne reden. Ein andrer, typischer Fehler von uns Österreichern ist der, das Mögliche, das uns geboten wird, auszuschlagen, um das unmögliche Mehr anzustreben, angeblich, weil man »immer mehr verlangen muß«. Ergebnis: Man macht die Leute kopfscheu und erreicht am Schluß gar nichts. Jeder Diplomat und Politiker, der sich seinen gesunden Menschenverstand bewahrt hat, wird mir die Richtigkeit meiner Behauptungen bestätigen. Wir Österreicher sind meist kleinlich, nörgeld, selten großzügig. Ein weiterer – aber vielleicht der ärgste Fehler – ist es, daß viele Minister, anstatt für ihr Ressort die volle Verantwortung zu tragen und für ihre Handlungen überall gradzustehen, sich meistens auf »Befehle« ausreden, auch dann, wenn diese gar nicht existiert haben, und das vor allem dann, wenn es sich um etwas Unangenehmes handelt. Jedenfalls ist das mit ein Grund, daß so viel gegen die Dynastie gehetzt werden konnte.
All die hier genannten Fehler, auch der zuletzt genannte, belasten auch das Konto des Ausgleichs von 1867 ...
Natürlich ist es auch die Aufgabe des Herrschers, sich um den technischen Aufschwung seines Landes zu kümmern. Im Kriege war bei meiner großen, sonstigen Arbeitsüberbürdung in dieser Hinsicht nicht viel zu machen, und so berief ich den Feldzeugmeister Schleyer als technischen Referenten an meine Seite, um trotz der Umstände dieser wichtigen Sache gerecht zu werden.
Er berichtete mir sehr oft über unsere Fortschritte auf technischem Gebiet und über alle Neuerfindungen. Dabei handelte es sich vor allem um das damals so wichtige Feld der Entwicklung von Ersatzstoffen für jene lebensnotwendigen Sachen, die infolge der Blockade für uns anderweitig nicht mehr erhältlich waren. Er machte vorerst selbst Proben in diesen Dingen und ich wies ihn in die betreffenden Ministerien.

Wie schon bekannt, war es wegen der Kurzsichtigkeit der Deutschen Österreichs nach den »Enthüllungen« Czernins und in Anbetracht der gerade damals laufenden Siege Deutschlands im Westen unmöglich, ohne die Gefahr einer Revolution in Wien und in den deutschen Städten der Kronländer hervorzurufen, von einem vernünftigen Frieden, der natürlich gewisse Opfer gefordert hätte, zu reden.
Erst, als allmählich das, was ich seit 1916 schon gepredigt hatte, eintrat, und der Menge klar wurde, daß ein Sieg mit den Waffen ausgeschlossen ist, konnte man wieder von Frieden reden.
Jetzt aber fielen die Leute von einem Extrem ins andere: zuerst gab es nur den »Siegfrieden« und dann den »Frieden um jeden Preis«. Ich benützte die geänderte Lage sofort, um neue Friedensfühler auszustrekken. Ich zwang Burian[1] zu seinem Friedensschritt vom September 18. Die Deutschen waren gegen diesen Friedensschritt, sie wollten eine Vermittlung durch die Königin von Holland.
Wir waren gegen diese Mediation, weil wir der Ansicht waren, daß direkte Besprechungen mit dem Feind eher zum Ziele führen würden.
Hintze[2] weilte im August in Reichenau und während einer in jeder Hinsicht sehr heißen Fahrt nach Wien und bei einer noch heißeren Unterredung hatte ich den guten Staatssekretär endlich so weit, daß er unsere Ansicht teilte.
Den nächsten Tag widerrief er wieder alles.
Wir aber blieben fest bei unserer Ansicht und unternahmen den Friedensschritt bei unserem Gegner ohne Zustimmung aus Berlin. Das Telegramm Kaiser Wilhelms, das Cramon in seinem Buch veröffentlichte, kam erst nach unserer Demarche in meine Hände. Dies wäre das letzte Mal gewesen, daß die Entente mit dem großen Österreich verhandeln hätte können ... sie wollte es nicht. Die alten Gegner hatten anders beschlossen.

Nun zum Ende der alten Monarchie, das kam – trotz alle dem »A.E.I.O.U.«... Bulgarien war abgefallen, die Entente in Serbien und im Westen siegreich ... einzig die Front gegen Italien stand fest.

[1] Stefan Baron Burian von Rajez (seit 1918 Graf) 1851-1922, vertraut im Weltkrieg die Idee der Vereinigung Polens mit Österreich; Außenminister vom April bis Oktober 1918.

[2] Admiral Paul von Hintze, Staatssekretär des Auswärtigen vom Juli bis zum Oktober 1918, nach den Maßstäbe der D.O.H.L. trat er »heftig« für einen raschen Friedensschluß ein.

Kurze Zeit hindurch war es Österreich, das Reserven hatte. Vielleicht hatten doch wir besser gewirtschaftet? Und die Deutschen mußten uns für ihre bedrohten Fronten um Truppen angehen. Ein seltener Fall im Weltkrieg.

Doch zurück zu den innenpolitischen Vorgängen.

Waren es bei den Verhandlungen mit dem Gegner unsere Deutschen, die uns Schwierigkeiten machten, so waren es außer unseren Deutschen die Ungarn, die unüberwindliche Schwierigkeiten bei Lösung der inneren Probleme an den Tag legten.

Ihr staatsrechtlicher Doktrinarismus verbat ihnen, irgendeine südslawische Lösung ins Auge zu fassen. Nicht einmal die großkroatische Lösung wollten sie (Kroatien, Bosnien, Herzegowina und Dalmatien als Kroatisches Reich unter der Stephanskrone vereint). Sie wollten Bosnien und Herzegowina direkt unter Ungarn haben und eventuell Dalmatien an Kroatien hingeben.

Dabei war Dalmatien österreichische Provinz und der König von Ungarn hatte im Krönungseid geschworen, sie an Ungarn anzugliedern ... dabei war der Kaiser von Österreich als solcher verpflichtet, die Integrität des österreichischen Staates zu wahren.

Seit dem Frühjahr 1918 wurde zwischen der österreichischen und der ungarischen Regierung über das südslawische Problem verhandelt. Der Auftrag wurde in einem Kronrat im Mai erteilt und das Ergebnis war gleich Null.

In dieser Lage bekamen wir völlig unerwartet die Nachricht, Deutschland hätte die »14 Punkte« Präsident Wilsons[1] angenommen.

Wer war da zuerst niedergebrochen?

Die Deutsche Oberste Heeresleitung sah sich – bisher vom Siege oder doch zumindest vom Standhalten der Westfront völlig überzeugt – plötzlich der Niederlage gegenüber, verlor die Nerven total und verlangte – ähnlich wie ich es von unserer öffentlichen Meinung erwähnt

[1] Thomas Woodrow Wilson, 1856-1924, 27. Präsident der Vereinigten Staaten, der durch das Eingreifen in den Ersten Weltkrieg sowie seine Vorschläge zu einem Friedensschluß zu »Ruhm« kam.
Er hatte in seinen 14 Punkten einen »Frieden der Gerechtigkeit« angekündigt, wurde jedoch durch Lloyd George, vor allem aber durch Georges Clemenceau völlig überspielt! Schließlich lehnte auch der Kongreß das Versailler Diktat ebenso ab wie den »Völkerbund«, die Bedeutung der Friedensdiktates von St. Germain und Trianon erfaßte Wilson nicht (dafür umso mehr Clemenceau).

habe – plötzlich von der Wilhelmsstraße sofortige Friedens- und Waffenstillstandsverhandlungen.

Wie besser wäre es gewesen, man hätte den Ernst der Lage früher erkannt!

An Warnungen von unserer Seite hat es wahrlich nicht gefehlt. Ich muß hier, um der Wahrheit willen, feststellen, daß nicht wir, das »morsche Österreich«, der »Kadaver«, es waren, die militärisch zuerst zusammengebrochen sind und um Frieden gebeten haben, sondern das starke Deutschland.

Bei der Revolution war es genau so.

Zuerst mußte Deutschland das Zeichen zur Revolution, zum Umsturz geben, dann erst folgte Wien nach, das ja alles nachäffen muß, was in Berlin geschieht.

Bei Bekanntgabe ihrer Friedensbereitschaft ließen uns die Deutschen 24 Stunden Bedenkzeit, mitzumachen oder nicht, erklärten aber, daß sie den Schritt auf jeden Fall machen würden. Es blieb uns also nichts übrig, als sich der deutschen Anregung anzuschließen, da wir den Krieg allein ja weder weiterführen wollten noch konnten, obwohl gerade die 14 Punkte Wilsons uns viel mehr betrafen als Deutschland. Es bestand aber doch die Hoffnung, die große Dehnbarkeit der 14 Punkte beim Friedensschluß zu unseren Gunsten interpretieren zu können.

Selbst Wekerle war vom ungarischen Standpunkt aus mit der Annahme einverstanden.

Bald nachdem unsere Friedensbitte abgegangen war, erhielten wir vom Hl. Vater und aus der Schweiz vom Herrn Skrzyński[1] die Mitteilung, die Entente erwarte von uns auf innerpolitischem Gebiet einen deutlichen Beweis unseres guten Willens, die Monarchie auf föderalistischer Grundlage umzubauen.

Täten wir dies, so würde uns das für die Zukunft nützen.

Für mich bestand kein Zweifel mehr: wir mußten nach außen hin eine radikale Änderung zeigen, obwohl der Erfolg bei den bereits auseinanderstehenden Völkern, die in ihrem Unverstand nach »voller Freiheit« lechzten, zumindest sehr problematisch war.

Es war ja sicher, daß die Bildung reiner Nationalstaaten von den Tschechen und den Polen schlecht aufgenommen werden würden, weil erstere ihre historischen Grenzen, also unter Einschluß der Deutschböhmen

[1] Ladislaus von Skrzyński, Legationsrat an der österr.-ung. Gesandtschaft in Bern.

wünschten und die Polen wiederum die Teilung Galiziens in Polnisch West – und Ruthenisch Ostgalizien fürchteten.
Aber wir glaubten damals leider viel zu viel an Herrn Wilson und dessen Schlagworte, wie »Selbstbestimmungsrecht der Völker« oder »Nationalstaaten«. Trotz der schon angeführten Bedenken verwandelten wir das Kaisertum Österreich durch das Oktobermanifest in einen Bund von Nationalstaaten.
Die von Ungarn gemachten Einschränkungen, daß die Länder der heiligen Stephanskrone unberührt blieben, focht mich nicht stark an, denn ich war überzeugt, daß die staatliche Freiheit der Nationen in Österreich die ungarischen Con-Nationalen veranlassen werde, aus eigener Kraft die nur mehr sehr dünne Scheidekraft der rot-weiß-grünen Grenzpfähle zu durchbrechen.
Nichts ist so viel angegriffen und mißdeutet worden wie gerade dieses Manifest.
Der entscheidende Grund für mich, dieses Manifest herauszugeben, war der bereits hervorgehobene außenpolitische Grund.
Es ist nicht wahr, daß dieses Manifest in irgendeiner Form die Entscheidung über die Staatsform »den Völkern« überließ. Die Staatsform war gegeben und das Manifest setzt sie als selbstverständlich voraus.
Ich habe Ministerpräsident Hussarek,[1] als er mir den Text vorlegte, gesagt, er solle die Worte »unter meinem Zepter« hinzufügen und gefragt, »ob das nicht gut wäre«, er aber meinte, dies verstehe sich von selbst.
Das Manifest ist aber durch die sich überstürzenden Ereignisse gegenstandslos geworden, da die Voraussetzungen, die es enthielt, von den Völkern durch die Revolution über den Haufen geworfen wurden.
Es heißt im Manifest, alles solle auf gesetzlichem Wege, im Einvernehmen mit meiner Regierung, geregelt werden. Ist dies geschehen?
Die Folge des Manifestes war ein geradezu tolles Anwachsen der nationalen Begeisterung in Ungarn; man wähnte sich nun »frei von den schwarz-gelben Ketten«, man sah die »Freiheit« Ungarns in rosigstem Licht und wähnte Ungarn in Abrahams Schoß.
Man vergaß und übersah völlig, daß jener Feind an den Grenzen Ungarns stand, der bereits den größten Teil ungarischen Bodens den

[1] Max Freiherr von Hussarek von Heinlein, *1865 in Preßburg, Kirchenrechtler, Juli-Oktober 1918 Ministerpräsident.

Tschechen, den Rumänen und Jugoslawen versprochen hatte ... Dieses sonst so liebenswürdige Volk der Ungarn berauscht sich an Schlagworten und vergißt die Wirklichkeit.

Gerade im Interesse Ungarns wäre es damals gewesen, sich mit Österreich oder wenigstens mit Bruchstücken Österreichs zu vereinigen, um im Augenblick der Gefahr nicht isoliert zu sein.

Und übrigens: das »schwarz-gelbe Joch« war eher ein »rot-weiß-grünes Joch«, denn die Entscheidungen traf in den meisten Fällen Ungarn, da es als sogenannter Nationalstaat stärker als Österreich war.

Am 21. Oktober traf die Antwortnote Wilsons ein, die außer der Annahme der »14 Punkte« die Anerkennung der Tschechoslowakei als selbständigen, kriegführenden Staat und weitgehende Autonomie für Jugoslawien verlangte.

Burian zögerte mit der Antwort, wollte in einer Note dagegen polemisieren, aber die Ereignisse liefen schneller. Graf Andrássy[1] stimmte unter dem Druck der Verhältnisse am 25. Oktober den Ententebedingungen zu.

Ich habe übrigens noch zwei Dinge zu erwähnen vergessen, die seinerzeit großen Staub aufgewirbelt haben und stark verdreht worden sind: das ist die Audienz sämtlicher Abgeordneter des alten Österreich vor der Ankündigung des Manifestes in Baden, und das zweite ist die Abgeordneten-Audienz für die Kroaten im Oktober in Reichenau.

Die Audienz hatte mit Wissen und Zustimmung des verantwortlichen Ministerpräsidenten Hussarek stattgefunden. Ich gebe selbst zu, daß der damalige Moment bei der herrschenden politischen Spannung ungeschickt gewählt war.

Die Stimmung aller war sehr gereizt, umso mehr als schlechtes Wetter herrschte und wegen eines verfehlten Arrangements am Bahnhof keine Wagen bereitstanden.

Bei dieser Audienz haben merkwürdigerweise die Böhmen Stanek und Tusar die Slowakei mit keinem Wort erwähnt.

Ich hebe diese Einzelheit hervor – und habe sie damals auch sofort dem ungarischen Ministerpräsidenten telegrafiert –, weil ich überzeugt war, daß die Fama in beiden Lagern in bezug auf dieses Streitobjekt den

[1] Julius Graf Andrássy, ung. Staatsmann, 1860-1929, nach den mißglückten Restaurationsversuchen König Karls IV. Führer der ungarischen Legitimisten; 1906-1910 Innenminister, vom 24. Oktober bis 1. November 1918 letzter Österr.-Ung. Außenminister; unter ihm erging am 28.10.1918 das Sonderfriedensangebot an die Entente.

Inhalt der Audienz in dem ihr günstig erscheindem Sinne verdrehen wird.
Die Audienz der Kroaten fand über Bitte Wekerles statt. Da ich aber bei den damaligen Umständen eher mißtrauisch und vorsichtig war, befahl ich, daß der kroatische Minister des Kabinetts Wekerle, Unkelhauser, mit den Kroaten zu kommen habe, damit ich vorher mit ihm alles besprechen könne, was den Kroaten zu sagen sei. Wir kamen darüber überein, den Kroaten mitzuteilen, daß die Regierung bereit wäre, auf Grund der bei meiner Thronbesteigung an mich gerichteten und dargelegten Wünsche mit ihnen zu verhandeln.
Und genau so und nicht anders wurde in der Audienz gesprochen. In Reichenau waren die Kroaten mit allen meinen Vorschlägen voll einverstanden; kaum zu Hause angekommen, genügten ihnen diese Konzessionen nicht mehr.
Alles, was die Károlyi-Regierung über diese Audienz ausgestreut hat, ist unrichtig.
Mitten während der Revolution, ich glaube es war anfang November 1918, waren die Mitglieder der Frankpartei, also Ivo Frank und Pazman, bei mir, sogar im Einvernehmen mit Tisza; sie glaubten damals noch, ein sehr selbständiges Kroatien unter der Stephanskrone erreichen zu können. Ich habe im Laufe der Zeit viel getan, um wenigstens die Kroaten mit den Ungarn zu versöhnen, und einige wenige, weitblickende Politiker auf beiden Seiten waren auch bereit, sich brüderlich die Hand zu reichen. Der Großteil der Politiker war aber zu verbohrt, um ihren wirklichen Vorteil wahrnehmen zu können.
Die Ungarn versteiften sich auf Krönungseid und Verfassung, wobei sie den Kroaten aber nicht einmal das geben wollten, was ihnen der 68er-Ausgleich zusicherte. Die Kroaten hingegen waren in zwei Lager gespalten: ein Teil, der aber so gut wie keinen Anhang im Volke hatte, aber darum nur um so lauter schrie, war für die Losreißung der südslawischen Länder von der Monarchie, der übrige, der kaisertreue Teil des Volkes, 90% der Kroaten, wollte die Selbständigkeit innerhalb der Monarchie und erwartete stumm und ergeben seine Rettung aus Wien, erhob aber fast niemals seine Stimme, so daß Wien in ihnen keine Stütze gegen Budapest hatte. Ungarn wußte sehr gut, den ersteren, illoyalen Teil der Kroaten vor seinen Regierungswagen zu spannen und die loyale Bevölkerung, die ohnehin nicht lärmte, durch geschickte Wahlmanöver fast völlig mundtot zu machen.

Diesen Politikern schien der schwarz-gelb, großösterreichisch-föderalistische Kurs für den ungarischen Globus gefährlicher zu sein als die hochverräterischen Umtriebe mit dem »schwachen« Serbien. So wurde jene serbisch-kroatische Koalition als »Majorität« im Sabor gegründet, die die biegsamen, aber unverläßlichen eigenen Serben gegenüber der braven, loyalen kroatischen Mehrheit protegierte, vor den Ungarn in ihrer falschen Art katzbuckelte und, als die Monarchie zerfiel, sich mit fliegenden Fahnen zu den Karageorgewitsch gesellte.
Nur so war es möglich, daß alle jene Nadelstiche, die Ungarn den Kroaten fortgesetzt verpaßte, schließlich im Sabor keinen unüberwindlichen Widerstand fanden.
Aber trotz aller Wahlkorruption von seiten dieser Drahtzieher aus Ungarn hätte das kroatische Volk dennoch lauter seine Stimme erheben können und dies wäre nur zum Wohle gewesen ... nicht nur zu jenem Kroatiens, sondern auch zum Wohle Ungarns.
Unter all diesen Umständen und nach einem unglücklichen, viereinhalbjährigen Krieg begann in den Ländern der Stephanskrone die Revolution.
In Kroatien und Südungarn waren bereits seit Mitte 1918 bei den Kadern Insubordination, Desertationen und richtiggehende Aufstände vorgekommen; die Deserteure, gegen 10 000 Mann, machten die Wälder unsicher (»Grüne Kader«).
Dabei kämpften die Truppen aus den gleichen Gegenden heldenhaft.
Der eigentliche Beginn der ungarischen Revolution war die Besetzung von Fiume [Rijeka] durch die Kroaten. Fiume war ja ein Streitpunkt von alters her. Wer da recht hat – ob die Ungarn oder die Kroaten – ist sehr fraglich; nur eines ist sicher: diese ungarische Enklave mitten im kroatischen Gebiet ist schon rein geographisch ein Unding. Die Italianität von Fiume ist, entgegen anderen Küstenstädten (Spalato, Ragusa ...) nur durch die Einflußnahme der Ungarn aufrechterhalten worden, die dort ansässige Italiener aus Angst vor den Kroaten protegierten.
Dafür waren die dortigen Italiener für die Ungarn sehr »loyal«. Siehe serbo-kroatische Koalition ...
Diese Besetzung sowie die in der damaligen, schweren Zeit so hochwichtige Angelegenheit, daß das Infanterieregiment Nr. 75 böhmisches Infanterieregiment) bei unserem – sonst übrigens sehr hübschen und begeisterten Empfang in Debreczen – vorschriftsmäßig das »Gott erhalte« gespielt hatte, riefen, durch Károlyi geschürt – im Abgeordne-

tenhause einen solchen Sturm hervor, daß Wekerle, um dem sicheren Mißtrauensvotum zu entgehen, im offenen Hause demissionierte.
Ich war damals gerade auf der Reise von Debreczen nach Gödöllö und erfuhr vom Ernst der Lage erst abends in Gödöllö.
Ich ließ sofort den Militärkommandanten von Agram, General der Infanterie Mihalovic, kommen, aber auch er konnte nur melden, daß das Militär den Unruhen in Kroatien nicht gewachsen sei.
General Mihalovic war der vorletzte Funktionär aus Kroatien, den ich sah; ein paar Tage später kam unter unsäglichen Mühen der Banus Mihalovic nach Wien, um mich, da es keine eigentliche ungarische Regierung mehr gab, um Instruktionen zu bitten, ob er gewisse Verwaltungszweige, dem Zwange gehorchend, dem aus dem Sabor gebildeten, nationalen Rate übergeben dürfe.
Ich antwortete, ich könne ihm wegen meines Krönungseides die Zustimmung dazu nicht geben, aber bei dem Mangel jeglichen verläßlichen Militärs kann ich ihm nur sagen: ultra posse nemo tenetur.
Wie sich die Dinge in den Einzelheiten in Kroatien weiter entwickelten, weiß ich nur durch Gerüchte, offizielle Berichte bekam ich keine mehr.
In Budapest begannen nun langwierige Verhandlungen wegen der Kabinettsbildung.
Keiner der Kandidaten, weder Hadik noch Bárczy, wollten in dieser schwierigen Zeit gerne die Zügel der Regierung ergreifen.
In Budapest tagte bereits – ungesetzlich – ein »Nationalrat« unter Károlyi, ein Umstand, der lange Zeit geleugnet wurde.
Daneben gab es eine geschäftsführende, königlich-ungarische Regierung.
Am Abend meiner Abreise nach Wien empfing ich Graf Károlyi,[1] der bereit war, ein Ministerium zu bilden, dessen Programm sowohl sofortiger Friedensschluß als auch eine gewisse, limitierte Bodenaufteilung gewesen wäre.
Gerade während ich mit Graf Károlyi die näheren Modalitäten besprach, ließ Graf Andrássy aus Wien sagen, er müsse demissionieren, wenn sein Schwiegersohn, Graf Károlyi, ungarischer Ministerpräsident würde.

[1] Michael (Mihály) Graf Karolyi von Nagy Károly (1875-1955), ung. Ministerpräsident von 30.10.1918-21.1.1919. Er war der Hauptschuldige an der Machtergreifung des Béla Kun-Regimes; Michael Karolyi ist nicht zu verwechseln mit Josef Graf Károlyi (1884-1934) der, seinem König treu ergeben, Führer der ungarischen Legitimisten war.

Ich unterbrach daher die Verhandlungen mit Károlyi und bewog ihn, mit mir nach Wien zu fahren, um dort die Verhandlungen mit Andrássy und Dr. Heinrich Lammasch[1] aufzunehmen.

Daß dies ein großes Glück war, werde ich später darlegen.

Nun ein paar Worte über Andrássy und Károlyi: Graf Michael Károlyi war während des Krieges sehr wertvoll, weil er im Parlament als der einzige auftrat, der den für die ganze Welt so wichtigen Frieden wollte; daß das aus selbstsüchtigen Gründen geschah, spielt keine Rolle.

Das war freilich aber auch schon seine einzige brauchbare Eigenschaft. Von Natur aus mit einem schweren Sprachfehler behaftet und hierdurch immer in Sorge, lächerlich zu erscheinen, haßte er die ganze Welt und mißtraute ihr ... dabei wollte krampfhaft gerade in dieser Welt eine Rolle spielen: ein richtiger Desperado und ein Schaden für die menschliche Gesellschaft, der zu jeder herostratischen Tat fähig war, wenn sie nur von ihm reden machte. An jedermann, der in ihm nicht sofort ein Genie erkannte, wollte er sich rächen.

Es fragt sich nun, warum ich unter diesen Umständen dennoch daran dachte, ihn zum Ministerpräsidenten zu machen.

Es ist dies sehr einfach zu erklären. Wir wußten damals noch nicht, daß die Entente, deren Intimus zu sein er sehr geschickt vorgab, ihn so mir nichts dir nichts fallen lassen würde.

Wir hofften immer noch, durch ihn beim Friedensschluß bessere Bedingungen erlangen zu können, und dieser Möglichkeit mußten alle anderen Bedenken weichen.

Interessant sind übrigens die Wandlungen, die dieser Mann durchmachte: vor fünfzehn Jahren noch erklärter Anhänger Graf Tiszas und Gegner jedweder Wahlreform ... im Jahre 18 Schrittmacher für Béla Kun[2].

Ich will nun den guten, braven Lammasch absolut nicht auf eine Stufe mit Károlyi stellen, aber auch seine Berufung in zwölfter Stunde als Friedensapostel und Völkerversöhner entsprang ähnlichen Erwägungen. Doch davon später, bei Österreich.

Graf Andrássy, ein unbedingt königstreuer Mann, war in den alten, chauvinistischen, ungarischen Adelsideen aufgewachsen, war, bis er

[1] Dr. Heinrich Lammasch, Autorität im Völkerrecht, letzter kaiserlich-österreichischer Ministerpräsident, Fachberater bei den Friedensverhandlungen.

[2] Béla Kun, 1886-1940 (Sibirien), Journalist, Kommunist, Terrorist, fiel schließlich selbst einer stalinistischen »Säuberung« zum Opfer.

den unvermeidlichen Zusammenbruch vor Augen sah, ein bedingungsloser Anhänger des von seinem Vater geschlossenen Bündnisses mit Deutschland.
Ich glaube, er, der morose Mann, hätte sich schon längst vom politischen Leben zurückgezogen, wenn er bloß gedurft hätte. Er ist, das muß ihm jeder zugestehen, außenpolitisch von seinem Vater her sehr gebildet und hält sich auf diesem Gebiete auch fort auf dem laufenden. Sein ganzes Leben lang hat er sich darauf vorbereitet, dereinst die Stellung seines Vaters einzunehmen. Das Schicksal hat es gewollt, daß gerade er, als sein sehnlichster Wunsch in Erfüllung ging, das Lebenswerk seines Vaters, das auch sein politisches Axiom war, zerstören mußte. Seine markanteste Eigenschaft ist ein großes Talent zur Kritik. Seine Innenpolitik war im Grunde genommen nur von seinem Haß gegen Tisza geleitet. Im Prinzip waren diese beiden Staatsmänner einig, sie standen einer wie der andere auf der Basis des Ausgleichs von 1867 – aber die gegenseitige Abneigung verhinderte jede Zusammenarbeit. Ich nahm Andrássy zum Minister des Äußeren, einerseits, weil ich es für gut fand, daß gerade ein begeisterter Anhänger des Dreibundes genau jenen Dreibund in der äußersten Not kündigte – die Entente sollte sehen, daß die Abkehr von Preußen eine allgemeine sei, und andererseits, weil es an anderen, geeigneteren Personen mangelte.
Österreich erheischte mittlerweile meine Anwesenheit. Um aber den Ungarn zu dokumentieren, daß ich wieder zurückkehren wolle, ließ ich die Kinder in Gödöllö.
In Ungarn kann man also wahrlich nicht behaupten, daß der König »geflohen« sei ... mit ebensowenig Recht wie andererseits in Österreich zur gleichen Zeit behauptet wurde, meine Fahrt nach Gödöllö, seit Monaten den Ungarn versprochen, sei eine »Flucht nach Ungarn« gewesen.
Ich kam in der Früh in Wien an, nicht wissend, welcher Gefahr wir entronnen waren.
Es war nämlich beabsichtigt gewesen, den Hofzug nicht aus Ungarn herauszulassen und mich gefangen zu setzen. Nur wegen der Mitfahrt Karolyis standen die Eisenbahner von ihrem Vorhaben ab. Dies alles meldete mir Graf Hunyady lange Zeit nachher. Seine Informationen wurden zur Zeit des Prozesses gegen die Mörder Tiszas[1] bestätigt.

[1] Stephan (István) Graf Tisza, 1861-1918, ungarischer Ministerpräsident von 1913-1917, am 31.10.1918 von ungarischen kommunistischen Marodeuren ermordet.

In Österreich versuchte ich, ein großes Liquidierungsministerium – bei Beteiligung aller Nationen – unter Lammasch zu bringen. Es sollte den alten Gesamtstaat auflösen und die gegenseitigen Beziehungen der neuen Nationalstaaten untereinander regeln. Doch die Tschechen, Südslawen und Polen waren beiderseits ihrer Wege gegangen und lehnten daher die Beteiligung ab.

Das österreichische Parlament ging auseinander, ohne sich eigentlich aufgelöst zu haben. Ich ernannte daher ein Beamtenkabinett Lammasch, das eigentlich nur in Deutsch-Österreich anerkannt war, aber auch dort tagtäglich mehr durch den Nationalrat verdrängt wurde.

Lammasch war ein schwarz-gelber Patriot, mit gesunden, föderalistischen Ideen, aber leider ein Professor nach der Art des Präsidenten Wilson, an den er glaubte wie an das Evangelium.

Lammasch schwärmte vom »Selbstbestimmungsrecht der Völker«, vom Völkerbund, von den »14 Punkten« und ähnlichem mehr.

Ich glaube auch, daß die Enttäuschungen, die ihm der gar nicht ideale Friede schließlich brachte, auch seinen frühzeitigen Tod bewirkt haben.

Ich nahm damals Lammasch, weil er der einzige Mann war, bei dem als Ministerpräsident die Möglichkeit bestand, daß die Nationalitäten, trotz der schon erfolgten Absage, mit ihm sprechen würden. Aber all dies war damals schon zu spät. Irgendeine ordnungsgemäße Lösung der österreichischen Frage war unmöglich.

Die Ereignisse überstürzten sich und führten zu dem heutigen Chaos in Mitteleuropa.

Vielfach ist die Ansicht verbreitet, Lammasch hätte Österreich retten können, wäre er bloß früher gekommen.

Dies ist falsch: Lammasch war sicher ein sehr pflichtgetreuer Mann, aber dem Professor fehlte die für jede staatliche Umgestaltung so notwendige Energie. Außerdem habe ich bereits die anderen Gründe alle auseinandergesetzt, die eine solche grundlegende Veränderung unmöglich machten.

In Wien hatte sich – seit dem ich vor kaum einer Woche das letzte Mal dort gewesen war – vieles verändert; keiner getraute sich mehr, in Uniform zu gehen.

Einen unauslöschlichen Eindruck machte mir aber dabei eine Kleinigkeit:

der Schloßhauptmann von Schönbrunn war in Zivil zum Empfang erschienen, das übertrieben ängstliche Stallmeisteramt (?) hatte die Kronen von den Autos und Livreen entfernen lassen.
Alles aus Angst, man dürfe die Leute nicht reizen.
Für die damals herrschende Furcht ist es bezeichnend, daß die Regierung mich bat, am 4. November, zu meinem Namenstag, um die Erlaubnis, nicht in Uniform und nicht korporativ in die Kirche gehen zu dürfen ...
Die militärische Lage wurde mittlerweile immer unhaltbarer. Die Verpflegung der Armee wurde schlechter und schlechter, und dabei tobte in Venetien eine Schlacht. Die Truppen vorne kämpften meisterhaft, nur die Reserven begannen, zu versagen und wollten ihren schwer kämpfenden Kameraden nicht mehr beistehen.
Im Hinterland herrsche Revolution und Anarchie. Ich entschloß mich daher, mit den Italienern direkte Waffenstillstandsverhandlungen zu pflegen und andererseits, über Andrássys Rat, Sonderfriedensverhandlungen anzubahnen.
Dieser Sonderfriedensschritt, in höchster Not unternommen, als die ungarischen Truppen bereits die Front verließen, als die alpenländischen Regimenter bereits zu meutern begannen, rief in Wien einen Sturm der Entrüstung hervor.
Offiziere rissen sich auf offener Straße die Kappenrose herunter und man schrie, mit mir, einem Kaiser, der ein Verräter sei, wolle man nichts zu tun haben.
Dies war der Auftakt zur Revolution.
Wie recht hatte ich immer, als ich sagte, daß ein Sonderfrieden nur dann möglich sei, wenn man günstig abschneidet, sonst würde ein solcher Friedensschritt im Zentrum, also in Wien, die Revolution.
Es geschahen natürlich, wie immer in solchen Zeiten, Ungeschicklichkeiten.
Niemals darf man in solchen Zeiten große Volksaufläufe provozieren, kann doch keiner wissen, wann, wie und ob so etwas endet.
Doch gerade diesen Fehler beging Windisch-Graetz als Sektionschef im Ministerium des Äußeren. Er arrangierte mit General Landwehr – und beide taten es in bester Absicht – einen Demonstrationszug zu Ehren Andrássys und des Sonderfriedens.
Die Sache fiel kläglich aus, nur bezahltes Gesindel beteiligte sich daran, die Rede Andrássys vom Balkon des Ballhausplatzes aus war auch nicht

sehr gut und vor allem nicht ordentlich deutsch. Es wurde befehlsgemäß »Hoch« gebrüllt, aber auch das keinesfalls allgemein. Diese an und für sich unwichtige Demonstration veranlaßte die Gegner, am nächsten Tag eine imposante Gegenkundgebung hinzulegen, in der natürlich von »Revolution« und von »Republik« die Rede war.
Es war dies übrigens das erste Mal, daß größere Volksmassen in die Innere Stadt gezogen kamen – ein schreckliches Beispiel für die Zukunft. Durch die Geschicklichkeit der Polizei gelang es, daß es allerdings nirgendwo zu Tätlichkeiten kam.
Bei der gänzlichen, militärischen Ohnmacht des Staates mußten solche Aufläufe schließlich zur Katastrophe führen.
Schober und der Minister des Inneren, Gayer, waren wütend auf Windisch-Graetz, der mir vor seiner »Beeinflussung der öffentlichen Meinung« nur gemeldet hatte, daß vor dem Ballhausplatz ein Fackelzug stattfinden werde und daß dies mit dem Bürgermeister abgesprochen sei.
An einem der vorhergehenden Tage bezog das seit Beginn des Krieges in Wien zu Wachzwecken garnisonierende Baon [Bataillon] des Mährischen Infanterieregimentes Nummer 99 zum letzten Mal die Burgwache reglementmäßig. Als die Musik spielte erschienen die Kaiserin und ich wie früher öfters, an einem der Fenster der Hofburg, von der angesammelten Menge stürmisch akklamiert. Als wir die Burg im Auto verließen, liefen uns die Menschen unter fortgesetzten Hochrufen nach. Das war unser letzter Burgbesuch, denn tags darauf war das Infanterieregiment Nummer 99 bereits durchgegangen und ein Hauptmann mit deutsch-österreichischer Kokarde bezog die Wache – aber auch diese deutsch-österreichische Kompanie verlief sich während des Wachdienstes, so daß die Polizei den Schutz der Burg übernehmen mußte.
Auch auf die Garden war kein absoluter Verlaß. In Schönbrunn, wo wir wohnten, war auch ein ungarisches Baon des Infanterieregimentes Nummer 49, das die Wache halten sollte, abmarschiert und das ganze kaiserliche Schloß blieb ohne irgendeine Bewachung. In der Nacht wachten in dem ganzen ausgedehnten Komplex nur ein paar Burggendarmen und ein Gardeoffiziersposten vor meiner und der Kinder Tür. In der Galerie blieben fünf treue Herren auf Posten. Auch die Dienerschaft hatte sich bis auf einige wenige Ausnahmen wahrscheinlich aus Furcht verzogen. So lag das ganze Schloß Schönbrunn einsam da und

nur der Herrgott hat es in diesen unruhigen Zeiten beschützt. Das Kriegsministerium disponierte daraufhin ein gemischtes Baon von den besten alpenländischen Regimentern 14, 59 etc. zu meinem Schutze nach Wien. Von dem kriegsstarken Baon kamen in Wien bloß die Offiziere und 14 Mann an.
Endlich kamen junge Neustädter Akademiker, noch nicht geschworene Soldaten, auf die Wache nach Schönbrunn; es war dies zwei Tage vor meiner Abreise nach Eckartsau, nachdem wir tagelang ohne Schloßwache gewesen waren. Und diese braven, netten, begeisterten Buben, ungefähr 40 an der Zahl, sollten allein mit der auch sehr verläßlichen, aber an Zahl gänzlich ungenügenden Polizei Wien und die kaiserliche Residenz gegen eine, wie man damals dachte, heraufziehende Revolution halten?
Bei der Schilderung dieser traurigen Verhältnisse darf ich nicht vergessen zu erwähnen, daß viele kaisertreue Offiziere, als sie die eben geschilderte Lage von Schönbrunn erfuhren, zum Schutze des Kaiser herbeigeeilt waren und sich in die Garde einteilen lassen wollten. Da griff aber der revolutionäre Staatsrat ein – die k.k.-Regierung hatte keine Gewalt mehr – und erklärte dies als unbefugte Werbung. Die einzig kompetente Gardebehörde, die die ganze Angelegenheit sehr lau und sehr bürokratisch betrieben hatte, fürchtete sich und ließ die Sache auf sich beruhen. Heute muß man ja deutlich erkennen, daß ein Widerstand zwecklos und sogar schädlich gewesen wäre – aber damals?
Volles Lob verdiente der Oberst der Garde, Wolf, der sich immer tadellos gehalten hat und nicht eine Sekunde von meiner Seite gewichen ist.

Nun zurück nach Ungarn. Wie bekannt, war Károlyi mit mir nach Wien gefahren. Die Besprechungen mit Lammasch und Andrássy fielen ins Wasser, da ersterer gerade nicht zu Hause war, letzterer aber seinen Schwiegersohn nicht empfangen wollte. Mittlerweile hatte ich Erzherzog Joseph[1] kommen lassen, um ihn als homo regius nach Ungarn zu senden. Er sollte dort trachten, ein Konzentrationskabinett aller drei Parteien zusammen zu bringen. Er meldete mir von seiner

[1] Erzherzog Joseph (1872-1962), 1918 Kommandant der Heeresgruppe Erzherzog Joseph, Feldmarschall, Homo Regius vom 7.8.-24.8.1919, spielte in der Folge eine unglückselige Rolle als Aspirant auf den ungarischen Thron, erbat später, als es zu spät war, ähnlich wie Nikolaus Horthy, die Verzeihung, die ihm auch gewährt wurde.

Front, daß die ungarischen Truppen absolut nicht mehr in Tirol kämpfen wollten, sondern daß sie ihr Vaterland gegen Serben und Rumänen verteidigen zu müssen glaubten, und jeder Hinweis darauf, daß sie Ungarn auch in Tirol verteidigen würden, nutzlos sei. Er selbst, der bei den ungarischen Truppen sehr beliebt war, hatte sie an der Front besucht und diesen Eindruck mitgebracht. Wie war dies alles gekommen? Die Hetze Károlyis und seiner Leute, die sich schon bei der Meuterei der Flotte im Feber 18 bemerkbar gemacht hatte, bereitete auch in Tirol den Boden gut auf. Die Reden der Abgeordneten in Pest von der Selbständigkeit Ungarns, von der Bedrohung der Grenzen durch Rumänen und Serben, ferner der Ruf, die ungarischen Truppen zum Schutze Ungarns selbst zu benötigen, ein Verlangen, dem auch die Regierung beipflichtete, und schließlich das Bekenntnis des überzeugendsten Ungarn, Graf Tisza: »Wir haben den Krieg verloren« wirkten verheerend auch auf die Gutgesinnten und schlugen damit dem Faß den Boden aus. Daß Siebenbürgen gegen einen zweiten, unvorhergesehenen Einmarsch Rumäniens militärisch ungeschützt gewesen wäre, ist eine Lüge, die nur für die politische Hetze erfunden wurde. Ich habe mit dem Chef des Generalstabes die Lage an der rumänischen Grenze oft besprochen und wir sind jedesmal zur Überzeugung gekommen, daß die dort dislozierten Truppen genügt hätten, um den ersten rumänischen Anprall abzuwehren und mehr hätte man damals bei dem Vielfrontenkrieg nicht erwarten können. Wäre nämlich so ein erster rumänischer Überfall gescheitert, hätte man bestimmt Mittel und Wege gefunden, um weitere Truppen nach Siebenbürgen zu schaffen. Wekerle ließ sich von diesem Geschrei der Parlamentarier und einigen Meldungen unorientierter, überängstlicher Obergespane ins Boxhorn jagen und drängte das Armeeoberkommando ununterbrochen, Siebenbürgen mit mehr Truppen zu dotieren. Daß aber wir Recht hatten, beweist die Tatsache, daß Rumänien trotz unserer offenkundigen militärischen Schwäche so lange vor unseren Truppen in Siebenbürgen Angst hatte und nicht angriff, als nicht die Revolution unsere Armee auseinandergetrieben hatte. Doch zurück zur Sache: Ich hatte Károlyi in Wien vor seiner Abreise sagen lassen, ich würde ihn nicht mehr in Audienz empfangen, da ich bereits Erzherzog Josef zum homo regius designiert und daher ihm die Verhandlung mit den Politikern zur Lösung der Kabinettskrise übertragen hätte. Erzherzog Josef und Károlyi benützten die gemeinsame Reise nach Pest zu einer Aussprache, die ziemlich günsti-

ge Resultate erwarten ließ. Aber am Pester Bahnhof siegte wieder das Demagogentum Károlyis über seine Vernunft. Ein ungeheures Publikum bejubelte ihn beim Verlassen des Pester Bahnhofes, wogegen der Erzherzog bei einem Hintertürl hinausschleichen mußte. Große Reden wurden gehalten, es wurde erwähnt, daß der große Károlyi in Wien betrogen worden war und Rufe gegen den König wurden laut.
Ich glaube, daß dies bei Károlyi der psychologische Augenblick war, wo er alle moralischen Fesseln abstreifte und sich der Revolution, mit der er bisher solange gespielt hatte, nun mit Haut und Haaren verkaufte. Nachdem Károlyi im Laufe des nächsten Tages geschwankt hatte, ob er einem Konzentrationskabinett beitreten solle oder nicht, entschied er sich für letzteres und so waren am Abend des 20. Oktober die Konturen eines Kabinetts Hadik ohne Károly und seine Partei sichtbar. Hadik stellte noch einige Bedingungen, die sich auf eine gewisse Kontrolle des Armeeoberkommandos und des Kriegsministeriums durch Ungarn bezogen. Weiters wurde verlangt, daß ungarische Truppen an die bedrohten Landesgrenzen disponiert werden, was im Rahmen des Möglichen ja ohnehin bereits geschehen war. Nach Rücksprache mit Arz und Stöger-Steiner stimmte ich am späten Abend diesen Vorschlägen zu. Am nächsten Morgen um 4 Uhr wurde ich durch einen Telefonanruf geweckt. Am Apparat waren Erzherzog Josef, Hadik und Feldmarschalleutnant Lucacics, der Militärkommandant von Budapest. Sie gaben mir folgende Situationsmeldung durch: Die Revolution sei ausgebrochen, ein großer Teil der Budapester Garnison sei für Károlyi und schütze den revolutionären Nationalrat. Die treu gebliebenen Truppen seien hauptsächlich Bosniaken, auch zum Angriff bereit; ist der Angriff durchzuführen? Ich antwortete: »Angriff durchführen, wenn Aussicht auf Erfolg besteht.« Die Antwort lautet: »Aussicht auf Erfolg besteht nicht.« Daher gab es nur eines, nämlich mit Károlyi verhandeln. Diese Episode wirft kein gutes Licht auf jene Kommandanten, die noch vor kurzer Zeit versichert hatten, daß die Budapester Garnison vollkommen verläßlich ist. Ich habe nicht angreifen lassen, da bei einer Revolution eine Niederlage schlimmer ist als Passivität. In einem Bürgerkrieg vermehren geschlagene Truppen gewöhnlich die Reihen der Gegner und das unnütz vergossene Blut gereicht nur zum Schaden der Gutgesinnten und der gerechten Sache. Sehr merkwürdig ist der plötzliche Umfall der Polizei, die noch vor wenigen Tagen, als einige Demonstranten in die Burg eingedrungen waren, mit gewohnter Energie

und Tüchtigkeit – die Pester Polizei war jederzeit vorzüglich gewesen – die Leute auseinandertrieb und jetzt plötzlich für den Nationalrat gewonnen war. Ich glaube, daß es hier wie beim Militär an der Wachsamkeit der Vorgesetzten gemangelt haben muß, die nicht merkten, wie allmählich das Gift des Umsturzes durch Agitatoren unter ihre Leute getragen worden war. Ein solches Versagen kann für Unorientierte plötzlich und unerwartet kommen, aber ohne vorhergegangene, lange Wühlarbeit ist so etwas unmöglich. Die Vorgesetzten hatten eben den so unumgänglich notwendigen Kontakt mit der Mannschaft verloren.
Um 9 Uhr früh wurde mit Károlyi verhandelt. Károlyi übernahm die Kabinettsbildung als königlich ungarischer Ministerpräsident und legte mitsamt den unmöglichen Ministern, die er sich erwählt hatte, den vorgeschriebenen Eid in die Hände des Erzherzogs Josef ab. Mit Mühe erhielten wir mit Gödöllö telephonische Verbindung, da die Budapester Telephonzentrale bereits von den Revolutionären besetzt war. Ich hieß die Kinder, die noch dort weilten, per Auto nach Schönbrunn kommen; knapp vor der Abfahrt meldete ein Offizier dem Prinzen René,[1] der die Kinder begleiten sollte, daß es bereits unmöglich wäre, das Schloß zu verlassen, da von Budapest telephoniert worden wäre, daß Autos mit M.G. am Wege nach Gödöllö wären, um die Kinder abzuholen. Kurz gefaßt, befahl Prinz René, dennoch wegzufahren und der Durchbruch gelang. Nur seinem kühnen Entschluß ist es zu verdanken, daß die Kinder nach einer zwar sehr anstrengenden, aber ohne Zwischenfälle verlaufenden Fahrt in Wien ankamen. Später wurde gemeldet, daß, kurz nachdem die Kinder weg waren, wirklich ein Panzerautomobil in Gödöllö erschien, um den Kronprinzen nach Budapest zu bringen, da das Volk ihm dort als König huldigen wolle. Wie konnte man ihm huldigen, da Barrikaden Ofen und Pest trennten und in den Straßen geschossen wurde.
Ich meine, daß man in Wirklichkeit den Kronprinzen als Pfand behalten, um von mir alles Mögliche zu erpressen.
Auf der Fahrt nach Wien sahen die Begleiter der Kinder mehrfach, wie Gendarmerie von roten Banden entwaffnet wurden und die Soldaten überall teils freiwillig, teils unfreiwillig ihre Kappenrosen ablegten.
In Preßburg, wo die Kinder im Palais Friedrich kurze Rast gehalten hat-

[1] Prinz René von Bourbon-Parma, wie seine Brüder Felix und Elias österr.-ung. Offiziere; während Prinz Felix den Kaiser aus Lebensgefahr rettete, tat René das Gleiche mit den Kindern des Kaiserpaares.

ten, brach die Revolution erst dann aus, als sie die Stadt schon wieder verlassen hatten.
Gottes Schutz ruhte sichtlich auf ihnen.
Am Nachmittag des nächsten Tages – es war am einunddreißigsten Oktober, war die Situation in Wien wieder einmal kritisch geworden. Bei Revolutionen geht die See manchmal hoch, glättet sich wieder, Wellenberge wechseln mit Wellentälern – und man riet mir, die Regierung nach Preßburg zu verlegen, weil das eine ebenso ruhige und kleine wie vor allem zentral gelegene Stadt wäre. Ich rief daraufhin den Minister des Innern, Graf Batthyány, telephonisch auf, er teilte mir aber mit, ich könne jetzt keinesfalls nach Preßburg gehen, da es die Lage nicht gestatte.
Gleich darauf kam Károlyi ans Telephon und schilderte mir die Verhältnisse in den schwärzesten Farben. Damals erhoben sich bereits Stimmen, die meine Abdankung forderten. Ich antwortete: »Ein ungarischer König dankt nie ab«.
Gegen Abend wurde gemeldet, daß sowohl der National- als auch der Soldatenrat die Republik verlangten.
Károlyi bat, seines Eides entbunden zu werden, da die Republik bei dem völligen Fehlen jeglicher staatlicher Machtmittel – die Bosniaken waren mittlerweile gleichfalls in Unordnung nach ihrer Heimat zurückgekehrt – unaufhaltsam sei und die Revolutionäre ein Blutbad unter den noch im Eide stehenden Ministern anrichten würden.
Ich entband ihn daher des Eides.
Diese meine Vorgangsweise war falsch, denn diese Minister wären sicher nicht erschlagen worden, Károlyi wäre trotzdem an der Macht geblieben und hätte, was für die Zukunft besser gewesen wäre, seinen Ministereid eben brechen müssen.
Doch damals, knapp vor dem Abschluß dieses menschenmordenden Krieges, scheute ich mich ganz besonders vor dem Opfer eines weiteren menschlichen Lebens.
Was Erzherzog Josef anbelangt, hat er sich in der ganzen Revolution tadellos benommen. Er wurde über seine Bitte als einziger Soldat der Armee seines Eides entbunden und leistete – allerdings ohne mein Wissen – dann der Republik den Bürgereid. Dies alles war aber nur, um die heimkehrenden ungarischen Truppen, auf die er einen großen Einfluß zu haben wähnte, unter sein Kommando zu bekommen und mit ihrer Hilfe den legitimen König wieder einzusetzen.

Daß dies mißglückte, ist nicht seine Schuld! Er hatte außer acht gelassen, daß man noch nie durch Paktieren mit dem Schlechten Gutes gestiftet hat, auch wenn die Absicht rein ist!

Doch zurück zu Österreich.
Die Lage wurde schlechter und schlechter.
Über die tschechische und slowenische Revolution wußte man so gut wie gar nichts. Die Abgeordneten Pantz und Teufel erschienen bei Kabinettsdirektor Seidler um ihm zu erklären, daß im deutsch-österreichischen Nationalrat die Mehrheit für die Republik sei und der Kaiser seinen Thron nur dadurch – und allerdings auch da nur mit geringer Wahrscheinlichkeit – retten könnte, wenn er vor die Nationalversammlung trete und erkläre, er wäre »ein deutscher Fürst«.
Das ist natürlich ein Unsinn, aber charakteristisch für die damaligen Gedankengänge der sogenannten »Gutgesinnten«.
Kurze Zeit darauf bat mich Lammasch, den Kabinettsdirektor Seidler, der die Leute angeblich »reize«, von seinem Posten zu entfernen.
Ich antwortete, ich würde Seidler nichts davon sagen, aber wenn er, der ja sein alter Freund war, ihm dies aus politischen Gründen nahelegen würde, hätte ich nichts dagegen.
Es ist merkwürdig, daß alle Leute, die mir treu ergeben waren, auf einmal »politisch unmöglich« wurden und gehen mußten, wohingegen jene Leute, die nicht so treu waren, in alle Zukunft eine politische Rolle spielen konnten.
So war es bei den Gutgesinnten wie Polzer und Seidler, und, wäre die Revolution nicht dazwischen gekommen, gewiß auch bei Hunyady. Alle diese Leute hatten selbstverständlich Fehler, wie jeder in dieser Welt, Polzer war vielleicht manchmal unvorsichtig beim Reden, Seidler war kein Bismarck und Hunyady voreilig in seinen Entschlüssen, aber sie waren alle treu wie Gold und das ist die Hauptsache. Die weniger treuen Männer hatten nämlich auch Fehler, mitunter viel größere als die erstgenannten – aber jene Kreise, die die Drähte zogen, waren ihnen eben wohlgesinnt. Das sagt wohl alles.
In den Ministerien machten sich die »deutschösterreichischen« Funktionäre immer breiter und verdrängten langsam die k.k. Minister.
Unter diesen Umständen beabsichtigte ein Teil der Minister des Kabinetts Lammasch zu demissionieren, ich aber bat sie, auszuharren, denn

damals bestand noch die Hoffnung, durch ein günstiges Abkommen mit der Entente die Ordnung wiederherzustellen.

Dann war der Waffenstillstand erfolgt, und in Deutschland brach die Revolution aus – doch darüber später.

Am 9. November sandte ich dem Kardinal einen Brief, mit der Bitte, auf die Christlichsozialen und ihren Präsidenten, den Geheimen Rat Hauser einzuwirken, damit sie nicht für die Republik stimmen möchten. Der Kardinal sprach mit Hauser und der gab ihm sein Ehrenwort, daß er sowohl persönlich gegen die Republik stimmen als auch die Abgeordneten im Sinne der Monarchie beeinflussen werde.

Wie er gestimmt hat, weiß ich nicht, jedenfalls war er, Hauser, nach wenigen Tagen Obermacher bei den Republikanern.

Als der betreffende Herr, der den Brief an den Kardinal überbrachte, zum Kardinal hineinging, verließ eben Seipel das Zimmer. Der Kardinal erwähnte jenem Herrn gegenüber, die Regierung bereite eine Erklärung des Kaisers vor, die den Christlichsozialen freie Hand ließe. Diese Nachricht dürfte von Seipel gestammt haben.

Der Kardinal bat auch, diese Erklärung zu unterzeichnen.

Den ganzen 10. November über wartete ich auf das angekündigte Manifest, doch erst am 11. November um 11.10 vormittags erschienen die Minister Geyer und Lammasch. Bereits während des Ministerrates waren die sozialistischen Abgeordneten erschienen und hatten die formelle Abdankung verlangt, sich aber schließlich, wenn auch widerstrebend, mit dem Manifest einverstanden erklärt – jedoch nicht im Namen der revolutionären Regierung, sondern für ihre Partei. Die beiden Minister erklärten, daß, wenn das Manifest nicht bis zwölf Uhr mittags erscheinen könne, 200 000 Wiener Arbeiter die Arbeit niederlegen und die Ausrufung der Republik in Schönbrunn mit Gewalt erzwingen würden.

Ich fragte Geyer, ob irgendeine Möglichkeit bestehe, die Revolution niederzuschlagen. Mit Tränen in den Augen versicherte er mir, daß wir keinerlei wirksame Machtmittel mehr hätten.

Es blieb daher nur die Wahl, vor den Toren von Schönbrunn einige Gutgesinnte zwecklos zu opfern und damit jede Möglichkeit einer Restauration – im besten Falle – auf lange Zeit hinauszuschieben, im ungünstigen Falle diese Möglichkeit für immer zu begraben, oder aber, dieses zweideutige Manifest zu unterschreiben. Ich entschied mich für letzteres und unterschrieb schweren Herzens.

Dieses Manifest ist ungültig, da es erzwungen ist.
Die weiteren Gründe, die seine Ungültigkeit beweisen, finden sich in jenem Protest, den ich beim Verlassen des Landes von der österreichischen Grenze aus an den Hl. Vater und an den König von Spanien gesendet habe.
Ich hatte ursprünglich den Plan, jenen dem Protest angeschlossenen Aufruf »An meine Völker« von Feldkirch aus in Österreich publizieren zu lassen, aber alle Gutgesinnten, der Kardinal an der Spitze, baten mich, davon zu lassen, da dies den Kommunismus fördern werde. Da ich aber fortan nicht mehr im Lande weilte und daher die Qualen einer unter Umständen auftretenden, kommunistischen Herrschaft mit meinem Volke nicht mehr teilen konnte – mein Aufruf also vielleicht als ein »Heldenstück von jenseits der Grenze« mißverstanden hätte werden können, unterließ ich jenen Protest und richtete den Aufruf bloß an die beiden Souveräne, den Papst also und den König von Spanien. Ich fügte hinzu, daß ich den Wortlaut zu geeigneter Zeit publizieren würde.
Nun zur Übergabe der Flotte und dem Waffenstillstand.
Die Übergabe der Flotte an den jugoslawischen Staat unter »Wahrung der Rechte aller Sukzessionsstaaten« erfolgte aus zwei Gründen: zunächst einmal hätten sich die Jugoslawen ohne diese friedliche Übergabe mit Gewalt in den Besitz der Flotte gesetzt und die treu gebliebenen Matrosen wären in einem ungleichen Kampf mit den Rebellen zu Schaden gekommen.
Die Italiener hatten sich aber – und das ist der zweite Grund – unter Benützung und dem Vorwand der Meuterei in den Besitz der Flotte gesetzt und daraus natürlich eine »granda vittoria« zu machen versucht, was ihnen sicher auch gelungen wäre.
Drittens aber wäre es unmöglich gewesen, hätten die Jugos die Flotte erobert, die Rechte der übrigen Staaten an dem Material zu wahren. Alle verantwortlichen Stellen hatten diese Lösung – die freiwillige Übergabe an Jugoslawien – vorgeschlagen, so Admiral Horthy als Flottenkommandant, so Admiral Keil und die Marinesektion.
Die Disziplin ließ ja seit der Meuterei in Cattaro trotz Horthys Strenge immer mehr nach. Es ist aber auch gräßlich, jahrelang im Hafen von Pola oder Cattaro zu sitzen und überhaupt keine Abwechslung zu haben, dabei verhältnismäßig gut genährt zu sein – so etwas muß endlich Meuterei erzeugen.

Man versuchte, die Mannschaft öfters abzulösen, auf Schiffe zu geben, die Konvois zu führen hatten oder aus sonstigen Gründen ausliefen, aber das alles ist bei der Marine, wo viele Professionisten, die eigentlich fast immer an demselben Orte gebraucht werden, nur sehr schwer durchführen.

Trotz alledem erfolgte die Flottenübergabe würdig. Horthy konnte in Ordnung übergeben, unsere altehrwürdige Flagge wurde vorschriftsmäßig eingezogen und die Jugoslawiens gehißt.

Kaum war diese, unter voller militärischer Disziplin verlaufende Zeremonie vorüber, als auch schon, allerdings bereits unter jugoslawischer Verantwortung, wüste, bolschewistische Szenen einsetzten, von Gewalttaten bis zur Ernennung von Soldatenräten.

Die Waffenstillstandsbedingungen wurden am 2. November bekannt. Sie waren ungeheuer hart. Dennoch entschloß ich mich, nach Anhörung der militärischen und politischen Ratgeber, darauf einzugehen. Gleichzeitig wurden die Mitglieder des Nationalrates vom Inhalt verständigt und angewiesen, ihre Zustimmung zu geben. Es war aber unmöglich, mit den außerhalb Wiens weilenden Männern Verbindung aufzunehmen.

Nur der deutsch-österreichische Nationalrat war zur Hand. Ich beschloß daher, seine Vertreter selbst zu empfangen, um sie – die sie ja leider tatsächlich die Macht ausübten, dazu zu bewegen, in patriotischem Geiste auch die Verantwortung für den Abschluß des Waffenstillstandes mitzutragen.

Nachmittags um zwei Uhr erschien in Schönbrunn der alte Dr. Adler,[1] mit ihm Seitz,[2] Geheimer Rat Handelsminister a.D. Urban Meier (sogenannter Kriegsminister) und noch einige mehr.

Ich trat, gefolgt von Generalmajor Zeidler und zwei Flügeladjutanten ein und erklärte die militärische Lage. Hierauf bat ich sie um ihre Stellungnahme in der Frage des Waffenstillstands.

Ich verließ sie dann, damit sie beraten konnten, und ließ ihnen das Telegramm mit den Waffenstillstandsbedingungen, Lagemeldungen und den Telegrammwechsel zwischen mir und Kaiser Wilhelm auf dem Schreibtisch liegen.

[1] Dr. Viktor Adler (1852-11.11.1918), Gründer der österr. Sozialdemokratie.

[2] Karl Seitz, von 1901-1918 im Reichsrat, 1919 Präsident der Nationalversammlung, 1923-1934 Bürgermeister von Wien; gemäßigt, dem Kaiser nie feindlich gesinnt.

Ich hatte ja zwei Tage vorher, als die Lage noch nicht so schlimm gewesen war und wir schon um Waffenstillstand gebeten hatten, Kaiser Wilhelm erklärt, ich würde, falls der Feind Bedingungen stellte, die einen Durchmarsch durch unser Gebiet zur Bedrohung der Deutschen im Rücken enthielten, dieselben ablehnen und an der Spitze meiner Deutsch-Österreicher – auf die anderen Nationen wäre nicht mehr zu zählen – mich einem italienischen Vormarsch entgegenstellen.
Der Kaiser dankte mir dafür. Aber jeder Widerstand war unmöglich, seitdem die Eliteregimenter 59 (Salzburg-oberösterreichisches Infanterieregiment) und 14 (Oberösterreichisches Infanterieregiment) bereits gemeutert hatten.
Nach ihrer Besprechung trat ich wieder ein, und der alte Adler erklärte mir, er sähe ein, daß ein Waffenstillstand unbedingt notwendig sei, daß aber sie, die Deutsch-Österreicher, die den Krieg nicht begonnen hätten, und an ihm unschuldig wären, nicht die Verantwortung für den Waffenstillstand tragen wollten.
Ich bemerkte hierbei, wie Urban fortgesetzt leise auf Adler einredete, er möge ja alle Schuld auf das alte Regime laden. Feiner Kavalier.
Ich erklärte hierauf, auch ich sei unschuldig am Krieg, und daran, daß die Sache so ausgegangen sei, wären jene Schuld, die meine Friedensbestrebungen nicht unterstützt hätten.
Der alte Adler gab mir vollkommen recht.
Es entspann sich dann zwischen jenen …[1] eine Debatte über den Krieg, eine Debatte, in deren Verlauf Urban Meier erklärte, im Jahre 1914 wäre jeder mit Begeisterung in den Krieg gezogen …
Als ich sah, daß das Ganze uferlos zu werden begann, hob ich die Sitzung auf.
Wir hatten aber doch nicht die Hoffnung verloren, den Staatsrat noch herumzukriegen.
Gegen Abend kamen noch ungünstigere Meldungen von der Front. Der Tenor war: Waffenstillstand so schnell wie möglich, bevor alles zugrunde geht.
Ich war zuerst dafür, den Waffenstillstand sofort abzuschließen, aber dann sandte ich doch den Generalstabschef hinein zum Staatsrat, um ihm die Gefährlichkeit der Lage auseinanderzusetzen.

[1] Der hier vorhandene Originalausdruck wurde auf Wunsch Ihrer Majestät ausgeklammert

Die Sitzung dieser Körperschaft war gerade beendet gewesen und Generalstabschef Arz traf nur mehr einen Teil der Herren, die seinen Ausführungen zustimmten aber eben keine wirklichen Beschlüsse fassen konnten.

Angesichts dieser Tatsachen gab ich um drei Uhr nachts die Zustimmung zum Abschluß des Waffenstillstands und legte das Oberkommando nieder, da es hiemit ja keinen Krieg mehr gab.

Die Hauptschuld für die Befehle und Gegenbefehle jener Nacht trug die deutsch-österreichische Regierung, die stets einer klaren Stellungnahme auswich und es nicht einmal der Mühe wert fand, sich wenigstens für diese Nacht in Permanenz zu erklären.

Später wurde der Vorwurf erhoben, durch die Schuld des Armee-Oberkommandos seien viele tausend Soldaten in Gefangenschaft geraten. Grund sei gewesen, daß wir die Feindseligkeiten um 24 Stunden früher eingestellt hätten als die Italiener.

Dies ist grundfalsch. Erstens waren zum Zeitpunkt, als wir den Waffenstillstand anbefahlen, die italienischen Durchführungsbestimmungen mit der Zeitangabe des Einstellens der Feindseligkeiten noch nicht in Schönbrunn eingetroffen. Ich glaube, dies war ein Trick der Italiener, umso schmerzloser den großen Sieg mit den vielen Gefangenen melden zu können.

Zweitens war unsere Front durch Meuterei und Abmarsch der Ungarn und Böhmen durchlöchert wie ein Sieb, so daß jeden Moment die Möglichkeit für den Feind gegeben war, durch so ein Loch durchzuspazieren und die etlichen braven Truppen, die noch die Front hielten, nutzlos massakriert werden.

Drittens war die Etappe in voller Auflösung. Magazine brannten, die Straßen wurden von zurückflutenden Truppen und Trains verstopft. Es bestand die Gefahr, daß marodierende Horden sich sengend und brennend über das Hinterland ergießen und daß die Truppen an der Front verhungern, und außerdem keinen abschnittsweisen Rückzug durchführen können.

Unter diesen Umständen war alles besser, als kämpfen, und ich glaube, daß die Angehörigen jener Soldaten, die damals kriegsgefangen wurden anstatt nutzlos hingeschlachtet zu werden, heute die Umsicht des A.O.K. loben werden, da ihnen durch den Waffenstillstand ihre Lieben erhalten wurden.

Noch etwas: Károlyi und seine Regierung, vor allem der königlich ungarische Kriegsminister und Pazifist Oberst Lindner wollten zu jener kritischen Zeit an alle ungarischen Truppen den Befehl erlassen, die Waffen niederzulegen.

Ich ließ den Befehl, der, nebenbei erwähnt, außerdem ungesetzlich war, durch das A.O.K. nicht weiterleiten; wie dann die Truppen stellenweise doch davon erfuhren, weiß ich nicht.

Nach der Unterzeichnung des deutsch-österreichischen Manifestes tauchte die Frage auf, was nun geschehen solle. Der Staatsrat erlaubte mir gnädig, in Schönbrunn zu bleiben. Schober wollte, ich solle in die Burg gehen, andere wollten, ich solle in die Schweiz.

Ich erklärte, ich bleibe im Lande. Aber nicht in Wien, unter den fortgesetzten Schikanen des Staatsrates, sondern ich begebe mich, und zwar sogleich, nach dem der Familie gehörigen Gut Eckartsau.

Ich wollte nicht in Wien bleiben, weil einen dort der Staatsrat fortgesetzt mit Abdankung und Ähnlichem sekkiert hätte, andererseits sowohl Burg als auch Schönbrunn Hofärarisch waren und ich überzeugt war, daß die revolutionäre Regierung das Hofärar sofort als Staatseigentum erklären würde und ich gar nicht gewillt war, von der Gnade dieser Gauner zu leben und von ihnen eventuell hinausgeworfen zu werden. Eckartsau andererseits war Privateigentum, dabei nicht weit weg von Wien, – was den Machthabern gottlob ein Dorn im Auge war, und infolge seiner Ökonomie und Jagd war ein Verhungern ausgeschlossen. Mein Land wollte ich nicht freiwillig verlassen, denn wer ohne Zwang seine Getreuen in der Not im Stiche läßt, hat seine Partie ausgespielt. Einer schönen Tat muß ich hier Erwähnung tun: Burckhardt, der schweizerische Gesandte und die übrigen neutralen Gesandten schlugen mir vor, mich unter ihrem gemeinsamen Schutz ins Ausland zu bringen. Ich lehnte, unter vielem Dank, natürlich ab. Burckhardt war immer für Österreich und auch für mich. Er war sehr freundlich und hat dies auch während meines Aufenthaltes in der Schweiz bewiesen. Der holländische Gesandte Jonkherr van der Weede hat mir in die Schweiz sagen lassen, er würde alles, was in seinen Kräften stünde, für uns tun …

In Eckartsau spielten sich nur drei politisch interessante Episoden ab: Der Besuch der Ungarn, die Wahlen zur »Constituante« und die Vorbereitungen der Revolutionäre für meine Abdankung und – oder – für unsere Landesverweisung. Am 13. November kamen die Ungarn nach Eckartsau und verlangten eine ähnliche Erklärung wie sie für Österreich erlassen worden war. Führer dieser Deputation war Baron Vlassics. Er erklärte mir, daß, sollte ich dieses Manifest nicht erlassen, die Dynastie am nächsten Tage abgesetzt würde. Ich verfaßte daraufhin ein anderes, viel schwächeres Manifest, in dem ich auch auf Krönungseid und Stephanskrone zu reden kam. Die Herren aber erklärten, dies nicht annehmen zu können, da heutzutage diese Worte keine Zugkraft mehr hätten. Sie betonten weiters, daß Károlyi heute der einzig mögliche Mann sei, der in Ungarn unter diesen schrecklichen Verhältnissen regieren könnte. Sie hofften offenbar, daß er von der Entente für Ungarn ähnliche Bedingungen erreichen würde, wie sie die Böhmen durch ihren Verrat erreicht haben. Ich muß gestehen, daß auch ich diese Möglichkeit ins Auge faßte und erst nach dem Empfang Károlyis durch Franchet d'Esperay eines Besseren belehrt wurde. Ich habe bis heute nicht entdeckt, warum Károlyi damals nach Belgrad ging, wo doch der Webersche Waffenstillstand die ungarische Grenze als Demarkationslinie vorsah. Ich unterschrieb den ursprünglich vorgelegten Text, weil man der Drohung der Absetzung gegenüber keine Machtmittel hatte und ich eine offen ausgesprochene Absetzung für katastrophal und irreparabel hielt. Die Dynastie ist ja doch in Ungarn nicht so sehr verankert wie in Österreich und wenn schon das letztere sich von ihr abgewendet hatte, so hielt ich es für meine Pflicht, in ersterem Lande das Menschenmöglichste zu retten. Dieses Manifest ist ebenso ungültig wie das österreichische, es ist von einer revolutionären Regierung unter Drohung erzwungen. Formell ist es nicht richtig, weil es nicht von einem vereideten königlich ungarischen Ministerpräsidenten kontrasigniert und außerdem es nicht durch sein verfassungsmäßiges Parlament matrikuliert ist. Ungültig ist es auch, da am nächsten Tag die Nationalversammlung durch Proklamierung der Republik jede freie Entscheidung des Volkes präjudiziert hat. Dadurch war es möglich, daß durch die republikanische Propaganda das Ansehen des Königs und der Dynastie schwer erschüttert wurde. Zwei Beispiele: Der König hätte den Kroaten in Reichenau Teile von Ungarn versprochen, wenn sie nur unter seinem Zepter bleiben würden. Dabei weiß alle Welt, was in Reichenau wirklich verhandelt wurde. Ich weiß auch jetzt, daß wegen der Verbreitung dieses Gerüchts, ich hätte den Kroaten Dinge versprochen, die gegen meinen Krönungseid seien, die Ungarn am 31. am Telephon meine Abdankung verlangten. Der König hätte die Abberufung des Banus Mihalovic verhindert! Die Sache verhält sich so: Vizebanus

Netrovics und einige andere Politiker waren in Pest bei Wekerle gewesen, um über kroatische Angelegenheiten zu verhandeln. Sie hatten ihm ordentlich über die Ohren gehaut und ihm auch gewisse, für Ungarn günstige politische Versprechungen gemacht. Bei diesem Anlaß machte Wekerle die Bemerkung, der König sei mit dem Banus unzufrieden und wünsche seine Entfernung. Und dies sagt dieser verantwortliche Minister und beruft sich dabei auf seinen König! Zu jener Zeit, Ende des Sommers 1918, als ganz Kroatien ein Pulverfaß war, das jeden Tag zu explodieren drohte! Es war natürlich wahr, daß über des Banus Amovierung in camera caritatis gesprochen worden war, aber der König durfte in diese Sache doch nicht hineingezogen werden!
Die kroatischen Politiker hatten nichts eiligeres zu tun, als die Nachricht vom Sturze des Banus zu verbreiten und der Banus selbst, der sich auf einer Reise befand, erfuhr hievon während einer Zwischenstation. Schnell entschlossen fuhr er nach Wien und klagte mir sein Leid. Da ich das Vorgehen Wekerles sowohl gegenüber meiner Person als auch dem Banus, als dem höchsten Beamten in Kroatien gegenüber für unqualifizierbar hielt, erklärte ich dem Banus, er müsse auf seinem Posten bleiben. Wekerle gegenüber aber gab ich unverhohlen meiner Mißbilligung Ausdruck und erklärte ihm, daß ich dem Wunsche der ungarischen Regierung nach Amovierung Mihalovics nach dem was vorgefallen war, jetzt absolut nicht stattgeben könnte. So blieb Mihalovics bis zum Ende, da eine, ziemlich lange nach oben geschilderten Ereignissen von den Ungarn proponierte Banus-Kandidatur des Ministers Unkelhäuser daran scheiterte, daß die Kroaten gegen den starren Willen der Ungarn unbedingt auf einem aus der Majoriät des Sabor hervorgegangenen Banus bestanden. Ein Paradebeispiel, wie das Volk verhetzt wird! Und eben jenes Volk soll »frei« über die Königsfrage bestimmen! Übrigens hätte ich eine Volksabstimmung, ob sie nun so oder so ausgefallen wäre, nie anerkannt, denn ich bin König von Gottes und nicht von einer Volksabstimmung Gnaden. Wie die damals herrschenden Politiker Ungarns doch schwankend sind! Zur Zeit Károlyis galten ihre alten Ideale (sie sprachen von Krone, von Eid). Nichts mehr galt zur Zeit des Kommunismus. Damals wäre es nach Ansicht dieser feinen Herren das beste gewesen, wenn Ungarn überhaupt vom Erdboden verschwunden wäre. Und heute, nachdem die Armee Ordnung gemacht hat, möchten sie wieder die Macht ausüben. Später, nach der gelungenen Gegenrevolution wurde behauptet, daß »das Volk« keines-

wegs auf der Seite Károlyis gestanden habe. Das ist nicht richtig, 90% der Bevölkerung hielt Károlyi zu Anfang seiner Herrschaft für der Erretter Ungarns ...

Eine Frage ist in Österreich und Ungarn oft aufgetaucht: Die Frage der Gültigkeit des mir von der Armee geleisteten Eides. Dieser Eid ist unbedingt gültig. Ich habe mich zu wiederholten Malen, besonders in den ersten Tagen meines Aufenthaltes in Eckartsau, auf das kategorischste geweigert, die Armee ihres Eides zu entbinden. Die beiden ungültigen Manifeste vom 11. und vom 13. November bezogen sich ausschließlich auf Ungarn und Deutschösterreich, auf die übrigen Länder nicht. Ich habe im Oktober der Armee gestattet, Nationalkokarden zu tragen und auf ihre Nationalstaaten Gelöbnisse zu leisten. Bei der Ablegung der Gelöbnisse war es aber, da der Eid nicht aufgehoben war, als selbstverständlich vorausgesetzt, daß dieses Gelöbnis nicht im Widerspruch zum Eide stehe. Ich habe die Armee *nie* ihres Eides entbunden.

Im Gegensatz dazu ist die ganze österreichische Beamtenschaft, sind auch die Beamten des Auswärtigen Dienstes, ausgenommen die Kämmerer und Geheimen Räte, deren Eid gleich jenem der Soldaten zu halten ist, ihres Treuegelöbnisses entbunden. Warum dieser Unterschied? Der Eid der Armee ist ein persönlicher Eid. Die Armee ist dasjenige Machtmittel, auf dem der ganze Staat ruht. Von den Beamten aber hoffte man, daß sie auch im revolutionärem Staate ihre kaisertreue Gesinnung beibehalten und sich jener Gesinnung bei der Ausübung ihres Berufes daheim und im Auslande erinnern werden. Von den Soldaten ist nur Erzherzog Josef seines persönlichen Eides entbunden und die Garde ihres Gardeeides. Letzteres hatte folgenden Grund: Nach dem Umsturz verblieb die Garde in der Gardekaserne in Wien. Dies war der revolutionären Regierung ein Dorn im Auge und sie erklärte, nachdem es keinen Kaiser mehr gebe, soll es auch keine Garde mehr geben. In der Folge stellte sie an das Gardekommando das Ultimatum, sie würde, sollte die Garde bis zu einer bestimmten Stunde nicht übergeben, dieser jegliche Verpflegung sperren. Da ein Widerstand dieser paar Soldaten Wahnsinn gewesen wäre, andererseits aber der Gardeeid viel strenger gewesen war als der gewöhnliche Eid, mußte man zu oben erwähnter Maßregel schreiten. Einige Burggendarmen (von der Garde-Infantrie-Kompanie) unter dem Kommando des Oberst Wolff waren zum Schutze des Schlosses nach Eckartsau mitgegangen. Auch diese mußten nach der Eidesentbindung zurück nach Wien und die brave Polizei übernahm die Wache. Es war ein trauriger Anblick, als die letzten Garden, schon mit der deutschösterreichischen Kokarde geschmückt, Eckartsau verließen.

Jetzt kommt die große Lüge Renners:[1] Eines schönen Tages fuhr Renner nach Eckartsau, um sich an Ort und Stelle zu überzeugen, ob ich krank wäre. Ich empfing ihn aber nicht. Er hatte bloß eine Unterredung mit Schonta und sah einen Tafeldecker, der ihm einen kleinen Imbiß vorsetzte. Zuhause angelangt aber erzählte er im Kabinettsrat, daß er bei mir gewesen wäre ...

Der ganze Aufenthalt in Eckartsau war wirklich nichts Angenehmes. Jeden Tag war man darauf gefaßt, daß irgendein Gesindel herauskommen würde. Oft hörten und lasen wir von Drohungen. Dabei war auch die Sicherheit in der ganzen Umgebung sehr gering. Als mein Jäger eines Tages von der Jagd nach Hause kam wurde ganz in der Nähe des Schlosses auf ihn geschossen, gottlob ohne ihn zu treffen. Bei Marchegg, auf einer mir gehörigen Jagd, hielt die Volkswehr, die angeblich die Leithabrücke bewachen sollte, eine Jagd mit Mannlicher-Gewehren ab und man kann sich leicht denken, wie gefährlich dieses Herumschießen war. Die Wilderei nahm dermaßen überhand, daß man das Revier überhaupt nicht mehr betreten konnte. Selbst die Jäger mußten schließlich mit der Gendarmerie gehen, weil fortgesetzte Zusammenstöße mit Wilderern, meistens abgerüsteten Soldaten, stattfanden. Ich wollte aber auf gar keinen Fall, daß meine Jägerei von der Schußwaffe Gebrauch machte, damit es nicht am Ende noch heißen konnte, ein Mensch sei wegen der Jagd des Kaisers erschossen worden. Bei einem dieser Kämpfe wurde auch ein Gendarm erheblich verwundet. Einmal kam auch irgendein hoher »Soldatenrat« oder ähnliches bis in den Stall, um dort die Anzahl der Pferde und Autos aufzunehmen, angeblich um zu sehen, ob nicht ein ärarisches Auto sich dort widerrechtlich befände.

Bei Preßburg, in kaum 30 km Entfernung, fanden fortgesetzt Kämpfe zwischen Tschechen, ungarischen Truppen und österreichischen Roten Baonen statt. Fortwährend hörten wir schießen, mitunter auch Kanonendonner. Bei Marchegg waren uns die Tschechen vielleicht noch näher. Die Bevölkerung sprach fortwährend davon, daß sie bis nach Wien

[1] Dr. Karl Renner, 1870-1950, von 1918 bis 1920 österr. Staatskanzler, Anschlußpolitiker, stimmte 1938 mit »JA«, 1945 Bundeskanzler, 1945-1950 Bundespräsident.

vorrücken würden. Trotz der gegenteiligen Ratschläge vieler meiner Getreuen erklärte ich, auch für den Fall eines tschechischen Vormarsches in Eckartsau bleiben zu wollen. Beide – Deutschösterreicher genauso wie Tschechen – seien meine Untertanen und beide seien gleich Rebellen.

Noch ein paar Bemerkungen zu den »Wahlen« vom Februar 1919. Ich glaube es genügt, wenn ich bloß das schildere, was sich in Eckartsau und der unmittelbaren Umgebung abgespielt hat und ich auf Grund der besonderen Umstände unmittelbarer Zeuge der Vorgänge sein konnte. Ich bin sicher, daß es in anderen Dörfern und Gegenden nicht viel anders war. Bei uns also fand eine christlich-soziale und eine deutsch-nationale Wählerversammlung statt. Der christlich-soziale Kandidat, ein Monarchist im Herzen, und außerdem Advokat meiner Güter in Groß-enzersdorf, erklärte, als ihn ein Sozialdemokrat, der die christlich-soziale Zusammenkunft kontrollierte, nach seiner Gesinnung fragte: »Ich lebe und sterbe als Republikaner«. Natürlich mißfiel das den Eckartsauer Bauern und folgerichtig geben sie dem großdeutschen Kandidaten ihre Stimme, weil der, die den christlich-sozialen ungünstige Stimmung ausnützend, erklärte, er sei »Monarchist nach englischem Muster«, was sich die Bauern von Eckartsau unter »englischem Muster« verstehen, ist mir nicht ganz klar, jedenfalls hielten sie die Aussprüche des deutschnationalen Redners für sehr gescheit. Bei beiden Versammlungen spielten lokale Interessen die Hauptrolle (Straßen, Fabriken, etc.) und den Bauern mißfiel der Proporz, weil sie eben den wählen wollten, der ihnen – und nicht den Abgeordneten der Partei – genehm war. Die Bauernschläue findet oft schnell den Pferdefuß, es ist vollkommen richtig, daß durch den Proporz den alten Abgeordneten ein zu großer Einfluß auf die Wahl der neuen Abgeordneten gegeben ist. Es scheinen auch die Pfarrer in ihrer besten Absicht, den christlich-sozialen Kandidaten durchzubringen, Fehler begangen zu haben. In einem Ort soll der Pfarrer gesagt haben, wer nicht christlich-sozial wähle, der wäre besser nicht aus dem Felde heimgekehrt; Resultat: die Pfarre wählte großdeutsch. Es ist unglaublich, was die Leute an Märchen zu Wahlzwecken unter das Volk bringen. Bei uns begegnete ein sehr braver Jäger einem Bauern, der sich unbändig freut und dem jungen Mann zuruft: Gott sei Dank, jetzt wird der Tabak billiger, weil die Trafiken nicht mehr k.u.k. sind! Auf die erstaunte Frage des Jägers nach dem Grunde, antwortete der Bauer: »Der Kaiser bekommt ja nicht mehr den Gewinn vom Tabakverkauf, da muß der Preis ja sofort sinken.« Es fiel dem Jäger sehr schwer, den Bauern von seiner Idee abzubringen. Und solcher Märchen sind gar viele. Offenbar sind das die neuen Arbeitsmethoden.

Mittlerweile war nach den Wahlen die Lage immer kritischer geworden. Immer mehr häuften sich die Anzeichen für einen Angriff auf Eckartsau. Die letzte Phase war, daß die rote Garde verlangte, sie wolle an Stelle der Polizei die Wache beziehen. Dabei sekkierte mich die Regierung fortwährend, ich solle Eckartsau verlassen und nach Persenbeug oder Ischl gehen. Ich erklärte kategorisch: »Nein«. Die Gründe für diese Ablehnung – die ich der Regierung aber nur teilweise mitteilen ließ, waren folgende: Erstens einmal wollte ich möglichst in der Nähe von Wien bleiben. Noch konnte niemand wissen, wie sich die Dinge wenden würden. Man rechnete ja damals noch stark mit einer aktiven, militärischen Hilfe der Entente gegen das Chaos in Österreich. Zweitens Eckartsau gehörte mir; Persenbeug und Ischl hingegen gehören der Tante Valerie, und drittens war die Verpflegung, wie schon erwähnt, in Eckartsau durch uns selber gesichert, wohingegen an einem anderen Ort die Regierung, sei es, um irgendeine Pression auszuüben, die Zufuhr jederzeit hätte sperren können. Es war ja nicht zu vergessen, daß unter den damaligen Umständen an einem schlecht verpflegten Ort, wie etwa Persenbeug oder Ischl, die Bevölkerung die neuen Esser mit schelen, ja feindseligen Augen betrachtet. Das Gegenteil war der Fall bei der reichen und satten Bevölkerung des Marchfeldes. In Wien, wo man die Stimmung der Bevölkerung genau kannte, entschloß man sich zur Drohung. Den Bürgern von Eckartsau wurde angedroht, die roten Garden würden ihnen den roten Hahn aufs Dach setzen, wenn sie mich noch länger in ihrer Nähe duldeten. In dieser Not erschien der rettende Engel, der englische Oberst. Mein Schwager Sixtus hatte sich in Paris die Füße wundgelaufen, um die Alliierten auf die Gefahr, die uns drohte, aufmerksam zu machen. Immer wieder warnte er sie mit dem Hinweis auf das Schicksal des armen Kaisers von Rußland. Ihm ist es zu verdanken, daß in letzter Stunde Hilfe kam. Bei seinen Besprechungen mußte er auch, nolens volens, mit den Tschechen sprechen. Der erste Böhme, der Sekretär von Kramař, wollte von einer Unterstützung absolut nichts wissen. Erst als er bis zu Kramař selbst gelangte, erklärte dieser: »Der Kaiser hat mir das Leben gerettet, ich will auch das seine retten, und wenn nötig mit Waffengewalt.« Der erste englische Oberst hieß Summerhayes und war, was wir einen Oberstabsarzt erster Klasse nennen. Seine Aufgabe bestand, außer unserem Schutz, darin, über meinen Gesundheitszustand – ich hatte damals gerade die Grippe überstanden – den Engländern zu berichten und zu melden, ob ich »trinke«. Dieses Gerücht war also schon bis nach England gedrungen ...

Summerhayes war ein sehr lieber, freundlicher und mitfühlender Mensch, ein großer Jäger vor dem Herrn, der seinen ersten Hirsch bei uns in Eckartsau schoß; aber als Arzt hätte ich lieber einen anderen gehabt. Ich versuchte, ihn für eine militärische Hilfe Englands zugunsten der Wiederherstellung der Ordnung in Österreich zu interessieren, aber erst sein Nachfolger, Oberst Strutt unternahm – leider vergebens – ernstliche Schritte in dieser Richtung. Bereits vor dem Umsturz hatten sich mehrere Herren, darunter auch Graf Ottokar Czernin sowohl an mich wie auch an Graf Andrássy mit der Bitte gewandt, die Entente zu ersuchen, Wien zu besetzen, um die Ordnung aufrecht zu erhalten. Dies war damals bei der aufgeregten Volksstimmung weder von meiner Seite, noch von Seite der k.u.k.-Regierung aus möglich, denn wer dies gewagt hätte, zu jener Zeit, wäre wegen Landesverrates von der erzürnten Masse aufgehenkt worden. Aber nach dem Umsturz, als das Volk von seinem Taumel erwacht war, hielt ich selbst eine ausländische Besetzung Wiens für unumgänglich notwendig, um dann mit Hilfe der treu gebliebenen Offiziere unter wohlwollender Duldung der Entente, die alten Verhältnisse wiederherzustellen. Daß dies damals spielend gelungen wäre, beweist ein Ausspruch Otto Bauers aus dem Winter 1918–1919: »Wenn der Kaiser mit 6 britischen Soldaten nach Wien kommt und ein Ministerium ernennt, fällt die ganze Republik auseinander.« Ob dies damals ein Glück gewesen wäre und die Monarchie sich auf die Dauer halten hätte können, kann man, glaube ich, heute schon negativ beantworten. Die Regierung in Wien war über die Entsendung des englischen Obersten sehr entrüstet. Sie glaubte nicht, daß die Mission unpolitisch und nur zu meinem persönlichen Schutz gedacht sei. Otto Bauer[1] äußerte sich: »Wenn die Engländer den Kaiser

[1] Otto Bauer, 1882-1938, Theoretiker des »Austromarxismus«, vehementer Verfechter des »Anschlußgedankens«, flüchtete nach den Februarunruhen von 1934, trat selbst nach der Besetzung Österreichs durch die Nationalsozialisten weiterhin für den »Anschluß« an ein »sozialistisches« Deutschland ein.

schützen wollen, so sollen sie ihn zu sich nach England nehmen.« Und er sann auf Rache. Wie, wird man später sehen. Aus Italien rückte in diesen Tagen eine »Kommission« an, Gesindel, die Herrschaften wollten ein Bild haben, daß in der Schloßkapelle von Eckartsau hing, und das bloß, weil es von einem italienischen Maler stammte, und es, glaube ich, aus Modena gekommen war. Natürlich hatte Italien gar keinen irgendwie festgelegten Anspruch darauf. Der revolutionäre Staat bewilligte in seinem Selbstvernichtungswahn der »Kommission« auch diesen Raub. Ich ließ das Bild in unsere Wohnung bringen und nach Wien sagen, falls die Italiener nach Eckartsau kommen sollten, würde ich das Tor verschließen lassen. Um zu dem Bilde zu gelangen, müßten sie die Verwegenheit haben, bei uns einzubrechen. Vor diesen Konsequenzen schreckte auch jene »Kommission« zurück. Damals reklamierten sie auch die Borsobibel, obwohl hervorragende Juristen ihnen erklärt hatten, daß ihr Verlangen falsch sei. In der Folge konfiszierten sie dann wertvolle Handschriften in der Hofbibliothek ... Übrigens war der englische Oberst bei meinem Vorgehen gegen diese »Kommission« und bei ähnlichen Affären ganz auf meiner Seite. Es ist überhaupt merkwürdig, wie geringschätzig alle Alliierten die Italiener behandeln. Dann kam unsere Ausweisung. Viele Christlichsoziale wunderten sich, warum die Sozis nach dem Novembermanifest noch immer meine Abdankung oder Landesverweisung forderten, da sie das Manifest selbst bereits für eine Art Abdankung hielten. Renner aber wußte die Sache besser. Am 11. November nach Unterzeichnung des Manifestes ließ ich Lammasch, der gerade bei Renner weilte, ans Telefon kommen und sagte ihm, es möge ein Schriftstück ausgefertigt werden, worin erklärt wird, daß das Manifest keine Abdankung sei. Lammasch weigerte sich zwar, dies schriftlich niederzulegen, teilte aber über meinen Befehl diese meine Ansicht Renner mit. Ich ließ dann Flotow kommen, dem ich befahl, ein ähnliches Schriftstück im Haus-, Hof- und Staatsarchiv oder bei sich zu Hause zu hinterlegen, aber er getraute sich nicht. Es mehrten sich die revolutionären Stimmen, die eine Klärung der Lage, das heißt: Abdankung oder Landesverweisung, forderten. Die Sozialisten erklärten, sie hätten Mittel und Wege, ihr Ziel zu erreichen, man solle sich nur gedulden. Nun geschah eine Sache, die ich zwar nicht beweisen kann, die aber ziemlich auf der Hand liegt. Englands Militärischer Vertreter in Wien war ein Oberst Cunningham, ein Feind von Oberst Strutt. Cunningham war ein seinerzeit wegen undurchsichtiger Angelegenheiten in Kreta gespritzt gewesener, dann wieder rehabilitierter Offizier, vor dem Krieg Militärattaché in Wien, ein Mann, der eine politische Rolle spielen will, ein guter Freund Renners, zu dem sicher auch noch eine andere Verbindung bestand. An jenen Cunningham scheint sich nun die Regierung Renner gewendet und ihm suggeriert zu haben, meine Sache in Österreich sei verloren, ich sollte wenigstens mein Leben retten. Dies scheint er nach England gemeldet zu haben; auch Strutt hat er in diesem Sinne informiert. Es war nämlich merkwürdig: Den Tag vorher hatten die Engländer dem Oberst Strutt telegrafiert, ich solle nur aushalten in Österreich, denn wenn man an Ort und Stelle bliebe, würde alles wieder leichter in Ordnung kommen. Den Tag darauf kam ein Telegramm, die Situation in Österreich sei unhaltbar. Strutt habe mich unverzüglich nach der Schweiz zu geleiten. Beide Telegramme erhielt ich zur selben Stunde durch Strutt. Sie waren gleichzeitig in Wien angekommen, da die Verbindungen mit London nicht sehr gut funktionierten. Am gleichen Tag ließ Renner Oberst Strutt kommen und erklärte ihm: 1) Wenn ich im Lande ungestört bleiben wollte, müßte ich abdanken. 2) Wenn ich im Lande bleiben, aber nicht abdanken wolle, so würde ich interniert werden. 3) Wenn ich nicht abdanke und nicht interniert werden wolle, so müßte ich ins Ausland gehen. Da die erste Lösung ausgeschlossen, die zweite Lösung aber unmöglich war, da die Internierung gleichbedeutend gewesen wäre mit Bewachung durch die rote Armee, entschied ich mich zu der dritten Lösung. Dieser Entschluß fiel mir umso leichter, als Deutschösterreich ja doch nur ein Teil des alten Vaterlandes und nicht dieses selbst war. Andernteils hatte ich das Gefühl, meine Pflicht gegenüber dem Lande erfüllt und solange es menschenmöglich war, zuhause ausgeharrt zu haben. Zum andern sagte ich mir, daß ich im Auslande, wo ich mit jedermann, auch mit den ehemaligen Feinden, leichter sprechen konnte, der gerechten Sache vielleicht mehr nützen könnte, als in der Abgeschiedenheit von Eckartsau. Ich war ja schon in Eckartsau de facto der Gefangene der Regierung, denn ich konnte keinen Besuch empfangen, der nicht der Regierung gemeldet wurde. Ich mußte dort überaus vorsichtig sein. In jedem Falle wurde ein politischer Zweck gesucht, Umsturz oder Verschwörung gewittert. Als einmal die Erzherzogin Karl Stefan in Eckartsau war, eine Frau die wahrlich apolitisch ist, wurde schon von Wien her gesagt, der Kaiser empfange zuviele Besuche ...

Ich versuchte aber trotzdem noch zwei letzte Mittel, um in der Monarchie bleiben zu können. Klofáč hatte mir seinerzeit, als er von mir vor seiner Reise in die Schweiz im Oktober 1918 empfangen worden war, versichert, ich könnte jederzeit, ob Böhmen nun Königreich oder Republik sei, damit rechnen, im Falle der Not in Brandeis einen Zufluchtsort zu finden, und das umso mehr, als mich die dortige Gegend in ihr Herz geschlossen hätte. Auch nach dem Umsturz machte der damalige tschechoslowakische Gesandte Tusar Andeutungen in dieser Richtung. Nur meinte er, daß eine Übersiedelung nach Böhmen bei der Animosität zwischen der deutschösterreichischen und tschechischen Bevölkerung mir eine Rückkehr nach Wien unmöglich machen würde. Ich bat daher Strutt, Erkundigungen einzuziehen, ob eine Reise nach Brandeis möglich wäre. Strutt frug Cunningham, der nach einer Anfrage in Prag die Fahrt bei der unsicheren Lage der Tschechoslowakei als unmöglich bezeichnete. Ich glaube heute, daß Cunningham, der gleichzeitig auch Militärattaché in Tschechoslowakien war, hierin vollkommen recht hatte. Meiner Ansicht nach wäre dort die Absperrung von der Außenwelt noch größer und das fortgesetzte Drängen nach Abdankung noch intensiver gewesen, da ja dort die Staatsgewalt noch mächtiger ist als in Deutschösterreich. Knapp vor unserer Abreise ließ ich noch durch die revolutionäre Regierung in Tirol anfragen, ob wir vielleicht nach Schloß Ambras bei Innsbruck gehen könnten. Die Antwort war negativ. Ich vermute, Renner hat nicht die Landesregierung, sondern seinen Parteigenossen Abram gefragt. Den endgültigen Entschluß erleichterte mir Renner durch seine offizielle Erklärung, ich stehe außerhalb des Gesetzes. Was gleichbedeutend ist, ich sei für den Staat Deutschösterreich vogelfrei. Ein Freibrief für jede Mordtat!
Vor meiner Abreise kamen verschiedene Erzherzöge, die mir anrieten, abzudanken.
Die Gründe, warum ich jede Abdankung ablehnte, waren, daß damit im Falle einer Restauration keine Sicherheit für die Legitimität bestand. Die Herrschaft eines illegitimen Souveräns ist immer die Quelle des Bürgerkriegs und nie von Dauer. Andererseits ist eine ohne unbedingten Zwang abgegebene Abdankungserklärung keineswegs »nur ein Fetzen Papier, den man jederzeit widerrufen kann«, wie es manche Gutgesinnte (Marsovski zum Beispiel) meinten. Das Bleiben im Lande wäre ja auch nach einer allfälligen Abdankung keine Annehmlichkeit gewesen; die Mehrzahl der Gutgesinnten würde einen verachten und

ihre Bemühungen für eine Restauration hätten kein sichtbares Ideal, auf das sie sich konzentrieren könnten. Die Revolutionäre hingegen würden einer Abdankung trotzdem mißtrauen und jeden Besuch, jede Begegnung als monarchistische Agitation ausschroten und zum Schlusse einen noch trotzdem einsperren oder des Landes verweisen. Dabei sehe ich von höheren Beweggründen völlig ab, wie daß man die Krone, die von Gott verliehen ist, auch festhalten muß.
Kurz vor der Abreise mußte Strutt noch zu Renner. Dieser erklärte ihm, er könne den Kaiser dennoch ohne Abdankung nicht nach der Schweiz gehen lassen. In diesem Augenblick zeigte sich die ganze Seelengröße Strutts. Ohne irgendeinen Auftrag gehabt zu haben, auf eigene Verantwortung und mit dem sicheren Bewußtsein, für den Fall, daß etwas davon herauskäme, von seiner Regierung desavouiert und seiner Offizierscharge eventuell entkleidet zu werden, zog er ein Papier aus seiner Tasche und sagte drohend zu Renner: »Wenn Sie den Kaiser nicht ohne Abdankung hinauslassen, werde ich hier sofort ein Telegramm aufsetzen, daß die Blockade verschärft wird.« Auf das hinauf gab Renner nach. Diese Handlungsweise, von der er mir gegenüber niemals Erwähnung tat, werde ich Strutt nie vergessen; er ist ein Gentleman durch und durch. Dann verlangte er von Renner die Beistellung eines Extrazuges und fügte hinzu: »Es wird ein hoher Eisenbahnbeamter mitfahren, wenn dem Zug etwas geschieht, werde ich diesen Herrn auf der Stelle von meinen englischen Soldaten füsilieren lassen.« Die Regierung bat nur noch, daß man den Fahrplan des als »Ententezug« zu fahrenden Zuges geheimhalten möge. So kam der Tag der Abreise. Ich bestellte mir noch Teile meiner Umgebung zum Abschied hinaus. Es erschienen Arz, alle Flügeladjutanten, Nagy von der Kabinettskanzlei, Zeidler etc. Es war Sonntag, der Schullehrer spielte in der Schloßkapelle zum Schluß der Messe das »Gott erhalte«. Ich hörte damals die so schönen Klänge zum letzten Male in Österreich. Alle Augen wurden feucht. Vormittags empfing ich auch die Vertreter und Pfarrer aller umliegenden Gemeinden. Alle erklärten mir zum Schluße, unter Tränen:» Auf baldiges Wiedersehen«. Ich verabschiedete mich von der braven Polizei und von der ganzen Dienerschaft. Vor der Abreise gab uns Bischof Seidel den Reisesegen und wir fuhren auf den Bahnhof Kopfstetten. Dort war um uns eine große Menschenmenge versammelt, um uns Lebewohl zu sagen. Es waren Bauern, schöndekorierte Soldaten, Beamte der Herrschaft Eckartsau. Als sich der Zug in Bewe-

gung setzte läuteten die Glocken wie zu normalen Zeiten bei einem Kaiserbesuch und die ganze Bevölkerung rief: »Auf baldiges Wiedersehen!« In Wien-Hütteldorf war bei der Durchfahrt des Hofzuges eine Aufwartung der Gutgesinnten geplant. Schober aber widerrief diese Absicht, da die Sozialisten dadurch vielleicht auf den Zug aufmerksam gemacht, diesen aufgehalten oder die Bahnlinie gesprengt hätten. Eine ähnliche Absicht bestand in Innsbruck, wurde aber, aus den gleichen Gründen, fallengelassen. Die Reise ging glatt vonstatten. Am Arlberg kreuzten wir in einer Station mit einem nach Innsbruck fahrenden Zug, die Passagiere erkannten uns und grüßten uns sehr freundlich. Professor Ude, der in diesem Zug saß, sagte laut: »Das ist eine Schande für Österreich.« – Und niemand widersprach. In einem anderen Waggon sagte ein Bauer zu seinem Sohn: »Da schau dir das an! Diese Ausreise ist ein Stück Geschichte – aber ein trauriges!« Und Oberst Strutt sagte: »Und solche Leute sollen heute Republikaner sein!« Um vier Uhr kamen wir an die schweizerische Grenze und wurden von Borsinger im Namen des Bundesrates und von einem General im Namen der Armee begrüßt. Zahlreiches schweizerisches Militär war zu unserer Ehre ausgerückt. Der Empfang in der Schweiz war sehr herzlich.
Kaiser Wilhelm:[1] in seiner Art ein treuer Freund Österreichs, aber er betrachtet alles durch die preußische Brille. Gerne hätte er Österreich germanisiert ... und von unseren inneren Verhältnissen hatte er, wie fast alle Deutschen, keinen blauen Dunst.
Er ist nicht der Alles-Zertrümmerer und Zerstörer, als der er entsprechend seinen Reden vor dem Kriege erschien.
Er war auch während des Krieges für den Frieden, nur hinderten ihn daran seine säbelrasselnden Generäle (Hindenburg und Ludendorff), er war überhaupt diesen Herrschaften hörig ... er hatte, trotzdem er viel redete, nichts zu sagen. Er war nicht der große Mann, der envers et contre tous seinen Willen durchsetzte. Er war im Hauptquartier eine Null und nicht das Scheusal, das den Weltkrieg verursacht hat, als das ihn die Entente hinstellt. Er war gutmütig und wollte leben und leben lassen. In seinen Äußerungen vergaß er oft, daß er der *Kaiser* ist und nicht ein forscher Premierleutnant. Er hatte ein rührendes Gottver-

[1] Wilhelm II., Deutscher Kaiser, König von Preußen (1888-1918) geb. 27.1.1859 in Potsdam, † 4.6.1941 in Schloß Doorn, Niederlande; am 9. Nov. 1918 wurde seine Abdankung verkündet, am 10. Nov. 1918 trat er in die Niederlande über.

trauen und eine hohe Meinung von seiner ihm von Gott übertragenen Mission. Er sagte zu Ministern, die ihm von ihrer großen Verantwortung sprachen: »Ich habe eine höhere Verantwortung als Sie. Das ist die vor Gott, und diese Verantwortung können Sie mir nicht abnehmen.« Er ist auch ein sehr guter Familienvater.

Sultan Mehmed V. Reschid[1]

Der Sultan war ein sehr lieber alter Herr, der echte Typus eines Orientalen. Seine langjährige Gefangenschaft hat ihn älter gemacht, als seine Jahre, aber man würde sich sehr täuschen, wenn man glauben würde, er sei geistig minder weitsichtig; wenn es galt, eine große Entscheidung zu treffen, so liefen doch alle die so selbstbewußten Männer (Enver etc.) zu ihm, und der alte Herr traf meistens den Nagel auf den Kopf. Die leitenden Männer hatten doch großen Respekt vor ihm. Wenn etwas speziell beim Zeremoniell während unserer Anwesenheit nicht stimmte, war er sehr unzufrieden. Der Besuch in Konstantinopel war das schönste, was ich je gesehen habe. Ich hatte befohlen, daß fast alle Hofwürdenträger, und zwar in ihren großen Uniformen, mitzugehen hatten, alle Generäle in Gala, ich selbst als ungarischer General mit einer großen Agraffe aus dem Kronschmucke am Kalpak, – die imponierte den Orientalen kollossal. Sie meinten, dies müsse ein großer und mächtiger Herrscher sein, der so viele Diener habe. Die Umgebung Kaiser Wilhelms hatte den Fehler begangen, ihn nicht aufmerksam zu machen, daß er von zuwenig Suiten, ich glaube, drei, begleitet gewesen war und daß er, sowie seine Herren, nur feldmäßig adjustiert war. Alles dies mißfiel den Bewohnern Konstantinopels.
Noch eine sehr merkwürdige Eigenschaft haben die Türken, auf die mich Musil aufmerksam machte: Sie sehen es nicht gerne, wenn ein fremder Herrscher, der eine türkische Uniform erhalten hat, diese während seines Aufenthaltes mehr als einmal trägt. Die Türken empfingen uns viel freundlicher als den deutschen Kaiser, da auch Zita mit war, und so das Ganze eben ein Fürstenbesuch und nicht ein militärischer Courtoisieakt war. Es war ganz Konstantinopel auf den Füßen, ich glaube, daß das friedliebende österreichische Volk den ebenso gesinnten Türken lieber war, als die »durchhaltenden Preußen«.

[1] Mechmed Reşad, regierte von 1909 bis zu seinem Tod am 2. Juli 1918; seine Thronbesteigung verdankte der Sultan den Jungtürken, war aber durchaus bereit, Kaiser Karl bei den Friedensbestrebungen zu unterstützen.

Auch der Hof tat alles, um unseren Besuch glanzvoller zu gestalten, als den vorhergehenden. Das türkisch-osmanische Zeremoniell ist sehr streng und klappt sehr gut. Der schönste Anblick war, als wir in den alten, türkischen Galawägen mit einer Schwadron-Garde als Eskorte nach Dolma-Bahce fuhren; der schneeweißte Marmorpalast war vom Vollmond beschienen, das Meer glitzerte herüber. Im feenhaft beleuchteten Tor die Gestalt des alten Sultans, ganz ein Stück aus 1001 Nacht. Sehr merkwürdig waren die Aussprüche des Sultans. Einmal, beim Diner, Zita und ich saßen rechts und links von ihm, ließ er uns durch den Dolmetsch sagen, er sei »ein Dorn«. Worauf ich natürlich ein etwas erstauntes Gesicht machte.
Auf das hin ließ er uns sagen, er sei »ein Dorn zwischen zwei Rosen« ... gemeint war, er hindere uns, nebeneinander zu sitzen, was uns betimmt lieber gewesen wäre. Er war halt ein liebenwürdiger Orientale.
Den jetzigen Sultan (Mechmed VI, Wahid al Din) kannte ich nur als Thronfolger, er war auch zu der Beisetzung Kaiser Franz Josephs nach Wien gekommen. Ich glaube, er ist sehr schlau und neigt im Herzen zu den Alttürken.

Zweier Leute wäre noch zu erwähnen, von denen behauptet wurde, sie hätten politischen Einfluß auf mich und wären einflußreiche Mitglieder der »Nebenregierung«: Es sind dies Professor Alois Musil und Professor Schmidt. Natürlich ist dies von A bis Z erlogen. Musil ist, wie jedermann bekannt, ein großer Orientforscher und machte einst auch, mit meinem Schwager Prinz Sixtus, eine Forschungsreise nach Arabien. Ich lernte den Professor daher näher kennen und es freute mich immer, seinen so geistvollen Ausführungen zuzuhören. Sein Lieblingsthema – und gleichzeitig sein Herzenswunsch – war, daß Österreich, sein von ihm über alles geliebtes Vaterland, im Orient einen entscheidenden Einfluß erhalte. Er hatte mit alledem nur zu Recht, in mancher Hinsicht muß man sagen »leider«. Unsere Vertretungen und Konsulate im Orient waren vielfach reine Bürokraten, die den österreichischen Handel und das österreichische Prestige im Allgemeinen wenig unterstützten. Wegen der inneren, so verworrenen Verhältnisse und der Kurzsichtigkeit unserer Politiker und Staatsmänner mangelte es ihnen an Geld, und die Türken, die wußten, daß bei uns die Fahnen- und Emblemfrage weit höher stehe als kommerzielle Angelegenheiten, liebten uns zwar, aber taten, was sie wollten. Die Deutschen

waren verhaßt. Aber die dortige Bevölkerung wußte, daß wenn etwas geschieht, das jenen nicht recht ist, liegt schon eine Eskadre vor Konstantinopel. Und bei uns wurden höchstens lange, unverständliche Noten geschrieben, die der Orientale in blumenreicher Sprache erwiderte und kostbare Zeit wurde vertrödelt.
Der österreichische Kaufmann ist nicht auf jener Höhe, wie sein ausländischer Konkurrent. Erstens ist der Kaufmannsstand bei uns wenig geachtet, überhaupt ist das Interesse vor allem in den höheren und höchsten Kreisen für alles Kommerzielle sehr gering. Zweitens will der Kaufmann bei uns vom Staat immer bevormundet werden. Er will selbständig nichts riskieren, der Staat soll ihm für jeden Verlust garantieren. Und drittens will er in kürzester Zeit ein Millionär werden; anfangs sendet er gute Ware, bei denen er weniger verdient, später aber immer schlechtere Artikel, bei denen er infolge der billigeren Erzeugung und der gleichbleibenden Preise großen Profit erhofft; er täuscht sich aber: Der schlaue Türke durchschaut ihn und geht zur Konkurrenz über.
Gerade in unserem Vielnationalitäten-Staate ist es doppelt notwendig und nützlich, unsere Leute von den kleinen, innerpolitischen und nationalen Kämpfen abzuziehen und ihnen ein großes Arbeitsfeld im Auslande zu zeigen, wo sie sehen können, wie kleinlich all diese Streitereien sind, und wie allein ein großes, gemeinsames Vaterland ihnen allen wirksam helfen kann. Damit will ich aber, wie schon einmal betont, nicht sagen, daß sich der Handelsmann allein auf den Staat verlassen soll. Erst wenn er selbst sich müht und arbeitet, soll ihn der Staat unterstützen. Unsere jungen Leute sitzen halt so gerne hinter dem warmen Ofen daheim und beschäftigen sich mit kleinlicher Lokalpolitik.
Hinaus in die Welt! Und als gute, österreichische Patrioten mit einem weiten Horizont und mit Verachtung für die Kleinigkeitskrämerei kehren sie zurück. Unsere österreichischen Kolonien im Ausland hielten immer musterhaft zusammen, es gab kaum nationale Reibereien zwischen ihnen. Um in diesen Belangen eine entscheidende Besserung zu erlangen, gründete Alois Musil mit einigen Patrioten eine »Orientalische Gesellschaft«, die es sich zur Aufgabe stellte, junge Österreicher, angehende Kaufleute zu Studienzwecken in den Orient zu senden und junge Orientalen nach Österreich zu bringen, damit sie dort unsere Kultur und unsere Sprache kennenlernen. So hoffte man, durch ge-

genseitige, intensive Berührung beiderseitiges Interesse anzubahnen und Handelsbeziehungen anzuknüpfen. Die »Orientalische Gesellschaft« plante die Errichtung einer eigenen Schule und eines Internats für die Orientalen in Wien, in Konstantinopel hingegen eine österreichische Akademie für Meeresforschungen. Ich interessierte mich daher für das ganze Unternehmen. Im Jahre 1918 waren bereits junge Orientalen zu Studienzwecken in Wien, aber der Umsturz begrub, wie so vieles andere, auch dieses Unternehmen. Ich ernannte Musil wegen seiner großen Verdienste zum Geheimen Rat, eine für einen Professor noch nie dagewesene Auszeichnung, deretwegen seine Kollegen neidisch waren. Ich glaube überhaupt, daß gerade dieser Neid eine der Quellen der vielen Gerüchte über ihn waren.

Professor Schmidt, naturalisierter Österreicher, Deutscher von Geburt, war Feldkurat bei meiner Heeresfront in Galizien gewesen. Später, als ich zur Regierung gelangt war, beauftragte ich ihn, an der Front »Soldatenheime« zu errichten. Es gab bereits früher etliche Soldatenheime, von der Truppe selbst angelegt und oft von obskuren Vereinen unterstützt. Aber in diesen wurden den Soldaten sehr schlechte Lektüre gegeben und die Kinoaufführungen und sonstigen Vorstellungen waren weder bildend noch belustigend, sondern nur gemein. Schmidt widmete sich seiner Aufgabe mit Feuereifer. Er errichtete über 300 gutgeleitete Soldatenheime, und daß er im Übereifer hie und da vielleicht einen faux pas machte, ist nur allzu verständlich. Einmal in Jičin, ging der Zug aus irgendeinem Grunde nicht weiter und Schmidt, der in demselben saß, machte dem Stationsvorstand und dem Bahnhofskommandanten daraus Vorwürfe; er müsse weiterfahren, hätte dringend zu tun, etc. und das Wortgefecht wurde noch etwas heftiger, ich glaube, er erwähnte, er hätte einen Auftrag von mir. Aus dieser Kleinigkeit wurde eine Riesenaffäre und Schmidt wurde darauf nicht wie bisher mir direkt, sondern dem Feldbischof unterstellt. Es ist ja jedenfalls unklug, sich in einer so aufgeregten Zeit auf meinen Befehl zu berufen, wenn der Betreffende ihn auch von mir erhalten hat; andererseits muß man begreifen, daß in jener Zeit auch ein Priester seine Nerven verlieren konnte und daß ein Deutscher, der den österreichischen Schlamp nicht gewohnt ist, sich sehr schwer in denselben einleben kann. Der Feldbischof war auch nicht gut auf ihn zu sprechen, weil er vielleicht zu viel Soldat war und es nicht begreifen konnte, wie eine Militärperson im Hauptmannsrang unmittelbar dem Kaiser unterstehen konnte. Ich

muß schon leider sagen, daß Bjelik überhaupt nicht auf der Höhe der Situation stand.
Er mischte seine Feldkuraten, besonders die aktiven, nicht gnug auf und glaubte immer, weil laut Dienstvorschrift genügend Geistliche an der Front waren, daß wirklich kein Mangel sei, dachte aber weder genügend an die zahlreichen Kranken und Verwundeten, noch bedachte er, daß veraltete Dienstvorschriften nicht einem so ungeheuren Weltkrieg entsprechen und die Seelsorge doch noch etwas wichtiger ist als papierene Vorschriften. Viele Geistliche, die sich antrugen, sogar ohne Gehalt als Feldkuraten zu dienen, wurden abgewiesen. Aufträge, die ich ihm gab, führte er ungeschickt aus. Hier erwähne ich nur, daß es immerhin geschehen kann, daß der eine oder andere Verwundete behauptet, er hätte längere Zeit keinen Geistlichen gesehen oder daß einige von seiner Kompanie gestorben waren, ohne die Tröstungen der Religion. Dies ist im Gebirgskrieg, bei vorgeschobenen, kleinen Abteilungen immer möglich; man kann eben nicht für jede zehn Mann einen Geistlichen haben, weil so viele nicht sind, aber trotzdem hätte den Kuraten mehr Aktivität nicht geschadet.
Ich sagte dem Feldbischof einst, als er nach Pola zu einer geistlichen Inspektion der Flotte ging, er solle trachten, den religiösen Geist der Offiziere zu heben, damit sie auf die damals schon etwas radaulustige Mannschaft einen guten Einfluß üben.
Was macht er? Er geht hin und sagt: »Seine Majestät wünscht, daß ihr eure religiösen Pflichten besser erfüllt«. Resultat: natürlich gegenteilige Wirkung.
Doch nun zurück zu Pater Schmidt. Ich gab ihm für die Soldatenheime den Auftrag, alles Schlechte von denselben fernzuhalten, aber unschuldige Lustigkeit und Bildung recht zu pflegen und den Soldaten gute Prinzipien einzuimpfen, jedoch nicht auffallend, denn wenn die Leute das Gefühl haben, sie müßten nach den Mühen des Dienstes auch noch in eine Predigt gehen, so kommen sie nicht. Eine Hauptsache ist auch, daß die Innenräume gemütlich und warm sind.
Bei dieser Besprechung fällt mir die katholische Presse ein, die Pater Schmidt gleichfalls am Herzen lag: auch sie muß gut ausgestaltet, das heißt reich an Nachrichten und Artikeln auf allen Gebieten sein, dabei nicht aufdringlich den katholischen Standpunkt betonen, sondern – so wie die schlechte Presse tropfenweise ihren Lesern das Gift eingibt – müßten gutgesinnte Zeitungen ihren Abonnenten allmählich katholi-

sche Ansichten beibringen. Man braucht hiezu viel Geld, man muß die schlechten Zeitungen allmählich aus dem Felde schlagen und die Christen müßten für ihre Presse Opfer bringen. Man nehme sich ein Beispiel an den Juden, wie die alles, was jüdisch ist, unterstützen!
Es ist ein Skandal, daß es im katholischen Österreich keine große, katholische Zeitung gibt und in Deutschland hat die katholische Minderheit erstklassige Zeitungen von internationalem Rufe! Die kleinen, zahlreichen gutgesinnten Blätter wirken sicher in ihrem Leserkreis sehr günstig, aber jedermann, der sich politisch, wirtschaftlich orientieren will, muß, wenn auch widerstrebend, zu nichtkatholischen Zeitungen greifen ... dies sollte doch anders werden!
Dieser Schmidt, der Geheime Rat Musil, meine Schwiegermutter – die Herzogin von Parma –, mein Generaladjudant Prinz Lobkowitz und der ungarische Ernährungsminister Prinz Windischgraetz bildeten also die berüchtigte und verpönte »Nebenregierung«. Eine merkwürdige, bunte Zusammenstellung! Von der Gefährlichkeit Musils und Schmidts habe ich bereits gesprochen. Die Herzogin von Parma kümmerte sich nie um Politik, schon grundsätzlich nicht. *Ich* habe die Bitte an sie gestellt, mit meinen Schwägern, den Prinzen Sixtus und Xavier, in Verbindung zu treten!
Jeder, der den Prinzen Lobkowitz kannte, weiß, daß er peinlich jedes politische Gespräch vermeidet und überhaupt eher faul ist und gerne gut lebt. Er ist der Prototyp des Satzes: leben und leben lassen. Ich würde zu gerne wissen, wer die Mär' verbreitet hat, daß Windischgraetz mein »Intimus« war; er war als Ernährungsminister selbstverständlich oft bei mir, da ja Ungarn in Verpflegungssachen der gebende Teil war und sprach dabei gerne von seinen politischen Plänen. Dies war ja sein Recht als verantwortlicher Minister und dies umso mehr, als die Ernährungslage in innigem Zusammenhange mit der Ruhe und Ordnung im Innern und einem baldigen Friedensschluß stand.
Ich hielt Windischgraetz für einen braven, ehrlichen und schneidigen Menschen, aber nicht für einen echten Politiker. Ich habe auch seine hochpolitischen Ratschläge, die außerhalb seines Ressorts liegen, geprüft aber nicht befolgt, und habe ihn auch nie zum ungarischen Ministerpräsidenten designiert. Ich habe ihn in der Schweiz vielleicht zwei- oder dreimal gesehen. Ich habe sein Buch nicht gutgeheißen und habe ihn auf die Folgen solcher Enthüllungen aufmerksam gemacht, die auch prompt eingetreten sind. So sah also die »Nebenregierung« aus.

Diese besteht in den Augen der Leute bei jedem Staatsoberhaupt. Die Leute glauben nämlich, daß jeder Herrscher zu beschränkt ist, um selbst eigene Gedanken zu haben und schnüffeln immer nach geheimnisvollen Ratgebern, die nicht existieren.
Am meisten belustigte es mich, wenn Minister von »Nebenregierungen« und »Nebeneinflüssen« reden. Wenn sie solche für schädlich halten, sollen sie demissionieren; wenn sie dieselben für *gut* halten, so sollen sie sie decken, schweigen, und sich schämen, daß sie nicht selber die gute Idee hatten.
Eine sehr beliebte Variante der »Nebenregierung« ist der angebliche Einfluß der Kaiserinnen oder Königinnen. Sie ist aber auch so alt, wie Monarchien bestehen; schon im alten Rom sprach man vom Einfluß der Kaiserinnen und in der Neuzeit wurde dasselbe vom deutschen Kaiser Wilhelm I., dem Begründer des Preußisch-Deutschen Reiches behauptet.
Es ist ja begreiflich, daß Mann und Frau über Dinge sprechen, die ihnen beiden am nächsten liegen, – das ist bei Monarchen die Politik für das Wohl ihrer Völker und für die Erhaltung der Macht auch für spätere Generationen. Hat ein Mann eine Frau, die sich für seine Sorgen, Nöte und Freuden nicht interessiert, so ist diese Ehe für gewöhnlich auch nicht glücklich, gerade so ist das auch in den höchsten Kreisen. Wenn nun eine Herrscherin mit einem Manne nicht harmonieren würde, so müßte sie dennoch ein Interesse an der Macht der Dynastie haben, schon wegen ihrer Kinder.
Hat eine kluge Frau im Bannkreis der Krone nun eine kluge Idee, so ist es doch Pflicht des Mannes, sich diese Idee gut zu überlegen und sie eventuell in die Tat umzusetzen; Pflicht der Frau ist es, jedermann gegenüber ihre Uhrheberschaft an dieser Idee zu bestreiten.
Graf Tisza, der auf so hinterlistige Weise während der ungarischen Revolution ermordet wurde, war durch und durch Gentleman und Grandseigneur, ein gläubiger Protestant, der auch die religiöse Überzeugung der anderen Confessionen ehrte, persönlich außergewöhnlich tapfer und schneidig. Mit über 50 Jahren rückte er als Oberst der Honvedkavallerie ein und war draußen in der ersten Linie, obwohl es ihm ein leichtes gewesen wäre, sich irgendwo von einem Kommando aus bequem den Krieg anzuschauen. Mit 50 Jahren, obwohl halb blind, ritt er noch Rennen. Er war ein großer Mann, und kein führender Staatsmann der Mittelmächte reichte auch nur annähernd an ihn heran. Sei-

ne einzige Schattenseite war sein Eigensinn; er war ein eingefleischter Chauvinist, hielt die alleinige Herrschaft der Ungarn in Trans – und die der Deutschen in Cisleithanien für ein Dogma, trat für den Zentralismus ein, und zwar in beiden Ländern, und bekannte sich zum Ausgleich von 1867.

Allen föderalistischen Gedankengängen war er abhold; in der südslawischen Frage erwies er sich als naiv.

Er war ein erbitterter Gegner einer Wahlreform auf breiter Grundlage, einer Wahlreform, die sicher die Völker Ungarns einander wenn schon nicht versöhnt so doch näher gebracht hätte. Er war alles andere als ein Kriegshetzer, ersehnte den Frieden und wirkte in diesem Sinne auch auf Deutschland ein.

Noch ein Wort wegen der Heimkehrer! Als nach Brest – Litowsk zahlreiche Kriegsgefangene heimkehrten, mußten sie zuerst wegen der Gefahr der Verschleppung ansteckender Krankheiten ein paar Wochen in Lagern im Etappenbereich konzentriert bleiben, bevor sie auf Urlaub zu ihren Familien zurückkehren konnten. Diese paar Wochen nahe der Heimat, ohne ihre Angehörigen sehen zu können, waren für die Leute sehr schwer und erbitterten viele, aber man konnte in dem Falle aus höheren Rücksichten nicht weichherzig sein. Ich sandte zahlreiche Geistliche in die Lager, um die Leute zu trösten und beauftragte den Generaloberst Rot und den Oberstleutnant Baron Mattencloit, die Lager zu visitieren, mit den Leuten zu reden, sich ihre Klagen und Wünsche vortragen zu lassen und ihnen meine Grüße zu überbringen. Dies bewährte sich sehr gut und viele unnütze Härten konnten abgestellt werden. Ich hörte sogar, daß ein übereifriger Kommandant eines Lagers die armen Leute hinter Stachelzäunen einsperrte, ähnlich wie die Kriegsgefangenen! Eine große Hauptsache ist auch, daß die Leute nach überstandener Kontumaz möglichst lange in die Heimat beurlaubt werden; leider war dies bei unserem Mangel an Soldaten nicht immer möglich, wie es wünschenswert gewesen wäre. Eine Sache konnten wir von den Deutschen lernen, ihre Heimkehrer mußten gerade so kontumaziert werden, aber der Soldat erhielt bereits beim Betreten des heimatlichen Bodens durch zahlreiche patriotische Vereine Liebesgaben, Ansichtskarten, Bücher, etc. und wurde gleichzeitig von allen Leuten, von höheren und niederen, als lieber Kamerad und wiedergekehrter Sohn der Heimat auf das herzlichste begrüßt, so daß er sofort das Gefühl hatte, wieder zuhause zu sein. Bei uns gab es nur spärliche

Liebesgaben, erst auf wiederholtes Drängen erhielten die Heimkehrer irgendwelche Kleinigkeiten, aber meist, nachdem sie schon längere Zeit durch das Lagerleben verbittert waren. Auch das Begrüßen der Heimkehrer fand zu mechanisch statt.

Eine viel umstrittene Frage ist, soll der Monarch viele Audienzen geben, viele Leute sehen, viele Politiker hören oder soll er sich mehr im Hintergrund halten und alles durch die Brillen der Offiziellen ansehen. Ich stehe auf dem Standpunkte, außergewöhnliche Zeiten erheischen auch außergewöhnliche Mittel. Zur Zeit der Bedrängnis des Krieges und der Hungersnot soll jeder zu seinem Vater, zum Kaiser kommen können. In normalen Zeiten hingegen sollen Bittende auch zum Kaiser gelangen können, aber Politiker und »Alles besser Wisser« sollen mehr an die Minister gewiesen werden, Damit will ich nicht der chinesischen Mauer das Wort reden, der Kaiser muß auch nicht offizielle Informationen erhalten und die Sorgen des Volkes kennen. Im Krieg waren Audienzen aus der Natur der Sache heraus zwangloser, im Frieden müssen sie formeller sein. Allzu zwanglose Audienzen bewirken leicht, daß die Leute aus der Hand fressen wollen.

Ich glaube, durch diese Darstellung der Tatsachen bewiesen zu haben, was ich gleich anfangs behauptete, daß in der kurzen Zeit von zwei Jahren der Frieden im Inneren nicht herzustellen war und daß auch der Friede nach Außen am Hasse Italiens zum Scheitern verurteilt war. Aber dennoch mußte rastlos gearbeitet werden, um das Ziel vielleicht trotzdem zu erreichen, schon die Völker hatten das Recht, zu verlangen, daß kein Mittel unversucht gelassen werde, wenn sie auch durch gewissenlose Demagogen verleitet, diesen einzigen Weg zu ihrem Heile nicht erkannten. Die große Masse des Volkes läuft den Schreiern nach, der ruhige Politiker und der vor allen Dingen Gott für seine Völker verantwortliche Kaiser müssen eben Wege gehen, die sie für richtig halten, und nicht sich immer durch die so schwankende Volksmeinung beeinflussen lassen. Nach einer gewissen Zeit kommt dann auch beim Volke das Einsehen und die Volkswut richtet sich gegen die ihnen blind folgenden Conjunkturpolitiker. Unsere Politiker sind studierte Leute, hört man dann das Volk sagen, die mehr Einblick in alles haben als wir, die sollen es besser wissen als wir und sich nicht durch Augenblicksstimmungen leiten lassen! Meine Friedensarbeit war doch nicht umsonst: Das Österreich heute in ganz Europa mehr geschätzt und geliebt wird als Deutschland, ist, momentan von der Welt nicht zugegeben,

dennoch das Verdienst meiner Bestrebungen. Der Friede im Inneren wird auch kommen! Die temporäre Trennung der Völker war notwendig, weil ohne schwere innere Erschütterungen niemals der so unglückselige Fatalismus zu beseitigen gewesen wäre. Von innen heraus wären immer nur Detaillösungen der großen Probleme – bedingt durch die schwarz-gelben und die rot-weiß-grünen Grenzpfähle – entstanden, die niemals zu einer Befriedigung der Nationen beigetragen sondern bloß immer neue Irredenta ausgelöst hätten.
So aber können heute die Völker ihren nationalen Rausch voll auskosten, um dann, ernüchtert durch die eiserne Notwendigkeit wirtschaftlicher, jahrhundertealter Zusammenhänge, wieder in das altehrwürdige, jedoch wohnlicher eingerichtete Haus einzuziehen.

A. E. I. O. U.
8. September 1920, Fest Mariä Geburt

9. Kapitel

Kaiser Karl verhindert die Selbstauflösung Österreichs

1. Charles Maurras und die »Action Française«

Die Geschichte Österreichs wird schon seit geraumer Zeit auch in Paris geschrieben: so wie auch die Geschichte Frankreichs mit der Österreichs auf engste verbunden ist.

Die Mutter König Ludwigs XIV., Anna, entstammte der Casa de Austria, Marie Antoinette, die Gemahlin König Ludwigs XVI., war eine Tochter von Kaiserin Maria Theresia und auch die Gemahlin des letzten Bourbonen, Heinrich V., des Grafen von Chambord, war eine Habsburgerin gewesen, Erzherzogin Marie Therese Beatrix.

Eine umgekehrte »Trift« ging von Frankreich in Richtung Österreich; Frankreich exportierte nicht nur revolutionäre Ideen, auch seine Könige siedelten sich, einmal des Landes vertrieben, vorzüglich auf österreichischem Boden an, so König Karl X. und der Graf von Chambord.

Abgesehen davon sah Frankreich in Österreich immer ein Gegengewicht zum übermächtigen deutschen Nachbarn; besonders nach der bösen Erfahrung von 1871 hätte sich Frankreich sehr gerne enger mit Österreich zusammengetan, was allerdings Kaiser Franz Joseph, vor allem wegen der nach 1871 in Frankreich herrschenden republikanischen Kreise ablehnte. Ein Gambetta oder Thiers war nicht annehmbar.

Kronprinz Rudolf neigte sehr stark in die von seinem Vater abgelehnte Richtung; mit der romtreuen Haltung des Grafen von Chambord, der sich in Frohsdorf niedergelassen hatte, wollte er gar nichts zu tun haben ... da waren ihm ein Gambetta oder Clemenceau allemal noch lieber, wenngleich ihm diese Sympathie noch teuer zu stehen kommen sollte.

Das Frankreich des ausgehenden 19. Jahrhunderts verkörperte einen vordergründigen Triumph der Republik.

Der Übergang in das 20. Jahrhundert mit dem Gladiator Georges Clemenceau bringt den Pyrrhussieg über die Monarchien der Mitte und die Zerstörung Österreich-Ungarns – ein weitgehend persönlicher Racheakt Clemenceaus an einem Reich, das die Zusammenarbeit mit Frankreich abgelehnt hatte, solange es noch Zeit dazu gewesen wäre.
Nach dem Ersten Weltkrieg mit seinen paradoxen Friedensdiktaten in den Pariser Vororten Versailles, St. Germain, Trianon und Sèvres gibt's ein schrilles, kurzes Zwischenfinale vor dem Beinahe-Ende der Welt mit Hitler und dem Zweiten Weltkrieg.
Es gibt, rückblickend betrachtet und vorläufig Bilanz ziehend, kaum eine Einrichtung, kaum einen Staat, eine Familie, die das Inferno heil überlebt hätte. In einem bestimmten Sinne hat auch das »Familienunternehmen Haus Österreich« schweren Schaden genommen, zum Teil seinen Arbeitsplatz eingebüßt, andererseits aber, wie kaum ein anderer Organismus, die Krise nicht nur überdauert, sondern eine Verjüngung an Haupt und Gliedern erfahren, in vielerlei Hinsicht sogar eine völlige Erneuerung.
Daß das Haus Österreich so überleben konnte, wie es geschah, daß Kaiser Karl die Gewißheit mit in seinen frühen Tod nehmen konnte, daß Österreich überleben würde und mit ihm sein Haus, war nicht zuletzt der merkwürdigen Wirksamkeit eines Mannes zu verdanken, der heute weitgehend vergessen ist, obwohl er zu seiner Zeit eine Schlüsselfigur nicht nur zum Überleben Frankreichs war: Charles Maurras, der Künder einer neuen Monarchie, die es nie gab, und die dennoch, als Gebäude der Sehnsucht und der Träume, auch jene Männer bewegte, die nach dem Ersten Weltkrieg die Schlüssel zur Bewahrung Österreichs in Händen hielten: Poincaré, Briand, Millerand, ja sogar Tardieu und Clemenceau.
Denn auch er verdankte seinen Triumph im Ersten Weltkrieg dem Monarchisten Charles Maurras, der Clemenceau stets nur mit einer häßlichen Wiedergeburt der Geißel Gottes namens Attilla verglichen hatte ...
Die Geschichte des Charles Maurras spielt von Anfang an nach Österreich hinein: dort lebte, in seinem niederösterreichischen idyllischen Exil, in Schloß Frohsdorf (unweit von Wiener Neustadt), der Traumkönig der französischen Royalisten, Frankreichs »Gottesgeschenk« Henri Dieudonné; für die Royalisten des Reiches ihr »König Heinrich V.«, für den Rest der Gutgesinnten und Neutralen der »Graf von

Chambord«, für die Republikaner die Drohung, für die Legitimisten der Inbegriff der Hoffnung. In seinen Erinnerungen schreibt Charles Maurras, wie er als Knabe immer wieder »Vive Henri V.!« auf seine Schulbank geritzt habe ...

Charles Maurras wurde am 20. April 1868 im Arondissement Aix geboren; ein Jahr nach der Ermordung Kaiser Maximilians in Mexiko, an der Frankreich so viel Mitschuld trug; den Untergang des Kaiserreiches Frankreich kannte er bloß aus den Erzählungen seines Vaters, der, wie es sich für einen Normalbürger geziemt, zuerst wie selbstverständlich für Napoleon III. und anschließend wieder wie selbstverständlich für Gambetta oder Präsident Thiers eintrat.

Der junge Student Charles Maurras wird, wie es sich gehört, zunächst in Paris zum Anarchisten, mausert sich aber, wie es bei intelligenten Jungen meist der Fall ist, bald zu einem Lieblingsjünger der Ordnung – allerdings nicht der bestehenden republikanischen, sondern einer erträumten, erdachten, ersehnten monarchischen Ordnung.

Im Jahre 1895 erscheint sein erstes Buch »Chemin de Paradis« in dem eine Synthese aus Nihilismus und hierarchischer Ordnung versucht wird. Dieser merkwürdige Gegensatz sollte in der Zukunft sein ganzes Leben beherrschen, schon insoferne, als er, der uneingeschränkte Agnostiker, keine Einrichtung der Welt so bewunderte und verehrte wie die katholische Kirche. Früh kommt er zu der Überzeugung, daß die Politik eine Wissenschaft ist.

Im Jahre 1898 erscheint sein Werk »Trois Idées politiques. Chateaubriand – Michelet – Saint-Beuve«. Nach seinen eigenen Worten legt das Buch den Grund zu einer »positiven Wissenschaft des Schönen und Guten«.

Sein Lebensziel kristallisiert sich in jener Zeit heraus: das Geistesgut und Erbe der Französischen Revolution von 1789 mit seinen eigenen Mitteln zu schlagen, was ihm, wenn auch unwissend, mit der Rettung des Hauses Österreich und Österreichs im Jahre 1919 auch gelungen sein dürfte.

In der Folge seiner Überlegungen kommt Charles Maurras zu dem Schluß, daß das »nationale Interesse Frankreichs«, dieses eigentliche geistige Kernstück der Französischen Revolution, die nationale Monarchie erfordere, und zwar eine erbliche Monarchie.

Da er das übernationale Kaisertum nicht angriff, ist gegen seine nationale Königsidee nichts einzuwenden; inwieweit Maurras mit diesem

Gedanken die moderne französische Verfassung, die Charles de Gaulle seinem Land gab, noch beeinflußte, ist nicht Gegenstand dieser Untersuchung, hier geht es »nur« um die Errettung Österreichs und seines Erzhauses und den Anteil, den Charles Maurras mit seinen Ideen daran hatte.

Maurras' Gedanke einer »wissenschaftlichen Monarchie« entkleidet dann auch das (französische) Königtum aller »alten Mystik«: »Es gibt kein besonderes, göttliches Recht für das Königtum. Denn nur für jene, die an Gott glauben, sind tatsächlich auch die Rechte göttlichen Ursprungs. Die besonderen Rechte des Königtums sind historischen Ursprungs«. Darüber hinaus ist die Monarchie eine »Forderung modernster, praktischer Vernunft«.

Daß die – ausschließlich – »praktisch denkenden« Republikaner des ausgehenden 19. und beginnenden 20. Jahrhunderts in Frankreich diese Botschaft so staunend wie interessiert hörten, mag auch uns Ansporn sein; behandelt doch der Mitteleuropäer dieses Thema allzu emotionell. Für den eingefleischten französischen Nationalisten, dem »fremde« Vergleiche »fremd« sind, bedeutet die »Demokratie« so viel wie schwerfälliger »Merowingerwagen«.

Für ihn jedenfalls garantiert die »Fürstenfamilie« die Einheit der Politik. Was bei Plato die »Idee« ist, ist bei Maurras die »Erbmonarchie«. Wie schade, daß er Kaiser Karl nie kennenlernte: dort hätte er in einem jungen Monarchen, der mit Selbstbewußtsein und legitimem Sendungsbewußtsein seiner Aufgabe gerecht zu werden suchte, wahrhaftig die Erfüllung seiner Träume gefunden!

Zur Zeit des Charles Maurras war für die überwältigende Mehrheit der Franzosen die Monarchie bereits ein Stück unwiederbringlicher Vergangenheit, die Republik das selbstverständlichste Ding der Welt.

Und für die verschwindende Minderheit der Franzosen, die noch in den Kategorien ihrer Monarchie dachten, hatte Maurras absolut kein Gefühl, im Gegenteil, er betrachtete sie – mit Recht – als anachronistisches Überbleibsel, mehrmals spricht er von jenen Monarchisten alten Typs ausdrücklich als von einem Hort der »unüberwindlichen, politischen Unintelligenz«. Sein Werk entstand denn auch völlig unabhängig von jenen unzurechnungsfähigen Monarchistenkreisen, die »Monarchie« stets mit persönlichen Vorteilen und Wehleidigkeit verbanden: völlig richtig, und ebenfalls bis heute gültig, stellt Maurras auch eiskalt fest, jene üble Art der »Konservativen war schon immer für die

28, 29, 30 14. Juni 1911 – Verlobung
Nach Abschluß der Zeremonie versammelt sich die Familie mit den Geladenen auf der Terrasse der Villa Reale delle Pianore (Sitz des Herzogs Robert von Bourbon-Parma, Geburtsort von Kaiserin Zita): Graf Zileri (Obersthofmeister des Herzogs von Parma), das Brautpaar, Herzogin Maria Antonia von Bourbon-Parma (Mutter der Braut), die Marquiesa Palucci (Hofdame der Herzogin), Erzherzogin Maria Josepha (Mutter des Bräutigams), Gräfin de Conti, geb. Roswandovka (Hofstaat des Herzogs), Franziska Josefa (Patenkind Kaiser Franz Josephs, eine Schwester Zitas) sowie Prinz Sixtus von Bourbon-Parma.

31 Die Hochzeit von Erzherzog Carl Franz Joseph und Prinzessin Zita, 21. Oktober 1911.

Kaiser Franz Joseph mit den beiden Erzherzog-Thronfolgern Franz Ferdinand und Carl Franz Joseph (rechts).

32 Erzherzog Carl Franz Joseph (als Generaloberst) mit seiner Gemahlin und den Kindern Adelhaid, Robert und Otto.

33 Kaiser Franz Joseph mit Kronprinz Franz Josef Otto.

34 Die kaiserliche Familie bei der Ankunft in Reichenau mit Kronprinz Otto und Erzherzogin Adelhaid.

35 Das Kaiserpaar mit den Kindern Robert, Kronprinz Otto und Adelhaid.

36 Der Kaiser und König mit seinem Kronprinzen.

37, 38 30. Dezember 1916: König Karl IV. und Königin Zita im Krönungsornat.

39 Kronprinz Otto im Krönungskleid mit seinem Erzieher, dem Grafen Wallis.

40 Der Kaiser im Küstenland.

41 Der Kaiser im Lazarett von Tannwald.

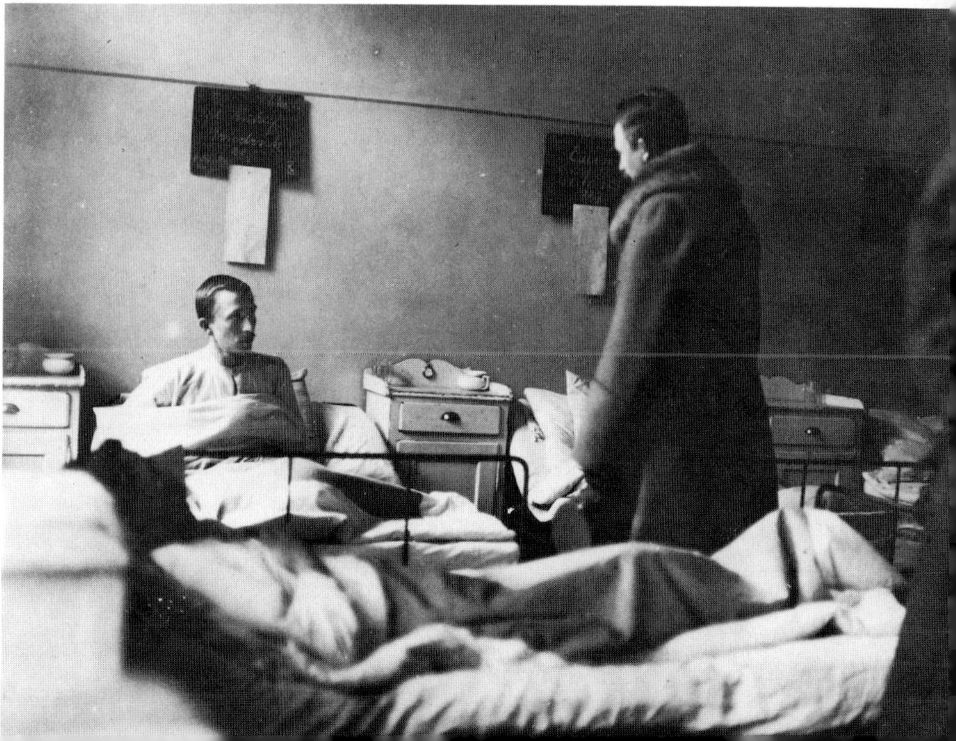

42, 43 Begegnungen mit Menschen aus dem Volk.

44, 45 Begegnungen mit Menschen aus dem Volk.

46 Die Hungersnot in Nordböhmen. Kaiser Karl in der Küche einer Hilfsmission.

47 Die jüdische Bevölkerung huldigt dem Kaiser in der Bukowina.

Polizei; Jungmonarchisten, die in die Gefängnisse der Republik gingen, weil sie für ihre Ideale kämpften, erschienen den Altmonarchisten bloß als Ruhestörer und Übeltäter. Einem korrupten Minister aus dem Panamaskandal eine Ohrfeige versetzen? Mein Gott! Man lehnte Korruption und Minister wohl ab, aber letztlich stand man selbst hinter dem korruptesten republikanischen Minister, weil er halt doch ein Herr Minister war und Recht und Ordnung verkörperte. Und so gab es dann auch niemals eine ungefährlichere Opposition als die altkonservativen Monarchisten unter den republikanischen Machtverhältnissen!«

Die Vorstellung, die Charles Maurras von der Monarchie hegte, formulierte er zum ersten Male im Jahre 1900 in dem Büchlein »Dictateur et Roi«.

So klein diese Schrift ist, so umfassend weist sie den Weg in die Zukunft: Dezentralisation, Übergabe der Macht an den Bürger ... wir würden alle seine Vorschläge mit dem modernen Schlagwort vom »Subsidiaritätsprinzip« umschreiben, also von dem Grundsatz, niemals eine Aufgabe an einen »höhere« Instanz zu übertragen, wenn sie auf Familien-, Gemeinde- oder Bezirksebene erfüllt werden kann.

Über diesen selbständigen Menschen und kleinen Einheiten habe aber, unabhängig von Macht und Geld, der König zu stehen, als Garant der Freiheit seiner Untertanen.

Genau zu der Zeit, als er sein Meisterwerk vom »Dictateur et Roi« verfaßte, stieß Maurras auch zur »Action Française«.

Damals stand Maurras in der »Action Française« mit seiner Lehre von der Monarchie noch völlig allein da. Als ihm damals Henri Vaugeois scherzend sagte: »Sie sind ja der einzige Monarchist in Frankreich«, antwortete Charles Maurras schlagfertig: »Geben Sie mir doch recht, dann sind wir schon zwei!«

In seiner »Enquête sur la Monarchie« wendet sich Charles Maurras ausdrücklich an die Intellektuellen unter den Republikanern, Männer, die, von der Farblosigkeit republikanischer Umgangs- und Verwaltungsformen angeödet, nach etwas Neuem suchten.

»Ich beginne die Geschichte Frankreichs nicht mit einer Zählung der Jahre der Republik; aber ich leugne auch nicht ihre Jahre. Republikaner wollen, daß die Menschen die Kraft ihrer Gefühle, die andere Völker ihrer angestammten Dynastie schenken, der Republik aufopfern. In der Tat ... ohne die Macht des Gefühls kann keine Regierung bestehen!«

Charles Maurras trachtete vor allem danach, die »Elite« Frankreichs für sich zu gewinnen, für »sich« – das hieß: für die Idee der Monarchie. Mit allen ihm zur Verfügung stehenden Mitteln versuchte er, die Intellektuellen Frankreichs auf die in seinen Augen lächerliche Lage der Nation hinzuweisen, die anstelle des Königs den Journalisten gesetzt habe.

Oder das Geld: »Manche sehen im Sozialismus den Retter vor der Macht des Geldes. Sie irren. Denn der Sozialismus huldigt dem Wahlsystem. Und um Wahlen zu gewinnen, braucht in erster Linie Geld ...«

Charles Maurras gewinnt in der Folge seiner Überlegungen – heute könnten wir schon sagen: Vorhersagen – geradezu seherische Qualität wenn er feststellt: »Erringt die Hochfinanz eines Tages im Bunde mit einem Teil des Proletariats (er kann damit nur die sogenannten »Arbeiterführer« jener Tage, die sich fast ausschließlich aus großbürgerlicher Herkunft rekrutierten, gemeint haben!) den Sieg, dann ist das die äußerste Demütigung der Intelligenz.

Und trifft Charles Maurras nicht den Nagel auf den Kopf, wenn er fortsetzt: »Vor der mächtigen Schicht der Geldleute, der Oligarchie, die alle Quellen unserer materiellen Ordnung erfaßt, wird ein riesiges, »intellektuelles« Proletariat, eine Klasse gebildeter Bettler, wie man sie im Mittelalter sah, auf den Gassen jämmerliche Lumpen dessen herumtragen, was unsere Gedanken, unsere Literatur, unsere Kunst einst gewesen sind ...« (Massenuniversität ...)

Sein Schluß ist hart: »Man muß stupid sein wie ein Konservativer oder naiv wie ein Demokrat, um das nicht zu empfinden«.

Seine Forderung erscheint ihm selbst undurchführbar, weil zu logisch: »Man müßte doch von den heutigen Machthabern einen Akt des gesunden Menschenverstandes fordern, gesunden Menschenverstand von Menschen, die den Verstand verloren haben!«

In dieser tristen Lage, die viele Franzosen klarer sahen, als es sich der harte Kritiker Charles Maurras zu träumen wagte, verlangte er von den Mitgliedern und Sympathisanten seiner »Action Française«, sie sollten »eine geistige, königliche Regierung« bilden, eine »wissenschaftliche Autorität«.

Todfeind eines Mannes wie Charles Maurras mußte zwangsläufig ein Mann wie George Clemenceau sein.

In Clemenceau verkörperte sich für Charles Maurras das Böse schlechthin: »Jakobiner mit dem Hunnenschnurrbart, dieser Nase, diesem Mongolenschädel« nennt er ihn; wie eine Kassandra nennt er den Unhold, den viele Franzosen damals noch nicht erkennen, bei Namen, Titel und Funktion: »Ich scheue mich nicht zu sagen, daß Herr Clemenceau eine Rache des Hunnenkönigs Attila darstellt. Hat dieser barbarische Häuptling mit der Sache Clemenceau wirklich etwas zu tun?

Trägt das Gesicht des Clemenceau körperliche Zeichen irgendeiner dunklen, historischen Abstammung? Oder ähneln die Masken der Zerstörer einander durch alle Zeiten? Weil sie auch alle die gleichen Untaten bedecken? Hat er das geerbt? Oder ist das bloß eine zufällige Übereinstimmung einer Geisteshaltung, wie sie auch ein Attila trug? Gleichgültig wie, die Tatsache allein spricht Bände.

Nie zuvor war ein Barbar in dieser Art so vollkommen, nie ein Zerstörer so unverschämt gewesen. Nie auch hatte einer größere Begabung, die Geister und Energien, die er bedrohte, gegen sich aufzuwecken und gegen sich zu sammeln.

Ich für meinen Teil gestehe: ohne Herrn Clemenceau wichtig zu nehmen, oder mir über seine Stärke, die gering ist (soweit man an seine Qualität und nicht an seinen Körperbau denkt) eine Illusion zu machen, danke ich es im Großen und Ganzen ihm, daß ich eines Tages mit gefalteten Händen und gebeugten Knien vor der alten, heiligen Muttergestalt des historischen Katholizismus aufwachte ...«

Womit Charles Maurras, auf seine zweite Haßliebe nach oder neben Clemenceau zu sprechen kommt: die römische Kirche. Beide Lieben gingen nicht in Erfüllung, beidemale reichten weder der Haß noch die damit verbundene Zuneigung zu einer wirklichen Scheidung oder einer wirklichen Verbindung ... es blieb bei einer merkwürdigen Liaison.

»Ich bin Römer« sagte Charles Maurras immer wieder von sich, meinte damit den ordnungs- und hierarchiebezogenen und bewußten Europäer und kaum jemand schätzte und verstand ihn mehr als Papst Pius X. oder Benedikt XV.; erst Pius XI., der sich mit Mussolini so blendend verstand, brach über Charles Maurras und die Action Française den Stab ...

Maurras und seiner Action half das Zurückschalten freilich nicht mehr, vielleicht hat er selber, der letztlich ein großer und gläubiger Katholik war, auch diesen Schlag als eine Prüfung genommen, tröstlich für ihn

war gewiß die alte Verbindung, das so herzliche Verhältnis zu dem unvergleichlichen Papst Pius X., ein persönliches Verhältnis, das ihn über die Spannungen mit Pius XI. gewiß hinwegtrug.
Charles Maurras' Werk »La Politique Religieuse« wurde von Papst Pius X., auch einem großen Freund Österreichs, gelesen und kaum etwas drückt die Stellung des Charles Maurras besser aus als sein Wort: »Rom sagt Ja, der Mensch sagt Ja. Das ist die tiefe Identität, die mich ein Clemenceau empfinden ließ durch seine erbärmliche Forderung des Nein, das den Barbaren und den Kindern so lieb ist ... er, Clemenceau, und einige wenige Personen, die ihm ähnlich sind, dazu dieses republikanische Regime, das sie so vollendet verkörpern – sie haben uns mit Erfolg begreiflich gemacht, was wir sind und was wir lieben: nämlich genau das Gegenteil von dem, was sie lieben ...«
Für den Herbst 1914 war ein Empfang von Charles Maurras beim Heiligen Vater vorgesehen, doch da brach der Erste Weltkrieg aus und wenige Tage später, am 24. August, verstarb Pius X.
Das Grauen nahm seinen Lauf, und in der Stunde der Gefahr für Frankreich scheute sich Charles Maurras auch nicht, sich mit Clemenceau zu verbünden.
Aber das, was für die Errettung Österreichs aus schwerster Gefahr durch Charles Maurras – unbewußt – getan werden mußte, war im Großen und Ganzen schon getan: Sympathie für das Monarchische Prinzip zu schaffen. Clemenceau hatte so gut wie überhaupt keine Freunde. In der Stunde der Todesgefahr, 1917, wandte sich Frankreich an ihn, und er »rettete« sein Land zu einem Sieg, der schon zwei Jahrzehnte später in ein neues, europäisches Inferno führen sollte.
Als es um die eigentliche Bestandsfrage Österreichs ging, war er schon wieder entmachtet.
Die Freunde Österreichs, nicht die blindwütigen Hasser und Mörder, waren wieder am Ruder.
In den Jahren vor dem Ersten Weltkrieg, als er Clemenceau noch verachtete und seine Radikalen, hatte sich in Frankreich ein bestimmter Wandel vollzogen.
Unter der Führung bürgerlicher Intellektueller (ganz genau so wie in Österreich auch) war die französische sozialistische Partei Teilhaberin der parlamentarischen Demokratie geworden.
Ein Jean Jaurès hatte dort zu reden und ein Millerand.[1](Jean Jaurès, am

[1] Alexandre Millerand, frz. Staatsmann, urspr. Sozialist, wandte sich, angeekelt von dem

31. Juli 1914 ermordet, weil er für den Frieden eintrat, zählte auch zu den Opfern des Clemenceau.)
Diese französischen Arbeiterführer beobachteten die Aktion Française mit größtem Interesse, war doch neben den Sozialisten ein neuer Syndikalismus entstanden, der sich, merkwürdig aber wahr, mit den Ideen der Action Française zu verstehen schien. Die Arbeiter konnten sich mit den satten Herren der Republik nicht mehr identifizieren; als 1908 ein royalistischer Kellner den Präsidenten der Republik mißhandelte, rührte sich keine Arbeiterhand zum Protest.
Arbeiter und kluge Sozialistenführer – auch Millerand, und Jaurès – beschäftigten sich mit den Ideen Maurras'. Die Monarchie als Schützerin der schaffenden Arbeit (zu der Maurras das ländliche und industrielle Vermögen zählte, das »notwendig vaterländisch« sein mußte!) sei notwendigerweise gegen die »anarchische und entwurzelte Finanz« eingestellt. Der eiskalten Klassenpolitik der Französischen Republik mit ihrer unmenschlichen Härte gegenüber den Arbeitern stellte Maurras mit großem publizistischem Erfolg die hervorragende Sozialpolitik der monarchischen Mittelmächte gegenüber; in der Tat waren die Sozialgesetzgebung des Kaiserreichs Deutschland oder Österreichs jener der République Française turmhoch überlegen, Jahrzehnte voraus.
Die Aussage des Charles Maurras, eine französische Erbmonarchie würde in ähnlich beispielhafter Weise die Arbeiterschaft in den Staat und sein soziales Leben einbauen, beeindruckte auch einen Millerand oder Jaurès.
Im Ersten Weltkrieg überstürzten sich die Ereignisse in Frankreich im wahrsten Sinne des Wortes. Die Action Française wurde zu dem Instrument des Widerstandswillens gegen die Deutschen an sich, sie wurde zum Rückgrat des Durchhaltevermögens, des Kampfgeistes; letztlich war es der Action Française des Charles Maurras zu verdanken, daß eine neue, harte Garnitur Frankreich in den Sieg führte.
Der Präsident der Republik, Raymond Poincaré, persönlich, der große Vertreter der Rachepolitik gegen Deutschland, hatte der Action Française Material gegen »Defaitisten und Verräter« zukommen lassen. Léon Daudet bezichtigte hierauf den Kriegsminister Malvy des Hochverrates, das Kabinett Painlevé mußte zurücktreten.

Kreis Clemenceau, der Rechten zu. 1920 Präsident der Frz. Republik, nach der Ruhrkrise von 1924 zum Rücktritt gezwungen.

Aus der französischen Staatskrise, die von der patriotischen, monarchistischen Action Française entfesselt worden war, stieg deren Todfeind, Georges Clemenceau zum Diktator über Frankreich (bald über Europa, allerdings nur für wenige Tage) empor.
Als sich herausstellte, daß Clemenceau ein gnadenloser Durchhaltepolitiker war, stellte sich die Action Française voll hinter ihn. Alphonse Aulard, der Geschichtsschreiber der Französischen Revolution mit seiner unerreichten Quellenkenntnis, hatte dazu bloß gesagt: »Bei allen siegreichen Nationen ist der Krieg durch die Methode der konservativen Diktatur gewonnen worden ... überall hat man sozusagen vorübergehend das alte Regime wieder hergestellt ...« (Bloß bei den Mittelmächten nicht, und damit auch den Krieg verloren).
Naturgemäß war der Augenblick, in dem die Action Française einen Clemenceau auf den Schild erhob, gefährlich: das konnte das Ende sein.
Clemenceau, den sie – mit Recht – als den Todfeind der klassischen Zivilisation gebrandmarkt hatte, in dem sie geradezu eine Wiedergeburt des Attila gesehen hatte, wurde nun als Superjakobiner zum »homme national«, sozusagen von der Inkarnation des Attila zur fleischgewordenen Grande Nation.
Es ist hier nicht der Platz, über das Schicksal der Action Française zu sinnieren; sie versickerte in der Geschichte, nicht ohne vorher noch in einer irren Perversion der Ereignisse und Gefühle ihren Führer im patriotischen Orkus landen zu sehen: der gleiche Charles Maurras, der 1917 wesentlich dazu beigetragen hatte, Frankreich zum Siege zu führen, wurde 1945 als »Kollaborateur« mit den Deutschen zu lebenslänglicher Haft veruteilt; er starb 1952 in Tours.
In der unmittelbaren Nachkriegszeit von 1918, als es zwischen Kriegsende und dem frühen Tod Kaiser Karls 1922 auf Madeira um das Überleben Österreichs ging, als der Kaiser in seinem österreichischen Exil in Eckarsau oder in seinem schweizerischen Exil Gesprächspartner brauchte, um den Bestand Österreichs gegen so gut wie alle inner- und außerösterreichischen Feinde durchzusetzen, da erlebte er – ohne davon zu ahnen – seine Sternstunde. Denn wenn der Gedanke einer zeitgemäßen Monarchie mit einer tüchtigen kaiserlichen-königlichen Familie (an deren Mangel Maurras in Frankreich scheitern mußte) irgendwo einmal durchsetzbar ist, dann in Österreich.
Zu Österreichs Überleben bereitete Charles Maurras den Boden. Die

Tatsache, daß sich ein Poincaré mit einem Prinzen Sixtus oder Xavier zusammensetzte, die Tatsache, daß ein Millerand kaiserlich-königliche Kuriere aus Prangins empfing, daß ein Briand sich mit all seinem Können für Kaiser und König Karl einsetzte, das Faktum, daß selbst ein so intimer Freund Clemenceaus wie André Tardieu in Versailles die Rettung Österreichs vor dem fast unvermeidlichen Anschluß an Deutschland durchsetzte ... all das geht auf eine atmosphärische Aufbereitung der Hirne und Herzen der Mächtigen Frankreichs jener Tage zurück – auf eine Aufbereitung durch Charles Maurras.
Frankreich, das Charles Maurras fast so viel zu verdanken hat wie Österreich, übte an Maurras im Jahre 1945 eine ebenso überflüssige wie niederträchtige »Rache«.

Kaiserin Zita bemerkt über Charles Maurras:
»Natürlich waren es nicht nur die von der Action Française und ihren Ideen beeinflußten Männer, die an der Rettung Österreichs in einem gewissen Sinn beteiligt waren. Es waren auch sehr maßgeblich chauvinistische Kreise in Frankreich, die einen Anschluß Österreichs an Deutschland verhindern wollten, damit die revanchelüsternen Kreise Deutschlands nicht eine Verstärkung bekommen. Es war sicher auch die alte Angst der Franzosen vor einem starken Nachbarn, die die teilweise uralte Politik Frankreichs, daß die Nachbarn geschwächt werden müßten, mitbestimmte. Sicher ist das Überleben Frankreichs damals auch auf die unbeschreibliche Brutalität Clemenceaus zurückzuführen ... obwohl es dann erst recht nicht lange gedauert hat, bis es im Zweiten Weltkrieg wieder losgegangen ist.
Dennoch haben Sie sehr recht, daß die Rettung Österreichs und eine freundliche Einstellung gegenüber dem Hause Österreich auf Maurras zurückzuführen sind.
Dazu kam dann auch noch, daß viele Franzosen, angeekelt von Clémenceau und seinen engsten Mitarbeitern, dafür umso mehr zu Österreich gehalten haben, und daß besonders die katholischen Kreise die Friedensbestrebungen Kaiser Karls sehr gut aufgenommen und nicht vergessen haben ...« (Gespräch mit Ihrer Majestät am 17. Juli 1983 in St. Jakob im Walde/Steiermark)

2. Die Aktionen des Kaisers

Es ist nicht ganz leicht, heute, in einer Zeit des gefestigten Staatsbewußtseins der Österreicher, wo es so gut wie niemanden mehr gibt, der nicht von der Notwendigkeit und Selbständigkeit, von Österreichs Wert als freies Mitglied einer freien Völkerfamilie überzeugt ist, von dem »Anschlußwahn« der Zeit nach dem Ersten Weltkrieg zu sprechen, ein Wahn, der sich 1938 im März erfüllte und der für viele erst nach dem Zweiten Weltkrieg zu Ende ging.
Seine Ursache hatte er in der österreichischen Niederlage von 1866 als, es war eine merkwürdige Reaktion, im Verliererland Österreich eine schier maßlose Bewunderung der Siegermacht Preußen einsetzte, die vor allem auch im Heer immer breitere Kreise umfaßte, ohne dabei zunächst Österreichs Unabhängigkeit zu bedrohen – dafür war die Treue der Armee zur Dynastie viel zu fest verwurzelt.
Schritt um Schritt änderte sich die Gesamtlage, als Deutschland an der Seite Österreichs in den Krieg eintrat ... die Übermächtigkeit des deutschen Verbündeten beeindruckte den »kleineren« österreichisch-ungarischen Waffengefährten sehr. Dabei hatte die österreichisch-ungarische Armee Grund genug zu unerschütterlichem Selbstvertrauen.
Daß das »Anschlußdenken« in Österreich immer breitere Kreise ergriff, hatte schlicht mit einem der Kriegsziele des Deutschen Reiches zu tun: nach einem Endsieg sollte Österreich dem Deutschen Reich einverleibt werden, in etwa die Stellung des Königreiches Bayern oder Sachsen im deutschen Reichsverband einnehmen.
Um dieses Ziel zu erreichen, mußte das Selbstbewußtsein des Österreichers untergraben und vor allem seine Treue zur Dynastie, die ja den ganzen, komplizierten Reichsverband zusammenhielt, untergraben werden. Das war der Hintergrund der Aktivitäten, die von der Deutschen Botschaft in Wien ausgingen. Mit ungeheurem finanziellen Aufwand wurde die Presse in Österreich beeinflußt, die ganze Kampagne gegen das Kaiserpaar durchgezogen, um das Volk für den »Anschlußgedanken« reif zu machen. Gegen Kriegsende und nach dem Kriegsende überschnitten sich sehr rasch zwei Anschlußlinien: war es zunächst die deutsche (kaiserliche) Propaganda gewesen, die den Österreichern den Zusammenschluß unter einem machtvollen, sieghaften Übermenschen (als der Kaiser Wilhelm II. ja immer dargestellt

wurde) schmackhaft zu machen suchte, kam gegen Ende des Krieges und nachher der revolutionäre Impetus dazu: da ging es ganz anderen Kreisen, jenen um Otto Bauer, plötzlich um eine Vereinigung der revolutionären Ströme in Österreich und Deutschland zu einem roten Überstaat.

Nationales und Sozialistisches verbanden sich da in einer unheilvollen Weise und die ganze Tragödie endete zwangsläufig im national-sozialistischen Großdeutschland.

Zahllose Zeugnisse aus der Zeit nach dem Ersten Weltkrieg belegen eindeutig, daß die dynastietreuen Österreicher die einzigen waren, die den Gedanken Österreichs als unabhängigem Staat durch die Zeiten trugen. Kaiserin Zita konnte mit Recht ihr vielbeachtetes Wort in meinem Film »Die Kronzeugin« aussprechen: »Nicht eine Spur wäre von Österreich geblieben ohne die Bemühungen Kaiser Karls«.

Es würde im Rahmen dieses Buches zu weit führen, nachzuweisen, welche Gebiete Österreich im Jahre 1919 beim Abschluß des Vertrages von St. Germain nicht verloren hätte, wären die damaligen Machthaber des Reststaates Österreich auf die allmählich immer stärker werdende Bewußtseinsbildung unter den Siegermächten, daß ein unabhängiges Österreich notwendig sei, ernstlich eingegangen.

Ein Studium der »österreichischen« Presse von damals zeigt mit vernichtender Deutlichkeit, wie sehr die großdeutsche Propaganda bereits fast alle Schichten der österreichischen Bevölkerung epidemieartig erfaßt hatte – immun waren bloß die »Kaisertreuen«.

Für Kaiser Karl wieder in seinem schweizerischen Exil war es ungemein schwierig, abgeschnitten von seiner Heimat, von Machtausübung gar nicht zu reden, als der Sprecher Österreichs aufzutreten.

So schwierig es für den Kaiser war, die notwendigen diplomatischen Vertreter – die kaiserlich-österreichischen Botschafter – zu finden und zu placieren, so schwierig war es auch, sie richtig »ankommen« zu lassen, ihnen, immer aus der Enge des Exils heraus – das notwendige Entrée zu verschaffen, hatte doch der Kaiser vielfach mit der Gegnerschaft der offiziellen Vertreter des Landes zu rechnen, die mitunter zu seinen heftigsten Gegnern zählten.

Gelegentlich mußte sich der Kaiser auch ausländischer Helfer bedienen. Einer von ihnen war Dr. Seeholzer. Ein glücklicher Zufall hat eine Instruktion für Dr. Seeholzer, der mit dem französischen Staatspräsidenten Poincaré[1] Kontakt aufnehmen sollte (und auch nahm), erhalten. Hier der Inhalt des Dokuments:

Dr. Seeholzer an Präsident Poincaré, 19. Juni 1919
Ich habe schon meine Maßnahmen ergriffen, um Sie davon in Kenntnis zu setzen, daß ich seit dem 5. Mai 1919 die privaten Interessen Seiner Majestät Kaiser Karls vertrete. Darüber hinaus gab mir der Kaiser mehrmals Gelegenheit, in persönlichen Aussprachen die Probleme, die ihn berühren, kennenzulernen. Das geschah zum ersten Mal in Wartegg, am 5. Mai, dann am 3. Juni und den darauffolgenden Tagen, und endlich heute im Schloß von Prangins.
Sie wissen ja schon aufgrund ihrer Unterredung mit Monsieur Haguenin, wie mir die Interessen Frankreichs auf dem Herzen liegen.
Das ist auch der Grund, warum ich es als meine Pflicht ansehe, Ihnen mitzuteilen, was heute besprochen wurde.
Der Kaiser hat mir in allen Einzelheiten mitgeteilt, wie in seiner Sicht die gegenwärtige Lage zu beurteilen ist und welche Vorstellungen er für die Zukunft hegt.
Der Kaiser wird von zwei Beweggründen beherrscht: dem Wohle seiner Völker und der Glaubwürdigkeit eines künftigen Friedens. Ohne eine solche Friedensregelung erscheint dem Kaiser die bolschewistische Gefahr unüberwindlich und ihr Sieg unvermeidlich. In anderen Worten erscheint dem Kaiser es als zwingend notwendig, im Hinblick auf diese Gefahr die Länder der früheren »Doppelmonarchie« in einer Wirtschaftseinheit zusammenzubringen.
Diese Wirtschaftsgemeinschaft bietet sich zwingend an, wollten wir nicht ähnliche Verhältnisse in Mitteleuropa provozieren, wie wir sie schon vom Balkan her kennen.
Aus diesem Grunde muß auch die Vereinigung Deutschlands mit Deutschösterreich verhindert werden. Wenn nicht, wird in der Zukunft Italien gemeinsam mit Deutschland die Westmächte vom Osten Europas abschneiden.
Es wäre äußerst wünschenswert, wenn die Entente der Regierung Deutsch-Österreichs eindeutig klarmachen wollte, daß eine Regierung, die sich eindeutig gegen eine solche Vereinigung ausspricht, die

[1] (Zu S. 297) Raymond Poincaré, 1860-1934, ab 1893 wiederholt Minister, 1912/13 sowie 1922-1924 Ministerpräsident, 1913-1920 Präsident der Republik, arbeitete vor dem Ersten Weltkrieg zäh auf die Festigung der Tripelallianz gegen die Mittermächte hin.

eine loyale Zusammenarbeit mit den neugeschaffenen Staaten sucht, und die sich im internationalen Verkehr durch Persönlichkeiten vertreten läßt, die diese Absichten klar zum Ausdruck bringen, die lebhaften Sympathien der Mächte beim Abschluß des Friedensvertrages finden müßte.

Niemand hat sich bis heute in diesem Sinne klar ausgesprochen, und die gegenwärtigen Machthaber in Wien ziehen aus den Irrungen der sogenannten »öffentlichen Meinung« ihren persönlichen Nutzen. Es ist vor allem Dr. Otto Bauer, der mit allen Mitteln trachtet, das Volk davon zu überzeugen, daß es in seinem Interesse liege, die Vereinigung mit Deutschland zu vollziehen, weil das die »einzig mögliche Lösung« sei. Dieser Parteifunktionär mit bolschewistischen Gelüsten schreckt vor nichts zurück um sein Ziel – den Anschluß an Deutschland – zu erreichen und es ist notorisch, daß er sehr lebendige Beziehungen mit der ungarischen Roten Garde unterhält.

Man spricht sogar davon, daß er beträchtliche Hilfsmittel – seien es nun Lebensmittel oder Munition und Granaten – an die Bolschewisten weiterleitet.

Es wäre wohl notwendig, daß die Entente ein offizielles Pressecommuniqué herausgibt, weil die Erfahrung bereits lehrt, daß einfache Vorschläge in diese Richtung nicht ziehen.

Seine Exzellenz M. Allizé, in Wien allseits geschätzt, hat diese Dinge alle bestätigt, vor allem aufgrund seiner persönlichen Erfahrungen vor Ort.

Die Volkswehr, dieses Instrument der extremistischen Parteien, müßte abgeschafft werden; diese Truppe, anstatt Recht und Ordnung zu hüten, ist heute nichts als eine Bande ohne jedwede Disziplin.

Darüber hinaus muß die Entente in Deutsch-Österreich Neuwahlen fordern, und zwar auf Grundlage der neuen territorialen Verhältnisse.

Aber noch vor diesen neuen Wahlen hat die Entente in einer völlig klaren Ankündigung zu erklären, welche Friedensbedingungen für Österreich im Falle der Selbständigkeit und welche im Falle des »Anschlusses« in Frage kommen.

Der moralische Einfluß auf die Bevölkerung sollte in diesem Falle doch groß sein und sollte doch wohl auch den Wahlausgang beeinflussen.

Das, was sich da zur Zeit als konstituierende Nationalversammlung ausgibt, entspricht den neuen Gegebenheiten ja keineswegs.

Das »Deutsch-Österreich« dieser Tage kann ja auch nicht als einziger Erbe der alten, österreichischen Monarchie betrachtet werden. Die

Rechte und die Lasten müssen doch in einer entsprechenden Weise auf alle Nachfolgestaaten aufgeteilt werden!
Auch in diesem Falle zwingt sich eine Zusammenarbeit geradezu auf.
Was Ungarn betrifft, so kommt es nun vor allem dort darauf an, Recht und Ordnung wieder herzustellen.
Die Tschechoslowakei, schwach vor allem auf Grund der großen Zahl ihrer nicht-tschechischen Bewohner, und Jugoslawien mit seinen Spannungen zwischen den Bevölkerungsgruppen, die nach dem Westen orientiert sind – Kroaten und Slowenen – und den Serben, sollten doch von der Entente sehr energisch dazu angehalten werden, in eine Konföderation auf wirtschaftlicher Grundlage einzutreten.
Die ganze Gemeinschaft der Nachfolgestaaten der alten Monarchie sollte dazu angehalten werden, unter der formellen Präsidentschaft eines französischen oder englischen Delegierten gemeinsam eine systematische Liquidation ihrer bisherigen so soliden und so gemeinschaftlichen Angelegenheiten vorzunehmen, vor allem ihrer heute so chaotischen Finanzlage. Die Wiederherstellung müßte dann wohl aus dieser Liquidation folgerichtig geradezu von selber erfolgen!
Schließlich ist der Kaiser davon überzeugt, daß es von großem Vorteil wäre, fände die Entente eine kompetente Persönlichkeit französischer Nationalität, die mit dem Souverän persönlich über alle diese komplizierten Verhältnisse spricht, steht er doch über allen den Interessengruppen.
Das war ein genauer Rechenschaftsbericht an Hand der Aufzeichnungen, die ich über meine Gespräche mit dem Kaiser machte.
Wenn Sie gestatten, Herr Präsident der Republik, schließe ich noch eine persönliche Bemerkung an. Ich meine, aus meinen Gesprächen darauf schließen zu können, daß der Kaiser als die erwähnte »Vertrauensperson« niemand anders als Monsieur Haguenin im Sinne hat; er wäre, den Umständen entsprechend, der Mann der Stunde.«

Die Männer, die sich damals um die Behauptung der Selbständigkeit Österreichs unsterbliche Verdienste unter der Führung Kaiser Karls erworben haben, schälen sich aus dem Dunst des Vergessenwerdens:
Von österreichischer Seite waren die unermüdlichen Kuriere und diplomatischen Ratgeber wie Graf Revertera, Baron Chlumecky, Graf Ledóchowski, Alexander Graf Kolowrat, Forst de Battaglia, schließlich Werkmann, von Schonta, Hye; von französischer Seite die Prinzen

Sixtus und Xavier von Bourbon-Parma, Dutasta, Haguenin und, für eine kürzere Zeit, der Schweizer Dr. Seeholzer.
Durchaus in den Kreis der Förderer der Unabhängigkeit Österreichs ist, wenn auch in anderem Rahmen und aus anderen Beweggründen, André Tardieu und, noch etwas später, Aristide Briand zu zählen sowie, wenn auch wieder auf anderem Niveau und in mehr militärischem Context, die Marschälle Lyautey und Franchet d'Esperay, die ihre Regierung nachdrücklichst auf die militärischen Zusammenhänge aufmerksam machten und auch sowohl dem Hause Bourbon-Parma als auch dem Hause Österreich persönlich sehr zugetan waren.
Der Kaiser hat seine Anweisungen fast ausschließlich mündlich gegeben, nur ganz gelegentlich verfaßte er schriftliche Anweisungen.
Eine davon ist erhalten; ihr Inhalt wurde später fast zur Gänze von André Tardieu in seinem »Tardieu-Plan« einer neuen Donaukonföderation übernommen:

»Faszikel No. 38
Handgeschriebene Weisungen Seiner Majestät
Allgemeine Richtlinien

»Unser Hauptziel ist eine Donaukonföderation, das heißt, ein wirtschaftlicher Zusammenschluß aller sogenannten »Sukzessionsstaaten« unter ihrem legitimen Herrscher.
Da ein wirtschaftlicher Zusammenschluß zu einem Wirtschaftsganzen die Aufhebung jeder Zollgrenze zwischen den Staaten und eine gemeinsame Zollgrenze bedingt, muß auch die Vertretung nach Außen wenigstens für das heute wichtigste wirtschaftliche Fach gemeinsam sein. Eine gemeinsame Zollgrenze bedingt aber auch die einheitliche Verteidigung der Konföderation. Ich stelle mir dabei aber vor, daß jeder Staat sein eigenes Außenministerium haben kann (und auch eine eigene Armee als Kontingent zur Bundesarmee beistellt). Dem Kaiser stünde ein Kanzler und ein Wirtschaftsminister zur Seite, (die einem Bundesparlament verantwortlich wären).
Die Staatsreform der Bundesstaaten kann verschieden sein, auch Republiken sind denkbar (Hamburg im Deutschen Reiche). Dieser Staatenbund würde entsprechend seiner rein wirtschaftlichen Tendenzen keine aktive und schon gar keine aggressive militärische Außenpolitik betreiben, er möchte mit allen Staaten im besten Einvernehmen leben

und eine Art neutralisierter Völkerbund sein. In diesem Bunde darf kein Staat über dem anderen stehen, sie müssen alle, ob größer oder kleiner, gleichberechtigt sein. Streitigkeiten zwischen den Staaten entscheidet ein von allen Staaten beschickter Gerichtshof. Der Kaiser darf nie in zwischenstaatliche Streitigkeiten hineingezogen werden. Der Kaiser ernennt den Kanzler und den Wirtschaftsminister, übt den Oberbefehl über die Bundesstreitkräfte aus und repräsentiert den Bund nach Außen.
Dies sind allgemeine Richtlinien, die natürlich nach den Verhältnissen geändert werden können und müssen.
Österreich: Kaiserreich nach englischem Muster, jedoch angepaßt an unsere Verhältnisse. Strenge Einhaltung der Länderautonomien. Kein Militarismus, eventuell schweizer Milizsystem bei besonderer Schonung der bäuerlichen Kreise.
Donaukonföderation wie früher skizziert mit allen Mitteln anzustreben, da Österreich allein lebensunfähig.«

Ein Teilsieg – allerdings wirklich nur ein Teilsieg – gelang den kaiserlich-österreichischen Kräften, als in den Friedensvertrag von Versailles, unterzeichnet am 28. Juni 1919, eine Klausel zum Verbote des Anschlusses aufgenommen wurde.
Alsbald stellte sich heraus, daß das allein nicht genügte, weil sich die Anschlußbefürworter sowohl in Deutschland als auch erst recht in Österreich über diese Vertragsbestimmungen einfach hinwegsetzten und so taten, als sei nichts geschehen.
Kaiser Karl mußte abermals aktiv werden: noch stand ja der Vertrag mit Österreich aus, noch konnte man, bei einiger geschickter Verhandlungstaktik und Verzicht auf den ganzen Anschlußrummel, mit Sicherheit auch günstigere Friedensbedingungen herausholen, standen doch immer noch Südmähren, die Sudetenländer, Südtirol, die Südsteiermark zur Debatte.
Die Entente – vor allem Frankreich – war naturgemäß nicht daran interessiert, ein großes »Deutsch-Österreich« an Deutschland angeschlossen zu sehen, sondern, wenn schon, nur ein Restösterreich.
Unter diesem Gesichtspunkt ist der Durchbruch vom 25. August zu sehen, als es gelang, die im französischen Außenamt zu Paris auf dem Quai d'Orsay versammelten Herren der Großmächte und Sieger auf

ein gemeinsames Vorgehen hinsichtlich eines Anschlußverbotes zu bewegen.
Übrigens war es von diesem Tage an frivol, von Wien aus weiter für den Anschluß zu agieren, jedes weitere Wort konnte nur noch größere Substanzverluste für Restösterreich bringen ... auch das berühmt-berüchtigte Wort des Dr. Karl Renner, der bei seiner Abfahrt vom Wiener Westbahnhof zu den Friedensverhandlungen von St. Germain den wartenden Journalisten noch zurief: »Ich bringe euch den Anschluß und wenn ich ihn von den Sternen holen muß«, gehört in jene Kategorie ...

Grundlage der folgenden Ausführungen sind die »Documents on Foreign Policy«, London 1919, Jg. 1, Bd. 1.

25. August ... eine Woche nach »Kaisers Geburtstag« am 18. August, acht Tage nach Kaiser Karls Geburtstag am 17. August ... sollte man in Österreich nicht überlegen, den 25. August – wenn schon nicht Kaisers Geburtstag – zum Staatsfeiertag zu erklären?
Anlaß genug wäre gegeben: es war ein 25. August, der 25. August des Jahres 1919, als Kaiser Karl endlich der große Durchbruch in den Vorverhandlungen zum Abschluß eines Vertrages mit Österreich gelang: an diesem 25. August beschlossen die Alliierten, Österreich, das sich in einem wahren Taumel von Anschluß-Hysterie befand, eben jenen Anschluß zu verbieten, Österreich zu seiner Selbständigkeit zu zwingen, wenn es schon nicht selber überleben wollte.
Im Arbeitszimmer des Herrn Außenministers der République Française, Monsieur Stephen Pichon, einem der getreuesten Erfüllungsgehilfen des allesbeherrschenden Georges Clemenceau, waren versammelt:

für die U.S.A. die Herren Polk und Harrison
für das British Empire A. J. Balfour
für die République Française die Herren Clemenceau und Pichon (Pichon war sozusagen der Gastgeber!)
für Italien Signor Tommaso Tittoni
für das Kaiserreich Japan war M. Kawai zur Stelle.
Es ist an sich fast müßig, die absolute Unzulänglichkeit jener Personen, die da am Quai d'Orsay versammelt waren und nun schon seit Wochen über das Schicksal Europas – und damit der Welt – entschieden, zu philosophieren:

Herr Harrison aus den U.S.A. stammte aus der Familie jenes illustren U.S. Präsidenten, der die Monroe-Doktrin zu seinem Evangelium erhoben hatte ... was wollte so ein Mann außerhalb der Grenzen der Vereinigten Staaten?

Arthur James Balfour hatte als einer der Schöpfer der »entente cordiale« mit Frankreich sowohl in Versailles als auch in St. Germain Gelegenheit, den Triumph gegen die Mittelmächte voll auszukosten.

Clemenceau war auf dem Höhepunkt seiner Macht angelangt, genoß seinen Sieg über Deutschland in vollen Zügen und interessierte sich für Österreich wenig; seit den Tagen des Kronprinzen Rudolf und dessen »Ausfall« war für ihn Österreich nicht viel mehr als ein lästiges Anhängsel Deutschlands, das nun, nach dem Triumph von 1918, auch als solches behandelt werden sollte.

Stephen Pichon galt schlicht als ein Anhängsel des Herrn Clemenceau.

Tommaso Tittoni: er war seinerzeit als der Außenminister Giolittis für den Dreibund (Österreich-Ungarn – Deutschland – Italien) eingetreten. Später betrieb er die Annäherung Italiens an Frankreich und Rußland, war er doch bis 1916 Botschafter in Paris gewesen. Wenn es einen Einzelnen gab, der für den Absprung Italiens aus dem Dreibund zum Zwecke der Vernichtung Österreichs hauptverantwortlich war, dann Signor Tittoni.

Signor Tommaso Tittoni war übrigens auch einer der Wegbereiter des Benito Mussolini beim »Übergang Italiens von der parlamentarischen zur faschistischen Herrschaft«; seine damalige Eigenschaft als Senatspräsident verschaffte ihm den notwendigen Einfluß.

1919 war er Außenminister.

Auch Herr M. Kawai wies wenig Wissen über die Bedeutung Mitteleuropas vor: sein legitimes Anliegen war die Ausbreitung der japanischen Macht, sonst gar nichts.

Allerdings verfügte diese illustre Versammlung über ein Reservoir besonderer Persönlichkeiten, die Frankreich zur Bewältigung außergewöhnlicher Umstände beigestellt hatte:

Monsieur Louis Loucheur war da anwesend, ein Radikaler aus der Gefolgschaft Clemenceaus, ein Eisenindustrieller und Wirtschaftspolitiker; zwei Jahre später wurde er sogar »Minister für die befreiten Gebiete« (Frankreichs).

Immerhin verstand er etwas von Wirtschaft und war auch gesellschaftlichen Kontakten nicht abgeneigt. Jules Cambon gehörte gleichfalls in

die französische Delegation. Er war eine der interessantesten Erscheinungen in dieser Versammlung der Weltneuordner:
Jules Martin Cambon hatte schon einen interessanten Großvater vorzuweisen, José Cambon, der wesentlich am Sturz der Schreckensmänner der Französischen Revolution beteiligt gewesen war und auch die verzweifelte Finanzlage des damaligen revolutionären französischen Staatswesens wieder in Ordnung gebracht hatte.
Sein Enkel Jules Martin Cambon war zunächst Botschafter Frankreichs in Washington gewesen, später in Madrid und Berlin, er kannte nicht nur Europa und Amerika, sondern auch Afrika, und seit 1915 war er auch Leiter (offiziell Generalsekretär) des französischen Außenministeriums gewesen.
Seit Dezember 1917 war er als politischer Beirat des Ministerpräsidenten hervorgetreten, 1918 wurde er auch Mitglied der Akademie und schließlich entsandte ihn Frankreich in die Friedensdelegationen und in die Botschafterkonferenz: wenn überhaupt einer, dann wußte er, was gespielt wurde: Revanche.
Er, Jules Cambon, war es ja schließlich auch gewesen, der als Generalsekretär des französischen Außenamtes seinem Verbündeten, Baron Sonnino, dem italienischen Außenminister, in die Hände gespielt hatte, um die Friedensversuche Kaiser Karls abzuwürgen. 1919, als einer der Macher der Friedensverträge von Versailles und St. Germain, bereute er bereits einige seiner Vorgangsweisen.
Es gab dann noch einen Herrn Dutasta im Hintergrund der französischen Delegation. Paul Eugene Dutasta.
Vielleicht sollte man ihm in Wien einmal ein Denkmal errichten. Dutasta war einer der entscheidenden Männer in der Umgebung von Georges Clemenceau.
»Dutasta war anständig, wohlgesinnt und einflußreich dazu«, erzählt Kaiserin Zita über ihn: »Dank dem direkten Draht zwischen Herrn Dutasta und dem Kaiser, den meine Brüder hergestellt hatten, gelang schließlich auch jener Schachzug, der uns in den Deutschen Friedensvertrag von Versailles den bekannten Riegel – die Klausel – einbauen ließ, der einen Anschluß Österreichs an Deutschland verbot. Der unmittelbare Fürsprecher Österreichs war damals zweifellos jener Paul Eugene Dutasta. Wie gesagt, die Österreicher sollten ihn nicht vergessen, er war einer ihrer Retter«.
Während der für Österreich so entscheidend wichtige Paul Eugene Du-

tasta – er darf geradezu als der verlängerte Arm des Kaisers und Königs mitten in der Verhandlungsrunde vom Quai d'Orsay hinein bezeichnet werden – trotz seines umfassenden Verständnisses für Österreich und seine Hilfestellung für es so gut wie völlig unbekannt blieb, wurde ein anderes Mitglied jener Runde auf Grund der Ideen, die er mittelbar von Kaiser Karl, unmittelbar aber von Paul Eugene Dutasta empfangen hatte, sehr berühmt:

Monsieur André Tardieu.

Sein weltbekanntes Pseudonym hieß George Villiers, und unter diesem Namen schrieb er eine Reihe anspruchsvoller Bücher über Fürst von Bülow unter anderem, die Konferenz von Algeciras oder »Le mystere d'Agadir« ... mit einem Wort, er war einer von jenen Konferenzteilnehmern, die auch die Welt kannten, die nicht nur die (damalige) Welt kannte.

In Frankreich trat er auch als Vertrauensmann der Schwerindustrie Frankreichs, vor allem der Familie Schneider, hervor; auf genau diesem Parkett war er auch Freunden der Familie Bourbon-Parma begegnet und auf eben jener Ebene hatte er in einigen geschickt gezielten Aktionen die besonderen Probleme Österreichs und des Donauraumes insgesamt näher kennengelernt. Besonders Prinz Xavier »kümmerte« sich anfänglich um Tardieu, alsbald trafen auch André Tardieu und Prinz Sixtus von Bourbon-Parma in Paris zusammen.

Die Treffen erwiesen sich als wahre Treffer ... mit seinem analytischen Verstand, geschult an den wirtschaftspolitischen Aufgaben seiner Zeit, erfaßte der intime Freund des Clemenceau sofort die zentrale Bedeutung Österreichs und des Donauraumes für die Sicherheit Frankreichs.

Was Georges Clemenceau als einen österreichischen »Rest«, als ein uninteressantes Überbleibsel abzutun beliebte, erkannte André Tardieu alsbald als ein Stück französischer Sicherheit, allmählich auch als ein Stück großer, europäischer Kultur und Tradition: jenes Gebiet und seine Menschen, das bislang als »Österreichisch-Ungarische Monarchie« firmiert hatte; nach Tardieu konnte das Ganze auch anders heißen, nur bestehen, zusammenbleiben sollte es.

Dafür brauchte man aber ein unabhängiges, selbständiges, nicht an Deutschland gekettetes Österreich ... womit sich in jener denkwürdigen Sitzung vom 25. August 1919 der Kreis für Österreich schloß.

Ja, Tardieu hatte sich umstimmen lassen, vertiefte sich immer mehr in

die Problematik des Donauraumes und entwickelte in der Folge seinen damals sehr berühmt werdenden »Plan Tardieu«.[1]
Es war ein interessantes Surrogat aus altem »Österreich-Ungarn«, sublimierten Ideen von Aristide Briand und vorweggenommenen Gedanken von Richard Graf Coudenhove-Kalergi, dem Schöpfer der Paneuropa-Idee; es ist auch mit Sicherheit anzunehmen, daß der »Plan Tardieu«, heute vollkommen vergessen, in einer weiterentwickelten Form wieder auftauchen und die Geschicke des Donauraumes doch noch einmal beeinflussen wird (aber im Augenblick gibt es überhaupt keine Mitteleuropa-Politik und schon gar keine, die sich des Donauraumes annehmen würde).
Entscheidend für das rasche Ansprechen Tardieus auf die Anregungen des Prinzen Sixtus im Jahre 1919 war nach Aussagen seines Bruders Prinz Xavier der Aufenthalt André Tardieus in Berlin 1897; während seiner Tätigkeit als Diplomat hatte er dort die Mentalitätsunterschiede Berlin – Wien wohltuend kennengelernt.
Doch zurück zu der denkwürdigen Sitzung der »Häupter der Delegationen der Alliierten und ihrer Assoziierten«, wie es im Amtsstil der Zeit hieß: als »Punkt 9« wurde dabei ein vorläufiges Anschlußverbot Österreichs an Deutschland ausgehandelt, ein Anschlußverbot, das eines der politischen Hauptziele Kaiser Karls nach der Niederlage vom November 1918 gewesen war.
André Tardieu erklärte, in der Sitzung vom 25. August 1919, es solle unbedingt ein Komittee gegründet werden, das sich mit der Frage der Erhaltung der Unabhängigkeit Österreichs zu beschäftigen habe.
Er sei bereits im Besitze eines Entwurfs (mit wem er so einen Wortlaut besprochen, wer ihn dazu angeregt habe, sagte er naturgemäß nicht) betreffend die Erhaltung der Unabhängigkeit Österreichs.
Die Kommission möge folgenden, von ihm vorbereiteten Text prüfen:
»Österreich wird auf seinem Territorium keinerlei Propaganda oder ähnliche Unternehmen österreichischer oder ausländischer Bürger dulden, die auf eine Unterminierung der Selbständigkeit Österreichs abzielen. Alle politischen Handlungen in dieser Richtung sollten als Akte der Unterminierung des Staates erkannt und als solche auch geahndet werden.
Die österreichische Regierung sollte in diesem Sinne auch angehalten sein, alles zu unterbinden, was auf eine Unterminierung der Selbstän-

[1] S. Anhang

digkeit Österreichs hinausläuft, sei es nun auf dem Wege über gesetzgebende Akte oder – vorbeugend – auf dem Wege über eine Propaganda für den Anschluß.
Keinerlei Gesetz, Verordnung oder vom Amt vorgenommene Handlung darf dieser Regelung zuwiderlaufen. Sollte in der Auslegung bestimmter einschlägiger Ereignisse ein Unterschied in der Auffassung der österreichischen Regierung und den Alliierten auftreten, müßte der Fall vor den Völkerbund oder den Haager Gerichtshof gebracht werden.«
Herr Tittoni (Italien) fand den Vorschlag »ernst«, da er doch nicht darauf abziele, Österreich in einen bestimmten Punkt zu treffen, sondern in der Frage des Bestehens an sich …
Typisch, was Herr Balfour meinte: In den Augen des Vertreters des Empire würde ein solcher Passus die Souveränität Österreichs einschränken, ohne damit der Sache – der Verhinderung des Anschlusses – gedient zu haben. Die Engländer verhielten sich in der Folge entsprechend, bis in das Münchener Abkommen hinein, als auch die Diadochenstaaten hingeopfert wurden … zuerst die Tschechoslowakei, mitsamt Beneš, in der Folge zwangsläufig auch Jugoslawien; Ungarn war ja schon seit dem Aufstieg Hitlers in das national-sozialistische Bündnissystem eingeplant.
Am Tage der Ermordung des Thronfolgers in Sarajewo, am 28. Juni, der fünfte Jahrestag der Tragödie, hatte Deutschland das Friedensdiktat zu Versailles unterzeichnen müssen.
Man muß zugeben, daß Clemenceau für derlei Symbolik Sinn und »Stil« hatte … er, der einer der maßgeblichen Männer bei der Einfädelung des Doppelmordes zwecks Vernichtung der Doppelmonarchie (in der er eine Flanke des zu vernichtenden Deutschen Kaiserreiches sah) gewesen war, bestand auf der Unterzeichnung des Friedensdiktats just an diesem Tag.
Ein Anschlußverbot war in dem Vertrag bereits enthalten, doch kümmerte sich die deutsche Regierung nicht darum: im Artikel 61 der neuen deutschen Verfassung war trotzdem wieder die Rede vom Anschluß.
Die Arbeitssitzung vom 25. August 1919 hatte zum ersten Male den versammelten entscheidenden Männern die Augen hinsichtlich der immer noch drohenden Anschlußgefahr geöffnet.
Am 28. August traf das »supreme council« abermals zusammen, um

Artikel 61 der deutschen Verfassung zu besprechen, und am 30. August fiel die Entscheidung darüber.

George Clemenceau selbst hatte endlich die Gefahr erkannt; ein Anschluß hätte ja den ganzen Irrsinn des Krieges schon 1919 überflüssig gemacht, weil Deutschland dann drohender dagestanden wäre als je zuvor (oder erst wieder 1938!), er wendete sich am 30. August mit folgenden Worten an den Rat:

»Nach meiner Meinung verletzt der Artikel 61 der neuen deutschen Verfassung nicht nur den Vertrag von Versailles, sondern ruft auch die Republik Österreich zur Mitarbeit an der Verletzung dieses Vertrages auf. Die Lage, die daraus entsteht, ist ernst und muß bewältigt werden.«

Nach Wortmeldungen der Herren Balfour und Scott bemerkte Clemenceau trocken:

»Es müßte genügen, die östereichische Regierung zu veranlassen, an diesem Manöver der Deutschen einfach nicht mitzutun ...«

Dann kam die Versammlung dahingehend überein, eine besondere Klausel in den Friedensvertrag einzubauen, die ein Anschlußverbot ausspricht. Damit war der Bestand Österreichs zunächst einmal gerettet ... zumindest für den Augenblick. Zum Ratschlag des George Clemenceau an Österreichs Politiker, »einfach nicht mitzutun«, hätte ein Blick in die Berichte des französischen Geheimdienstes, des »Deuxième Bureau« genügt, um eines Besseren belehrt zu werden:

S. R. AN. — 31. Juli 1919
ŒN° 18861
ETAT MAJOR DE L'ARME — CONFIDENTIEL
Œ2^e^ Bureau I
Section de Renseignements

COMTE – RENDU
Autriche

58/5191
Sér. Z–73–6

Der Nachrichtenübermittler hat von den Herren Berliner, Dr. Prage, Weiser, Peters etc ... die folgenden Auskünfte erhalten:

Bauer ist unbestreitbar einwandfrei [incontestablement] ein Bolschewist.
Seine engen Verbindungen mit Béla Kun sind sicher.
Seine ganze Politik, die er aus seiner Stellung als Minister betreibt läuft darauf hinaus, Entmutigung zu verbreiten und zu bezeugen, daß jede Hoffnung auf einen Wiederaufstieg des Landes vergeblich ist.
Alle amtlichen Communiqués des Außenministeriums werden von Bauer dergestalt überarbeitet, daß Mißtrauen ausgestreut und Haß gegen die Entente geschürt wird.
Sein letztes Communiqué, in Feldkirchen ausgestellt, noch vor seiner Demission, in dem er über die Ergebnisse des Ministerrates mit Renner berichtet, ist der Beweis dafür. Es handelt sich insgesamt um eine Lüge, weil Bauer in seinem Communiqué vortäuscht, als ob der Ministerrat in einer Stimmung des größten Pessimismus auseinandergegangen wäre, weil die Frage einer finanziellen Erleichterung für Österreich infolge einer Revision des Vertragswerkes unlösbar sei ...
Die gesamte Politik Bauers zielt auf die Verbreitung eines allgemeinen Unbehagens hin, um Österreich in Richtung Bolschewismus stoßen zu können.«
Der gleiche Otto Bauer erklärte sich aber noch im Jahre 1938, und zwar genau am 2. Juni 1938, zweieinhalb Monate nachdem die Deutschen Truppen Österreich besetzt hatten, in seinem Pariser Exil ausdrücklich für den »Anschluß« und beschimpfte im gleichen Atemzug Österreichs Legitimisten. Ihre Besten kamen damals bereits in den Lagern der Anschließer elendiglich um. Ob das der Grund ist, daß sie das offizielle Österreich bis heute totschweigt?
Das Arrangement für den Abschluß des »Friedensvertrages« – es war ein nacktes Diktat – entbehrt nicht der österreichbezogenen Perfidie des George Clemenceau.
Clemenceau, der total Ungläubige, glaubte fest an Zeichen; eines der Zeichen war der in seinem Testament verankerte Wunsch, stehend begraben zu werden.
Er setzte auch bei den Unterzeichnungen der Friedensverträge seine Zeichen – oder sollte man besser sagen: Zinken – zum besseren Verständnis dessen, was manche bis heute nicht verstehen wollen:
Am 28. Juni war das österreichisch-ungarische Thronfolgerpaar mit Wissen und Billigung der Kreise um Clemenceau ermordet worden, zum Zwecke der Rache an Deutschland.

Folgerichtig ließ Herr Clemenceau die Deutschen das Rachediktat von Versailles an eben diesem seinem Jubeltag unterfertigen: am 28. Juni. Ort: Versailles (wo das »Deutsche Kaiserreich« ausgerufen worden war ... 1871).
Für die Österreicher hatte sich Herr Clemenceau gleichfalls Symbolträchtiges einfallen lassen, bloß um Grade widerlicher.
»Versailles« stand immerhin für Rache an 1870/1871.
Aber das Schloß von St. Germain?
Wo Österreichs Niederlage und Zerstückelung besiegelt wurde?
Das signalisierte in der Sprache Clemenceaus eine Rache an allem, was katholisch war; dort hatte am 8. August der Religionsfriede zwischen Königin Katharina von Frankreich (Bartholomäusnacht!) und den Hugenotten geschlossen werden können.
Am 10. September 1919 erfolgte dort das Diktat für die – katholischen – Restbestände des katholischen Österreich.
Und damit ja niemand, der etwas über die Sache wußte oder ahnte, an der Symbolik dieser Dinge vorübergehen konnte, quartierte Clemenceau die österreichische Delegation ausgerechnet in der »Villa Reinach« ein. Dr. Karl Renner wußte genau, was das zu bedeuten hatte, Kaiser Karl wußte es auch. Die Reinach waren Mitwisser des Verbrechens an Kronprinz Rudolf gewesen, der alte Joseph Baron Reinach war schließlich genau so umgebracht worden wie der Kronprinz, weil er nicht überall mittun wollte. Deswegen – und aus keinem anderen Grund – steckte Clemenceau die Österreicher in die »Villa Reinach«. Paris hätte tausend andere Unterkünfte geboten ...
Sicher war auch die Lage der Entente-Politiker, die da im September 1919 einer »österreichischen« Delegation gegenübersitzen sollten, in einer ganz besonderen Hinsicht ungewöhnlich, ja historisch einmalig.
Denn wann schon in der Geschichte der Staaten der Erde hatte eine Friedensdelegation – also eine Gruppe von Verlierern – nichts anderes im Kopfe und im Sinne als eine Selbstauflösung genau jenes Gemeinwesens, das zu vertreten sie vorgab?
Vergeblich wird der historisch interessierte Mensch nach einer Parallele in der Geschichte der Welt suchen.
Auch den Siegermächten war dieses lemminghafte Treiben unheimlich, und so stand dann in den an die Vertreter der Sieger zum Zwecke der Personal-Information (die Herren, die ihren Triumph über die »Österreicher« auskosten wollten, faßten es kaum) etwas zu lesen, was

gleichfalls einmalig war: sie saßen ja gar nicht einer für Österreich, sondern für ein anderes Land eintretenden Delegation gegenüber.
Das Deuxième Bureaux, der französische Geheimdienst, hatte ein paar kurze Handzettel verfaßt, um den Herren auf der Siegerbank in etwa mitteilen zu können, wer und was ihnen da auf der Verliererbank gegenübersaß.
Wie das schon so ist auf dem Jahrmarkt der Eitelkeit, wären die Vertreter der Sieger von 1918 sicher glücklich und geschmeichelt gewesen (je besser der Gegner, desto wertvoller der eigene Sieg!!), einer verbissen österreichisch denkenden und österreichisch-vaterländisch handelnden Delegation gegenübersitzen zu können oder zu dürfen.
Doch das, was das Deuxième Bureau da an Geheiminformation anzubieten hatte, machte die »Friedensverhandlungen« (die ohnehin an sich ein Diktat, aber immerhin ein wandelbares Diktat darstellten) zur Farce der Selbsterniedrigung, der Selbstaufgabe.
Das »Zweite Büro«, der stets bestens informierte Geheimdienst der Franzosen, gab an die alliierten Unterhändler Folgendes durch:

Handzettel über österreichische Politiker/Serie Z Karton 73/19
Le professeur Lammasch:

> 2° Was die Allianz mit Deutschland betrifft hat Lammasch erklärt, daß er »niemals den Rat gegeben hat, das Bündnis mit dem Kaiserreich Deutschland zu brechen oder dieses Bündnis nach einem allfälligen Friedensschluß aufzugeben«.

Docteur Franz Klein:

> »... hat sich stets für eine Verbindung engster Art ausgesprochen, auch auf rechtlicher Basis, eine Verbindung zwischen Österreich und Deutschland ...«

Docteur Karl Renner:

> »... und hat am 12. November eine Rede gehalten in der er ankündigte, Deutsch-Österreich werde Republik und mache das Tor auf zum Anschluß an Deutschland ...«

Tatsächlich war es am 10. September 1919, mit dem Tage der Unterzeichnung des Schandvertrages von St. Germain nicht nur mit Österreichs Größe, sondern auch mit dem unglückseligen Anschlußgedanken vorbei.
Daß die anschlußfreudigen, deutschnationalen Unglückskräfte deswe-

gen nicht aufgaben, ist bekannt, daß sie 1938 ihr Ziel zumindest vorübergehend erreichten, ist gleichfalls hinlänglich bekannt.
Österreich wurde von einer Welle von »Plebisziten« überrollt, allüberall, in Tirol wie in Salzburg, ergaben sich innerhalb der hoffnungslos verführten Volksmenge gewaltige, mitunter schier hundertprozentige Anschluß-Mehrheiten, wie sie ja schließlich auch aus dem März 1938 nicht völlig wegzuleugnen ist: was hätte der Druck der Nationalsozialisten schon bedeutet, hätten nicht nationale Sozialisten wie Dr. Karl Renner so öffentlich wie freudig erklärt »ICH STIMME MIT JA« …
Das Grand Design der Allianz Hitler – Mussolini bahnte sich in jener Zeit (damals noch unbemerkt, niemand konnte noch die kommende, wenn auch kurzlebige Machtkonstellation voraussehen) bereits vollendet an:
Während das immer hilf- und wehrloser werdende Frankreich zumindest inoffiziell noch auf Frieden und damit Habsburg setzte, bewegte sich Italien (auch schon vor Mussolini, aber all die Leute die 1918, 1919 oder 1920 mitspielten, taten auch noch in der Mussolinizeit das ihre) bereits völlig in Richtung Anschluß.

Zwei Briefe aus jenen Tagen beweisen die Aussagen:

No. 79

Serie Z, Karton 73 N3/46
München, 5. Oktober 1920

Der französische Gesandte in Bayern an den Herrn Außenminister [Alexandre Millerand]

Habsburg und Wittelsbach

»… wäre eine Rückkehr der Habsburger nach Wien, vor allem dann, wenn sie auch mit einer Heimkehr der Wittelsbacher an die Macht in München verbunden werden könnte, das wohl wirksamste Mittel, um einen Anschluß Österreichs an Deutschland zu verhindern.
Natürlich weiß ich, das eine solche Wiederkehr der Habsburger nach Wien in Rom oder Prag sehr schlecht aufgenommen wäre, aber jeder andere Fürst wäre für uns noch viel schlechter; er würde zweifellos nur unter dem Einfluß Italiens oder Englands stehen, was für uns letztlich bedeuten würde: unter dem Einflusse Deutschlands.

... und letztlich ist es doch gewiß, daß diese Rückkehr zur Monarchie, vielleicht ein Notbehelf, sowohl in Wien wie auch in München möglich ist, wie natürlich auch in Budapest, und wir müssen bereit sein.
Unter den gegenwärtigen Bedingungen ist es doch kaum erklärlich, daß wir die Habsburger schon im vorhinein vertrieben haben, unter Sachzwängen, die wir niemals wirklich ergründet haben und die heute überhaupt jede Bedeutung verloren haben.
Ihre Rückkehr erscheint für uns als die einzig günstige Lösung; es ist sozusagen diese Ermöglichung ihrer Heimkehr der einzige Dienst, den wir ihnen noch leisten können, um das Verschwinden der Doppelmonarchie noch auszugleichen, sofern das überhaupt möglich sein sollte.«

Mr. Lindley, Wien, an den Earl Curzon in London, eingelangt in London am 2. Februar 1921, 10 Uhr 10

»So weit ich das überblicken kann, arbeitet die italienische Regierung mit Bestimmtheit für den Anschluß. Wahrscheinlich hat sie recht in der Annahme, daß der Anschluß das einzige Mittel ist, das Chaos in Österreich zu vermeiden, das unausweichlich bleibt, wenn die Alliierten, wie es den Anschein hat, Österreich keine Hilfe gewähren.
Das ist die allgemeine Ansicht hier und ich schlage Seiner Majestät Regierung vor, die Lage noch einmal zu überprüfen und dann zu entscheiden, ob den britischen Interessen am besten durch den Anschluß gedient wäre oder durch eine Auflösung [im Original: by break up] dieses Landes.
(Telegrafisch aus Wien, 1. Februar 1921, 17 Uhr – Nr. C2304/75/3)«

Fünf Wochen später konnte auch der britische bevollmächtigte Minister in Warschau, W. G. Muller, in diesem Sinne aus Polen an seinen Vorgesetzten in London, Sir E. Crowe, berichten: er wußte von dem »Standpunkt des gewöhnlich gut informierten« italienischen Kollegen F. Tommasini, der, so Muller, »als der Standpunkt Italiens zu betrachten« ist:
In der Frage der »hoffnungslosen Lage Österreichs« gäbe es bloß zwei Auswege, und zwar

»1. Eine Donau-Föderation.
Die würde aber – sagte Tommasini – Italien niemals annehmen, weil sie bloß der Auftakt zu einer Habsburg-Restauration sein könnte. Sollte aber Frankreich fortfahren, in diese Richtung zu arbeiten, würde Paris Italien im anderen Lager finden.
2. Die Vereinigung Österreichs mit Deutschland.
Er weiß, daß beide – Frankreich wie England – energisch gegen diese Lösung sind, Italien diese Verbindung aber keineswegs als gefährlich ansehe und diese Lösung willkommen hieße.

Ich konnte mich nicht zurückhalten und meinte zu ihm, daß ich – wäre ich Italiener – keineswegs erfreut wäre, ein starkes Deutsches Reich an meiner Hintertür zu wissen, das nichts sehnlicher wünscht, als Triest wiederzugewinnen.

Tommasini meinte jedoch, diese Gefahr bestünde nicht, weil seine Politik naturgemäß auf Freundschaft mit Deutschland ausgerichtet sei, und Triest wie Genua als Exporthäften für den deutschen Handel im Mittelmeer aufblühen würden ...«

Unmittelbar auf diese Aktivitäten folgte der Erste Restaurationsversuch König Karls.

Die Öffentlichkeit war abgelenkt: das war die Sensation, die man brauchte, um auf »andere Gedanken« kommen zu können.

Während sich aber die europäische Presse an dem mißglückten Versuch des Königs weidete, unbewaffnet, einzig versehen mit den Mitteln der Anständigkeit und der Legitimität, die gewachsene Ordnung in Mitteleuropa wiederherzustellen, arbeitete der König längst wieder für seine Länder. Unermüdlich setzte er sich für Österreich und Ungarn und all die dazugehörigen Länder ein.

Eines der wenigen überlieferten Papiere dazu sagt mehr als unzählige Erklärungen:

Instruktionen

Es gibt in den Aufzeichnungen Kaiser Karls kurze, fragmentarische schriftliche Anweisungen an seine Getreuen, wie die beiden Großmächte, in deren Einfluß es lag, die legitime Ordnung Mitteleuropas wiederherzustellen oder wenigstens zu dulden, zu »behandeln« seien. Die Empfänger dieser Anweisungen kamen aus den unterschiedlichsten politischen Lagern, sie waren Diplomaten (wie Graf Revertera), Künstler (wie Alexander Sascha Graf Kolowrat, der Schöpfer der österreichischen Filmkunst), Herr von Forst de Battaglia (der klassische Journalist) oder Verwandte (wie Prinz Sixtus von Bourbon). Eines zeichnet alle Beteiligten aus: die Treue zu Kaiser und König und die Überzeugung, daß sein Konzept für Mitteleuropa – und damit für Europa und die Welt – das richtige sei.

Die Entwicklung gab dem jungen Monarchen und seinen Getreuen recht.

Die Zeit der Abfassung dieser »Instruktionen« – sie sind ohne Datum überliefert – muß die Spanne nach dem Ersten Restaurationsversuch vom März/April 1921 sein, als der junge König schon sehr klar erkannte, daß eine noch bessere Einstimmung der Westmächte in seinen ebenso legitimen wie vernünftigen Versuch einer Wiederherstellung Ungarns mit anschließender Wiedergewinnung Österreichs notwendig sei; im Zusammenhang mit der diplomatischen Korrespondenz zwischen den Hauptstädten der Sieger- und Nachfolgestaaten kann geschlossen werden, daß diese »Instruktionen« aus dem Juni 1922 stammen; die Strategie des Kaisers entspricht absolut den Notwendigkeiten und Gegebenheiten der damaligen Lage; sie ist umso bewundernswerter, als sie ja auf den winzigen Mitarbeiterstab des entmachteten Monarchen abgestimmt war, der seine Außenpolitik nicht mit Hilfe funktionierender Ministerien und Auslandsvertretungen, sondern in aller Heimlichkeit mit einer Handvoll Getreuer durchzuziehen hatte.

Die handgeschriebenen »Instruktionen« decken sich in mancher Hinsicht mit den Ausführungen Kaiser Karls im »Memorandum für Lethbridge« (Kap. 15).

Instruktionen für Frankreich

»Über die Lage der kleinen, neuen Nationalstaaten ist in der Großen Entente ununterbrochen zu berichten. Vor allem ist ihre unhaltbare, schlechte Innenlage zu erwähnen: Es gibt viele, unbefriedigte Nationalitäten, dazu kommt die verheerende geopolitisch-strategische Lage, die Zerrissenheit der wirtschaftlichen Zusammenhänge, ja jedes historischen Zusammenhangs an sich. Es handelt sich heute um eine Herr-

schaft der kulturell und vor allem technisch nicht so Entwickelten über kulturell Höherstehende – Folge: wirtschaftlicher Niederbruch.
Dazu die Streitigkeiten zwischen ihnen: so der Zwist der Rumänen und Serben im Banat.
Oder der Tschechen gegen die Polen.
Und der Tschechen gegen Österreicher und Ungarn.
Es ist ein Kampf aller gegen alle.
Dazu die völlige Unverläßlichkeit dieser neuen, künstlichen Nationalstaaten für die Große Entente, besonders in Frankreich (Verhalten der Tschechen, als die Russen vor Warschau standen!).
Jugoslawien wieder ist weit weg, außerdem ist es umgeben von Deutschen und Italienern.
Rumänien wieder ist keineswegs verläßlich [die nächste halbe Seite ist kaum zu lesen, weil derartig ineinandergeschrieben].
Kommt auch noch der Anschluß Österreichs an Deutschland, dann wird Ungarn unweigerlich Preußens Vasalle.
Die Tschechen wieder sind von Deutschen fast ganz umgeben. Außer einem kleinen Stück an der Grenze zum ihnen gleichfalls feindlichen Polen; auch an Preußen. Gewisse Sympathien für Preußen.
Jugoslawien wieder ist von Österreich und Ungarn umgeben, an der See liegt es den eifersüchtigen Italienern gegenüber, die den Deutschen auch nicht abgeneigt sind ... Auch hin.
Polen befindet sich in einer militärisch unmöglichen Lage: Im Osten Rußland, im Westen Preußen, im Norden Litauen und im Süden Böhmen ... (unleserlich) ... wo bleibt dann die Barriere gegen Preußen und Osten? Sehr stark betonen: Die Haltung der Entente in der Königsfrage Ungarns brachte einen Sieg Deutschlands.
Über die Lage der kleinen, neuen Nationalstaaten ist in der Großen Entente ununterbrochen zu berichten. Vor allem ist ihre unhaltbare, schlechte Innenlage zu erwähnen: Es gibt viele, unbefriedigte Nationalitäten, dazu kommt die verheerende geopolitisch-strategische Lage, die Zerrissenheit der wirtschaftlichen Zusammenhänge, ja jedes historischen Zusammenhangs an sich. Es handelt sich heute z. B. in Jugoslawien um eine Herrschaft des technisch weit unterlegenen Serbien über viel besser entwickelte Teilländer, wie Slowenien oder Kroatien. Folge: gesamtwirtschaftlicher Niederbruch ist unausweichlich, dazu kommen noch die Streitigkeiten mit den Nachbarn (Rumänen-Serben; Banat).

Preußen hat gefürchtet, daß der frankophile König Karl von Ungarn mit einem durch ihn konsultierten Ungarn eine feste Barriere gebildet hätte gegen preußische Bestrebungen nach dem Orient: Berlin – Bagdad.

Preußens Träume von einem starken Mitteleuropa à la Naumann sind noch lange nicht ausgeträumt und an dem Plane, auf dem Umweg über ein angeschlossenes Österreich, das rings von Feinden umgebene Ungarn zu einer deutschen Satrapie zu machen (Stinnes), wird eifrig gearbeitet. Und diesen Stinnes-Plan hat Frankreich gefördert! Frankreich hat durch seine kurzsichtige und unentschlossene Handlungsweise den preußischen Interessen gedient! Der Anschluß Österreichs zu Deutschland scheint heute gewiß. Ungarn wird deutsche Satrapie.

An der mittleren Donau gibt es nur zwei Politiken: entweder eine russen- oder preußenfreundliche. Verfolgt man die bisherige Politik weiter, arbeitet Frankreich »pour le Roi de Prusse«, – Preußen in die Hände. Wenn Frankreich ein nicht allzu erstarktes Preußen an seiner Grenze wünscht, dann muß man die auf dem Boden des alten Österreich-Ungarn entstandenen Staaten gerechterweise konsolidieren, annähern. Ungarn kann sich nur festigen, wenn sein gekrönter König zurückkehrt, denn sonst werden Parteihader und Prätendentenkämpfe das schon so ausgeblutete Land völlig zu Grunde richten. (Das Volk wünscht die Heimkehr des Königs, nur die Entente verhindert sie, auch an dem so tragischen Brudergefecht vom 22. Oktober 1921 ist die Entente und nicht die überängstliche ungarische Regierung schuld!)

In Österreich kann der Anschluß nur durch Restauration, durch die Wiedereinführung der Monarchie, verhindert werden. Alle anderen Lösungen sind nur Flickwerk, alle Anschlußverbote auf die Dauer hinfällig. Gegen die ganze übrige Welt kann Frankreich allein das Anschlußverbot Österreichs zu Deutschland auf die Dauer nicht aufrecht erhalten. England, Italien, die Nachfolgestaaten und Amerika sind heute weder Gegner noch direkte Förderer des Anschlusses.

Das Volk selbst hat kein Interesse am Anschluß. Das Volk würde sehr gerne wieder zur Monarchie zurückkehren, nur fürchtet es die eigenen Schreier und die Entente. Die Anschlußbewegung ist, außer bei den großdeutschen und sozialistischen Schreiern und jenen, die davon profitieren, ein Ausdruck der Verzweiflung über das lebensunfähige Gebilde, genannt Österreich. Österreich ist wie ein Körper, dem man Hände und Füße abgeschlagen hat. Seine Industrie und seine Bahnen

sind zerrissen. Die Hauptstadt ist zu groß für das kleine Land. Daher der Drang »Anschluß« an ein großes Wirtschaftsgebiet. Dieser Wunsch ist in diesem Sinne gerecht und billig. Da Österreich der Weg nach Deutschland vertraglich versperrt ist, muß man dafür eine andere Lebensmöglichkeit zeigen: und dieser Weg weist natürlich nach Ungarn und den übrigen alten Staaten. Diesen Weg zu beschreiten, der im Anfang gewiß große Schwierigkeiten bereiten wird, ist die heutige, von Schreiern und Demagogen abhängige, jeder Staatsgewalt bare Republik unfähig.
Nur der Monarch, der nicht von jeder Laune der sogenannten Volksgunst abhängig ist, kann sein Volk auf den richtigen Weg bringen!
Unser Volk ist nach den tragischen Ereignissen des Krieges und den darauffolgenden Ereignissen Schlagworten wie »Demokratie« oder »Republik« ausgeliefert, in denen es ein Regiment der Unordnung und des Mangels an Staatsgewalt sehen muß. Dieser Zustand der Dinge kann nur kurze Zeit dauern, längerfristig ist er unmöglich.
Wenn man die Restauration durch fortgesetzte Drohungen verhindert, so wird der Anschluß als eine Erlösung aus diesem rechtlosen Zustand empfunden werden. Die Knute des Anschlusses wird die Ordnung schon wieder herstellen ... so denken heute schon viele, und deren Anzahl wird immer wachsen.
Frankreich ist bereits heute gänzlich isoliert, außer seiner Verbindung nach Belgien und Polen, sonst gibt es für Österreich nur Neutrale oder Feinde. Die Lage erinnert fatal an jene nach dem Unglücksjahr 1870/71.
Es gibt ein vitales Interesse Frankreichs, sich einen verläßlichen Freund an der mittleren Donau zu schaffen, der ein Ruhepol und ein Gegengewicht gegen Deutschland und eine Unterstützung des von allen Seiten von Feinden umgebenen Polens darstellt. Dies kann nur die alte Monarchie in einer veränderten Struktur unter ihrem rechtmäßigen Herrscher sein.
Eine Republik à la Nordamerika ist an der Donau unmöglich, da sonst die Nationen sich wieder wegen des Präsidenten nicht einigen könnten. (Ein tschechischer Präsident wäre ein Dorn für Ungarn oder Österreich und umgekehrt.) Nur die übernationale Dynastie kann das Band zwischen den Völkern bilden.
Frankreichs Aufgabe ist es daher, zuerst der Restauration in Ungarn wenigstens wohlwollend gegenüberzustehen. Keine Noten und Proteste, da sonst Gutgesinnte erschrecken.

Es braucht einen verläßlichen Gesandten in Budapest, der im richtigen Moment nicht in den Chorus der Kleinen einfällt, sondern »sich drückt«. Einfluß auf die kleinen Staaten: still zu bleiben, eventuell durch Drohung mit Krediten. Dies wäre das Minimum.
Wenn sich die französische Regierung, aber ohne sich noch zu kompromittieren, beteiligen will, so soll sie Geld hergeben. 30 Mill. fr. Franc. Dies wäre natürlich als erstes zu fordern und dann erst nach Langem auf das Minimum übergehen.
Italien hat die Restauration König Konstantins auch finanziert. Warum, wenn dies Italien für seine Interessen tun konnte, warum kann dies nicht auch Frankreich tun!
Wenn dies geschehen ist, dann gleich Österreich dazu mit denselben Mitteln wie oben, denn nach Aussagen von Kennern dürfte der Restauration in Ungarn Österreich in ein paar Wochen folgen. Vorsichtig über den Anschluß der anderen Staaten!

Instruktionen für England

Wenn man Frankreich mehr von der Seite der »grande nation« und des Ruhmes fassen kann, so muß England rein geschäftsmäßig behandelt werden. In England erklären, daß, wenn nach einem an Deutschland angeschlossenen Österreich auch noch Ungarn unter preußische Herrschaft fällt, der Landweg Konstantinopel – Indien ganz unter preußischen Einfluß fällt, was nicht im Interesse Englands ist. Hauptsächlich vom wirtschaftlichen und kommerziellen Standpunkte die Nachteile der Zerschlagung Österreich-Ungarns für die ganze Welt darstellen (Bahnen, Industrien, Wasserwege, etc.). Hierzu eine Studie des Dr. Smolensky, Österreichische Handelskammer Zürich, und bei Dr. Baron Schlager. Nachdem den Engländern die Nationalitäten weniger am Herzen liegen, so ist zu sagen, daß Ungarn der Ausgangspunkt sein muß für das große Reich, das allein die wirtschaftliche Gesundung an der Donau ermöglicht. Ein Bund freier Völker unter ihrem legitimen Herrscher! Einiges, was für England verwertbar, auch von Frankreich nehmen. Konkrete Vorschläge desselben. Geld. Konkludieren. Nur durch die Wiederaufrichtung der Donaumonarchie ist es möglich, die so zerrüttete Wirtschaftslage einer Gesundung zuzuführen und dadurch auch der Weltwirtschaft neue Impulse zu geben.«

Zu diesen Aktivitäten kamen noch die ganz handgreiflichen praktischen Unternehmungen Kaiser Karls zur Linderung der Not in Österreich, zur Freilassung der Kriegsgefangenen, zur Gewährung der notwendigen Kredite.

Kaiser Karl an M. Alexandre Millerand, Präsident der Französischen Republik:

»Monsieur le Président,

Während der Zeit meiner Regierung habe ich, gleichzeitig mit meinen Bemühungen, die der Wiederherstellung des Friedens gewidmet waren, nichts vernachlässigt, soweit es nur immer im Rahmen meiner Möglichkeiten stand, darauf zu achten, daß meine Völker ausreichend mit den zum Leben notwendigen Dingen versorgt sind und ihre Arbeitsplätze im Rahmen des Möglichen gesichert sind.
Die Umstände erlauben es mir leider heute nicht, das Elend, das auf meinen Völkern lastet, mit ihnen gemeinsam zu tragen. Was mich aber nicht daran hindert, alles, was in meiner Macht steht, zu tun, um die Lage meiner Völker zu bessern. Zu diesem Zwecke habe ich die Ehre, Monsieur le Président, Sie zu bitten, in der Frage einer Kreditgewährung für Österreich intervenieren zu wollen. In diesem Sinne wende ich mich voll Vertrauen an das Staatsoberhaupt, um seine wirkungsvolle Fürsprache, ich appelliere an die so vornehme und großzügige Gesinnung aller Franzosen, überzeugt, daß die durch den Krieg entfesselten Leidenschaften nicht in der Lage waren, in dieser großen Nation den Sinn für Ritterlichkeit und Mitgefühl auszulöschen, vornehme Eigenschaften, die dieses Volk immer ausgezeichnet haben.
Gemäß den Erklärungen, die der österreichische Bundeskanzler am 9. Juli vor einer Kommission der Nationalversammlung abgegeben hat, ist die österreichische Regierung entschlossen, ihre Außenpolitik auf der Grundlage des Friedensvertrages zu entwickeln und alles Mögliche zu tun, um aus dem Ausland jene finanzielle Hilfe zu erhalten, die das Land braucht.
Ich bin der Meinung, daß diese Politik ein günstiges Echo finden sollte und daß die Mächte Krediten für Österreich unter den bestmöglichen Bedingungen zustimmen sollen. In dieser Hoffnung und im Glauben,

daß der richtige Augenblick gekommen ist, schließe ich mich der Bitte meines unglücklichen Volkes an.
Ich möchte Ihnen doch ausdrücklich sagen, Monsieur le Président, welch einen unbeschreibbaren Trost es mir in dieser schweren Zeit der Prüfung spenden würde, könnte ich sehen, wie Österreich in einer schnellen und wirksamen Weise geholfen wird. Ich glaube es ist überflüssig, Ihnen zu sagen, wie dankbar ich den Wohltätern dieses unglücklichen Landes wäre.
Ich nehme die Gelegenheit auch wahr, Sie noch einmal, Herr Präsident, meiner besonderen Wertschätzung zu versichern.

Hertenstein, 28. Juli 1921«

Am gleichen Tag schrieb Kaiser Karl einen in seinen Grundzügen identischen Brief an den König von England, Georg V. Die Nuancen anderer Formulierungen lassen erkennen, daß Kaiser Karl offensichtlich der Meinung war, der König habe auf die Politik seines Landes vielleicht etwas mehr Einfluß als der Präsident der Französischen Republik, außerdem hatte König George ja bereits in der Zeit der schwierigsten persönlichen Notlage Kaiser Karls in Eckartsau sehr rasche und sehr wirksame Hilfe geleistet.

10. Kapitel

Der erste Restaurationsversuch

Orientierungsdaten zur neueren Geschichte Ungarns

August 1914:
Erzherzog Karl Franz Joseph und seine junge Gemahlin, Erzherzogin Zita, das neue Thronfolgerpaar, werden nach der Kriegserklärung an Serbien in Budapest stürmisch umjubelt.
Das Königreich Ungarn ist mit seiner angestammten Dynastie so eng und herzlich verbunden wie kaum je zuvor.

27. Dezember 1916:
Kaiser und König Karl zieht mit seiner Gemahlin, Kaiserin und Königin Zita, am 27. Dezember 1916 zur feierlichen Krönung in Budapest ein.

30. Dezember 1916:
Kaiser Karl I. von Österreich wird als Karl IV. in Budapest zum König gekrönt.
Die ungarische Armee schlägt sich an allen Fronten hervorragend.

23. Mai 1917:
König Karl IV. zwingt seinen bis ans Ende getreuen Ministerpräsidenten Stephan Graf Tisza, die wahrscheinlich bedeutendste politische Gestalt der Doppelmonarchie, wegen seines Widerstandes gegen eine Wahlrechtsreform zum Rücktritt.
Das Vakuum kann nicht mehr aufgefüllt werden, die Wahlrechtsreform bleibt trotz der Opferung des Tisza ein Traum ... das allgemeine Wahlrecht wurde in Ungarn nicht eingeführt, bloß 12 (zwölf) Prozent der 20 Millionen Menschen in Ungarn waren wahlberechtigt.

Mai – August 1917:
Moritz Graf Esterhazy ist Ministerpräsident

August 1917 – Oktober 1918:
Alexander Wekerle ist Ministerpräsident

25. November 1917:
Auf einer Kundgebung wird in Budapest der Ausbruch der russischen Oktoberrevolution begrüßt.

24. März 1918:
In Moskau wird unter der Führung von Béla Kun eine »ungarische Gruppe« der Kommunistischen Partei Rußlands gegründet.

10. Oktober 1918:
Der ungarische Ministerpräsident Wekerle kommt mit Andrássy, Apponyi und dem früheren Ministerpräsidenten Tisza nach Wien, um gegen das beabsichtigte Manifest Kaiser Karls über die Bildung eines »Bundesstaates« (»Oktobermanifest«) zu protestieren.

22. Oktober 1918:
König Karl und Königin Zita reisen nach Ungarn und werden in Debracen stürmisch umjubelt.

24. Oktober 1918:
In Fiume meutern kroatische Truppen.

26.–29. Oktober 1918:
Ungarisch-slowakische Regimenter verlassen die Front und verlangen, in die Heimat zurücktransportiert zu werden, um »die Länder der heiligen Stephanskrone gegen die Entente zu verteidigen«.

27. Oktober 1918:
König Karl muß wegen der sich überstürzenden Ereignisse unbedingt nach Wien zurück, hinterläßt aber zum Zeichen des Vertrauens in sein ungarisches Volk seine Kinder in Ungarn.

29. Oktober 1918:
König Karl ernennt Johann Graf Hadik zum ungarischen Ministerpräsidenten, Erzherzog Joseph wird, da der Kaiser und König nicht ständig zwischen Wien und Budapest hin- und herpendeln kann, zum »homo regius« – einer Art Vizekönig – ernannt.

30. Oktober 1918:
Beginn einer (im heutigen marxistischen Sprachgebrauch) »bürgerlich-demokratischen« Revolution; Budapest wird von marodierenden Soldaten, aufgehetzt von sowjet-ungarischen Emissären, besetzt. General Lucacics, dem König Karl die Sicherheit Budapests anvertraut hatte, versagt völlig, der Pöbel übernimmt die Macht.

31. Oktober 1918:
Stephan Graf Tisza wird ermordet.
Noch am gleichen Tag legt Mihály Károlyi, Vorsitzender der 48er-Partei und des bürgerlichen Nationalrates, seinen Amtseid als königlich-ungarischer Ministerpräsident in die Hand von Erzherzog Joseph ab.

13. November 1918:
Einen Tag nach der Ausrufung der »Republik Deutsch-Österreich« erscheint im Schloß Eckartsau (Marchfeld) eine ungarische Delegation unter Kardinal Czernoch. König Karl verzichtet unter dem Druck der Abordnung auf den Anteil an den Staatsgeschäften, aber selbstverständlich nicht auf die Krone; Karl bleibt König.

16. November 1918:
Ausrufung einer von Österreich unabhängigen »Republik Ungarn«.

20. November 1918:
Bildung der »Kommunistischen Partei Ungarns« unter der Führung von Béla Kun.

20. März 1919:
Die Regierung Károlyi dankt ab.

21. März 1919:
Ausrufung der »Räterepublik Ungarn« – eines ungarischen Sowjetstaates; Beginn einer für europäische Verhältnisse beispiellosen Blutherrschaft.

1. August 1919:
Niederschlagung der Ungarischen Räterepublik durch Ententetruppen und die ungarische »Nationalarmee«; Teile derselben üben den »Weißen Terror« über Ungarn aus.

4. August 1919:
Rumänische Truppen besetzen Budapest.

6. August 1919:
Erzherzog Joseph wird zum Regenten ausgerufen.

14. November 1919:
Die Rumänen ziehen sich aus Budapest zurück, General Lehár rückt mit seinen Truppen in Budapest ein.

16. November 1919:
Horthy kommt nach Budapest; die Entente will mit Horthys Hilfe eine »Allparteienregierung« konstituieren.

1. März 1920:
Mit Hilfe des Königs wird Horthy vom ungarischen Parlament zum »Reichsverweser« gewählt.
Schon bald darauf tauchen erste Zweifel an der Loyalität Horthys auf, der immer mehr unter den Einfluß von Gömbös (Panturanentum, rassistisch-antireligiös, antisemitisch) gerät.

21. März 1920:
Ungarn wird wieder Königreich. Der Streit zwischen den Legitimisten und den »freien Königswählern« schwelt.

4. Juni 1920:
Friedensdiktat von Trianon; das Königreich Ungarn verliert zwei Drittel seines Gebietes (es fällt von 283 000 km^2 – ohne Kroatien! – auf 91 000 km^2, von mehr als zwanzig Millionen auf siebeneinhalb Millionen Einwohner). Horthys Machtstreben wird immer deutlicher.

20. Oktober 1920:
Der Chef des Honved-Generalstabes, Béla Berzeviczy, fordert eine rasche Lösung der Königsfrage – eine Heimkehr König Karls.

24. März 1921:
König Karl bricht von Prangins aus (über Straßburg, Salzburg und Wien) zu seinem ersten Restaurationsversuch nach Ungarn auf. Am 24. März – auf den Tag genau 24 Jahre später, also am 24. März 1945 – beginnen die Sowjets aus dem ungarischen Raum ihre Offensive gegen Wien ...

27. März 1921:
König Karl IV. begibt sich allein und unbewaffnet nach Budapest und versucht vergeblich, in einem Zwiegespräch mit Horthy die Macht in Ungarn wieder zu erlangen.

4. April 1921:
Der erste Restaurationsversuch König Karls ist gescheitert. Der König muß Ungarn verlassen.
Auf den Tag genau 24 Jahre später – am 4. April 1945 – vollenden die sowjetrussischen Truppen die Besetzung Ungarns (seither »Ungarischer Nationalfeiertag«).

5. April 1921:
König Karl erreicht die Oststeiermark, er kommt durch Fehring, das auf den Tag genau 24 Jahre später von den Sowjets erobert wird.

21. Oktober 1921:
König Karl und Königin Zita landen in Westungarn.
Horthy mobilisiert unter dem Vorwand, »die Tschechen« marschierten gegen Budapest, ungarische Studenten.
21. Oktober 1956: Ungarische Studenten beginnen mit Kundgebungen gegen die Sowjets.

23. Oktober 1921:
Das Königspaar steht vor Budapest.
Am 23. Oktober 1956 bricht der Aufstand gegen die Sowjets voll aus.

4. November 1921: (Der 4. November ist Namenstag des Königs ... Karl!)
Das Königspaar wird gezwungen, Ungarn zu verlassen.
4. November 1956: der Angriff der 1000 sowjetischen Panzer auf Budapest beginnt.
Am 5. November 1921 ist Ungarn ohne König – am 5. November 1956 sind die Sowjets wieder unumschränkte Herren Ungarns.

27. Juni 1941:
Ungarn erklärt der Sowjetunion den Krieg.
Januar 1943 – das »Stalingrad« der ungarischen 2. Armee am Don.

15. Oktober 1944:
Horthy dankt ab, wird nach Deutschland deportiert.
Er stirbt am 9. Februar 1957 im portugiesischen Exil.

4. April 1945:
Ganz Ungarn von Sowjettruppen besetzt.

4. November 1956 – wieder ist Namenstag des Königs Karl ...
Der ungarische Volksaufstand wird von den Sowjets niedergeschlagen.

Kaiser und König Karl konnte mit den Ergebnissen seiner Arbeit zufrieden sein: 1919 war es dem Kaiser gelungen, den Anschluß Österreichs an Deutschland zu verhindern, 1920 wurde absehbar, daß auch die Frage eines umfassenden Kredits für Österreich erfolgreich in Angriff genommen werden konnte.

Parallel dazu liefen die Vorbereitungen zur Wiederherstellung der legitimen Ordnung in Ungarn.
Die Gegner des Königs waren bis zu einem hohen Grad identisch mit jenen, die schon während des Weltkrieges versucht hatten, die Herrschaft Kaiser und König Karls zu untergraben: Nationalisten, die keinen schlimmeren, in ihren Augen verächtlicheren Gegner sahen als die über den Parteien und Nationalitäten stehende Gestalt des Habsburgers.
Der Kampf um die Macht in Ungarn spielte sich für kurze Zeit wohl auch auf dem Gefechtsfeld ab, als der König mit seinen getreuen Truppen am 23. Oktober vor Budapest stand.
Doch der eigentliche Kampf um Budapest spielte sich in den Zentren der Interessengruppen um Ungarn ab:
In der *französischen Hauptstadt,* wo man längst befunden hatte, daß nur der legitime König Ruhe, Ordnung und Sicherheit, aber auch – für Frankreich am wichtigsten – das natürliche Gleichgewicht der Kräfte im Donauraum garantieren könne;
in *London,* wo Lord Curzon als nahezu pathologischer Habsburghasser Vernunftgründen wenig zugänglich war und wo man insgeheim schon an die Tatsache des »Anschlusses« dachte und einplante und in Ungarn vielleicht einen italienischen oder, noch besser, einen britischen Prinzen zum Zuge kommen lassen wollte;
auch *Rom* war beteiligt, wo man gerne einen italienischen Aristokraten für den ungarischen Königsthron lanciert hätte;
der *Vatikan* war beteiligt, doppelt sogar: Papst Benedikt XV. war brennend daran interessiert, König Karl wieder in seine legitime Macht eingesetzt zu sehen, weil er wußte, daß nur der legitime König den entsprechenden Rückhalt im Volke und, aus des Papstes Sicht gewiß auch legitim, den Segen Gottes haben werde, während Kardinal Gasparri, der »Außenminister« des Papstes, nur dem Quirinal in die Hände arbeitete;
Jugoslawien und die *Tschechoslowakei* schließlich, wie auch *Rumänien,* die sich verbal heftig gegen jede Restauration aussprachen, im Ernstfall aber sicher nichts getan hätten und schließlich
Deutschland, das aber in dieser unmittelbaren Nachkriegszeit ein vielfach verschachteltes, uneinheitliches und unübersichtliches Bild bot, insgesamt aber, in den wichtigsten seiner Machtgruppierungen, gegen eine Restauration war.

In *Budapest* selbst waren die Machthaber gegen die Restauration, weil sie ihre eigenen Ziele verfochten – entweder dachten sie an die Gründung einer eigenen Dynastie (wie Horthy) oder sie tobten sich in nationalchauvinistischem Gedankengut (Gömbös) aus. Auf sein »Panturanentum« wird noch zu kommen sein.
Der entscheidende Gegenspieler Karls war allerdings der Macht- und Interessenknäuel mit und um Erich Ludendorff, und das sowohl während des Krieges als auch, vielfach übersehen, nachher. Diese unveränderte Interessenlage bildete die Basis für eine ganze »Literaturgattung« von Enthüllungs- und Hetzbüchern gegen Habsburg und da wieder besonders gegen die Kaiserin; der politische Zweck lag in der Absicht, diesen Widerstandsherd gegen den Anschluß niederzukämpfen und machtlos zu halten.
Die Tatsache der überstürzten Abdankung und Abreise Kaiser Wilhelms II. am 8. November und sein Thronverzicht vom 28. November änderten daran so wenig wie die Ausrufung der Republik: am Ziel »Anschluß« hielt Deutschlands Politik fest.
Da aber ein Anschluß eines Kaisertums Österreich an eine Republik Deutschland so absurd wie unmöglich gewesen wäre, stellten sich die Ludendorff-Kreise gegen jedwede Restauration, in Ungarn wie in Österreich.
In diesem Sinne arbeitete auch die offizielle deutsche Außenpolitik. Ihr Exponent in Wien war die Deutsche Botschaft, wo schon unter dem Kaiserlich-deutschen Botschafter Graf Botho von Wedel intensiv in dieser Richtung gearbeitet worden war. 1919 hatte man – noch immer unter der gleichen Führung – Legationsrat von Riepenhausen mit der Durchführung der Anschlußagenda betraut und mit der Verhinderung einer Heimkehr König Karls nach Ungarn.
Es sei übrigens ausdrücklich bemerkt, daß eine Nennung dieser Aktivitäten, die von deutscher Seite legitim-national motiviert sein mochten, keinerlei anti-deutsche Gefühle wecken soll; wenn sich in diesem Zusammenhang jemand schändlich benommen hat, dann waren es Österreicher, die ihr Vaterland verraten haben, und nicht Deutsche.
Gerade in diesem Zusammenhang ist ein Zitat aus der schlimmen Zeit der fürchterlichen Hetze des großdeutschen Klüngels und der »Durchhalter« und »Siegfriedler« gegen das Kaiserpaar von Interesse: im April 1918 waren die Friedensversuche Kaiser Karls durch die Ungeschicklichkeit Czernins Mittelpunkt einer umfassenden Krise.

Botschafter Wedel schrieb damals (Wien, 15. April 1918, 7 Uhr 55 Minuten) an das Auswärtige Amt in Berlin:

»Die Briefangelegenheit und die daraus erfolgte Demission des Grafen Czernin hat unter den hiesigen Deutschen [gemeint ist nicht die deutsche Kolonie, sondern die deutschstämmige Bevölkerung Österreichs] äußerste Erbitterung hervorgerufen. Kein Mensch glaubt an die diesseitige Ableugnung, und das Vertrauen in den Kaiser, auch in der Armee, ist unter den Nullpunkt gesunken.
In der Bevölkerung hört man die schärfsten Urteile über das Kaiserpaar und die Majestätsbeleidigungen sollen nicht zu zählen sein. Die Erbitterung richtet sich in erster Linie gegen Kaiserin Zita und (das) Haus Parma, in welchem der Herd des Übels gesucht wird.
Alle Anzeichen deuten darauf hin, daß die ohnehin vorhandene deutsche Irredenta einen bedenklichen Charakter annehmen wird. Da wir einerseits die Deutschen Österreichs nicht zurückstoßen dürfen, andererseits aber eine scharfe, deutsche Irredenta dem Bündnis gefährlich werden könnte, wird es einer äußersten Vorsicht unsererseits sowie kluger und taktvoller Haltung unserer Presse bedürfen.

Wedel«

(Telegramm, Nr. 281, registriert unter 16178)

Freilich änderte diese bewundernswert noble Verhaltensweise Wedels, die er übrigens bis zu seinem Abgang aus Wien an den Tag legte, an der Tatsache der Anschlußbetreibung sowie der Verhinderung einer habsburgischen Restauration in Ungarn nichts.
Es gibt dazu eine ganz typische Briefstelle. Herr Legationsrat von Riepenhausen von der Deutschen Botschaft ist ihr Autor, sie steht in ziemlich krassem Gegensatz zu der zurückhaltenden Art des Botschafters Botho von Wedel. Denn bei von Riepenhausen tritt das antihabsburgische Kampfmotiv recht unverblümt hervor:

»Für uns wäre die Vereinigung Deutschösterreichs und Ungarns ... ein ganz schwerer Schlag, der nicht nur das Anschlußprojekt, vielleicht für Jahrzehnte, zu Fall bringen, sondern vor allem unsere gesamte Ostpolitik, einschließlich der auf dem Balkan, ferner unsere wirtschaftliche Betätigung im Osten und Südosten erheblich erschweren dürfte. Es läßt sich sogar nicht verkennen, daß in diesem Falle die Gefahr auftaucht, daß unter Ausnutzung der monarchischen Tendenz in Bayern von Seiten der Entente der Versuch gemacht würde, einen katholischen Block gegen das protestantische, sozialistische und ungeliebte Norddeutschland aufzurichten ... Unsere Aufgabe muß es sein, mit allen zu Gebote stehenden Mitteln die Habsburger im Lande zu diskreditieren. Daß eine derartige Kampagne so geschickt geführt werden muß, daß die Botschaft nicht ohne weiteres als Urheberin des Feldzuges erkenntlich wird, versteht sich ja von selbst«.

Im gleichen Brief des Herrn Legationsrates Riepenhausen an sein Außenamt (Geheim, 9. August 1919, PAAA(B) Österreich 70) schlägt er eine umfassende Pressekampagne gegen die Habsburger vor, eine Bearbeitung der österreichischen politischen Parteien in militant antihabsburgischem Sinn, eine Kontaktaufnahme mit den »österreichischen« Sozialisten (die sich unter Otto Bauer ohnehin als Großdeutsche fühlten) sowie eine umfassende materielle Unterstützung all dieser antihabsburgischen Bestrebungen, was auch allesamt bewilligt und mit Gründlichkeit durchexerziert wurde. Ein Blick in die Tagespresse von damals läßt erschaudern: so viel antihabsburgischer und prodeutscher Hetze konnte der »Mann von der Straße«, noch dazu wenn seine Lage so verfahren und der Hunger und die Not so groß waren, wirklich kaum widerstehen ...

Der König hatte es aber nicht nur mit dieser offiziellen antirestaurativen Politik der Republik Deutschland zu tun.

Vielfach noch weit gefährlicher, weil absolut skrupellos und völlig unkontrolliert waren die Machenschaften der alten Gruppierung Ludendorff – Bauer, die schon während des Krieges eine erbarmungslose Gegnerschaft zu Habsburg gebildet und rekrutiert hatte.

Oberst Max Bauer hatte in den Tagen des Umsturzes in Deutschland das Gleiche getan, was auch sein Herr und Meister getan hatte: er hatte das Heil in Verstecken und Flucht gesucht, und nicht einmal den Hauch eines Versuches zur Widerstandsleistung oder Abwendung der sich anbahnenden Revolution merken lassen.

Erst als alles vorbei war, tauchte er wieder auf: und es ist glaubhaft bezeugt, daß sich Oberst Max Bauer für sein Versagen schämte, vor sich selber und seinen Kameraden.

Ob ihn dieses Versagen in schwierigster Zeit später ansporne oder sonstwie motivierte, ist hier nicht von Interesse, insgesamt blieb er ein

Gefolgsmann Ludendorffs (obwohl er auch gegen ihn, so wie gegen Kaiser Wilhelm II., konspiriert hatte) und im Frühjahr 1920 stellte Oberst Max Bauer Kontakte zu Horthy und seinem Kreis her. Ziel der Aktivitäten Bauers war es, eine bayerisch-ungarische Konföderation mit Einschluß Österreichs, aber nach Zerschlagung der Linksregierung in Österreich herzustellen, Diktator dieses neuen Staatsgebildes sollte Ludendorff werden.

Bauer war damals von den deutschen Behörden schon steckbrieflich gesucht, doch der Polizeipräsident von München, Ernst Pöhner, versorgte ihn mit ungefährlichen Papieren.

In Ungarn fand Oberst Bauer – vulgo »Dr. Börner« (so lautete sein neuer Name) rasch Kontakt zur Umgebung Horthys, die sich damals bereits in wildem Chauvinismus übte: Oberstleutnant Pál Pronay gehörte dazu, die Zentralgestalt des berüchtigten »Weißen Terrors« über Ungarn, Tibor Eckardt und Gyula Gömbös – der war auch der erste ausländische Staatsmann, der Hitler einen offiziellen Besuch abstattete.

Diese Herren bildeten den Kern der »Union der erwachenden Magyaren«, die nicht nur Ungarns alte Größe wiederherstellen wollte, sondern auch ein betont – später ins Extreme übergehendes – »völkisches« Programm entwickelten.

Daß Bauers engster Mitarbeiter und Kontaktmann auf diesem Gebiet, Trebitsch, genau so wie andere ungarische Fanatiker (weil Juden) später selbst auf der Strecke dieses nationalistischen Programms blieben, gehört zur Ironie der Geschichte.

Im Zentrum dieser Tätigkeiten standen die EME (Ebredö Magyarik Egyesülete), eine ungarische antisemitische Vereinigung, sowie die MOVE (Magyar Országos Véderö Egyesület), der »Ungarische Nationalverband für Landesverteidigung«, dessen Führung Gömbös übernahm. Nach der Vereitelung des 2. Restaurationsversuches König Karls, im Oktober 1921, übernahm Gömbös außerdem noch die Leitung der »Union der ungarischen Rassenschützer« … kein Wunder, daß er als Ministerpräsident (1932–1936) alles unternahm, um Ungarn ins Lager Hitlers zu treiben.

Geistiger Hintergrund dieser Aktivitäten, die Ungarn in die Katastrophe von 1945 führten, war ein Parallelfall zum Arierwahn der Großdeutschen … was hier das Pangermanentum war, der Traum einer Verbindung aller germanischen Völker, bildete dort der Rausch vom »Panturanentum«.

»Turan« ist ein iranisches Wort für das »Land im Nordosten des Iran« und war früher für die Gebiete des heutigen Turkmenistan bis östlich nach Kasachstan gebräuchlich.
Die Bewohner des Turan – die Turanier – waren aber außerdem in der »gelehrten« (sachlich unrichtigen) Mythologisierung dieser nationalistischen Kreise alle nichtindogermanischen, nichtsemitischen Völker Mittel- und Südosteuropas und Asiens, in erster Linie die finnisch-ugrischen Völkerschaften. In der Türkei fand das Turanentum in Zia Gökalp seinen Propheten, für die Paralleltendenzen in Ungarn gab es die schon erwähnten Protagonisten.
In diese geistigen Niederungen stieg Oberst Max Bauer ein, selbst ein fanatischer Rassist, und fand in der Umgebung Horthys, bei Tibor Ekardt, Gyula Gömbös und Kozma, Chef des militärischen Geheimdienstes des Regimes, so begeisterten Anklang, daß sie ihm den Kontakt mit dem Reichsverweser herstellten. Das Treffen fand am 18. Mai 1920 statt und Oberst Max Bauer überreichte den als eine Art »Beglaubigungsschreiben« aufzufassenden Brief Ludendorffs.
Kurze Zeit später dehnte der nimmermüde Max Bauer sein Arbeitsgebiet auf Wien aus, nahm hier Kontakt mit anschlußfreudigen Kreisen auf und suchte auch Italien in sein Spiel einzubeziehen.
Ein weiterer Kreis schloß sich hier außerdem: im Schlepptau der MOVE bewegte sich später auch Erzherzog Friedrich (1856–1936), Österreich-Ungarns nomineller Armeekommandant, der eine Thronkandidatur seines Sohnes Albrecht forcierte und die ungarischen Rechtsextremisten dafür finanziell unterstützte.
Eine Verbindung der Erzherzogin Isabella (der Gemahlin Erzherzog Friedrichs) zu Max Bauer darf schon für die Zeit des Ersten Weltkrieges angenommen werden, allzu gezielt und rasch kamen die Hetznachrichten damals jeweils aus bestimmten deutschen Blättern, die im unmittelbaren Bannkreis Ludendorff-Bauer'scher Aktivitäten standen, nach Österreich. Als Motiv darf nicht nur persönliche Abneigung wegen (vermeintlicher!) Zurücksetzung gelten, sondern auch die Bemühung, ihren Sohn Albrecht für den ungarischen Königsthron ins Mächtespiel zu bringen.
Unabhängig von diesen unter der Führung und der restlosen Ranküne des Obersten Bauer vor sich gehenden Manövern in und um Ungarn, machte sich auch das »offizielle« Berlin seine Gedanken um Ungarn, fürchtete man doch dort, Horthy sei wirklich »königstreu«.

Das dachte – ursprünglich – auch der König selbst.
Ein Brief des Königs an seinen Vize-Admiral in Budapest spricht noch von Vertrauen.
Typisch für König Karl, daß er auch da nicht verabsäumt, vor der Gefahr der »Benützung« von Bolschewisten zu »eigenen« Zwecken zu warnen (eine Taktik, die Max Bauer wie Erich von Ludendorff wiederholt zum Schaden der Völker anwendeten).
Es scheint, daß Karl wirklich der einzige Politiker von Rang war, der den Bolschewismus schon damals in seiner ganzen Gefährlichkeit erkannte; alle andern dachten damals noch, sie könnten diese Bewegung irgendwie doch für ihre Zwecke nutzen.

Brief S. M. an Horthy vom 23. II. 1920

Villa Prangins, am 23. Februar 1920

Lieber Vize-Admiral von Horthy!
Ihnen und Meiner ungarischen Armee Meinen königlichen Gruß!
Mit besonderer Freude habe Ich die Botschaft vernommen, die Sie Mir durch den Rittmeister Révhégyi, einen Meiner braven Offiziere, zukommen ließen. Die Versicherung unerschütterlicher Treue, die Sie damit für sich und die ganze Armee abgegeben haben, hat Mich tief berührt. Es liegt Mir daran, Ihnen zu sagen, daß Ich Mich nie eines anderen versehen habe.
Gerne habe Ich Ihren Ratschlag entgegengenommen, derzeit noch nicht in Mein heißgeliebtes Königreich Ungarn zu kommen. So schmerzlich Mich auch die lange Trennung berührt, so beuge Ich Mich doch der Notwendigkeit in der sicheren Überzeugung, daß es Ihrer Umsicht und Klugheit gelingen wird, die Wege zu ebnen, die die mit Ihrem König vereinigte ungarische Nation dauerhaftem Glücke entgegenführen können.
Besonders segensreich müßte es sein, wenn jener Zeitpunkt mit dem Tage zusammenfiele, da auch die schweren, zwischen den Nachbarn heute noch bestehenden Differenzen bereits einer friedlichen Austragung Platz gemacht haben.
Ich möchte Ihnen daher auch meine Sorge ans Herz legen, mit jenen

Staaten, wenn irgend tunlich, ernste Konflikte zu vermeiden und propagandistische Mittel, die in Nachbars Land wirken wollen, wohl zu erwägen, denn die Bolschewikisierung eines anderen Staates erweist sich gemeiniglich als ein zweischneidiges Schwert.

Beziehungen zu Italien anzuknüpfen und zu pflegen, ist Mir wohl kaum möglich und wenig empfehlenswert. Sie, als einer Meiner hervorragendsten Marineoffiziere, kennen den Gegner! Ich vermöchte vielleicht zu vergessen, aber ich trage Sorge, daß Italien sich unter der Maske eines Freundes ins Vertrauen schleicht, um es eventuell zu vergelten.

Für die Delegierung des Rittmeisters Révhégyi, der sehr bedeutungsvoll und interessant zu berichten wußte, sage Ich Ihnen nochmals herzlichen Dank in der Hoffnung, daß es Ihnen noch öfter gelingen wird, Mir Bericht zukommen zu lassen.

Gott mit Ihnen Allen
Ich bin Ihr wohlgeneigter
ah. Namenszug

Die Clique um Horthy gewann indes rasch an Boden.

Das Duo Gömbös-Bauer vermochte es alsbald, in Horthy jene Gelüste zu wecken, denen er erlag.

Selbstherrlich ernannte er sich – ohne den König auch nur zu verständigen – zum »Herzog«.

Ein Brief des Königs an Horthy aus der Zeit nach dem Abschluß des Friedensvertrages von Trianon deutet die Entwicklung schon an, der kurze Kommentar der Königin zu dem Königsbrief erläutert die ganze heraufdämmernde Spannung:

Brief König Karls IV. an Horthy (vermutlich anfangs Juni 1920)

Lieber Horthy!

Mit aufrichtigem Dank habe ich Ihre letzte Nachricht bekommen und mit warmer Erkenntlichkeit verfolge ich Ihre für mich so wichtige Aktion. Die bisher erreichten Resultate erhöhen noch das Vertrauen, das ich in Sie seit jeher gesetzt hatte.

Ungarn wird in den nächsten Tagen genötigt sein, den Friedensvertrag zu unterschreiben. Ich hoffe mit aller Inbrunst, daß darnach alle, eine bessere Zukunft verbürgende, Kräfte zusammengefaßt werden. Ich, der gekrönte und gesalbte König, bin mir, da ich auf keines meiner Rechte verzichtet habe, auch vollkommen meiner damit verbundenen Pflichten bewußt und will daher an der Sammlung und Wiederaufrichtung des Lebens des Landes teilnehmen.
Ich gewärtige, wenn ich wieder Anteil an den Regierungsgeschäften nehme, keine Einsprache von Seiten der Entente, da mir solches aus dem Munde leitender Persönlichkeiten Frankreichs zur Kenntnis gekommen ist. Im Interesse der Bewahrung und Konsolidierung des ungarischen Besitzstandes will ich noch im Laufe dieses Jahres wieder die Regierungsgewalt an mich nehmen. Ich ersuche daher Ew. Durchlaucht, mir aus Ihrer klaren Erkenntnis der Lage den für meine Rückkehr auf den Thron geeignetsten Augenblick bekannt zu geben, in dem ich auch die Nation um mich scharen will, die mir die Stephanskrone aufs Haupt gesetzt hat.
Ich ersuche Ew. Durchlaucht, mit der gleichen Hingebung und Treue wie bisher und gestützt auf meine lieben Getreuen, die Ihr Vorbild in Ihrer Treue nie wankend werden ließ, meine Rückkehr vorzubereiten.
Ew. Durchlaucht jederzeit bewiesene Tatkraft und Weitblick liefern mir die Gewähr, daß es Ihren und allen meinen unter Ihrer Ägyde stehenden Mitarbeitern gelingen wird, Ihr Werk unter Gottes gnädigem Beistand zum glücklichen Ende zu führen.

Mit unwandelbarer königlicher Liebe
ah. Namenszug

Hierzu bemerkt Königin Zita:

»Ich möchte auf ein Detail aufmerksam machen: Wenn S. M. in der Anschrift die vertrauliche Formel »lieber Horthy« benützt, will er ihm damit seine persönliche Freundschaft fühlbar machen. Im Laufe des Briefes aber gebraucht er zwei Mal den Ausdruck »Ew. Durchlaucht«. Es war dies eine sehr delikate Art, dem Horthy das sich selbst zugelegte Prädikat zu bestätigen, ohne ihn spüren zu lassen, daß er hiezu ja kein Recht hatte. Auch die Umgehung des Königs, der allein ihm diesen Titel hätte verleihen können, wird damit stillschweigend übersehen.«

Wenn König Karl wieder nach Ungarn heimkehren wollte, mußte er sich eines logischen Verbündeten versichern, der die Macht und den Einfluß hatte, die innere ungarische Restauration von außen abzusichern, der imstande war, die Große und die Kleine Entente (also die Mächteblöcke England – Italien – USA – Japan sowie Tschechoslowakei – Jugoslawien – Rumänien) am Eingreifen zu hindern. Diese Macht war das Frankreich des Aristide Briand ...
König Karl ging dabei so umsichtig wie nur irgend möglich ans Werk. Eine Aufzeichnung von Königin Zita, hier vollinhaltlich mit später angebrachter Vorbemerkung abgedruckt, gibt ein vollständiges Bild von den Bemühungen des Königs:

Vorbemerkungen (handschriftlich) Ihrer Majestät:
Diese Blätter habe ich meiner Tochter Charlotte diktiert, Mai 1964. Ich hatte sie mit Bleistift rasch 1922–1923 in Lequeitio geschrieben.
Sie fingen an, sehr blaß zu werden, und ich fürchtete, sie würden sich verwischen. So habe ich sie, ohne sie stilistisch oder sonst zu korrigieren, mit der Maschine niederschreiben lassen.

Zita.

Tuxedo, Mai 1964

Versprechungen Briands

Briand hatte durch verschiedene Leute Fühlung mit Carl: durch meine Brüder, durch ehemalige Politiker und endlich auch durch untergeordnete Organe wie Magliavin - damals noch Sekretär des Präsidenten Dechanel - und Advokat Dr. Seeholzer. Diese zwei letzteren Individuen entpuppten sich später der eine als Gauner, der andere als Plauscher, was geeignet ist, nachträglich die ganzen Negotiationen in ein schiefes Licht zu stellen. Dies ist aber ein Trugschluß, wenn man jetzt sagt: »Es sind Gauner, also haben sie schon damals gelogen.« Nein, damals haben sie noch nicht gewagt zu lügen, da jedes Wort überprüft werden konnte und auch meistens wurde. Die wichtigeren Messages Briands ließ Carl immer durch einen ehemaligen Diplomaten bei Briand noch einmal überprüfen; manchmal tat es Briand auch selber, daß er eine Message durch Magliavin sandte und gleichzeitig das gleiche einem

hervorragenderen Österreicher oder Ungar sagte, der gerade nach Prangins oder Hertenstein fuhr.
Diese Versprechungen waren:

1) Sofortige Anerkennung Carls, sobald er die Gewalt in Ungarn ergriffen hatte,
2) sofortige Anknüpfung wirtschaftlicher Beziehungen,
3) sofortige Gewährung von Staatskrediten,
4) braucht Ungarn militärische Unterstützung, so würde ihm Frankreich militärisch beistehen,
5) will man kein französisches Militär, so wird bestimmt keines aufoktroyiert,
6) was die Ungarn abgenommenen Gebiete anbelangt, wo würde man auch da manches in Ordnung bringen: »Vous savez, on a des susceptibilités pour les droits lésés de ses amis«, wurde lachend gesagt. »... sie wissen, für verletzte Rechte seiner Freunde ist man empfindsam...«
7) die Nachbarn würden in Schach gehalten werden, falls sie sich jedoch unterstehen würden, Anstalten zu treffen, um einzugreifen, würde ihnen die Gewährung weiterer Kredite eingestellt werden. Damals wurden sie mit Geld so kurz gehalten, daß sie beständig Zuschüsse brauchten. Ja noch mehr, falls sie sich daraufhin nicht ruhig verhielten, würden sie zum Beginn der Rückzahlungen aufgefordert werden.

Zuerst hatte es bei Punkt 1 statt »sofort« »bald« geheißen. Carl machte aufmerksam, daß die Größe Rumpfungarns sowie die Art seiner Nachbarn ein »bald« nicht vertrügen, es müßte schon ein »sofort« sein. Dies sah Briand ohne weiteres ein. Bei Punkt 2 und 3 wurde dies noch freudiger aufgenommen, da sie England fürchteten. Carl hatte sagen lassen: »Ihr habt uns desarmiert, wir haben wenige Gewehre, gar keine Artillerie, gar kein Aeroplane, wie sollen wir in erster Linie den Nachbarn imponieren und gegen die Bolschewiken in weiterer Folge aufkommen?« Da wurde Punkt 4 vorgeschlagen. Unser Abgesandter aber meinte, daß Carl es nicht so wie in Punkt 4 gewollt hätte, sondern daß Carl sein eigenes Militär gleich aufstellen müsse und es auch bewaffnen müsse, so wie es jetzt im Traité von Trianon verboten wäre. Auch meinte er, es könne schlechten Eindruck machen, wenn Carl mit feindlichem Militär komme. Daraufhin wurde Punkt 5 beigefügt, bei Aufrechterhaltung des Punktes 4, falls Carl es doch brauchen würde. Zu

Punkt 6 wurde gemeint, daß les clauses d'un traité sich für un ami wohl beugen ließen. Nebenbei glaube man, daß die Anziehungskraft Carls auf seine Untertanen in den umliegenden Ländern diese Beugungen im großen Stil ohnedies sehr bald zur Folge haben dürfte. Punkt 7 kam zustande, weil Carl sagte: »Der Himmel ist hoch und der Zar ist weit«, werden sich die Nachfolgestaaten denken. Die schon vorhin erwähnte Schmäle Ungarns könne die Nachbarn ermuntern, sich nicht um Frankreichs Einsprache zu kümmern, zu mobilisieren und das Land zu überschwemmen. Es liege Deutschland dazwischen, welches keine Franzosen durchlassen würde. So wurde dieser Weg vorgeschlagen, der alle Vorzüge der Promptheit und der Friedfertigkeit besaß. (N. B. Die Numerierung der Punkte ist nur von mir.) Die Gründe der Franzosen zu diesen Angeboten waren:

1) Sie sahen ein, daß man mit der jetzigen Richtung nicht zur Ruhe und Frieden kommen könne. Man hatte sich ein mächtiges, rachsüchtiges, revanchelustiges, geeinigtes Preußen-Deutschland als Nachbar geschaffen, dafür das Frankreich gern unterstützende Österreich zerschlagen. Man riskierte nun, daß sich Deutsch-Österreich mit Deutschland vereinigte und Ungarn sich ihnen anlehne, da Ungarn sonst nur von Feinden umringt sei.
2) Die Engländer sollten in Ungarn des Orienthandels wegen festen Fuß fassen, sei es dadurch, daß sie einen ihrer (Königs-)Kandidaten durchdrückten, wie z. B. den Herzog von Connaught oder einen Prinzen von Rumänien oder indem sie sich mit der jeweiligen Regierung einigen oder auch deren Autoritätslosigkeit ausnützen. Dies war aber Frankreich nicht genehm, also wandten sie sich schleunigst an jenen, der die meiste Chance hatte und dessen frankreichfreundliche Politik sie kannten.
3) Italien machte sich auch sehr dort zu schaffen; sie wollten Ehg. Joseph Franz auf den Thron erheben. Ihr Gedankengang war folgender: Er ist der auserlesene Schwiegersohn des Königspaares, Ungarn wurde italienische Kolonie. Eine illegitime Regierung bringt Österreich und Ungarn irremediabel auseinander, da der Ehg. Joseph Franz in Cisleithanien nie anerkannt und akzeptiert werden wird. Das gleiche wird bei den Kroaten sein und bei den Böhmen ebenfalls. Eine Gefahr einer Rückkehr Carls - die die Wiedervereinigung der großen Monarchie bedeuten würde, ist äußerst gering. Joseph Franz würde als Mitglied der Dynastie von vielen ak-

zeptiert werden, die es »illoyal« fänden, einen ganz Außenstehenden anzunehmen. Man könnte aber auch für ihn die einspannen, die der Dynastie den Rücken gekehrt hatten und einen »nationalen König« suchen. Ein so gestaltetes Ungarn könnte sich einzig an Italien anlehnen, mit ihm oder für ihn die Jugoslawen in Schach halten; es wäre nie mehr vom mächtigen Nachbarn Österreich-Ungarn die Rede. Auch würde es sehr gut in die Konstellation Italien-Deutschland-Ungarn passen. Die Romreise des Ehg. und ein offenes Auftreten als Prätendent erschreckten die Franzosen heftig.

Sie hatten also wirkliche und wichtigste Lebensinteressen daran, die Pläne ihrer Alliierten zu durchkreuzen und Österreich-Ungarn wieder herzustellen. Dechanel war dafür mit seiner ganzen Überzeugung »et il serait allé à fond«, Briand mit seiner ganzen Eitelkeit, um zu beweisen, daß seine Politik die bessere war. Und so sagte Briand zu meinen Brüdern: »Qu'il rentre au plus tôt et nous le reconaîtrons immédiatement«.

Beweise dafür:

a) Briand war sehr erschrocken, als er vom Buch Boroviczény hörte: er ließ mir im Jänner 1924 sagen, es erscheine demnächst ein Buch, das seine Verbindung mit Carl preisgebe; er bitte mich sehr, es zu verhindern, da es ihm sehr unangenehm wäre. Ich wußte damals gar nicht, daß Boroviczény darüber schreibe und ließ ihn beruhigen. Er sagte auch, er müsse dementieren, falls es wirklich erscheine.

b) Aussagen Halmos an Grafen Andrássy von Aktionen Briands und Paléologues vor dem Traité von Trianon.

Zita.

Mit welchem Erfolg die Emissäre König Karls die französische Regierung von der Notwendigkeit einer habsburgischen Heimkehr nach Ungarn überzeugen konnten, geht aus einem Geheimbericht des britischen Botschafters in Washington an seinen Außenminister in London hervor:

»Sir A. Geddes (Washington) an den Marquess of Curzon in London«
Eingelangt: 4. Jänner 1921, 11h45
Nr. 5, telegrafisch (C212/180/21)

VERTRAULICH Washington, 3. Jänner 1921
Der französische Botschafter erhielt aus Paris Anweisungen, in den Vereinigten Staaten zu sondieren, wie sich die USA zur Frage der Einsetzung eines Habsburgers auf den Thron von Ungarn stellen. Die Antwort der Vereinigten Staaten geht dahin, daß die USA aus traditionellen Gründen eine republikanische Regierung bevorzugen, daß aber – sollte sich das Volk von Ungarn in freier Wahl entscheiden, Erzherzog Josef *oder irgend eine andere Person* auf den Thron zu wählen –, die Regierung der Vereinigten Staaten keine Einwände erheben wird. Mr. Norman Davies (sic, US-Unterstaatssekretär) teilte mir mündlich mit, er habe dem französischen Botschafter klargemacht, daß jede Art von Wahlbeeinflussung von den USA abgelehnt wird, und daß Monsieur de (sic) Jusserand ihm versichert habe, Frankreich werde sich nicht einmischen.«

Die französische Regierung war die einzige unter den Siegermächten, die klar die politisch-strategische Bedeutung Ungarns erkannte und – mit gewissen Vorbehalten – auch zum Handeln bereit war. Daß die Zeit drängte und die ungelöste Königsfrage zu einem neuen Unruheherd in Mitteleuropa führen konnte, ja daß sich schon damals eine für den Frieden und die Stabilität in Europa unglückliche »Achse« Berlin-Budapest abzeichnete, beunruhigte nicht nur Paris.
Der König in seinem schweizerischen Exil erhielt auch immer wieder beunruhigende Nachrichten über Versuche Erzherzog Josephs, der im August 1919 bereits für einige Tage Reichsverweser gewesen war, selbst nach der Stefanskrone zu greifen.
Natürlich kannten auch die Franzosen diese Gefahr, sie, die absolut nicht daran interessiert waren, auf dem ungarischen Thron einen Usurpator zu sehen, der früher oder später ja doch nur die Interessen seiner Königsmacher – hauptsächlich der Italiener – vertreten mußte.
Wie ernst es Erzherzog Joseph mit seinen Ambitionen war und wie recht König Karl mit seinen Vorbehalten gegenüber seinem einstigen »homo regius« hatte, geht aus einem Bericht des britischen Vertreters in Budapest hervor, der am 31. Dezember 1920 an seine Regierung Bericht erstattete:

»Despatch No. 892, Mr. Hohler, Hochkommissar Seiner Majestät in Budapest.
Diesen Vormittag empfing ich den Besuch von Erzherzog Joseph. Es

dauerte, naturgemäß, nicht lang und das Gespräch wendete sich der Königswürde zu, die, wie er sagte, schon dreimal von ihm zurückgewiesen worden war. Ich sagte, er würde gut daran tun, sie abermals zurückzuweisen, da die letzte Weisung Eurer Lordschaft, bevor ich London verließ, dahingehend lautete, daß die Alliierten übereingekommen seien, eine Thronbesteigung eines Habsburgers nicht zu dulden.

Er sagte, die Bewegung sei zu stark, um zurückgedrängt zu werden, und daß sie jetzt jederzeit aktuell werden könne: und daß die Opposition gegen einen Habsburger auf dem Thron Ungarns von der Kleinen Entente (Tschechoslowakei, Rumänien und dem serbisch-kroatisch-slowenischen Staat) komme, und daß man ihm von hoher Stelle Jugoslawiens zu verstehen gegeben habe, daß – wenn er den Namen seiner Familie ändere, wie es auch das königliche Haus von England getan haben, – von serbischer Seite nichts gegen ihn eingewendet werde; daß ja seine Familie vom kaiserlichen Zweig des Hauses Habsburg schon seit 120 Jahren getrennt sei und daß er rein ungarisch sei und als Ungar eben keinerlei Ambitionen über ein ausschließlich von Ungarn bewohntes Ungarn hinaus hege und es sei höchst zweifelhaft, sagte er, ob irgend eine Person, ob sie nun aus einer anderen königlichen Familie oder aus der Gruppe der führenden Persönlichkeiten Ungarns gewählt werde, der Entente so loyal ergeben sei wie *er* : die Alliierten seien auch gegen eine Rückkehr von König Konstantin von Griechenland gewesen und er sei dennoch heimgekehrt und das Volk habe ihm zugejubelt, und was solle er, der Erzherzog, tun, wenn er in eine ähnliche Lage käme? Der Erzherzog ist eine wertvolle Person von untadelhaftem Charakter und sein Ehrgeiz, König von Ungarn zu werden, ist leicht zu verstehen, und wahrscheinlich wäre er ein so guter und so harmloser Platzhalter auf diesem Thron, wie er nur überhaupt zu finden wäre, denn ich zweifle, ob sein Ehrgeiz ihn jemals über die Grenzen Ungarns hinausführen würde – und es wäre auch zu beachten, daß er nicht in der Lage wäre, Ansprüche auf den österreichischen Kaiserthron zu erheben, auch nicht als Herrscher der verschiedenen Staaten, die einst von Wien aus regiert wurden, wie es logischerweise wäre, bei den Ansprüchen, die der Ex-Kaiser oder seine Nachkommen oder nahen Verwandten haben –, und es liegt immerhin im Rahmen des Möglichen, daß Seiner Majestät Regierung eines Tages froh sein könnte, ihn lieber auf dem Throne Ungarns zu sehen, als irgend einen anderen, talentierteren oder strebsameren Prinzen.

Wie auch immer dem sein möge, ich ließ keine Zweifel an der Einstellung der Regierung Seiner Majestät, wie sie Eure Lordschaft mir erklärten und die *alle* Mitglieder des Hauses Habsburg betrifft.«

Thomas Hohler war seit 1920 britischer Hochkommissar in Ungarn im Range eines außerordentlichen Gesandten, 1921 wurde er auch bevollmächtigter Minister und blieb in dieser Eigenschaft bis 1924 in Budapest. Er starb am 23. April 1946, achtundsiebzigjährig, in seiner Heimat Kent ... wurde also noch, so wie viele andere Beteiligte jener Generation, Zeuge des Untergangs Ungarns, des Infernos, das gegen Ende des Zweiten Weltkrieges über Ungarn, seine Juden, seine Hauptstadt hereinbrach ... und er mochte sich wohl Gedanken gemacht haben in diesem Drama. Man sagt, Hohler sei ein erklärter Gegner König Karls gewesen; die »Aktenlage«, seine Berichte vor allem, weisen ihn als einen phantasielosen Mann des Apparats aus, der so gut wie immer auf der Seite der Stärkeren war, auf Seite jener, wo er sich Vorteile erhoffte, und, manches deutet darauf hin, auch genoß.
Kaiserin Zita hat in ihren »Aufzeichnungen 1918–1922« dem Hochkommissar Thomas Hohler einen eigenen Absatz gewidmet, der an Deutlichkeit nichts zu wünschen übrigläßt:

»Als Carl das erste Mal daran dachte, nach Ungarn zurückzukehren, wollte er wissen, wie dies in England aufgenommen würde. Auf allen verschiedenen Umwegen, und nicht zuletzt durch Colonel Strutt, erfuhr er, daß es nicht günstig aufgenommen würde. England ist aber praktisch und wird nicht, wegen Mangel an privater Sympathie, sich gegen einen fait accompli stemmen, sondern wird trachten, auch da schnell auf einen möglichst vorteilhaften Fuß zu kommen. Das dachte Carl und meinte, daß, falls es mit Gottes Hilfe gelinge, man die Engländer nicht gegen sich haben würde.
Hohler war damals der englische Vertreter in Budapest. (»A disgusting Jew«, hatte Strutt von ihm gesagt.) Später erst erfuhr ich, daß Hohler und Horthy samt Regierung so gute Freunde waren und sich gegenseitig so fest stützten, weil beide dadurch die besten Privatgeschäfte machten. Horthy und Konsorten dadurch, daß sie an der Macht blieben und Gelegenheit hatten, sich große Zivillisten und ›Geschenke‹ zu spendieren. Hohler dadurch, daß ihm von der Regierung gute Geschäf-

te erlaubt oder gar zugeschanzt, für ihn extra Ausfuhrerlaubnisse und -verbote erlassen wurden, etc.; Hohler benahm sich also bei den Restaurationsversuchen aggressiv, und Horthy hatte allen Grund, ihm später bei seiner Abberufung (1924) den damals publizierten Brief zu schreiben.« [Gemeint ist ein Dank- und Abschiedsbrief von Horthy an Hohler.]

Eine kleine Einzelheit am Rande:
Am Dienstag, den 24. Mai 1983, hatte ich Gelegenheit, Ihrer Majestät im Rahmen einer Audienz über den Fortschritt meiner Arbeiten an der Kaiser Karl-Biographie Bericht zu erstatten und kam dabei auf Hochkommissar Hohler zu sprechen, dessen Berichte ich gerade in Arbeit hatte. Als der Name »Hohler« fiel, erinnerte sich die zweiundneunzigjährige Königin augenblicklich an seine Machenschaften und quittierte die Nennung des Hohler mit der Bemerkung: »Nun, das war eine wenig empfehlenswerte Person … «
Aus einem Bericht an seinen Außenminister in London, den Marquess of Curzon (16. Jänner 1921) geht überdies klar hervor, daß Hohler über die Gefahren, die Ungarn von seiten der Sowjetrussen schon damals drohten, richtige Vorstellungen hegte. 1944, als er auf der sicheren Insel Großbritannien bereits seine Pension genoß, mochte er sich abermals darüber Gedanken gemacht und König Karls gedacht haben.
Er setzte übrigens seinen jüdischen Mitbrüdern – Hohler war ja selbst Jude – ein schönes Denkmal, als er damals ausdrücklich bemerkte: »Nur eine verschwindende Minderheit der ungarischen Juden dient der kommunistischen Agitation, während der Bulk der Juden Einheit und Stabilität erstrebt, vorzugsweise in einer Monarchie« (C 1777/687/21, Bericht aus Budapest, 16. Jänner 1921).
Wie recht Hohler damit hatte! Und welche Gedanken er sich wohl machte, als das hitlerhörig gewordene Ungarn Juden auszurotten begann, als schon in der Horthy-Zeit die Verfolgungen der Juden einsetzten, als in der Zeit des daraus folgenden Szálasy-Regimes Hunderttausende Juden ihr Leben verloren … Doch: non olet. (75 % der ungarischen Juden kamen damals um: 300 000 Menschen …) Gegen die legitime Monarchie in Ungarn arbeitete aber nicht nur Seiner Britannischen Majestät Botschafter Sir T. B. Hohler, auch das Deutsche Reich mischte – vor allem über seine Wiener Botschaft – kräftig gegen König Karl mit und, wie anders, die Königlich Italienische Regierung.

Eine Union von Selbstmörder – anders ist diese »entente« der Sieger von 1918 angesichts der Dokumente aus der Nachkriegszeit kaum zu nennen – gemeinsam arbeiteten sie (ausgenommen das Frankreich Briands) auf den »Anschluß« hin.
Besonders hektisch und fahrig erwies sich auch in dieser Hinsicht die italienische Seite, die mit dem »Sieg« von 1918 von Anfang an recht wenig anzufangen wußte, zumal sie sich allenthalben – auch bei ihren Waffenbrüdern und in den Nachfolgestaaten Österreich-Ungarns – absoluter Unbeliebtheit erfreute und keinerlei Wertschätzung genoß.

Affaires Etrangères	Series Z – 73 – 2
V Déchiffrement	Rom, 18. August 1919 10^h
N. 1942	eingelangt 18. 8. um 20^h50

Geheim
Aus stets verläßlicher Quelle erfahre ich, daß die Regierung Italiens hinsichtlich einer Rückkehr der Habsburger nach Österreich-Ungarn folgende Stellung bezieht:
Die italienische Regierung nimmt auf keine wie immer geartete Weise auf die Innenpolitik anderer Länder Einfluß. Ein Wechsel der Regierung in Ungarn würde hier nur auf geringes Interesse stoßen. Die Regierung beschränkt sich auf die Stellung eines Zuschauers und wacht bloß darüber, inwieweit Italiens unmittelbare Anliegen betroffen werden.
In diesem Sinne läßt Italien sowohl der ... (Wort unleserlich) Regierung wie auch der Regierung Frankreichs völlig freie Hand, die beide eine Bewegung zugunsten einer Wiederkehr der Österreichisch-Ungarischen Monarchie zu bevorzugen scheinen.
Die Sache geht sogar so weit, daß Italien bis zu einem gewissen Punkt die Wiederherstellung der Monarchie mit Sympathie sehen würde; eine Wiederherstellung Österreich-Ungarns wäre hier aus zwei Vernunftgründen gerne gesehen:

1. Eine solche Entwicklung wäre eine gute Lehre für Jugoslawien und die Tschechoslowakei, die, völlig betrunken von ihrem ersten Erfolg (»ivres de leur premier succès«), Italien bloß voll Hochmut behandeln und darüber völlig vergessen, daß es Italien war, das ihnen die Unabhängigkeit verschafft hat.

2. Darüber hinaus hat Italien – gut geschützt durch seine Grenzen – vom neuen Österreich nichts zu fürchten; Italien wird mit ... (Wort unleserlich) Österreich in guter Freundschaft leben können.

Barrere

Eigentliche Triebfeder beider Versuche König Karls, seine legitime Macht in Ungarn wieder auszuüben, war die unmittelbare Intervention durch Papst Benedikt XV., der Karl überaus schätzte und in ihm den einzigen ehrlichen Helfer bei seinen verschiedentlichen Friedensbemühungen während des Ersten Weltkrieges gefunden hatte.
Papst Benedikt XV. erkannte klar die Gefahr, die durch das ungarische Vakuum für Mitteleuropa entstanden war.
Die Monate der bolschewistischen Schreckensherrschaft des Bela Kun hatten jedem so eindringlich wie möglich gezeigt, was es mit der Errichtung einer marxistischen Macht in Mitteleuropa auf sich hatte. Daher seine wiederholte Bitte an den König, zurückzukehren. König Karl seinerseits hatte mit der Kirche und ihren Würdenträgern sehr unterschiedliche Erfahrungen gemacht.
Im Wien des Novembers 1918 hatte die katholische Kirche eine sehr wankelmütige, schließlich zum »Stärkeren« neigende Haltung eingenommen. Kardinal Piffl nahm dabei keine sonderlich rühmliche Stellung ein, Prälat Hauser war durch glatten Wortbruch hervorgetreten und auch in den abfallenden Kronländern waren vielfach gerade die Herren aus dem geistlichen Stande die ersten gewesen, die dem Kaiser und König die Treue aufsagten: in Böhmen hatte in den kritischen Umsturztagen ein Geistlicher, Dr. Isidor Zahradnik, gegen die »unmoralischen Habsburger« gehetzt, in der Slowakei arbeitete der Priester Andreas Hlinka gegen seinen König und der gleichfalls römisch-katholische Priester A. Korošec, noch dazu Abgeordneter zum Reichsrat, kämpfte für den Anschluß des katholischen Slowenien an Serbien. Die Reihe dieser Abtrünnigen ließe sich fast beliebig fortsetzen, das Schicksal ihrer Kirchen in den von ihnen miterrichteten Nachfolgestaaten ist bekannt.
Doch auch in der großen Politik war der Vatikan nicht sehr glücklich in der Hand seiner Diener: in Wien vertrat Erzbischof Balfré di Graf Bonzo als Nuntius vielleicht weniger die Interessen des Heiligen Vaters als die Italiens.

Ähnlich war es mit dem Kirchenpolitiker Pietro Kardinal Gasparri, einem ebenso hervorragenden Kirchenrechtler wie notorischen Feind Österreichs.
Doch so wie die Machenschaften gewisser katholischer Geistlicher an dem Kirchenverständnis Kaiser und König Karls und seiner Frömmigkeit und Romtreue selbstverständlich nichts änderten, ließ sich auch Papst Benedikt XV. durch die bekannte habsburgfeindliche, italienfreundliche Haltung des Kardinals Gasparri nicht beeindrucken.
Zweimal entsandte Papst Benedikt XV. einen persönliche Emissär in die Schweiz, um König Karl zu veranlassen, bald und unbedingt nach Ungarn zurückzukehren.
Königin Zita geht in ihren Annotationen mehrmals auf diese unmittelbare, päpstliche Aufforderung – der der apostolische König von Ungarn aus seinem Selbstverständnis heraus natürlich auch Folge leistete, ein; wenn Werkmann schreibt, »vatikanische Kreise« hätten den König warnen lassen, nach Ungarn zurückzukehren, kann heute im unmißverständlichen Klartext gesagt werden: Kardinal Gasparri setzte alle seine diplomatische Kunst und seine nicht unerheblichen Machtmittel dazu ein, um ein italienisch beeinflußtes Ungarn zu bekommen, sei es nun, indem man Erzherzog Joseph mit einer italienischen Prinzessin verheiratete und auf den Thron brachte oder, noch besser, gleich einen italienischen Prinzen nach Budapest hievte.
In dem etwas altertümlichen Stil Werkmanns und dem offenen, geraden Kommentar der Königin dazu liest sich das so:

Karl Werkmann, der Pressebeauftragte des Kaisers, schreibt: »Was dem Kaiser als eine, seine Restaurationspläne fördernde Möglichkeit erschien, hat aber vatikanische Kreise den Monarchen warnen lassen. Ein Kirchenfürst der Kurie hat in den letzten Novembertagen 1920 eine dem Kaiser nahestehende Persönlichkeit empfangen und ihr einen offenbar für den Kaiser bestimmten Vortrag über die internationale Lage gehalten. Dieser Vortrag ist am 29. November zum Ohre des Kaisers gedrungen. Der Purpurträger sah voraus: Den allmählichen Wiedereintritt der Vereinigten Staaten von Amerika in Beziehungen zu Europa, wodurch auch die Beziehungen der europäischen Mächte untereinander beeinflußt werden könnten; wichtige Machtverschiebungen im kleinasiatischen Orient und in Griechenland; endlich die

Wiederaufnahme des russisch-polnischen Krieges im Frühjahr 1921. Ehe die Folgen dieser Entwicklungen sich nicht abzeichneten –, mahnte der Kirchenfürst –, sei Vorsicht und Zurückhaltung geboten.«
Dazu Kaiserin Zita in ihren Annotationen zu Werkmann, Sammelnummer 30: »Ein Kirchenfürst der Kurie« war der Kardinal-Staatssekretär Gasparri, der uns persönlich sehr unfreundlich gesinnt war. Die »dem Kaiser nahestehende Persönlichkeit« war Bischof Seydl. Papst Benedikt XV. kannte die Einstellung Kardinal Gasparris gegenüber dem Kaiser. Er hatte daher gebeten, seine direkte Intervention vor der Staatssekretarie geheimzuhalten. Wie feindlich Kardinal Gasparri dem Kaiser gegenüber war, zeigte sich beim ersten Restaurationsversuch. Er benachrichtigte sofort die Entente-Diplomaten über die Durchfahrt des Kaisers durch Wien nach Ungarn, die er vertraulich durch Kardinal Piffl erhalten hatte.

Werkmann schreibt:
»Der Kaiser hatte leise und unbetont gesprochen. Ich hatte den Eindruck, der Kaiser habe mir ein Versprechen erzählt, das er irgendjemandem gegeben hatte.«
Dazu Kaiserin Zita in ihren Annotationen zu Werkmann, Sammelnummer 30:
»Es handelte sich bestimmt dabei um den ausdrücklichen Wunsch des Heiligen Vaters.«

Werkmann schreibt:
»Ich entwickelte nun noch einmal alle in meinem Januar-Memorandum geltend gemachten Gründe gegen eine zu frühe Restauration in Ungarn, wies auf die Warnung aus dem Vatikan hin und fuhr fort:«
Dazu Kaiserin Zita in ihren Annotationen zu Werkmann, Sammelnummer 30:
»›Aus dem Vatikan‹: »Natürlich konnte Werkmann nicht wissen, daß der Papst selbst die schnellste Übernahme der Regierung in Ungarn angeregt hatte.«

Es mag sich für manchen Menschen, ob nun gläubiger Katholik oder nicht, die Frage erheben, warum der Papst nach dem Mißlingen des zweiten Restaurationsversuches, als die Entente König Karl so demütigte, nicht seinen Einfluß geltend gemacht hat.

Nun, Papst Benedikt XV. hatte immerhin den Nuntius in Budapest zur Verabschiedung des Königs an den Donaumonitor entsandt und seine besonderen Grüße entboten.
Zu viel mehr konnte es unter den gegebenen Umständen vielleicht wirklich nicht reichen, und ein helfendes Eingreifen in die schier verzweifelte Lage des Kaisers und Königs auf Madeira war insofern nicht mehr möglich, als Papst Benedikt XV. am 22. Jänner 1922 – neun Wochen vor König Karl – verschied.
Sein Nachfolger, Papst Pius XI., hatte diese persönliche Beziehung zu den Friedensbemühungen des Kaisers und Königs, wohl auch die politische Sympathie für den Donauraum und seine Bedeutung, nicht mehr...
Es mag überhaupt auffallen, daß es in diesem Königsdrama – die Gestalt Papst Benedikts XV. natürlich ausgenommen – um den König herum eine Fülle von mehr oder weniger großen Verrätern, mehr oder weniger loyalen Mitläufern, gelegentlich einen durch seine leuchtende Treue auffallenden Soldaten – Lehár, Osztenburg –, aber keine überragende politische Persönlichkeit gibt, die dem König helfend zur Seite hätte stehen können.
Stephan Graf Tisza wäre ein solcher Mensch sicher gewesen ... aber ihn hatten die Roten schon in den Oktobertagen 1918 ermordet.
Königin Zita setzt ihm in ihren Annotationen zu Singers Buch über Czernin ein Denkmal:

»Das persönliche Verhältnis zwischen Carl und Tisza war das allerbeste. Carl schätzte den geraden, tapferen, ehrlichen und tiefreligiösen Tisza ungemein. Politisch jedoch stimmten sie nicht überein. Zum Beispiel: Eine der Hauptfragen war das allgemeine Wahlrecht in Ungarn, das Tisza absolut nicht akzeptieren wollte. Und doch war es zur damaligen Zeit nicht mehr möglich, diese Erweiterung hintan zu halten. Es war dringend erforderlich; einesteils wegen der inneren nationalen friedlichen Entwicklung und andernteils, um auch einen Frieden nach Außen zu erreichen. Die Klagen gegen unsere Doppelmonarchie im Ausland waren alle gegen unsere Nationalitätenpolitik gerichtet – zum großen Teil sehr unrichtiger Weise! Solange jedoch in Ungarn das allgemeine Wahlrecht nicht eingeführt war, konnte das Ausland es nicht glauben.
Carl versuchte immer und immer wieder, Tisza das klarzumachen,

aber der war auf diesem Punkt stur und ließ sich nicht überreden. Schließlich bat ihn Carl, er möchte selbst in unsere südslawischen Gebiete fahren und sich dort an Ort und Stelle orientieren. Doch dies war erst 1918, nach der Demission Tiszas. Der Effekt dieser Reise war leider katastrophal: Tisza kam zurück, um mit derselben Offenheit und Schonungslosigkeit, die er früher in der Bekämpfung dieser Maßnahmen hatte, nun im Parlament zu erklären, daß der Krieg verloren sei, daß die Nationalitäten auseinanderstrebten und daß nichts mehr zu machen sei. Das wirkte natürlich wie eine sprengende Bombe.

Doch zurück zu seiner Demission:

Es war zwischen ihm und Carl schon ein paar Mal besprochen worden, daß eine Zusammenarbeit in der Führung der Politik – mit den verschiedenen Gesichtspunkten – auf die Dauer nicht möglich sei. Bei einer letzten Anfrage blieb Tisza unbeugsam und gab also seine Demission. Dies störte aber in nichts das persönliche Verhältnis zwischen den beiden. Als die Lage in Ungarn immer gefährlicher wurde, verfügte Carl, daß eine Wache beständig das Leben Tiszas beschützen solle. Tisza sandte den Betreffenden weg und ließ melden, daß er diese Beschirmung ablehne. Da bat ihn Carl zu sich nach Österreich und flehte ihn an, sich beschützen zu lassen, weil er sonst wahrscheinlich das Opfer eines Mordes werden würde. Auch da blieb Tisza hart. Carl flehte ihn an, er solle es sich aus Liebe zum Vaterland gefallen lassen. Tisza lehnte immer noch ab. »Dann aus Liebe zu Ihrem König«, bat ihn Carl. Da traten dem so trockenen Tisza die Tränen in die Augen und er antwortete: »Aus Liebe zu meinem König tue ich alles.«

Die Wache blieb vor seinem Haus bis ca. eine Stunde vor seiner Ermordung. Als die revolutionäre Regierung diese abberief, traten die bewaffneten Mörder in sein Haus ein und erschossen den Wehrlosen, der seinen Revolver weggelegt hatte und sich von seiner Frau entfernt hatte, damit diese verschont bliebe. Als bekannter Schütze hätte er sich wehren können, wenn er nicht die Sorge um seine Familie gehabt hätte. Carl war tieftraurig über Tiszas Tod und sagte später immer wieder, daß, wenn Tisza noch leben würde, kein anderer als dieser sein Stellvertreter in Ungarn hätte sein können. Weder Horthy noch Erzherzog Josef wären je in Betracht gekommen.

A propos Horthy:

Vom Augenblick an, wo Horthy die ungarische Armee auf sich vereidigen ließ, hatte Carl kein Vertrauen mehr in ihn. Vorher hielt er sich noch vor Augen, daß Horthy als Flügeladjutant Kaiser Franz Josephs unserer Hochzeit beigewohnt hatte, daß er ihn seither wiederholt gesehen hatte und ihn schließlich als den schneidigsten Marineoffizier auf Wunsch der besten Offiziere dieser Waffe, mit Freuden zum Admiral seiner Flotte gemacht hatte. Schon die Langsamkeit der Verbindung Horthys mit ihm hatte ihn etwas befremdet. Als aber dieser Eid kam, wußte er als Soldat, daß Horthy innerlich abgefallen war. Nichts destoweniger trachtete er, ihn an sich zu ziehen und zu gewinnen. Und auch nach dem offenkundigen Verrat beim ersten Restaurationsversuch (ausführlich beschrieben in »Aus Kaiser Karls Nachlaß« von Werkmann) wollte Carl ihn nicht öffentlich bloßstellen, immer hoffend, der ungetreue Admiral könnte noch gewonnen werden.«

Er konnte nicht.
Deshalb wagte sich der König in eines der mutigsten Abenteuer der Weltgeschichte, um – gewaltlos und unblutig, einzig versehen mit seiner persönlichen Courage und seinem Einsatzwillen – die legitime Ordnung in Ungarn wiederherzustellen.
König Karl begab sich, von seinen Schwägern mit den entsprechenden Papieren versehen, von Prangins aus über Straßburg incognito nach Salzburg, wo er unbehelligt die Grenze überquerte, übernachtete in Wien – Kardinal Piffl verabsäumte es nicht, Kardinal Gasparri zu verständigen, von dem er wußte, daß er ein Feind Karls war – und ging bei Pinkafeld über die Grenze nach Ungarn.
Werkmann hat, nach den Notizen des Königs, einen authentischen Bericht über diesen dramatischen Ankunftstag in Ungarn verfaßt, über die Erlebnisse des Königs mit seinem ungetreuen Verwalter:
Merkwürdig, daß sich noch kein Dramatiker gefunden hat, der dieser authentisch und wörtlich vorhandenen Tragödie angenommen hätte. Oder ist das alles zu unfaßbar?

Sonntag, 27. März 1921

Nach Rücksprache mit dem Obersten Lehár entschloß ich mich, die beiden Herren kommen zu lassen. Es wurde ihnen durch einen Offizier mitgeteilt, daß irgendein großes Unglück geschehen würde, wenn sie nicht gleich kämen. Sie waren alle im Bette – es war zwei Uhr morgens – und erschraken sehr. Bis die Herren kamen, entwarf ich mit dem Minister Vass eine Botschaft an den Reichsverweser, die per Hughes hätte abgegeben werden sollen.
Lehár war dafür, ihm sofort den Militär-Maria Theresien-Orden und die Herzogswürde zu verleihen. Minister Vass war dagegen; er fürchtete den Reichsverweser dadurch zu verletzen.
Gegen halb fünf Uhr früh kamen Teleki und Sigray an. Beide waren bestürzt, Sigray allerdings weniger.
Mittlerweile hatte Lehár zum Schutze von Steinamanger ein Bataillon aus Güns kommen lassen. – Teleki erklärte sofort, es gebe nur zwei Möglichkeiten: Entweder sofort zurück in die Schweiz oder nach Budapest.
Ich erklärte ihm natürlich, ein Zurück gebe es nicht. Alea iacta sunt. Teleki selbst war der Meinung, daß sich der Reichsverweser bei meiner Ankunft freudigst melden würde. An einen ernstlichen Widerstand seinerseits glaubte niemand, nicht einmal Lehár.
Ich entschloß mich aus zwei Gründen, nach Budapest zu gehen: Erstens wäre es im Falle der Loyalität des Reichsverwesers zweckdienlicher gewesen, gleich an Ort und Stelle den ganzen Regierungsapparat zu übernehmen, und zweitens hielt ich Steinamanger als Zentrum der westungarischen Bewegung im Hinblick auf Österreich für nicht sehr geeignet.
Ich befahl daher, daß Ministerpräsident Graf Teleki mit dem Minister Vass um sechs Uhr dreißig früh per Auto nach Pest zu fahren habe, um den Reichsverweser aufzuklären. Ich selbst wollte eine Stunde später fahren, um, falls sich in Pest Schwierigkeiten ergeben würden, noch rechtzeitig vor Pest hierüber orientiert zu werden. Ursprünglich wollte Graf Teleki nach Pest fliegen, ich habe aber diesen Weg doch für unsicher gehalten.
Die Sache verzögerte sich etwas und wir fuhren eine Stunde später als

Teleki weg. (Ich hörte erst noch die Ostermesse, daher die Verzögerung.) Ich fuhr mit Sigray, Obert Jármy und noch einem Offizier. Am Volant saß Almássy. Teleki verirrte sich aber am Wege und kam daher erst eine Stunde nach mir in Pest an. Auf dem Wege nach Pest schlief ich etwas, dann beschäftigte ich mich mit der Bildung des Kabinetts. Ich fragte Sigray, ob er eventuell die Regierung übernehmen würde. Er erklärte, es zu tun, wenn sich kein Besserer finden sollte. Ich wollte als Programm der Regierung Gesetzmäßigkeit und Sparsamkeit haben.
Wir kamen erst um zwei Uhr in Budapest an und fuhren vor das Gebäude des Ministerpräsidiums. Dort stellten wir das Auto ein, und ich schickte Sigray und Jármy voraus, um den Reichsverweser von meiner Ankunft zu unterrichten.
Sigray kam nach kurzer Zeit mit ernstem Gesicht zurück. Er sagte: »Eure Majestät müssen sehr energisch sein.«
Am Burgtor erwartete mich Hauptmann Magasházy, der Flügeladjutant des Reichsverwesers, in feldmäßiger Uniform, mit rot-weiß-grüner Feldbinde. Er führte mich in ein Appartement der Burg. Es war eisig kalt, ungeheizt, ich sowieso schon durchfroren.
Ich erklärte, direkt zum Reichsverweser gehen zu wollen.
Als ich im Flügeladjutantenzimmer eintrat, merkte ich sofort, was für eine Gesinnung hier herrschte: korrektes Frontmachen, aber alle Blikke voll erbitterter Feindseligkeit.
Da kam mir bereits Horthy mit verstörter Miene entgegen. Er sagte sogleich in seinem Arbeitszimmer (es war früher meines):
»Das ist ein Unglück. Eure Majestät müssen sogleich weg, müssen sofort in die Schweiz zurück!«
Ich erwiderte Horthy sehr freundlich, davon sei keine Rede, ich könne es auch gar nicht, da ich durch meine Reise alle Brücken hinter mir abgebrochen hätte.
Nun begann ein über zwei Stunden dauerndes Ringen um die Macht, bei welchem ich, dort im Gegensatze zu Horthy über keine Gewehre verfügend, trotz verzweifelter Anstrengungen der treulosesten, vaterlandsverräterischsten und niedrigsten Herrschsucht Horthys erlag.
Ich dankte zuerst Horthy aufs herzlichste für alles, was er für König und Nation getan, ich zählte seine Verdienste auf und versicherte ihm, daß König und Nation dies niemals vergessen würden:
»Und jetzt fordere ich Sie auf, mir die Regierung zu übergeben.«
Horthy: »Was bieten mir Eure Majestät dafür, wenn ich jetzt übergebe?«

Ich meinte, schlecht verstanden zu haben:
»Wie meinen Sie das?«
Horthy: »Ja, was geben Eure Majestät mir dafür?«
Dabei streckte er die offene Hand gegen mich aus. Meinte er Geld und Gut? Oder war es eine unwillkürliche Geste, die das Besitzergreifenwollen von einer ihm selbst noch nicht klaren Gabe bedeuten sollte?
In mir stieg ein solcher Ekel auf vor diesem gemeinen Handel, daß mir physisch übel wurde, und nur mit Mühe erwiderte ich:
»Was wollen Sie denn?«
Horthy: »Nun, ich will wissen, was mir Eure Majestät bieten!«
Ich: »Horthy, wenn jemand der Anführer der Truppen war, die das Land von dem Bolschewismus befreiten, wenn es ihm dann gelang, der feindlichen Okkupation ein Ende zu bereiten, wenn er dieses Land treu verwaltet, Ruhe und Ordnung hergestellt hat und es dann seinem König freiwillig übergibt, so ist sein Platz naturgemäß ein sehr hoher, und es wird auch äußerlich und vor aller Welt zur Geltung kommen, daß er sozusagen der rechte Arm des Königs ist. Dieser Platz, Horthy, gebührt in diesem Falle Ihnen.«
Doch Horthy drängte weiter:
»Und was bieten mir Eure Majestät noch?«
Ich: »Ich bestätige Ihren sich selbst verliehenen Herzogstitel.«
Horthy begann nun plötzlich zu lamentieren. Er spielte so schlecht Komödie, daß selbst ich, der ich von den Menschen immer nur das Gute annehme, keinen Moment darüber im Zweifel blieb, daß dies nur Theater war. Er jammerte: Er dürfe jetzt nicht an sich denken, sondern nur an Ungarn, – das arme Ungarn! Was werde jetzt mit dem Lande geschehen! Revolution, Haltung der Großen und der Kleinen Entente, Einmarsch der letzteren, Opposition der Prätendenten und des Hauptteils des Volkes usw.
Glücklich, ihn von dem Lande und nicht nur von sich sprechen zu hören, konnte ich ihn über diese Frage beruhigen; ich konnte ihn Punkt für Punkt widerlegen.
Schließlich sagte ich: »Es wird alles verfassungsmäßig geschehen. Ich werde jetzt ein Ministerium bilden.«
Horthy: »Eure Majestät werden keinen Ministerpräsidenten finden. Die Armee ist unverläßlich, es wird zu Blutvergießen kommen.« Ich erwiderte, einen Ministerpräsidenten würde ich schon bekommen, ich hätte jetzt schon prinzipielle Zusagen, sogar von einem von Horthys

eigenen Ministern: Vass. Schießen imponiere mir gar nicht, ich würde trotzdem die Regierung übernehmen und ein Ministerium bilden. Es werde bei der bekannten Treue der Ungarn nicht so schwer sein, die Ordnung im Lande aufrechtzuerhalten. Horthy solle jetzt die Macht übergeben!
Horthy sagte, daß er für die Übergabe noch etwas wolle, daß er Armeeoberkommandant sein möchte.
Ich sah, daß die ganze Unternehmung und das Land auf dem Spiel stehe, wenn ich diese niedrige Selbstsucht nicht befriedigte, andererseits erwog ich, daß es für einen Monarchen in meinem Alter und bei dieser außenpolitischen Lage unmöglich sei, die Armee aus der Hand zu lassen, um sie noch dazu – wie ich jetzt entdeckte – in solche Hände zu geben: »Sie werden unter mir Armeeoberkommandant sein. Jetzt aber übergeben Sie!«
Horthy: »Ich will aber noch etwas.«
Ich: »Was wollen Sie denn noch?«
Horthy: »Ich will wieder Flottenkommandant werden.«
Ich: »Gut, wenn wir wieder einmal eine Flotte haben werden, sollen Sie Flottenkommandant sein!«
Horthy begann wieder das Lamentieren über die Folgen.
Ich antwortete, ich hätte ihm dies alles schon erklärt. Er müsse ja erkennen, welch große Vorteile der König dem Lande bringen könne, wenn sich nur alle loyal hinter ihn stellten. Liebe Horthy Ungarn wirklich, so solle er übergeben! Eine zögernde Haltung könne natürlich schwere Gefahren bringen.
Horthy: »Ich will aber noch etwas haben, wenn ich übergebe.«
Ich: »Was noch?«
Horthy: »Eure Majestät müssen mir noch einen sehr hohen Orden verleihen.«
Ich vergaß vollkommen, daß Horthy Protestant ist und sagte: »Wenn Sie jetzt übergeben, so verleihe ich Ihnen das Goldene Vließ!«
Horthy, freudig bewegt, sagte, dies würde ihm passen.
Ich: »Übergeben Sie jetzt die Macht!«
Horthy: »Unmöglich! Nein! Ich kann nicht übergeben. Jetzt habe ich wieder an mich gedacht! An was denke ich denn? Ich habe ja der Nationalversammlung einen Eid geschworen.«
Ich: »Sie haben mir zuerst den Eid geschworen.«
Horthy: »Der Eid gilt nicht mehr, er ist überholt.«

Ich: »Nein, das ist er nicht. Ich habe keinen Soldaten seines Eides entbunden! Sie, Horthy, sind außerdem noch durch einen zweiten, ganz persönlichen Eid an mich gebunden: durch den Kämmerereid!«

Horthy: »Das gilt alles nichts mehr. Eurer Majestät gegenüber fühle ich mich nicht mehr gebunden. Es gilt mir nur mehr der letzte Eid: der der Nationalversammlung geschworene.«

Ich: »Und dieser Eid kann nichts gegen den König enthalten, denn die Nationalversammlung hat nicht das Recht, die alte Verfassung umzuändern und hat es auch nicht getan! Sie selbst haben auf Anfragen von mir und meinen Getreuen, wie Sie diesen Eid auffassen, immer geantwortet: Als Bekräftigung des meinem Könige geschworenen Eides.«

Nun meinte Horthy; jeder anständige Mensch halte sich »trotzdem« an den alten Eid gebunden. Ich erinnerte ihn an Schönbrunn.

Horthy: »Ja, das war damals! Jetzt aber habe ich die Verpflichtung gegenüber der Nation.«

Ich: »Sie haben gar keine Verpflichtung mehr gegenüber der Nation. Das Staatsnotrecht erlischt in dem Augenblicke, in dem der gekrönte König wieder im Lande ist und die Rechtskontinuität wiederherstellen will. Mit meinem Erscheinen ~~hier hat also~~ Ihre Verantwortlichkeit gegenüber der Nation gänzlich aufgehört. Ich allein habe die volle Verantwortung vor Gott und dem Vaterlande, denn ich habe den Krönungseid geschworen und nicht Sie!«

Horthy schwieg ablehnend und verdrossen.

Ich: »Weigern Sie sich jetzt, die Macht zu übergeben, so ist das einfach Revolution und das ganze Staatsleben begibt sich ab heute abermals auf revolutionären Boden. Also – übergeben Sie!«

Horthy: »Nein!«

Ich: »Herr Admiral, ich befehle Ihnen bei dem Eid, den Sie mir als Ihrem Obersten Kriegsherrn geschworen haben, sich mir zu unterstellen und mir die Macht zu übergeben!«

Horthy: »Nein!«

Dann nach einer Pause: »Übrigens, die Armee ist auf mich eingeschworen und nicht verläßlich königstreu. Eure Majestät dürfen nicht auf sie rechnen.«

Ich: »Das deckt sich nicht mit den Meldungen, die mir erstattet wurden. Es hieß, Sie hätten die Armee fest in der Hand. Sie sind ja übrigens von mir auch darin nach Kräften unterstützt worden und haben Macht und genügend Zeit dafür gehabt.«

Horthy: »Ja, die Armee habe ich fest in der Hand, jedoch ist es meine Ansicht, daß Eure Majestät jetzt die Macht nicht übernehmen sollen, und ich will sie auch nicht übergeben. Daher werde ich der auf mich beeidigten Armee befehlen, Eurer Majestät nicht zu gehorchen. Sie wird sicher ihren Eid mir gegenüber halten, eventuell kommt es eben aufs Blutvergießen an. Es ist also nicht einmal ein halbes Prozent Wahrscheinlichkeit, daß Eurer Majestät Sache gelinge.«
Ich: »Wie können Sie denken, daß Soldaten Ihnen den Eid halten werden, wenn Sie selbst eidbrüchig würden?! Ich glaube vielmehr, daß sich meine Offiziere und Mannschaften bestimmt an ihren zuerst dem Könige geschworenen Eid erinnern und den Ihnen geleisteten Eid nur so weit halten werden, als wie Sie selbst, Horthy, ihn immer ausgelegt sehen wollten: Sie sahen in diesem Eid den dem Admiral des Kaisers und Königs geleisteten Schwur.«
Horthy: »Ich werde alle jene, die ihren Eid zu mir nicht halten, einfach als eidbrüchig und fahnenflüchtig erschießen lassen.«
Ich dachte da: Er spricht sich selbst das wohlverdiente Urteil. Nur mit Aufbietung meiner ganzen Selbstbeherrschung gelang es mir, diese Infamien zu ignorieren: Ich schwieg aus Liebe zu Ungarn in der immer stärker werdenden Überzeugung, diesem Menschen müsse die Leitung der Geschicke des Landes aus den Händen gerissen werden. Ich sah einen treulosen, verbohrten Widerstand, der keinem Argument weichen wird, weil er keinem weichen will. Alle edleren Gefühle schienen hier erloschen.
Ich hatte niemandem neben mir. Ich wußte nicht einmal, wo meine zwei Herren waren. Ich war unbewaffnet, hatte nicht einmal meinen Revolver bei mir. Draußen waren die Flügeladjutanten Horthys und seine übrigen Satelliten. Alles hier gehorcht nur seinem Befehl. – Ich war wie in einer Falle. Hier gab es keine andere Waffe als hartnäckige Ausdauer. Ich hörte und fühlte aus den Reden und dem Benehmen Horthys, was dieser jetzt überlegte, und so sagte ich offen:
»Sie bleiben auf Ihrem Standpunkt und ich auf meinem. – Was werden Sie jetzt tun? – Werden Sie mich gefangennehmen?«
Horthy sah mich verdutzt an. Schaute hierauf nachdenklich-verlegen zu Boden. Es herrschte durch einige Momente vollkommene Stille. Dann errötete Horthy. Er lachte gezwungen und sehr verlegen und sagte langsam, zögernd: »N...ein, ich werde Eure Majestät nicht gefangennehmen.«

Ich: »Dann überlegen Sie!«
Jetzt packte Horthy wieder seine alten Einwände aus: »Es ist der Ruin des Landes, die Kleine Entente kommt, im Innern wird Aufstand sein. – Warum haben Eure Majestät nicht noch zehn Jahre gewartet? Ich hätte inzwischen noch weiter gesäubert.«
Als sich die Sache in die Länge zog, sagte ich: »Ich bleibe auf meinem Standpunkt. Ich lasse Ihnen fünf Minuten Zeit, sich die Sache zu überlegen!«
Aber auch nach fünf Minuten war nichts zu erreichen. Ich kämpfte alle Gefühle der Empörung nieder. Vielleicht konnte ich doch noch eine edlere Seite bei meinem Admiral bewegen. Ich versuchte es, indem ich ihm vor Augen hielt, welch großes Vertrauen ich ihm jederzeit geschenkt hatte: Vom kleinen Kapitän hatte ich ihn auf den verantwortungsvollen Posten des Flottenkommandanten im Kriege gestellt. Ich machte ihn auf die Szene in Schönbrunn aufmerksam, als damals unsere rot-weiß-rote Flagge noch wehte und nach sehr schmerzlichen Ereignissen eingezogen worden war und er mir geschworen hatte, er würde mir zu meinen Rechten verhelfen! Von Prangins aus hätte ich in meinem Vertrauen zu ihm stets getrachtet, gerade ihn auf einen hohen militärischen Posten zu bringen. Mit Freude hätte ich ihn als Reichsverweser begrüßt, ohne erst auf Horthys Meldung seiner Wahl und Bitte um Bestätigung zu warten. Er müsse doch dieses Vertrauen, welches sein König in ihn gesetzt habe, rechtfertigen! Er könne es doch nicht enttäuschen!
Um seine Loyalität zu beweisen, erzählte nun Horthy, daß er bei einem angekündigten Putsche zugunsten des Erzherzogs Joseph erklärt hätte, ihn im Blute ersticken zu wollen. Er könne den Erzherzog Joseph des Königs wegen nicht zulassen und – den König nicht wegen des Landes: »Die Kleine Entente wird kommen und Ungarn, dieses arme Land, das sich mir anvertraut hat, ganz verwüsten.«
Dann fuhr Horthy fort, das Volk setze nur mehr Vertrauen in ihn, der dem Sturme nicht gewichen, sondern standgehalten habe. Man sage im Lande, niemand könne mehr Vertrauen in den König setzen, da dieser vor der Gefahr geflohen sei!
Ich: »Horthy! Und so eine infame Unwahrheit lassen Sie gegen Ihren König sagen? Sie selber sind ja mein Zeuge! Sie selbst waren ja in Schönbrunn und haben dort alles gesehen! Sagen Sie dem Volk, ob ich vor der Gefahr geflohen bin oder nicht!«

Horthy: »In Österreich nicht.«
Ich: »Und in Ungarn? – Ich war nicht hier, als die Revolution ausbrach, ich war dringend nach Wien gerufen worden, wo es noch gefährlicher aussah, doch bin ich Ungarn gegenüber noch viel weiter gegangen als Österreich: Ich habe meiner geliebten Nation die Sicherheit, ja das Leben all meiner kleinen Kinder anvertraut!«
Ich setzte nun Horthy nochmals auseinander, daß ich die von der Kleinen Entente drohende Gefahr nicht für groß halte, hingegen könnte ich für nichts garantieren, wenn Horthy nicht gleich übergebe. Ich hätte Zusagen von führenden Männern, erzählte ihm noch ausführlicher hierüber, nannte jedoch noch keinen Namen. Dann forderte ich ihn wieder auf, die Macht zu übergeben. Horthy glaubte nicht recht an die Versprechungen Frankreichs. Es wären schon so viele gewesen! – Er übergibt nicht! – Plötzlich aber sagte er, er möchte den Namen des führenden Franzosen wissen.
Ich erwiderte: »Ich kann ihn nicht sagen: er ist absolut geheim!«
Horthy bedauerte dies: »Es wäre für mich die einzige Möglichkeit gewesen, zu übergeben, denn wenn der Name gewichtig ist, ... dann, natürlich, steht die Sache ganz anders.«
Ich faßte wieder Hoffnung, Horthy könne doch einmal an das Land denken: »Wenn Sie versprechen, zu übergeben und zu schweigen, so kann ich Ihnen, dem Reichsverweser, den Namen sagen.«
Horthy: »Ja!«
Und so nannte ich ihm den Namen. (Es war Aristide Briand ...)
Freude von Horthy: »Ja, warum haben Eure Majestät das nicht gleich gesagt? – Das ist jetzt natürlich etwas ganz anderes!«
Ich: »Also übergeben Sie jetzt?«
Horthy: »Natürlich werde ich übergeben ... aber jetzt ... momentan ... ist es unmöglich. Ich habe den ganzen Apparat nicht so in der Hand. Eure Majestät sind zu plötzlich gekommen.«
Ich: »Ich habe es Ihnen ja schon im vorigen Herbst sagen lassen, daß ich bestimmt heuer im Frühjahr wiederkehre.«
Horthy meinte, er könne die ganze Sache jetzt auch noch in wenigen Wochen ganz in die Hand bekommen; die einzige Bedingung dazu wäre, daß ich Lehárs Truppen nehme und nach Wien marschiere:
»Eure Majestät würden das ›gute alte Wien‹ erobern, und wir haben ›unser liebes Österreich-Ungarn‹ wieder.«
Horthy hatte wohl erkannt, daß ich nicht zur Umkehr zu bewegen sei

und deshalb griff er seinen alten Lieblingsplan, den eines Vormarsches nach Wien, auf. Er wiederholte seinen Vorschlag, ich sollte mit ungarischen Truppen die Eroberung Wiens versuchen, worauf die Königsfrage auch in Ungarn ganz von selbst geregelt wäre. Ich habe die über die Grenzen Ungarn greifenden Pläne Horthys immer als das traditionelle Ablenkungsmanöver illegitimer Staatsoberhäupter und als verfehlt angesehen und ihn deshalb schon vor Monaten ermahnt, in Ungarn die Gesetzmäßigkeit wiederherzustellen, nicht aber einerseits den Bolschewismus in die Slowakei tragen, andererseits den verkappten Bolschewismus in Österreich bekämpfen zu wollen. Ich wies daher auch jetzt die Horthyschen Pläne zurück, um so mehr, als ich besorgen konnte, daß es Horthy nur darum zu tun war, mich von Budapest zu entfernen. Übrigens mag Horthy auch damit versucht haben, mich zu kompromittieren. Ich habe mit den am 8. November 1920 an Admiral von Horthy und Herrn von Rakovszky gerichteten Handschreiben erklärt, daß Ungarns Gut und Blut ausschließlich im Interesse Ungarns und nicht für andere, dem Lande fremde Zwecke und Ansprüche verwendet werden sollten. Ich wäre also mir selbst untreu geworden, wenn ich lediglich auf einen unmotivierten Wunsch Horthys hin die Eroberung Wiens inszeniert hätte. Horthy aber tat jetzt ganz begeistert und drängte mich. Er würde mich dann nach wenigen Wochen nach Budapest bitten; inzwischen hätte er hier Ordnung gemacht.
Ich lehnte ab: Es sei jetzt nicht von Österreich die Rede, sondern von Ungarn. Horthy solle übergeben.
Horthy meinte, vor drei Wochen könne er ganz unmöglich übergeben, er habe nichts genügend in der Hand.
Ich proponierte nun, im Lande zu bleiben, mich in Szombathely zu verbergen. Horthy nimmt alles fest in die Hand und in drei Wochen ist Horthy in Szombathely und bittet mich, nach Pest zurückzukehren.
Ich zog meinen Kalender heraus:
»Heute ist der 27. März, drei Wochen sind am 17. April vorbei (und mit Nachdruck): Schauen Sie Horthy, wenn Sie an dem Tag nicht in Szombathely sind, so bin ich an dem Tag in Budapest!«
Horthy sagte zuerst zu, dann waren ihm aber bald die drei Wochen zu kurz; das könne er nicht; überhaupt, der Plan sei nicht gut; die Ententeleute würden sicher Wind davon bekommen, daß der König in Ungarn sei, und er könne es dann nicht leugnen. Das wäre der Untergang des Landes!

»Nein, der Plan ist unmöglich! Eure Majestät müssen sofort in die Schweiz zurück.«
Ich: »Ich habe es Ihnen ja schon gesagt, daß dies unmöglich ist.«
Jetzt war man so weit wie am Anfang. Jeder Appell an Vaterlandsliebe und Königstreue war gescheitert, alle Argumente waren erschöpft. Ich griff nun zum letzten Mittel. Ich nahm Horthys Vorschlag eines Vormarsches durch die Steiermark auf Wien auf, jedoch müßte ich die Ausführung dieses Planes von einer Besprechung über dessen Durchführbarkeit mit Lehár abhängig machen (diese »Besprechung« gefiel Horthy schon weniger). Und ich schloß:
»Sie bleiben hier als mein General.«
Was Horthy bejahte.
Wenn dann die Diplomaten kämen, solle er ihnen einfach sagen, sie hätten bei ihm nichts zu protestieren, Seine Majestät sei ja schon wieder aus Ungarn draußen. Falls aber der Marsch nach Wien undurchführbar sei, so bliebe ich eben in Szombathely und wartete die drei Wochen ab, bis Horthy mich abholen komme, wozu sich dieser, wenn auch mit Widerstreben, bereit erklärte.
Als Horthy endlich diesen Entschluß gefaßt hatte, erklärte er, jetzt mit allem einverstanden zu sein und äußerte immer wieder seine Freude, daß nun alles so gut geregelt sei und dadurch den günstigsten Verlauf verspreche. Er bitte nun noch um eines: Das Theresienritter-Ordenskapitel, das die Gesuche der Ordensbewerber prüfte, hätte ihm die Ordenswürdigkeit zugesprochen. Es würde ihn aber nur freuen, wenn ihm sein Allerhöchster Kriegsherr diesen Orden überreichte, wie es den Theresienrittern in den Jahren 17 und 18 geschehen sei. Ich verlieh ihm daraufhin den Theresien-Orden.
Jetzt verabschiedete ich mich und fuhr in aller Eile weg, damit die Sache nicht verraten werde oder der Reichsverweser seinen Entschluß bedauere.
Ich war in der Burg in der Uniform Lehárs, als Oberst, erschienen. Ich verließ das Zimmer durch einen Nebeneingang und ging mit Magasházy wieder möglichst unbemerkt zum Auto. Ich ließ nicht einmal die Wache in der Burg ins Gewehre treten und befahl dem Flügeladjutanten Magasházy, nicht zu auffallend »Habt Acht« neben mir zu gehen. Die alten Garden hatten mich aber doch erkannt. Es wurde ihnen jedoch verboten, von meiner Anwesenheit zu sprechen.
Interessant ist noch folgende kleine Episode:

Bevor ich das Arbeitszimmer des Reichsverwesers verließ, fragte ich ihn, ob der mich begleitende Magasházy verläßlich sei, ich hätte vielfach das Gegenteil gehört. Der Reichsverweser versicherte aber, er sei verläßlich und schweigsam – »wie wir alle«.
Ich war froh, aus der Burg draußen zu sein. Ich hatte eigentlich schon in dem Moment, da ich sie betreten, bedauert, den Rat Telekis befolgt zu haben, statt meinen in der Schweiz gefaßten Plan durchzuführen, aber ich mußte doch glauben, daß Horthys eigener Ministerpräsident besser wisse, wie es um ihn stehe als ich in der Schweiz.
Sollte sich Horthy abermals ändern, so dachte ich nun, würde ich ihn, auf westungarische Bajonette gestützt, eher zur Übergabe zwingen können als mit noch so großer Willenskraft und äußerster Selbstbeherrschung allein und unbewaffnet in der Ofener Burg.
Wir fuhren um ca. 4 Uhr 30 vom Ministerpräsidium in aller Eile weg.
Wir fuhren von Budapest über Stuhlweißenburg, wo wir vom Korpskommando aus nach Steinamanger meine Rückkunft ankündigten. – Es herrschte ein fürchterlicher Samum, ein Wind mit Staub, so daß man kaum vor sich hinsehen konnte. Hinter Stuhlweißenburg platzte unser letztes Pneumatik. Wir mußten ein altes picken, was sehr lange Zeit in Anspruch nahm. Mit diesem gepickten kamen wir nach Várpalota, von wo aus ein Weiterfahren unmöglich war. Wir trafen Oberst von Lorx, der dort ein Lehrregiment hat. Er bewohnt das Kastell von Várpalota mit seiner Familie schon seit einem Jahr und ist mit seinem Dienste sehr zufrieden. Zum Glück traf bald eines unserer drei Autos ein, die von Steinamanger gestartet waren, und das unterwegs in einen Graben gefallen war und sich die Lenkstange verbogen hatte, so daß die Insassen die Lenkstange bei einem Dorfschmiede geradebiegen lassen mußten. Glücklicherweise hatte der Unfall für die Insassen keine üblen Folgen gehabt. Fast gleichzeitig kam auch das dritte Auto an, das uns bis Pest gefolgt war und dort in der Hofgarage neue Pneumatiks gefaßt hatte. Nun wurden wir endlich flott.

Montag, 28. März 1921

Die Nacht war sehr kalt. Ich hatte nur einen dünnen Husaren-Sommerpaletot und darüber einen schwarzen Mantel des Bischofs. Ich fror maßlos; dabei wurde der Wind immer stärker, und wir waren übernächtig. Um zwei Uhr früh hatten wir wieder eine Panne. Ich verließ nun das Auto Almássys und setzte mich in das Fliegerauto, eben jenes, welches die Lenkstange verbogen gehabt hatte. Es war seitlich zu schließen, so konnte der Wind nur von vorne blasen. Ich hielt das bereits für das Paradies.

Um halb sechs Uhr früh kamen wir in Steinamanger an. Die zweite Nacht gänzlich ohne Schlaf. Oberst Lehár war erwacht und meldete mir folgendes:

Horthy hatte ihm telegraphiert.

»Báró Lehár ezredes, Szombathely. Kérlek a haza érdekében igyekezz, hogy a ma éjjel Szombathelyre visszaérkező Károly királyt még az éj folyamán a határon átszállitsd. Horthy.«

(Zu deutsch: »Oberst Baron Lehár, Szombathely. Ich bitte im Interesse des Vaterlandes, Dich zu bemühen, daß Du den heute nacht nach Szombathely zurückkehrenden König Karl noch im Laufe der Nacht über die Grenze transportierst. Horthy.)

Magasházy hatte ihm auch telephoniert: »*Karl* hat Pest verlassen«, worauf Lehár korrigierte: »*Seine Majestät.*« Beniczky und Szmrecsányi wären über Befehl Horthys im Jajmáskér angehalten worden, als sie mir zukommen wollten.

Auf das Telegramm Horthys hin telegraphierte ich ihm:

»Lieber Admiral Horthy! In Anbetracht der geänderten Verhältnisse verlange Ich Ihre unbedingte Unterwerfung unter Meine Befehle. Von Ihnen, Meinem braven, treuen Admiral, bin ich gewiß, wie Ihre Entscheidung ausfallen wird. Karl.«

Horthy antwortete darauf: »Bitte Seine Majestät, diesen Befehl zurückzuziehen, ich kann darauf erst nachmittags antworten.«

Weiters: Er fürchtete sehr, daß, falls er die Regierung übergebe, die Anarchie kommen werde oder Erzherzog Joseph, und daß dann eine Katastrophe für das Land kommen werde.

Um drei Uhr nachmittags hughestierte Horthy dem Grafen Teleki, daß er unter gewissen Voraussetzungen bereit sei, die Macht zu übergeben, daß er sich aber vorbehalten müsse, bis dahin die Maschinerie in der Hand zu behalten.

Graf Teleki antwortete nach Rücksprache mit mir:

»King thanks you for loyality. In case of your demission he doesn't want Joseph, but Lukachich as iron commander of Budapest. He wants to give out manifest to-day and to take the oath of the troops. Teleki.«

(Zu deutsch: »Der König dankt Ihnen für Ihre Loyalität. Im Falle Ihres

Rücktritts will er nicht Joseph, sondern Lukachich als festen Kommandanten von Budapest. Er will heute ein Manifest herausgeben und die Truppen beeidigen. Teleki.«)
Ich war überzeugt, daß ich denselben oder den nächsten Tag die Regierung übernehmen würde, und besprach mit Teleki die Reisemodalitäten. Er meinte: Per Auto nicht möglich, da für einen entsprechenden Empfang gesorgt werden müsse.
Es wurde nun mit Sigray ein Manifest verfaßt, welches gegenüber dem ersten nur eine kleine Zugabe, einen Hinweis auf meine Friedensliebe, enthielt.
Am Nachmittag des Montag empfing Horthy die Ententegesandten. Er teilte ihnen meine Ankunft mit. Er hatte, wie ich hörte, schon damals den spanischen König auf radiotelegraphischem Wege gebeten, mir ein sauf-conduit zurück nach der Schweiz zu verschaffen. Die Gesandten waren nicht sehr freundlich. Die Unangenehmsten waren der Serbe und der Engländer.
Im Laufe des Abends stellte sich heraus, daß Horthy nicht daran denke, die Regierung zu übergeben. Er erklärte, das Manifest nicht zu veröffentlichen, und befahl Zivil- und Militärbehörden, nur ihm zu gehorchen.

Dienstag, 29. März 1921

Am Dienstag kamen Andrássy und Bethlen zu mir in Audienz. Beide brachten dieselbe Proposition: Zurück in die Schweiz, sonst Gefahr für die Nation, aber vorher eine Proklamation erlassen, um aus der Situation den größtmöglichen Nutzen zu ziehen.
Andrássy trug das mehr ruhig vor, dabei mit Ausfällen gegen Horthy, Bethlen mehr mit engherziger Steifnackigkeit. Er übermittelte mir auch Aufträge Horthys, ich sollte bald abreisen, niemanden empfangen usw., was ich nicht zur Kenntnis nahm.
Aus den Anregungen Andrássys konstruierte ich mir die letzte friedliche Lösung. Ich telegraphierte dem Reichsverweser ungefähr:
»Ich verstehe Ihre Politik nicht. Entweder hätten Sie mich neulich in Budapest verhaften lassen sollen oder aber sich mir unterwerfen. Um den Bürgerkrieg zu bannen, schlage ich Ihnen folgendes vor: Ich ernenne Sie zum königlichen Statthalter und beeide Sie. Ich bleibe als König mit allen königlichen Ehren im Lande, werde über alles im laufenden erhalten und übernehme zu günstiger Zeit die Regierung.«

Unter der Hand ließ ich ihm sagen, daß der Eid nicht öffentlich abgelegt werden müsse, nur in Anwesenheit zweier Geheimer Räte.

Mittwoch, 30. März, bis Freitag, 1. April 1921

Die Antwort war ein Brief, in dem er mich seiner Loyalität versicherte und erklärte, er könne keinen öffentlichen Eid ablegen und ein geheimer nütze nicht.

***

Über die historische Auseinandersetzung zwischen dem Apostolischen König von Ungarn und Horthy gibt es auch einen Bericht des britischen Hochkommissars Hohler, im »account« vom 29. März 1921:

»Karl ging in den Palast, wo Horthy gerade bei Tisch war. Der Admiral konnte es einfach nicht glauben, daß der König tatsächlich eingetroffen war, als man ihm von seinem Kommen berichtete. Er empfing ihn sofort und machte ihm wegen seiner Vorgangsweise strenge Vorwürfe; er erklärte dem König, er müsse das Land sofort wieder verlassen.
Karl fragte, ob er, Horthy, ihn verhaften lassen werde, was Seine Hoheit zu der Bemerkung veranlaßte, er werde seine Hand nicht gegen den gekrönten König erheben, doch daß er auch keinerlei Befehle entgegennehmen werde und keinerlei Autorität anerkennen könne.
Ausdrücklich lehnte er die verschiedenen Ehrungen ab, die ihm der König gewähren wollte. Endlich stimmte der König zu, wieder zu gehen, und versprach, Ungarn ohne Verzögerung zu verlassen …
Der Statthalter lud mich, den französischen Hochkommissar und den italienischen Geschäftsträger gestern der Reihe nach vor, um uns persönlich über alle Vorgänge zu unterrichten. Heute früh empfing er die serbischen und rumänischen Vertreter und sprach mit ihnen im gleichen Sinn, ohne ihnen allerdings die genauen Einzelheiten mitzuteilen.
M. Milojevitch ist über den Zwischenfall recht erregt, aber ich meine, ihn beruhigt und seine Befürchtungen zerstreut zu haben, Befürchtungen, die im Augenblick weder ich noch meine Kollegen teilen«.

Schlußformel … T. B. Hohler

(No. 159 (C6850/180/21)

Mr. Hohler an Earl Curzon (in London eingelangt am 4. April 1921)
Nr. 159 (C6850/180/21)

Budapest, 29. März 1921

»My Lord,

... habe ich die Ehre, Eurer Lordschaft den folgenden Bericht über das Abenteuer des Ex-Königs Karl zu erstatten, und ich werde mich bemühen, die Ereignisse so genau wie nur möglich zu schildern.

Der hochwürdige Dr. Vass, Religionsminister, war nach Steinamanger gefahren, um mit dem dortigen Bischof, Graf J. Mikes, die Osterfeiertage zu verbringen.

Dr. Vass ist als starker Anti-Karlist bestens bekannt, während der Bischof das gerade Gegenteil ist.

Samstag nacht, zu später Stunde, es war am 26. März – Dr. Vass wollte gerade zu Bett gehen –, wurde ihm plötzlich mitgeteilt, daß König Karl im Hause wäre.

Er ging ins Vorhaus und traf dort auf eine Person, die den Eindruck eines Handelsreisenden erweckte, den er aber später, als die Verkleidung abgelegt und die Schminke vom Gesicht gewaschen worden war, tatsächlich als den Ex-König erkannte, der soeben angekommen war. Er drückte ihm die stärkste Mißbilligung über diese seine Handlungsweise aus, und in seinen Ausführungen wurde er auch durch den Bischof bestärkt, obwohl er eher königstreue Gefühle hegt.«

Mr. Linley (Wien) an Graf Curzon
(eingelangt am 30. März, 15h45)
Nr. 84 – telegraphisch (C6513/180/21)

»Sehr vertraulich

Wien, 29. März 1921, 19h

... hätte ich nicht Sir E. Crowe schon in London informiert, daß der Ex-Kaiser eine unmittelbare Heimkehr nach Ungarn in Betracht zog, und hätte ich nicht wahrlich allen Grund zu meinen, daß er vom französischen Premierminister dazu ermutigt worden war.

Ich hoffte damals, daß es möglich wäre, ihm das noch im letzten Augenblick auszureden.

Der italienische Minister hier sagte mir, als ich vertraulich mit ihm über diese Sache sprach, er glaube nicht, daß seine Regierung irgendeine militärische Maßnahme gegen Ungarn ergreifen würde, sollte Karl dort zum König gemacht werden (if Karl were made King).«
(Dazu eine Bemerkung von Sir E. Crow am 30. März: »Es ist schon richtig, daß mir Mr. Linley, als er hier kürzlich hier war, davon erzählte, der Ex-Kaiser plane einen Staatsstreich (!sic!) um seine ungarische Krone zurückzugewinnen. Ich sagte Mr. Linley, die Umstände wären so ungünstig, daß ich es nicht glauben könne, was dieser Bericht sage. Doch die Ereignisse haben gezeigt, daß meine Schlußfolgerungen falsch waren ... Es ist doch merkwürdig, daß sowohl Mr. Linley als auch Mr. Hohler bereits verständlich gemacht worden war, daß der Ex-Kaiser von der französischen Regierung ermutigt worden war. Ich kann nicht erkennen, wie das zu ihrer allgemeinen Politik paßt.«)
Doch weiter im Bericht des britischen Hochkommissars, in Wien, Mr. Linley, nach London:
»Die Italiener würden jeder Regierung, die gegen König Karl auftritt, ihre moralische (sic!) Unterstützung geben, doch er bezweifle, ob seine Regierung viel mehr tun könne.
Er bezweifelte auch, ob der Serbisch-Kroatisch-Slowenische Staat oder die Tschechen überhaupt in der Lage wären, militärisch aktiv zu werden. Obwohl ich ihm natürlich kein Wort darüber sagte, daß ich im Besitze von Informationen in der nun von ihm angesprochenen Richtung sei, behauptete er ganz von selbst, es sei unmöglich, das Karl nach Ungarn gegangen sei, ohne dazu nicht von den Franzosen ermutigt gewesen zu sein ...«

No. 77
Mr. Hohler (Budapest) an Earl Curzon
(eingelangt am 2. April um 10.50 Uhr)
(No. 84, Telegraphisch C6723/180/21)

Budapest, 1. April 1921, 18.10 Uhr

»Es könnte sein, daß ich die Anweisung bezüglich der Frage nach Gebrauch von Gewalt gegen Kaiser Karl, um ihn auszuweisen, mißverstanden habe.

Gewiß wäre Horthy sehr unglücklich darüber, müßte er zu gewaltsamen Maßnahmen greifen. Jedenfalls ist es im Augenblick so, daß Karl fest davon überzeugt ist, daß er die Unterstützung der französischen Regierung hat, und er lehnt es ab, Ungarn zu verlassen, wenn nicht mein französischer Kollege persönlich nach Steinamanger kommt und ihm sagt, daß das nicht der Fall ist. Als eine Alternative dazu hat der Premierminister vorgeschlagen, daß Monsieur Briand eine Botschaft schickt. Mein französischer Kollege telegraphiert nach Paris wegen des Textes einer solchen Botschaft.
Unter diesen Umständen dachte ich, es sei klüger, selber überhaupt nicht zu intervenieren noch auch auf die ungarische Regierung Druck auszuüben, Gewalt anzuwenden.
Es würde sehr interessant sein, in Erfahrung zu bringen, wie Karl auf diese Idee kam.
Gleicher Text nach Paris, Kopie nach Wien mit diplomatischer Post.«

No. 177
Telegramm aus Budapest vom 7. April 1921
Mr. Hohler:

»... und soweit ich in Erfahrung bringen konnte, sind einige nicht autorisierte Franzosen tatsächlich an M. Briand in dieser Frage herangetreten, der in einer beiläufigen und wenig überdachten Stimmung sagte, daß, fände sich seine Regierung mit einem »fait accompli« konfrontiert, sie wahrscheinlich keine Maßnahmen ergreifen würde. Aus einem Bericht, der mich aus italienischen Quellen erreichte, schließe ich, daß Karl selbst gegen eine Rückkehr nach Ungarn war; und das trotz starken Drucks von seiten seiner Schwiegermutter (der Herzogin-Mutter von Parma) und zwei ihrer Söhne, und daß es einer von Kaiserin Zitas Verwandten war, wahrscheinlich Prinz Sixtus (Bruder der Kaiserin Zita), der deswegen nach Paris ging und von M. Briand die oben erwähnte Antwort erhielt.«

Am 6. April 1921, gegen zwei Uhr morgens, erhielt Werkmann in der Villa Prangins die erste, authentische Nachricht darüber, daß der Versuch des Königs, in Ungarn wieder an die Macht zu kommen, gescheitert sei.

Er verständigte augenblicklich die Königin, die sofort erklärte, sie wolle ihrem Gemahl bis an die Grenze entgegenfahren.

»Bei Ankunft des Zuges auf dem Bahnhofe Buchs meldete sich sofort ein höherer Beamter der Polizeidirektion Wien, der die Verantwortung für den Transport des Zuges bis nach Buchs getragen hatte, und übergab mir den Transport«, berichtet der schweizerische Oberst Kissling – einer der korrektesten Schweizer, mit denen Kaiser Karl jemals zu tun hatte, vertraulich »über die Einreise Seiner K. & K. Apostolischen Majestät Karls IV. am 6. April 1921« an den Bundesrat.

Die Eidgenossenschaft erklärte sich bereit, den Kaiser und König wieder aufzunehmen, doch sowohl in den Aktenvermerken der Behörden als auch in der Schweizerischen Presse tauchten immer wieder zwei Worte auf, die so irreführend wie falsch sind:

Stets ist von einer »Flucht« des Königs die Rede; in der gesamten, viele hundert Seiten umfassenden internen Korrespondenz der eidgenössischen Behörden liest der staunende Forscher immer wieder dieses Wort »Flucht«.

Wohin und wovor sollte der König auf der »Flucht« gewesen sein? Er war in seine Heimat zurückgekehrt, hatte einen in der Weltgeschichte – vorher und nachher – beispiellosen Akt persönlichen Mutes gesetzt. Wieso »Flucht«?

Schlimmer noch war es mit dem Vorwurf des »Wortbruches«, der Kaiser Karl besonders schwer traf.

Kaiser und König Karl hatte sein Wort gegeben, vor einer Abreise in ein anderes Exilland die schweizerischen Behörden zu verständigen.

Aus einer Heimkehr in sein eigenes Königreich »Flucht« und »Wortbruch« zu machen, blieb anderen überlassen.

Übrigens verhielten sich die schweizerischen Behörden trotz aller Einmischungsversuche des Horthy-Regimes und der Entente so korrekt und gastfreundlich, wie es von diesem klassischen Asylland nur zu erwarten ist. Die Dokumente aus jener Zeit geben die ganze Hysterie der »Sieger« wieder ... aber auch die überlegene Haltung der Schweiz.

No. 177
Mr. Lindley (Wien) an Earl Curzon
eingelangt am 16. Juni 1921, 15.30 Uhr
No. 153, telegraphisch (C12490/180/21)

Wien, 5. Juni 1921, 13.10 Uhr

»Vertraulich

Eine Person, die in engster Tuchfühlung mit Karlistischen Kreisen ist, gab mir heute folgende vertrauliche Information:
Karl ist entschlossen, eine neue Fahrt nach Ungarn zu unternehmen, und seine Anhänger haben ihm versichert, daß sie einen genügend großen Anhang in der Armee besitzen, um eine Mobilisierung möglich zu machen. Sie zählen noch immer auf französische Unterstützung, und zwar in der Hinsicht, daß sie glauben, Frankreich werde seinen Einfluß geltend machen, um die Nachfolgestaaten zurückzuhalten und ein »fait accompli« hinzunehmen. Sie haben in dieser Richtung Zusicherungen empfangen, aber es ist nicht klar, von wem.
Karls Entschluß, nach Ungarn zurückzukehren, hängt auch damit zusammen, daß ihm sein Aufenthalt in der Schweiz Schwierigkeiten bereitet. Er hat der schweizerischen Regierung versprochen, das Land sofort zu verlassen, wenn ihn ein anderes Gastland aufnehme. Spanien hat es abgelehnt, Karl Exil zu gewähren, woraufhin inoffizielle Anfragen über den Markgrafen A. Pallavicini ergingen, ob vielleicht England Asyl gewähren könnte.
Die Karlisten hoffen, daß dieses Ansuchen abgelehnt werde, weil sie meinen, ein Asyl in England schlösse jeden neuerlichen Restaurationsversuch von vorne herein aus.«

Der britische Geschäftsträger in Budapest, T. B. Hohler, verständigt seinen Kollegen in Wien, Mr. Lindley:

No. 177
Telegramm vom 14. Juni 1921 (Budapest No. 146)

»Der Außenminister teilt mir mit, daß er Ursache hat, anzunehmen,

Exkaiser Karl plane eine neue Fahrt nach Budapest, diesmal auf der Donau.
Er wäre dankbar dafür, wenn irgendeine auswärtige Kontrolle, jedenfalls eine andere als eine österreichische, in Wien eingerichtet werden könnte, um besonders das Expreßschiff Wien-Belgrad zu überwachen.«

Der britische Außenminister Curzon an Mr. Agar-Robartes, den britischen Chargé d'Affaires in Bern:
Foreign Office, 28. Juli 1921, 17.30

»Angesichts der vielen Gerüchte aus den verschiedensten Lagern bezüglich eines unmittelbar bevorstehenden Versuchs des Exkaisers, nach Ungarn zurückzukehren, sollten auch Sie sich den anderen anschließen und die schweizerische Regierung drängen, alle möglichen Schritte zu unternehmen, um seine Bewegungen zu überwachen, solange er in der Schweiz ist.« (D.B.F.P. Vol. XXII Nr. 248)

Mr. Agar-Robartes, Bern, an den Marguess Curzon of Kedleston:
Bern, 5. August 1921, 20.40 Uhr
eingelangt in London: 5. Aug., 23.30 Uhr

»In Abwesenheit des Herrn Motta besuchte ich heute nachmittag den Direktor der politischen Abteilung, Herrn Dinichert, bei dem vor mir schon der französische Botschafter und der italienische bevollmächtigte Minister weilte. Sie hatten vormittags ihren Besuch gemacht und ich teilte ihm mit, daß ich angewiesen sei, mich ihrer Démarche anzuschließen. Es seien bestimmte Gerüchte wegen eines unmittelbar bevorstehenden Versuchs des Exkaisers, nach Ungarn zurückzukehren, und ich sei daher angewiesen, die Bundesregierung zu ersuchen, alle möglichen Maßnahmen zu ergreifen, um seine Bewegungen, solange er sich in der Schweiz befinde, zu überwachen und eine heimliche Abreise zu verhindern.
Herr Dinichert antwortete, daß die Bundesregierung einen solchen

Versuch des Kaisers nicht erwarte, und zwar erstens, weil alle Berichte, die sie aus Ungarn erhielten, sie davon überzeuge, daß die ungarische Regierung jeden Restaurationsversuch verhindern würde und daß es auch in Ungarn keinerlei Gruppierung gäbe, die in der Lage wäre, einen solchen Staatsstreich erfolgreich durchzuführen. Zweitens habe der Kaiser sein Wort gegeben, die Schweiz für keinen Bestimmungsort zu verlassen, ohne ihnen nicht drei Tage vorher Nachricht darüber zu geben, und sie seien davon überzeugt, daß er sein Wort nicht brechen werde. Ich fragte ihn, ob die Vertreter der Entente sofort informiert würden, wenn sie eine solche Nachricht erhielten, und er antwortete mir, obwohl er das nicht garantieren könne, werde auf jeden Fall die ungarische Regierung davon verständigt. Er fügte hinzu, daß die Bundesregierung Schritte ergriffen habe, um jenen Personen den Zutritt zum Kaiser zu verwehren, die auf ihn einen diesbezüglichen Einfluß ausübten, und daß die Polizei in Luzern seine Bewegungen im Auge habe; immerhin aber sei der Kaiser nicht interniert und so könne er auch nicht in diesem Sinne bewacht werden. Für den Fall eines Wortbruchs des Kaisers wäre es an sich unmöglich, seine Abreise zu verhindern ...«

(D.B.F.P. Vol. XXII, Nr. 522)

Mr. Agar-Robartes (Bern) an den Marquess Curzon of Kedleston:
Bern, 26. August 1921, 16.20 Uhr
eingelangt am 26. August 1921, 22.30 Uhr

»Ich stellte heute in der politischen Abteilung Untersuchungen über die genaue Lage bezüglich der Person des Exkaisers von Österreich an. Ich wurde dahingehend informiert, daß er der Bundesregierung erklärt habe, keinen anderen Wohnsitz gefunden zu haben, und daß er bedauere, seine Absicht nicht verwirklichen zu können, die Schweiz am 31. August zu verlassen.

Die Bundesregierung antwortete, daß sie gegen seinen Aufenthalt nichts einzuwenden habe, während Verhandlungen für irgendein anderes Asylland im Gange wären. Es wurde keine neue zeitliche Begrenzung für die Asylgewährung durch die Schweiz gesetzt.«

(D.B.F.P. Vol. XXII, Nr. 288)

11. Kapitel

Der Erpressungsversuch

Die Alliierten haben – ausgenommen Frankreichs Ministerpräsident Briand und seine allernächste Umgebung – vom bevorstehenden zweiten Versuch des Königs, seine legitime Macht in Ungarn wieder auszuüben, wohl geahnt, aber sicher nichts gewußt.
Der Vatikan, eigentlicher Initiator beider Restaurationsversuche, wurde aus Sicherheitsgründen genausowenig informiert wie die Umgebung des Königs.
Im Vorfeld der Ereignisse vom Oktober 1921 gediehen aber all die Gerüchte über die Motive des jungen Königs, in seine ungarische Heimat zurückkehren zu wollen:
Er müsse jedenfalls den ehrgeizigen Ansprüchen seiner machtbesessenen Frau gerechtwerden, hieß es, und er sei ja gezwungen, das Abenteuer zu wagen, weil er, der bereits völlig mittellos sei, wenigstens an einen Teil seines Vermögens herankommen müsse.
Monate vorher schon entwickelte sich ein wahrer Hexensabbath der sich um ihre primitivsten Pflichten herumdrückenden Siegermächte und der Nachfolgestaaten, deren Regierende dank ihres Informationsstandes schon damals wußten, daß sie einen Unschuldigen quälten und zu demütigen suchten; von der Schäbigkeit der neuen Machthaber in den Kernländern Österreich und Ungarn überhaupt nicht zu reden.
Zur finanziellen Notlage des Kaisers und Königs im Exil gesellte sich auch die Sorge um einen entsprechenden, dauernden Aufenthaltsort an sich; die Schweizer sahen im Kaiser auch nur einen Durchreisenden, und so begann alsbald eine hektische Suche nach einem dauernden Zufluchtsort für den Monarchen und seine Familie.
Spanien schien vielen das richtige Land dafür zu sein ... recht weit weg von den Heimatländern des Kaisers und Königs und außerdem »könnte er dort bei Verwandten« wohnen.
Der britische Außenminister Curzon wurde in dieser Angelegenheit am 21. Juli 1921 beim spanischen Botschafter in London vorstellig, wo-

bei er sich schon auf seinen älteren (24. Juni) Brief bezog und nun etwas drängender wurde, weil die Wahrscheinlichkeit bestand, daß »der Ex-Kaiser die Schweiz Ende des nächsten Monats zu verlassen habe« und er daher »glad« wäre, Näheres über die Bereitschaft der Spanier zu erfahren.

Schon sechs Tage später hatten die Spanier richtig und überlegt die Antwort bereit und versuchten nun ihrerseits dem Kaiser insofern zu helfen, als sie, die mißliche Lage der Alliierten, die nicht wußten, »wohin mit dem Kaiser und König«, richtig einschätzend, für sich und den Monarchen etwas herauszuschlagen:

Spanien erklärte sich in einem Brief vom 27. Juli 1921 bereit, Kaiser Karl aufzunehmen, selbstverständlich ohne eine Verantwortung zu übernehmen, und sie verlangten, daß er »entsprechend seinem Range« versorgt sein müsse ... »in der Würde«, die ihm zustehe, und sie folgerten daraus, das frühere Eigentum »des Kaisers« sei zurückzuerstatten und das seiner »Kaiserlichen Familie von Österreich« auch (Nr. 243, Annex, D.B.F.P. Vol. XXII).

Der britische Außenminister verstand. Wenn ihm auch das – nur rechtmäßige – Verlangen der Spanier nach einer Wiedergutmachung an der Familie widerstrebte, ging er doch auf den Vorschlag Madrids wenigstens teilweise ein.

Außenminister Curzon wandte sich daher recht eindringlich an den Botschafter Seiner Majestät in Paris, Lord Hardinge (ein Sohn des Generalgouverneurs von Indien, der 1846 den Sikhaufstand niedergeworfen hatte):

»Ich übermittle Ihnen hiermit die Kopie einer Note, die ich vom spanischen Botschafter erhalten habe, in Beantwortung meiner Anfrage, ob die spanische Regierung bereit wäre, Kaiser Karl aufzunehmen.

Euer Exzellenz werden bemerken, daß die Hauptschwierigkeit noch immer die Frage der Geldmittel [financial resources] ist und ich ersuche Sie daher, daß Sie neuerlich auf die französische Regierung einwirken, ihren Minister in Budapest zu instruieren, so wie sein britischer Kollege der ungarischen Regierung Vorhaltungen zu machen, ihrem Exkönig eine finanzielle Unterstützung zukommen zu lassen.

Die Note des spanischen Botschafters enthält auch einen Vorschlag, darüberhinaus auch andere Mitglieder der kaiserlichen Familie in diese Überlegungen einzubeziehen. Diese Angelegenheit ist derzeit aber nicht aktuell und ich meine, daß unsere Bemühungen im Augenblick darauf beschränkt sind, eine regelmäßige und dauernde Versorgung für den Exkaiser selbst zu finden.

Für den Staatssekretär: Charles Tufton«

(D.B.F.P. Vol XXII, Nr. 258 vom 6.8.21)

Die Franzosen folgten der Anregung unwillig, aber scheinbar doch (Aristide Briand hegte ja ganz andere, vernünftigere Absichten!) und die Italiener taten überhaupt nichts dergleichen.
Kein Wunder, daß der britische Außenminister, der Marquess Curzon of Kedleston, am 26. August seinen Botschafter in Rom geradezu abkanzelte:

»Bitte darauf zu drängen, daß die italienische Regierung ihren Repräsentanten in Budapest anweist, unserer gemeinsamen Demarche in Angelegenheit Exkönig Karl beizustimmen.
Die französische Regierung hat eine solche Anweisung schon gegeben; die spanische Regierung wieder ist besorgt, weil die Sache sie etwas kosten könnte, so wie die Schweizer wünschen, der endgültige Aufenthaltsort Karls sollte noch vor Ende August gefunden werden.«

(Telegramm Nr. 367, erwähnt in 289, D.B.F.P. Vol. XXII)

Doch die Königlich-Italienische Regierung hatte ihr Gegenargument:

Mr. Kennard, Rom, an den Marquess Curzon of Kedleston; London, dort eingelangt am 27. August 1921, 20.15 Uhr

Rom, 27. August 1921, 14 Uhr

»Auf Ihr Telegramm vom 26. August wegen der finanziellen Unterstützung für Kaiser Karl hat die italienische Regierung nun geantwortet. Der Vorschlag wegen eines gemeinsamen Vorgehens in Budapest wird von Italien abgelehnt, da die ungarische Regierung den Exkaiser noch immer als Souverän Ungarns betrachtet. Die vorgeschlagene Handlungsweise könnte als eine Anerkennung dieser seiner Eigenschaft angesehen werden.
Darüber hinaus haben sowohl die italienische wie auch die französische Regierung versichert, daß der Exkaiser über reiche Mittel verfügt. In

diesem Sinne hat die französische Regierung auch ihren Botschafter in Madrid angewiesen, die spanische Regierung zu ersuchen, den Exkaiser aufzunehmen, ohne weitere Schwierigkeiten zu machen. Der italienische Botschafter wurde angewiesen, in einer konzertierten Aktion mit seinem französischen Kollegen vorzugehen.«

(D.B.F.P. Vol. XXII, Nr. 289)

Außenminister Curzon versuchte es nun folgerichtig in Paris. Er läßt den Vertreter Seiner Majestät dort wissen, daß die Franzosen offenbar bereit seien, den lästigen Kaiser von Österreich sichtlich auch ohne jedwede Vorsorge nach Spanien zu schicken ... »without waiting for any assurance as to the latter's maintenance«.
Heftig setzt er fort: »Ich bitte Sie, von der französischen Regierung den Nachweis zu verlangen, daß dem auch tatsächlich so sei.« Und, ob der Kaiser wirklich über so reiche Mittel verfüge, wie man sagt. Und ob die Franzosen das beweisen könnten.
»3. Ich möchte hinzufügen, daß Seiner Majestät Regierung durch das Argument [Italiens] keineswegs beeindruckt ist. Die Bitte an die ungarische Regierung, für den Exkaiser eine geeignete Versorgung sicherzustellen, kann doch nie und nimmer zu der Annahme verleiten, daß ihn die Alliierten Regierungen als den rechtmäßigen König von Ungarn betrachten. Die Tatsache, daß man ihm eine entsprechende Pension sichert, könnte doch im Gegenteil als ein Hinweis darauf gewertet werden, daß es die Alliierten ablehnen, über die Möglichkeit seiner Rückkehr Überlegungen anzustellen.

Für den Staatssekretär: S. P. Waterlow«
(Brief aus dem Foreign Office vom 1.9.21,
D.B.F.P. Vol. XXII No. 297)

Sie zieht sich wie ein roter Faden durch all die Telegramme und Briefe, die zwischen den Hauptstädten der Großen und der Kleinen Entente, der Nachfolge- und der Restländer herumgejagt wurden: die Sorge der Regierung Italiens, eine unmittelbare Forderung an Budapest wegen der Bereitstellung von Mitteln für den König käme einer Anerkennung von dessen Legalität gleich. Die Länder, die den Besitz der kaiserlich-königlichen Familie geraubt hatten, wollten von dem unrechtmäßig er-

worbenen Gut nicht mehr lassen (vielfach saßen schon die neuen Bonzen in den alten Domänen ...), und wenn es darauf ankam, wollte man den König und seine Angehörigen lieber gleich ganz fallenlassen, – Menschlichkeit oder gar Gerechtigkeit hin oder her.
Die ungarischen Machthaber halfen sich gleichfalls mit Ausflüchten über die Problematik hinweg. Auch dort betrachtete man die Güter des Königs und die extreme Notlage seiner Familie als Mittel zur Erpressung: hier Abdankung, da Geld ...

T. B. Hohler, Budapest, an den Marquess Curzon of Kedleston: eingelangt in London am 12. September 1921

Budapest, 9. September 1921

»Nach Erhalt Ihrer Botschaft Nr. 320 vom 31. August habe ich mich mit meinen französischen und italienischen Kollegen in Verbindung gesetzt, um mit ihnen über die gewünschte Zuwendung für Exkönig Karl zu sprechen. Mein italienischer Kollege teilte mir mit, seine Regierung stünde auf dem Standpunkt, daß Karl der Exkönig von vielen Ländern sei und daß die Tatsache, daß man Ungarn allein auffordere, ihm eine regelmäßige Zuwendung zu geben, den Anschein erwecke, das Faktum seiner Königswürde für Ungarn besonders zu betonen. Er werde deshalb auch in dieser Frage nichts unternehmen. Mein französischer Kollege teilt mir mit, daß der ungarische Vertreter in Paris festgestellt habe, Karl hätte kürzlich zwanzig Millionen Kronen erhalten. Monsieur Fouchet hat auch gehört, daß er für den Verkauf einiger Juwelen eine halbe Million Schweizer Franken erhalten habe. Er sprach darüber auch mit seinem Außenminister. Der stellte fest, daß die ungarische Regierung etwa zwanzig Millionen Kronen zur Verfügung stellen wolle, die natürlich aus einem geheimen Fonds genommen werden müßten, weil es sicher sei, daß ihm die Kammer niemals Geld gewähren würde. Kürzlich traf ich Graf Bánffy und er begann sich mit der Idee zu befreunden, die ich bereits Eurer Lordschaft auseinanderlegte, nämlich, daß Karl der Exkönig von vielen Ländern sei, die nicht weniger als Ungarn daran interessiert wären, ihn auf Distanz zu halten. Und daß er in allen diesen Ländern, besonders in Böhmen und Österreich, ungeheuren Privatbesitz hatte. Er bezog sich besonders auf das Este-Vermögen, das, ähnlich dem des Herzogtums Lancaster, in Österreich immer für die Auslagen des Thronfolgers verwendet wurde. Bánffy machte auch eine Bemerkung darüber, wie unbedeutend der Grundbesitz Karls in Ungarn sei, und zog daraus die Schlußfolgerung, daß das ein zusätzlicher Beweis für die Interesselosigkeit der Habsburger an Ungarn sei. Er sagte mir, daß die Regierung bereits mit einer Bank verhandle, sodaß eine Anleihe auf das Ráczkeve-Gut gemacht werden könne, das zum Habsburgischen Familienversorgungsfonds gehöre, von dem acht Zehntel Karl gehörten. Er war sehr darauf bedacht, daß die Gewährung einer Zuwendung an den König nur unter der Bedingung einer endgültigen Abdankung in Frage komme.

T. B. Hohler«

(D.B.F.P. Vol XXII, Nr. 313)

Die ganze Scheinheiligkeit der »Sorge« um den König dokumentiert die Nachricht des britischen Botschafters in Madrid, Sir E. Howard, an Außenminister Curzon in London, die am 20. September aus der spanischen Hauptstadt abging.

Die Meinung des Aristide Briand, die darin anklingt, stimmt ein wenig tröstlich: Briand hoffte damals sehr auf ein Gelingen des bevorstehenden Restaurationsversuches ...

Sir E. Howard, Madrid, an den Marquess Curzon of Kedleston, London, eingelangt am 20. September 1921, 18 Uhr

Madrid, 20. September 1921, 10.30 Uhr

»Exkaiser Karl. Der französische Botschafter teilt mir mit, der italienische Botschafter habe ihn gefragt, ob er Anweisungen hinsichtlich einer gemeinsamen Vorgangsweise bei der spanischen Regierung empfangen habe. Exkaiser Karl verfüge über ein genügend großes Vermögen, sich und seine Familie erhalten zu können. Es gäbe daher für seine Übersiedlung nach Spanien keine Schwierigkeiten mehr. Der französische Botschafter sagt, er habe keinerlei Anweisungen erhalten und telegrafierte nach Paris. Seine Regierung antwortete, daß die ungarische Regierung nicht gewillt sei, ihm ein fixes Einkommen oder eine Zivilliste zu gewähren, obwohl sie Seiner Majestät zwanzig Millionen Kronen gezahlt hätten. Monsieur Briand fügte hinzu, unter diesen Umständen erscheine es als unmöglich, im Sinne der italienischen Regierung bei den Spaniern vorstellig zu werden ...«

(D.B.F.P. Vol. XXII, Nr. 332)

Umsturz und Revolution hatten in den Nachfolge- wie in den Kernländern zweifellos auch ungute Elemente nach oben gespült.
Auch Mitglieder alter Familien, von denen in erster Linie Treue und Anhänglichkeit zum angestammten Herrscherhaus zu erwarten gewesen wäre, zeichneten sich durch besondere Perfidie aus. Ein Musterbeispiel dafür ist der damalige – königliche! – ungarische Außenminister Nikolaus Graf Bánffy de Losoncz, der sich übrigens auch als Schriftsteller einen gewissen Namen gemacht hatte. Sein Vater hatte die ungarische Kulturkampfgesetzgebung zu Ende geführt. Nikolaus Bánffy war seit 1910 Mitglied des Abgeordnetenhauses, von 1913–1918 Intendant der staatlichen Oper und des Nationaltheaters, 1921–1922 war er Außenminister.
In dieser Eigenschaft scheute er sich nicht, sich sogar mit Herrn Beneš zum Versuch einer Erpressung an dem gekrönten König zusammenzutun; ein Bericht des britischen Hochkommissars Hohler in Budapest an seinen Außenminister in London spricht da eine beredte Sprache:

Mr. Hohler, Budapest, an den Marquess Curzon of Kedleston; in London eingelangt am 4. Oktober 1921

Budapest, 29. September 1921

»Der Außenminister teilt mir mit, daß er kürzlich einen Grafen Szápáry, der jetzt in der Tschechoslowakei lebt, beauftragte, an Herrn Beneš heranzutreten, um die Frage des Unterhalts des Exkönigs Karl zu besprechen und vorzuschlagen, daß beide Länder ihm sein Privateigentum übergeben sollten, allerdings nicht die Krongüter. Die Übergabe muß unter der Bedingung geschehen, daß Karl auf die Krone verzichtet und keinen Versuch unternimmt, nach Ungarn zurückzukehren.
Bánffy sagte, er habe die Sache sowohl zum eigenen Nutzen wie auch zum Beweise gegenüber der tschechischen Regierung gegenüber dafür übernommen, daß Ungarn in seiner Ablehnung der Rückkehr Karls absolut ernst zu nehmen sei.
Bánffy sagte mir, daß Beneš diese Idee aus ganzem Herzen begrüßt habe; er sagte, nichtsdestoweniger, daß die Güter kraft eines Parlamentsbeschlusses konfisziert und daher nicht mehr zurückgegeben werden könnten; und Beneš halte es auch nicht für wünschenswert, sie jemals wieder zurückzugeben. Aber er dachte, er könnte ein anderes Gesetz einbringen lassen, durch das die Einkünfte aus den Privatgütern oder

von ihrem Kapitalwert an Karl unter den erwähnten Bedingungen ausgezahlt werden könnten.

T. B. Hohler«

(V B F P, Vol. XXII, No. 354)

Also wieder nackte Erpressung: hier Verzicht, da (das eigene) Geld ... Anfang Oktober 1921, als die Vorbereitungen für die Heimkehr des Königs schon sehr weit gediehen waren – es blieben nur noch drei Wochen Zeit bis zum Ungarnflug –, meldete der britische Geschäftsträger in Rom, der sich mit der Vermögensfrage besonders oft mit den Italienern (die das gesamte Este-Vermögen geraubt hatten) herumzuschlagen gehabt hatte, voll Abscheu, die Sache sei sozusagen erledigt.
Sie war es wirklich. Nach dem 2. Restaurationsversuch kümmerte sich überhaupt niemand mehr um den Kaiser und König und fast jeder war der Meinung, die »Habsburger müßten doch irgendwo im Ausland Besitz und Vermögen haben«. Hatten sie nicht.

Sir G. Buchanan, Rom, an den Marquess Curzon of Kedleston: in London eingelangt am 2. Oktober 1921, 21.30 Uhr

Rom, 2. Oktober 1921, 14.15 Uhr

»Der französische Geschäftsträger, den ich gestern traf, sagte, er hätte bereits zwei Unterredungen (die letzte ungefähr vor einer Woche) mit dem italienischen Außenminister bezüglich des Eigentums Kaiser Karls gehabt, und daß angesichts der Äußerungen Seiner Exzellenz es ihm nutzlos erscheine, diese Frage noch einmal aufzuwerfen ...«

(D.B.F.P. Vol. XXII, Nr. 362)

In den Mutmaßungen über die »wahre« Vermögenslage Karls klingt wohl auch die Überzeugung mit, die Habsburger hätten – so wie jede andere »vernünftige«, vermögende Herrscherfamilie auch – eine Reserve irgendwo im Ausland angelegt. Tatsache ist, daß schon in den Tagen Kaiser Franz Josephs kluge Ratgeber immer wieder in dieser Frage an den Kaiser herangetreten waren, der Monarch aber jedwede diesbezügliche Transaktion strikt abgelehnt hatte.
Auch Kaiser Karl ließ im Jahre 1918, als sich die brennende Gefahr bolschewistischer Aktionen abzeichnete und Plünderungen nicht ausgeschlossen schienen, einen Teil des Familienschmucks – und die wich-

tigsten Dokumente – in die Schweiz bringen, doch von einer Vermögensverlagerung« konnte keine Rede sein. Sicher trafen hier zwei Beweggründe zusammen: zunächst die Überzeugung, die Herrschaft Habsburgs in den Kronländern sei auf der Treue und Liebe der Völker errichtet und außerdem ein Vermögenstransfer mit den moralischen Grundsätzen habsburgischer Herrschaft nicht vereinbar.

Diese Ansichten sollten sich allerdings bitter rächen, stand doch die kaiserliche Familie schließlich absolut mittellos da. Nach dem frühen Tod des Kaisers auf Madeira war Kaiserin Zita buchstäblich auf milde Gaben der Getreuen angewiesen, die vielfach die Lage der Familie, die schier verzweifelte Lage der Kaiserin und Mutter, überhaupt nicht erfaßten ...

Die Mehrzahl der Berichte deutet dann auch auf immer neue Versuche hin, den Kaiser und König in seiner Gesinnung wanken zu machen und seine Notlage auszunützen.

Der britische Hochkommissar in Budapest, T.B. Hohler wußte aber am 12. September 1921 über eine besondere Infamie der Italiener zu berichten:

Während er seine Regierung darüber aufklärt, daß König Karl von Budapest nicht, wie es hieß, 20 000 Kronen jährlich erhalten sollte, sondern nur 10 000 (in Wirklichkeit nichts), erzählt er im gleichen Atemzug von einer Nachricht, die ihm der italienische bevollmächtigte Minister in Budapest zukommen ließ: die »karlistische Partei« habe allein in diesem Jahr 400 000 Kronen für Propaganda der Legitimisten ausgegeben, von einem Geldmangel bei Karl könne also nicht die Rede sein.

Im übrigen gäbe es da die neue Idee, Karl seine privaten Güter im Tausche für eine Abdankung zur Verfügung zu stellen, zumindest deren Nutzwert, wenn schon nicht die Güter selbst (Telegramme 435 und 346, DBFP Vol. XXII).

Über die Tatsache der Unrechtmäßigkeit der Konfiskation habsburgischer Güter in den Nachfolgestaaten sowie in Österreich und Ungarn selbst machte sich kaum jemand Gedanken.

Die Konfiskation habsburgischen Eigentums nach dem Ende des Krieges war in der Tat – die Sowjetunion ausgenommen – in der Geschichte moderner Kulturstaaten beispiellos. Zu erwähnen ist in diesem Zusammenhang die völlige Enteignung der hofärarischen Domäne in der ganzen Vermögensfrage:

Sie umfaßte die Hofburg mit den Gebäuden vor dem äußeren Burgtor in Wien mit den kaiserlichen Sammlungen (Sammlungen Kaiser Rudolfs II., des Erzherzogs Ernst und vieler anderer), das Schloß Schönbrunn, das Schloß Hetzendorf, die Lobau vor den Toren Wiens, die Residenz in Innsbruck, Salzburg und Baden; die Budapester Burg, Schloß Gödöllö, Schloß Karlstein, das Schloß Wavel in Krakau, Miramar bei Triest, das Gestüt Lipizza.

Nochmals: die kaiserliche Familie stellte diesbezüglich keine Ansprüche. Aber: Bei all diesen Vermögenswerten wurde nicht einmal der Versuch unternommen, nach dem finanziellen Hintergrund ihrer Entstehung zu fragen. Dabei rühren viele dieser Wertobjekte noch aus der Zeit der ersten Habsburger her, die sie aus ihrem Gelde erwarben, fast alle waren »Kammergut«, also Vermögen des Herrschers. Alle diese Wertobjekte sind von den Herrschern und ihren Familienangehörigen aus Einkünften errichtet oder erhalten worden, die sie genauso gut irgendwo im Ausland hätten anlegen können. Mit ihren Einkünften bestritten sie jedoch die Erhaltungskosten für das Hofoperntheater, das Hofburgtheater, die beiden Hofmuseen und zahllose andere künstlerische und humanitäre Einrichtungen.

Übrigens war nicht nur Kaiser und König Karl den Konfiszierern zum Opfer gefallen: Erzherzog Friedrich wurde die Privatsammlung »Albertina« weggenommen, in der neugegründeten Tschechoslowakei verlor er die Domänen Selowitz und Teschen, Erzherzog Peter Ferdinand verlor seinen einzigen Besitz, die Villa Hubertus in Parsch bei Salzburg.

Ein besonders perfider Fall von Enteignung war der Raub der Domänen Konopischt und Chlumetz durch die Tschechoslowaken; dabei waren die Kinder des in Sarajewo ermordeten Thronfolgers Franz Ferdinand nicht einmal mehr »Habsburger«, sie hatten nach der morganatischen Eheschließung mit Gräfin Chotek auf alle Rechte, die aus der Mitgliedschaft zur Herrscherfamilie erwuchsen, verzichten müssen.

Die Tschechen übten sich – so als hätten sie die Austreibung der Sudetendeutschen und den Raub deren Guts schon 1921 vorweggenommen – in besonderer Weise. Obwohl nach dem authentischen französischen Text des Friedensvertrages von St. Germain-en-Laye nur die Konfiskation des »gemeinsamen Familienvermögens« gemeint sein konnte, traf es auch den von Kaiser Franz Joseph I. gestifteten Kronfideikommiß und auch das persönliche Vermögen Kaiser Karls: die Domäne Brandeis an der Elbe.

In Österreich war es kaum besser, auch nicht gerechter zugegangen. Obwohl der Friedensvertrag von St. Germain (in Kraft seit dem 16. Juli 1920) der Republik Österreich hinsichtlich des gemeinsamen Familienvermögens der Habsburger keinerlei Rechte eingeräumt hatte, war es schon am 3. April 1919 konfisziert worden. Klug bedeckte man diesen Raub mit einem Mäntelchen, indem die Machthaber vorgaben, aus diesem – geraubten – Vermögen einen Kriegsgeschädigtenfonds zu speisen. Damit sollte wohl die »öffentliche Meinung« beruhigt werden; einen anderen, sinnvollen Zusammenhang haben die damals natürlich berechtigten Ansprüche der Kriegsopfer auf Hilfe mit der radikalen Enteignung einer Familie, die am Krieg nicht schuld war, nicht. Das Gesetz vom 3. April sprach nicht nur jedem Rechtsdenken Hohn, es war auch so schlampig zusammengebastelt, daß es schon am 30. Oktober des Jahres 1919 überholt werden mußte.
Nun zählte das Gesetz die konfiszierten Vermögensmassen sicherheitshalber gar einzeln auf. Mit einer beispiellosen Schamlosigkeit wurde dabei noch angeführt, daß zu den konfiszierten Vermögensbestandteilen auch jene Gegenstände gehören, die aus der Zivilliste gekauft worden sind, gesetzlich sanktionierter Diebstahl also.
Auf Grund dieser Gesetze fielen der Republik Österreich mancherlei Dinge zu: von der Domäne Orth an der Donau mit Schloß Eckartsau, bis zu je einem Haus in der Augustinerstraße und in der Ungargasse, dazu das Primogenitur- Familienfideikommiß der Sammlungen:
die Niederländer-Gobelins, die Steinmosaikbilder, die Waffensammlungen von Schloß Laxenburg und Schloß Ambras, der habsburgisch-lothringischen Hausschatz (allerdings ohne die eigens angeführte Unterabteilung »Privatschmuck«) sowie die kunsthistorischen Sammlungen des Kaiserhauses: die Münzen- und Medaillensammlung, die Antikensammlung, die Sammlung ägyptischer Altertümer, die Waffensammlung, Gemäldegalerie, die Hofgewehr- und Sattelkammer, die Hofwagenburg, die Weltreisesammlung Erzherzog Franz Ferdinands (im nach ihm benannten Museum, heute »Österreichisches Museum«).
Aus dem Kaiser-Franz-Joseph I.-Kronfideikommiß des Erzhauses fiel das Jagdhaus Mürzsteg den Enteignern zum Opfer, aus der Reihe der Estensischen Kunstgegenstände die Estensische Bibliothek und die Hofbibliothek.
Selbstverständlich ließe sich auch in diesen Fällen privatrechtliche Er-

werbsart und der privatrechtliche Charakter dieser Vermögensschaften jederzeit nachweisen.
Daß all diese Sammlungen und Kunstgegenstände selbstverständlich schon zur Zeit ihres Erwerbs immer auch der Öffentlichkeit zur Verfügung standen, bedarf wohl kaum der Erwähnung.
Es mußte bloß im Zusammenhang mit der sich über Monate, ja Jahre hinziehenden Debatte der Siegermächte über die Frage, wer denn nun der Familie Kaiser Karls helfen sollte, einmal mehr in Erinnerung gebracht werden, daß die Familie, die über Jahrhunderte hinweg alles das zusammengetragen hatte, was das Antlitz Österreichs eben bis zum heutigen Tag – und wohl in alle Zukunft – prägt, de facto dem Elend preisgegeben wurde.
Selbst den Siegern war das Verhalten der österreichischen Regierung nicht geheuer, sie vermuteten Besseres (als dann tatsächlich da war), wie das nachfolgende Schreiben beweist. Charles Tufton unterzeichnete in London im Auftrage des Außenministers Curzon of Kedleston einen Brief an den französischen Botschafter in London:
»Während es vielleicht schwierig wäre, von den Nachfolgestaaten zu verlangen, Eigentum des Exkaisers freizugeben, hätten die drei alliierten Regierungen (England, Frankreich, Italien) nichts dagegen einzuwenden, der ungarischen, ja sogar (sic!) der österreichischen Regierung vorzuschlagen, dem Exkaiser Einkünfte aus dem Besitz in den beiden Ländern zukommen zu lassen.« (No. 346, DBFP, Vol XXII)
Um diese Tage gibt es auch einen Bericht des britischen Hochkommissars in Wien, Mr. Keeling, der über die verzweifelte Wirtschaftslage der Nachfolgestaaten und Österreichs referiert und über Versuche der Wiener Regierung, mit der Tschechoslowakei eine Zollunion einzugehen und solches auch mit Ungarn zu wagen. »Zweifellos würden die Vorteile über längere Sicht überwiegen ...«, heißt es da; vergeblich wird man sich fragen, warum die Wirtschaftseinheit vorher mutwillig zerstört worden war.
Erteilt der britische Außenminister seinem römischen Botschafter dennoch einmal Anweisung, etwas für die Versorgung des Kaisers und Königs zu tun, gibt er auch seine durchaus (wie er glaubt) egoistischen Beweggründe dazu bekannt:
»Die Alliierten haben die Rückkehr der Habsburger verboten. Daher liegt es im besonderen Interesse Österreichs und Ungarns, sie von diesen Ländern so weit wie möglich fern zu halten und den Exkaiser ergo

in ein Land zu verbringen, das möglichst fern von Österreich oder Ungarn liegt um ihn nicht in Versuchung zu bringen, einen Staatsstreich zu wagen und damit die Alliierten zu zwingen, ihre Stellung verteidigen zu müssen ...« (Nr. 377, DBFP Vol. XXII, 6.10.1921)
Die Alliierten scheuten sich später auch nicht, den Ungarnflug und den darauffolgenden Versuch des Königs, nach Budapest vorzustoßen, mit seinen finanziellen Sorgen zu erklären.
Raub und Diebstahl, allgemeine Not und Ratlosigkeit waren übrigens gemeinsame Leitlinie eines Berichtes aus Wien, den Herr Lindley am 21. Oktober gab – zum Zeitpunkt der Abfassung natürlich noch völlig ahnungslos darüber, daß der König und Kaiser gerade mit dem Flugzeug nach Ungarn zurückkehrte – als er an seinen Außenminister in London schrieb:
»Als ich dann auf dem Rückweg Bundeskanzler Schober besuchte, war ich von seiner Niedergeschlagenheit und Bedrücktheit tief betroffen ... er meint, daß all die Verträge, die da geschlossen wurden, von jeder Macht, die vor Gewalt und Blutvergießen nicht zurückschrecke, überrannt werden könnten und ihre Einhaltung auch keinen Vorteil biete ... Es besteht doch auch kein Zweifel daran, daß Österreich niemals daran gedacht hätte, die ungarischen westlichen Komitate zu erwerben, wenn sie Österreich nicht im Friedensvertrag zugesprochen worden wären. Es ist so, wie mir der frühere ungarische Finanzminister in seinem prachtvollen Englisch unlängst sagte: da liegen zwei Sterbende auf dem Erdboden und der eine zieht dem anderen mit letzter Kraft die goldene Uhr aus der Westentasche ...
In der Tat wäre es wohl schwierig gewesen, eine länger andauernde Feindschaft zwischen Österreich und Ungarn zu säen als durch die Übergabe des Burgenlands an Österreich ... aber möglicherweise war es gerade das, was man wollte ...« (No. 393, DBFP XXII). Zumindest lag das der alliierten Planung zugrunde!
Kaiser Karl stand in seinem schweizerischen Exil unter ständigem Zugzwang, sich der wichtigsten österreichischen und ungarischen Angelegenheiten anzunehmen ... für Österreich die Unabhängigkeit zu bewahren und für Ungarn – entsprechend dem Wunsche des Papstes – das Schlimmste zu verhüten, also heimzukehren.
Daß in dieser Zwangslage der Kaiser und König mit einem ganz geringen Personalstand und mitunter auch unzulänglichen (wenn auch treuen) Mitarbeitern auskommen mußte, erschwerte die Lage ungemein.

Nur unter diesen Umständen konnte es geschehen, daß sich ein Herr Bruno Steiner, der sich übrigens zur Zeit Erzherzog Franz Ferdinands als Verwalter Estensischen Vermögens ganz gut bewährt hatte, rasch und ohne viele Umstände in den »inneren Kreis« der Verwaltung bei Kaiser Karl im Exil eindringen konnte.

Er zeigte sich auch dort zunächst ganz »brauchbar«, fiel aber alsbald einer Erpresserbande in die Hände, über deren Auftrag er die Reserven Kaiser Karls – den Privatschmuck – aus dem Banksafe raubte und damit die Familie akuter Not aussetzte.

Daß ihm, dem Bruno Steiner, von seinem Raubzug nichts blieb, ist die übliche Wendung in solchen und ähnlichen Geschichten: zuletzt war er nichts als ein betrogener Betrüger.

Für die Familie spitzte sich die Lage nach der Entdeckung des Steinerschen Diebszugs dramatisch zu: als die Kaiserin von Madeira in die Schweiz kam, um für den Unterhalt der Familie die letzten Reserven abzuholen, war alles ausgeplündert.

Die Familie hat auch diese extreme Notlage gemeistert, indem sie sich auf ein kaum vorstellbares Maß einschränkte. Nicht nur gesundheitliche Schäden – Unterernährung – waren die Folge, sondern letztlich auch der frühe Tod des Kaisers.

12. Kapitel

Verteidigungsschrift für den König

Im Sommer 1921, genau in der zeitlichen und politischen »Halbzeit« des noch immer völlig offenen Kampfes zwischen dem König und seinem ungetreuen Verwalter in Budapest, verfaßte man in der Umgebung des Königs – wahrscheinlich war Werkmann der Autor – eine Verteidigungsschrift für den König, um den gegen ihn ausgestreuten Gerüchten und Verdrehungen entgegentreten zu können.
Freilich war es ein typischer Versuch der halben Mittel mit halbem Einsatz: während die Deutsche Botschaft in Wien mit Hilfe ihrer reichen Geldmittel und vollkommenen Symbiose mit der damaligen österreichischen Presse die österreichische Seite der Reste der Doppelmonarchie »behandelte«, hatte auch Budapest die Bedeutung der königsfeindlichen Propaganda vollkommen richtig erfaßt und mit Hilfe des Obersten Max Bauer und des Tibor von Eckhardt (Eckhardt war schon Pressechef der Szegediner Gegenregierung gewesen, danach Pressechef im Ministerratspräsidium und 1928 Führer der Partei der Kleinlandwirte; er wurde übrigens später einer der treuesten Mitarbeitere Otto von Habsburgs!) einen nahezu perfekten Desinformationsdienst aufgebaut, gegen den sich die Unternehmungen der Legitimisten, die Wahrheit über König Karl zu verbreiten, wie hilflose Versuche von Amateuren ausnehmen.
Die ganze Unfähigkeit der Führung des legitimistischen Propagandaapparates geht allein schon aus der läppischen Angabe zur Autorenschaft dieser an sich vorzüglichen Verteidigungsschrift hervor. Anstatt einen prominenten Namen als den autorisierten Verteidiger der Sache des Königs aufzubauen (wie es für sich Horthy mit Eckhardt machte), wandt man sich auf der Seite des Königs mit vorsintflutlichen Formulierungen wie »von eingeweihter Seite«.
Auch inhaltlich ist die ganze Halbheit der legitimistischen Propaganda erkennbar: gibt doch hier der Autor dieses Verteidigungspamphlets für den König nicht mehr und nicht weniger an, als daß der König

»jung und unerfahren« den schwierigsten Thron Europas bestiegen hatte ... eine Aussage, die nicht nur dumm, sondern auch unwahr ist, weil der junge König sehr wohl auf sein Amt vorbereitet worden war und die zwei Jahre Kriegserfahrung an allen Fronten wohl dem Zehnfachen an Erfahrung im Frieden entsprochen hat.
Dennoch ist diese Arbeit, die natürlich nie die Adressaten in Ungarn erreichte, weil der König weder die Geld- noch die Machtmittel hatte, seine Ansichten unters Volk zu bringen, interessant als eine Art von Zwischenbilanz, hier sogar wörtlich zu verstehen als eine Bestandsaufnahme vor dem letzten Restaurationsversuch:

Widerlegung ausgestreuter Lügen über König Karl (von eingeweihter Seite)

Mit dem angeblichen Verrat der Königin an Italien hängt auch die Art und Weise zusammen, wie das seinerzeitige Verbot, italienische Städte zu bombardieren, ausgelegt wurde.
Es ist Tatsache, daß der König noch als Erzherzog-Thronfolger seinen Luftstreitkräften verboten hatte, offene italienische Städte mit Bomben zu belegen. Die erste Ursache dieses Verbotes war das Völkerrecht, welches ein jedes Beschießen offener Städte verbietet. Dann wurde auch in Betracht gezogen, daß ein Verstoß gegen dieses Verbot des Völkerrechtes unbedingt italienische Gegenmaßnahmen zur Folge gehabt hätte, die bei der starken Überlegenheit des italienischen Flugwesens über das unsrige für die Städte der Monarchie, die in erreichbarer Nähe der italienischen Front lagen, mit den traurigsten Folgen verbunden gewesen wären. Abgesehen davon hätten Fliegerraids auf italienische Städte die Fliegertruppe ihrer eigentlichen Verwendung entzogen und die kämpfende Front des Fliegerschutzes entblößt.
Vollkommen unbegründet sind die Gerüchte über die Trunksucht des Königs. Merkwürdigerweise sind ähnliche Gerüchte auch über Kaiser und König Franz Joseph ausgestreut worden, der doch einem jeden, der seine Lebensweise beobachten konnte, als das Vorbild der strengsten Mäßigkeit bekannt war.
Wer hat jemals König Karl auch nur »beschwipst« gesehen? Wer hat jemals etwas aus verläßlicher Quelle über die Trunksucht des Königs gehört? Niemand.

Und niemand kann mehr behaupten, als daß »man sagt«. Ja, die Geheimagenten der Entente haben es gesagt, wie sie es auch vom König Franz Joseph vom Augenblick an gesagt haben, als er das Anerbieten König Eduards, sich der Entente anzuschließen, zurückwies. Und ebenso wie von Kaiser Franz Joseph weiß auch von König Karl ein jeder, der in seiner Umgebung gelebt hat, daß er bezüglich Speise der Anspruchsloseste, bezüglich Trank das Mäßigste ist, was sich nur vorstellen läßt. Einer der Vorwürfe, die dem König am häufigsten gemacht werden, ist der, daß er willensschwach, leicht beeinflußbar und daher wankelmütig sei; eine vage, allgemeine Behauptung, die eigentlich nie durch Anführung positiver Fälle unterstützt wurde, der aber wirkungsvoll entgegenzutreten ebenfalls ungemein schwer ist. Jedenfalls kann dieser Behauptung entgegengestellt werden, der König habe vom Augenblicke der Thronbesteigung an ein klares Ziel vor sich gehabt, und er habe dieses Ziel, von dem er sich durch gar nichts abbringen ließ, energisch, konsequent und mit allen Mitteln verfolgt. Dieses Ziel war der ehrenvolle Frieden; daß es richtig war, haben die späteren Ereignisse bewiesen; daß es nicht erreicht werden konnte, daran war nicht der König schuld. Er stand mit seinem Friedenswillen so gut wie allein. Weder der Deutsche Verbündete noch der Feind wollte vom Frieden, wie er ihn sich vorstellte, von einem gerechten, von einem Kompromißfrieden, etwas wissen. Selbst die Stimmung in den eigenen Ländern, in den Parlamenten, war den Friedensbestrebungen des Königs im Anfang nicht günstig. Auch dort träumte man von Sieg und Siegfrieden. Vielseits nahm man auch dem Herrscher seinen Friedenswillen übel. Erst später schlug jene Stimmung um, und man verlangte stürmisch den Frieden. Man vergaß hierbei, daß dieses Friedensgeschrei vor der großen Öffentlichkeit die Arbeit des friedensuchenden Monarchen nur ungemein erschweren konnte und schließlich auch zur Niederlage führte. Jenes Friedensgeschrei war eben das erste Symptom des Zusammenbruches, den der König bereits Ende 1916 vorausgesehen hatte und eben deshalb mit festem Willen und mit äußerster Konsequenz dem rechtzeitigen Frieden nachstrebte. Vieles, was an der Politik des Königs gekrittelt und getadelt wurde, war nur natürliche Konsequenz jener Friedensbestrebungen. All die angeblichen Fehler, die der König gemacht haben soll, sind leicht und natürlich erklärt, wenn man sie aus dem Gesichtswinkel der Friedenspolitik betrachtet. Ob wirklich Fehler gemacht worden sind, wird nur die Geschichte beurteilen können, nicht wir, die wir nur auf Grund einer ganz unzureichenden Kenntnis der Dinge urteilen können. Doch wäre es tatsächlich ein Wunder, wenn keine Fehler vorgekommen wären. Ein junger, noch unerfahrener Monarch, der ursprünglich dem Throne ferne stand, der daher eigentlich nur zum Soldaten, nicht zum Herrscher erzogen wurde; der dann plötzlich an die Spitze eines komplizierten Staatswesens gestellt wurde, desjenigen Staatswesens, welches unter allen Staaten der Welt am schwersten zu regieren war, und welches sich eben in der allerschwersten und allerkritischsten Epoche seiner Geschichte befand. Wäre es ein Wunder gewesen, wenn dieser Monarch hier oder dort Fehler begangen hätte, wo doch auch die siegreichen Ententestaaten, die sich in einer viel leichteren Lage befanden, manche Fehler begingen? Die Zeiten waren eben zu schwer. Keiner war ihnen gewachsen. Es gibt keinen einzigen Herrscher, Staatsmann oder Feldherrn, der während dieser übermenschlich schweren Zeitperiode keine Fehler begangen hätte. Der erprobte und geniale Wilhelm II., seine großen Feldherren und weniger großen Minister, der unbeugsame Clemenceau und seine tatkräftigen Kollegen, der siegreiche Foch, die klugen englischen Staatsmänner, der Idealist Wilson, unser unvergleichlicher, felsenfester Tisza, der rege, unruhige, sich auf den allwissenden und alles voraussehenden aufspielende Czernin – alle haben Fehler gemacht,und zwar mitunter sehr schwere. Warum sollte eben der junge König nie einen Fehler gemacht haben? Nur an einem hat es ihm sicherlich nie gefehlt. Er ging dem, was er als seine Pflicht erkannte, durch Nebenrücksichten unbeirrt, mit eiserner Energie und Konsequenz nach. Er war stets vom besten, vom ehrlichsten Willen erfüllt. Er strebte nie seinen persönlichen Vorteil an. Das Wohl und Wehe seiner Völker lag ihm stets am Herzen. Er suchte die Wünsche seiner Völker zu befriedigen. Er war nie ein Tyrann. Fehler?! Es sei zugegeben. Aber nur ein Vollkommener, der nie einen Fehler begangen hat, und der an menschlichen Tugenden reicher ist als er, hat das Recht, ihn deshalb zu verurteilen.

Wie dem auch sei, hat Karl IV., der jung und unerfahren den schwierigsten Thron Europas bestiegen hatte, während seiner kurzen Regierungszeit eine Schule durchgemacht, wie kaum ein anderer Herrscher Europas. Auch die schweren Erprobungen der Umsturzära und die Tage der ruhigen Kontemplation in der Schweiz waren geeignet, den Charakter des Königs zu voller Entwicklung zu bringen. Heute ist der

König nicht mehr der junge Herrscher, dem sein Metier neu ist, und der daher erst unterrichtet werden muß. All diejenigen, die in der letzten Zeit den König zu sehen Gelegenheit hatten, heben hervor, wie sehr er in allen Fragen, die Ungarn betreffen, versiert ist, wie klar er über alle diese Fragen denkt, wie richtig er alles beurteilt und wie scharfe, logische Konzeptionen er über die zukünftige Entwicklung des Landes entwickelt. Der König begründet und verteidigt mit warmer, fester Überzeugung und mit überzeugender Argumentation jene Friedenspolitik, die er befolgt hat und die die Ereignisse vollauf gerechtfertigt haben. Er übt aber auch strengste Selbstkritik aus und weist auf begangene Fehler in der liberalsten Weise hin. Der König ist einer jener seltenen Monarchen, die Aufrichtigkeit nicht nur vertragen, sondern direkt fordern. Er verträgt keine Schmeichelei. Er argumentiert mit scharfer Logik und hört gerne Gegenargumente. Er will eine jede Frage von einer jeden Seite beleuchtet sehen, bevor er sich ein Urteil bildet. Er hat jene superiore Objektivität und Unbefangenheit, jene über allen Kleinlichkeiten stehende Freiheit des Denkens, die die vornehmlichsten Charakterzüge eines bedeutenden Monarchen bilden.
Ungarn würde umsonst einen Herrscher suchen, der geeigneter wäre in den kommenden großen Zeiten, die schweren Aufgaben des Königs von Ungarn zu erfüllen, als der König Karl, der legitime gekrönte König von Ungarn.
Ein weitverbreitetes Märchen behauptet, der König habe den Tschechen und den Kroaten Teile Ungarns versprochen, um sich auf dem Kaiserthrone behaupten zu können. Auch diesem Märchen haben viele Glauben geschenkt, ohne die geringsten Beweise seiner Wahrheit zu haben. Man hat es eben »gehört« – und das genügte. Gibt es denn nur einen Mann, der von dieser Sache aus unmittelbarer Erfahrung oder aus verläßlicher Quelle etwas wüßte? Nein, es kann keinen geben, da die ganze Geschichte glatt erfunden wurde, um den Herrscher zu discreditieren. Man möge ungarische, tschechische und kroatische Politiker befragen. Ob sich einer finden wird, der jenes Schauermärchen bestätigt? Hingegen wissen lebende Zeugen: die Kroaten Frank, Pazmann, Horvat, die Ungarn Graf Hunyady und Georg Szmrecsányi, wie sich die Audienz der kroatischen Abordnung im Oktober 1918 abspielte, wie treu damals der König auch an den Normen der ungarischen Verfassung festhielt, und seine Zustimmung zu einer durchaus günstigen Lösung der Kroatischen Frage davon abhängig machte, daß das

Frank'sche Programm von einem ungarischen Politiker parlamentarisch vertreten werde. Der Umsturz hat den Faden auch hier, wie an so manchen Stellen, zerrissen …

… Nebst den hier angeführten Allgemeinheiten und Unwahrheiten werden dem König Sachen vorgeworfen, die an und für sich wahr sind, bei denen es sich daher nur darum handelt, sie im richtigen Lichte darzustellen. Hierher gehört in erster Linie der Beschwerdepunkt, der Hof habe Budapest nach der Krönung sofort verlassen, ferner einige wichtige politische Entschlüsse und Handlungen des Königs, die in der öffentlichen Meinung einer scharfen Kritik unterzogen und getadelt wurden.

Der Hof hatte sich nach der Krönung in Budapest nicht aufgehalten, und der König kam später sehr selten nach Ungarn. Warum? Der König war Oberbefehlshaber der Armee und der Flotte und er leitete mit seinem Minister des Äußeren die auswärtige Politik der Monarchie. Es war daher unerläßlich, daß der größte Teil seiner Zeit im Hauptquartier verbracht und daß er mit dem Ballhausplatze, mit dem Kriegsministerium, mit den fremden Botschaften und mit der deutschen obersten Heeresleitung in ständiger Verbindung stand. Diese Notwendigkeit trat zu Beginn seiner Regierungszeit besonders in den Vordergrund, da doch der König zu Lebzeiten Franz Josephs ein Truppenkommando innehatte, an der Front stand, den Regierungsgeschäften und der militärischen Oberleitung nicht beigezogen wurde und sich daher auf all diesen komplizierten und genaue Kenntnisse erfordernden Gebieten orientieren mußte.

Da man aus technischen Gründen nicht einmal daran denken konnte, das Hauptquartier nach Budapest zu verlegen und da die Etablierung der Zentralstellen und der fremden Vertretungen in Budapest auf unüberwindliche Schwierigkeiten stießen, konnte der König nicht anders, als einen Aufenthalt in Budapest auf ein unbedingt notwendiges Ausmaß einzuschränken.

Wäre dem König zur Kenntnis gebracht worden, daß die öffentliche Meinung in Ungarn seine längere Anwesenheit im Lande erfordere, hätte der Aufenthalt, wenn auch nicht ohne Schwierigkeiten, aber doch um etwas verlängert werden können. Doch scheinen auch die Minister von der Notwendigkeit der Rückkehr des Königs derart überzeugt gewesen zu sein, daß sie dem Herrscher gar nicht vorschlugen, seinen Aufenthalt in Budapest zu verlängern.

Die hier angeführten Umstände haben es dem König auch später unmöglich gemacht, in Ungarn für längere Zeit Aufenthalt zu nehmen ...
... Es gibt Leute, die behaupten, an dem Umsturze sei der König schuld gewesen, indem er das Land im kritischen Moment verlassen und dann mit der Eckartsauer Deklaration die Zügel ganz aus der Hand gegeben habe. Diese Auffassung ist ganz irrig und widerspricht den historischen Tatsachen.
Wie war die Lage, als der König nach seinem letzten Aufenthalt in Ungarn das Land verließ? In Budapest und in Gödöllö fanden Beratungen statt. Károlyi, der schon damals gegen den König konspirierte, trachtete diesen zu überzeugen, er sei der einzige Mann, der Ungarn noch retten könne und er beanspruchte die Macht für sich. Inzwischen wurde es notwendig, daß sich der König ins Hauptquartier begab. Károlyi wurde eingeladen, mitzufahren, um die Besprechungen fortzusetzen. Die königlichen Kinder blieben aber in Gödöllö. Der schlagendste Beweis, daß das Königspaar die Absicht hatte, in kürzester Zeit zurückzukehren.
Der König kam in Wien an und begab sich ins Hauptquartier. Károlyi hatte im Hotel abzuwarten, bis er zur Audienz berufen wird. Der ganze Tag des Königs war von fieberhafter Arbeit erfüllt, die militärische und die außenpolitische Lage war ja die allerkritischste; es ging um Tod oder Leben der Monarchie. Am Abend ließ der König Károlyi rufen. Er war nicht mehr da. Die Geduld ist ihm gerissen. Ihn, den Retter Ungarns, einen halben Tag warten zu lassen! Er, der Mann der Taten, soll einen halben Tag in den öden Räumen eines Luxushotels sitzen! Welche eine Zumutung! Tief gekränkt ist er nach Budapest abgedampft. Das Übrige ist bekannt.
Von einer Rückkehr nach Gödöllö war nicht mehr zu sprechen. Man brachte auch die Kinder nach Wien. Sie verließen Gödöllö bereits in Gegenwart republikanischer Soldaten. Trotzdem frug man beim Minister des Innern Grafen Theodor Batthyanyi telephonisch an, ob sich der Hof nicht in eine andere ungarische Stadt begeben könne. Man dachte an Poszony (Pressburg). Wien war bereits rot. Den Ungarn vertraute man noch. Batthyanyis Antwort war jedoch verneinend. Er könne für die Sicherheit der königlichen Familie nicht garantieren.
Erst später erfuhr man, daß der König bereits auf der Reise von Gödöllö nach Wien in Gefahr schwebte. Gegen den Hofzug war ein Attentat geplant; dieses unterblieb nur deshalb, weil sich auch Károlyi im Hofzuge

befand. Die königliche Familie begab sich nach Eckartsau, wo der König die Klärung der Lage abwarten wollte.
Warum griff der König nicht mit Truppenmacht ein? Warum unterdrückte er nicht den Aufruhr in Budapest? Weil ihm (durch den Militärkommandanten von Budapest, General Lukačič) gemeldet wurde, die Truppen seien nicht mehr verläßlich, ein bewaffneter Eingriff könne nicht mit Bestimmtheit auf Erfolg rechnen. Und ein unnützes Blutvergießen oder einen Bürgerkrieg wollte der König nicht entfesseln. Lieber wurde Károlyi, der sich noch immer auf den Getreuen ausspielte und vorgab, in einer Notlage zu handeln, seines Eides enthoben.
Die Revolution gewann immer mehr an Raum. Eine ungarische Abordnung, Esterházy, Wlassics, Széchényi, Desöffy erschienen in Eckartsau. Die Herren versicherten den König ihrer unerschütterlichen Treue und Loyalität, wiesen aber darauf hin, daß die Rettung Ungarns nur bei Károlyi liege, der bei der Entente Vertrauen genieße und deshalb günstigere Friedensbedingungen erzielen könne. Sie baten den König daher, daß er sich zurückzöge, die Interessen des Landes verlangten dies. Der König wies den Gedanken, vom Throne abzudanken, von Haus aus kategorisch zurück. »Magyar Kiraly nem mond le.« Er begründete dies damit, eine Abdankung widerspreche seinem Krönungseid. Er ließ sich jedoch durch die Argumente der Abordnung bewegen, eine Deklaration zu unterzeichnen, mit welcher er auf die Ausübung der Regierungsgewalt verzichtete und die Entscheidungen der Nation betreffs ihrer zukünftigen Staatsform im voraus anerkannte.
Durch diese Deklaration hat der König ein »modus vivendi« geschaffen. Er dankte nicht ab, er wurde nicht eidesbrüchig, er kam aber dem Wunsche der Nation nach, indem er Károlyi die Bahn ganz frei gab, um sein Rettungswerk vorzunehmen. Daß dieses Werk so elend ausfallen wird, konnte der König nicht voraussehen. Die Nation, die Károlyi als ihrem Abgott zujubelte, sah es auch nicht voraus.
Diejenigen, die die Eckartsauer Deklaration dem König vorwerfen, mögen bedenken: was hätte er tun können?
Er stand unter einem unwiderstehlichen moralischen Zwang. Hätte man ihn mit der Waffe in der Hand zwingen wollen, die Deklaration zu unterzeichnen, hätte er sagen können: »Ihr könnt mich umbringen, wenn ihr Euch mit dem Königsmorde besudeln wollt; ich gebe aber nicht nach!« Da man dem König aber vorhielt, des Landes Wohl ver-

lange, daß er sich zurückzöge, war es seine königliche und patriotische Pflicht, der Aufforderung nachzukommen.
Es wäre ein Fehler gewesen, wenn der König abgedankt hätte. Das tat er aber nicht. Es hat sich nur um eine Nuance gehandelt, diese war aber von der größten Wichtigkeit, und es zeugt nur von dem außerordentlich feinen konstitutionellen Gefühl des Königs, daß er dies in jenem fieberhaften Augenblick sofort erkannte. Er erfüllte das Erfordernis des Augenblicks, ohne einen Verfassungsbruch zu begehen, ohne die ihm anvertraute Krone dadurch zu erniedrigen, indem er sie sozusagen in den Staub geworfen hätte, da doch keine gesetzliche Vertretung des Landes vorhanden war, die die Krone hätte übernehmen können. Mit der Deklaration verzichtete auch der König nicht auf seine Rechte und entzog sich der Erfüllung seiner zukünftigen Pflichten nicht.
Welchen staatsrechtlichen Charakter hat die Eckartsauer Deklaration? ... Sie steht außerhalb der staatsrechtlichen Formen, wie sich auch die ganze damalige Entwicklung in Ungarn revolutionär, das heißt außerhalb rechtlicher Formen abspielte.
Die Eckartsauer Deklaration hat keine Gesetzeskraft, da sie nicht inartikuliert ist; sie hat auch nicht die Kraft einer königlichen Verordnung, da sie nicht kontrasigniert ist und es auch nicht werden konnte, da es damals keine verantwortliche Regierung mehr gab.
... Die Eckartsauer Deklaration bindet niemanden ...
... Der König versprach, in die Geschichte des Landes nicht einzugreifen und die Entscheidung der Nation bezüglich der Regierungsform anzuerkennen. Der König hat sein Versprechen auch gehalten. Er enthielt sich einer jeden Einmischung und hat auch weder gegen die Volksrepublik noch gegen die Räte-Republik Verwahrung eingelegt. Er wußte auch ganz genau, Ungarn würde bald zu seiner tausendjährigen Staatsform zurückkehren. Nunmehr ist dies geschehen: die in der Eckartsauer Deklaration vorausgesehene Entscheidung der Nation ist für die alte Staatsform, für das Königtum ausgefallen. Hiermit ist aber das in der Deklaration gegebene Versprechen sozusagen erschöpft. Karl IV. kann sich ... als legitimer König Ungarns betrachten, er kann auch, wann immer, die Ausübung der Regierungsgewalt wiederergreifen. So verhält sich die Frage staatsrechtlich ...
... Dem König wird vielerseits vorgeworfen, er habe durch das Oktobermanifest den ersten Impuls zur Auflösung der Monarchie gegeben; er habe versäumt, die revolutionäre Bewegung, solange es noch mög-

lich war, mit Waffengewalt niederzuwerfen und die Monarchie mit unnachgiebiger Strenge zusammenzuhalten.
Diese Auffassung ist ganz irrig.
Der Impuls zur Auflösung brauchte nicht erst gegeben zu werden. Wir befanden uns in einem derart fortgeschrittenen Stadium des Auflösungsprozesses, daß dieser nur mit militärischen Machtmitteln hätte aufgehalten werden können. Warum sind solche nicht angewendet worden? In erster Linie darum, weil keine solchen Mittel mehr zur Verfügung standen. Die Garnisonen waren nicht mehr verläßlich. Der Versuch, sich auf diese zu stützen, hätte unbedingt ein furchtbares Blutvergießen bedeutet und dazu wahrscheinlich ein solches, das zu keinem Erfolg geführt hätte. Außerdem hätten innere Siege in Prag, in Lemberg, in Agram, in Wien, gar nichts genützt. Nur entscheidende Siege an der Front hätten die Situation retten können. Solche waren aber ausgeschlossen. Der Feind war siegreich auf der ganzen Linie, absoluter Herr der Lage, von ihm hing alles ab.
Es war demnach nur an solche Lösungen zu denken, die der Neutralität und den laut verkündeten Prinzipien der Sieger Rechnung trugen. Diese Prinzipien aber drückte der Feind mit dem Satz »Selbstbestimmungsrecht der Völker« aus. Die Lösung war also nur auf dieser Linie zu suchen. So ist das Oktobermanifest entstanden. Der Gedankengang, der ihm zugrunde lag, ist klar.
Der Krieg war verloren. Die zentrifugalen Elemente der Monarchie waren in keiner Weise zu halten. Es sollte daher den Völkern die Freiheit, die sie de facto bereits besaßen, auch formell zugestanden werden. Völker, die sich lostrennen wollten und denen diese Lostrennung von den Siegern bereits zugesagt worden war, sollten ihre eigenen Wege gehen. Was noch freiwillig zur Monarchie hielt, war auch laut den Prinzipien der Sieger deren rechtmäßiger Bestand. Dieser Bestand hätte bei den Friedensverhandlungen erfolgreich verteidigt werden können. Das Unhaltbare freiwillig aufzugeben, um das Haltbare umso fester und sicherer halten zu können, das war der Grundgedanke der Politik des Manifestes.
Diese Politik war in ihrem inneren Wesen nichts anderes, als die Politik der Plebiszite, die damals die Entente verkündete, und deren Anerkennung später die ungarische Friedensdelegation umsonst verlangte. Ob diese Politik zum Erfolg geführt hätte, wenn nicht auch Wien und Budapest den Herrscher im Stich gelassen hätten, läßt sich heute schwer

mit Bestimmtheit sagen. Wie es dem aber auch sei, durfte das einzige Mittel, von dem man sich noch einen Erfolg versprechen konnte, keinesfalls unversucht bleiben. Diesen Versuch mußte der König machen, den anderen durfte er nicht. Sein Gewissen verbot ihm, die Rolle eines schwachen, blutigen Caesars zu spielen – die schwächsten Caesaren sind ja immer die blutigsten – und seine und seines Hauses Macht durch einen gewissenlos-verzweifelten blutigen Gewaltakt an seinen Völkern aufrechtzuerhalten versuchen.
Betrachtet man das Manifest aus rein ungarischem Standpunkt, so muß in erster Linie darauf aufmerksam gemacht werden, daß sich das Manifest auf Ungarn nicht bezog und daß dagegen von ungarischer Seite keine Einwendungen erhoben wurden – Burian nahm als Minister des Äußeren an dem Kronrate, wo das Manifest vereinbart wurde, teil; Wekerle, der erst nach Schluß des Kronrates in Wien eintraf, gab nachträglich seine Zustimmung. Die beiden ungarischen Minister stellten nun die Forderung, daß im Manifest die Integrität Ungarns ausdrücklich und feierlich anerkannt werde. Diese Forderung stieß auf keinerlei Widerstand, und es wurde ihr auch im Text des Manifestes vollauf Rechnung getragen.
Die Entwicklung in Ungarn kann in keiner Weise auf das österreichische Kaisermanifest zurückgeführt werden. Das Zerstörungswerk Károlyis, das die ungarische Verfassung und den königlichen Thron umwarf, war viel älteren Datums als das Manifest. Das Manifest war weder für Österreich noch für Ungarn etwas anderes als ein letzter Versuch, der einzige, der noch möglich war, um die Monarchie zu retten. Der Versuch mißlang, und die Monarchie ist zerfallen. Weder das Manifest noch der Monarch sind aber schuld an ihrem Zerfall. Der Zerfall fand wohl zur Regierungszeit Karls statt; die Ursache des Zerfalles war aber nicht er. Er war es ebensowenig wie Ludwig XVI. Ursache der französichen Revolution war. Die Monarchie ging an *alten* Schwächen, an *alten* Fehlern zugrunde.
Karl IV. befand sich in der Lage eines Arztes, der in den letzten Stunden eines Sterbenden zu dessen Bette berufen, dessen Leben nicht mehr retten konnte. Soll man den Arzt tadeln, weil der Mensch sterblich ist und weil die göttliche Vorsehung dem menschlichen Können Grenzen gesteckt hat? Menschliche Institutionen sind aber ebenso vergänglich, wie die Menschen selbst, und auch den Königen ist es nicht gegeben, den unaufhaltbaren Lauf geschichtlichen Werdens und Ver-

gehens zum Stillstand zu bringen! Eine weitere Handlung des Königs, die ihm vielseits zum erbitterten Vorwurf gemacht wurde, ist die Übergabe der k.u.k. Flotte an den südslawischen Nationalrat.
Diesbezüglich sei in erster Linie darauf hingewiesen, daß dieser Entschluß gar nicht vom König ausging, sondern von den kompetenten Marinestellen im Einvernehmen mit dem Chef des Generalstabes und mit dem Minister des Äußeren dem Herrscher vorgeschlagen wurde. Der Herrscher hatte schweren Herzens eingesehen, daß die Argumente, mit welcher die Marineleitung ihren Rat unterstützte, absolut stichhaltig waren, und er entschloß sich daher, den vorgeschlagenen Weg zu betreten. Welche waren jene Argumente?
In der Flotte war schon seit längerer Zeit eine latente Gärung vorhanden, die immer mehr und mehr zum offenen Ausbruch kam und sich nicht nur auf die Mannschaft, sondern auch auf die Offiziere – sogar auf die Stabsoffiziere – erstreckte. In der letzten Zeit konnte der Flottenkommandant, Admiral Horthy, nur mit Anstrengungen, die an das Übermenschliche grenzten, einen offenen Aufstand der Flotte hintanhalten. Die kaiser- und königstreuen Elemente waren in der verschwindenden Minorität. Auch ein Teil der ungarischen Matrosen erklärte, verhalten zu sein, am 1. November in die Heimat zurückkehren zu müssen. So hätte eine Kraftprobe nur zu einem katastrophalen Mißerfolg und zu Massakrierung der noch treuen Elemente führen können.
Überdies lagen bestimmte Anzeichen vor, daß Italien einen Handstreich gegen die Flotte plane. Daß dieser mit einem vollen Erfolg des Feindes enden würde, daran war nicht zu zweifeln. Italien hätte sich leicht der ganzen k.u.k. Flotte bemächtigt.
Andererseits lag auch die Meldung vor, der südslawische Nationalrat habe beschlossen, sich unter allen Umständen, selbst mit Gewalt, in den Besitz der Flotte zu setzen. Mit Rücksicht auf die Stimmung in der Flotte war es als sicher anzunehmen, daß dieser Gewaltstreich glatt gelingen würde. So standen der Herrscher und die Marineleitung folgenden Möglichkeiten gegenüber:
a) Eroberung der Flotte durch die Italiener.
b) Gewaltsame Besitzergreifung seitens der Südslawen.
In beiden Fällen schreckliches Blutvergießen, Materialverluste und die Unmöglichkeit, die Rechte der Völker der Monarchie auf Anteile an der Flotte zu wahren.

c) Freiwillige Übergabe der Flotte an die Südslawen, ohne Blutvergießen und bei protokollarischer Wahrung der Rechte aller Nationalstaaten.
Es war mehr als verständlich, daß die verantwortlichen Ratgeber diese Lösung vorschlugen und daß sich der Herrscher, wenn auch mit blutendem Herzen, entschloß, diesem Vorschlag seine Zustimmung zu erteilen.
So hat diese Frage, die im großen, halbunterrichteten und unverantwortlichen Publikum allgemein Entrüstung auslöste, von der anderen, von der genau unterrichteten und hochverantwortlichen Seite ausgesehen. Außerdem wären die Dalmatiner, die hauptsächlich bei der Flotte beschäftigt gewesen waren, bei einer Übernahme der Kriegsflotte durch Italien von einem Tag auf den anderen ohne Arbeit und Anstellung dagestanden, und das zu verhindern, war eine der Hauptsorgen des Königs, die durch die Übergabe an Jugoslawien gelöst wurde. Wem hätte »Versenken« genützt?
So ist es immer im Leben. Ehrlicher Wille auf der einen Seite: Mühe und Plage; Hochspannung im Streben nach genauen Kenntnissen; ein fast niederdrückendes und doch erhebendes Verantwortlichkeits- und Pflichtgefühl; schwere und oft schmerzhafte Entschlüsse. Auf der anderen Seite: ein unbesorgtes Dahin- und Danebenleben; oberflächliche Kenntnis der Dinge; Freiheit von einer jeden Verantwortlichkeit. Aber: ein ewiges Alles-besser-wissen-Wollen; unaufhörliche, selbstüberheberische Krittelei; bösartige Verdächtigung. Leichtsinnig und grausam wird der Stab über den für die Allgemeinheit Kämpfenden und Strebenden gebrochen.
Nicht von Menschenkindern soll man Gerechtigkeit erwarten. Nicht deren Urteil sei maßgebend für den Pflichtgetreuen;
Gott hat über uns Menschen zu urteilen.
Über Fürsten und Staatsmänner urteilt auch die Geschichte.
Kaiser und König Karl kann sowohl diesem wie auch jenem Urteil ruhig entgegensehn.
Sein Gewissen ist vor Gott und Menschen rein!

13. Kapitel

Der zweite Restaurationsversuch: Aufzeichnungen Kaiserin Zitas und Kaiser Karls[1]

Vorbemerkungen Kaiserin Zitas, verfaßt in Tuxedo, am 14. Mai 1964:

Diese Aufzeichnungen sind die Kopie meines Tagebuches vom 20. Oktobers bis zum 19. November 1921, also vom Abflug aus der Schweiz bis zur Ankunft in Madeira. Es fehlen daraus ein Teil des 20. Oktober, der ganze 21. Oktober sowie der 2., 6., 7. November (wahrscheinlich ging das beim Einbruch in unser Archiv in Tuxedo im Jahre 1961 verloren). Ich habe aber diese Tage zum Teil aus dem Gedächtnis, zum Teil aus einer Aufschreibung, von der ich vermute, daß sie von der Gräfin Gabrielle Hunyadi stammt, und die sich augenscheinlich auf meine eigenen, ursprünglichen Tagebuchnotizen bezieht, zusammengestellt. Außerdem habe ich die Erinnerungen von Gräfin Ella Andrássy und Agnes Boroviceny, die sie mehrere Monate später niedergeschrieben hatten, herangezogen.

Meine Aufzeichnungen wurden Tag für Tag gemacht, meistens sogar, bei den ereignisreicheren Tagen, den Tag entlang, sobald ich nur ein paar Minuten Zeit hatte. Die ereignislosen Tage während des Sturmes auf dem Meer hatte ich mit Bleistift aufgezeichnet und sie bei der ersten ruhigen See niedergeschrieben. Ich habe meine Aufschreibungen bis auf ganz wenige Worte, und das, um den Sinn zu klären, ohne jedwede Korrektur diktiert, so daß nicht einmal notwendige stilistische Änderungen des hastig niedergeschriebenen Berichts durchgeführt wurden.

Der ›Bericht der Gräfin Hunyadi‹ (34 große, maschinengetippte Seiten) wurde von mir deshalb so bezeichnet, weil er sich sehr an den Text

[1] Anm. des Herausgebers:
Die Aufzeichnungen werden durch die jeweiligen diplomatischen Korrespondenzen ergänzt.

meines Tagebuches anlehnt, wofür ich keine andere Erklärung weiß, als daß ich ihr meine eigenen Aufzeichnungen in Madeira gezeigt haben mag, sie sich davon ausgiebig Notizen gemacht haben kann, und durch kleine, eigene Hinzufügungen ergänzt haben mag. Ich könnte mich nicht erinnern, jemand anderem meine Notizen gezeigt zu haben, ausgenommen vielleicht Pater Augustinus Galen O.S.B. Außerdem ist die Maschinenschrift unzweideutig diejenige einer ungarischen Schreibmaschine. Alle ungarischen Einlagen sind ohne Übersetzungen im Laufe des Textes gebracht. (Anmerkung des Herausgebers: Hier im Buch sind die Übersetzungen, nicht der Originaltext abgedruckt).
Drei Seiten von Annotationen S. M. Kaiser Carls wurden unter den Fotokopien gefunden, welche die bei mir fehlenden Tage ergänzen. Wahrscheinlich hatte ich diese Tage nicht fertig geschrieben und S. M. hat sie für mich in knappen Notizen festgehalten.

Zita

***

Anmerkung des Herausgebers: Die Tagebuchaufzeichnungen Ihrer Majestät einschließlich der gelegentlichen Bemerkungen des Kaisers und Königs sind fast kommentarlos nach dem jeweiligen Abschluß einer Tageseintragung durch charakteristische diplomatische Berichte unterbrochen: aus *Budapest (dort war T. B. Hohler britischer Hochkommissar) Wien (Mr. Lindley), Prag (Sir G. Clerk), Belgrad (Sir A. Young), Paris (Lord Hardinge), Bern (Mr. Agar-Robartes oder Mr. Russel), Rom (Sir G. Buchanan), Bukarest (Sir H. Dering), Lissabon (Sir L. Carnegie), Madrid (Sir E. Howard), Warschau (Mr. Max Muller).* Empfänger der oft sehr unterschiedlichen Berichte aus den europäischen Hauptstädten war der britische Außenminister (H. M. Secretary of State for Foreign Affairs) Curzon.
George Nathaniel Curzon of Kedleston, Marquis, geb. 1859 in Kedleston, Derbyshire, war von 1899–1905 Vizekönig von Indien.
Von 1919 bis 1924 diente er ausgerechnet in einem der schwierigsten Abschnitte europäischer Geschichte seinem König als Außenminister. Sein ganzer Sachverstand war nicht nur so gut wie ausschließlich auf Asien ausgerichtet, schlimmer noch: für die Belange Europas zeigte er so gut wie kein Interesse und bewegte sich nur im Rahmen der ihm von Lloyd George vorgegebenen Argumente. Gerade in den für Europa so

entscheidenden Jahren befaßte er sich hauptsächlich mit seinem Erinnerungswerk »British Government in India«. Der Ton seiner Anweisungen an die britischen Botschafter und Hochkommissare in den europäischen Hauptstädten nähert sich bemerkenswert oft fatal dem Stil eines höheren Kolonialoffiziers, der über Schicksale und Menschen entscheidet, ohne auch nur die Spur eines menschlichen Verständnisses für die Probleme der ihm anvertrauten Individuen oder Gemeinschaften aufzubringen.

Die nachfolgenden Aufzeichnungen der Kaiserin und Königin entstanden in den dramatischen Wochen zwischen dem Aufbruch des jungen Königspaares in Hertenstein zum »zweiten Restaurationsversuch« am 20. Oktober und der Ankunft auf Madeira.

Die Reise war in der Umgebung des Kaisers, wo die Vorbereitungen zu einem Aufbruch ja nicht verborgen bleiben konnten, als eine Ausfahrt anläßlich des bevorstehenden Hochzeitstages gewertet worden (Karl und Zita hatten sich am 21. Oktober 1911 in Schwarzau am Steinfeld vermählt).

Die erste Tagebucheintragung vom 20. Oktober dürfte bereits auf ungarischem Boden entstanden sein, die übrigen Eintragungsorte ergeben sich aus den fortschreitenden Berichten Ihrer Majestät.

Die Niederschrift der Königin ist hier völlig unverändert wiedergegeben, weil so der unmittelbare Eindruck wohl am besten gewahrt ist.

***

Aufzeichnungen Kaiserin Zitas über den zweiten Restaurationsversuch

Donnerstag, der 20. Oktober 1921

Ich stehe um zehn vor sechs auf, um meine letzte Ordnung zu machen und die Toilettensachen einzupacken. Wir gehen zur Messe und Kommunion um sieben Uhr, Frühstück, Kinder, die fünf Kinder und wir in die zweite Messe um acht Uhr.

Wir setzten unsere Hüte auf, während die Mäntel hinuntergetragen und heimlich in das Auto gesteckt worden sind. Dann gehen wir mit den Kindern hinunter und winken beim Vorbeigehen meine Schwiegermutter aus der Kapelle heraus und sagen ihr, daß wir den Grafen Cziráky sehen gehen und daß wir am Abend zu Hause sein werden.

Sie verspricht uns, morgen für uns eine feierliche Messe einzurichten. Die Kinder steigen zu uns ins Auto, Bella fotografiert uns und wir fahren im Wagen alle zusammen bis zum Tor. Dort nochmals Adieu – was mir sehr schwer fällt – und weg.

Es ist eben neun Uhr. Bevor wir nach Küßnacht abbiegen, sagt Carl zum Grafen Ledóchowski, daß wir nicht nach Interlaken, sondern auch Ungarn gehen. Er solle mit dem Auto in eine kleine Ortschaft in der Nähe von Interlaken fahren und von dort aus abends nach Hertenstein telefonieren, wir würden erst morgen zurückkehren, wegen eines Autodefekts. Und so solle er weiterwursteln, bis Samstag Mittag. Carl hatte für seinen Bruder Max einen Brief hinterlassen, den er vermutlich in der Früh beim Aufwachen i. e. um elf Uhr erhalten haben wird, sagend wohin er geht und daß er niemandem, auch seiner Mutter nicht, ein Wort darüber sagen dürfe. Er möge einen Vorwand finden, um sofort nach Bayern zurückzufahren. Der arme Graf Ledóchowski war so emotioniert, daß ich ihm in Art-Goldau ein Gläschen Cognac reichen mußte.

In Küßnacht sagte Carl dem Chauffeur: »Nach Zürich!«, und von da ab gab er ihnen immer die Fahrt von Ortschaft zu Ortschaft an. Um elf Uhr blieben wir bei einem kleinen Wald stehen, um etwas zu essen, aber kaum hatten wir unsere Körbchen geöffnet und etwas Bouillon in die Tassen gegossen, als ein Kamion vorbeifuhr, der beinahe in den Graben fiel, weil der Chauffeur sich derartig herauslehnte, um die Nummer unseres Autos zu sehen. Wir sagten Graf Ledóchowski, sich vor diese zu stellen, aber der Fahrer muß sie zuerst gesehen haben. Wenige Minuten später kamen drei Radfahrer aus derselben Richtung daher, und auch sie versuchten, die Nummer des Autos zu lesen, aber es gelang ihnen nicht, weil Graf Ledóchowski hinten und ich vorn davorstanden; aber der letzte der drei rief den anderen zu: »Das sind sie!« Wir gossen in aller Eile die zu heiße Bouillon weg, schlossen das Körbchen und fuhren so rasch wir konnten, ohne gegessen zu haben, weg. Ich hätte dort wollen Carls Augenbrauen schwärzen, aber wir hatten keine Zeit dazu. Wir haben bald unsere Radfahrer eingeholt, die wie verrückt pedalierten. Wir hatten sie überholt, mußten aber im nächsten Dorf kurz stehenbleiben, um nach der Richtung zu sehen, und da kommen sie schon nach, sich Zeichen machend, als sie uns erblickten, sich die Richtung zeigend und in aller Eile hinter uns herfahrend. Wir sind so schnell wie nur möglich weitergefahren, und Gott sei Dank ha-

ben wir sie gestreut. Kurz darauf trafen wir Baron Schager und Herrn von Boroviczény mit ihrem Auto und wechselten die Wagen. Unterwegs hatte ich schon alles, was ich für den ersten Moment brauchte, aus meiner Valise genommen, es in mein Handtäschen, in meinen Muff und in einen kleinen Stoffsack gegeben. Ich nahm keine Schuhe mit, so daß es wirklich nicht nach Gepäck ausgeschaut hat. Dann baten wir den Grafen Ledóchowski nach Wartegg zu telefonieren, an die Großmama Marie-Therese, daß in Hertenstein schönes Wetter sei und sie dorthin zurückkehren könne. Dann sagten wir Graf Ledóchowski adieu und fuhren weg. Schager und Boroviczény wußten nicht, daß ein Alarm gegeben worden sei, und daher hofften wir, daß alles gut ablaufen würde.
(Hier füge ich einen nicht abgegangenen Brief an meine Kinder bei, den ich aus diesem Grund in meinen Notizen beigelegt habe. Der Brief wurde in Ödenburg und dann in Tihany geschrieben.)

»Liebste Kinder!
Heute muß ich Euch meine Herreise erzählen. Bis zum Tor seid Ihr sechs ja mitgefahren. Ihr wolltet wissen, wohin wir fahren, und ich habe Euch gesagt: ›Wir machen einen Ausflug‹, und das war auch wahr, denn wir wollten ja fliegen. In Dübendorf sind wir in den Aeroplan gestiegen. Es war ein großer Apparat mit sechs Plätzen. Vorn saßen der deutsche und ein ungarischer Pilot, drinnen auf den vorderen Sitzen ein zweiter ungarischer Pilot, der mit einer Karte in der Hand die Direktion angab und Boroviczény; auf den hinteren Sitzen Papa und ich. Zuerst wollte der Aeroplan nicht recht, er hatte schlechtes Benzol. Dann aber erhob er sich, und wir flogen über den Zürcher See gegen den Rigi, sahen noch den guten Pilatus, dem wir noch Grüße für Euch zuwinkten, dann drehten wir uns, und nach wenigen Minuten sahen wir St. Gallen. Appenzell, über Wartegg – ob uns Urgroßmama und Tante Miana[1] wohl hören, ohne zu wissen, daß wir es sind? – dann über

[1] Die Königin spricht von Erzherzogin Maria Theresia (Gemahlin des Großvaters Kaiser Karls, des Erzherzogs Karl Ludwig, Bruder Kaiser Franz Josephs) und deren Tochter, Erzherzogin Maria Annunziata, die von den Kindern und überhaupt in der Familie »Miana« genannt wurde. Schloß Wartegg (St. Gallen) gehörte der Familie Bourbon – Parma und wurde von Herzogin Maria Antonia von Boubon-Parma als erste Zufluchtsstätte für das Kaiserpaar in der Schweiz zur Verfügung gestellt.

den Rhein, und wir waren über Vorarlberg, also in Österreich! Dann aber nahmen wir Kurs über Bayern, um nicht mit unserem Apparat über den Bergen zu sein. Wir waren auf einer Höhe von 3300 Metern und flogen mit einer Geschwindigkeit von 150 km in der Stunde, später dann mit 170 – was sagst Du dazu, Ottole? Plötzlich stockte der Apparat, wir sinken etwas, dann geht er wieder an, wir sinken wieder – es waren sehr unangenehme Momente, wenn er nicht wieder geht, müssen wir in Bayern notlanden, sitzen da ohne Paß und können weder vor noch zurück. Endlich geht er wieder, und wir steigen. Gott sei Dank! Kaum sind wir von dem Schreck erholt, geht die Geschichte wieder los. Alle Heiligen und Engel riefen wir an, endlich ging es. Kaum war dies vorbei, kam ein durchdringender Benzingeruch, und schon kam die Meldung von vorne: Ja nicht rauchen, irgendwo fließt Benzin aus – auch das noch! Wir flogen über Tegernsee, sahen auch Hohenburg – wo Tante Lotti damals war, über Freilassing wieder nach Österreich zurück. Da flogen wir über Salzburg, Mondsee, Attersee, dann längs der Traun – sahen Gmunden rechts liegen – dann kamen wir nach Linz und von dort längs der Donau hinunter. Persenburg war sehr gut zu sehen, dann das große Stift Melk – ja jetzt hätte ich beinahe Maria Taferl vergessen, St. Pölten sahen wir auch. In Tulln drehten wir nach rechts, gegen Mödling, sahen links von uns unser schönes Wien und das liebe Schönbrunn liegen; Hetzendorf konnte ich nicht ausnehmen, da es etwas dunstig war. Dann setzte sehr dicker Nebel ein, so daß wir Laxenburg nicht sehen konnten. Papa erkannte nur noch die Traiskirchner Kadettenschule, dann von Baden kaum ein Schatten, von Neustadt auch nicht viel mehr. Einen Berg hatten wir noch vor dem Nebel gesehen, den die Herren für den Schneeberg ansprachen, Papa und ich hielten ihn aber eher für die Hohe Wand. Bei Persenbeug sahen wir auch den Ötscher. – In Neustadt wandten wir scharf links und erblickten auch schon gleich den Neusiedler See, zu unserer ungeheuren Freude – nun konnte der Motor auslassen, wenn er wollte, wir würden im Gleitflug immer noch richtig landen – wir begannen auch sogleich, langsam unsere Höhe zu verringern. Ödenburg war links von uns tief unten zu sehen. Nach längerem Suchen einer günstigen Stelle landeten wir auf einem Feld in der Nähe von Dénesfa. Die Flugzeit von Zürich bis oberhalb des Neusiedler Sees betrug vier Stunden, zehn Minuten. Allerdings brauchten wir dann noch eine Viertelstunde, bis wir langsam herunterkamen und einen günstigen Platz fanden, da wir nicht riskieren wollten, uns zu irren, und in die Zone der Prónay[1] und Hejjas[2] zu geraten. Mit Ausnahme des Stückes zwischen Wien und dem Rosliengebirge hatten wir sehr klares Wetter. Die Schweizer und Tiroler Berge standen Spitze an Spitze schneeweiß da. Landschaftlich dürfte es wohl einer der schönsten Flüge sein, die man machen kann, aber Papa und ich waren beide leider *so* schwindelig, daß wir die Schönheit nicht genossen. Ich hoffe, ich brauche in meinem Leben nicht mehr zu fliegen, es ist wahrlich kein Vergnügen.«

Dem bisher Gesagten und diesem Brief, in Ödenburg respektive Tihany geschrieben – der Brief konnte aber nicht abgehen – möchte ich noch einige Details hinzufügen.

Wir fuhren mit Schager und Boroviczény, aber ganz langsam, um nicht zu früh anzukommen, nach Dübendorf und kamen gerade um zwölf Uhr an, im Moment, wo alle Arbeiter, Mechaniker, Aufseher etc. herauskamen. Beim Tor mußten wir stehenbleiben, gerade dort, wo die meisten Leute standen, um dem Portier ein Papier vorzuweisen, und dann fuhren wir an dem Hangar des Fliegers Conte vorbei, der glücklicherweise nicht da war, da er Carl kennt. Da stand nun unser großer Vogel. Es war nun ausgemacht, daß die Piloten sagen sollten, wir sollten den Apparat nicht weiter ansehen, wir wären ohnedies so spät dran und sollten schnell einsteigen. Jene Abmachung war uns in diesem Augenblick umso angenehmer, als wir zu unserem Schrecken den Flugplatzkommandanten, einen Schweizer Offizier, neben dem Apparat stehen sahen. Die Flieger begrüßten uns leichthin. Wir wurden von ihnen dem deutschen Piloten genannt mit einem Namen, den ich nicht verstand. Es wurde uns mitgeteilt, daß wir noch etwas warten müßten, da das Flugzeug wegen des schlechten Benzols nicht recht gehen wollte. Das waren also zweimal Chancen zugleich. Der Hauptmann Fekete zeigte uns einstweilen den Apparat mit einigen lauten Be-

[1] Paul Prónay von Tót Próna und Blatnicza, 1874 – 1945: Er starb übrigens einen genau so grausamen Tod wie fast alle, die den König 1921 verraten hatten: Er wurde gegen Ende der fürchterlichen Kampfhandlungen um Budapest im März 1945 erschlagen.
Prónay war Exponent einer extrem nationalistischen, königsfeindlichen Gruppierung in Westungarn, Führer verschiedener »weißer« Terrorkommandos, selbst den hochverräterischen Horthy-Leuten zu minder.

[2] Iván Héjjas, geb. 1890, Todesjahr unbekannt, ein ungarischer »Rassenschützler« und führender Mitarbeiter des Prónay, offenbar kam auch Héjjas beim Untergang des Königreiches Ungarn im Jahre 1945 um.

merkungen, und leise sagte er, wie glücklich sie wären, uns wieder nach Hause zu bringen. Dann gingen wir, vom Apparat immer möglichst gedeckt, spazieren. Nach einem uns ewig scheinenden Weilchen ging der Motor an, und die Piloten riefen, wir sollten einsteigen, was wir auch rasch taten. – In diesem Moment gerade ging der Schweizer weg, so daß er uns im Augenblick des Einsteigens nicht sah, was um so angenehmer war, als er eben auf der Seite gestanden hatte, wo wir einsteigen mußten. Diese Seite hatten wir schleunigst beim Aussteigen vom Auto verlassen, um uns nur auf der anderen Seite, durchs Flugzeug gedeckt, aufzuhalten. Wir fuhren nun um 12.15 Uhr los bis zum anderen Ende des Flugfeldes, drehten dort um, und nach wenigen Sekunden erhoben wir uns langsam vom Boden. Carl, Borowiczény und ich machten ein Kreuzzeichen und »In Gottes Namen« ging der Flug an. Einen Gruß schickten wir auch noch hinüber nach Einsiedeln, das wir zwar nicht sahen, das aber ganz nahe war, als wir über den Zürcher See flogen. Wir erhoben uns immer mehr, und dieses ruckweise Hinaufschrauben war äußerst unangenehm, da es im Gegenteil das Gefühl eines Sturzes ins Leere gab. Carl und ich bemerkten beide zu unserem größten Leidwesen, daß das Fliegen ebenso unangenehm war, wie wir es uns vorgestellt hatten. Wir waren beide rasend schwindelig, konnten daher nur momentweise hinausschauen. Ich glaube die Hauptschuld daran war unser Sitz. Die Flügel des Apparates hörten ungefähr zwei Faust herwärts unserer Knie auf, so daß wir gar nichts von vorn sahen, sondern daß alles knapp neben uns tief unter den Flügeln herausglitt und uns den Eindruck verlieh, nicht *im* Flugzeug zu sitzen, sondern rückwärts zu hängen. Dazu kam eine intensive Kälte und der sehr starke Zug durch die Rückenpolsterung, der diesen Eindruck verstärkte. Äußerst unangenehm war auch der Umstand, daß die Tür gleich neben uns war, und die Klinke direkt neben unserer Hand; wie sehr dieser Umstand auch noch das Schwindelgefühl erhöhte, ist ganz merkwürdig. Als wir schon eine Ewigkeit geflogen waren, sah ich auf die Uhr – 20 Minuten! Dies noch drei bis vier Stunden auszuhalten schien mir unmöglich. Es war gar kein Gefühl der Angst. Nur grenzenloser Schwindel, an dem wir beide die ganze Fahrt hindurch litten. Sehr unangenehm war auch die ganze Strecke von Bayern bis Salzburg, da der Apparat immer wieder stockte. Ich rief alle Engel an, sie mögen uns auf ihren Flügeln tragen und betete immer wieder den Psalm »Qui habitat« und das »Sub tuum«. . . Auch das Ausfließen des Benzins

machte uns rechte Sorge, erstens, da man nicht recht wußte, wo der Schaden war und zweitens da wir fürchteten, es würde nicht mehr reichen. Nach dem Überfliegen von Salzburg zog der Motor dann sehr gut, aber der Benzingeruch kam immer wieder.
Es war Carl gemeldet worden, daß wir bei Dénesfa landen würden, daß um den Landungsplatz Feuer brennen und Truppen sein würden. Wir suchten also diesen Platz: Feuer waren viele zu sehen, aber ziemlich weit voneinander entfernt, Truppen keine; bei einem Bauerngehöft waren ziemlich viele autoähnliche Gegenstände und wie Waffenbündel, wir umkreisten es zweimal, aber es kam uns nicht ganz geheuer vor. Lange, lange suchten wir, bis wir endlich auf einem diesem Felde ähnlichen Platz niedergingen. Aber wir wurden gebeten, sitzen zu bleiben. Die Ungarn stiegen aus und fragten herbeigelaufene Dorfbewohner, ob dies Dénesfa sei – nein, Dénesfa ist da drüben, eine gute Stunde mit dem Wagen. Es war nun die Frage, ob wir dorthin fliegen oder fahren sollten; auf der einen Seite war der Pilot äußerst müde und wußte man auch nicht, ob der Apparat überhaupt noch auffliegen würde, andererseits Gott weiß, was für eine Begegnung man auf der Landstraße machen kann. Man entschied sich, es mit dem Aeroplan zu versuchen, der auch wirklich wieder aufstieg und wenige Minuten später landeten wir auf dem ausgesuchten Feld bei Dénesfa. Wir stiegen aus: Das Gefühl läßt sich nicht beschreiben, das Glück, wieder auf heimatlichem Boden zu sein – für mich seit zwei Jahren, sieben Monaten zum erstenmal wieder zu Hause. Die Sonne war schon sehr tief über der riesigen, flachen Ebene. Man konnte wieder frei atmen nach der Beklemmung vom eingeschlossenen Hertenstein; wir standen auf einem Stoppelfeld, nach den ewig grünen Wiesen der Schweiz (ich hätte früher niemals daran gedacht, daß ein Stoppelfeld schöner ist als eine Wiese), und es kam sofort ein Hase vorbeigelaufen, während etwas weiter eine Kitt Rebhühner aufstand. Wir danken Gott aus ganzem Herzen. – Dann sagte Carl gleich: »Mir scheint, da stimmt was nicht.« Es waren wirklich keine Truppen da, aber da kam auch schon ein Reiter –: Lehár, Osztenburg? – nein, die wären nicht da; gut, dann soll er den Grafen Cziráky bitten, er solle herkommen. Der arme Pilot Zimmermann war so erschöpft, daß er sich auf die Erde setzte, und ich labte ihn mit Cognac. Es erschien auch schon eine Staubwolke – der Wagen des Grafen Cziráky. Er kam mit seinem Bruder, begrüßte uns mit Freude; er war gerade in der Nähe auf einer Spazierfahrt mit seinem Bruder nach der

Taufe des jüngsten Kindes und daher so schnell bei der Stelle; er meinte, es wäre am besten, wir gingen zu seinem Bruder übernachten.
Für den Rest des 20. Oktober und des 21. Oktober siehe Anhang: außerdem jetzt erst aufgefundene Annotationen S.M. Kaiser Karls über den Rest des 20. und über den 21. Oktober, da ich diese offenbar nicht aufgeschrieben hatte.

Von S.M. Kaiser Karl geschrieben:
20. Oktober 1921

Kenyeri ab 7 Uhr abends zu einem Wald bei einer Brücke, dort Andrássy und Lehár und dessen Adjutant Hauptmann Oswald. Sajtogal bei Herrn Rupprecht, dessen Sohn Osztenburgoffizier aber nicht anwesend ist; alle Diener haben uns erkannt. General Lehár erklärt ganze Expedition. Wir bekommen ein sehr gutes Abendessen: Rühreier und kaltes Wild. Gegen 10.30 Uhr gehen wir schlafen.

***

Sir G. Buchanan (Rom) an den Marquess Curzon, in London eingelangt am 20. Oktober 1921 (Nr. 425)

Rom, 19. Oktober 1921,
21.20 Uhr

Ich fragte den italienischen Außenminister, ob er mir auf meinen Privatbrief wegen einer Versorgung für Kaiser Karl antworten könne.
Er erklärte, er habe sich bei der Konferenz von Vendig mit dieser Frage befaßt und auch Belgrad und Prag in diesem Sinne kontaktiert. Er sei nun in der Lage festzustellen, daß die ungarische, tschechoslovakische und italienische Regierung und, wie er meint, auch die österreichische Regierung bereit seien, beizutragen, daß Kaiser Karl über ein festes jährliches Einkommen verfügen könne.
Es brauchte da keinerlei weitere Verzögerung eintreten, und er blieb bei dem Standpunkt, daß alle Nachfolgestaaten ihren Beitrag leisten sollten, da doch Österreich und Ungarn allein nicht in der Lage wären, die notwendigen Mittel beizusteuern.

***

21. Oktober 1921

Um 2.30 Uhr kommen Osztenburg, Gratz und Rakovszky an, und wir fahren nach Sopron durch zwei Zonen; auf dem Trittbrett Osztenburg-Gendarmen. . . und Osztenburg selber.
Fünf Uhr Ankunft in Sopron, Infanteriekaserne des 48. Infanterie-Regiments. Dort war gerade Tagwacht, vorher Begegnung eines Autos mit einem Ententeler, wir sind ihm ausgewichen. In der Offiziersmesse gab man uns kaltes Fleisch und Bier. Alles, die ganze Kaserne, bereits wegen der Übergabe an Österreich demontiert. Unser ad hoc hergerichtetes Zimmer ist um 8 Uhr fertig. Mittags kommt Gräfin Esterházy, Gräfin Andrássy. Wir bekommen ein gutes Essen aus der Offiziersmesse, serviert durch einen tauben Kellner: er war Stabsoberjäger und ungarischer Spion, wurde von den Rumänen taubgehaut. Jetzt wurde auf der Uniform der Kragen aufgenäht.
(Die Uniform S.M. war schon in Ungarn, aber der Kragen mit der Distinktion war nicht aufgenäht. Daher wurde als Code-Wort für das Eintreffen S.M. »Kragenaufnähen«, ich glaube mit Angabe des Tages, ausgemacht. Dieses Telegramm kam, wie bekannt, nicht an. Daher war nichts bereit. Nebenbei wurde dann in der Aufregung durch die Herren die wirkliche Borte nicht gefunden, und so wurde einfach eine ungarische Generalsborte und nicht die mit dem Eichenlaub des Kaisers und Feldmarschalls aufgenäht. In dieser Uniform ist S.M. dann beerdigt worden.)
Nachmittags Besprechungen mit Andrássy, Gratz und Rakovszky etc. Um 1 Uhr wird Hegedüs eingeschworen. Alle Verbindungen wurden unterbrochen, nur unser Telgramm nach Hertenstein, daß wir gut angekommen waren, wurde durchgelassen. Um vier Uhr kommen Mädchen in Nationaltracht, um 4.30 Uhr Eidesleistung, Defilierung, Ansprache von Ostenburg und auch von Hegedüs. Abends Souper mit Graf Esterházy, Osztenburg, Boroviczény. Nach dem Souper sehe ich den Obergespan Zsembery und Herrn Dr. Tormássy um 10 Uhr am Bahnhof einsteigen, viele Menschen. (Weiteres noch bei Anhang)

***

Mr. Lindley, Wien, an den Marquess Curzon, in London angelangt am 24. Oktober (Nr. 393)

Wien, 21. Oktober 1921

. . . erlaube ich mir ein Dokument beizulegen, das mir der Bundeskanzler heute überreichte; es beinhaltet die Ergebnisse der Konferenz von Venedig hinsichtlich Westungarns (des Burgenlandes) ...
Als ich Bundeskanzler Schober besuchte, war ich von seiner Niedergeschlagenheit und Müdigkeit sehr schockiert. Üblicherweise ist er sehr optimistisch, beinahe übertrieben zuversichtlich, und diesmal verbarg er mir nicht seine große Enttäuschung für die Art, in der Österreich behandelt worden war.
Es besteht doch kein Zweifel daran, daß Österreich niemals den Gedanken gehabt hätte, Westungarn (das Burgenland) zu erwerben, wenn es ihm nicht durch den Friedensvertrag übertragen worden wäre. Es ist gleichfalls außer Streit, daß Ungarn diesen Verlust mehr bedauert, als den Verlust viel wertvollerer Provinzen, die an die ehemaligen Feinde übergeben werden mußten. Es ist wohl so, wie es Herr Hegedüs kürzlich in seinem blendenden Englisch formulierte: »Wie wenn zwei Sterbende auf dem Boden liegen und einer versucht, dem anderen die goldene Uhr aus der Tasche zu ziehen ...«

***

Samstag, den 22. Oktober 1921

Aufstehen um 5.30 Uhr, Abfahrt um 7.30 Uhr.
Beim Frühstück erfahren wir, daß die Artillerie von Pinnye sich uns angeschlossen hat. 12 Uhr Mittagessen mit Andrśsy und Frau, Rakovsky, Gratz, Lehár, Osztenburg, Gräfin Lulu Esterházy, General Hegedüs,[1] Boroviczény. Um 1 Uhr Györ. Großer Empfang mit Ehrenkompanie, sehr vieles und riesig begeistertes Publikum, Vize-Gespan, der brave Oberst Klempa, der Abt von Pannonhalma; der Obergespan ist

[1] Paul Hegedüs, geb. in Debreczin, 1861, wahrscheinlich in den Wirren der Machtübernahme durch die Russen im Jahre 1945 umgekommen; vom April des Jahres 1921 bis zum Juli 1921 Kommandant des 3. Honvéd – Distrikts Steinamanger (Szombathely). Hegedüs war ein Verräter, der zunächst mit Horthy und dem König ein Doppelspiel trieb, sich aber rechtzeitig ganz auf die Seite Horthys schlug.

wirklich krank und in Budapest. Bischof abwesend. Agnes Boroviczény ist da. General Lörenczy hat nach Pest die Weisung gehen lassen, daß Carl käme, worauf dort Aufregung entstand und von Bethlen[1] Verbot kam, Treueid zu schwören oder irgendwie einem Befehl zu gehorchen, da der König, laut Gesetz, nun kein Recht dazu habe. Der brave Klempa aber brachte dies zu Fall, indem er erklärte, das gäbe es nicht, und den hohen Offizieren sagte, er werde einfach der Mannschaft verkünden, der König sei wieder da und hätte die Regierung übernommen, was er auch tat. Dazwischen hatte er mit fünf Mann die zwei Bahnhöfe und das Telefon besetzt. Lehár befahl nun General Bozo,[2] die Truppen gleich zu beeidigen, was noch während unserer Anwesenheit in Raab geschah. Wir schritten einstweilen die Ehrenkompanie unter stürmischen Eljen-Rufen ab. Carl ließ sich den General Lörenczy kommen, fragte streng, warum er unsere Ankunft gemeldet hatte und gab ihm darauf den Befehl, er habe mit dem Zug mitzufahren, während Oberst Klempa in Györ verbleiben soll. Es war weiter der Befehl aus Budapest von Bethlen, unser Zug sei nicht durchzulassen und es sei genau Bericht über die Situation zu melden. Oberst Klempa ließ uns natürlich fahren und meldete nach Pest, wir kämen mit 4000 Mann und einem Eisenbahnzug voller Artillerie. In Wirklichkeit haben wir jedoch 2000 Mann und zwei Batterien. Gegen drei Uhr fuhren wir unter stürmischen Ovationen von dort weg. In Nagyszentjános bekamen wir die Nachricht, daß der erste Transport vor Komorn stecke und in Nagyszentiván, daß dort eine Schiene aufgerissen sei. Der zweite Zug nahm Werkzeuge mit, um dies gleich zu reparieren; die Eisenbahner halten sich wirklich sehr brav. In Acs angekommen, erfahren wir, daß die Schiene nun repariert, aber die Garnison Komorn Widerstand machen will. Osztenburg telefonierte mit dem dortigen Kommandanten und beschimpfte ihn und sagte ihm außerdem, daß ich auch hier wäre und daß es doch unerhört wäre, würden ungarische Truppen nicht nur auf ihren gekrönten König, sondern auch auf die Königin schießen. Sehr begossen bat jener um eine Stunde Bedenkzeit. Daraufhin telefonierte Rakovszky[3] den Grafen Bethlen an, stellte sich als Ministerpräsident

[1] Stefan Graf Bethlen, 1874-1946, vom 15.4. bis 19.8.31 ung. Ministerpräsident, kam 1946 in einem sowjetrussischen Straflager um.

[2] Anton Bozo von Dinyeberky, 1876-?, Major im ung. Inf. Reg. No. 76.

[3] Stephan von Rakovszky, Politiker aus der ung. kath. Volkspartei, 1920 Präsident der ung. Nat. vers., ab 21.10.1921 Ministerpräsident der Regierung Karls IV.

vor und sommierte die Regierung Bethlen sowie Horthy, sofort alles ruhig zu übergeben und in Pest Ruhe und Ordnung aufrechtzuerhalten bis zu unserem Eintreffen, dann würde ihnen nichts geschehen, widrigenfalls würde in einer Viertelstunde der Angriff auf Komorn beginnen. Bethlen beschwor und flehte, es nützte aber nichts, Rakovszky bleibt fest und erklärt, unbedingt heute Abend von Komorn aus weiterzusprechen. Daraufhin meinte Bethlen, das würde ohnedies nicht gehen, da die Strecke bei Sta-Tóváros ebenfalls aufgerissen sei. Rakovszky erwiderte, das mache für die Truppen nichts, und der Angriff würde um 6 1/4 Uhr erfolgen; nun sagte Bethlen, dies wären militärische Sachen, er müsse da Horthy fragen gehen. Er legte das Höhrrohr nieder, und Rakovszky hörte, wie er im Weggehen laut sagte: »Rettenetes«! Nach einem Weilchen kam er wieder und bat nochmals, man solle ja nicht angreifen, sondern auf einen eigenhändigen Brief von Horty warten, den Minister Vass und Ottrubay im Auto brächten. Rakovszky blieb auf seinem Standpunkt und verlangte die Kapitulation von Komorn und Pest. Er sagte, wenn ein Bürgerkrieg käme, so wären sie – die Rebellen – daran schuld; was die Kleine Entente angehe, so wolle Bethlen ihm, dem Ministerpräsidenten, ruhig die Verantwortung dafür überlassen. Schon in Raab war uns eine Note der Vertreter der Großen Entente übergeben worden, welche sich an die ungarische Horty-Regierung wandte und sie an die Botschafter-Note erinnerte und ihnen sagte, sie sollten den König schleunigst aus dem Lande entfernen, damit der Friede nicht gefährdet werde. Diese Note war sicher in aller Eile von Bánffy erbeten worden. Also Rakovszky beharrte auf seinem Standpunkt und hatte sich Lehár mitgenommen, um nicht eine Drohung auszusprechen, die dann militärisch vielleicht gar nicht durchführbar wäre. Inzwischen kamen verschiedene Meldungen: Die Artillerie von Komorn hat ihren Übertritt zu uns angemeldet, mit der Begründung, daß sie »nichts mit den Rebellen zu tun haben will ...«. In Stuhlweißenburg hat Oberst Piffl für seinen ganzen Rajon den Befehl aus Pest zum bewaffneten Widerstand zurücknehmen lassen. In Stein am Anger hat General Guillaume sich geweigert, den Eid der Treue zu schwören, Sigray[1] aber hat ihn einfach abgesetzt und wird einen neuen ernennen; einstweilen haben ein Wimpffen und ein anderer Offizier die Reserveoffiziere gesammelt und formiert. Nach 7.30 Uhr dann die

[1] Antal Graf Sigray (1879-1947, gest. in New York) treuer Gefolgsmann Karls, Führungskraft der ung. Legitimisten.

Nachricht, daß auf einen Sturm der Jäger mit Hurra-Geschrei sich die Garnison von Komorn ergeben hat, ohne daß geschossen worden war. – »sans coup férir« – Der Oberst Percélt ist geflohen und der berüchtigte Arrangeur antimonarchistischer Sachen und gewissermaßen Generalstabschef von Gömbös, Siménfalvy, fiel zufällig in unsere Hand, als er gerade mit fünf Offizieren fliehen wollte. Sie wurden gefangen und Siménfalvy sollte hingerichtet werden, was telephonisch die Generale versprochen hatten, nämlich eigentlich dem Percélt, falls er den Widerstand gegen den König nicht aufgebe; doch Carl befahl, daß dies nicht geschehen solle, aber daß er dann feierlich degradiert und bestraft werden sollte. Um neun Uhr, als wir beim Essen saßen, fuhr unser Zug zu unserer freudigen Überraschung weiter. Um 9.30 Uhr schreiten Carl (und ich) die Ehrenkompanie von Komorn ab. Carl läßt einen besonders verdienten Offizier avancieren, während er die anderen kühl behandelt. Dazwischen waren den ganzen Tag hindurch Besprechungen mit den Ministern über Amnestien – die letztere zu large machen wollten – und sonstiges. Wir hätten heute schon um 6.40 am Abend in Pest sein sollen, leider wird es erst morgen früh sein.

***

Telegramm Nr. 352 aus Budapest; 22. Oktober 1921
T. B. Hohler, Budapest, an den Marquess of Curzon in London:

Ich und meine Kollegen besuchten den Statthalter und sprachen bei ihm im Sinne unserer Note vor. Seine Hoheit teilte uns mit, daß er alle notwendigen Schritte unternehmen werde, um einen Vormarsch Carls zu verhindern.
Er hatte beschlossen, selbst in Budapest zu bleiben, um die Ordnung aufrechtzuerhalten. Truppen und Gendarmen blieben in den Kasernen, Garnisonen anderer Städte wurden angewiesen, sich zu sammeln und werden unter General Nagy gegen Carl vorrücken.

Telegramm Nr. 354 aus Budapest, 22. Oktober 1921
T. B. Hohler, Budapest, an den Marquess of Curzon in London:

Ich und meine Kollegen hatten den Eindruck, daß der Statthalter (Horthy) keineswegs so selbstsicher war wie zu Ostern, auch nicht hinsichtlich seiner allgemeinen Aussichten.
Er sagte uns mehr als einmal, daß seine Schwierigkeiten beinahe zu

groß seien, als daß er mit ihnen noch fertigwerden könne. Ich und meine Kollegen verabsäumten nichts, um dem Gouverneur die ganze Schwere der Lage vor Augen zu führen. Wir waren von seiner Aufrichtigkeit wie auch von seiner Unwissenheit bezüglich des drohenden Staatsstreiches ziemlich überzeugt, das gilt auch für seine ganze Regierung.

Mr. Lindley, Wien, an den Marquess Curzon in London (Nr. 398/1)
22. Oktober 1922

Alle Telefon-, Telegrafen- und Eisenbahnverbindungen mit Ungarn sind unterbrochen. Lage hier ruhig.

Mr. Lindley, Wien, an den Marquess Curzon in London
in London eingelangt am 23. Oktober, 10.30 Uhr (Nr. 398)

Wien, 22. Oktober 1921, 19.30 Uhr

Betrifft mein unmittelbar vorhergehendes Telegramm.
Telegrafische und telefonische Verbindung mit Budapest wiederhergestellt.
Personen, die hier in engem Kontakt mit monarchistischen Kreisen stehen, glauben, daß dieser Coup im Gegensatz zu jenem vom März sorgfältig vorbereitet war.
Ratgeber des Ex-Kaisers sind der Meinung, daß Jugoslawien durch eine Volkserhebung und durch die Ansprüche Italiens am Eingreifen gehindert sein werde, die Tschechoslowakei wieder durch Schwierigkeiten in der Slowakei.
Es ist unwahrscheinlich, daß Rumänien etwas unternimmt. Allgemein wird angenommen, daß der Staatsstreich für Italien keineswegs überraschend kam und in engem Zusammenhang mit der jüngsten Entwicklung in der Frage Westungarn (Burgenland) steht.
Geht auch nach Prag und an Budapest.

Sir G. Clerk, Prag, an den Marquess Curzon of Kedleston: in London eingelangt am 23. Oktober 1921, 15.20 Uhr

Prag, am 22. Oktober 1921, 12.45 Uhr

Der karlistische Staatsstreich hat, obwohl seine Möglichkeit immer in Betracht gezogen worden war, im Augenblick seiner Durchführung die tschechoslowakische Regierung überrascht ...

Das Mobilisierungsdekret wird heute nacht oder morgen früh unterzeichnet werden, und in zwei oder drei Tagen will die Tschechoslowakei 250 000 Mann unter Waffen haben. In erster Linie 50 000 Mann der besten Legionäre. Die tschechoslowakische Regierung ... wartet nur darauf, ihre Aktion mit jenen Maßnahmen übereinzustimmen, die in Bukarest und Belgrad getroffen werden. Der Premierminister gestand mir seine Sorge ein, daß die Serben bereits Baranya okkupiert haben könnten. Die tschechoslowakische Regierung ist davon überzeugt, daß die Ungarn nur durch eine militärische Aktion dazu angehalten werden können, die Realitäten zu verstehen. Sie betrachtet einen Vormarsch gegen Ungarn nun als zwingend notwendig, weil das offenbar der einzige Weg ist, den Ungarn beizubringen, daß sie keinen habsburgischen Souverän mehr haben dürfen ...
Die Tschechen sind kein kriegliebendes Volk, aber heute steht die ganze Nation hinter der Regierung. Während ich darauf wartete, den Premierminister zu sehen, der dem Parlament die Lage auseinandersetzte, kam eine telefonische Nachricht herein, die besagte, daß alle tschechischen sozialistischen Parteien, eingeschlossen die Sozialdemokraten der Deutschen in der Tschechoslowakei hinter der Regierung stünden, und Dr. Beneš sagte mir, daß sich auch die Kommunisten für den tschechischen Staat erklärt hätten. Wie er es ausdrückte, »hat der Kommunismus aufgehört, zu existieren«.

(D.B.F.P. Vol. XXII, Nr. 394)

Telegramm aus Wien, Nummer 241 vom 22. Oktober 1921

Nach dem Bericht der General Commission in Ödenburg: Diesen Nachmittag suchte General Hegedüs General Gorton auf, um ihm die Rückkehr Karls anzukündigen, der im Laufe des Vormittags mit dem Flugzeug in Ödenburg angekommen war.
Alle militärischen Befehlshaber der Stadt sowie auch das Bataillon Osztenbrug haben sich ihm als dem König von Ungarn zur Verfügung gestellt. Das Bataillon Osztenburg hat Anweisung erhalten, morgen früh den König in einem Sonderzug nach Budapest zu begleiten.
General Hegedüs soll ihn ebenfalls begleiten, hat aber die interalliierte Kommission gebeten, in Ödenburg zu bleiben, wobei er ihr vollkommene Sicherheit garantierte. Das Osztenburgbataillon soll im Laufe der Nacht durch ein Infanterieregiment der ungarischen Nationalar-

mee abgelöst werden, das aus der Nähe der Grenze dringend zurückberufen wurde.
Die Frage der Übergabe des Burgenlands an Österreich wird von der neuen Regierung entschieden werden, die soeben auf folgender Grundlage gebildet wurde: Herr Rakowski (früher Präsident der Ungarischen Nationalversammlung) Präsident des Rates, Graf Apponyi, Graf Andrássy, Herr Gratz. Seit ein Uhr nachmittags sind alle telefonischen und telegrafischen Verbindungen zwischen Ödenburg und der Außenwelt unterbrochen.

(D.B.F.P. Vol. XXII, Nr. 394, Annex.)

***

Sonntag, den 23. Oktober 1921

In der Nacht wachten wir zu wiederholten Malen auf durch die Stimmen der Soldaten, die den Eid ablegten und dann in Eljen-Rufe ausbrachen. In der Früh, als wir länger stehen blieben, sahen wir hinaus, wir waren in Torbágy, es war etwas nach sechs Uhr. Ich stehe schleunigst auf von meinem Flohlager. Die Meldung ist gekommen, daß zwischen Torbágy und Budaörs die Schienen aufgerissen seien, Osztenburg fährt mit einigen Leuten voraus, dies zu richten. Die Truppen bleiben einwaggoniert. Graf Rezsö Szechényi, der Dienst machte, bat, man möge zuerst die Messe lesen lassen und dann frühstücken, weil in einer halben Stunde der Zug weiterfahren soll. Die Messe wird im Freien durch einen aus Komorn am Abend mitgenommenen Feldkaplan gelesen. Bei der Kommunion der Messe gehen wir zwei auch kommunizieren, auf den Geleisen kniend. Dann steigen wir schleunigst ein, machen eine kleine Danksagung in unserem Coupé, gehen dann frühstükken und warten ungeduldig auf die Weiterfahrt.
Während der Messe ist ein Zug weggefahren; da kommt plötzlich die Nachricht, der Zug ist aus nächster Nähe von einem feindlichen Geschütz angeschossen worden. Die Osztenburgleute sind herausgesprungen und haben das Geschütz erobert. Inzwischen war die Gemeindevertretung am Bahnhof angekommen und wollte uns begrüßen, gleichzeitig war auch die Raaber Artillerie mit General Bozó auf dem Geleise zwischen uns und dem Bahnhof vorgefahren. Nun kam der Befehl, die Artillerie soll auswaggoniert werden und unter Führung des Generals Bozó den Biaberg erreichen und von dort aus angrei-

fen. Sie wurden auswaggoniert, wir stiegen aus und nahmen die Begrüßung der Gemeindevertretung entgegen, Blumenbouquet, und ließen dann die Artillerie vorbeidefilieren. Es wurde auch das Baon Renner verlangt und dieses wurde auch gesendet.

Die Truppen hatten ihren Aufenthalt auch dazu benützt, um asparagusähnliche Sträucher auszureißen und ihre Waggons damit zu schmücken, auch Kreideaufschriften wie »Eljen IV Károly Király« und »Garda Vadásy Ezred«, ihr neuer Titel waren zu sehen, was einen an den Kriegsbeginn erinnerte; Erinnerungen, die man nicht gerne hatte.

Inzwischen rollte ein Zug nach dem anderen von Tórbagy weg, und schließlich blieben wir allein. Es kamen Bauern, die uns Obst brachten, wie auch die Kinder des Stationsvorstandes.

Es erhob sich ein furchtbarer Sturm, man sah beinahe nichts vor lauter fliegendem Staub, er drang durch die verschlossenen Fenster und Vorhänge. Das Mittagessen war recht spät, da keine Vorräte mehr vorhanden waren und der Koch erst einkaufen mußte.

Während des Mittagessens wurde Carl hinausgerufen. Es war die Meldung eingelaufen, wonach Osztenburg mit dem rechten Flügel bis Kelenföld vorgedrungen war, dort umfassend angegriffen wurde und nun gegen Budaörs zurück mußte. Er bekam den Befehl, in die Linie Biaberg-Törökbálint zurückzugehen. Carl wurde nach einigen Minuten wieder hinausgerufen und als ich in der Tür das strahlende Gesicht Rakovszkys sah, ging ich auch nach. Es war die Nachricht gekommen, daß Osztenburg in Budaörs stehengeblieben war und daß gegnerische Artillerie zu ihm übergegangen war mit der Begründung, sie wollten nicht gegen den König kämpfen. Die Geschütze wurden sofort umgedreht. Ich ging in den Speisewaggon zurück, den ängstlich dort Wartenden diese gute Nachricht zu geben, denn ein jeder hatte wohl gemerkt, daß etwas nicht stimmte. Ich sagte jedoch nicht dazu, daß wir Verluste gehabt hatten. Es kam die Nachricht, daß nicht mehr geschossen würde, und daß die feindliche Infanterie pourpalers begonnen habe. Ich habe vergessen zu erwähnen, daß in der Früh Oberst Fleischmann mit einer Lokomotive nach Pest gekommen war; er kreuzte Osztenburg bei einer Haltestelle, wo er ihm die Situation meldete. Er sagte folgendes: Die Budapester Garnison hat versprochen, daß, wenn Carl in Kelenföld ist und sie ihn sehen, so werden sie sich sofort an uns anschließen, aber nicht vorher, da sie wirklich sicher sein wollen von Carls Gegenwart.

Eineinhalb für obige Combination gewonnenes Baon im Anmarsch auf Budaörs, ein Baon im Bahnhof Kelenföld, ein Baon, minderes, in Pest, und eine Abteilung Prónay.
Dies wären alle militärischen Mittel der Hauptstadt. Lehár bat gestern Carl, Hegedüs zum interemistischen Chef des Generalstabes zu machen, was aber Carl ablehnte. Lehár sagte nun, er könne es allein nicht mehr leisten, und so teilte Carl heute früh Hegedüs mit, daß er ihn provisorisch mit der Truppenführung betraut habe, worüber sich Hegedüs freute. Er bat, gleich an die Front gehen zu dürfen, um die vis-à-vis stehenden Truppen zum Übertritt zu bewegen. Carl ließ ihm noch vorsichtshalber einen verläßlichen Offizier mitgeben. Er kam gegen zwei Uhr zurück, war nicht nur an der Front, sondern auch in Pest gewesen. Er meldete: Unsere Front ist stark auseinandergezogen, die Unterkommandanten sind unorientiert. Ein feindliches Baon wurde in Kelenföld gesehen. Er hatte mit dem Kommandanten gesprochen. Dieser habe Befehl, niemanden hineinzulassen, er werde den Befehl ausführen. Die Mannschaft sei fest in seiner Hand. Budapest sei stark mit Maschinengewehren versehen. Er war bei Bethlen, sah dort den englischen Gesandten Hohler (»disgusting jew« sagte Strutt von ihm). Dieser war wieder, wie zu Ostern, der Lauteste. Er sagte allerhand Drohendes für den Fall von Carls Einmarsch – doch Carl unterbrach hier Hegedüs mit der Bemerkung: »Immer dieselbe Leier!«
Es wäre ganz gegenstandslos, was der sage. Dann war er bei Horthy, der ihn beauftragte zu melden, er sei gezwungen, sich »leider!« an die Spitze seiner Truppen zustellen und Widerstand zu leisten bis zum letzten Blutstropfen. – So eine bodenlose Unverschämtheit. Er sah oder telefonierte mit General Nagypál, der ihm erklärte, er werde sich verteidigen, aber nicht angreifen; dies war bei unseren offenen Flanken von Wichtigkeit. Vor Tisch gingen wir längs des Zuges auf und ab, hörten aber keinen Gefechtslärm. Carl fragte Lehár, wieso das käme, ob er glaube, daß unsere Artillerie noch immer nicht eingetroffen sei. Lehár meinte, sie müßten schon dort sein und schießen, nur würde der Schall wahrscheinlich durch die Hügel abgehalten. Er war eher zappelig gewesen, daß sie recht bald hinkomme, der gute Lehár. Er war heute überhaupt etwas überarbeitet, der gute Lehár, was nicht verwunderlich ist nach drei durchwachten Nächten. Wie die Nachricht gekommen war, daß die Sache in Kelenföld schiefgehe, wollte Lehár Verhandlungen anknüpfen; Carl meinte aber, das hätte noch Zeit, und er fragte

ihn, ob der Rückzug auf Biaberg-Törökbálint noch weitere Opfer kosten würde, was Lehár verneinte, und er ließ das Projekt fallen.
Kurz darauf kam die Nachricht der *vom Gegner* eingeleiteten Besprechungen, was uns ermöglichte, in Budaörs stehenzubleiben – letzeres wohl nicht die Absicht des Gegners –.
Nun kam gegen 3.30 Uhr die eine Lehár-Garnitur zurück: Die asparagusähnlichen Äste waren kahl, vom Winde zerzaust, und statt der singenden Truppen Verwundete und drei Tote! Wir brachten den Verwundeten Zigaretten, und da erzählten sie uns, daß bei den Zusammenstößen herausgekommen war, daß man sie für Böhmen gehalten hatte. Man hatte den Truppen gesagt, daß tschechische Horden auf Budapest marschieren, um es zu erobern, anderen hatte man gesagt, daß Carl mit Österreichern und Tschechen ankäme, um Ungarn zu unterjochen, die erstere Version scheint unter den Soldaten aber die verbreitetere gewesen zu sein. Bei einem Handgemenge rief ein gegnerischer Soldat einem unserer Verwundeten zu: »Was, du sprichst ungarisch und gehst mit den Tschechen?« Worauf der erwiderte: »Wir sind nur Ungarn und kommen mit unserem König.« – »Was«, rief jener »Ja, warum kämpfen wir denn dann, ich bin ja auch ein Carlist!«
– Das ist ja unerhört! Mit solchen Lügen treiben sie das Volk gegen uns, sonst würde es ihnen ja nicht gelingen. Unsere Truppen und Offiziere waren alles reine Ungarn; ein einziger Rittmeister Riedel war in unserem Zug, als reiner Zuschauer, und war nie bei der fechtenden Truppe draußen.
Es kam nun die Nachricht, daß ein Oberst Svoy und ein Major beim Osztenburg sind um zu sprechen. Carl dachte nun, daß, wenn er mit ihnen und mit Teilen ihrer Truppen sprechen könnte, er sie herüberbringen könnte. Carl bestellte eine Lokomotive. Ich fuhr auch mit, da ich dachte, daß die Leute dadurch sehen würden, daß man ja mit keinen »Unterjochungsabsichten« kommt, sondern, daß der König und die Königin nach Hause zurückkehren. Andrássy, Rakovszky, Boroviszény und Hegedüs sowie einige Offiziere fuhren alle auf der Lokomotive mit. Bei einem Wächterhaus blieben wir stehen und sandten um Osztenburg und die zwei Offiziere, die in wenigen Minuten da waren. Carl erinnerte sie an ihren Eid, sie jedoch verschanzten sich hinter dem an Horthy geleisteten Schwur und auch an die Explikationen, daß dieser ja den an den König nicht aufhebe, und andere Argumentationen mehr brachten sie von ihrer Haltung nicht ab. Die anderen Herren

sprachen lange mit ihnen – denn Carl hatte nur ganz kurz mit ihnen gesprochen – und dann sagten sie: Entweder sie bringen den Horthy her, und Karl soll mit ihm persönlich sprechen – dies ließ Carl ablehnen. Oder Carl fährt ganz allein nach Pest hinein, sie garantieren, daß ihm nichts geschieht, dort soll er mit Horthy und mit der Entente sprechen – das ist direkt kindisch – wird abgelehnt.
Oder die beiden Regierungen treffen jenseits der feindlichen Grenze zusammen. Dies wären ihre Vorschläge. Letzteres wurde angenommen, jedoch mit der Abänderung, daß, nachdem sie darum bitten und nicht wir, sie in unsere Linie zu kommen hätten und nicht wir in die ihre. So wurde ausgemacht, daß morgen früh um 8 Uhr die Zusammenkunft sein würde. Inzwischen war die Sonne untergegangen, und es fing an, zu regnen. Carl und ich waren auf- und abgegangen, während die Herren probierten, die Offiziere zu überreden. Carl hatte auch mit Osztenburg gesprochen, der meinte, wir hätten wohl drei Tote, die anderen jedoch zehn. »Schwacher Trost«, meinte Carl, »wo doch alle Ungarn sind.« Dann besprach Carl mit ihm die Möglichkeit eines Durchbruches, sagte aber, er dächte, seine Truppen wären heute zu müde. – Dies war auch die Meinung Fleischmanns, mit dem Carl früher gesprochen hatte – Osztenburg bestätigte dies und meinte, bis die Befehle überall durchdringen, würde es ohnedies 3.15 AM werden. Wir fuhren nun zurück; hatten noch einen Schreck, weil der Lokomotivführer plötzlich behauptete, er hätte einen Menschen überfahren. Wir bleiben stehen und sehen nach; es war Gott sei Dank nicht wahr. Vor dem Besteigen der Lokomotive rief Carl den Obersten Svoy und sagte ihm sehr ernst: »Herr Oberst, ich erwarte von Ihnen, daß Sie nicht auf meine Truppen schießen werden!« Carl glaubt gehört zu haben »Nem«, aber sicher ist er nicht.
Nach unserer Rückfahrt erschien Hegedüs bei Carl und bat ihn, ihn der Leitung der Operationen zu entheben. Er sagte, es wäre möglich, daß auf der anderen Seite seine zwei Söhne kämpften und dies wäre seinem Vaterherzen zu schwer – hier warf Carl ein, er könne ja seine Söhne herüberziehen –, weiters schwebe ihm das Bild seines Bruders vor, der Minister im Trabantenministerium gewesen wäre und dann, von allen gemieden, gestorben wäre. Als Carl sah, wieviel Uhr es geschlagen hatte, sagte er ihm kurz; »Gut, Sie brauchen das Kommando nicht mehr weiter zu führen!« und verabschiedete ihn kurz und ohne Händedruck. Mir sank das Herz etwas – was wird Hegedüs in Pest gesehen oder ge-

hört haben, damit ihm heute abend Söhne und Bruder vorschweben, die seine Gefühle heute vormittag noch nicht in Anspruch genommen haben? Dann ist Fleischmann zu Carl gekommen und besprach einen Durchbruch für morgen in der Nacht längs der Budaörser Straße in massierten Kolonnen. Nach dem Soupér kam Osztenburg, wußte aber nichts Neues, draußen war ja Ruhe. Spätabends ließ Carl noch durch Rakovszky dem Osztenburg sagen, er möge, falls die Sache mit dem Waffenstillstand nicht stimmen würde, mit den drei neuangekommenen Baonen von Komáron den Durchbruch noch in der heutigen Nacht bewerkstelligen. Vor dem Schlafengehen ließ Carl sagen, man solle ihn ja wecken, falls etwas mit dem Waffenstillstand nicht in Ordnung wäre. Ich muß noch erwähnen, daß Rakovszky sehr für die Annahme des Waffenstillstandsangebotes war, weil er meinte, daß, wenn dies abgeschlagen würde, die Regierung die Sache sicher so drehen würde, sie habe ihre Unterwerfung melden wollen, der König habe aber gar nichts hören wollen und lieber weiter ungarisches Blut vergossen. . .
Unter Tags kam eine Anfrage der Direktion der Bahn, warum wir nicht in Pest einführen, die Strecke wäre ja frei? – Von der Entrevue mit Vass und Ottrubay weiß ich nur soviel, daß es ein Brief von Horthy war mit Gejammer und Bitte, Carl soll wieder weg. Er wurde Carl gar nicht vorgelegt; beim Weggehen sagte Ottrubay einem der Herren ins Ohr: »So schnell wie möglich nach Pest hinein!« Ein Adjutant von Bozó kam unter Tags und überbrachte Carl die Situationsmeldung, wie sie flüchtig aufgezeichnet auf beiliegender Skizze ist.

***

Sir A. Young, Belgrad, an den Marquess Curzon in London
in London eingelangt am 24. Oktober, 14 Uhr (Nr. 402)

Belgrad, 23. Oktober 1921, 1 Uhr

Die Nachricht von der Rückkehr Karls kam hier vergangenen frühen Nachmittag an, Einladungen zu einer Dringlichkeitssitzung des Ministerrates wurden unmittelbar darauf ausgeschickt.
Der französische Geschäftsträger und ich dachten, es sei wünschenswert, den amtierenden Präsidenten des Rates aufzusuchen und ihm die Gefahr, die durch irgendeine voreilige oder isolierte Aktion erwachsen könnte, nachdrücklich vor Augen zu führen.
Wir wiesen darauf hin, daß, gemäß eines offiziellen Communiqués,

das wir von der Presseagentur aus Budapest erhielten, die ungarische Regierung anscheinend eine korrekte Haltung einnehme und jeder voreilige Akt der Feindseligkeit von seiten Serbiens die ganze ungarische Nation zu gunsten Karls vereinigen könne. Obwohl der Präsident des Staatsrates keinen Zweifel daran ließ, daß es unklug sein könnte, Karl genug Zeit zu geben, seine Stellung zu festigen, erscheine doch die Gefahr, einen Krieg vom Zaun zu brechen, der unvorhersehbare Ausmaße annehmen könne, größer, als die Vorteile, die von einem unmittelbaren Angriff zu erwarten seien.
Herr Trifcovic meinte, die Lage sei ernst. Nichtsdestoweniger würden die Serben nichts unternehmen, bevor nicht auch die Tschechoslowakei und Rumänien konsultiert worden seien.

Mr. Hohler, Budapest, an den Marquess Curzon in London
Telegramm Nr. 358

Budapest, 23. Oktober 1921, 10 Uhr

Der König und seine Streitkräfte sind nun nur noch wenige Meilen vor der Stadt.
Man kann Kanonenschüsse hören, aber der Außenminister versicherte mir, daß die Truppen auf beiden Seiten der Front sich weigern, gegeneinander zu kämpfen und daß er glaubt, alles sei verloren und der König werde diesen Nachmittag in die Stadt einziehen.
Die Gefühle der niederen Klassen sind gegen den König; die Mittelklasse hat eine Tendenz, ihm gewogen zu sein.
Stadt zur Zeit stark patroulliert, keine Unordnung.

T. B. Hohler, Budapest, an den Marquess Curzon in London
Eingelangt in London am 24. Oktober, 22.15 Uhr (Nr. 406)

Budapest, 23. Oktober 1921, 16 Uhr

Gegen 10.45 Uhr wollte ich den Premierminister aufsuchen und traf dort General Hegedüs.
Er war als Parlamentär Carls gekommen, obwohl er keinen Eid (!) auf ihn abgelegt hatte und die Annahme des Kommandos über die Karlistischen Truppen abgelehnt hatte.
Der Premierminister forderte mich auf, eine Erklärung über den Standpunkt der Regierung Seiner Majestät abzugeben. Ich sagte, ich

freue mich über diese Gelegenheit. Die Regierung würde Carl niemals anerkennen und würde die Rückkehr eines Habsburgers nicht erlauben, und zwar im Hinblick auf die daraus entstehende Kriegsgefahr. Es sei einfach unglaublich, daß ein einzelner, der versprochen habe, sein Land zu lieben, ein Land, das er sein eigen nenne, Schritte setzte, die unmittelbar darauf gerichtet seien, eben dieses Land ins Verderben zu stürzen, von ihm selber gar nicht erst zu reden.
Carl und seine Umgebung sollten die Lage ja nicht falsch einschätzen, die Kleine und die Große Entente seien fest entschlossen, und letztere massiere bereits ihre Truppen an allen Grenzen des Landes. Die Solidarität der Großen Mächte sei wohl unmißverständlich durch die Note aufgezeigt worden, die ich und meine Kollegen gestern überreicht hätten.
Im Laufe der darauffolgenden Unterhaltung trat zutage, daß Gratz sich eine ganze Welt von Illusionen hinsichtlich des Nichteingreifens der Kleinen Entente aufgebaut hatte, auch hinsichtlich der Gleichgültigkeit der Großmächte etc., daß Carl zum größten Teil durch Geldmangel (by want of money) und getrieben durch Zita (and driven on by Zita), die in einem sehr hysterischen Zustand ist (who is in a very hysterical condition) zu seinen Aktivitäten verhalten ist, während Lehár, der die Truppen kommandiert, durch maßlosen Ehrgeiz inspiriert wird. Rakovsky und Graf Andrássy haben rein politische Motive.
Der General nahm zur Kenntnis, was ich sagte und der Premierminister wie auch der Außenminister fügten eine Botschaft ziemlich gleichen Inhalts an, indem sie feststellten, daß sie, obwohl sie grundsätzlich Legitimisten seien, das Interesse des Landes vorgehe: Sie ermahnten ihn, von seinem verrückten Unternehmen abzulassen, das nur zur Zerstörung des Landes führen könne: Sie sprachen auch die Einladung aus, er möge doch Männer seines Vertrauens in die Hauptstadt schikken, damit sie sich von der Lage überzeugen könnten: Sie wünschten, auf jeden Fall Blutvergießen zu vermeiden, wenn er aber von seinem Vorhaben nicht ablasse, würden sie jede Maßnahme ergreifen, die in ihrer Macht stehe, um ihm Widerstand zu leisten.

Telegramm Nr. 363 vom 23. Oktober, Hohler an Curzon

Der Premierminister informiert mich dahingehend, daß sich die Lage stetig verbessert, die Karlisten seien von der Stadt noch weiter zurückgeworfen worden, und frische Truppen kommen ständig hinzu, einschließlich solcher aus dem Süden des Landes, die den Kessel um die Karlistischen Einheiten schließen können.

Der Marquess von Curzon, London, an Lord Hardinge, Paris.
Nr. 606, telegrafisch.

Foreign Office, 23. Oktober 1921, 18.30 Uhr

Wir meinen, daß die Botschafterkonferenz namens der Alliierten in Budapest dringlich vorstellig werden sollte, um klarzulegen, daß die Hauptmächte der Alliierten darauf vertrauen, Ungarns Regierung unternehme alles, den Staatsstreich zu vereiteln (to frustrate coup d'état) und Karl zu verhaften (and arrest Karl), der unehrenhaft sein Wort gebrochen hat, um nun schon zum zweiten Male die Schweiz zu verlassen, ohne entsprechende Meldung zu erstatten. Sie sollten auf eine Einberufung der Botschafterkonferenz für morgen drängen.

T. B. Hohler, Budapest, an den Marquess Curzon
Nr. 362, Telegrafisch, eingelangt in London am 24. Oktober, 18.45 Uhr

Budapest, 23. Oktober, 19.30 Uhr

Ich sah Gouverneur (Horthy) um 12.30 Uhr.
Er kam gerade von der Front zurück, und er erzählte mir, daß nun wirklich gekämpft werde. Er zeigte sich davon überzeugt, nun die Situation in der Hand zu haben, zumal stündlich neue Truppen aus anderen Städten eintreffen würden.
Die Moral der Truppe sei gut, und er zeigte sich davon überzeugt, erfolgreiche Maßnahmen zur Eliminierung karlistischer Offiziere getroffen zu haben: Die Mehrzahl der Offiziere verstünde die Lage richtig und habe beschlossen, daß ihre Pflicht gegenüber dem Land höher stünde als ihr Eid, den sie für den König abgelegt hätten.
Er betrachtete sich nun endgültig und für immer vom König entbunden (definitely absolved). Er sagte, daß die Karlisten weder Lebensmittel noch Munition hätten und ihre Lage hoffnungslos sei. Pronay und Hejjas seien beide im Anmarsch und rückten aus den Komitaten heran, indem sie dieselben räumten.
Er setze nun mit gutem Erfolg die STUDASSIS ein (eine bewaffnete

Studentengruppe) sowie eine patriotische Organisation, um die Truppen zu ermutigen und zu sehen, daß unter den Offizieren kein rückschrittlicher Geist herrsche. Er hoffte, noch an diesem Abend die Karlisten zwingen zu können, ihre Waffen niederzulegen.
Er sagte mir, daß die karlistischen Streitkräfte zum Großteil aus Österreichern bestünden, eine Tatsache, die seine eigenen Truppen leichter ihre Hemmungen überwinden ließ, auf die Karlisten zu schießen.
Es kommt mir vor, daß er seine seelische Krise überwunden hat und so zuversichtlich wie entschlossen ist. Der Unterschied zwischen der Meinung des Außenministers und des Gouverneurs ist augenfällig, ich glaube aber eher dem Gouverneur.

Mr. T. B. Hohler, Budapest, an den Marquess Curzon in London
Eingelangt in London am 24. Oktober, 17.50 Uhr (Nr. 408)

Budapest, 23. Oktober 21, 19.20 Uhr

Das Telegramm von Sir G. Clark in Prag gibt die Meinung der Vertreter der Kleinen Entente hier genau wieder, die der Ansicht sind, Karls Putsch sei mit der Regierung hier in Budapest abgesprochen, und nicht, wie es tatsächlich ist, eine wohlkonzertierte Verschwörung und ein Überraschungsmanöver, für das die Regierung hier in keiner Weise verantwortlich ist.
Tatsächlich sind aus verschiedenen Richtungen schon Bitten an mich herangetragen worden, meinen Einfluß dahingehend geltend zu machen, die Mitglieder der Regierung vor Mißhandlung durch die Karlisten zu schützen, besonders vor Rakovsky, der nur wenig besser ist als ein Narr.
Ich vertraue darauf, daß Schritte unternommen werden, jede voreilige Handlung der Kleinen Entente zu verhindern, bis ein Ergebnis des derzeitigen inneren Streits klar zutage tritt, was innerhalb der nächsten vierundzwanzig Stunden der Fall sein sollte.
Ich bezweifle die Dauerhaftigkeit der Regelung wie sie im Vertrag von Trianon festgelegt ist, scheint er doch in gewissen Punkten im Widerspruch zum Selbstbestimmungsrecht zu stehen, dieser großen und allgemein anerkannten Doktrin, aber in der Zwischenzeit betrachte ich es als meine Hauptaufgabe, alles in meinen Kräften stehende zu tun, um einen Krieg zu verhindern.
Mr. Cadogan notierte daraufhin am 25. Oktober auf dem gleichen

Schriftstück: ». . . Mr. Hohler steht unter dem Eindruck, daß eine Habsburgische Restauration durch den Vertrag von Trianon verboten ist. Das ist nicht der Fall.«

***

Montag, den 24. Oktober 1921 [Papier mit Esterházy-Wappen aus Tatatováros]

Um sieben Uhr standen wir auf; machten unsere mehr als summarische Toilette, Carl besprach sich noch mit Gratz, der zu der Zusammenkunft fahren sollte. Gratz wollte bloß zuhören, Carl sagte ihm jedoch, er solle, falls er sieht, daß sich die Sache nicht gut wendet, eine Demarkationslinie bei Veszprém ausmachen. So könnten wir uns mit den Truppen dorthin zurückziehen und von dort aus, in starker Stellung, mit den treuen Westungarn im Rücken, unsere Bedingungen stellen, oder, falls nicht dies, immer noch in der folgenden Nacht durchbrechen und nach Pest gelangen. Zu diesen Verhandlungen fuhren Gratz und Lehár. Wir hatten um acht Uhr Messe mit Kommunion in einem Schupfen gehabt, wobei sehr viel Volk und Militär war. Gratz und Lehár hatten die Absicht, zu ihnen etwa zwanzig Minuten zu sprechen, kamen aber erst um zehn Uhr, als wir gerade zum Vorstand hinüberwollten, der ein Zimmer hatte heizen lassen wegen der beißenden Kälte. Borowiczény kam auf uns zugelaufen, bat uns, sofort einzusteigen, da Gratz und Lehár eben mit ihrer Maschine zurück und eine Verschiebung wahrscheinlich notwendig wäre. Wir stiegen nun rasch ein, und Gratz kam und sagte uns, daß sie faktisch einem unglaublichen Vorgang erlägen wären. Alles Dazugehörige liegt bei. (Bemerkung beim Diktat 1964: Das Dazugehörige ist das Protokoll der Verhandlungen unterschrieben von Gratz und Lehár respektive Kánya und Sárkány).
Es enstand nun eine große Verwirrung: Lehár drängte darauf, der Zug müsse sofort abfahren. Er selber bliebe bei den Truppen, damit sie nicht glauben, daß sie verlassen wären. Außerdem wollte er, Carl möge die Osztenburg-Leute und die frischeingeschworenen Garnisonen ihres Eides entbinden, denn die rückwärtsgelegenen Garnisonen meuterten schon und ein Baon der frisch Herangebrachten sei eben zum Feind übergegangen. Es würde nun ein Gemetzel folgen. Carl sagte: »Eidesentbindung nein – Feuereinstellung – ja!«

Die einen wollten, man solle sich lieber hier verhaften lassen, damit Pest nicht behaupten könne, wir sind nur aus Transportschwierigkeiten in ihre Hände gefallen und sie hätten uns in Wirklichkeit nie verhaftet. Die anderen meinten, man solle sich lieber da verhaften lassen, wo die Geleise aufgerissen wären. Andere wiederum sagten lieber bis Bicske oder Tatatováros fahren, damit wir in einem Schloß sitzen können und ausgeruht verhandeln können, andere: man solle bis Westungarn durchfahren und sich dort eine Basis verschaffen. Dazwischen hieß es: Schnell, schnell, sie kommens schon, und plötzlich stürzten Lehár und Osztenburg hinaus und wollten in einer letzten unmöglichen Verteidigung des Königs den Heldentod finden. Carl sprang ihnen nach, zwang sie beide zum Einsteigen und gab den Befehl, zu fahren, und die anderen Züge sollten so schnell wie möglich nach. Nun waren wir alle dort beisammen im kleinen Zimmer: Carl und ich, Osztenburg und Lehár (ersterer ganz zuversichtlich, in Westungarn noch etwas machen zu können, letzterer recht desperat), Rakovszky und Gratz, Oberst Fleischmann (schneidig und ruhig, Graf und Gräfin Andrássy mußten wir entschuldigen, da sie in die Stadt gegangen waren. Es wurde nachgeschickt, sie möchten gleich mit dem nächsten Zug nachkommen. Es ist uns gemeldet worden, daß ein Schuß auch richtig noch unseren Zug getroffen hat. Die nächsten wurden schon fest beschossen, der letzte sogar mit Artillerie, die auf tausend Schritt von der Station Stellung genommen hatte. Carl entschied nun so: Kommen wir bis ins Bereich von Sigray, werden wir dort Widerstand leisten. Ist dies nicht möglich, so lassen wir uns alle zusammen verhaften in Tótis oder wo immer.

Der arme Oberst Asboth[1] hatte starkes Fieber von einer Infektion an der Hand und arge Kopfschmerzen. Trotzdem hielt er mit einer Treue, Energie und Anhänglichkeit stand, die in Worten nicht wiederzugeben ist. Dann drei Eisenbahnbeamte, die nicht dazugekommen waren, den Eid auf Carl zu leisten, sie verlangten, als sie sahen, daß es schiefging, nun unbedingt ihren Eid abzulegen. Das sind Beweise einer Treue, die keine Grenzen hat, nachdem diese Beamten nach menschlicher Voraussicht erschossen werden würden (nachträgliche Bemerkung 1964: Oberst Asboth hatte, wenn ich mich recht erinnere, die ganze Leitung

[1] Eduard von Asboth, geb. Budapest, 1877, Todesjahr unbekannt, seit 1918 als Major im Infanterieregiment Nr. 83, Eisenbahnlinienkommandant, R.I.P.

der Eisenbahnen in diesen Tagen. Seine Frau lag mit Typhus zu Hause. Die drei Beamten, die sich so fabelhaft hielten, waren drei Brüder Stirling).
Wir fuhren nun darauflos, und es wurden verschiedene Pläne gemacht. Es war die Möglichkeit, entweder über Komorn nach Györ oder über Pápá zu fahren. Ersteres wurde gewählt aus technischen Gründen trotz der Gefahr. Darüber war es Mittag geworden. Die meisten Herren entfernten sich, nur Gratz und Rakovszky blieben. Wir bekamen nun etwas zum Essen:
Wurstradeln, Brot, Schokolade. Dann kamen wir wieder zusammen, und die Herren luden auch General Hegedüs ein mit einzusteigen, was mir sehr unangenehm war, da ich ihn für einen Verräter hielt, was er ja auch sicher war. Er bekam daher manches zu hören, was nicht für die Pester Regierung bestimmt war. Dann kam die Meldung, daß nach Tatatováros die Schienen aufgerissen seien, man könne nicht mehr weiter. Unter diesem Gesichtspunkt gesehen war es nun besser, daß Lehár und Osztenburg fliehen, damit sie nicht hingerichtet oder die Regierung mit ihrer Person Thronentsagung oder dergleichen zu erpressen versuchte, Lehár zog sich gleich in Zivil an und verschwand schon am Bahnhof mit seinem Adjutanten. Osztenburg kam noch bis ins Schloß, wollte absolut nicht weg, ging aber endlich, auf direkten Befehl Carls, sein Leben zu erhalten, schluchzend weg.
Gräfin Lulu Esterházy, ihr Bruder und drei Offiziere flohen mit ihm. (Bemerkung zum Diktat 1964: Es geht aus meiner Aufschreibung nicht klar hervor, daß es des striktesten militärischen Befehles bedurft hatte und eines Appells an die Treue und Anhänglichkeit Lehárs an die Person des Königs, um von ihm zu erreichen, daß er nach Österreich fliehe).
Dann, etwas später, kam Oberst Fleischmann dran, da wir zuerst glaubten, er wäre schon pensioniert und daher nicht so gefährdet. Im Ganzen flohen an die dreißig Offiziere in Zivilkleidung nach allen Seiten weg. Fürst Esterházy sowie die Grafen Franz und Thomas Esterházy gaben ihnen alle ihre Anzüge. Was das bei den heutigen Preisen bedeutet, weiß ein jeder. Graf Franz Esterházy war uns bis Bicske nachgeritten, dort in den Zug eingestiegen und hatte uns gleich sein Schloß angeboten, nicht nur zum Wohnen, sondern auch zum Widerstandleisten. Es kam auch noch der gute Oberst Klempa, der, als er sah, wie sich alles drehte und den Armeebefehl Horthys gelesen hatte, uns rasch

nachfuhr, um uns womöglich noch in Sicherheit zu einem Freund zu bringen oder sich wenigstens ganz zur Verfügung zu stellen. Für die drei Eisenbahner und Oberst Asboth wurde getrachtet, eine rascheste Möglichkeit zur Flucht aus Ungarn zu finden – Gebe Gott, daß dies alles gelingt!

Als wir in Tatatováros ausstiegen, fuhren wir in einem Auto und in mehreren Wagen nach Totis mit allen diesen Leuten. Und siehe da! – der treue General Hegedüs geht zum Telefon, trägt sich der Regierung in Budapest als Zeuge der Unterzeichnung der Abdankungsurkunde an und meldet sich bei der Regierung Horthy an!!! – Zehn Minuten vorher hat er noch Carl gesagt: »Ich wurde so spät verständigt, daß ich die Truppen nicht mehr in die Hand bekam. Bitte E. Majestät, mich das nächste Mal gleich von Anfang an einweihen zu lassen!« Ja, freilich, sonst fehlt ihm nichts! Rakovszky drückte er die Hand und sagte: »Nur nicht abdanken, das soll S. M. nicht machen!« und am Abend ist er ganz lustig zum Schloß gekommen, um sich ohne Scham als Unterhändler der Horthy-Regierung vorzustellen und als Zeuge für die Abdankungsunterschrift. Dann ist ein Oberst Siménfalvy, den wir (aus Vorsicht) auch mitgenommen hatten, der war der zweite solche!

Als wir uns nun von allen verabschiedet hatten, gingen wir zu den 14 Ostenburg-Offizieren, die unsere Bewachung übernommen hatten, brachten ihnen Zigaretten, setzten uns zu ihnen hin und plauschten mit diesen treuen Leuten. Sie werden in dieser Funktion belassen und durch zwei Kompanien feindlicher Truppen verstärkt, alles unter dem Kommando von Siménfalvy »zu unserer persönlichen Sicherheit«.

Dann nahmen wir ein Bad, zogen uns frisch an, frisierten respektive rasierten uns. Was das alles bedeutet, wenn man Donnerstag bis Montag in den gleichen Kleidern und in der gleichen Wäsche, in *so* schmutzigen Orten mit *so*viel Flöhen ohne Reinigungsmöglichkeit gelebt hat, ist nicht zu sagen! Einen guten, warmen, ausgiebigen Tee nahmen wir noch vorher ein. Dann kam noch Rittmeister Riedl. Souper – bis dahin waren Graf und Gräfin Andrássy nach einer Fahrt mit Auto und Lokomotive auch angekommen und die Hausfrau auch und bis alles fertig war, war es auch schon elf Uhr, und wir gingen schlafen. Auf meinem Toilettentisch hatte ich die Freude, die Fotos meiner, mir so schrecklich fehlenden, kleinen Horde zu finden, die Agnes früher mit dem Gepäck hergebracht hat. Gott segne sie und helfe uns und unseren Getreuen! Ohne Seine Hilfe wäre diese neuerliche Prüfung recht schwer zu ertragen.

Mr. T. B. Hohler, Budapest, an den Marquess Curzon, London
eingelangt in London am 26. Oktober 1921, 9.45 Uhr
Nr. 366, telegrafisch

Budapest, 24. Oktober 1921, 18.30 Uhr

Heute, um 13.30 Uhr, informierte mich der Außenminister dahingehend, daß sich ein Teil der karlistischen Truppen ergeben habe und ein anderer Teil mit der Bahn auf der Flucht sei, wahrscheinlich nimmt dieses Truppenkontingent Karl mit auf die Linie in Richtung Komarom: Entsprechende Befehle zu deren Gefangennahme sind bereits erteilt worden. Alles weise darauf hin, daß sie in die Arme der Hejjas-Kräfte liefen, Hejjas sei extrem anti-karlistisch und dringe von Raab (Györ) aus vor.

Er fragte auch an, was der Ratschlag unserer Regierungen sei bezüglich des endgültigen Aufenthaltsortes Karls – er bestand darauf, daß er irgendwo in Übersee liegen müsse.

Für eine vorübergehende Internierung schlug ich S.S. »Sofia« vor, das Schiff gehört der Internationalen Donaukommission und verfügt über eine kleine, interalliierte Wache.

Der Vorschlag wurde angenommen.

Er fragte mich, ob nach meiner persönlichen Meinung und auch der meiner Kollegen die Ungarische Regierung überhaupt eine entschlossenere Haltung gegenüber dem König hätte zeigen können oder nicht. Wir waren uns darüber einig, daß sie sich überaus korrekt verhalten hätten. . .

Ich riskierte schließlich die Bemerkung, Seine Exzellenz daran zu erinnern, die ganze Angelegenheit sei ja noch nicht abgeschlossen, da sie bis zum Augenblick weder imstande waren, Karl gefangenzunehmen noch ihn abzusetzen.

Mr. T. B. Hohler, Budapest, an den Marquess Curzon, London
Nr. 417, eingelangt in London am 26. Oktober, 8.55 Uhr

Budapest, 24. Oktober 1921, 21.30 Uhr

Der Außenminister teilt uns mit, daß die karlistischen Truppen endgültig zerstreut sind und sich Karl einem Offizier der Regierung in Tatatováros ausgeliefert hätte.

Eine Sondereinheit wird ausgesucht, um ihn zu bewachen.

Nach verschiedenen Überlegungen meint die ungarische Regierung,

48 Staatsbesuch in Bulgarien, 15. Mai 1918: Kaiser Karl mit dem Kronprinzen, dem späteren König Boris.

49 19. Mai 1918, Staatsbesuch in Konstantinopel. Neben dem Kaiser und König in der Uniform eines ungarischen Marschalls Sultan Mehmed Reşad (1909–1918). Rechts außen der Kronzprinz, der spätere (und letzte) Sultan Mehmed Vahdeddin (1918–1922) sowie Kaiserin Zita.

50, 51 Kaiser Karl war ein geübter Reiter, der bei mehreren Wettbewerben in seiner Jugend Preise errungen hatte. Im Krieg setzte er seine Frontbesuche in unwegsamem Gelände oft zu Pferd fort, wenn der Wagen nicht mehr durchkam.

52, 53 Kaiser Karls besonderes Interesse galt vom Beginn seiner politischen Aktivitäten an der Luftfahrt, zum Teil durch das Interesse bedingt, das Erzherzog Franz Ferdinand der Seefahrt widmete. Die kaiserliche Familie auf dem Flugfeld von Aspern: Kaiser Karl, Zita, Robert (mit dem Hutband der VIRIBUS UNITIS, Österreich-Ungarns Flaggschiff), Kronprinz Otto und Erzherzogin Adelhaid.

54 Kaiser und König Karl in ungarischer Marschallsuniform in Konstantinopel am 19. Mai 1918. Der prachtvolle Aufzug beeindruckte die türkische Öffentlichkeit und machte sie für die Friedensappelle des Kaisers noch zugänglicher.

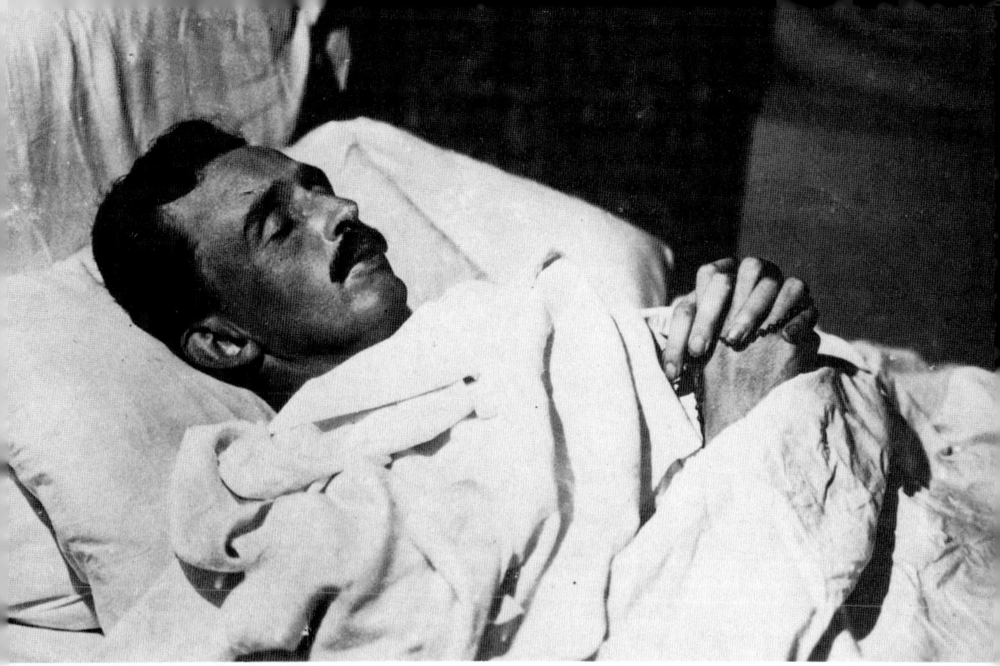

55 1. April 1922: FIAT VOLUNTAS TUA

56 Die kaiserliche Familie in Lequeitio (Baskenland): Carl Ludwig, Otto, Elisabeth, Kaiserin Zita, Felix, Adelhaid, Charlotte, Robert, Rudolf (Aufnahme aus dem Jahre 1926).

57 Familie Erzherzog Carl Ludwig (Brüssel): Rudolf, Marie Hélène, Yolande, Carl Ludwig, Astrid, Carl Christian, Constanza, Alexandra.

58 Peter Fürst Gallitzin und Maria Anna, Erzherzogin Anna Gabriele und Erzherzog Rudolf.

59 Erzherzog Simeon (ein Sohn von Ehg. Rudolf, Brüssel).

60 Prinz Vinzenz von und zu Liechtenstein mit seiner Gemahlin Hélène und den Kindern Adelheid und Hedwig

61 Der 90. Geburtstag: Kaiserin Zita im Johannesstift von Zizers mit einem Teil der Nachkommenschaft aus der Ehe mit Kaiser Karl.

Kaiserin Zita mit dem Erstgeborenen und Erben Otto von Habburg, Erzherzog Karl

eine Internierung auf einem Schiff bringe zu viele Nachteile, sie schlagen vor, ihn im Kloster Tihany auf einer vorgelagerten Halbinsel am Nordufer des Plattensees unterzubringen; das Kloster ist weit weg von jeder Stadt und leicht zu bewachen.
Wir haben unsere Zustimmung erteilt. Sie dringen sehr heftig nach einer Entscheidung der Mächte wegen eines endgültigen Aufenthaltsortes und einem sicheren Weg, ihn dorthin zu verbringen.
Abgesehen davon kann der Zwischenfall als abgeschlossen betrachtet werden.
Die ungarische Regierung hofft, die Abdankung zu bekommen, was in ihren Augen die wohl endgültige und höchst definitive Lösung dieser Frage wäre, widrigenfalls sie das Parlament einberufen will, das seine Absetzung erklären würde.

Sir H. Dering, Bukarest, an den Marquess Curzon in London
in London eingelangt am 31. Oktober (Nr. 419)

Bukarest, 24. Oktober 1921

My Lord,
. . . ich sollte noch bemerken, daß Seine Exzellenz, der Herr Außenminister Take Jonescu, während er von der Führungsrolle Italiens in der Kleinen Entente sprach, was er übrigens nicht sehr goutieren dürfte, bemerkte, daß Italien mit Jugoslawien ja eine Art Beistandspakt habe, was für Rumänien nicht der Fall sei: Es ging um die Verpflichtung militärischer Zusammenarbeit gegen Ungarn, die unter gewissen Umständen eintreten könnte.
Er erklärte mir dann, daß zwei Führer von demokratischen Parteien Ungarns vor der Burgenland-Konferenz von Venedig an den Herzog von Aosta (einem Cousin König Viktor Emanuels III. von Italien) herangetreten seien, um ihm die Annahme der Krone von Ungarn vorzuschlagen. Herr Take Jonescu sagte nicht, daß das Angebot zurückgewiesen worden sei, obwohl er bemerkte, daß aus der Sache nichts geworden sei.
Als er auf die Ex-Königin Zita zu reden kam, war er der Meinung, daß sie die Anstifterin der jüngsten Narretei ihres Mannes gewesen sei. Er habe gehört, daß sie ihm ununterbrochen wegen seines Mangels an Unternehmungsgeist bittere Vorwürfe mache.
Ich antwortete, daß ich über sie gehört habe, ununterbrochen in höchst

hysterischen Zuständen zu sein, so daß sie sehr wahrscheinlich teilweise Schuld an dem Ganzen sei. Ich erinnerte ihn nicht daran, daß er erst vor kurzem die Ursache für Karls luftigen Ausflug nach Ungarn einer Intrige der Deutschen zugeschrieben hatte.

Lord Hardinge, Paris, an den Marquess Curzon in London
in London eingelangt am 25. Oktober 1921, 10.35 Uhr (Nr. 418)

Paris, 24. Oktober 1921

Die Botschafterkonferenz traf heute früh zusammen, um die durch die Ankunft des Ex-Kaisers geschaffene Lage in Ungarn zu besprechen.
Der Vorschlag, die Verwirkung der Kronrechte zu proklamieren, kam von den Franzosen, die ihn damit rechtfertigten, daß eine solche formelle Erklärung bei vielen ungarischen Beamten und Offizieren alle Skrupel beseitigen würde.
Was die Haft des Ex-Kaisers betrifft, stimmte ich der milderen französischen Formulierung »s'assurer la personne« zu, um wieder die Skrupel des italienischen Botschafters zu zerstreuen, der zunächst sogar diese Wortwahl zurückwies, weil er vermutete, so etwas könnte sich leicht ins Gegenteil verkehren, weil es die ganze ungarische Nation für die Verteidigung des Ex-Kaisers vereinigen müßte.
Es wurde auch bemerkt, daß die Konferenz, verlangt sie erst die Festnahme des Ex-Kaisers, auch Überlegungen anzustellen habe, welche Maßnahmen künftig ergriffen werden sollten, weil er ja offensichtlich in diesem Lande nicht verbleiben kann.
Man kam überein, daß es für ihn schwer sei, einer der Regierungen der angrenzenden Länder übergeben zu werden und daß es daher besser sei, wenn die Alliierten Regierungen darum ersuchten, ihn auszuliefern. Wenn notwendig, könnten die alliierten Generale in Ödenburg die Regierungen in dieser Angelegenheit vertreten.
In der Folge erwuchs die Frage nach dem endgültigen Aufenthaltsort des Ex-Kaisers, und ich trug mich an, Seiner Majestät Regierung dahingehend zu fragen, ob man ihn vorübergehend auf Malta aufnehmen könnte, während man sich über seinen dauernden Aufenthaltsort einigt. Ich wäre glücklich, in dieser Frage den Standpunkt der Regierung Seiner Majestät zu erfahren.

***

Dienstag, den 25. Oktober 1921

In der Nacht drangen Hejjas-Leute in das Schloß ein und suchten Carl und Osztenburg. Sie kamen ins Schlafzimmer des Grafen Andrássy, leuchteten ihm ins Gesicht und sagten ihm: »Ah, das ist ja Andrássy, schlafen Sie bitte ruhig weiter, wir suchen nur Carl und Osztenburg.« Andrássy war zuerst verdutzt, doch sprang er gleich auf, kam aber zur Tür, als sie eben gerade verhaftet und gebunden wurden, in Gesellschaft von mehreren anderen, die in den Trakt der Offiziere eingedrungen waren. Sie wurden alle abgeführt. (Bemerkungen beim Diktat 1964: Ich verweise auf die ausführliche Beschreibung Werkmanns in seinem Buch »Der Tote auf Madeira«, S. 284–288 sowie meine Anmerkungen dazu, Seite 19. – Graf und Gräfin Franz Esterházy, die nur oberflächlich schliefen, zum Teil aus Sorgen, zum Teil, weil einer von ihnen ziemliche Schmerzen hatte, hörten den Lärm. Graf Franz Esterházy lief sofort in die Richtung, wo er die Schritte gehört hatte, und sah zwei bis drei Männer, die eben eine kleine Treppe hinauflaufen wollten, die zu unserem Zimmer führte. Er stieß die zwei ersten zur Seite, rannte dem dritten nach, erwischte ihn bei der Jacke und riß ihn die Treppe herunter. Dieser hatte eine Handgranate in der Hand, die zum Glück nicht explodierte, als der überraschte Mann rücklings hinunterfiel.)
Gegen sechs Uhr kam Borovicsény, klopfte an die Tür und sagte, daß eben Gendarmerie gekommen sei, und Rakovszky, Andrássy und Gratz ersuchten, mit ihnen nach Stuhlweißenburg zu fahren, also auf Deutsch: vors Militärgericht. Sie hätten aber gestattet, daß sie sich vorher bei Carl abmelden. Wir standen nun schleunigst auf und kamen in den Salon, wo die drei Herren sich verabschiedeten. Carl aber sagte ihnen, sie mögen noch warten, er würde einen Protest dagegen einlegen. Er ließ gleich den Obersten Siménfalvy kommen und in entsprechender Entfernung stehend sagte er ihm in strengem Ton und ebenso strenger Miene: »Telephonieren Sie dem Admiral Horthy, daß ich energisch gegen die Entfernung meiner Herren protestiere!« Der Oberst hatte gleich beim Hereinkommen gemeldet, daß er im Auftrag von Horthy für unsere Sicherheit zu sorgen habe, worauf ihm Carl keine Erwiderung gab. Dann kam das Auto vorgefahren, während Siménfalvy etwas bleich telefonieren ging. Nach wenigen Minuten kam die Antwort aus Pest, vorläufig nicht zu fahren. Wir gingen nun in die

Messe, sodann zur Heiligen Kommunion, dann Frühstück. Dazwischen kam mehrmals Borovicsény. Um 11 Uhr ungefähr kam Siménfalvy wieder und meldete: »Es ist die Antwort aus Pest gekommen, daß der Befehl aufrecht bleibt.« Worauf Carl ihm zuerst ungarisch, dann deutsch antwortete: »Nachdem die Politiker, die die Verantwortung tragen können, verhaftet wurden, will ich dem Lande die Schande antun, daß ihr *gekrönter* König, dem Sie den Eid geschworen haben, von dem Sie, Herr Oberst, den Leopoldsorden haben, auch verhaftet werde. Da haben Sie meinen Säbel!«

Diese Worte fielen wie Hammerschläge auf Siménfalvy, und als Carl bei seinen letzten Worten sein Bajonett abschnallte und es ihm hinhielt, hob er nur abwehrend die Hand und wankte zur Tür hinaus. Draußen hielt er sich einen Augenblick den Kopf und ging dann mit Borovicsény hinunter und zu den drei Herren, um zu versuchen, ob nicht eine andere Lösung möglich sei. Schließlich kam Gratz und sagte, sie hätten so ausgemacht: Andrássy und Rakovszky würden gehen und er hierbleiben, was dem armen Gratz unendlich schwer fiel. Carl jedoch sagte ihm, daß er Siménfalvy sagen soll, daß sobald er zwei oder auch nur einen der Herren wegführen sollte, er vorher zu ihm um den Säbel kommen müsse. Der arme Gratz war sehr hergenommen und hatte Tränen in den Augen. Er sagte, Siménfalvy sei ganz gebrochen, er säße weinend unten. Wir aßen alle zusammen zu Mittag, und um 3 Uhr kam die Meldung, daß die Herren bei uns bleiben dürfen, bis wir in Tata den Zug besteigen würden. Also das hätten wir nun erreicht. Je später die Herren ihnen in die Krallen fallen, desto glimpflicher würde es für sie ausgehen. Vorher noch kam eine sehr traurige Nachricht: Osztenburg ist gefangengenommen. Gräfin Lulu Esterházy kam uns dies sagen. Sie waren in einem Weinkeller versteckt gewesen, da kam eine Patroullie und suchte nach dem Sigray. Sie wollte sich gerade entfernen, als ein Unteroffizier Osztenburg ansah und ihn erkannte, da er längere Zeit in einem Haus ihm gegenüber gewohnt hatte. Den anderen Offizieren, die mit ihm waren, gelang es, zu entkommen. Er sagte sofort am Gendarmerieposten aus, daß er allein schuldig sei und weder Lehár und Andrássy, Rakovszky oder Gratz etwas für das Ganze könnten. Er allein trage die ganze Schuld und Verantwortung. Carl ließ er melden, daß er für ihn gern sterbe und daß er sicher sei, daß Carls Sache schließlich siegen würde. – Er hat den Befehl, dem Horthy vorgeführt zu werden. Gott helfe, segne und schütze ihn. Carl läßt sich Si-

ménfalvy kommen und sagt ihm: »Telfonieren Sie dem Admiral Horthy, ich lasse ihn bitten, den Obersten Osztenburg, der jetzt nur meinem Befehl gehorcht hat, im Krieg achtmal verwundet war, der ein Muster soldatischer Tugenden ist, nicht ans Leben zu gehen.« Wir beten *so*, daß dies etwas nützen möge.
Nachmittags kam wie ein Retter vom Himmel der amerikanische Hauptmann und Roter-Kreuzler Pedlow daher, weil, wie er sagte, wolle er die andere Seite auch einmal hören, um sich eine Idee der ganzen Lage zu machen. Die Herren, besonders Gratz, der ihn von früher her kennt, erklären ihm die ganze Lage. Er kam auch zu uns. Wir legten ihm Osztenburg sehr ans Herz. Er beruhigte uns sehr, da er sagte, die Osztenburg sehr schätzten, würden sein Erschießen nicht zugeben. Er versprach seine Intervention für diesen und für alle anderen in dieser Angelegenheit eventuell Verhafteten und daß er sie auch besuchen und ihnen alle Erleichterungen verschaffen würde, die er nur kann, da er Leute ehrt, die sich für ihr gutes Recht einsetzen. Um sechs Uhr hatte es die ungarische Regierung entdeckt, wie sie es tun könne, um ihre vier Opfer zu kriegen und Carl doch nicht zu verhaften, da dies durch die Bevölkerung doch nicht geduldet würde. Sie ließ uns sagen: Die Kleine Entente mobilisiere, die Tschechen werden morgen schon kommen, sie hätten beschlossen, die Habsburgerfrage endgültig zu lösen. Die ungarische Regierung müsse uns daher so schnell wie möglich aus Tata wegbringen und nach Tihany bringen, damit wir in Sicherheit seien. Rakovszky, Andrássy, Gratz und Borovicsény würden in der Nacht nach Pest gebracht, Gratz, an den alle diese Mitteilungen gingen, antwortete: Also dauert das Versprechen der ungarischen Regierung nur von drei bis sechs? – Weiters wurde ihm gemeldet, daß der Salonwagen um 10 Uhr abends mit uns aus Tata-Továros abfahren sollte. Carl ließ durch Gratz antworten, daß er nicht fahre, wenn die vier Herren nicht mit ihm nach Tihany kämen, daß, solange er frei wäre, er dies nicht dulden würde. Wenn sie dennoch drauf bestehen, müssen sie sowohl ihn als auch mich verhaften, und zwar mit einem schriftlichen Befehl. Um 9.30 Uhr kam eine Anfrage, wer von der Dienerschaft mit uns käme. Es wurde eine Liste aufgesetzt von den Personen, die uns begleiten: Graf und Gräfin Esterházy, Agnes (als Cousine) (Frau von Borovicsény, geborene Gräfin Schönborn), Gräfin Andrássy, Fürst Esterházy, Graf Thomas Esterházy, der Sekretär des Grafen, sein Kammerdiener und die Kammerfrau Mizzi aus Sopron. Es wurde zehn Uhr, und

nichts rührte sich. Um 10.30 Uhr kam endlich die Antwort Nagy Páls, die sagte, wir dürften nicht verhaftet werden, aber wenn wir nicht ohne die Herren fahren, müssen wir dazu gezwungen werden mit Gewalt, aber in entsprechender Form. – Dieser Heuchler. – Carl ließ antworten, man möge uns verhaften, resp. mit Gewalt zwingen, denn er ginge nicht freiwillig. Diese, wie überhaupt alle Verhandlungen gingen über Gratz, da Carl – mit Ausnahme dieser drei Interventionen für seine Herren – erklärte, mit diesem Rebellen nicht sprechen zu wollen.
Dann beschlossen wir, uns alle niederzulegen und zu schlafen. Carl legte sich angezogen aufs Bett, und ich sitze daneben und schreibe. Gratz sagte noch, er habe gehört, wie Siménfalvy mit Nagy Pál telefonierte und ihn beschwor, ihn nicht zum Verhaften, resp. zum Gewaltanwenden zu befehlen; er hätte eine solche Szene vormittags mitgemacht, daß er dies absolut nicht könne. Er bat, er möge einen anderen Offizier damit betrauen. Wir werden ja sehen, ob sich einer finden wird, der es tut, und wenn sie nachgeben, was sie dann wieder erfinden, um zu ihren Zwecken zu gelangen. Das eine ist sicher, sie wollen Carl isolieren, um ihn dann mürbe zu machen und zu einer Thronentsagung zu bringen. Da sind sie aber bei Carl an den Unrichtigen geraten. – In *der* Frage wird er nie mürbe werden, da es gegen sein Gewissen geht. Bei der Liste wurde uns auch ausdrücklich gesagt, es dürften keine Angehörigen von kompromittierten Persönlichkeiten dabei sein. Zu Mittag waren die Herren sehr besorgt um unsere Sicherheit, denn plötzlich kamen die Hejjas-Leute wieder und bekamen ihre Waffen zurück unter dem Vorwand, daß eine Militärbehörde sie nach Tata zu unserem Schutz hatte schicken wollen (Schöner Schutz – lauter Mörder) und da sie daher in richtiger Weise gekommen wären und dort nach ihrer Aufgabe gesucht hatten (!). Diese sehr beruhigende Auskunft ließ die Herren vermuten, daß, da Gömbös die Maßnahmen für unseren Schutz zu treffen habe – jener Gömbös, der sagte, wenn Carl zurückkäme, würde der ihn töten –, eine große Gefahr bestehe. Hinter unserem Rücken schickten die Herren nach Pest, dies den Entente-Generalen zu melden. Gratz hat heute im Laufe des Tages nach Pest sagen lassen, die Regierung solle doch einen Vertreter schicken, der mit ihm, Gratz, rein privat und persönlich spricht, daß er von Carl nicht dazu ermächtigt wäre. Sie ließen nun antworten, zwei Herren würden, um mit ihm zu sprechen, nach Tihány gehen.
Nachmittags gingen wir zwei mit der Ménage Borovicsény hinter uns

etwas im Garten spazieren. Dann hatten wir um 4 Uhr einen Segen mit Herz-Jesu-Litanei, dann Jause etc.
Eine ganz lustige Episode pasierte heute dem Gratz. Er wurde gegen 5 Uhr aufgeweckt von einem Gendarmen, der ihm seine und der übrigen drei Herren Verhaftung mitteilte und sie sollten gleich mit ihm kommen. Es geschah ja dann nicht. Heute Nachmittag spazierte Gratz draußen im Hof, als ihm ein Gendarm auffiel, der ihm so bekannt und sympathisch anmutet. Er geht auf ihn zu und sagt ihm: »Sagen Sie mir, wo haben wir uns schon einmal gesehen?« Worauf der Gendarm: »Heute früh, als ich die Ehre hatte Ew. Exzellenz leider zu verhaften.«

***

Lord Hardinge, Paris, an den Marquess Curzon, in London
in London eingelangt am 25. Oktober 1921 (Nr. 420)

Paris, 25. Oktober 1921, 16.15 Uhr

Hohlers Telegramme 363 und 367, beide Male letzter Absatz.
Eine sofortige Entscheidung scheint dringendst notwendig. Wenn Seiner Majestät Regierung einer zeitweiligen Internierung des Ex-Kaisers auf Malta zustimmt und ein Schiff in die Adria schickt, um ihn wegzuholen (to fetch him away), könnte die Angelegenheit innerhalb der nächsten Tage geregelt sein.
Auf der anderen Seite bemerke ich aus einem Telegramm von Sir Buchanan aus Rom, daß die italienische Regierung bereit wäre, dem Ex-Kaiser vorübergehend in Padua Aufenthalt zu gewähren. Ich mißtraue aber diesem Arrangement wegen des bourbonischen Einflusses.
Der endgültige Aufenthaltsort des Ex-Kaisers verlangt einige Überlegung. Das Gefühl in der Botschafterkonferenz ist das, daß man ihn auf irgendeinem Punkt, weit weg und jenseits des Meeres internieren sollte, wo er sowohl durch die örtliche Regierung überwacht werden kann als auch die Lebenskosten nicht allzu hoch sein dürften. Der französische Botschafter äußerte sich ziemlich in gleichem Sinn, und im Hinblick auf des Ex-Kaisers frühere Intrigen mit Prinz Sixtus erscheint ein Wohnort auf französischem Territorium wenig wünschenswert. Ich kann mir zwar nicht vorstellen, daß Seiner Majestät Regierung diese Pflicht gern übernehmen wollte, doch wurden in der Konferenz die Westindischen Inseln vorgeschlagen. Es sieht danach aus, als ob es leichter wäre, eine geeignete Residenz auf einer Britischen Besitzung zu finden als anderswo.

Mittwoch, den 26. Oktober 1921

Ich schrieb bis um 1 Uhr früh, um 12.30 Uhr fragte ich noch Borovicsény, ob noch immer keine Antwort gekommen wäre. Er sagte, daß Siménfalvy noch immer am Telfon wäre und sonst jedermann schlafe. So half ich Carl, sich ausziehen und ins Bett legen, und ich ging auch um 1 Uhr schlafen. Zehn Minuten vor 4 Uhr klopfte Borovicsény und sagte, die Antwort sei da, die Herren dürften mit, und wir sollen in einer halben Stunde fahren; Carl möge gleich herauskommen, da Gratz ihn wegen der Liste sprechen wolle. Es waren gestrichen worden: Die Gräfin Andrássy, der Fürst Esterházy und der jüngere Bruder des Grafen Esterházy. Auch die sieben Osztenburger blieben. Ich kroch frierend aus dem Bett und langte nach Bluse und Rock, da ich sonst ganz angezogen geblieben war. Doch kaum hatte ich die Bluse an, so kam Carl und sagte, ich könne noch etwas schlafen. Er stand auf. Gegen fünf stand dann ich auf, und wir bekamen noch den Kapuziner, der uns beiden die Hl. Kommunion gab. Dann kurze Danksagung und Frühstück, und um 5.30 Uhr fuhren wir im Wagen zur Bahn. Dort standen viele Offiziere. Darunter als Wache am Bahnhof der ehemalige Oberleutnant Herrman, jetzt Major, der bei den 39ern im Baon von Carl war! Skandal! Um 6.10 Uhr fuhren wir ab. Wir bummelten namenlos. Überall, wo uns die Leute sahen, winkten sie, und in Stuhlweißenburg, wo sich das Publikum angesammelt hatte, riefen sie: »Eljen«! Graf Károlyi und Gräfin Károlyi und Gräfin Wenckheim stiegen einige Stationen vor Stuhlweißenburg ein und dort aus. Vor dem Plattensee steigt Gräfin Andrássy aus, da sie nicht herdarf. Endlich, um 2 Uhr nachmittags kamen wir hier an (Tihany). Wir fuhren mit Wagen herauf, unser Gepäck und Diener wurden aber noch mehrere Stunden am Bahnhof zurückgehalten, da sie angeblich keinen Befehl hatten, sie durchzulassen und erst anfragen mußten. – Der Abt und fünf Geistliche empfingen uns und dann (3 Uhr) bekamen wir ein warmes Mittagessen, was sehr wohltuend war, da wir unterwegs nur ein Schinkenbrot gegessen hatten.

Graf und Gräfin Esterházy bedienten uns, da noch keine Diener da waren, in der nettesten Weise. Dann sahen wir den Abt. Ein recht alter Herr. Wir bekamen einen Kaffee um 5.15 Uhr und Soupér alle miteinander um 7.30 Uhr. Auch Hauptmann Karner von den Osztenburg-Offizieren aß mit. Die übrigen sechs hatten wir nachmittags verab-

schiedet, sie gingen unter Tränen. Ich schreibe noch Karten an die Kinder, wollte sie auf die Post schicken, um zu sehen, ob man sie durchläßt. Am Abend erfuhr ich jedoch, daß man sie in das Ministerium des Äußeren schickte und von dort mit Kurier weiter – auch gut, dann sehen sie gleich, wie ich denke. Einer von den Patres fragte den Borovicsény vor unser Tür, wie denn das Schießen gekommen wäre und Borovicsény erzählte ihm, wie gemeldet worden war: freie Fahrt, und als man ruhig fuhr, der Zug angeschossen wurde. Sofort kam ein Offizier aus einer anderen Tür heraus und sagte, dieses Gespräch in Hörweite der Wachen müßte sofort aufhören. Mir scheint, die Ohren der ungarischen Soldaten könnten die Wahrheit nicht ertragen, ohne königstreu zu werden. Es ist alles voll Wachen. Gänge, Türen, überall stehen welche. Der ganze Weg herauf war besät von Soldaten. Hier oben stand eine Ehrenkompanie – Komödie der Freiheit und des schuldigen Respektes. Carl schritt sie aber nicht ab.
Unsere Räume sind: ein Ecksalon, ein kleines Schlafzimmer daneben und dann ein Toilettezimmer für Carl. Nach dem Mittagessen hatten wir einen kleinen Beusch in die Kapelle gemacht. (Das Oratorium war am selben Gang gelegen.) Um 9 Uhr abends hoben wir den Salon auf, und um 10.30 Uhr schliefen wir schon. Wir hatten drüben im Prälatensaal gegessen, an drei Tischen, da zu wenig Platz. Auf der Herfahrt sahen wir einen Zug mit zwei Regierungsvertretern; Csáky und Kánya, die mit Gratz verhandeln wollen. Noch keine Antwort wegen ... [Ende der Seite].

***

Sir G. Clerk, Prag, an den Marquess Curzon in London
in London eingelangt am 26. Oktober 1921, 17.45 Uhr (Nr. 421)

Prag, 26. Oktober 1921, 14 Uhr

SEHR DRINGEND

Der Premierminsiter hat gehört, daß die Botschafterkonferenz in Paris entweder England oder die Tschechoslowakei als endgültigen Bestimmungsort für Exkaiser Karl vorschlägt.
Er hat mich darum ersucht, Seiner Majestät Regierung dahingehend zu informieren, daß er bereit ist, in diesem Zusammenhang jede Entscheidung der Botschafterkonferenz zu akzeptieren.

Mittlerweile schlägt er vor, daß der Exkaiser im Hinblick der Wichtigkeit der Entfernung Karls aus Ungarn der Exkaiser unter Bewachung britischer Offiziere sofort hierher gebracht werden sollte, das, um so weit wie möglich die Empfindlichkeit der Ungarn zu schonen oder den Eindruck zu vermeiden, die Tschechoslowakei wolle damit ihr eigenes Prestige vergrößern.
Ob nun sein Aufenthalt für immer oder nur vorübergehend sein soll, der Exkaiser könnte günstig in der Nähe von Prag untergebracht werden, und die tschechoslowakische Regierung wird alle notwendigen Garantien im Hinblick darauf abgeben, daß der Exkaiser in sicherem Gewahrsam bleibt. Der Premierminister weist aber äußerst nachdrücklich drauf hin, daß im Hinblick auf das allgemeine Interesse dieser endgültigen Niederlassung er sofort aus Ungarn entfernt werden sollte.

Der Marquess Curzon of Kedleston, London, an Hord Hardinge in Paris Telegrafisch, Nr. 613

London, Foreign Office, 26. Oktober 1921, 21 Uhr

Wir stimmen darin überein, daß es äußerst wünschenswert ist, Karl so schnell wie möglich aus Ungarn herauszubekommen.
Er könnte die Donau hinunter nach Galatz gebracht werden, wie es Admiral Troubridge vorschlug oder durch die britische Flottille, die nach Budapest beordert wurde.
Unabhängig davon hat die Admiralität vorgeschlagen, H.M.S. »Cardiff« zu einem Freundschaftsbesuch nach Galatz zu entsenden, und zwar Anfang November: Und dieses Schiff könnte Karl und seine Begleitung nach Konstantinopel bringen, unabhängig von der Entscheidung über seinen endgültigen Bestimmungsort.
Malta wäre wegen des bevorstehenden Besuchs des Prinzen von Wales ungeeignet.
Wir sind der Meinung, daß Spanien oder eine spanische Insel die beste letzte Destination wäre. Vielleicht eine der Balearischen Inseln, ja sogar die Kanarischen Inseln können in Betracht gezogen werden. Wenn Spanien bereit ist, ihn ohne Verzögerung aufzunehmen, könnten wir ihn nach Gibraltar schaffen, was nicht bedeutet, daß er dort und in unseren Händen bleiben soll.
Die Frage einer Versorgung für Karl und seine Familie, die schon am

Rande einer Lösung war, kann dann wieder aufgegriffen werden, die ganze Angelegenheit müßte eigentlich in wenigen Wochen bereinigt werden können.

***

Donnerstag, den 27. Oktober 1921

Wecken um 7.15 Uhr. Um 7.45 Uhr kommt Siménfalvy zu Carl und sagt ihm, es dürfen die Herren Rakovszky, Gratz, Andrássy und Borovicsény sowie die Esterházys nicht mehr zu uns kommen, und wir müssen bei uns à deux unsere Mahlzeiten einnehmen. Carl fragt, was dies zu bedeuten hat, ob er dann Gefangener wäre oder nicht. Antwort: Nein, Carl sei nicht gefangen, aber es dürfe niemand in unser Zimmer außer mit Wissen und Erlaubnis von ihm, Siménfalvy. Carl antwortet ihm: Dies sei einfach eine Spiegelfechterei, dies sei eine Einschränkung der Freiheit, wenn es davon abhängt, ob es ihm, Siménfalvy, einfällt oder nicht, daß er seine Herren sehen kann. Siménfalvy: Ja, die Herren seien die Gefangenen. – Carl: Er habe davon keine Meldung. – Siménfalvy: Er wäre eben gekommen, um dies zu melden, außerdem müßten die Esterházys heute noch weg. – Carl: Warum? – Siménfalvy: Sie wären nicht auf der Liste jener Personen, die zu den vier Ausbedungenen gehören. – Carl: Was machen die drei Entente-Leute da? – Siménfalvy: Sie sind da, um zu überwachen, daß Carl mit den Herren nicht zusammensei, daß niemand mit Carl verkehre und daß unsere persönliche Sicherheit gewahrt werde. – Carl: »Ihr seid weit gekommen, daß Ihr Euren gekrönten König so einsperrt und noch dazu in Ungarn die Entente ruft, um ihn zu bewachen. Und was glaubt Ihr – nebenbei –, daß ich hier mit meinen Herren ›konspirieren‹ könnte, besetzten Hauses und bei *der* Bewachung?« Dann gingen wir in die Messe mit den Ménagen Esterházy und Borovicsény und alle zur Kommunion. – Frühstück. Dann wurde angemeldet, daß Gratz, Andrássy und Rakovszky eine Mitteilung für Carl hätten. Es waren die Entente-Noten für Carls Absetzung, Mobilisierung der Nachfolgestaaten etc. Andrássy brach noch eine Lanze für einen Thronverzicht Carls zugunsten Ottos, doch Carl erklärte, daß ein Thronverzicht seinerseits gegen sein Gewissen und gegen seine geschworene Pflicht gehe, daß er ihnen da-

her ein für alle Male ausdrücklichst erkläre, daß er einen solchen Verzicht nicht unterzeichnen würde.
Die ungarische Regierung möge ihn absetzen, wenn sie wolle, verzichten würde er nie.
Um 11 Uhr kamen dann die Esterházys, um sich zu verabschieden. Was diese zwei für uns und unsere Freunde taten, war wirklich rührend. Wäsche, Mäntel, Jacken, Schuhe, Eßsilber und Toilettesachen, alles stellten sie uns zur Verfügung und ließen es uns auch hier. Auch einen Diener für Carl.
Nach ihnen kamen die Ententeoffiziere. Franzosen, Engländer und Italiener, um sich Carl vorzustellen und sich das Appartement anzusehen. Ich ging einstweilen ins Schlafzimmer, aber im gleichen Moment riß Carl die Tür auf, und die drei Offiziere kamen herein, gingen dann in Carls Toilettezimmer und dann zurück. Ich weiß nicht, was sie eigentlich wollten. Sie sahen mich etwas unvertraut an, und der Franzose grüßte halb und halb, dann waren sie weg. Gesagt haben sie kein Wort.
Wir wollten in den Garten spazieren, aber wir dürfen niemanden mitnehmen, nicht einmal den Diener, sondern wir bekommen einen Detektiv mit »zu unserer persönlichen Sicherheit«. So gingen wir heute nicht. Auch ins kleine Dorf dürfen wir nicht wegen »persönlicher Sicherheit«, aber wir sind *ganz frei*: dürfen niemanden sehen, nirgendwohin, aber ganz frei. Vor den Ententeoffizieren kam noch Siménfalvy und meldete unter anderem, daß, wenn wir jemanden zum Essen einladen wollten, so dürften wir es, aber nicht zu oft! Carl sagte ihm auch: »Wie kommt es, daß Graf Esterházy nicht zu mir hereindarf ohne Ihre Erlaubnis, der ist doch nicht gefangen? Also *bin ich* gefangen!« Siménfalvy antwortete nicht. Agnes, die ja auch nicht gefangen ist, darf auch nicht ohne Erlaubnis zu uns herein, und jetzt steht auch schon ein Detektiv da, und als Agnes, die er nicht hereinlassen wollte, sich auf die erhaltene Erlaubnis Siménfalvys berief, der eben beim Essen war, sagte er, sie müsse es schriftlich haben, sonst lasse er niemanden herein.
Das beweist, daß *wir* abgesperrt sind. Die Entente-Leute gingen sich dann noch die Kirche ansehen, ob eine Flucht von dort möglich wäre. Wir bekommen einen von regierungswegen ausgesuchten Beichtvater, der, nachdem er unsere Beichte gehört hat, mit niemandem mehr in Kontakt kommen darf (Anmerkung beim Diktat 1964: Dafür dürften wir aber mehrmals am Tag beichten), als man uns dies meldete, war unsere Heiterkeit wohl groß. Gestern habe ich noch vergessen zu

schreiben, daß Carl sich vor der Abfahrt von Tata Siménfalvy kommen ließ und ihm sagte, daß wir jetzt fahren, daß doch mit dem Mikommen nach Tihany es so gemeint war, daß die Herren bei uns bleiben bis über unseren weiteren Aufenthaltsort alles fixiert ist. Er solle dies nach Pest melden. Sonst, fürchtete er, man würde sie mitfahren lassen bis zu Station Tihany und von dort nach Pest. Da die Regierung das nicht konnte, sperrte man sie hier regelrecht ein in Einzelhaft. Jetzt haben sie auch den Hauptmann Karner eingesperrt in eine Villa hier in der Nähe, was unerhört ist, nachdem sie den ganzen Osztenburgern Straffreiheit zugesichert hatten und den zehn Offizieren, die bei uns geblieben waren, wurde sogar noch die innere Sicherheit übertragen. Drei mußten beim Wegfahren von Tata zurückbleiben, sechs wurden gestern zurückgeschickt, und den Letzten sperrten sie ein. Auch die drei Exzellenzen versetzten sie in die Villa, da die Entente-Vertreter, heißt es, in unserer nächsten Nähe wohnen wollen, und daher dieser Zimmer bedürfen. Wir gingen 3/4 Stunden im Zimmer bei offenen Fenstern auf und ab, da wir mit dem fremden Detektiv nicht gehen wollten. Allein oder mit einem unserer Leute, ja sogar Diener, dürfen wir es nicht. Carl schlief etwas nachmittags und las sonst einige Sherlock-Holmes-Bücher, die wir von Tata als richtige Lektüre für solche Tage mitgenommen hatten. Nicht ermüdend, aber doch so, daß es einen wenigstens zeitweise auf andere Gedanken bringen kann. Ganz gelingt dies ohnehin nicht. Gottlob, gute Nachrichten über Osztenburg. Er sollte gleich erschossen werden, aber auf Proteste hin schoben sie es hinaus, und so wird es mit Gottes Hilfe nicht mehr geschehen. Nachmittags kamen Mäntel, Jacken, Blusen, Wäsche, alles mögliche von den guten Károlyis. Um 7.30 Uhr bekam ich die Nachricht durch die englische Botschaft, daß es den Kindern gut geht. Souper um 8 Uhr, dann gleich ins Bett.
Die gestrige Fahrt hierher verbrachten wir zuerst mit Rakovszky, der uns, unter anderem, alle jene Schandtaten Horthys aufzählte, für die sie Beweise haben – es ist haarsträubend, zu was er – zumindestens – die Augen verschlossen hat, wenn nicht mehr. Der zweite Teil mit Andrássy, um ihn zu zerstreuen nach der Trennung von seiner Frau. Sie ist, scheint's, der energischere Teil, und er ist ohne sie mitunter ratlos. Sie wiederum ängstigt sich zu Tode wegen seiner Gesundheit, was ich verstehe, weil er wirklich recht alt und gebrechlich aussieht.

***

T. B. Hohler, Budapest, an den Marquess Curzon in London
Nr. 432, in London eingelangt am 28. Oktober 1921, um 11.10 Uhr

Budapest, 27. Oktober 1921, 14.20 Uhr

Soeben erfahre ich, daß am Eisernen Tor der Wasserstand für eine Durchfahrt nicht reicht.

Sogar unter den derzeitigen Umständen sehe ich sehr große Schwierigkeiten voraus, wenn Karl den Tschechen ausgeliefert werden sollte.

Ich schlage vor – als den schnellsten und besten Plan – darauf zu bestehen, daß Karl an eine interalliierte Kommission ausgeliefert wird: Daß für die Briten Admiral Troubridge in diese Kommission berufen werden sollte, ist er doch in jeder Hinsicht dafür geeignet, und außerdem würde ihm sein hoher Rang zwingend den Vorsitz einbringen, der aus offensichtlichen Ursachen in britischer Hand liegen soll: Daß Karl durch Österreich zu seinem vorübergehenden Aufenthalt in Italien geleitet werden könnte (mein italienischer Kollege schlägt Pianoro vor, bei Pisa, wo seine Mutter lebt).

Wir stimmen darin überein, daß ein Transit durch Serbien oder die Tschechoslowakei nicht wünschenswert ist, und der Außenminister teilte mir mit, daß das äußerst schwierig wäre.

(Anm. d. Herausgebers: Hier irrt Hohler zweimal: Villa Pianore (nicht Pianoro) gehörte der Mutter Kaiserin Zitas –, Kaiserin Zita wurde dort am 9. Mai 1892 geboren).

Lord Hardinge, Paris, an den Marquess Curzon of Kedlestone in London, in London eingetroffen am 28. Oktober, 10.40 Uhr (Nr. 434)

Paris, 27. Oktober 1921, 20.40 Uhr

Bezüglich seines endgültigen Bestimmungsortes lehnte es die Botschafterkonferenz ab, irgendeine spanische Besitzung dafür ins Auge zu fassen, und zwar wegen der engen Beziehung zwischen Habsburg und der königlichen Familie von Spanien, wäre es doch wahrscheinlich so, daß der König von Spanien die Rolle eines Kerkermeisters gegenüber seinem Cousin ablehnen würde (»object to playing the part of jailer« im Original), was schließlich dazu führen würde, daß die spanische Regierung die Bewegungen des Ex-Kaisers nicht genügend überwachen könnte. . .

Nach unseren Erfahrungen in der Schweiz steht fest, daß nur in einem alliierten Land ein entsprechendes System der Überwachung eingerichtet werden kann, ein System, das zwischen alliierten Regierungen ausgehandelt werden muß. Aus all diesen Gründen schlägt Frankreich Madeira als einen geeigneten, endgültigen Aufenthaltsort vor, weil dort für den sicheren Gewahrsam (»safe custody« – man kann »custody« übrigens korrekt auch mit »Haft« übersetzen!) des Ex-Kaisers entsprechende Abmachungen mit der portugiesischen Regierung getrofen werden könnten.

Da dieser Vorschlag beachtliche Vorteile zu bieten scheint, war ich auch nicht dagegen, und die Botschafterkonferenz beschloß in der Folge, die alliierten Regierungen einzuladen, ihre Vertreter in Lissabon dahingehend zu instruieren, gemeinsam bei der portugiesischen Regierung vorstellig zu werden, ob sie bereit wäre, die Verwahrung des Ex-Kaisers auf Madeira zu übernehmen. Ich wäre dankbar, wenn die notwendigen Anweisungen an Seiner Majestät Botschafter in Lissabon ergehen könnten, vorausgesetzt, daß Eure Lordschaft mit dem Vorschlag einverstanden sind.

Von allen portugiesischen Atlantikinseln erscheint Madeira als das günstigste Eiland, und zwar nicht nur wegen des Klimas, sondern weil dort auch nicht so viele Schiffe anlegen wie auf den Azoren. Außerdem könnten die Konsule der Alliierten dort sehr leicht alle Bewegungen des Ex-Kaisers überwachen, was weder auf den Kapverdischen Inseln noch auf den Azoren der Fall wäre.

Es tauchte auch die Frage nach der Aufbringung der notwendigen Mittel zum Unterhalt des Ex-Kaisers auf. . . Der italiensiche Botschafter, der Markgraf Della Torretta. . . warf auch die Frage auf, ob eventuell jene alliierten Regierungen, die österreichisches Eigentum beschlagnahmt hatten, also nicht allein die Nachfolgestaaten, etwas zum Unterhalt des Ex-Kaisers beitragen sollten. Er bestand aber nicht auf der Behandlung dieser Frage.

Die Botschafterkonferenz besprach auch kurz die Problematik der Höhe des aufzubringenden Betrages und auch, ob dieser Betrag direkt ausgezahlt werden sollte, oder ob das Geld an eine Bank zu überweisen sei, oder auch über die Regierung des Landes, wo er Aufenthalt nähme.

Lord Hardinge, Paris, an den Marquess Curzon in London
in London eingelangt am 29. Oktober, 21 Uhr (Nr. 438)

Paris, 27. Oktober 1921

... entnehme ich dem Telgramm von T. B. Hohler, Budapest, daß die ungarische Regierung dabei ist, den Ex-Kaiser aufzufordern, abzudanken, und daß sie nur dann beabsichtigt, ihn der Krone verlustig zu erklären, wenn er es ablehnt, abzudanken. Ich nehme an, Seiner Majestät Regierung würde eine formelle Abdankung Karls als ausreichend betrachten.

***

Freitag, den 28. Oktober 1921

Aufstehen 7.15 Uhr, Messe und Kommunion um 8 Uhr. Beim Frühstück sagt uns der Diener Lelovics, daß er beinahe sicher ist, den Primas gesehen zu haben. Kurz darauf erhielten wir die Meldung, daß der Primas und der General Soós[1] rein privat hier seien und bäten, empfangen zu werden. Zuerst ließen wir den Primas kommen. Es war wirklich erfreulich. Er hatte durch seinen Sekretär erfahren, wie alles damals in Tata stand, war nach Pest gefahren, hatte dort mit verschiedenen Leuten Fühlung genommen und kam nun referieren. Die Regierung hatte ihn ersucht, Carl zu bewegen, zu abdizieren, damit eine Thronabsetzung nicht ausgesprochen werden brauche. Sie würden dies nicht tun, da sie tutti quanti, solche Legitimisten und solche braven Menschen etc., daß er, Bethlen, und er, Bánffy, sich zurückziehn würden und alles dem Nagytády Szabó übergeben würden.
Sagt der Primas: »Ich weiß, daß Horthy nach der Konstitution nicht das Recht hat, Vorlagen zu werfen, aber er hat das Recht, sich nur einen solchen Ministerpräsidenten auszusuchen, dessen Programm ihm paßt. Wird es also in diesem Konflikt nicht auch zu einer Regentenkrise kommen?« Verlegenheit bei Bethlen und Bánffy: »Wir wissen darüber gar nichts, wir haben mit ihm noch nicht über diesen Punkt gesprochen, wir ahnen nicht, wie er darüber denkt.« – Czernoch[2] sagte, er

[1] Karl Soós de Badok (1869-1953, gest. in Villach), 1919 Generalstabschef der Horthy-Truppen, 15.3.-20.6.20 ung. Verteidigungsminister, später Mitglied des Magnatenhauses.

[2] János Czernoch, 1852-1927, Kardinal, Erzbischof und Fürstprimas von Ungarn von 1913-1927.

würde gar keine Mission von der Regierung übernehmen, da er zu seinem König halte. Darauf bat ihn Bethlen, er möge doch wenigstens dies tun, daß er ihn, Bethlen mitnehme – Czernoch hatte gesagt, daß er als Primas das Recht habe, in schweren Lagen immer zum König zu dürfen und daß er nun dieses Recht gebrauchen würde und nach Tihany fahre – und der Primas möge bei Carl durchsetzen, daß ihn dieser in Gegenwart des Primas empfange. Czernoch sagte zu so etwas gäbe er sich nicht her, dann bat ihn Bethlen, er möchte doch wenigstens Carl ausrichten, daß Bethlen so gerne selber käme (um ihn zu bitten, zu abdizieren). Der Primas sagte, dies würde er ausrichten, aber er würde weder ein Wort für noch gegen diesen Empfang dazusagen. Dann ging er zu Apponyi, der Carl sagen ließ: ja nicht abdizieren, wenn sie absetzen wollen, sollen sie absetzen, er würde dann gegen diese Ungesetzlichkeit protestieren.
Dann erzählte der Primas, daß in Pest schon große Freude herrschte, als die Leute meinten, wir würden einziehen, denn die Bevölkerung hätte das jetzige Regime schon mehr als satt. Den Nuntius Schioppa hätte er auch noch gesehen, der uns alles mögliche sagen ließ und Gebetsversicherungen und von sich aus privat: ja nicht abdanken. Dann meinte der Primas, man könne sich vielleicht so heraushelfen, daß man erklärt: Man verläßt nun Ungarn und verpflichtet sich, erst zurückzukommen, bis die Nationalversammlung einen ruft. Er meint, in wenigen Monaten dürften sie endlich erreicht haben, daß das Oberhaus wieder einberufen wird, und so wäre ein Ruf der Nationalversammlung nichts Unmögliches.
Carl sagte, er könne dies nicht, denn es könnte sich ein Moment ergeben, wo er zurück muß – z. B. Zusammenbruch Serbiens oder der Tschechoslowakei – und dann keine Zeit wäre, sich nach Rufen zu richten. Bethlen möge sich nicht bemühen zu kommen, mit Rebellen verkehre er nicht. Der Primas sagte, *er* würde sicher keinen anderen König krönen. Dann baten wir um seinen Segen, und er ging.
Carl wollte nun Soós nicht empfangen, da er sich zumindestens nicht für uns gerührt hatte. Aber Borovicsény ließ sehr bitten. Da Soós sehr wetterwendisch sei, sei es vielleicht ein gutes Zeichen, da er weiß, was er sagen will. Also ließen wir ihn herein. Er überbrachte mir einige Chrysanthemen und dem Carl den Ausdruck seiner Treue. – Soweit war es ganz schön, und wir wurden ganz freundlich. – Da fragte ihn Carl, wie er bei der serbischen Mobilisierung (das war uns gestern ge-

meldet worden, und wir hatten es ja nicht geglaubt) als Distriktskommandant von Pécs hierher könne? – Er sagte, es wäre komplette Ruhe in Serbien, keine Grenzverstärkung, nur tief im Lande drinnen mobilisieren sie ganz langsam drei Divisionen. – Der Primas hatte uns auch gesagt, daß ihm von der Regierung ein Telegramm vorgewiesen worden wäre, aus Rumänien, wo sie sagten, sie würden nichts tun. – Dann fragte Carl den Feldmarschalleutnant Soós: »Und was haben Sie getan, als ich vor Budapest stand?« Soós: »Majestät, ich habe auf Befehl zwei aone gleich nach Pest geschickt und vier andere zusammengezogen.« Dann, nach einem Moment: »Majestät können versichert sein, daß sowohl Horthy wie ich uns riesig bemüht haben für Ew. Majestät, den Boden vorzubereiten, aber jetzt war es noch zu früh, die äußere Lage hätte es unmöglich gemacht!« Carl, der momentan gar nicht verstanden hatte, daß Soós die Baone *gegen* ihn geschickt hatte, sagte noch ganz freundlich: »Äußerlich *wäre* es gegangen!« Während der Zeit trat ich mehrere Schritte von Soós zurück, legte seine Blumen weg und sagte ihm ablehnend: »Wenn jedermann, wie es seine Pflicht gewesen wäre, zum König gehalten hätte, so *wäre* es gegangen.« Carl sah mich etwas erstaunt an, sagte auf Wiedersehen und gab Soós die Hand. Ich trat noch weiter zurück und gab ihm die meinige nicht und nickte nur kurz. Als Soós draußen war, klärte ich Carl auf, worauf dieser durch Agnes dem Soós sagen ließ, daß, wenn er gewußt hätte, daß er ein Rebell ist, so hätte er ihn nicht empfangen.
Soós behauptete, er wäre kein Rebell, er hätte dem Horthy die Treue geschworen. Agnes ließ diesen Eid nicht gelten. Carl wollte es ihm dann noch selber unzweideutig sagen, und so ließ er ihn wissen, er würde ihn noch einmal sehen. Inzwischen kamen Andrássy, Rakovszky und Gratz und Carl sagte ihnen, was Primas und Soós gesagt hatten und daß er einen Protest verfassen wollte für den Fall der Dethronisation. Dies wurde gleich gemacht, und Carl schrieb es ab. Es wurde beschlossen, daß Carl den Primas bitten würde, es in seiner Tasche mitzunehmen und im richtigen Moment Apponyi zu übergeben. Die Brouillons (Erstentwürfe, Anm. des Hrsg.) von Gratz und Rakovszky soll der Primas aufheben bis sie es sich nach ihrer Haft abholen könnten. Daraufhin gingen die drei Herren. Nun kam zuerst Soós, den Carl allein sah, ohne Händedruck: Carl habe ihn vorher mißverstanden; Kaiserlicher General, Eid, Kaiserjäger und Treue, auch etwas von der Integrität waren die Worte, die bis zu mir ins Nebenzimmer drangen. Er schloß

mit den Worten: »Und jetzt Herr Feldmarschalleutnant wünsche ich, Sie nicht mehr zu sehen.« Da kam der Primas noch einmal, chargierte sich sofort des Protestes (er nahm die Protestnote an sich, Anm. d. Hrsg.), bat aber um Geheimhaltung der Art, wie dies von hier zu Apponyi gekommen wäre. Er sagte auch, er würde nach Rom Bericht erstatten über unsere Gefangenschaft; und daß ihm Siménfalvy gesagt habe, daß er Andrássy und Rakovszky um 2 Uhr nach Pest abführen werde, aber wir möchten nicht erwähnen, daß wir es von ihm wissen. Außerdem hätte er sofort nach Pest telegrafiert, sie sollten uns Zeitungen schicken, wir haben seit Tata keine mehr bekommen. Noch vormittags hatte er uns zu unserer sehr großen Freude mitgeteilt, daß Osztenburg begnadigt wird, daß sie es ihm, Bethlen, und Bánffy versichert hätten. Er würde Festung kriegen, die anderen eingesperrt und in kurzer Zeit kommt dann eine allgemeine Amnestie. Dann ging der Kardinal, und wir aßen, es war ca. 1.15 Uhr.
Wir hielten es nicht für möglich, daß die Herren ohne vorherige Meldung abgeführt würden. Soós hatte zum Glück Agnes gesagt, daß die Herren heute Nachmittag abgeführt werden, und so ließ Carl gegen 2 Uhr Siménfalvy kommen und sagte ihm, Soós hätte dies gesagt, ob dies wahr wäre. – »Ja, es ist wahr, Andrássy und Rakovszky *sind* schon abgeführt.« – Carl: »Das gibt es nicht, Sie kennen unsere Bedingungen! Telephonieren Sie nach Pest; einstweilen halten Sie die Herren, wo auch immer auf.« »Es wird nichts nützen«, sprach Siménfalvy und ging. Um drei Uhr kam er wieder, die Lippen zitterten, und er stand unsicher und überreichte ein Telegramm: »Befehl bleibt aufrecht«. Carl las es und sagte ganz ruhig: »Das ist jetzt nun genug der Lüge und des Betruges. Da haben Sie meine Seitenwaffe« und reichte es ihm hin. Siménfalvy: »Majestät, ich kann es nicht nehmen« – Carl: »Gut, dann lege ich es Ihnen dahin, melden Sie nach Pest, daß ich mich als Gefangener betrachte.« Siménfalvy ging, und nach einem Weilchen baten wir, ob wir spazierengehen dürften. – Nun wir als Gefangene da waren, konnten wir uns die fremde Begleitung gefallen lassen. Dieser Garten ist so groß, daß man in ein paar Schritten die Mitte hinauf und die beiden Seiten herunterkommen kann; eine Statue vom Heiligen Johannes Nepomuk steht darin – was uns erfreulicherweise an Böhmen erinnert – einige Föhren und am Ende eine Kreuzigungsgruppe. Der Garten ist mit einem Gitter umgeben. Sofort wurde er von Militär umstellt. Es begleitete uns nicht der Detektiv, sondern Siménfalvy, der in der Nähe

vom Tor Aufstellung nahm; es war auch noch so ein anderer schön dekorierter hoher Offizier da. Um in diesen Garten zu gelangen, muß man langweiligerweise hinaus, an der Wache vorbei – die ins Gewehr tritt. Wir gingen 1/2 Stunde spazieren, dann lasen wir etwas, später kam noch Gratz und brachte eine Meldung, wonach alle zu unserem Hofstaat Gehörigen von der Schweiz ausgewiesen seien, bis auf die, die zur Pflege der Kinder unbedingt notwendig seien. Steiner habe protestiert und gesagt, daß die Kassa in Hertenstein nicht mehr in der Lage sei, die Übersiedlung der Begleitung zu bezahlen, noch viel weniger für den weiteren Unterhalt der Kinder zu sorgen; er bitte, man soll ihn belassen, damit er noch Geld aufnehmen könne. Der Bundesrat will nicht. Carl bittet, daß jemand vom ungarischen Hofmarschallamt komme, um eine Generalvollmacht für Seeholzer auszustellen. (1964: Carl hat dem Bruno Steiner die Vollmacht nicht erneuern wollen, obwohl dieser darum bat, weil er ihm nicht vertraute. Daher ließ er diese für den schweizer Advokaten ausstellen. Trotz der Weigerung Carls, Steiners Generalvollmacht zu erneuern, hat Bruno Steiner noch schnell den Schmuck fraudulos veräußert und den Großteil des Geldes und des Schmuckes selbst mit seinen Komplizen eingesteckt.)
Souper, um 9 Uhr schlafen. Gratz sagt, Andrássy und Rakovszky hätten gebeten, sich verabschieden zu können. Es wurde ihnen nicht erlaubt. Man hatte Angst, denke ich, Carl würde sie nicht weglassen, was auch der Fall gewesen wäre. Sie wären einfach bei uns im Salon geblieben, bis eine förmliche Verhaftung Carls vorgenommen worden wäre.

***

Der Marquess Curzon of Kedleston, London, an Mr. Hohler, Budapest
Telegraphisch

Foreign Office, London, 28. Oktober 1921, 18.30

Die Botschafterkonferenz hat entschieden, daß Karl auf dem Donauweg mittels eines britischen Kanonenboots fortgeschafft (removed) werden soll. Wir sind daher dafür verantwortlich, daß er aus Ungarn verbracht wird. Wir sind noch immer der Ansicht, daß der Donauweg das Beste sei. Kann nicht Admiral Troubridge eine Überstellung auch dort gewährleisten, wo die Schiffahrt unmöglich sein sollte? Worin die Transportmittel tatsächlich bestehen, ist doch gleichgültig, solange ihn bloß eine vernünftige, verläßliche Wache begleitet.

Der Marquess Curzon of Kedleston, London,
an Sir L. Carnegie in Lissabon

Foreign Office, London, 28. Oktober 1921

Die Botschafterkonferenz hat die Unterbringungsfrage des Ex-Kaisers besprochen und kam dahingehnd überein, daß er in einem alliierten Land untergebracht werden sollte.
Madeira wurde vorgeschlagen als der geeignetste Wohnort, und es wurde beschlossen, die alliierten Vertreter in Lissabon damit zu beauftragen, bei der portugiesichen Regierung in diesem Sinne vorstellig zu werden.
Die Frage der notwendigen Mittel zu seinem Unterhalt steht in Diskussion, aber es kann der portugiesischen Regierung versichert werden, daß die Kosten nicht ihr zufallen werden.
Sobald ihr italienischer und ihr französischer Kollege ähnliche Anweisungen erhalten haben, wenden Sie sich bitte in obigem Sinn an die portugiesische Regierung.

***

Samstag, den 29. Oktober 1921, Tihany

Ich stehe um 6.15 Uhr auf, Carl um 7.15 Uhr. Kommunion, zwei Messen. Ich verlange Briefpapier, um den Kindern zu schreiben und bekomme auch welches. Die drei Entente-Offiziere lassen fragen, ob wir irgendeinen Wunsch haben und ob sie kommen sollen, ihn entgegenzunehmen. – Danke sehr, nein. – Um 11.30 Uhr kommt Gratz, er meldet, daß sie ihr Möglichstes tun, um Bethlen zu bewegen, daß *er* die Dethronisierung ausspricht, indem man ihm sagt, daß er gar nicht als schwerer Rebell dafür angesehen wird, nachdem dieser Akt ja bloß der natürliche Abschluß seines Waffenerhebens gegen seinen König ist; daß dies Letztere seine Hauptschuld ist und daher durch die Entthronung nicht mehr verschärft werden kann. Erreichen sie dies, so ist schon sehr viel gewonnen. Die Herren werden früher amnestiert, können ihre Arbeit gleich wieder beginnen. Wenn Nagytády Szábo dann kommt, so wird er gleich mit Strafsanktionen arbeiten und schüchtert dadurch sehr viele ein und macht den anderen die Arbeit ungeheuer schwer.
Mittagessen: Heute wirklich gut, Nudelsuppe, Hendel, Griestorte.

Nach Tisch bittet Carl, ob er Herrn von Borovicsény sprechen darf – geht nicht, ist von Pest verboten, übrigens wird Borovicsény morgen um 2 Uhr abgeführt. Wir gehen 1/2 Stunde im kleinen Garten spazieren. Dann frisiere ich mich etwas, entschieden schöner, wie wenn mir die gute Mizzi hilft.
Jause, dann kommen die drei Entente-Offiziere, überbringen eine Tasche mit Kleidern, Wäsche, Schuhen, Zigaretten, Handschuhen von den guten Joseph Károlyis. Es war auch darin eine kleine Kugel aus Email, und als ich sie öffne, sind in ganz kleinem Rahmen die Bilder der Kinder. Es ist wirklich rührend von den Leuten. Sie konnten es nicht herbringen, daher brachten sie es dem Castagnetta, der es auf diese Art übersandte. Gleichzeitig schrieb die Gräfin dem einen Oberst, um ihm zu sagen, daß die Kinder wohl seien. Die Offiziere sagten außerdem, daß sie hier wären, um dafür zu sorgen, daß es uns gut gehe, daß wir entsprechend behandelt werden. Sie fragten uns, ob es wahr wäre, daß man nicht erlaubt hätte, daß wir Wäsche bekämen! Ich antwortete: Weiß ich nicht, wir hätten nur nichts mitgehabt, weil wir im Aeroplan gekommen wären. – Frage: ob es wahr wäre, daß wir so streng überwacht werden? – Antwort: Ja, bitte, das sehen Sie wohl selber. – (Dies ist um so interessanter, als Pest sagte, sie müssen uns und die Herren so streng einsperren, weil diese Ententevertreter es so verlangt hätten und daß diese jetzt herkämen, um zu kontrollieren, ob dies mit genügender Strenge durchgeführt wäre). Und nun die interessante Frage, ob Carl glaubt, daß, falls er einmal entweder einen Wunsch oder eine Nachricht, die er ihnen oder über sie mitteilen will, hat, ob er dann sicher ist, daß, wenn er nach ihnen verlangt, es ihnen auch ausgerichtet wird. – Antwort: Ja sicher – Carl erkundigte sich noch bei dem Franzosen, der der gleiche ist wie zu Ostern, nach seinen Migränen, was diesen angenehm überraschte. Dann entfernten sie sich.
Dann schrieben und lasen wir, bis Gratz vor dem Souper erschien, um uns zwei Noten, eine von der Großen und eine von der Kleinen Entente, mitzuteilen. Die eine forderte unsere Übergabe an den Engländer und Bewohnung auf einem Monitor bis zur endgültigen Entscheidung und dies gleich; der Regierung wird außerdem sehr warm die sofortige Thronabsetzung Carls ans Herz gelegt – die andere kündigt den Krieg an, falls nicht sofort die ganze Dynastie abgesetzt wird. Heute Vormittag zeigte jedoch Rosty, er solle Borovicsény umstimmen und zu Gunsten einer freiwilligen Abdikation gewinnen. Borovicsény ein Tele-

gramm, wonach der italienische Gesandte in Bukarest meldet, daß Rumänien ruhig bleibt, und nur Carl ad personam weghaben will, daß Serbien sich nicht rührt, die Tschechoslowakei nur mit Reden, aber nicht de facto mobilisiere. Bethlen soll sich immer fester in die Idee zu versteifen, es dem Szábo zu überlassen, da er nicht die letzen Konsequenzen seiner Taten tragen will. Übrigens soll er bis Sonntag um drei Uhr in der Früh seinen Konsens zum bewaffneten Widerstand nicht haben geben wollen. Um diese Zeit hat man ihn geweckt und Gömbös,[1] der in jenen Tagen die Verbindung zwischen dem General Nagy Pál[2] und dem Ministerium des Äußeren war, brachte diesen »festen Legitimisten« dazu, die Waffen gegen seinen König zu ergreifen. Sehr eigentümlich für die Unverschämtheit einerseits und die Verwirrung der Begriffe andererseits ist, daß das Nationalcasino eine Huldigungsadresse mit 60 Unterschriften dem Horthy überreichte, in der sie sich »als Hort des Legitimismus« bei ihm bedankt für seine mannhafte Haltung, welche sich durch nebensächliche Umstände (ich vermute Beschießung unseres Zuges) nicht beirren ließ, festzuhalten. Gratz sagte uns noch, wie streng er eingesperrt sei und daß sie heute z. B. sogar ein Mittagessen nicht brachten bis er um 2.30 Uhr reklamierte. Carl ließ ihn dann nochmals kommen und sagte ihm, er solle der Regierung sagen, daß er einen ungarischen Herrn mitnehmen müsse, wenigstens bis zu seinem endgültigen Bestimmungsort, da es unmöglich sei, nur mit einem Diener bei dem Engländer zu erscheinen. Entweder Hunyady oder Joseph Károlyi oder Alexander Esterházy oder der Totiser Esterházy. Gratz erzählte, daß die Regierungsleute eher verletzt gewesen wären, daß Carl sich weigere, sie zu empfangen sowie auch Graf Bethlen. Als Gratz fragte, warum sie Andrássy und Rakovszky gestern so plötzlich entführt hätten, sagten sie, es wäre Graf Bethlen, der, bedrängt von der Partei der Kleinen Landwirte, da nachgegeben habe, damit er wenigstens Borovicsény bei Carl lassen kann –, das war gestern, um 2 Uhr, und heute hatte Borovicsény schon das *Verbot* zu uns zu

[1] Gyula Vitéz Gömbös von Jakfa, geb. 1886, † 1939, ung. General, Rassenfanatiker, rechtsradikaler antihabsburgischer Politiker, verhinderte gemeinsam mit Horthy, dessen Einbläser er war, den 2. Restaurationsversuch. Ministerpräsident von 1932 bis 1936, trieb Ungarn in die Arme Hitlers und Mussolinis.

[2] Nagy Pál (Paul von Nagy) 1864-1927, 1918 als Feldmarschalleutnant Kommandant der 40. Honvéd-Inf.Dion, 1918/19 Kommandant der Székler Brigade in der ung. Roten Armee, vom 1. April 1922 bis 18.11.1925 Honvéd-Oberkommandant.

kommen, und morgen wird er abgeführt. Gratz haben sie lassen müssen, da Carl sich so steif weigere, zu empfangen, so müßten sie doch jemanden haben, den er hineinläßt, um ihm eventuelle Entschlüsse mitzuteilen, sagten sie.

[Beilage zu den Aufzeichnungen I. M. der Königin von Ungarn: Zwei Proteste Seiner Majestät de dato Tihany gegen Entthronung und Verschleppung.
Texte auf Seite 32 der Tagebücher, nach Samstag, 29. 10. 1921, Original in ungarischer Sprache]:

Solange Gott mir die Kraft gibt, meine Aufgaben zu erfüllen, kann ich auf den ungarischen Thron nicht verzichten, zudem mich mein Krönungseid bindet.
Ich halte auch alle mir auf Grund der ungarischen, heiligen Krone übertragenen Rechte aufrecht, als gekrönter ungarischer König, so wie ich auch alle diesbezüglichen Pflichten gegenüber der ungarischen Nation auf mich nehme.
Tihany, 29.–30. 10. 1921

Ich protestiere gegen den Beschluß der ungarischen Regierung, durch den ich dem Kommandanten der britischen Donau-Flottille ausgeliefert werde.
Ich verwahre mich gegen diesen Beschluß, da ich auf Grund der ungarischen Gesetze als Ungar ein unanfechtbares Recht darauf habe, mich auf ungarischem Boden aufzuhalten.
Tihany
Károly s. k. (m. p.)

***

Mr. T.B. Hohler (Budapest, via Berlin) an den Marquess of Curzon in London, eingelangt in London am 29. Oktober, 12.50 Uhr

Budapest, am 29. Oktober 1921, 10 Uhr

Alle Bemühungen, den Ex-König zur Abdankung zu bewegen, waren bisher vergeblich. Die ungarische Regierung ihrerseits läßt nichts unversucht, um die Abdankung zu erwirken, weil das die einzige wirkliche Lösung ist. Eine Entthronung durch eine Abstimmung im Parlament würde bloß eine legitimistische Partei stärken und würde außerdem absolut gegen die grundlegenden Gesetze des Landes verstoßen, so daß sie nicht gültig wäre.

Herr Hohler, Budapest, an den Marquess Curzon in London (Nr. 395)

Budapest, 29. Oktober 1921

Ich habe die Flottilie in Baja aufhalten lassen. Nach Konsultation mit der ungarischen Regierung erscheint Baja als der beste Platz, den Ex-Kaiser einzuschiffen.

Mr. Hohler, Budapest, an den Marquess Curzon of Kedleston (Nr. 454) in London eingelangt am 29. Oktober, 14.15 Uhr

Budapest, 29. Oktober 1921, 13 Uhr

Der Statthalter (Horthy) ersuchte mich, ihn diesen Abend zu besuchen und sagte, daß die Verantwortung, die er dadurch übernommen habe, nicht zu mobilisieren, äußerst groß sei ... Er fragte, ob ich der Meinung sei, daß die Tschechen und Serben nicht vordringen würden. Ich sagte, daß ich der Meinung sei, daß dem nicht so sei, obwohl ich das natürlich nicht garantieren könne. In diesem Falle, sagte er, sei er gezwungen, zu mobilisieren.

Ich hatte aber Erfolg, ihn mit dem Argument zu überreden, nicht zu mobilisieren, daß so ein Schritt sofort die Nachbarn veranlassen würde, die Grenzen zu überschreiten.

Da die ungarische Regierung dem Rat der Regierung Seiner Majestät (des englischen Königs) viel mehr Gewicht beimißt als dem anderer Regierungen, glaube ich, da eine recht große Verantwortung übernommen zu haben ...

Lord Hardinge, Paris, an den Marquess Curzon of Kedleston, London, eingelangt in London am 29. Oktober 1921, 21.20 Uhr, Nr. 458

Paris, 29. Oktober 1921, 19 Uhr

Herr Beneš hat an Herrn Briand ein persönliches Telegramm gerichtet, in dem er mit Krieg gegen Ungarn droht, wenn nicht bis kommenden Montag folgende Verlangen erfüllt sind:

1. Thronverzicht von seiten der gesamten Habsburgerfamilie

2. Anwendung des Friedensvertrages von Trianon
3. Teilnahme der Kleinen Entente bei der Kontrollkommission
4. Ersatz der Mobilisierungskosten.

Die Botschafterkonferenz ließ der tschechoslowakischen Regierung durch die Repräsentanten der Alliierten in Prag mitteilen, daß nichts eine weitere Mobilmachung rechtfertigt und fordert die Tschechen auf, zu demobilisieren.

Ähnliche Vorstellungen wurden in Belgrad und Bukarest gemacht. Die alliierten Vertreter in Budapest werden auch dahingehend angewiesen, die ungarische Regierung dringend aufzufordern (»to press«), sofort zu verkünden, daß alle Mitglieder der Habsburg-Familie ihr Recht auf den Thron verloren haben.

Die Abdankung durch den Ex-Kaiser selbst wird als nicht ausreichend betrachtet.

***

Sonntag, den 30. Oktober 1921

7.15 Uhr geweckt. Gratz kommt etwas vor 8 Uhr, um die Nachricht zu übermitteln, daß wir heute der englischen Donauflottilie übergeben werden sollen und dann wenige Stunden darauf Tihany für Baja verlassen sollen. Daher dürften wir auf kaum 24 Stunden Anwesenheit rechnen. Daraufhin gehen wir zur Messe und entdecken, daß Borovcsény, der gebeten hatte, in die Sonntagsmesse zu dürfen, nicht die Erlaubnis dazu bekommen hat. Carl geht gleich zurück, da die Messe noch nicht begonnen, und läßt die Ententeoffiziere bitten – sie schlafen noch, aber der Franzose wird in einer halben Stunde kommen –. Daraufhin gingen wir in die Messe und zur Kommunion. Als wir zurückkamen, kam der Franzose. Carl protestierte gegen das Vorgehen gegen Borovcsény und bat den Franzosen, es zu ermöglichen, daß Borovicsény wenigstens in die 9-Uhr-Messe gehen dürfte. Er macht ihn auf eine kleine Seitenkapelle mit Gitter neben dem Hauptaltar aufmerksam, da dort wirklich keine Ausrede mehr wegen Sicherheit des Gefangenen sein könnte. Der Franzose sagte, er würde es gleich machen und verurteilte dieses Vorgehen. (Auf die Seitenkapelle wurde aus dem Grund aufmerksam gemacht, weil sonst die Gefahr bestand, daß Siménfalvy den Borovicsény allein dem Hochamt beiwohnen läßt und die gesamte Bevölke-

rung aussperren läßt. Bei unserer Messe muß die Kirche immer versperrt sein, da Siménfalvy wegen »unserer Sicherheit niemandem traut«). Dann sagte Carl dem Franzosen alle seine Sympathien für Frankreich und bat ihn schließlich, jene Note der Botschafterkonferenz mit eigenhändiger Unterschrift der drei hiesigen Entente-Offiziere zu geben, welche ihm gestern via ungarische Regierung zugekommen wäre, da er den Worten Pests nicht mehr zu glauben imstande sei. Er fügte noch hinzu, daß er Ungar wäre, er nur durch Gewalt sich von hier wegführen lassen würde; – dann kam Gratz, der lange bat, mit vielen Gründen, Carl möge zu Gunsten Ottos verzichten, und zwar in der Form, daß der Verzicht erst Geltung habe, wenn die Krönung Ottos gesichert sei. Carl weigerte sich und sagte, daß dies nebenbei auch der Entente gar nicht genügen würde. Dann verfassen sie noch einen Protest über die Auslieferung Carls an die Engländer, da er ja Ungar sei, also das Recht habe, in Ungarn zu bleiben. Gratz fürchtete sich sehr, daß sie die Partei der Kleinen Landwirte die Dethronisation Carls und seiner Nachkommenschaft aussprechen und Albrecht auf den Thron erheben.
Wir schreiben, resp. Carl legt Patiencen mit den Karten, die gestern aus Pest (Károlyi) gekommen sind. Mittagessen haben wir heute erst um 1.30 Uhr, da die Borovicsénys früher essen, weil er um 1.30 Uhr weg muß, und wir haben nur eine Bedienung, den Lelovic. Während dem Essen kommt plötzlich Borovicsény herein. Er hat die Erlaubnis bekommen, sich zu verabschieden, tat es in rührend netter Weise, dankte auch sehr, daß ihm Carl heute noch die Messe ermöglicht hätte, so hätte er auch noch kommunizieren können. Dann ging er, bittend, Carl solle *ja* nicht abdanken; er fügte noch hinzu, daß die Telegramme, die ihm Rosty noch gezeigt hatte, sagten: Rumänien, Serbien ruhig, in der Tschechoslowakei Ministerrat über Ministerrat, aber bis jetzt noch keine Truppenbewegung – und wir sind schon zehn Tage hier! Da sieht man, wie glänzend es außenpolitisch gegangen wäre. Doch wie Gott will!!! Széchenyi hätte heute kommen sollen, nun wird uns gemeldet, er kommt erst morgen, wahrscheinlich hat Pest ihm die Erlaubnis gegeben, großmütigerweise für einen Tag, an dem wir nicht mehr da sind. Wir gehen eine Viertelstunde spazieren, doch ist der Sturm so stark, daß wir gleich wieder nach Hause gehen. Vorher waren wir noch im Segen in der kleinen Seitenkapelle.
Um 4.30 Uhr brache Siménfalvy zwei Briefe: einen von dem französi-

schen Offizier – die Bestätigung der drei Hiesigen von der Botschafternote und einen aus Pest, ohne Adresse und nichts. Carl öffnete ihn, sah die Unterschrift Bethlens, rief sofort Siménfalvy und sagte ihm, er hätte das Couvert aufgemacht, die Unterschrift Bethlens gesehen. Er würde daher diesen Brief nicht zur Kenntnis nehmen und bittet ihn, ihn dem Gratz hinunterzuschicken. Sagt Siménfalvy: »Bitte, Ew. Majestät, es vielleicht selber Exzellenz Gratz zu übergeben, denn ich habe den Befehl erhalten, diesen Brief Ew. Majestät zu übergeben und unter keinen Umständen zurückzunehmen.«
Also das haben sie sich in Pest schon gedacht! – Carl sagte: »Dann werde ich es selber der Exzellenz Gratz übergeben, aber melden Sie sofort nach Pest, daß ich dieses Schreiben *nicht* zur Kenntnis nehme.« – Um 5.45 kam dann Gratz und Wolff wegen Legalisierung der Unterschrift. (Vollmacht Dr. Seeholzer) Dieser Wolff ist ein äußerst mieses Individuum, Freund von Gömbös, hat sich äußerst schlecht gehalten, aber er ist der oberste des Ungarischen Obersthofmarschallamtes, kam daher dafür in Betracht. Wir ließen ihn zuerst draußen warten, während Carl das Schreiben Bethlens Gratz übergab mit der Weisung, es nicht zu lesen und es bei Gelegenheit ihm, Bethlen, zurückzuschicken. Dann bat Gratz noch einmal, über eine eventuelle Abdankung Carls bei entsprechenden Garantien für Otto sprechen zu dürfen. Als dann, nach allem Hin- und Her, Carl erklärte, er würde nie verzichten, so sagte Gratz, daß er sich dann natürlich dem Wunsche Carls füge. Dann unterschrieb Carl in Gegenwart des Wolff, der eher verlegen war, kurzer Gruß gegen seine tiefe Verneigung und kein Wort mehr. – Zum Abendessen baten wir, Agnes bei uns essen zu lassen und trachteten, sie etwas zu erheitern. Sie ist wirklich *sehr* tapfer die Arme und heute sind sie drei Monate verheiratet. Um 9 Uhr gehen wir schlafen.

***

Text der Note vom 30. Oktober 1921
Text der Note der Botschafterkonferenz, telefonisch durchgegeben von der italienischen Legation.
Die Botschafterkonferenz stellt mit Befriedigung fest, daß es der ungarischen Regierung – dank der Energie und der Entschlußkraft, die sie unter Beweis stellt – einen Restaurationsversuch zu vereiteln, der nun schon zum zweiten Male den Frieden in Mitteleuropa bedrohte.

Nach genauer Prüfung der Lage und nach Erkenntnis der Tatsache, daß ein längerer Aufenthalt des Ex-Königs auf ungarischem Boden nur noch weitere Unannehmlichkeiten schaffen würde, hat die Botschafterkonferenz beschlossen, die ungarische Regierung einzuladen, seine Person dem Kommandanten der britischen Flottille, die sich zur Zeit in Budapest befindet, auszuliefern; der Kommandant wird namens der alliierten Mächte dessen Schutz übernehmen und den Beschluß über einen endgültigen Aufenthaltsort des Ex-Königs abwarten.
Indem wir diesen Beschluß der ungarischen Regierung zur Kenntnis bringen erinnert die Botschafterkonferenz an ihren letzten Bericht und besteht auf der Notwendigkeit, ohne weitere Verzögerung die Absetzung (la déchéance) König Karls zu proklamieren.
Die Kopie entspricht dem telefonisch durchgegebenen Kommuniqué.
Die Offiziere der Entente:
Colonel Hinaut von der französischen Armee
Col. A. Guzzoni von der italienischen Armee
Charles W. Selby von der britischen Armee.
Auf der Adresse steht:
»A Sa Majesté le Roi Charles«.

Der Marquess of Curzon, London, an Sir G. Clerk, in Prag (No. 467) in Prag eingelangt am 30. Okt. 1921, 14.30 Uhr

Sehr dringend
Sie werden gebeten, mit der größtmöglichen Energie die Standpunkte der Botschafterkonferenz in Prag klarzumachen ... Herr Beneš[1] wird schwere Verantwortung übernehmen, wenn er nicht mit diesen Beschlüssen konform handelt ... meine vorherigen Telegramme sollten ihm klare Warnung genug gewesen sein, was seine Verhöhnung der Beschlüsse der Botschafterkonferenz bedeutet und was sein Provozieren eines allgemeinen Krieges durch Aggressionsakte, die durch nichts gerechtfertigt sind ...

[1] Eduard Beneš, 1884-1948, während des Ersten Weltkrieges rechte Hand Masaryks und Generalsekretär des »Tschechischen Nastionalrats« in Paris, 1918-1935 Außenminister und 1921/22 zugleich Ministerpräsident, 1935 Staatspräsident, 1940 Präsident der tschechischen Exilregierung. Im Exil bereitete er auch die Austreibung der Sudetendeutschen vor.

Anmerkung des Herausgebers: die Reaktion der Westmächte führte in der Folge zu dem Abkommen von München vom 29. September 1938, in dem die Entente die Tschechoslowakei völlig im Stiche ließ. Beneš hatte mit seinem berüchtigten Ausspruch »lieber Hitler als Habsburg« den verderblichen Kurs für sein Land und Europa bestimmt ...

Mr. Hohler (Budapest) an den Marquess Curzon in London (Nr. 468) eingelangt in London am 31. Oktober 1921, 15.40 Uhr

Budapest, 30. Oktober 1921, 20.20 Uhr

Äußerst dringend

Der Außenminister erklärt, daß Herr Beneš den ungarischen Vertreter gestern abend gesprochen hat und erklärte, daß er auf seine fünf Punkte noch keine Antwort erhalten habe und daß er den Vertreter der Tschechoslowakei hier in Budapest angewiesen habe, die ungarische Regierung dahingehend zu informieren, daß, wenn die Frage Habsburg nicht geregelt werde, die Tschechoslowakei das als casus belli betrachten würde. Niemals wurde dem Außenminister gegenüber eine solche Erklärung durch den tschechischen Geschäftsträger abgegeben. Er sagte, daß die Aufstellung der Truppen entlang der Grenze am Samstag, Sonntag und Montag in Angriff genommen werden solle und daß dieselbe am Dienstag abgeschlossen sei. Das Ultimatum würde am 1. November übergeben werden, die Tschechen und die Serben würden die Grenze am 2. November überschreiten. Gemäß den Aussagen des Herrn Beneš kann der Friede aufrechterhalten werden, wenn er bis spätestens Dienstag eine Erklärung der ungarischen Regierung erhält, die die Entthronung Karls und der gesamten Dynastie Habsburg enthält. Eine Bestätigung dieser Deklaration sowie die Nichtigkeitserklärung der Pragmatischen Sanktion könnte durch das ungarische Parlament später gemacht werden.
(Anmerkung des Herausgebers: Die Pragmatische Sanktion von 1723 beinhaltete für den Fall des Aussterbens der männlichen Linie der Habsburger das Thronrecht auch für weibliche Mitglieder der königlichen Familie Ungarns. Nur für den Fall, daß auch die weibliche Linie der Habsburger völlig aussterben sollte, fällt an die ungarischen Stände ihr altes Recht der freien Königswahl zurück.)

T.B. Hohler (Budapest) an den Marquess Curzon in London (Nr. 471) eingelangt in London am 31. Oktober, 13.30 Uhr

Budapest, 30. Oktober 1921, 23.40

Die ungarische Regierung hat entschieden, an uns eine Note zu schikken, in der sie feststellt, daß sie sich vollkommen in die Hände der großen Mächte zwecks einer Lösung der gegenwärtigen Krise begibt. Sie nimmt davon Abstand, gemäß dem Rat der Vertreter der Entente hier irgendwelche militärische Maßnahmen zu ergreifen. Die Regierung ist infolgedessen ohne jede Verteidigungsmöglichkeit und bittet die großen Mächte dringend, die Aggression durch Tschechen und Serben zum Stillstand zu bringen und für den Fall eines Angriffs gegen Ungarn dessen Rechte und Interesse zu garantieren.

***

Montag, den 31. Oktober 1921

Aufstehen 7.15, 8 Uhr Messe. Vormittags großes Ereignis: Wir bekommen Zeitungen! Die hatte uns der Primas verschafft. Sie waren vom 29. und die Morgenausgabe des 30. Wir lasen darin, daß Großmama, Schwiegermama und Miana auch ausgewiesen seien – wirklich unglaublich, was können denn die dafür – Großmama hatte dagegen protestiert, die Kinder so allein zu lassen; es hieß, sie oder Miana dürften vielleicht bleiben – Gott gebe es! Gute Großmama, immer so schneidig und verläßlich; beim Wegfahren hatte sie mir gesagt: »Du kannst beruhigt sein, ich bin Tag und Nacht für die Kinder da und werde sie gut behüten.« Wir lasen weiter, wir würden voraussichtlich entweder nach Pianore, Malta, Madeira oder auch sonstwo hinkommen. Wie Gott will, wo Er uns hinführt, dort ist es richtig. Eindruck der auswärtigen Nachrichten: Unstimmigkeiten zwischen der Großen und Kleinen Entente. Nach dem Mittagessen kam Siménfalvy und meldete, daß Graf Széchenyi und Graf Apponyi angekommen seien. Wir freuten uns sehr, dies zu hören und ließen gleich Graf Apponyi bitten. Dieser kam, war rührend und herzerfrischend. Er war zwar sehr verkühlt, hatte aber trotzdem die kalte Fahrt zu uns gemacht. Carl machte mit ihm folgende Punkte aus: Apponyi würde der Chef der Legitimistenpartei werden. Seine Idee ist nun eine Art Verhandlung zwischen Nation und König zur Bereinigung gewisser Fragen und auf dieser Grund-

lage Rückkunft. Carl widersprach ihm da nicht, da dies Apponyis Idee immer war und sein wird, und es ja ohnedies niemals dazu kommen wird. Dann wurde gesprochen wegen Thronabsetzung, daß da die Gutgesinnten dagegensprechen müssen, nicht sich absentieren; darauf hielt Carl sehr, wegen innerem und äußerem Eindruck. Apponyi sagte, er würde eine Rede dagegen halten, in der er erkläre, die ganze Absetzung sei ungültig und er würde die Thronabsetzung aus dem Jahre 1848 erwähnen, die für so wenig ernst genommen worden sei, daß man es im Jahre 1867 nicht einmal für notwendig erachtete, sie zu anullieren. Er teilte auch die Ansicht, daß es besser ist, wenn Bethlen bleibt: besser für die Herren und besser für die Arbeit.
Bethlen fürchte sich nur, für einen noch ärgeren Rebellen angesehen zu werden. Carl meinte lächelnd: »Da könne er sich beruhigen, denn etwas Ärgeres als auf seinen gekrönten König schießen zu lassen, kann er doch nicht mehr begehen.« Apponyi meint, daß, wenn Bethlen geht, die Absetzung nicht durchgebracht wird. Carl teilt diese Ansicht nicht. Nun wegen dem Verhalten der Legitimisten: Carl hieß es gut, daß einige Hochgestellte mit Eklat nun gingen, jedoch die kleineren Leute in ihren Anstellungen nach Möglichkeit bleiben sollen, daß im Gegenteil getrachtet werde, noch mehr Getreue in den Staatsapparat hineinzubringen. Ja kein sich Zurückziehen aus dem Parlament, jedoch keine Ministerportfeuilles in solchen Regierungen annehmen. Apponyi entwickelte noch eine Idee, die er auf der Herreise mit Graf Széchenyi besprochen hatte: entweder ein Manifest oder ein Interview mit ungefähr folgendem Inhalt: Abschied ans Volk, Verzeihung, Schmerz über die Gefallenen, Hiebe auf die Entente. Carl lehnte dies ab aus folgenden Gründen: Ein Manifest müßte die Regierung veröffentlichen, was unmöglich ist; Verzeihung sehr gerne den Irregeführten, aber keine Absicht, eine Generalamnestie für jene, die schuldig sind; Bitteres über Entente ist unklug – Schönes läßt sich nicht sagen. Dieses Projekt wurde also fallengelassen. Nun meinte Apponyi, er könne so etwas ähnliches an Interview herausgeben, indem er sich hinter die Schweigepflicht des Geheimen Rates verschanze und nur sage, sein Eindruck bei Carl wäre gewesen: Zurückweisung der Entente-Einmischung und etwas Verwaschenes über Verzeihung von Irregeführten. Es ist noch nicht sicher, ob er es überhaupt tut. Er sagte, Sauerwein sei in Pest. Carl sagte: Er sollte doch hingehen und ihn aufklären, es sei für unsere Sache sehr verläßlich. Apponyi sagte noch, sie würden trachten, an-

ständige Leute in die Regierung zu bringen, mit denen sie dann unter der Hand Fühlung nehmen könnten. Er erzählte uns noch, daß Erzherzog Joseph bei ihm war und ihm sagte, es wäre absolut unwahr, daß er bei Budaörs draußen gewesen und die Regierungstruppen zum Aushalten aufgefordert hätte. Als Apponyi ihm Vorwürfe machte, daß er dem Begräbnis der Regierungsgefallenen und den dazugehörigen Reden beigewohnt habe, sagte er, dies sei wohl wahr und es wäre auch seine Schuld, weil er sich nicht genügend vorher erkundigte. Jedoch hätte er niemals gedacht, daß diese Feier nur den Gefallenen einer Seite gelte und dies erst im Laufe der Feier entdeckt. Er bedauere, überhaupt dort gewesen zu sein, und versicherte seine unbedingte Loyalität gegenüber seinem König.
Horthy oder Bethlen wollten Apponyi als Verhandler Samstag oder Sonntag schicken. Dieses lehnte er ab und bemerkte dazu: »Wenn ich zum König gehe, dann bleibe ich bei ihm.« Apponyi bat noch, man möge ihn verständigen, wenn irgendein Plan besteht, was auch zugesagt wurde.
Nun kam Siménfalvy und meldete, daß wir um 7 Uhr bereit sein sollen, Tihany für Baja zu verlassen. Souper würden wir im Zug bekommen. Die größte Verschwiegenheit über dieses Ziel und die Fahrt wurde uns aufgetragen, so daß ich frug, ob ich es wenigstens den Dienern sagen dürfe, damit sie mir beim Einpacken behilflich seien. – »Ja« – Also wem gegenüber wir schweigen sollten, war mir nicht klar, da wir niemanden anderen sahen, aber dies dachte ich mir nur. Dann kam der gute Gratz, kam auch Széchenyi, so rührend und nett. Auch er besprach mit Carl diese Manifest-Interview Idee. Carl teilte ihm mit, was er mit Apponyi darüber besprochen, außerdem stellte Széchenyi ein Promemoria in Aussicht, das er durch denjenigen schicken würde, der uns in Konstantinopel einholen und begleiten sollte. Während dieser Zeit packte ich ein, was ich mitnehmen wollte. (Das war sowieso wenig und nur das Allernotwendigste) Das Übrige sollte dem Prior übergeben werden, bis es jemand abholen würde. Széchenyi hatte von Siménfalvy gehört, daß wir nach Baja fahren und so telefonierte er nach Pest und bat um die Erlaubnis, uns begleiten zu können, da wir sonst gar keinen Herren mithätten. Doch dies wurde ihm abgeschlagen, Széchenyi war wütend darüber: »C'est bête et mésquin«, sagte er und er hatte sehr recht. Wir erfrugen nun noch, ob wir noch beichten könnten, oder ob dann der arme Prior abgesperrt würde. Es wurde von Siménfalvy erlaubt mit dem

Bemerken, daß der Prior nicht abgesperrt würde – ich vermute, weil er es in Tihany ohnedies ist. Bis dies alles erledigt war, wurde es schon 7 Uhr und wir standen da bereit, es wurde jedoch gemeldet, daß es noch ein Weilchen dauern würde. So gingen wir noch in die kleine Seitenkapelle und ließen uns den Reisesegen geben. Die schmerzlich – zuversichtlichen Gefühle im Salon von Eckartsau, die glücklich – dankbaren in der Sakristei von Hertenstein fielen mir bei den Worten ein »et cum gaudio revertamini ad propria« »at de duce ... demum incolumes ad propria revertantur«. Ja, und envers et contre tout würde es wahr werden: der Liebe Gott wird uns zurückführen! Dann opferte Carl, und ich mit ihm, noch einmal en union mit dem bitteren Leiden Christi alle unsere so kleinen Leiden und Schmerzen auf – fast schämten wir uns, so Weniges und Leichtes dem Lieben Gott mit den Leiden des Göttlichen Sohnes aufzuopfern. Aber Gott nimmt jedes Opfer an. Wir opferten es besonders für Ungarn auf, aber auch für die ganze Monarchie, für die Anliegen der Kirche. Wir hatten jede Demütigung und alles Schwere mit Dank angenommen und gleich aufgeopfert. Des Prinzipes halber, das hochzuhalten wir verpflichtet sind, protestierten wir gegen jeden unrichtigen Vorgang.
Endlich kam Siménfalvy zu uns in den Salon und meldete, daß alles bereit ist, wir mögen ihm folgen. Carl sagte: »Bitte, Herr Oberst, ich habe ihre Abschrift von ihrem schriftlichen Befehl noch nicht.« Siménfalvy entfernte sich eiligst und kam bald darauf mit jenem Schriftstück, das hier im Original beiliegt. Carl las es aufmerksam durch und als er sich überzeugt hatte, daß alles stimme, übergab er Siménfalvy seinen Protest gegen die Regierung wegen seiner Auslieferung. Siménfalvy war, während Carl das Schriftstück las, sehr blaß und unsicher dagestanden und kämpfte mit den Tränen. Als Carl dies nun bemerkte, nachdem er fertiggelesen hatte, ging er auf ihn zu und gab ihm die Hand. Wir gingen hinunter, hinter Siménfalvy, der unten vor einer Tür eine Sekunde stehenblieb, klopfte und aufmachte, so daß wir noch schnell Graf Apponyi und Graf Széchenyi die Hand geben konnten. Der gute Széchenyi gab mir, resp. Agnes für uns, eine Taschenlampe, die er mithatte. Wollte auch seinen Plaid mitgeben, doch dies nahmen wir nicht an (es war sehr kalt und er hätte sich sicher bei der Zurückfahrt in der ungeheizten Bahn arg verkühlt). Er war wirklich rührend. Dann – dies hatte kaum ein paar Sekunden gedauert – kam Siménfalvy zurückgestürzt, glaubte wahrscheinlich an einen Fluchtversuch – wo-

durch weiß ich nicht – wir gingen vor der streng bewachten Tür von Gratz vorbei und hinaus. Wir stiegen ins Auto, Carl und ich, vorne neben dem Chauffeur Siménfalvy. Ich war nachmittags gefragt worden, ob ich Auto oder Wagen wünsche. Eigentlich hätte ich mich für den Wagen entscheiden sollen, da dieser vom Stift beigestellt wurde, während das Auto vom Siménfalvy resp. Militär war. Aber die Straße, zum Teil nur aus Stein, mit großen Löchern, der Wagen so schlecht gefedert und natürlich keine Gummiräder, dies konnte ich in meinem Zustand schwer zum zweiten Mal riskieren, besonders nach der ganzen Unruhe der letzten Zeit. So entschied ich mich aus Gewissenhaftigkeit, aber sehr ungern, gegen die Würde, besonders da ich kaum glaube, daß Siménfalvy und die anderen Offiziere solche Nuancen überhaupt bemerkten. Weg und Bahn waren wieder dicht mit Militär besetzt. Auch die drei Ententeoffiziere waren da. Wir stiegen gleich ein. Das »Souper« bestand aus einem lauen Tee, den wir nicht nahmen, ein Teller mit fünf Wurstradeln für uns drei, Carl, Agnes und ich, etwas Käse und Schokoladenbonbons. Nachdem es Vigil von Allerheiligen war wollten Carl und ich die Wurst nicht essen und so blieb uns nichts anderes übrig als etwas Käse und Brot und Zuckerln, was letzteres auf einen leeren Magen nicht sehr erfreulich wirkte.
(Anmerkung des Herausgebers: Vigil von Allerheiligen war früher ein Tag, an dem Katholiken Abstinenz übten, also auch keine Fleischspeisen zu sich nahmen.)
Wir fragten nun Siménfalvy wegen einer Messe von morgen. Er sagte, er würde es nach Baja wissen lassen und es uns morgen sagen, außerdem müsse er uns bitten um 6 Uhr fertig zu sein für die Übergabe. – »Was geschieht da? Müssen wir da anwesend sein?« – »Nein, es geschieht im Zug vor dem Aussteigen, aber es muß gleich darauf ausgestiegen werden.« Es war über alles dies eher spät geworden und wir legten uns nieder. Da hieß es, wir würden später ankommen, so daß Carl schließlich dem Diener sagte, er solle eine Stunde vor Ankunft wecken.

***

T.B. Hohler, Budapest, an den Marquess Curzon, London
in London eingelangt am 1. November 1921, 8.30 Uhr

Budapest, 31. Oktober 1921, 13.30

Ich habe die Vorbereitungen für die Einschiffung des Ex-Königs und der Königin auf die Flottille um 5 Uhr Früh abgeschlossen. Text weiter ungewiß: Am 1. November werden sie unter vollkommener Geheimhaltung und mit allem Respekt für ihre Person aber auch mit aller Festigkeit und ... [der Text bricht hier ab].

Sir A. Young (Belgrad) an den Marquess of Curzon in London (Nr. 474), in London eingelangt am 1. November, 8.30 Uhr

Belgrad, 31. Oktober 1921, 21.15 Uhr

Herr Trifkovic zeigte sich höchst befriedigt darüber, daß die Entthronung auf die gesamte Familie Habsburg ausgedehnt wurde ... insgesamt bestand er besonders darauf, daß die Kosten der Mobilmachung zurückgezahlt werden sollten. Er sagte, daß er beweisen könne, daß die ungarische Regierung in Karls Restaurationsversuch eingeweiht gewesen sei und daß es daher sein Recht sei, die dadurch entstandenen Kosten auf Grund der Verantwortlichkeit der Ungarn zurückerstattet zu bekommen. Er betonte auch, wie sehr die Regierung in Belgrad die Lage an der Grenze durch die Formierung von Banden verdrießlich findet. Besonders stört ihn die Existenz einer »Kroatischen Legion« ... Die Banden an der Grenze würden nach seiner Meinung im Sold der ungarischen Regierung stehen. Herr Trifkovic sagte, daß er mit Prag und Bukarest einen Meinungsaustausch pflegen werde und wir ersuchten ihn, auf Herrn Beneš mäßigen Einfluß auszuüben.

T.B. Hohler, Budapest, an den Marquess Curzon in London (Nr. 476), eingelangt in London am 1. November 1921, 13.30

Budapest, 31. Oktober 1921, 21.20 Uhr

Der Premierminister rief mich und meine Kollegen heute Früh zu einem Treffen zusammen, bei dem auch der Kriegsminister und der Außenminister anwesend waren. Sie fragten uns, was sie tun sollten, würden die Tschechen wirklich ihre Absicht ausführen und am 2. November in Ungarn einmarschieren: Sollten sie Widerstand leisten oder nicht?

Einer nach dem anderen äußerten wir die Meinung, daß sie keinen Widerstand leisten sollten, obwohl ich gestehe, daß ich das nur mit größtem Widerwillen tat, weil die Verantwortung, die man bei so etwas übernimmt, wirklich sehr groß ist. Der Premierminister sagte, es sei für seine Regierung fast unmöglich, nicht zu kämpfen, sie würden der

Feigheit angeklagt werden, man würde sagen, daß sie auf ihre eigenen Brüder, die mit dem König waren, geschossen hätten, den Tschechen aber keinen Widerstand entgegensetzten ...

***

Dienstag, den 1. November 1921

Um 6.10 wurden wir geweckt mit der Nachricht, daß in einer Stunde die Ankunft ist. Ich stehe zuerst auf – ist rasch getan, weil ich mich nur teilweise ausgezogen hatte. Dann gehe ich in das Nebencoupé und Lelovic ist Carl behilflich. Wir fragen wieder, was mit der Messe ist, und es wird uns gesagt, daß der Nuntius kommt und uns die Messe lesen wird, dann kommt Siménfalvy und sagt, daß keine Messe sein wird, sondern daß wir nur stehen bleiben und wir auf der Stelle auf den Monitor müssen, der sofort abfahren wird. Carl fragt nach dem Nuntius und dem Grafen Esterházy. Es heißt, sie sind noch nicht hier und es wird nicht auf sie gewartet. Inzwischen fahren wir über die Brücke und sehen die Monitore rauchend liegen. Nun bleiben wir gleich hinter der Brücke stehen, wir wollten frühstücken, nachdem man uns zu Allerheiligen keine Messe – also keine Kommunionsmöglichkeit vergönnte. Als wir sahen, daß es Siménfalvy sehr gegen den Strich ging, sagte ich, wir könnten schließlich auch an Bord frühstücken. Carl sagte ihm daraufhin: er solle gleich nach Pest fahren und dem Admiral Horthy und der Regierung sagen, daß er, im Moment wo er Ungarn verläßt, seine Bitte an sie wiederhole, daß sie weder dem Obersten Osztenburg noch irgendeinem anderen der Beteiligten ans Leben gehen. – Er war dies der einzige Kontakt Carls mit den Rebellen und dies nur aus Sorge um seine Getreuen. Siménfalvy soll ihnen auch gleichzeitig seinen Protest gegen seine Auslieferung übergeben. Siménfalvy bat noch, melden zu dürfen, daß er nur seine Pflicht fürs Vaterland erfüllt, aber nicht gegen den König gehandelt habe. Carl grüßte nur kurz und sagte nur ein kurzes »danke«. Wir stiegen aus, grüßten den Franzosen und gingen hinter Siménfalvy her, der uns eine lange, steinerne Treppe hinunter vom Bahndamm führte. Wir zwei gingen voraus, Agnes mit dem Franzosen hinter uns und dann eine Menge unbekannter Offiziere. Durch ein Spalier von Soldaten gingen wir von dort bis zum Schiff. Ein ganz junger Offizier im Spalier, stramm habtacht stehend, – wie übrigens alle –

murmelte als wir an ihm vorbeigingen: »Au revoir«. Es war ein bitteres Gefühl zwischen diesem Spalier strammer eigener Leute als Gefangene der Entente – von Ungarn gefangen und ausgeliefert – schreiten zu müssen. Dieser leise Gruß war ein Sonnenstrahl. Dann gingen wir noch eine steinerne Treppe hinunter und schweren Herzens setzten wir den Fuß auf eine kleine Brücke und gingen auf den Monitor Glowworm. »Go around there« hörten wir sofort – es war schon Ausland. Die faktische Übergabe war im Zuge vor dem Aussteigen geschehen, daher war der Franzose gleich hinter uns gegangen, nun war eine augenscheinliche Übergabe, als Siménflavy vor unseren (des Kapitäns) Kabine angelangt auf der einen Seite stehend salutierte, die drei Offiziere der Entente auf der anderen Seite das gleiche taten, worauf Siménfalvy sich entfernte und der Engländer uns den Kapitän des Glowworms vorstellte, resp. den Stellvertreter des Kapitäns. Daraufhin bat Carl den Franzosen und den Italiener – und bat sie dies auch dem Engländer, der eben weg war, auch in seinem Namen zu sagen, sie mögen sich um Osztenburg und die anderen annehmen, damit niemandem was zu Leide geschehe.
Dann gehen wir in den Salon, wo ein Frühstück serviert ist, aber wir nehmen es noch nicht, da im gleichen Moment gemeldet wird, daß der Nuntius da ist und doch die Messe gelesen wird. Wir sehen auch schon durchs Fenster den Nuntius und Graf Esterházy die steinerne Treppe heruntergehen. Der Nuntius kommt und sagt uns zu unserer Betrübnis, daß er die Messe nicht lesen kann, da er keine heiligen Geräte hat. Er habe gebeten, man möge ihm welche aus der Pfarrkirche holen, aber es wurde ihm gesagt, daß keine Zeit dazu sei, da wir sofort weiterfahren müssen. Er dürfe jedoch 20 Minuten mit uns sprechen.
Während der Zeit wurde drüben das Protokoll der Übergabe aufgenommen – Rosty tat sehr geärgert, daß die Ententeler »l'Ex-Roi« schrieben, worauf ihm Agnes sagte: »Holland hat sich geweigert den deutschen Kaiser auszuliefern. Ungarn liefert *seinen* König ohne weiteres aus und dann sollen die nicht glauben, daß er ›ex‹ ist?« Die arme Agnes ist so tapfer. Der Nuntius sagte uns, der Heilige Vater hätte ihm gesagt, er solle sofort zu uns kommen »pour nous donner des paroles de réconfort« und den Päpstlichen Segen. Er fragte ängstlich, ob Carl abgedankt hatte und atmete erleichtert auf, als Carl »nein« sagte. Er freute sich auch sehr, als er hörte, daß Carl einen Protest verfaßt habe gegen seine Thronabsetzung. Er erkundigte sich nach allen Details um sie

nach Rom zu melden. Er persönlich meinte, es wäre verfrüht gewesen und er hätte es auch vor kurzer Zeit dem Rakovszky gesagt, man möge jetzt noch nichts unternehmen. Dann sagte er uns ganz streng vertraulich, die Engländer hätten gesagt, sie hätten keine Lust, uns ewig zu hüten und sie wollten sich nicht auf die Dauer engagieren. Wir baten ihn nun sehr, sich für alle unsere Getreuen einzusetzen, dann sagte Carl: »Ils n'ont fait que leur devoir« – »Ah, ça bien certainement«, erwiderte der Nuntius und versprach, sein Möglichstes zu tun. Auch für Borovicszény wird er sich einsetzen, daß er uns womöglich schon in Konstantinopel erreichen kann. Jedenfalls wird er ihn besuchen. Es waren nahezu ¾ Stunden als gemeldet wurde, alles wäre bereit, der Nuntius möge aussteigen. Er hatte uns den Päpstlichen Segen schon gegeben, so ging er gleich. Der Franzose ließ noch einmal fragen, ob wir nichts wünschen, er sagte er würde jeden Wunsch nach Möglichkeit erfüllen. Wir dankten, und sagten, das einzige wäre nur, was wir ihm schon vorher gesagt hätten, nämlich unsere Sorge um unsere Getreuen. Nun fuhr das Schiff langsam weg, die drei Ententeler salutierten, Carl auch. Esterházy kam zu uns. Ich freute mich so, ihn wiederzusehen. Wir frühstückten und ließen fragen, wie lange wir nach Galatz fahren würden. Es wurde uns geantwortet: 8 Tage, da wir nur bei Tag führen – und da hatten sie nicht Zeit genug, um uns eine kleine Stunde für eine Messe zu Allerheiligen zu gönnen!
Esterházy erzählte uns, daß Hunyady ihn sprechen wollte, er ihn aber nicht hat erreichen können. Er hatte schon seit mehreren Tagen probiert ihn zu erreichen um zu uns zu kommen, aber das erstere war nie gelungen und das zweite war ihm nicht erlaubt worden. Graf Esterházy meldete auch, daß sich eine Anzahl reicherer Aristokraten jetzt zusammen täten, um zu finanzieren, daß immer abwechselnd ein ungarischer Herr bei Carl, wo immer wir seien, Dienst machen könne. Das ist *sehr, sehr* schön, weil bei der jetzigen Valuta es ein schweres Opfer für sie bedeutet.
Wir fuhren nun durch Auen, ganz an jene von Eckartsau erinnernd. Bald kamen auch die hübschen Mühlen am Wasser, die herausschauenden Müller, man meinte sich in die theresianische Zeit zurückversetzt. Esterházy erzählte uns auch, daß Oberst Fleischmann gefangengenommen worden ist, aber zumindest besteht für sein Leben keine Gefahr.
Vor der Jause kam ein Vedetten-Boot den Strom herauf, akkostierte

uns und es stieg der eigentliche Kapitän des Glowworm, der damit gekommen war, um. Er war in Galatz bei einer Regulierungskommission und telegraphisch heraufbeordert worden. Er sprach kurz drauf mit Esterházy und sagte ihm, er bitte Carl, ihm das schriftliche Ehrenwort zu geben, daß er, solange er in seiner Obhut ist, keinen Fluchtversuch mache. In diesem Falle könne er ihn als sein »honoured guest« behandeln, widrigenfalls er gezwungen wäre, ihn »as a prisoner« behandeln und bewachen zu lassen, was ihm, Snagge, sehr unangenehm wäre.
Nach reiflicher Überlegung, daß, wenn er das Ehrenwort nicht gäbe, er ja sogar im Falle, daß sich Zuhause die Situation geändert hätte, doch nichts machen könnte ohne Paß oder sonstige Vorbereitung im serbischen Lande und nachdem Graf Esterházy sich versichert hatte, daß Snagge sicher nicht weiter als Galatz mit uns käme, gab ihm Carl das Ehrenwort, wie es im beiliegenden Originalentwurf Graf Esterházys steht. So ist es auf alle Fälle nur für die Dauer, die »Durée« der Reise, nicht für weitere Aufenthalte.
Snagge soupierte dann mit uns und wir gingen früh zu Bett. Der arme Esterházy ist nicht wohl, sein Herz macht ihm recht zu schaffen.
Jetzt kann ich wenigstens meine Papiere in meinem Tascherl lassen. Bis jetzt trug ich sie immer auf mir, bereit sie jederzeit zu verbrennen.
Wortlaut des Ehrenwortes:
»Je donne ma parole d'honneur au Capitaine Arthur Snagge que pendant mon voyage, tant que je serai sous sa garde, je m'abstiendrai de toute tentative de regagner ma liberté.
En faisant cette promesse au Capitaine Arthur Snagge, je me considère comme engagé vis-à-vis de lui, personellement, et pour toute la durée de ce voyage. Charles
Glowworm, 1er Nov. 1921«

***

Marquess Curzon, London, an Sir H. Dering, Bukarest (Nr. 483)

London, Foreign Office,
1. November 1921, 18 Uhr

Bitte ersuchen Sie die rumänische Regierung, für den Fall der Notwendigkeit einer Reise (des Königspaares) über Land, behilflich zu sein. Das Telegramm bezieht sich auf eine Mitteilung nach Budapest, gleichfalls vom 1. November, die lautet: Sollte der Fluß nicht schiffbar sein, ist gegen eine Landreise durch Rumänien nichts einzuwenden, allerdings muß eine britische Begleitung den Exkaiser geleiten, da Seiner Mäjestät Regierung für die Entfernung des Exkaisers verantwortlich ist.

Sir H. Dering (Bukarest) an den Marquess Curzon in London (Nr. 484) eingelangt in London am 2. November 1921, 16.40

Bukarest, 1. November 1921, 20 Uhr

Noch immer keinerlei Zeichen einer Mobilisierung in Rumänien. Herr Take Jonescu sagte, er habe sich sehr bemüht, die anderen beiden Regierungen zu beruhigen und werde weiterhin Mäßigung raten ... Er ist sicher, daß besonders die Tschechen sofort angegriffen worden wären, wäre Karls Coup erfolgreich gewesen. Aber er dachte nichtsdestoweniger daß eine Modifizierung von Ansprüchen schließlich herauskommen würde ...

***

Mittwoch, den 2. November 1921

Heute sind wir bis Gombos circa 9 km vor Belgrad gekommen. Abfahrt bei Tagesanbruch. Der Kapitän meint, das Vedetten-Boot dürfte gegen Mittag kommen – wenig Hoffnung auf Messe. Wetter ist grau und allerseelig, die Gegend ist besonders in der Früh öde, sandig und voller Raben. Gegen 1 Uhr in Ujvidék. Wir werden gebeten in die Kabine zu gehen für die Durchfahrt, bleiben etwas außerhalb stehen. Das Vedetten-Boot bringt den Abt an Bord. Es ist derselbe, der uns vor drei Jahren in Ujvídék begrüßte. Natürlich von Messe keine Rede. Er sagt uns, daß es ihnen sehr schlecht geht unter den Serben, daß sie es aber alle als vorübergehende Prüfungszeit betrachten und daß sie alltäglich für Carl in der Messe beten. Sie sind dort 7 Priester, haben aber das Verbot von den Serben, für Konferenzen und Besprechungen zusammenzukommen, auch mit ihrem Bischof in Kalosza haben sie keine Verbindung. Jeder tut sein Bestes und hofft auf baldigste Wiederkunft des früheren Regimes. Er habe angegeben er gehe zu seiner Mutter auf ein paar Tage, da er meinte, er würde mitfahren; wegen Platzmangel jedoch nicht möglich. Fahrt also wirklich zur Mutter. Mittagessen um 1 Uhr. Capitain Snagge liest uns Einiges aus seinem Kriegstagebuch vor. Wir sitzen mehr minder alle fünf immer in diesem einzigen Zimmer beisammen, da es da warm ist. 5 Uhr Tee. Wie es dunkel wird, bleiben wir stehen. Souper 8 Uhr. Heute ist ein serbischer, ehemalig unsriger, Marineoffizier Mariaschevic an Bord gekommen, soll uns durch serbische Gewässer begleiten.

***

Lord Hardings (Paris) an den Marquess Curzon in London (Nr. 487) eingelangt in London am 3. November 1921, 21 Uhr

Paris, 2. November 1921

Die Botschafterkonferenz traf heute Vormittag unter dem Vorsitz von Herrn Jules Cambon zusammen.

Die wichtigste Tatsache, die aus den (Berichten der verschiedenen Botschafter in den Ländern der Kleinen Entente und in Ungarn) zutage trat, war, daß die ungarische Regierung entschlossene Schritte unternahm, um innerhalb einer Woche nach der Abreise des Exkaisers vom ungarischen Parlament die Zustimmung zu erhalten, daß die Proklamation des Ausschlusses der gesamten Familie Habsburg vom Thron erfolgt.

Ich richtete die Aufmerksamkeit der Botschafterkonferenz auf die Divergenz der Anweisungen, die die Alliierten Vertreter in Lissabon bezüglich der vorgesehenen Niederlassung des Exkaisers in Madeira erhielten. Um diese Frage zu klären, wurde beschlossen, daß gemeinsame und genaue Anweisungen an die drei Vertreter der Alliierten in Lissabon über die Vermittlung des französischen Botschafters erfolgen sollten. Sie umfassen folgende Punkte:

a) Der Exkaiser darf von seiner Familie begleitet werden. Seine Familienmitglieder unterliegen keinerlei Beschränkung hinsichtlich ihrer Bewegungsfreiheit.
b) Die Portugiesische Regierung hat für den Unterhalt des Exkaisers keinerlei Kosten zu tragen.
c) Die Überwachung, die sich als notwendig erweisen wird, könnte von der örtlichen Polizei ausgeübt werden und würde sich auf die Verhinderung eines Entkommens des Exkaisers von der Insel beschränken.

M. Cambon erklärte, daß die Verzögerung bei der Übersendung von Anweisungen an den französischen Vertreter in Lissabon ein Versehen infolge Arbeitsüberlastung im Außenamt gewesen sei.

***

Donnerstag, den 3. November 1921

Passieren sehr zeitig in der Früh Belgrad, da Abfahrt bei Tagesanbruch. Ladybird bleibt dort um Kohle zu holen. Kommen circa um 3 Uhr in Moldava an. Snagge fährt hinein, wir bleiben etwas höher oben stehen. Passage ab Moldava unmöglich, da stellenweise nur 75 cm Wasser. Snagge bittet um ein Motorboot und telegraphiert nach allen Direktionen um Instruktionen, natürlich resultatlos. Rumänen bieten Eisenbahn an, Snagge lehnt ab; er kann die Rumänen nicht leiden. Der Marineoffizier hat sich nicht gezeigt, er scheint also doch ein minderer Mensch zu sein, trotz der Versicherung, die er Snagge vor einigen Monaten gegeben hatte, *wie* sehr er an früher hänge etc. Snagge erzählt uns heute lange und interessant über die Arbeit der Engländer bei den Arabern während des Krieges.

***

Sir H. Dering, Bukarest, an den Marquess of Curzon (Nr. 211)

Bukarest, 3. November 1921

Die rumänische Regierung wird, falls für notwendig befunden, jede mögliche Erleichterung für den Transport von Karl und seiner Reisegesellschaft über Land gewähren. Dahingehende Anweisungen werden den Lokalbehörden sofort zugehen. Wir erwarten Nachricht vom Kommandanten der Flottille hinsichtlich des Anlegeplatzes für den Fall, daß sich die Donau als unschiffbar erweist. Ich vermute, daß dieser Anlegeplatz Moldowa sein wird und habe entsprechend die rumänische Regierung gewarnt, die Wert darauf legt, jede mögliche Höflichkeit zu erweisen und Automobile schicken wird, um sie nach Orsava zu bringen, wenn für einen Sonderzug gesorgt wird.
Ich habe bis jetzt keine Nachricht von der Ankunft von H.M.S. Cardiff in Galatz.

Sir G. Clerk, Prag, an den Marquess of Curzon in London (Nr. 155)

Prag, 3. November 1921

Der Premierminister ersucht mich, Eure Lordschaft und Seiner Majestät Vertreter in Budapest dahingehend zu informieren, daß er an den ungarischen Außenminister Graf Bánffy einen freundlichen und privaten Brief geschrieben hat, in dem er darauf hinwies, daß das gegenwärtig in Arbeit befindliche Gesetz wegen des Ausschlusses der Familie Habsburg von den Thronrechten in Ungarn, so, wie sein derzeitiger Wortlaut ist, immer noch die Wahl eines Habsburgers durch das ungarische Volk erlauben würde. Dr. Beneš hat deshalb vorgeschlagen, den Gesetzesentwurf zu ändern, so, daß die Habsburger definitiv ausgeschlossen sind.

Der Premierminister ist ängstlich darauf bedacht, daß sie von seiner Aktion wissen, daß sie rein privat ist und daß es nicht den Anschein haben solle, er versuche, in Angelegenheiten einzugreifen, die nur die Alliierten betreffen.

***

Freitag, den 4. November 1921

Namenstag von Carl – ob sie sich wohl trauen in Ungarn oder in Österreich wo eine Messe zu lesen? – Esterházy traut sich nicht, zu gratulieren, wehmütiges Gefühl und alle erinnert es sehr an den 4. November 1918. Wir bleiben den ganzen Tag hier sitzen (etwas höher als Moldava). Wir wissen nicht, wann und wie wir weiterfahren werden. Snagge möchte mit dem Motorboot nach Turn-Severin und von dort mit einem rumänischen Salondampfer nach Sulina, da das Kriegsschiff nicht bis nach Galatz kommen kann. Wir haben jeden Tag Snagge expliziert, daß kein Krieg aus unserer Anwesenheit entstanden wäre, weil wir zu viele Getreue in jedem der Länder der Kleinen Entente haben. Er glaubte es nicht. Heute jedoch erzählte er mir, der Mariaschevic hätte ihm im letzten Moment gesagt, daß sie – ich glaube an jenem Sonntag – in Belgrad einen Mann erwischten – einen Ungar – der hatte das Maschinenhaus und das Petroleum- oder Benzinreservoir dort angezündet und sehr großen Schaden gemacht. Die Sache würde jedoch geheimgehalten. Das gleiche versuchte einer in Szabadka, wurde aber vor der Tat verhaftet. – Ich sagte ihm: »Sehen Sie, es wären nicht zwei gewesen, sondern hunderte und an *jeder* Grenze. Die Kleine Entente hätte vor Sabotageakten keinen Krieg machen können. Das ist ja doch, was wir Ihnen immer gesagt haben.« – »I think I believe it now myself«, antwortete er. Carl hatte ihm auch schon immer erklärt, daß die jetzige Haltung der Großen Entente nur einen Sieg für Deutschland bedeute. Automatisch würden sich ihm nun die Länder der Monarchie anschließen müssen, da sie ja allein nicht lebensfähig seien, und ihr natürliches Haupt und Band durch die Entente gewaltsam entfernt würde. Diese Saat scheint auf guten Boden gefallen zu sein. Er erzählte mir nun auch, daß die Monitore zwei Tage lang dem Befehl, nach Pest zu kommen, nicht folgen konnten, weil sie keinen Piloten fanden. Die serbischen waren Tags vorher von serbischen Schiffen genommen worden und alle Kroaten weigerten sich, als Piloten mitzugehen, weil sie in der Zeitung gelesen hatten, daß es wäre, um Carl aus dem Lande zu führen – das im »befreiten« Ujvidék –. Sie verhandelten mit ihnen und boten ihnen enorme Summen an, es half nichts. Endlich bei der Offerte von 1000 Kronen pro Tag fand sich ein ungarischer Serbe, (das heißt ein Ujvidéker Serbe) der es zwar nicht mit Freude, aber schließlich in Anbetracht der Summe tat. Heute kamen auch ein höherer Offizier und zwei niedere an Bord wegen dem Extrazug nach Galatz, der in Orsova gestellt ist – Snagge wollte nicht, da er den Rumänen nicht traut. Er sagte mir, einer der jüngeren Offiziere wäre ein ehemaliger unsriger. Er hätte ihm gesagt: »Aber denken Sie doch, ich habe den König oft an der Front gesehen«, und dabei schaute er recht betrübt drein. »He did not like that job.« Ein französischer Offizier, der auch ein Zugbegleiter hätte sein sollen, schickte mir ein Bouquet von Chrysanthemen – ich weiß leider nicht seinen Namen. C'est bien français! Carl sprach lange mit Snagge über militärisches. In der englischen Marine sind während des Krieges die Mannschaftsstrafen um 80% gesunken, gegenüber der Friedenszeit, so gut verhielten sich die Leute. Mannschaft bekam eine Gehaltsaufbesserung, verlangte durch ihre Vertreter (for the Commonwealth, eine Art Zentrale Menagekommission), daß die Offiziersgehälter auch erhöht würden, sonst würden sie ihre Erhöhung nicht annehmen. Während des Krieges war auf keinem Schiff eine Meuterei. Resultat des U-Bootkrieges: Entflammung des englischen Patriotismus. In unübersichtlichem belgischen Terrain, schießen vom Schiff auf Landstellungen äußerst schwierig, folgendes Verfahren angewendet: vom schießbereiten Schiff wird eine Bombe ins Wasser geworfen und durch Schallmessung genaue Lage des Schiffes bestimmt und dessen Entfernung von dem zu beschießenden Objekt. Dann wird auf die kleine Distanz wie das Ziel, aber auf entgegengesetzter Seite, eine Scheibe aufgestellt, darauf eingeschossen und wenn Treffer richtig, gerichtetes Geschütz um 360 Grad gedreht.

***

T.B. Hohler, Budapest, an den Marquess of Curzon in London (Nr. 420)

Budapest, 4. November 1921

Hier die wörtliche Übersetzung des dem Parlament vorgelegten Gesetzes: »Gesetz über die Abschaffung der Herrscherrechte von König Karl und des Erbrechtes des Hauses Habsburg.

1. Die Herrscherrechte König Karls sind abgeschafft.
2. Die Pragmatische Sanktion enthalten in den Gesetzen 1 und 2 aus dem Jahre 1723 die die Erbfolge des Hauses Österreich (domus Austria ([ca]) regelt, hat seine Rechtswirksamkeit verloren. Auf diesem Wege hat die Nation ihr Recht zurückgewonnen, einen König frei zu wählen.
3. Die Nation hält ihre traditionelle Staatsform eines konstitutionellen Königreichs (im Dokument wörtlich als »atavistische Staatsform« angeführt) aufrecht, obwohl sie die Besetzung des königlichen Thrones für einen späteren Zeitpunkt aufschiebt. Sie beauftragt die Regierung zu einem späteren, geeigneten Zeitpunkt, Vorschläge einzubringen.
4. Dieses Gesetz tritt am Tage seiner Veröffentlichung in Kraft.«

Das ungarische Parlament peitschte dieses »Gesetz« ausgerechnet am Namenstag des Königs durch.
Am gleichen Tag verließ der König ungarischen Boden. Genau am gleichen Tag – einem 4. November – brach der ungarische Aufstand von 1956 zusammen.
Genau am gleichen Tag, am 4. Novewmber 1956, umnachtete sich der Verstand des »Reichsverwesers« Horthy, der in seinem portugiesischem Exil (ganzähnlich wie vorher sein König) auf eine Heimkehr hoffte – und sie ausgerechnet an jenem Tage endgültig zusammenbrechen sah, an dem er seinen König gesetzwidrig des Thrones verlustig erklärt hatte.

T.B. Hohler, Budapest, an den Marquess of Curzon in London (Nr. 489)
eingelangt in London am 4. November um 16.30 Uhr

Budapest, 4. November 1921, 14.20 Uhr

... kamen wir heute vormittag zusammen, um zu überprüfen, ob dieses Gesetz die entsprechenden Vorkehrungen, so, wie sie von den großen Mächten verlangt wurden, enthält und welche Schritte wir unternehmen sollten für den Fall, daß das Gesetz nicht ausreicht.

Es ist jetzt zu spät, den Gesetzestext zu ändern, der gerade in diesem Augenblick im Parlament zur Abstimmung gelangt. In mancherlei Hinsicht bestehen große Zweifel darüber, ob dieses Gesetz der Verfassung entspricht und ob es folgerichtig demnach auch gültig sei. Und auf jeden Fall kann es offensichtlich von einem anderen Parlament jederzeit aufgehoben werden. Tatsächlich ist es so, daß das einzige Hindernis gegen die Rückkehr der Habsburger, ob nun zu dieser oder zu einer anderen Zeit in der Opposition der Großen oder Kleinen Entente besteht.

In einem Telegramm vom gleichen Tag fügt Herr Hohler noch hinzu: (Nr. 422)

Ich habe in dieser Frage meine Kollegen konsultiert und wir stimmen darin überein, daß, unabhängig von der Frage der Verfassungsmäßigkeit dieses Gesetzes, dasselbe jedenfalls so schnell ungeschehen gemacht werden kann, wie es auch zustande kam. Es kann überhaupt nur als ein Beschwichtigungsmittel für die Kleine Entente angesehen werden. Wir meinen, daß die Entthronung aller Habsburger so endgültig gemacht wurde. Nichtsdestoweniger denken wir weiter über diese Frage nach.

Weiter im Telegrammtext 489;

Der Geschäftsträger behauptet, daß schon eine Bewegung für eine Wahl von Erzherzog Joseph im Gange ist. Es ist keine Frage, daß es notwendig sein wird, jemanden zu finden, der an seiner Stelle auf den Thron kommen sollte.

T.B. Hohler (Budapest) an den Marquess of Curzon in London (Nr. 493), in London eingelangt am 7. November 1921,

Budapest, 4. November 1921

... führte ich Commander Johnson so eindringlich wie möglich vor Au-

gen, daß Ihre Majestäten mit dem größtmöglichen Respekt zu behandeln seien, während er andererseits nichts verabsäumen dürfe, sollten Schwierigkeiten erwachsen, um deren Einschiffung und Abtransport flußabwärts sicherzustellen.
Ich erlaube mir, hier auf die besondere Situation hinzuweisen; Karl befand sich haargenau in der Lage eines Königs, der im »Schach« steht: es war unmöglich für Seine Majestät, dort zu verweilen, wo er stand, und es war gleichzeitig unmöglich, in eines der benachbarten Felder – sprich Länder – zu gehen. Ich und meine Kollegen waren uns darüber einig, daß wir ihn nicht jenen Umständen ausliefern sollten und durften, unter denen er das letzte Mal in Bruck[1] litt ...
Der Ex-König und die Königin verließen Tihany in Begleitung von Graf Alexander Esterházy und Frau von Boroviczény, einem kleinen Koffer und einer Zofe. In Galatz werden letztere durch Graf und Gräfin Hunyady ersetzt, die ich mit Briefen ausstattete, und alle Vorkehrungen für ihre Reise wurden getroffen.
Hinsichtlich der Bitte des Ex-Königs, daß ich Schritte für jene unternehmen sollte, die sich an der Erhebung beteiligten, habe ich die Ehre mitzuteilen, daß ich diese Angelegenheit inoffiziell dem Außenminister mitteilte, der mir mitteilte, daß die Höchststrafe, die verhängt werden könnte, 15 Jahre Gefängnis seien, daß er aber nicht glaube, daß sehr schwere Urteile verhängt werden.

***

Samstag, den 5. November 1921

Für diesen Tag folge ich den Aufzeichnungen, die möglicherweise von Gräfin Hunyady stammen, und denen von Frau Boroviczény.
In aller Früh (um 4 Uhr) wurden wir geweckt mit der Nachricht, daß doch mit Auto und Eisenbahn nach Galatz gefahren werden muß. Um 7 Uhr sollte das Gepäck fertig sein, um 8 Uhr war Frühstück, um punkt 9 Uhr wurde in Moldava selbst debarquiert. 3 rumänische Offiziere wurden Carl vorgestellt. Viele Hafenbeamte und Arbeiter waren aufgestellt und grüßten sehr schön. Mehrere Automobile warteten auf

1 Hohler bezieht sich auf die Schwierigkeiten anläßlich der Durchfahrt Kaiser Karls in Bruck/Mur nach dem ersten Restaurationsversuch im April 1921

uns, die wir sofort bestiegen. Im ersten Auto waren Carl und ich mit Kapitän Snagge, neben dem Chauffeur ein englischer Marinesoldat. Mit dem zweiten Auto waren Schwierigkeiten wegen dem Placement der rumänischen Offiziere, so daß Snagge zurückgehen mußte, um Ordnung zu schaffen. Die Begleitung bestand außer Kapitän Snagge mit seinem Sekretär aus 20 englischen Marinesoldaten unter dem Kommando von Lieutenant Roberts. Ein rumänischer Offizier, ein französischer Marineoffizier, der diese Sektion Donau unter sich hatte, und ein Italiener waren auch dabei. Während Kapitän Snagge sich um das vorerwähnte Auto beschäftigte, fiel das Fenster in unserem Auto herunter. Einer der Arbeiter sprang heran, um es zu schließen, und sagte sehr schnell auf ungarisch: »Ich küsse die Hände, es werden schon bessere Zeiten kommen.« In Moldava war alles auf den Beinen, weil man bekannte ungarnfreundliche Elemente am heutigen Morgen in Gewahrsam nehmen lassen hatte. Dadurch wurde die Bevölkerung aufmerksam. Alle Fenster waren offen und alles grüßte und winkte, ohne sich irgendwie vor der Polizei in acht zu nehmen. Die Fahrt nach Orsova dauerte 4 Stunden und überall war der gleiche Empfang, direkt festlich. Man grüßte und winkte demonstrativ. Agnes Boroviczény sagt in ihrem Tagebuch: »Moldava was pervectly quiet, only now and then an interested face peeped out of a window ... we did not see a single person all the way.« Agnes, die sehr übernächtig war und diese Erinnerungen ein ganzes Weilchen später schrieb, hat diesen Empfang und das Winken der Landbevölkerung entlang des ganzen Weges vergessen oder verschlafen. Captain Snagge war im Gegensatz dazu sehr beeindruckt, machte uns immer wieder auf Gruppen aufmerksam, freute sich über deren Treue und betonte immer wieder, wie offenkundig die Anhänglichkeit der abgetrennten Gebiete gegenüber Land und Dynastie geblieben sei. Diejenigen Bauern und Arbeiter, die sich näher bei der Straße befanden, knieten sich sogar nieder, mit beiden Händen winkend.

In Orsova waren alle Straßen voller Leute, die uns begrüßen wollten und die es mit einem ungeheueren Enthusiasmus auch taten. Es war wirklich ergreifend, es zu sehen. Überall riefen die Leute »Eljen« und der König soll kommen und sie wieder frei machen. Die Auslagen der Läden waren vollständig ausgeräumt, damit die Leute darin Platz fänden, um uns vorbeifahren zu sehen, da sie sonst von Aufsichtsorganen zurückgestoßen wurden. Und Orsova war früher eine so rumänenfreundliche Stadt gewesen! Unter diesem Ansturm der Bevölkerung wurde der Zug nicht am Bahnhof von Orsova selbst bestiegen, sondern an einen kleinen Nebenbahnhof verschoben, so daß die Bevölkerung im Sturmlauf bis dahin zu kommen versuchte; und um den Zug freizubekommen, mußten die rumänischen Soldaten von ihren Gewehrkolben Gebrauch kommen und einen Teil der Leute mit ihren Bajonetten bedrohen. So wurde der Zug vom Ansturm der Leute freigemacht und fuhr gegen Mittag ab. Dieser Abschied von Alt-Ungarn war wirklich ergreifend. Bald nach Orsova fuhren wir über die frühere Grenze, und da wir uns nun in fremdem Land befanden, zog Carl seine Uniform aus und zog Zivilkleider an.

Noch ein sehr rührendes Detail: Im Zug in Orsova fand sich eine Frau, die bereits in Orsova das Gepäck eingeladen hatte. Ich sah sie bei dieser schweren Arbeit und bemerkte, daß ihr immer wieder die Tränen herunterrannen. Ich frug sie auf deutsch, was eigentlich ihre Arbeit sei. Sie sagte mir, sie sei Gepäckträgerin und für alle schweren Arbeiten angestellt. Auf meine Frage, woher sie gebürtig sei, sagte sie, sie stamme aus der Bukowina, sei daher Österreicherin gewesen. Nun bekomme sie keine Anstellung in der Heimat und sei zwangsweise, wie viele andere, nach Altrumänien verschoben worden. Die Rumänen verlassen sich nicht auf die Bevölkerung der Bukowina und hier müssen sie die schwersten Arbeiten übernehmen, um leben zu können. Sie war tief ergriffen, uns eingie Dienste leisten zu dürfen, und tat es aus ganzem Herzen.

Die Fahrt von Orsova nach Galatz dauerte im Zug 20 Stunden.

Sonntag, der 6. November, und Montag, der 7. November 1921

Um Mitternacht herum kam Graf Esterházy und meldete, daß Graf und Gräfin Hunyady am Weg nach Galatz seien, wo sie ihn selbst und Agnes Boroviczény für die Weiterfahrt ablösen würden. Kapitän Snagge teilte ihnen aber mit, daß Auftrag gegeben sei, daß der rumänische Dampfer »Principessa Maria« sofort bestiegen werden solle und falls die Hunyadys nicht pünktlich ankommen, die Ablösung erst in Konstantinopel sein würde. Um 9.10 Uhr kamen wir in Galatz an. Graf und Gräfin Hunyady waren rechtzeitig angekommen. Wir hatten nur wenige Minuten Zeit für eiligste Begrüßung und Verabschiedung. Kaum

hatten wir das Schiff bestiegen, wurde gemeldet, daß ein Kapuzinerpater da wäre und wir hofften einen Moment, daß wir faktisch an diesem Sonntag die Hl. Messe haben könnten. Dies wäre eine umso größere Überraschung gewesen, als uns mitgeteilt worden war, daß wegen der immer bestehenden Eile (!) eine solche nicht stattfinden kann. Der Kapuziner kam auch schon in unsere Kabine, sagte, er habe leider schon die Messe gelesen und überdies wurde ihm und uns gesagt, daß er nur 3 bis 4 Minuten mit uns bleiben dürfe. »Aber«, fügte er hinzu, »ich habe das Allerheiligste mitgebracht und kann Ihnen die Heilige Kommunion reichen.« Leider hatten wir nach der Absage gefrühstückt und so gab uns der liebe Pater den Segen mit dem Allerheiligsten, was bereits ein großer Trost war. Er sprach das reinste »Österreichisch« und sagte uns, er sei aus der steirischen Provinz. Auf näheres Befragen nach seinem Heimatort kam es heraus ... daß er ein Italiener war. Wir hatten auch keine Zeit, ihn um weiteres zu fragen, da bereits gemeldet wurde, die paar Minuten seien abgelaufen und der Pater müsse aussteigen. Dieser Segen und die kurze Anbetung vor dem Allerheiligsten waren wirklich sehr trostreich.
Ich muß noch nachholen, daß uns Kapitän Snagge erzählte, daß ›als der Zug in einem Vorort von Bukarest stehen blieb‹, der Minister des Inneren dringend bitten ließ, mit Carl sprechen zu können. Snagge fand dies eine Verhöhnung seines Gefangenen und hatte diese Entrevue abgewiesen. Natürlich war es Carl furchtbar leid, aber es waren schon mehrere Stunden her und es konnte nicht mehr ungeschehen gemacht werden. Dies teilte er natürlich Snagge nicht mit, der seine Abweisung sehr nobel gemeint hatte. (In der Aufzeichnung von Agnes Boroviczény steht, daß Graf Joseph Hunyady von Kind auf mit Carl befreundet war »and his playmate«. Das stimmt natürlich nicht, denn Graf Hunyady war 14 Jahre älter als Carl und ist mit ihm erst im Krieg bekannt geworden. Er war aber sein letzter Obersthofmeister.)
»Principesa Maria« war ein Luxusdampfer, den die Rumänen von irgendwoher nach dem Krieg sich genommen hatten. Beim Mittagessen fiel uns auf, daß die Speisen einen sehr bekannten Geschmack hatten. Sie hätten zu jeder Zeit in unserer Wiener Hofküche entstanden sein können. Wir erfuhren bald nachher, daß der Koch auf diesem Schiff ein ehemaliger Wiener Hofkoch war, der seine ganze Anhänglichkeit damit zum Ausdruck brachte, uns ein möglichst richtiges Hofdiner zu servieren. Wir waren sehr gerührt über diese Aufmerksamkeit des bra-

ven Koches. Leider, da ich meine diesbezüglichen Aufzeichnungen nicht habe, habe ich den Namen des braven Mannes vergessen. Den ganzen Tag fuhren wir durch die Ebenen und Sümpfe der Donaumündung, wobei man fort eine große Menge an Wasser- und Sumpfvögeln sah.

Solange wir im Zug waren, hatte die begleitende englische Mannschaft den Schutz des Zuges zu versehen, so daß sie bei jedem Aufenthalt sofort aus ihrem Waggon sprangen und den unsrigen umgaben. Kapitän Snagge hielt darauf, daß wir ausschließlich unter englischem Schutz fahren und keine rumänische Begleitmannschaft dabei sei.

Ich kann mich nicht mehr erinnern, wann wir in Sulina ankamen. Dort verabschiedeten wir uns von Kapitän Snagge und wurden durch Kapitän Maitland-Kirwa übernommen. Wie ich es in meinen »Aufzeichnungen von 1918–1922« beschrieben habe, wurde Carl gebeten, ebenfalls Captain Lionel F. Maitland-Kirwan das Ehrenwort, nicht zu fliehen, zu geben, solange er in seiner Obhut ist bei dieser Reise. Der Kapitän dementierte seither auf Grund von Werkmanns Buch, daß er dies »verlangt« habe, sondern sagte, Carl habe es freiwillig gegeben. Wie ich es dort beschrieben habe, scheint es Snagge in Unwissenheit des Kapitäns Maitland-Kirwan in seinem Namen »verlangt« zu haben, wahrscheinlich in der Sorge, daß diesem sehr taktvollen und timiden Mann eine Unannehmlichkeit passieren könne, falls Carl auf dieser langen Fahrt einen unmöglichen Fluchtversuch unternehmen sollte. Dieses Ehrenwort ist datiert vom »Cardiff« 7. November 1921.

An diesem Tag in der Früh lief der »Cardiff« von Sulina aus und nahmen wir noch an Bord dieses Schiffes Abschied von Kapitän Snagge. Es muß also bei diesem Abschied gewesen sein, daß dieser das Ehrenwort Carls verlangte für den nichtsahnenden Kapitän Maitland-Kirwan.

Habe doch ein Detail vergessen: die Messe, um die wir für Galatz gebeten haten, wurde uns abgeschlagen, da uns das Betreten der Kirche verboten war.

***

Aus den Aufzeichnungen Kaiser Karls über den 2. Restaurationsversuch

5. November 1921, 6. November

Um 5.30 geweckt und vor 8 Uhr mit Patrouillenboot nach Moldava. Dort Rumänien; ein unsympathischer, geschniegelter rumänischer Major. Ein französischer Marineoffizier gibt Zita Blumen. Fahrt mit geschlossenem Auto, bei der Türe ein rumänischer Pilot, sagt mir auf reinstem Ungarisch: »Denke kezet csokolóm, majd rendbe jön a dolog.« Da »Unverläßliche« eingesperrt worden waren, befanden sich auf den Straßen in Moldava viele Leute, die überall freundlich grüßten wie in alten Zeiten. Snagge freute sich sehr darüber. Vor Orsova war eine Brücke in Reparatur, was Snagge, bei den Rumänen, sehr wunderte. (Er sagte uns, daß im allgemeinen nichts repariert wurde: Straßen, Bahnen, Brücken so gelassen wurden, wie sie durch Kriegszerstörungen gewesen waren.) Bis Orsova 3 Stunden Fahrt. Auch hier auf den Straßen sehr viele Leute, die weinten. Der Zug war außerhalb der Station. Die Leute haben dem Zuge zugewunken und rumänisches Militär mußte die Leute zurückdrängen.

Die Fahrt ging über Craiowa, Slatina, Pitechli (?), Kiliba (?), (vor Bukarest), Ploësti, Braila, Galatz. Zahlreiche österreichische Waggons gesehen. In Galatz, zur Täuschung der Bevölkerung, ein Quai angegeben, wo zahlreiche Menschen sich einfanden, aber wir fuhren von einem anderen ab. Am richtigen Quai war der Korps-Kommandant und der Polizei-Präfekt. Sie wollten vorgestellt werden, aber Snagge wies sie ab. Der rumänische Major, der uns begleitete, durfte während der Eisenbahnfahrt nicht zu uns. Leutnant Wilson mit seinen Matrosen verhinderten ihn, er wollte eine Unterschrift, ebenso der Polizei-Präsident, ersteren Snagge, letzteren Hunyady verhindert. Auf »Principesa Maria« eingeschifft: sauber. Der Koch war bei Maxens Kommando in Südtirol als Koch gewesen (früher noch Hofkoch). Hunyadys gekommen mit Leopold (Diener von Hunyady). Via Bukarest. Er hat Rubido Zichy gesprochen. Rumänischer Minister des Inneren wollte uns an der Grenze abholen, es wurde aber von der Entente nicht erlaubt (?) – Hunyadys Wagen in Bukarest. In Bukarest nur eine Straße (gesehen), Fiaker, schöne Pferde und Pelze. Königlicher Palast ... der mitten in der Stadt. Von Stadt Galatz außer wie bei Braila Kuppeln der Kirchen,

sonst gar nichts gesehen, außer die Hafenanlage. Hunyadys durch Polizeiauto in rasendem Tempo vom Bahnhof nach dem Hafen gebracht.
In Galatz an Bord der »Maria« katholischer Pfarrer von Galatz, bestellt in der Nacht beim rumänischen Kriegsminister oder dessen Stellvertreter durch Snagge. Er ist ein geborener Italiener, studierte in Wien, 40 Jahre auf seinem jetzigen Posten. Alter Mann mit weißem Bart. Messe bereits gelesen, wir schon gefrühstückt, daher auch Hl. Kommunion nicht möglich. Segen gegeben. – Ungarischer Hofzug auch in Rumänien.
Am »Principesa Maria« bis Sulina: Fahrt öde, mit mehr Schnelligkeit gefahren, als erlaubt, da Snagge Mitglied der Donaukommission ist. Einem litauischen Dampfer begegnet mit Ochsen. Denselben wieder in den Dardanellen gesehen. Um 5.30 in Sulina, bietet gar nichts, ein einziges europäisches Haus, das der Donaukommission. Früher waren darin alte Exzellenzen, jetzt sind die Offiziere Mitglieder davon.
Wir legten am englischen 5000-Tonnen-Creuzer »Cardiff« an. Der Kapitän Maitland-Kirwan auf Jagd in den Sümpfen, Mannschaft meistens ausgegangen, kommt erst gegen ½ 1 Uhr zurück, hat keine Befehle, wußte nicht, daß wir schon kommen. Vorläufiges Ziel Konstantinopel. Auslaufen erst in der Früh, um 8 Uhr abends Überschiffen. Souper auf »Cardiff« und schlafen ebenfalls: Zita Admiralskabine, ich Kabine des Kommandanten.

***

Sir G. Buchanan, Rom, an den Marquess of Curzon, in London (No. 501), in London eingelangt am 6. November 1921, 17 Uhr 35

Rom, 6. November 1921, 13 Uhr 30

Der Außenminister teilte mir mit, daß er alle Aktionen wegen der Rückkehr Karls eingestellt habe ... und obwohl er nicht wisse, inwiefern die jüngsten Ereignisse die Absichten der Nachfolgestaaten berührt hätten, wird er sie abermals wegen der Versorgung Karls ansprechen und ihnen die Tatsache vor Augen halten, daß es die Regierung Portugals ablehnen könnte, ihn überhaupt aufzunehmen und ihm den Aufenthalt in Madeira zu verwehren, wenn Karl nicht ein ausreichendes Einkommen zugestanden wird.

Sir L. Carnegie, Lissabon, an den Marquess of Curzon in London (No. 502) in London eingelangt am 6. November, 19 Uhr

Lissabon, 6. November 1921, 15 Uhr 40

Ich habe vom Außenminister eine Note erhalten, in der festgestellt wird, daß die portugiesische Regierung erlaube, daß der Ex-Kaiser und seine Familie unter den vorgeschlagenen Bedingungen Aufenthalt nehmen dürfen. Sie werden den allgemeinen Gesetzen des Landes unterstehen und unter der Überwachung durch die lokalen Polizeikräfte stehen. Zweck davon ist die Verhinderung einer plötzlichen Flucht, soweit dies möglich ist.

Bevor ich diese Note erhielt, sah ich den Präsidenten der Republik und sprach mit ihm im Sinne Ihrer Instruktionen.

Er sagte mir, daß die Regierung immer den Wünschen der Regierung Seiner Majestät gerne entsprochen habe, soweit das in ihrer Macht stehe. Er drückte allerdings seine Zweifel darüber aus, ob es in Portugals Macht stehe, des Ex-Kaisers Entkommen von der Insel zu verhindern.

***

7. November 1921

Um 9 Uhr Auslaufen. Vorher verabschieden wir uns von Snagge. Ich habe ihm nochmals gesagt, daß die Haltung der Entente in Ungarn ein Sieg für Deutschlands Pläne sei. Snagge fuhr über Konstanza mit »Principesa Maria« und von dort per Bahn nach Galatz.

Ausfahrt mit Piloten, seicht, viel Schlamm aufgewirbelt. Durch das Schwarze Meer noch hie und da Minengefahr, diese abgetrieben vom türkisch-griechischen Krieg, daher legt der »Cardiff« Minenfänger an. Schöner Tag, blauer Himmel, viele Möwen. Konstanza von weitem gesehen. Meer ziemlich ruhig. Mit Zita viel draußen gesessen.

***

Kaiserin Zita: Aufzeichnungen 1918–1922

Verhalten der englischen Regierung uns gegenüber 1921–1922.

Nach unserer Gefangennahme und Abführung bat, wie es übrigens in meinem Tagebuch stehen muß, der Kapitän des Glowworms um die

schriftliche ehrenwörtliche Versicherung, daß Carl keinen Fluchtversuch machen würde. Carl überlegte es sich und kam zur Überzeugung, daß die Verweigerung der Erklärung keinen Zweck habe, da ein Fluchtversuch gar keinen Sinn hätte. Wir waren im Gebiet, das von den Serben besetzt ist, wenn nicht schon gar ab 5. XI – in Serbien – ab Orsova – (Tagebuch nachlesen), Carl konnte nicht serbisch, würde also sofort als Ausländer erkannt, hatte keinen Paß, keine Papiere, wäre also vom nächstbesten Gendarmen aufgegriffen worden, vom nächstbesten Bauern abgehalten, besonders, da es nicht möglich gewesen wäre, seine Flucht vom Schiff zu verheimlichen. Und sogar wenn es ihm gelungen wäre, bis nach Rumpfungarn zu gelangen, ohne ungarisches Geld (beim Wechseln wäre er schon aufgefallen), wohin fahren ohne erkannt zu werden, wohin gehen? Ja, selbst wenn zu Hause ein Umsturz zu seinen Gunsten stattgefunden hätte, bevor er à destination gelangt wäre, würde eine Flucht nach Ungarn durch diese feindlichen Länder ganz und gar undurchführbar gewesen sein. Also Ehrenwort geben für diese Reise, aber keines, und wenn es auch noch so folgenschwer sein sollte, für den endgültigen Aufenthalt. Das war Carls Entschluß. Der Wortlaut des Ehrenwortes ist der folgende:
»Je donne ma parole d'honneur au Capitaine Arthur Snagge que pendant mon voyage, tant que Je serai sous sa garde, je m'abstiendrai de toute tentative de regagner ma liberté. En faisant cette promesse au Capitaine Arthur Snagge, je ma considère comme engagé vis-à-vis de lui, personnellement, et pour toute la durée de ce voyage.«
Datum: Glowworm, 1. Nov. 1921, an Capitain Arthur Snagge und am 7. Nov. 1921 an Capitain Lionel F. Maitland-Kirwan. Und so wurden wir »as honoured guests« behandelt »instead of prisoners«. Ich habe mich schon oft gefragt, was hätte man mit uns »as prisoners« getan? Die Kabine des Kapitäns in der wir schliefen, war so klein, daß, wenn Carls Bett aufgeklappt war, gerade Raum genug blieb, daß meine Matratze am Boden liegen konnte. Man mußte, auf der Matratze selbst kniend, das Bett machen. Wollte man in den kleinen Waschraum gehen, oder in den größeren Raum, wo wir und der Kapitän den ganzen Tag saßen, wo wir aßen, wo der Kapitän seine Briefe schrieb und Akten erledigte, mußte man die Matratze am Ende aufheben und zurückschlagen. Hätte man uns in dem kleinen Raum auch bei Tag eingesperrt gelassen? Oder hätte man uns nicht erlaubt, vor der Kabine etwas an der Luft zu sitzen? Ich weiß nur, daß der Kapitän ein Wort fallen

ließ, daß er sich freue, uns zu Tisch einladen zu können und auch froh sei, nicht Matrosen wegen Wachdienst zu verlieren und uns überhaupt nicht als »prisoners« behandeln zu müssen. Als wir auf den Cardinal kamen, wurde uns gemeldet, daß Kapitän Maitland-Kirwan das schriftliche Ehrenwort »verlange«. Wie oben gesagt, gab Carl Wort für Wort den gleichen Text mit alleiniger Änderung des Namens des Kapitäns und des Datums. Maitland-Kirwan dementierte seither die in Werkmanns Buch gebrachte Tatsache, daß er das Ehrenwort verlangt habe. Sondern er sagte, Carl habe das freiwillig gegeben. Ich vermute, nach der taktvollen und timiden Haltung, die Kapitän Maitland-Kirwan auf der ganzen Fahrt an den Tag legte, daß er sich dies nicht zu bitten wagte und daß Kapitän Snagge, in der Sorge, es könne Maitland-Kirwan eine Unannehmlichkeit passieren, dies so sagte. So glaubte Kapitän Maitland-Kirwan, es sei freiwillig und von Carl wurde es einfach verlangt.

In Konstantinopel kam dann die Anzweiflung des geschriebenen Ehrenwortes wie ich es anderweitig in Funchal aufgezeichnet habe. Dort bekamen wir keine Erlaubnis, an Land zu gehen, wohl aber die Hunyadys, wegen unbedingt notwendiger Besorgungen. Wir baten, ob es möglich wäre, da wir den Südrand von Sizilien berühren mußten, um nach Gibraltar zu gelangen, dort ganz kurz anzulegen. Wir könnten mit einem Radiotelegramm das nötigste Gepäck dort vorfinden, resp. eingeladen bekommen, da es uns wirklich an allem fehlte. – Nein! – In Gibraltar wurde das An-Land-Gehen der Hunyadys nicht mehr erlaubt, und zwar auf Grund eines Telegrammes, welches von London über den Admiral von Konstantinopel nach Gibraltar kam. Wir wurden sowohl von dem Kapitän wie von den Offizieren in der freundlichsten und zuvorkommendsten Weise behandelt.

Die große Differenz zwischen der Haltung seitens der englischen Regierung und jener der privaten Engländer, deren Zuvorkommen am besten in meinem Tagebuch zu ersehen ist, läßt sich durch den Satz des Kapitäns Maitland-Kirwan illustrieren: »I dont know why they always take us brave soldiers to do their dirty work.«

England hat seine Monitore und Kriegsschiffe hergegeben, um uns wider jedes Recht aus unserem Lande zu verschleppen. Sie zogen uns vom ersten November bis zum 19. November, also nahezu drei Wochen, durch Mittel- und Osteuropa bis an die asiatische Küste, zurück an den europäischen Ländern vorbei, an die nordafrikanische Küste, dann wieder an die spanische, um uns dann endgültig zu dem geographisch nach Afrika gehörigen Madeira zu bringen. Während dieser Zeit wurde uns verboten, ein Lebenszeichen von uns zu geben, nicht einmal Karten an die Kinder hätten, laut Foreign Office, aufgegeben werden dürfen. (Die Offiziere gaben diese trotzdem auf!) Sie hatten die Grausamkeit, uns 17 Tage lang unter alle Himmel und durch alle Gewässer zu schleppen, ohne uns zu verraten, wohin die Reise ginge, ob wir je unsere Kinder wiedersehen würden und mit ihnen vereinigt werden könnten. Während dieser Zeit ließen sie dem Kriegsschiff keine Ruhe: kein Sturm, keine Minengefahr galt für dieses Schiff als gefährlich im Foreign Office. Graf Hunyady meldete uns zweimal, daß der Kapitän um Erlaubnis bat, einlaufen resp. verbleiben zu dürfen. Das erste Mal war es bei den griechischen Inseln resp. auf der Höhe von Malta, wo er darum bat, wegen eines schrecklichen Sturmes einerseits und weil man andererseits bald in die Gewässer käme, wo die Italiener die Kriegsminen hätten wegräumen sollen, was sie größtenteils nicht getan hatten. Der Kapitän wollte gerade diese Gewässer nicht auch noch bei Nacht und Sturm passieren. Außerdem fing er eine Radiomessage auf, laut welcher alle italienischen Schiffe, welche an dem Tag versucht hatten, aus den italienischen Häfen auszulaufen, nach wenigen Stunden der ganz démontierten See halber in ihre Häfen zurückgekehrt waren. Nach längerer Zeit kam Graf Hunyady wieder und meldete, es sei abgeschlagen worden! Er meldete auch, daß der Kapitän erklärt habe, er würde noch einmal telegraphieren und sagen, daß unter solchen Umständen dem Schiffe Gefahr des Untergehens drohe. Als Graf Hunyady spät abends oder am nächsten Morgen frug, ob noch keine Antwort da sei, antwortete der Kapitän einsilbig: »Ja, weiterfahren.« Das zweite Mal war es in Gibraltar. Es war so schwere See, daß die spanischen Kriegsschiffe, die damals dringend nach Marokko gerufen wurden,[1] in jenen Tagen nicht ausliefen. Der Kapitän bat, nicht schon am Abend auslaufen zu müssen, wie der furchtbare Sturm wieder anhebe, und er habe »two ladies on board« und wolle ihnen nach der langen Fahrt eine ruhige Nacht am Schiff im Kriegshafen ermöglichen. – Nein! – Dabei hätten sie wenige Stunden vorher noch vorgegeben, nicht zu wissen, wohin mit uns. Ich glaube, der Kapitän Maitland-Kirwan hielt sich nicht an diesen Befehl von London, weniger wegen

[1] Aufstand der Rif-Kabylen in Spanisch Marokko.

der two ladies, als wegen der von ihm für den nächsten Morgen bestellten Messe und Heilige Kommunion, weil er wußte, wie sehr sich Carl darauf freute. Der liebe Gott lohne es ihm!

In Konstantinopel kam noch der in meiner funchaler Aufschrift schon erzählte distrust in Carls Ehrenwort. Dort erfuhren wir durch eine englische Zeitung, die der Kapitän kaufte, vom Sturz der portugiesischen Regierung, von der Ermordung der Minister, die jetzt durch ihre Mörder ersetzt wurden. In Gibraltar sagte mir der Kapitän, daß Carl der portugiesischen Regierung ganz übergeben werden sollte und er eine formelle und komplette Abgabe seiner Person zu machen habe. Da sagte ich ihm: »Was, solchen Mördern übergibt man, liefert man die Person Seiner Majestät aus!!!«[1] Kapitän Maitland-Kirwan sagte, das glaube er nicht, es wird wohl dazwischen eine ordentliche Partei an das Ruder gekommen sein; jedenfalls würde er gleich nachfragen. Abends sagte er mir sehr verlegen, er habe gefragt, es sei noch immer die gleiche Regierung und Carl würde dieser übergeben; er fügte hinzu, man habe ihm aber gesagt, daß die portugiesischen Regierungen nie länger als wenige Wochen dauern. (Die genaue Ziffer der Wochen dürfte in meinem Tagebuch zu finden sein.) So sorglos also!

Die ganze Zeit hatten Franzosen und Engländer damit verbracht, sich zu raufen, wohin sie Carl bringen sollten. Die Engländer waren für Ascension, die Franzosen für Madeira. Die Insel Ascension ist für Europäer absolut tödlich. Unser Kapitän behauptete sogar, es käme alle sechs Monate ein neuer Gouverneur daran, mit Ausnahme vom letzten, der gichtgebeugt hinkam und nach anderthalb Jahren wohler war. Mit seinen 250 Einwohnern, Erdhütten und keinem bewohnbaren Haus – nur der Gouverneur soll ein ganz kleines Haus haben – das sollte der passende Aufenthalt für den Kaiser sein. Das sagte der brave Kapitän sehr erleichtert, als er erfuhr, daß dies nicht das Ziel sei, wie er es nach den Nachrichten befürchtet hatte.

In Funchal angekommen, wurde faktisch die Übergabe so gemacht, daß es dem Bürgermeister, als Stellvertreter des Gouverneurs, möglich war, dem Kapitän Maitland-Kirwan in schroffer Weise abzuschlagen, Carl und mich bis an das Land und bis in unsere Wohnung zu begleiten, wie dieser es gewünscht hatte. Er sagte ihm, wie mir der Kapitän er-

[1] Die Kaiserin bezieht sich auf die Ermordung des Königs Dom Carlos und des Thronfolgers durch Anarchisten am 1. Februar 1908 sowie die ständigen, blutigen Wirren nach der Ermordung des Staatspräsidenten Sidonio Paes, die sich Jahre hinzogen.

zählte, daß er uns jetzt übernommen habe, es also die Engländer nichts mehr angehe, wie wir ans Land kämen und wie wir untergebracht seien. Dies hatte der Kapitän vorgehabt, damit falls wir – wie es in einem Zeitungsartikel stand, den er in Gibraltar gelesen hatte – in einem ganz zerfallenen Haus untergebracht würden, er noch gewisse Schritte zu unseren Gunsten unternehmen könne. Noch eines ist interessant: der damalige Stellvertreter des Gouverneurs war der Chef der Freimaurerloge in Funchal. Er war aber sehr freundlich für uns, außerdem war er ein Freund, Jugend- und Schulkamerad des Kanonikus Homem de Gouveia, unseres besonderen Gönners.
Einige Stunden bevor wir in Funchal einfuhren, fing der »Cardiff« die Radionachricht der Agence Reuter auf, wonach Carl eine Apanage von ... Pfund ausgesetzt werde. Dies war augenscheinlich ein Manöver, um der Welt zu sagen: Ihr braucht Euch nicht zu kümmern, wir sorgen für ihn, er ist materiell sichergestellt. Denn kurze Zeit nach unserer Ankunft dort hatte schon der englische Konsul eine Message für Carl: wenn Carl abdiziert, so werden ihm seine weggenommenen Güter alle zurückerstattet und auch von England würde er materiell versorgt; wenn er nicht abdiziert, wird garantiert nie etwas zurückerstattet werden, würde von England keine Apanage zugelassen und auch eventuelle sonstige Zuwendungen unterbunden werden. Carl antwortete dem Konsul, er möge melden, daß seine Krone nicht käuflich sei! Wie fast alle diese Zumutungen Carl gegenüber, wurde dies durch die Engländer nur mündlich vorgebracht. Es folgte darauf die Verschleppung der »Apanagefrage«, so genannt; eigentlich war es nur die obligate Versorgung des Gefangenen durch jene, die ihn gefangenhielten. Carl gab noch aus der Villa Victoria gleich Anweisungen an Dr. Seeholzer und Schager, in der Anfrage wegen des Vermögensstandes an letzteren und an Grafen Hunyady. (Ein Brief an Schager in dieser Angelegenheit vom Monte aus, ein anderer aus der Villa Victoria.) Dieses Mittel Englands hatte nun fehlgeschlagen.

***

Anmerkung des Herausgebers: Weder Kaiser Karl noch die Kaiserin konnten ahnen, daß Herr Steiner und Genossen inzwischen auch die allerletzten Reserven gestohlen hatten, also der Versuch, durch die Schweiz-Reise der Kaiserin auch eine Überbrückung für die drängende Not auf Madeira zu finden, von vornherein zum Scheitern verurteilt war.

Mr. T.B. Hohler, Budapest, an den Marquess of Curzon, London, in London eingelangt am 8. November 1921, 17 Uhr 30

Budapest, 7. November 1921

Wir haben Ungarn völlig auseinandergenommen und entwaffnet, und das, was übrigblieb, liegt hilflos zu Füßen feindlicher Nationen, die es umgeben.

Das Ganze scheint mir die Frage aufzuwerfen, ob

1) es überhaupt wünschenswert erscheint, daß die ungarische Nation als solche besteht, und ob
2) sollte das der Fall sein – die Großenmächte imstande sind, ein Land zu beschützen, das sich ihnen völlig auslieferte.

Ich möchte nur noch sagen, daß ich vergangene Nacht eine Unterredung mit dem Statthalter hatte, der meinte, unter irgendeinem ähnlichen Vorwand könnte man in Ungarn einmarschieren und eine bolschewistische oder halbbolschewistische Regierung einpflanzen. Er lenkte unser Augenmerk darauf, daß Leute wie Linder, Graf Károlyi, Diener Dines, Garami und andere in Prag oder Belgrad versammelt würden.

Es kommt mir sehr wahrscheinlich vor, daß irgend so ein Schritt in den wirklichen Absichten der Kleinen Entente liegt, und das Ganze kann nur mehr heimtückisch genannt werden, führt es doch zur Auflösung Ungarns, und zwar ebenso wirksam wie ein militärischer Einmarsch.

P.S. des Herausgebers: 1945, mit dem katastrophalen Ende des Horthyregimes, war es in doppelter Hinsicht soweit: während in Jugoslawien die kommunistischen Partisanen an die Macht kamen, leitete Beneš in der Tschechoslowakei die Austreibung der deutschsprachigen Bevölkerung ein und bereitete die Machtübernahme durch die Kommunisten vor, während in dem nominell immer noch bestehenden Königreich Ungarn die Sowjets das Sagen hatten und ihr kommunistisches Terrorregime etablierten ...

Der Marquess of Curzon, London, an Sir L. Carnegie, Lissabon Telegrafisch

London, Foreign Office, 8. November 1921, 18 Uhr

Wir sind sehr dankbar wegen der raschen Entscheidung der portugiesischen Regierung, die Vorkehrungen treffen will, um den Ex-Kaiser und seine Frau mit zwei Dienern direkt nach Funchal zu lassen. Graf und Gräfin Hunyady begleiten sie. Wahrscheinlich wird ein Wohnort bereitstehen, wenn sie nach Funchal kommen, das Telegramm mit ihrer Ankunftszeit wird rechtzeitig eintreffen, aber wahrscheinlich erst in einer Woche oder in zehn Tagen.

Lord Curzon, London, an Sir L. Carnegie, Lissabon (No. 506)

London, Foreign Office, 14. November 1921

Die Admiralität teilt mit, daß es für den Kreuzer »Cardiff« unmöglich sei, vor Funchal zu ankern, und die »Cardiff« wird nicht aus Gibraltar befohlen, wo sie für morgen erwartet wird, bis feststeht, daß eine Unterbringung sichergestellt ist. Jede Abwesenheit der »Cardiff« von ihrem Heimathafen ist äußerst ungelegen und wir hoffen deshalb sehr, daß die Portugiesen eine Unterkunft ausfindig gemacht haben.

Am 15. November antwortete darauf Lord Carnegie (Telegramm No. 122):

Der Außenminister teilt mir mit, daß der Zivilgouverneur von Funchal angewiesen wurde, für den Ex-Kaiser und seine Familie einen Wohnort zu finden, und wenn er einen solchen bis 17. November nicht ausfindig machen sollte, so wird er provisorisch Zimmer in einem Hotel anmieten.

Mr. Tufton an den portugiesischen Gesandten Sr. Teixeira Gomes

London, Foreign Office, 14. November 1921

Lieber Herr Gomes,
die italienische Regierung ist an uns herangetreten, um uns zu sagen, wie wünschenswert es wäre, so gut wie nur immer möglich zu verhindern, daß der Ex-Kaiser Karl während seines Aufenthaltes in Madeira ein Mittelpunkt von Habsburg-Intrigen werden könnte. Die italienische Regierung hat in diesem Sinne vorgeschlagen, daß Maßnahmen ergriffen werden, um jeden Zugang seiner Freunde und politischen Mitarbeiter zum Ex-Kaiser von vorneherein zu unterbinden.
Während es wohl schwierig sein dürfte, die Zahl der persönlichen Suite

und des Personals des Ex-Kaisers zu beschränken ... bin ich nicht sicher, in welchem Ausmaß die portugiesischen Behörden in der Lage sein werden, die Aktivitäten des Ex-Kaisers so zu beschränken, wie es die italienische Regierung wünscht.
In der Tat wäre es wünschenswert, solche Schritte zu unternehmen, um zu verhindern, daß Madeira zum Rendezvousplatz für Habsburg-Sympathisanten werden zu lassen und zur Brutstätte (»hot bed«) von Habsburg-Intrigen. Wir würden uns freuen, wollten Sie Ihren Einfluß bei der portugiesischen Regierung dahingehend geltend machen, und uns auch mitteilen, welche Schritte deswegen unternommen wurden.

Sir. G. Buchanan, Rom, an den Marquess of Curzon in London (No. 526), eingelangt in London am 16. November 1921, 8 Uhr 30

Rom, 15. November 1921, 22 Uhr 40

Der Außenminister bestätigt, daß er an die Nachfolgestaaten (wegen einer Versorgung für Kaiser Karl) herangetreten ist. Während die rumänische Regierung bereit ist, etwas dazu beizusteuern, so wie sie es schon vor dem Heimkehrversuch Karls tat, hat die ungarische so wie die serbische und tschechoslowakische Regierung es abgelehnt, gleiches zu tun.
Der italienische Außenminister schlug deshalb vor, auf diese Regierungen Druck auszuüben, um sie zu einer Änderung ihrer Haltung zu bewegen.
Ich wies darauf hin, daß das Zeit koste, und fragte, ob Italien bereit sei, für Karls unmittelbare Bedürfnisse etwas vorzuschießen. Der Außenminister leugnete, daß Italien irgendeine Verantwortung hinsichtlich der Beiträge der Nachfolgestaaten übernommen habe, und sagte, er habe bloß versprochen, in dieser Angelegenheit initiativ zu werden.
Er stimmte nichtsdestoweniger mit mir überein, daß dringend Schritte unternommen werden sollte, um die notwendigen Mittel aufzutreiben und in diesem Sinne an den italienischen Botschafter in Paris zu telegraphieren, damit dieser bei der Botschafterkonferenz wegen eines zeitweiligen Kostenbeitrags vorstellig werden könne. Karl hat zwei Liegenschaften in Italien: eine Villa d'Este in Tivoli, die sich gerade selbst trägt, also ihr Einkommen für die Erhaltung verbraucht, und eine andere Villa bei Padua, etwa 30.000 Pfund wert, die ein schönes Einkommen abwirft.

Der Marquess of Curzon, London, an Sir A. Young in Belgrad (No. 530)

London, Foreign Office, 19. November 1921, 14 Uhr 50

Ex-Kaiser Karl steht unmittelbar vor seiner Ankunft in Funchal/Madeira und schon aus diesem Grund ist die Frage der finanziellen Versorgung dringlich, da wir doch auch die portugiesische Regierung dahingehend informiert haben, daß sie für keinerlei Kosten aufkommen muß.

Die Botschafterkonferenz hat doch beschlossen, daß diese Mittel von den Nachfolgestaaten aufgebracht werden müssen, und der Außenminister Italiens unternahm auch Schritte in dieser Richtung. Sie sollten sich in separaten Unterredungen mit ihren italienischen, französischen und japanischen Kollegen übereinstimmen und bei der jugoslawischen Regierung vorstellig werden. Der Sinn wäre folgender: Es ist sowohl unmöglich, die portugiesische Regierung aufzufordern, den Unterhalt des Ex- Kaisers und seiner Familie zu bestreiten, als auch letzteren völlig ohne Mittel dastehen zu lassen.

Die portugiesische Regierung würde es zweifellos ablehnen, die Verantwortung für den Unterhalt des Ex-Kaisers zu übernehmen, wenn sie nicht sicher ist, daß es dafür einen Fonds gibt, und Geldmangel würde den Ex-Kaiser nur neuerlich anspornen, für frische Abenteuer in See zu stechen.

Es wäre außerdem kaum mit der Würde der Nachfolgestaaten vereinbar, eine vernünftige Beitragsleistung zum Unterhalt des Ex-Kaisers nicht aufbringen zu können. Die jährliche Summe, die als notwendig betrachtet wird, um ihn und seine zahlreiche Familie erhalten zu können, beträgt 500.000 Goldfranken. Das kann man später einmal ändern. Jeder der Nachfolgestaaten hätte demnach 100.000 Goldfranken zu zahlen. Ex-Feindstaaten werden nicht aufgefordert werden zu zahlen. Benützen Sie diese Argumente, wenn Sie mit Ihren Kollegen sprechen ... um des guten Namens der Nachfolgestaaten wegen ... (»for the good name of the Successor States«).

Mr. Lindley, Wien, an den Marquess of Curzon in London, in London eingelangt am 28. November

Wien, 24. November 1921

My Lord,

ich habe die Ehre zu berichten, daß der Fehlschlag von Ex-Kaiser Karl, sich in Ungarn wieder zu etablieren, nicht ohne Wirkung auf die Christlich-Soziale Partei blieb, die zur Zeit die stärkste Partei des Landes ist.

Diese Partei umfaßt, wie ich schon berichtet habe, Menschen der unterschiedlichsten politischen Meinungen, und eine der Ursachen für die Verhinderung einer Festigung dieser Partei war die Gegenwart einer einflußreichen, monarchistischen Strömung, eines Pro-Habsburg-Flügels unter ihren Führern. Wie ich nun von einem Freund aus dem inneren Kreis dieser Partei erfahre, haben sich nun diese Leute resignierend in die Unvermeidlichkeit der Republik gefügt und in der Folge wird diese Partei viel stärker werden.

Das Verschwinden dieses monarchistischen Flügels (bei den Christlich-Sozialen) bedeutet das Verschwinden der letzten, ernstzunehmenden Opposition gegen den »Anschluß«.

Von nun an muß erkannt werden, daß es hier keine Partei gibt, ja nicht einmal eine Fraktion innerhalb einer österreichischen Partei, die nicht für den Anschluß ist ...

Ich habe in meinen früheren Berichten schon ausführlich über die großen wirtschaftlichen und politischen Vorteile geschrieben, die Deutschland durch den Erwerb Österreichs, besonders von Wien, hätte ... Vorhersagen sind immer gefährlich, aber es scheint mir, auf lange Sicht, daß die öffentliche Meinung in Großbritannien nur höchst unwahrscheinlich einer Vereinigung Österreichs mit Deutschland so feindlich gesinnt sein würde als daß sie wirklich und aktiv dagegen auftreten würde. Es ist daher wahrscheinlich, daß, sobald die französische Opposition (gegen den Anschluß) ihre Wirksamkeit verloren hat, diese Vereinigung (zwischen Deutschland und Österreich) auch kommen wird, und es wird für Großbritanniens Interessen äußerst wichtig sein, innerhalb des Deutschen Reiches (within the German Empire) ein freundlich gesinntes Element zu haben ...

Sir G. Clerk (Prag) an den Marquess of Curzon in London (No. 540)
In London eingelangt am 28. November 1921

Prag, 24 November 1921

My Lord,

... und als ich die Bitte um einen Beitrag zum Unterhalt des Ex-Kaisers an Dr. Beneš herantrug ... wies ich auch auf einige besondere Gesichts-

punkte hin, die, so scheint es mir, auf die Tschechoslowakei mehr zutreffen als auf irgendeinen anderen Nachfolgestaat, Überlegungen, die eine Zurückweisung der Bitte um einen Beitrag zum Unterhalt besonders ungnädig (particularly ungracious) erscheinen ließe.
Besonders wies ich auf die Tatsache hin, daß gerade die Tschechoslowakei von allen Nachfolgestaaten bei weitem den größten materiellen Profit aus der Konfiskation gezogen habe, und zwar nicht nur aus der Enteignung österreichischer Staatsdomänen, sondern auch aus der Konfiskation der persönlichen Güter der Habsburger.
Die Summe, um deren Beistellung die Tschechoslowakei nun ersucht werde, ist geringer als der Ertrag auch nur eines einzigen der habsburgischen Güter, die jetzt konfisziert worden sind, und eine Ablehnung einer Beitragszahlung käme einer ganz besonderen Mißachtung gleich ...
Ich ersuchte (I begged) Dr. Beneš, doch die Lage zu überdenken, die entstünde, wenn die Nachfolgestaaten einmütig eine Beitragszahlung ablehnten ... Doch das allgemeine Argument, das mir entgegengehalten wurde, besagte, daß es weder eine juristische noch eine politische Grundlage für eine solche Zahlung an den Ex-Kaiser und seine Familie gebe ... und die Frage der Erhaltung des Ex-Kaisers sei unglücklicherweise eine Frage des Prestiges und der Behauptung der Unabhängigkeit (der Tschechoslowakei) geworden ...

***

Funchal, den 28. Dezember 1921

Seit 19. November habe ich kein Tagebuch geführt und nun muß ich in Kürze diesen ganzen Monat einbringen.
Am 19. vormittags war der Kapitän Maitland-Kirwan nach Funchal gefahren und hatte dort die Übergabe bewerkstelligt. Sei es nach seinen Instruktionen, sei es durch Versehen, übergab er uns beide statt Carl allein. Dann kamen der Bürgermeister, der gleichzeitig Polizeipräsident ist und der englische Konsul an Bord und wurden uns vorgestellt. Es wurde beschlossen, daß wir wegen dem hohen Wellengang erst um 3 Uhr ausgeschifft würden. Die Begleitung des Kapitäns oder des englischen Konsuls wurde von portugiesischer Seite abgelehnt mit dem Bemerken, dies ginge nun die Engländer gar nichts mehr an. Es hatten sich trotz der absichtlich falsch angesagten Stunde (von seiten der Be-

hörde) ziemlich viel Publikum angesammelt, das im strömenden Regen dastand und sehr freundlich grüßte. Als erstes beim Debarkieren wurden wir durch ein »Willkommen« vom Conego (Kanonikus) Homem de Gouveia empfangen, Leute, die man nicht auf Madeira vermutet hätte. Die Hunyadys und wir setzten uns in ein Auto, das der Sohn des Hotelbesitzers Vièira de Castro lenkte, und neben ihm nahm der Bürgermeister Platz und wir sausten in einem erschrecklichen Tempo die schrecklich glatten Straßen hinauf zur hübschen und sauberen Villa Victoria. Dort erfuhr ich, daß hier Freunde und Verwandte von João d'Almeida seien, und Madeira kam uns mit einem Male weniger weit vor. Wir bekamen auch bald Briefe von João durch seine Schwägerin, wohin er für sichere Briefbeförderung bis zur portugiesischen Grenze garantieren kann. Es wurde uns hier für den Sommer eine hübsche Villa am Monte vom Besitzer angetragen, kurzum alle waren so freundlich als nur möglich. Der arme Cardiff jedoch mußte sofort die Rückreise antreten, da der Sturm immer stärker wurde und er sonst hätte ans Land getrieben werden können. Wir hatten uns schon vormittags von den Offizieren in der Messe unten verabschiedet, wobei sie uns Champagner servierten und den Wunsch ausdrückten, uns bald abholen zu dürfen, um uns wieder nach Hause zurückzubringen. Beim Verlassen des Schiffes waren sie auch alle da aufgestellt und der gute Kapitän war sehr ergriffen. Als wir nun am 20., Sonntag, in die 10-Uhr-Messe gingen, waren eine Menge Leute da, grüßten alle aufs freundlichste, wer konnte, erhaschte eine Hand und küßte sie, der Zelebrant stand vor dem Tor mit dem Aspergil, Betstühle mit rotseidenem Überwurf im (Chor) und so blieb es jedes Mal; man möchte sich »in unserer allzeit getreuen Stadt von ??« in Österreich zur alten Zeit wähnen. So war es auch am 1. Dezember, Nationalfeiertag, Befreiung vom spanischen Joch – natürlich damals ein Habsburger, aber wir sind nicht so heikel, in der Schweiz war Hertenstein für den Rütlischwur beleuchtet, allerdings auf Kosten des Herrn Berger. – Die Gymnasiasten hatten uns unter Führung eines Professors ersucht, zu ihrem feierlichen Te Deum zu kommen; für uns war eine prunkvolle Echafaudage errichtet, auf der wir thronten, der Gouverneur und die Regierungsvertreter hatten ganz bescheidene prie-Dieu auf der unnoblen Seite; wir stiegen dann über die zu Boden geworfenen Mäntel, während sich niemand um den Gouverneur kümmerte, der vor lauter Menschenmassen nicht mehr durchkommen konnte. So war und ist die Bevölkerung hier.

Gleich die ersten paar Tage hier erfuhren wir, daß von der Regierung der Befehl gegeben war: in allem sehr entgegenkommend zu sein, Carl den Aufenthalt nicht zu erschweren, sondern ihm das Exil zu erleichtern und streng vertraulich für die Behörde eine diskrete Überwachung Carls, damit er die Insel nicht verlasse.
Ich bat gleich die ersten Tage um einen portugiesischen Paß, da ich nächste Woche nach der Schweiz fahren wolle und die Engländer mir am Cardiff gesagt hatten, dies wäre auf diese Art sehr einfach. Dies war alles wahr und ich sagte es möglichst selbstverständlich, damit es den Portugiesen nicht einfalle, Schwierigkeiten zu machen. Sie ließen mir darauf antworten, daß sie es gleich geben würden, aber nachdem bei der Übergabe ich auch genannt war, entgegen ihren Instruktionen, wo nur Carl genannt ist, sie mich bäten, die Ermächtigung dazu zuerst durch den englischen Konsul in London einzuholen, da sie sich sonst vor diplomatischen Komplikationen mit England fürchten. Graf Hunyady ging noch am selben Tag zu ihm und sagte ihm wörtlich auf englisch, was in der ungarischen Kopie beiliegt (Anhang). Der Konsul meint, es dürfte ein Weilchen dauern, da dies vor die Botschafterkonferenz müsse, was wir damals nicht glaubten, was aber scheinbar doch so war, da nach einem Weilchen wir in der Zeitung lasen, daß mich die Botschafterkonferenz ganz frei gebe. Nach einigen Tagen jedoch hatte ich erfahren, daß ich doch einen Paß bekomme, nur bitte der Gouverneur *sehr* um Verzeihung, aber er müsse zwei kleine Photos von mir haben und einige Daten, der Name könne offiziell oder incognito sein, ganz wie ich wolle. Ich ließ mich also photographieren und am 9. Dezember bekam ich meinen fertigen Paß. Inzwischen hatte ich zu meinem schmerzlichen Erstaunen von der Gräfin Kerssenbrock erfahren, daß auf ihre diskreten Anfragen in der Schweiz eine glatte Ablehnung erfolgt sei. Ich kenne aber die Verantwortungsscheu der Schweizer Regierung und so telegraphierte ich, daß die Bitte offiziell zu wiederholen sei, und bat inzwischen alle Heiligen um ihre Hilfe. Alle Gutgesinnten rieten ab, aber Gräfin Kerssenbrock reichte die offizielle Bitte ein mit befürwortendem Gesuch des Arztes Professor Feer, und ich bekam ein Telegramm vom 29. November:
»Décision en quelques jours. Probablement négative.« Vom 7. Dezember folgte dann das Telegramm: »Permission. Conditions demain.« Worauf die Hunyadys sofort am 9. mit meinem eben erhaltenen Paß zum Senhor Cunha gingen, der gleichzeitig spanischer, französischer

und Schweizer Konsul ist, um gleich alle nötigen Visas daraufzubekommen. Cunha war ablehnend hinter seinem Weincomptoir, sprach vom »Ex-Roi«, sagte, er habe zwar Instruktionen, aber keine, die diese Reise betreffen, könne also gar nichts tun. Graf Hunyady bat ihn, er möge sie baldigst einholen, da wir am 12. fahren wollen, also in 3 Tagen. Am gleichen Tag bekam ich noch folgendes Telegramm vom 8.: »Après fixation date opération Conseil Fédéral établira conditions entrée. Pour éviter opération temps Noël je propose commencement janvier. Bon bâteau reparant 17 Lisbonne éventuellement avec deux ainés. Bâteau autres enfants mi-février.« Da war mit dem 12. nichts mehr zu wollen, da es ja ewig dauern kann, bis ich die Einreiseerlaubnis bekomme, und wer mich einstweilen so lange in seinem Lande duldet, ist ja auch zweifelhaft. Außerdem schien sich die Erlaubnis nur auf 3–7 Tage zu belaufen. Ich entschloß mich also, mit dem Schiff vom 26. zu fahren und die Hunyadys ebenfalls, und ich antwortete: »D'accord fixer date opération 3 janvier. Priez Conseil Fédéral avertir consul Funchal pour visa.« Am 12. kam ein Telegramm: »Permission séjour 15 jours. Opérateur demande à cause vacances sie possible fixer date à partir 10.« Herr Cunha wurde nun auch plötzlich freundlich, sprach vom »Empereur« und daß er jeder Zeit zur Verfügung stehe. Die Visa würde ich in Lissabon bekommen, da er die Stempel für die Schweiz nicht habe und die Durchfahrtsvisa nur an dem Bestimmungslandesvisum angebracht werden dürfen, aber es wäre bereits zugesichert. Das Schiff vom 12. war schon verpaßt, und so antwortete ich, daß die Operation am 10. stattfinden soll, ich käme am 5. Worauf am 21. dies Telegramm einlangte: »Visa refusé Hye. Prière indiquer immédiatement date, ligne, entourage voyage Madame.«
Ich antwortete: »Départ de Paris 4. au soir pour Zürich, sans itinéraire impossible fixer train et route. Envoyez Paris Gabrielle Sépibus date indiquée dans ma lettre ... Hunyady.« In meinem Brief hatte ich für Marie Gabrielle den 30. für Paris fixiert. (Anmerkung von Erzherzogin Elisabeth: Marie Gabrielle de Sépibus war eine sehr befreundete Französisch-Schweizerin, die half, wo immer sie nur konnte. Sie war schon zeitweise im Hause meiner Großeltern Bourbon-Parmas gewesen, damals wohnte sie aber bereits wieder in der Schweiz. Sie erwies sich immer als besonders verläßlicher Mensch!) Ich fürchtete aber, daß, wenn meine fünf Tage Aufenthalt in Paris zu offensichtlich zutage träten, sie von vorneherein nicht erlaubt würden. Auch für die Rückfahrt brauche

ich sie, da die Operation am 20. stattfindet, ich also das Schiff vom 17. nicht mehr erreiche und das vom 31. nehmen muß. Am 23. kam das Telegramm: »Permis d'entrée qu'à partir 7. Essayer faire inscrire deux ainés transport mère.«
(Das Tagebuch der Kaiserin wechselt hier offenbar bedingt durch die fremdsprachige Umgebung und die Notwendigkeit der Berichte über die Telegramme unversehens ins Französische über – eine Sprache, die die Kaiserin – so wie ihre deutsche Muttersprache ebenso beherrscht wie das Italienische und das Englische, wuchs sie doch schon seit ihrer frühesten Kindheit in einer vielsprachigen Umgebung auf. Der folgende Bericht ist aus dem Französischen übersetzt.)
Am Morgen des 24. Dezember überbrachte uns der Domherr Homem die Neuigkeit, daß ihn der Gouverneur gestern gegen 11 Uhr abends angerufen habe, um ihm zu sagen, er habe den Befehl empfangen, daß ich die Insel nicht verlassen dürfe. Er habe schon am Dienstag ein Telegramm aus dem Ministerium erhalten, indem ihm mitgeteilt worden sei, mein Versuch die Insel zu verlassen sei leider undurchführbar. Der Gouverneur, durch den Ausdruck »Versuch« recht verärgert, antwortete, er verstehe nicht, was das bedeuten solle, nachdem er doch wisse, daß ich nicht nur alle meine Papiere in Ordnung hätte, sondern sogar in Besitz eines portugiesischen Passes sei. Das Telegramm hat er gerade als Antwort erhalten.

***

Der Marquess of Curzon, in London, an Lord Hardinge, Paris (No. 595)

London, Foreign Office, 29. Dezember 1921

... Zwei Vorschläge verdienen Beachtung. Erstens könnte ein alliierter Offizier, mit Zustimmung der portugiesischen Regierung, der Person des Ex-Kaisers beigegeben werden; er wäre damit beauftragt, über alle verdächtigen Umstände zu berichten. Zweitens sollte die Botschafterkonferenz eine dahingehende Resolution fassen, daß jeder Versuch des Ex-Kaisers, Madeira zu verlassen, die alliierten Regierungen automatisch verpflichten würde, ihn zu einer endgültigen Gefangenschaft (imprisonment) auf eine ihrer entlegenen Inseln zu verlegen. Diese Resolution sollte dem Ex-Kaiser zur Kenntnis gebracht und in der europäischen Presse veröffentlicht werden.

S. P. Waterlow

Ich war in die Schweiz gefahren und dort, am Krankenbett Roberts, erreichte mich die Note der Botschafterkonferenz (dieses muß in meinen Papieren sein, außerdem ist sie im Jänner 1922 durch eine »Indiskretion« in dem »Matin« in Paris publiziert worden). Schon diese Note schien mir von einer ebenso großen wie gewollten Borniertheit und von einer zynischen Bosheit. Carl hatte diese Note nicht zugestellt bekommen, sei es, daß sie ihm doch nicht zugeschickt wurde, sei es, daß der gute Gouverneur sie unterschlagen habe. Er erfuhr von der Note erst von mir bei meiner Rückkunft. Dieser Schritt der Botschafterkonferenz wurde jedoch noch weit übertroffen durch das, was Ende Februar oder Anfang März geschah. Um diese Zeit wurde der englische Konsul am Monte angemeldet: er habe eine Mitteilung der Mächte für Carl. Carl empfing ihn im Salon und der Konsul teilte ihm folgendes mit: »Falls S.M. einen Fluchtversuch von der Insel machen sollte, oder falls man darauf käme, daß er eine Flucht vorbereitete, oder wenn die Conférence des Ambassadeurs Grund genug hätte anzunehmen, daß S.M. einen Fluchtversuch plane, so würde S.M. allein in eine ganz ferne Insel abgeführt und dort den strengsten Lebensbedingungen unterworfen werden.« Ganz ruhig fragte ihn Carl: »Was bedeutet ›Grund genug annehmen zu können‹?« Der Konsul hob nur die Schultern mit einem Ausdruck, der bedeutete: das weiß ich nicht und interessiert mich auch gar nicht. Da sagte ihm Carl: »Ich kann es Ihnen aber sagen, was es bedeutet. D.h. daß ihr in irgendeinem euch passenden Moment einen Akt aus der berühmten ›tschechischen Kiste‹ hervorzieht, in dem mir meine Absicht ›nachgewiesen‹ wird. Und wenn dies nicht genügend Glauben findet, wird es eventuell mit so einer Nachricht noch bestätigt: Der Kaiser ist am soundsovielsten zu Fuß nach Funchal spazieren gegangen. In Funchal ist der Hafen, also sind manchmal Schiffe dort, also ist seine Absicht sich einzuschiffen erwiesen. Das, Herr Konsul, bedeutet dieser Satz!« Nochmals hob der Konsul die Schultern, ohne ein Wort zu erwidern, und mit dem nicht mißzuverstehenden Ausdruck: »Was geht mich das an, das ist mir gleichgültig!« Dann ging er.

[Die »tschechische Kiste« war eine nicht existierende »Kiste«, aus der je nach Bedarf erfundene – oder von den Tschechen nach Bedarf gefälschte – Akten gezogen und publiziert wurden. Am 2. Februar 1922 traf Kaiserin Zita wieder in Funchal ein. Sie brachte auch die Kinder mit, ausgenommen Erzherzog Robert.]

Carl kam gleich zu mir, um mir den durch den Konsul mitgeteilten Auftrag der Mächte wiederzugeben, nur traute er sich nicht, mir gleich im ersten Moment zu sagen, daß von ihm allein die Rede sei. Ich frug ihn, wie lange er glaube, daß es zwischen Drohung und Tat dauern würde. Er meinte, das wäre schwer zu sagen, da wir ja so gut wie gar nichts von dem wissen, was in Europa und besonders in unseren Ländern vor sich gehe. Es könne, falls die Mächte irgendwelche besondere Absichten für jetzt hätten, schon der erste Schritt sein; dann würde wohl in wenigen Wochen die Tat folgen. Falls sie diese drohende Haltung nur einnehmen, um später sagen zu können, sie hätten »gewarnt«, dann würden sie wohl auf eine ihnen nicht genehme Konstellation warten, um aufzutreten. In diesem Fall könne es noch ein Weilchen dauern. Ich glaube, sie bedeuten schon, nicht auf Ascension beharrt zu haben, und suchten - und fanden – vor der Welt den besten Ausweg, um es nachzuholen. Carl hatte die Empfindung, daß es wohl sehr bald sein würde. Wir dachten nun gleich, was wir wegen der Kinder tun könnten: Carl schlug vor, in dem Falle meinen Brüdern zu telegraphieren, einer von ihnen möge kommen, sie abholen und Carl würde sie einstweilen unter den Schutz des spanischen Konsulates stellen. Ich meinte noch, wir könnten dann einen Brief an den König von Spanien schreiben mit der Bitte, sich der Kinder anzunehmen, sie aufs Festland zu bringen und für ihre Unterkunft zu sorgen. Das war alles, was wir für sie tun könnten! Dann brachte mir Carl langsam bei, daß es sich bei der Verschleppung nicht um »uns«, sondern um ihn allein handle. Ich war konsterniert; Carl meinte, wir müssen auf Gott vertrauen, das Heiligste Herz Jesu würde schon alles so lenken, daß der göttliche Wille sich erfülle, und damit müßten wir zufrieden und beruhigt sein. Ich hoffte von ganzer Seele, in dem Falle es durchzusetzen, mitgenommen zu werden. Allerdings hatte ich in diesen letzten Monaten Englands Roheit und Rücksichtslosigkeit so kennengelernt, daß ich stark zweifelte, meinen Wunsch durchzusetzen.
Ihr kalter, berechnender Geist zeigte sich in der ersten Zeit unseres Funchaler Aufenthaltes. Wir erfuhren aus sicherer Quelle – und das hat mir Strutt später auch bestätigt –, daß der englische Premierminister gesagt hatte, die Dynastie wäre ihm, weil katholisch, unsympathisch. Wäre aber ihre Rückkehr nicht zu verhindern, so würden sie sich sofort mit ihr gutstellen. Bald nach Carls Tod lud mich der König von Spanien ein, mit den Kindern in sein Land zu kommen. Als dies be-

kannt wurde, protestierten die Mächte bei dem König dagegen. Für die Öffentlichkeit jedoch sagten sie nur sehr klug, ich dürfe weder nach Österreich noch nach Ungarn, weder in die Schweiz noch nach Deutschland. Daraus schlossen die Leute, daß ich sonst überallhin dürfe, dies umso mehr, als die Botschafterkonferenz im Dezember erklärte, ich wäre nicht »Gefangene«, sondern frei und könnte mich in jedes Land begeben, in welchem ich Aufnahme fände. Jetzt kam offiziell diese Einschränkung und nicht öffentlich das Verbot, mit den Kindern die Insel zu verlassen! Der König von Spanien fand aber, daß dies ein Eingriff in seine Rechte sei, und protestierte energisch gegen eine solche Einmischung. Schließlich hatten sich Franzosen, Belgier und Italiener einverstanden erklärt, daß Spanien die Kinder und mich aufnehme. Nur England blieb noch hartnäckig auf seinem Standpunkt. Der König stellte dem König von England endlich ein Ultimatum, in welchem er (so erzählte er mir) sagte, falls er einer gewissen Frist keine günstige Antwort bekomme, er seine Kriegsschiffe nach Madeira schicke, um mich abzuholen. Daraufhin gab England erst nach. Der englische Konsul in Funchal hatte überall schon herum erzählt von der »Frechheit« des Königs von Spanien, uns einzuladen und von dem gründlichen Heimleuchten, welches ihm von der englischen Regierung zuteil wurde (Soweit war er anscheinend ganz richtig orientiert.) Er sagte allen, daß England es unter keinen Umständen zugeben werde.

Zwei Einzelheiten habe ich bei diesen Notizen noch vergessen. Um dieselbe Zeit, als Carl sich weigerte, seine Krone um Güter zu verschachern, und als England drohte, im Falle einer Weigerung keine wie immer geartete materielle Hilfe zu ihm dringen zu lassen, tauchte eine Nachricht in der Presse auf, wonach Carl demnächst von Madeira weggehen würde. Er habe darum bei der englischen Regierung angesucht, eventuell wolle er nach England. Carl ließ sofort dementieren. (Wie dumm das Ganze: Carl hatte als Gefangener keine Wahl seines Aufenthaltsortes und ausgerechnet nach der Verschleppung hätte er doch nie bei den Engländern um Aufnahme gebettelt!!!) Diese Nachrichten tauchten immer wieder auf: ein englischer Edelmann habe uns ein großes Haus oder Schloß auf der Insel Wight angeboten. Natürlich kein Wort wahr. Es waren Versuchsballons, nicht mehr.

***

14. Kapitel

Das Memorandum für Lethbridge

Es handelt sich um einen ebenso merkwürdigen wie wichtigen persönlichen Traktat Kaiser Karls, formal in neun umfangreiche Antworten gegliedert. Es war dem Herausgeber nicht möglich, etwas über die Person des Herrn Lethbridge zu erfahren ... es gibt weder Aufzeichnungen über ihn, noch erinnert sich die Kaiserin an diesen Namen. Vielleicht handelt es sich auch um einen bloß gedachten Gesprächspartner. Die neun Antworten des Kaisers – wir kennen die Fragen nicht, sie scheinen im Archiv der kaiserlichen Familie nicht auf, wurden sehr knapp vor seinem Tode auf der Insel Madeira niedergeschrieben; Karl nimmt bereits auf den Völkerbund, den Vorläufer der Vereinten Nationen (gegründet 16.1.1920), und seine Möglichkeiten und Praxis Bezug und erwähnt schon den »wireless«, also das Radio! ... die erste Rundfunkstation war 1920 in den USA errichtet worden, die erste Rundfunksendung in Deutschland erfolgte erst nach dem Tode Kaiser Karls, im Oktober 1922. Auch diese Erwähnung des »wireless« deutet so wie die Gesamtkonzeption des schriftlichen Interviews (um ein solches handelt es sich offenbar) auf einen amerikanischen Journalisten hin.

Die Antworten Kaiser Karls sprechen absolut für sich, lassen seinen Weitblick – mitunter ist man versucht, seine »seherische Begabung« zu sagen – klar erkennen. Die Analysen werden so zu Vorhersagen, sie sind bis in die Einzelheiten zugetroffen.

Nach der derzeitigen Kenntnis der Archivlage handelt es sich bei diesem »Memorandum für Lethbridge« um die letzte politische Aussage Kaiser und König Karls.

Auf dem Umschlag zum Memorandum befindet sich eine handschriftliche Bemerkung von Kaiserin Zita, ohne Datum, wahrscheinlich aus dem Mai 1967, Tuxedo:

»Bringt kluge Beurteilung der Lage. Punkt 7: schöne, gerechte Ausführung wegen Polen. ›Ad 9‹ ... freudige Begrüßung einer allseitigen Abrüstung. Wir haben das selbst 1917 vorgeschlagen.«

Zum Memorandum für Lethbridge (in der Handschrift des Kaisers)

Es ist sehr schwer, ihm auf alle diese Fragen zu antworten, da erstens jedes Wort so und so gedeutet werden kann und zweitens wir nicht nur die Freundschaft Englands brauchen, sondern im erhöhten Maße jene der größten und stärksten Kontinentalmacht, nämlich Frankreichs. England interessiert sich seit jeher mehr für das Wirtschaftliche und ist Deutschland nicht ganz abhold.

Frankreichs Interessen tendieren mehr in das Politische. Frankreich haßt Preußen ganz anders als England. In diesem Moment ist es die Quadratur des Zirkels, etwas zu schreiben, was keines von beiden Ländern vor den Kopf stößt. Für uns ist Frankreich wichtiger als England, da es uns als Katholiken mentalitätsmäßig nähersteht, unsere Volkscharakter ähnlicher sind und wir eben gemeinsam auf dem Kontinent leben. Das beste für uns wäre zweifellos eine englisch-französische Annäherung in einer für uns günstigen Donaupolitik beider Länder, wodurch auch Italien in Schach gehalten wird. Italien muß ja schon wegen seiner offenen Küste und wegen seines Rohstoffmangels so tanzen, wie England pfeift. Damit aber England und Frankreich auf eine gleiche politische Basis in unserer Frage einer Wiedergesundung Mitteleuropas gebracht werden können, ist es notwendig, daß Frankreich einen Gegenwert zu Deutschland habe, denn England droht Frankreich und der Welt bei jeder Gelegenheit mit einer Sympathie für Deutschland, Frankreich muß dagegen gleichfalls mit etwas drohen können – nämlich mit Österreich. Daß die neugegründeten Nationalstaaten wie die Tschechoslowakei oder Jugoslawien als Gegengewicht gegen Deutschland gleich null sind, weiß jedes Kind. Daher muß Frankreich, allein deswegen, daß es in der auch für uns so wichtigen Allianz mit England bleiben kann, und dabei nicht von England abhängig zu sein, helfen, Österreich wieder aufzurichten.

Zum ersten: Die vielen kleinen Staaten, die in der Folge unseres Zusammenbruchs entstanden, sind politisch wie auch finanziell für Europa schädlich. Sie sind ein Herd ständiger außen- und innenpolitischer

Verwicklungen. Außenpolitisch, weil sie sich erstens untereinander nicht vertragen, zweitens weil sie, wenn man die bisherige Politik fortführt, rettungslos in die Arme eines »Großdeutschland« getrieben werden. Warum sie sich untereinander nicht vertragen, liegt klar auf der Hand. Ungarn wurde zerrissen und unter den Serben, Rumänen und Tschechen verteilt. Daß da keine Freundschaft bestehen kann, ist begreiflich.

Österreich wurde zerstückelt und seine deutschen Teile an die Nachbarn übergeben. Die kleinen »Sieger« warten nur darauf, die kleinen »Besiegten« doch noch ganz auf den Boden zu werfen, die kleinen »Besiegten« warten nur auf Zeichen der Schwäche bei den »Siegern«, um ihnen womöglich etwas von der Beute zu entreißen. Aber selbst die »Sieger« sind untereinander nicht einig – siehe Polen und die Tschechen wegen der Tschechei, die Jugoslawen und Rumänen wegen dem Banat. Man lasse sich nicht täuschen durch von außen diktierte Entrevuen und Freundschaftsbezeugungen: die ganze Donaufrage ist ein eiterndes Geschwür, das nur mühsam überdeckt ist, das aber jeden Tag aufspringen kann. Und hinter diesem Chaos steht als drohendes Gespenst Großpreußen.

Gelingt den Machthabern in Österreich der Anschluß an Deutschland, dann muß Ungarn notgedrungen, da es rings von Feinden umgeben ist, eine Satrapie von Preußen werden. Ist dies einmal perfekt, dann sind die Tschechoslowakei und Jugoslawien ganz eingekreist von Preußen und dessen Vasallen und müssen sich unbedingt und vielleicht auch gar nicht so ungern an Berlin orientieren. Es gibt schon heute in diesen Staaten Stimmen für eine propreußische Politik. Polen wird dann einen sehr schweren Stand haben, ist es doch rings von Feinden umgeben: im Osten droht Rußland, im Westen und Süden Preußen und dessen Vasallen und im Norden das gleichfalls polenfeindliche Litauen. Rumänien wird wieder einmal einen politischen Purzelbaum schlagen und unter Marghiloman oder irgendeinem Nachfolger dieses Politikertypus sich mit Deutschland wieder gutstellen. [Anmerkung des Herausgebers: Alexander Marghiloman (1854 bis 1925) war zu seiner Zeit geradezu ein Inbegriff der politischen Wetterwendigkeit, ein Synonym für Opportunismus und Charakterlosigkeit. Im konservativen Kabinett Carp trat er für eine »bewaffnete rumänische Neutralität« ein. Am 4. August 1916 hatte Rumänien mit der Entente einen Geheimvertrag abgeschlossen, durch den Rumänien im Falle eines Kriegseintrittes die

»von Rumänen bewohnten Gebiete« Österreich-Ungarns zugesichert wurden; am 27. August erklärte Rumänien daraufhin Österreich-Ungarn den Krieg, am 6. Dezember eroberten österreichisch-ungarische Truppen Bukarest, im Dezember 1917 gab es Waffenstillstand. Dann drehte Marghiloman die Politik Rumäniens in Richtung Berlin, nach dem Zusammenbruch der Mittelmächte in Richtung Kleine Entente, hierauf wieder orientierte sich Rumänien an Hitler, zuletzt an Stalin ... »marghilomanisch«, um im Wort Kaiser Karls zu bleiben ...] Italien wird sicher auch freundlich zu Deutschland sein, und da ist der letzte Weg für Jugoslawien, mit den Westmächten über den Seeweg die Verbindung aufrechtzuerhalten, unterbunden. Dann ist Naumanns Mitteleuropa da, der Traum Berlin-Bagdad in nächste Nähe gerückt ... [Anmerkung des Herausgebers: Friedrich Naumann (1860–1919) trat mit seiner »Freisinnigen Vereinigung« und der »Deutschen Demokratischen Partei«, vor allem aber in seinem 1915 erschienenen Buch »Mitteleuropa« für einen ständigen Bund zwischen Österreich-Ungarn und Deutschland mit föderativem Anschluß der süd- und osteuropäischen Staaten ein.] Wofür dann der Weltkrieg mit seinen zahllosen Opfern?

Innenpolitisch tragen alle neuen Staaten den Keim des Verfalles in sich. Die Tschechoslowakei hat sechs Millionen tschechische Einwohner und sieben Millionen nicht-tschechische, die zum größten Teil mit der heutigen Lage unzufrieden sind. In die sieben Millionen Nichttschechen sind auch die Slowaken miteingerechnet, da sie nie und nimmer Tschechen waren, auch nicht tschechisch reden und besonders, seitdem sie die Tschechen genauer kennen, mit ihnen wenig sympathisieren. Einen solchen Staat, noch dazu bei der unglückseligen, ungeographischen Formation desselben, kann ein Windhauch umblasen. Die Gründung dieser Republik ist weder vom ethnographischen noch geographisch-wirtschaftlichen noch vom historischen Standpunkt aus gerechtfertigt. Heute, solange alle Leute noch müde sind, niedergeschlagen vom Weltkrieg sind, kann jeder, der viel Lärm macht, herrschen, aber was, wenn die Völker einmal erwachen!

Die Tschechoslowakei ist ein schlechter Abklatsch des alten Österreich, ohne die Traditionen, die Geschichte und die günstigen wirtschaftlichen Verhältnisse desselben. Es haben im alten Österreich gewiß Fehler bestanden, aber die Freiheit der einzelnen Völker war sicher keine geringere als die heute im Friedensvertrag den Minoritäten garantier-

te. Der Südslawische Staat leidet an der Eigenständigkeit seiner Kroaten und Slowenen, die halt keine Serben sein wollen! Kulturell – vor allem technisch – viel höher stehend als die Serben, trennt die Kroaten auch noch der Unterschied der Religion: die Kroaten und Slowenen sind Katholiken, die Serben hingegen Orthodoxe. Die ersteren gehören zum hochzivilisierten Abendland, die letzteren zur Randzone Balkan. Die Kroaten und Slowenen mitsamt den Mazedoniern, Albanern, Montenegrinern und den Türken warten nur auf den richtigen Moment, um Belgrad im Stich zu lassen. [Anmerkung des Herausgebers: Das serbisch dominierte Königreich Jugoslawien brach unter dem Drucke Hitlers auch, wie von Kaiser Karl exakt analysiert, in diesem Sinne auseinander: das Königreich konnte 1941 Hitler bloß elf Tage lang widerstehen und wurde dann aufgeteilt.]
Österreich hat nichts zu essen, die Zentralregierung ist fast machtlos, von den sogenannten Bundesländern macht jedes, was es will, aber selbst in den einzelnen, noch so kleinen Ländern zeigen sich Selbständlichkeitsbestrebungen der Gaue. Ein Mangel jeglicher Autorität, eine allgemeine Auflösung. Es herrschen eigentlich die Straße und die Arbeiter- und Soldatenräte, und wehe, wenn die Nationalversammlung etwas beschließen würde, was diesen Mächten nicht recht wäre – die Nationalversammlung wäre gewesen. Das Militär ist fast gänzlich sozialistisch und ganz unverläßlich. Für die Aufrechterhaltung der Ordnung ist nur die Wiener Polizei und zum größten Teil die Gendarmerie zu brauchen. Wie lang aber auch dies bei der allgemeinen Demoralisation halten wird, ist eine große Frage. Ich sehe schwarz für die Zukunft, nur die Gutmütigkeit der Bevölkerung hat bisher größere Ausbrüche verhindert. Die ganze Anschlußbewegung hat bei der Mehrheit der Bevölkerung, ausgenommen natürlich die professionellen Hetzer und nationalen Heißsporne, noch keine tiefen Wurzeln geschlagen, nur das große Elend, die wirtschaftliche Unmöglichkeit dieses überall amputierten Staates und der gänzliche Mangel an Ordnung treibt das sonst so konservative Volk auf diese Bahn. Es erwartet sich vom Anschluß vor allem den Anschluß an ein großes Wirtschaftsgebiet und fürchtet die preußische Knute. Diese begreiflichen Wünsche des Volkes nach Wohlstand und Sicherheit können aber auch auf anderem Weg erreicht werden!
In Ungarn herrscht heute eine Militärclique, die sich um Recht und Gesetz nicht kümmert. Solange dort ein Königreich ohne König besteht,

wird nie eine wirkliche Ruhe eintreten. Nur der legitime König kann dort herrschen, denn sonst werden bei dem Temperament der Ungarn Parteien- und Prätendentenkämpfe das ohnehin so arme Land ganz an den Rand des Verderbens bringen. Ein illegitimer König wird sich immer auf jene Partei stützen müssen, die ihn »gewählt« hat, und wenn er ihr nicht mehr zu willen ist, wird sie ihn einfach wegjagen. Ein König wird dem anderen folgen, ein Gegenkönig dem anderen. (Anmerkung des Herausgebers: Dem Bela Kun ein Horthy, dem ein Szálasi, dem ein Rakosi, Nagy, Kadar, ...) Einer wird sich auf Frankreich stützen, ein anderer auf England. Dabei wird jeder auf den Widerstand der legitimistischen Partei stoßen. Ein Chaos sondergleichen. Der legitime König hingegen wird als gekrönter König von allen anerkannt und das Land kann sich ruhig und friedlich entwickeln. Der legitime König steht über den Parteien und wird daher nicht in das kleinliche politische Gezänke hinabgezogen, er kann sich bei seinen Regierungshandlungen nur von der Sorge um das Wohl seines Landes leiten lassen. Die jüngsten Vorfäll in Ungarn sind zum großen Teil Schuld der Entente, die durch ihre namenslosen Drohungen die ohnehin schwache Regierung zur Waffenerhebung gegen ihren König getrieben hat. In Budapest wäre, wenn der König eingezogen wäre, die ganze Bevölkerung hoch erfreut gewesen. Daß die Ungarn heute aber noch auf dem Standpunkt der Legitimität stehen, zeigt die sehr unklare Fassung des auf Ententedruck entstandenen Dethronisierungsgesetzes. Die Einleitung zum Gesetz selbst sagt, daß die Nationalversammlung nicht befugt ist, den König abzusetzen, und beruft sich auf äußeren Druck. In Rumänien, das noch das konsolidierteste Land von allen Nationalstaaten ist, bestehen auch Schwierigkeiten, und zwar nicht nur mit den ziemlich zahlreichen Magyaren, sondern auch mit den »befreiten« eigenen Stammesgenossen in Siebenbürgen. Die siebenbürgischen und bukowinischen Rumänen dünken sich selbstverständlich als etwas Besseres als ihre Mitrumänen aus dem alten rumänischen Königreiche, und da sie auch kulturell wirklich viel höherstehend sind, wollen sie, die neuerworbenen Provinzen, auch tonangebend sein. Dies kränkt natürlich das Mutterland. Weiters ist die rumänische Verwaltung, ganz unparteiisch gesprochen, viel schlechter als die auch nicht gerade großartige, seinerzeitige ungarische Administration. Ein Beispiel: Als ich 1921 auf der Fahrt von Ungarn nach Madeira im Auto von Moldava nach Orsova fuhr, grüßte, obwohl in Moldava die »unverläßlichen Elemente« tags

vorher eingesperrt worden waren, die Bevölkerung, durchwegs ungarische Rumänen, ebenso freundlich wie in normalen Zeiten: und in Orsova weinten die Leute auf der Gasse und ebendort mußte das rumänische Militär Leute zurückdrängen, die zu meinem Zuge wollten, um uns zu grüßen. Und das nach einer mißlungenen Sache.
Es ist eben einer der Kardinalfehler der Friedensschlüsse, daß sie sowohl bei Rumänen sowie bei den Jugoslawen zugegeben haben, daß kulturell niedriger stehende Völker über kulturell höher stehende herrschen. Das kann sich auf die Dauer nicht halten. Ich habe absichtlich das Wort »herrschen« gebraucht, denn heute im sogenannten Zeitalter der Freiheit wird viel geherrscht. Die Tschechen herrschen über die Slowaken und die Deutschen, die Serben über die Kroaten und Slowenen, die Italiener hingegen sowohl über die Deutschen Südtirols als auch die Slowenen und Kroaten des Küstenlandes.
Die finanzielle Lage aller Nationalstaaten ist schlecht, bei manchen sogar katastrophal. Ihre Sanierung ist nur durch ihren vorläufig ökonomischen Wiederzusammenschluß möglich. Die Österreichisch-Ungarische Monarchie war nicht, wie viele behaupten, ausschließlich ein Produkt dynastischer Politik, sie war eben auch eine wirtschaftliche Einheit. Das agrarische Ungarn belieferte das industrielle Österreich. Die Kohlen Böhmens speisten die Fabriken Niederösterreichs. Die Halbfabrikate wurden in einem Teile der Monarchie erzeugt, in einem anderen verarbeitet. Die Banken waren meist in der Zentrale, ihre Industrien in den heutigen Nationalstaaten verteilt. Ein großer, schiffbarer Wasserlauf, die Donau, durchströmte das ganze Reich und das ganze Flußsystem war unter einer Herrschaft. Drei große Schienenstränge verbanden Prag mit Wien, eine direkte Verbindung bestand von Prag nach Triest, die Adria war außerdem durch zwei Hauptbahnen verbunden. Zwischen Budapest und Wien bestanden auf beiden Ufern der Donau erstklassige Bahnen. Von Budapest aus gingen Bahnen strahlenförmig nach allen Teilen Ungarns. Die Kohlenreviere Schlesiens und Mährens waren einerseits mit Ungarn, andererseits mit Österreich verbunden. Mit einem Wort: Handel und Industrie blühten. Das Leben pulsierte. Und heute?
Das agrarische Ungarn hat seine fruchtbarsten Teile, die Bačska und das Banat, verloren, die großungarische fruchtbare Tiefebene ist durch unnatürliche Grenzen zerstückelt und der Friede von Trianon warf zwischen die zwei aufeinander angewiesenen Torsos, Österreich und

Ungarn, den Zankapfel Westungarn. Bei solch schweren politischen Zerwürfnissen, noch dazu unter zwei Leidtragenden des Weltkrieges, leidet natürlich auch alles Wirtschaftliche. Die Kohlen sind von der dazugehörigen Industrie, die Erzeugung der Halbfabrikate von dem Orte ihrer Fertigstellung, die Banken und Unternehmer von ihren Industrien durch Zollschranken getrennt. Die Donau, soweit sie auf dem Gebiet der Monarchie fließt, gehört heute zu fünf Staaten, ihr ganzes Flußsystem ist zerrissen. Alle Hauptbahnen sind heute für die einzelnen Staaten meist nur Nebenlinien. Zwei Beispiele: Früher gingen zwischen Wien und Prag auf drei Linien zirka zehn Schnellzüge täglich: heute geht kein direkter Zug Prag – Wien; warum sollen auch die Österreicher einen großen Wert legen auf eine Strecke Wien–Grußbach oder Wien–Gmünd und die Tschechen auf die Strecke Prag–österreichische Grenze? Dabei bestehen Paßschikanen und Zollschwierigkeiten bei allen diesen Grenzen der Nationalstaaten. Wenn man von Wien nach Toblach reist, früher eine Nachtfahrt, muß man heute von Österreich nach Jugoslawien, von Jugoslawien wieder nach Österreich, um endlich in Italien zu landen. Dies alles durch fast rein deutsche Gegenden. Drei Visa für eine Nachtfahrt, jeder weiß, was das für Schikanen und Laufereien bedeutet. Die siegreichen Nationalstaaten wollen und können keinen freien, ehrlichen Verkehr gebrauchen, da auf beiden Seiten der Grenze Bevölkerung derselben Zunge wohnt und sie fürchtet, daß die Irredenta durch die gegenseitige Berührung noch größer wird. Triest, der mit großem Aufwand erbaute Hafen Österreichs, ist heute ein Fischerdorf mit zwei großen, extra dafür erbauten Bahnen. Eine dieser Bahnen haben die Italiener lange Zeit überhaupt nicht benützt. Der Bahnhof Triest-St. Andrä war einfach gesperrt. Und dabei lechzen die anderen Nationalstaaten nach dem Zugang zum Meer. Dies sind nur einige Beispiele, entnommen aus dem großen wirtschaftlichen Chaos, das durch die Zerstückelung der Monarchie entstanden ist. Und hinter all dem Elend lauert grinsend die rote Fratze des halb- oder echten Bolschewismus.

Es ist ein Unrecht in der heutigen Zeit der Automobile, der Telegraphen und Telephone, überhaupt des modernen Fortschritts, der dringend große einheitliche Wirtschaftsgebiete erheischt, zur Befriedigung der Eitelkeit einiger Menschen, ein durch Jahrhunderte bestandenes Wirtschaftsgebiet durch eine Reihe kleiner, lebensunfähiger Staaten zu ersetzen.

Zum zweiten: Bayern wird sich nicht vom Reiche trennen, da es nicht kann. Es bekommt sonst keine Kohle. Die bayerischen verständigen Führer wissen das ganz genau, solange aber das heutige »Reich« mit der Weimarer Verfassung besteht, ist eine monarchische Restauration in Bayern ausgeschlossen. König Rupprecht kann doch nicht unter der Oberherrschaft der Präsidenten Ebert stehen. In Österreich besteht keine allgemeine Sympathie für Bayern, nur gewisse Kreise in Salzburg und Tirol sind für diese Lösung, der Großteil strebt zum »Reich« als Bundesstaat. Auch in Bayern ist die Begeisterung für einen Anschluß Österreichs nicht allgemein, man geht von dem logischen Standpunkt aus, daß Bayerns Stärke im Reich heute vielfach von seiner, im Verhältnis zu den übrigen Teilen des Reiches günstigeren Ernährungslage abhängt. Kommt nun das ausgehungerte, agrarisch passive Tirol und das nicht viel günstigere Salzburg dazu, muß Bayern sie ernähren und der dem Reich gegenüber bestehende Vorteil geht verloren. Das nicht sehr schöne Prinzip lautet: »Ein Bettler muß Konzessionen machen, vor dem Reichen beugt man sich.« Ein einziger Moment könnte eintreten, wenn im Norden des Reiches der Bolschewismus ausbrechen würde. Aber auch die Zeit dieser momentanen Trennung würde nur ausgenützt werden, um alle ordnungsliebenden Elemente ganz Deutschlands zu sammeln und gegen Norden zu führen, um die Bolschewiken zu stürzen. Daß sich in diesem, allerdings nicht sehr sehr wahrscheinlichen Falle dann Bayern nach der Wiedervereinigung große Sonderrechte ausbedingen wird, ist ziemlich sicher.

Zum dritten: In ganz Deutschland ist meiner Ansicht nach die kaiserliche Restauration noch in weite Ferne gerückt, und zwar der Frage wegen, wer Kaiser wird. Die Hohenzollern werden nicht mehr die Kaiserkrone tragen, hört man ziemlich allgemein. Daß König Rupprecht deutscher Kaiser wird, halte ich bei der heutigen Lage Deutschlands für ausgeschlossen, das noch immer starke, protestantische Preußen wird heute keinen katholischen Kaiser vertragen.

Zum vierten: Anglo-französische Entente ist sehr zu begrüßen, nur, wie schon anfangs angedeutet, wäre eine ernste deutsch-englische Annäherung ein Unglück sowohl für uns als auch für Frankreich. Dies aus zwei Gründen: der eine ist religiöser, der andere politischer Natur. Die beiden protestantischen Länder wären natürlich, zum Schaden der beiden katholischen Staaten Österreich und Frankreich, verbündet. Dieser englisch-deutschen Verständigung würde sich Italien sofort anschließen und mit vollen Segeln, jetzt ohne Furcht vor England, auf ein Bündnis mit Deutschland hinsteuern. Dann, wenn bis dahin das Chaos in Österreich noch fortdauert, wird der Anschluß Kleinösterreichs perfekt und dann ein Hoch Großdeutschland, Naumanns Mitteleuropa Berlin-Bagdad! Dann ist Frankreich isoliert, Englands Landweg nach Indien gerät in Gefahr und Italien wird ein enger Verbündeter Deutschlands. Ergebnis: Lage wie vor 1914, nur weitaus günstiger für Deutschland, da unter seinen Gegnern Rußland für lange Zeit fehlt.

Zum fünften: Der Völkerbund hat drei Grundfehler: Erstens, daß zwei Großstaaten, nämlich Amerika und Deutschland, nicht Mitglieder sind. zweitens, daß der Völkerbund mit den Friedensschlüssen verquickt ist, sodaß er bei den Besiegten als »Bund der Sieger« zum Schutze eben dieser von den Verlierern als ungerecht empfundenen Friedensschlüsse gedeutet wird und nicht als übernationales, gerechtes Forum. Drittens, daß dem Völkerbund keine wie immer geartete Exekutive zur Verfügung steht, um seinen Entschließungen Nachdruck verleihen zu können.
Der Völkerbund appelliert immer an das Gewissen der Welt – aber wie sieht dieses »Gewissen« heute aus! Die Völkerbundsidee ist sicher eine erhabene und hohe, aber der jetzige Völkerbund genießt selbst in einflußreichen Kreisen kein Ansehen und man bezeichnet ihn als Versorgungsanstalt für ältere Politiker und Diplomaten. Daß der Völkerbund es sich gefallen läßt, daß die Kleine Entente meine oder meines Hauses Restauration in Ungarn, eine rein interne ungarische Angelegenheit, in Genf unwidersprochen als casus belli bezeichnet, ist seiner als Friedensinstitution absolut unwürdig. Nebenbei bemerkt ist dies auch unbedingt gegen seine Statuten …
Die meisten Entscheidungen des Völkerbundes sind Kompromisse nach dem Prinzip »Wasch mir den Pelz und mach ihn nicht naß«. Ich glaube, daß die alte Haager Konferenz mehr geleistet hat.

Zum sechsten: ad 6 ist bereits meist in ad 1 beantwortet.
Allein die Wiederherstellung der Monarchie, jedoch unter veränderten Formen, vermag die Finanzen von Zentraleuropa zu ordnen. Wir haben früher bemerkt, daß es nur die Wiederherstellung der alten Wirt-

schaftseinheit braucht, wenn auch die einzelnen Völker große Selbständigkeit haben, dennoch ein Oberhaupt, und dieses Amt kann nur die übernationale Dynastie übernehmen, denn jedes nationale Oberhaupt wäre automatisch, selbst wenn ein nationaler Turnus eingeführt würde, immer den anderen Nationen ein Dorn im Auge. Ich glaube, die Lösung wäre folgende: zuerst Restauration in Ungarn, der die österreichische bald folgen würde, und um diesen Kern müßten sich dann die anderen Staaten herumgruppieren. Aber zu alldem ist die wohlwollende Duldung, ja sogar Unterstützung durch die Entente notwendig.

Zum siebten: Die Wiederherstellung des polnischen Staates war nur ein Akt der Gerechtigkeit, denn es gibt kein patriotischeres Volk als das polnische, und es gab selten in der Weltgeschichte eine größere Ungerechtigkeit als die Teilung Polens. Die Feinde Polens, die Russen und die Preußen, sind auch die Feinde der Entente, und die Entente hat keinen sichereren Vorposten im Osten als den wirklich vorzüglichen polnischen Soldaten. Vom katholischen Standpunkt aus gibt es kein gläubigeres Volk als das polnische, und kein Volk hat in der jüngsten Zeit für seinen Glauben so viel gelitten wie das polnische. Nur einen Fehler hat der polnische Staat: er ist zu exponiert, hat zu viele Feinde und eine sehr schlechte militärische Lage. Im Osten die Russen, im Westen die Preußen, im Norden die Litauer, im Südwesten die Tschechen, und alle sind seine Feinde. Polen muß sich wie ein Igel nach allen Seiten verteidigen. Dagegen gibt es nur ein Mittel, und das ist, daß Polen einen starken Flankenschutz haben muß – und diesen Flankenschutz kann Polen nur Österreich gewähren.

Zum achten: Daß ich den Bolschewismus verabscheue, ist selbstverständlich. Die Verhandlungen, die Lloyd George und die Mächte jetzt mit Sowjetrußland führen wollen, sind wahrscheinlich ein gefährliches Spielen mit dem Feuer. Alle Bolschewiken »missionieren«, versuchen ihre Lehre zu verbreiten, ob sie nun Vertreter Rußlands auf einer Konferenz sind oder ob sie durch die Anknüpfung wirtschaftlicher Beziehungen gewordene, »Handelsvertretungen« bei den einzelnen Ländern heißen, immer sind es bolschewistische Propagandabüros und ich glaube, daß wir heute in Europa allein schon genügend Zündstoff haben, um nicht erst welchen aus Rußland einführen zu müssen. Weiters bin ich fest davon überzeugt, daß man aus Rußland nichts außer Revo-

lutionen importieren kann. Man darf nicht vergessen, daß noch bis vor kurzer Zeit in der Landwirtschaft Rußlands unter den Sowjets nur das angebaut wurde, was der Bauer selber unbedingt zum Leben benötigte: daß die Bergwerke und Fabriken sozialisiert und enteignet sind – und was das für die Produktion bedeutet, weiß jedes Kind. Wir wissen, daß die Bahnen fast nicht funktionieren, daß die Macht der Sowjetregierung nicht sehr weit reicht, und daß an vielen Orten Sowjets lokal kleine, selbständige Sowjetrepubliken bilden. Und das alles soll sich in der letzten Zeit, noch dazu bei der heurigen, unermeßlichen Hungersnot in Rußland gebessert haben? Ich glaube: nein. Nach Rußland zu exportieren halte ich auch kaum für durchführbar, denn wenn dieses Land, wie früher gezeigt, nichts exportieren kann, hat es ja keinen Gegenwert für die Waren, die es importiert.
Denn das Sowjetgeld dürfte doch niemand honorieren, und daß jemand aus purem Sport diesen Halunken Kredit gewähren würde, ist auch ziemlich unwahrscheinlich. [Anmerkung des Herausgebers: Hier irrte der Kaiser ausnahmsweise einmal ...] Denn wenn man auch privaten Unternehmern Kredit gewähren würde, die Sowjets würden es schon so einrichten, daß dieses Geld wieder in ihre Taschen fließen würde. Eine traurige Wahrheit muß ich konstatieren: wenn man Rußland nämlich wie bisher seinem Schicksal überläßt, wird es sechs bis sieben Jahre dauern, bis eine wirkliche Reaktion gegen den Bolschewismus stark genug ist, um das Sowjetsystem umzustoßen. Man muß sich eben die für uns fast unfaßbare Größe Rußlands vorstellen, dann wird man erst einsehen, wie lange es braucht, bis eine Idee, bei dem auch nicht sehr impulsiven Volk, bis zur Tat reift: Es war ein großer Fehler der Entente, daß sie nicht gleich nach dem Waffenstillstand öffentlich mit den russischen antibolschewistischen Formationen und eigenen Kräften die Sowjets zertreten hat. Dies wäre damals leicht gegangen und man hätte immer sagen können, die Preußen haben diese Unordnung bei unseren Verbündeten angestellt, um uns zu schädigen: jetzt müssen wir das wieder gutmachen. [Anmerkung des Herausgebers: Kaiser Karl spielt hier auf die Tatsache an, daß der preußische Generalstab im April 1917 Lenin – gegen den erbitterten Widerstand Kaiser Karls, der ahnte was da kommen würde – in das zaristische Rußland exportierte, um es »von innen heraus zu zerstören«.] Anstatt dessen hat man zahlreiche Gegenrevolutionen offiziell oder nicht offiziell unterstützt, denen Gemeinsamkeit der Aktion und gründliche Vorbereitung

gemangelt hat, und heute sitzt man mit den Sowjets bereits an einem Tisch. Ich bin überzeugt, daß es heute noch möglich wäre, die Sowjets von außen her zu stürzen. Wenn man alle russischen Antibolschewiken sammeln würde, sie wirklich vollständig mit guten Waffen versehen und dazu auch noch freiwillige Formationen aus allen übrigen Ländern werben würde, binnen einem Jahr gäbe es keine Sowjets mehr und die Ruhe in Europa wäre garantiert.
Die letzte Frage wegen der Gefährlichkeit Rußlands für den Weltfrieden ist leicht beantwortet: Solange der russische Koloß, ob zaristisch oder bolschewistisch oder auch anders regiert, nicht einen eisfreien großen Hafen an einem offenen Meer erhält, wird und muß er immer wieder Kriege führen, abwechselnd im Osten und Westen, um sich irgendwo den Weg zur See zu öffnen. Dieses Bestreben ist vollständig begreiflich. (Anmerkung des Herausgebers: Kaiser Karls knüpft da an seine Meinung an, Österreich-Ungarn hätte vor 1914 dem Königreich Serbien Zugang zum Meer gewähren sollen, was, nach Meinung des Kaisers, Sarajewo verhindert hätte.)

Zum neunten: Über diese Frage mangeln uns die genügenden Informationen, hier stehen einem nur einseitig die wireless – die Radiomeldungen – zur Verfügung. Jedenfalls wäre eine Abrüstung sehr zu begrüßen, denn die Kosten für die Heere und die Mannen sind für die Völker unerschwinglich und in der heutigen schweren Krisis kann man das Geld für andere Sachen viel besser verwenden. Die Idee der Abrüstung ist übrigens nichts Neues, bereits im Jahre 1917 haben wir erklärt, auf jede allseitige Abrüstung mit Freuden einzugehen ...
Die Tschechoslowakei umfaßt fünf bis sechs Nationalitäten, die Teile dies- und jenseits der Karpaten sind fast gar nicht verbunden, die Slowakei hängt naturgemäß von der ungarischen Ebene ab. Alle Flüsse, alle Bahnen der Slowakei gehen nach Ungarn. Das Holz der Karpaten muß größtenteils nach Ungarn geflößt werden. Die ökonomische Unmöglichkeit dieses Staates äußert sich auch darin, daß sein östlichster Teil, das sogenannte Karpaten-Rußland, fast verhungert, da es von der ungarischen Ebene, die es bisher ernährte, getrennt ist. Militärisch ist es fast unmöglich, einen solchen Längenstaat, der an dem größten Teil seiner Grenze von Feinden umgeben ist, wirksam zu verteidigen, noch dazu bei einer eigenen, nicht sehr staatsfreundlichen Bevölkerung. Vom historischen Standpunkt aus gehörte die Slowakei mit ganz kur-

zen Unterbrechungen immer zum Königreich Ungarn. Die Länder Böhmen, Mähren und Schlesien bildeten die Länder der Wenzelskrone, aber da fehlt wieder der Tschechoslowakei ein Teil Schlesiens ...

15. Kapitel

DER KAISER STIRBT

Diese zusammenfassende, nach den Quellen vollständigste Aufzeichnung des Sterbens Kaiser Karls entstand aus der von Gräfin Mensdorff verfaßten Niederschrift als Augenzeugin, Aussagen der Kaiserin gegenüber P. Augustin sowie den Notizen von Baron Zessner und der Veröffentlichung seines Schwiegersohnes, meines Freundes Erich Thanner, dessen Witwe mir den Nachlaß zur Verfügung stellte.
Es ist wohl notwendig, eine Bemerkung zu dem religiösen Selbstverständnis jener Zeit zu machen, einem Selbstverständnis, das heute vielfach nur mehr auf Unverständnis stoßen wird.
Wer macht sich heute noch eine Vorstellung von den – nach derzeitigen Maßstäben – unerträglichen, ja unmenschlichen Fastengeboten, den rigorosen Nüchternheitsvorschriften vor Empfang der Kommunion? Auch die »Verehrung des heiligsten Herzens Jesu« genauso wie die Kenntnis der Litaneien, der Beicht- und Bußregeln sowie der Rosenkranzandachten sind weitgehend verlorengegangen; das Bild der Frömmigkeit, der katholischen Lebensauffassung jener Tage ist in den Augen vieler völlig anders geworden.
Nur mit staunender, ja ehrfürchtiger Bewunderung ist über die in unseren Augen schier unfaßbare, weil allzu strenge Auffassung von moralischen Grundsätzen, Fastengeboten, Anbetungs- und Verehrungsformen zu berichten; nachvollziehbar ist jene Frömmigkeit auch für den strenggläubigen Katholiken unserer Tage kaum noch.
Aber war nicht Kaiser Karl, war seine Umgebung, seine Familie, nicht schon damals ein leuchtendes, für die Masse der Gläubigen kaum erreichbares Vorbild?
Um wieviel mehr mag es der Menge jener entrückt sein, für die das Sterben nicht mehr »gilt«, die Kranke und Alte in Heime und Spitäler abschiebt, wo sie in der Anonymität der Korridore und der Benommenheit von eingespritzten Beruhigungsmitteln in ein Jenseits dämmern, von dem sie nie etwas wissen wollten.

Bei Kaiser Karl ist das Sterben noch ein bewußter Akt des Hinübergehens zu einem gerechten, gütigen Richter. Er fordert noch den damals, 1922, zehnjährigen Kronprinzen, den Erben und künftigen Kaiser, an sein Sterbelager, damit der Knabe sieht, »wie ein Kaiser stirbt«: die »Stunde der Wahrheit«, des bewußten Hinübergehens in eine andere Welt, findet nicht nur im klaren, eigenen Bewußtsein, sondern auch als Zeugnis vor der kommenden Generation statt.
Im Vermächtnis Kaiser Karls ist es vielleicht das größte und bedeutendste Zeugnis für eine nach Vorbildern suchende Nachwelt geworden.
Und mag sich auch der Wortschatz »allerheiligstes Herz Jesu« oder »der liebe Heiland« oder »schnell, es muß jetzt kommuniziert werden« oder die Erwähnung der Muttergottes- oder Josefslitanei ungewohnt, fremd, ja unverständlich anhören: Er ist Zeugnis einer wohl zeitgebundenen, dennoch aber unvergänglichen Frömmigkeit, die ein Kaiser seinen Völkern vorlebte.
Erzherzogin Elisabeth, Prinzessin von und zu Liechtenstein, die nachgeborene Tochter Kaiser Karls, hat nach sorgfältiger Prüfung des Manuskripts noch einige Ergänzungen entsprechend dem Wissensstand der Familie – hauptsächlich nach den Erzählungen der Kaiserin-Mutter – eingefügt; sie sind als solche eigens angeführt.

***

Kaiserin Zita: »Während der Zeit seiner Krankheit hat Seine Majestät unsagbar gelitten. Der Kaiser hatte sich bei einem Spaziergang mit dem Kronprinzen und Erzherzogin Adelhaid, als er einige Korbspielsachen für Erzherzog Karl Ludwig kaufen wollte, der am nächsten Tag Geburtstag hatte, verkühlt.
Gräfin Mensdorff war ihm beim Weggehen noch nachgelaufen, um ihm seinen Mantel zu bringen, aber er hatte dankend abgelehnt.«
Jener 9. März des Jahres 1922, ein Donnerstag, ist der Anfang des Endes: Nur dreiundzwanzig Tage darauf verschied der erst vierunddreißigjährige Monarch ...
Am 9. März also hatte Kaiser Karl, der sich auf Madeira endlich seinen Kindern widmen konnte, seinen letzten Spaziergang gemacht. Am 10. März feierte die Familie den Geburtstag des vier Jahre alt gewordenen Erzherzogs Karl Ludwig. Es mochte dieser Geburtstag bei dem jungen Kaiserpaar im Exil besonders schmerzliche Erinnerungen hervorgerufen haben, war doch Karl Ludwig der letzte Prinz gewesen, der

noch in Österreich geboren worden war ... seine Geschwister Rudolf und Charlotte kamen schon im Exil zur Welt, das jüngste Kind – die Kaiserin war damals schon im sechsten Monat schwanger – sollte ja gar schon in der Verbannung geboren werden; freilich ahnte an jenem Tag noch niemand, daß es eine »Nachgeborene« sein sollte.

Ein paar Tage später, der Kaiser hatte seine Verkühlung nicht allzu ernstgenommen, am 14. März also, ging er zum letzten Mal aus und machte einige Besorgungen.

Unmittelbar nach der Rückkehr überkamen ihn Hustenanfälle und Schüttelfrost, Bettruhe wurde unumgänglich notwendig. Noch war niemand ernstlich besorgt.

Am 19. März – dem Festtag des hl. Josef, des Nährvaters Jesu – ließ die Kaiserin in seinem kleinen Krankenzimmer einen Altar aufstellen und die hl. Messe lesen. Noch ahnte niemand, daß die kaiserliche Familie in den kommenden Jahren zum hl. Josef – dem Schutzpatron der Witwen und Waisen – mehr Zuflucht wird nehmen müssen als zu irgendeinem anderen Heiligen.

Die Hustenanfälle und der Schüttelfrost zwangen schließlich den jungen Kaiser, am 21. März den drängenden Bitten seiner Frau und seiner Umgebung nachzugeben und einen Arzt rufen zu lassen – auch die ständig steigende Atemnot war kaum mehr erträglich.

Dr. Monteiro erkannte den Ernst der Lage sofort und bat um die Erlaubnis, einen zweiten Arzt beiziehen zu dürfen.

Der Kaiser zögerte: Dr. Porto, an dessen fachlicher Qualifikation übrigens nicht zu zweifeln war – so wenig wie an der Dr. Monteiros –, war auf der ganzen Insel als ein militanter Atheist bekannt, der außerdem erst wenige Wochen zuvor eine öffentliche Rede gegen die Kirche gehalten hatte, wie es in Portugal jener Jahre nicht selten war. »Ein Feind der Kirche kommt mir nicht ins Haus!« hatte der Kaiser zunächst noch standhaft gesagt (Bericht Baron Zessner), aber bald erwiesen sich die Umstände als zwingend.

Dazu eine Anmerkung von Erzherzogin Elisabeth: »Von diesem angeblichen Ausspruch meines Vaters habe ich nie gehört und glaube ihn auch nicht. Er hat vermutlich eine Bemerkung über die Tatsache gemacht, daß jener Arzt ›gottlos‹ sei, aber schließlich hat er doch sehr oft Atheisten in den Audienzen empfangen müssen und sie genauso behandelt wie alle!«

Einen Tag darauf – es war der 22. März – erschien Dr. Porto, der sich

übrigens als ebenso tüchtig wie loyal erwies – und bestätigte die Ausdehnung des Krankheitsherdes im rechten Lungenflügel.
Den Kenntnissen der damaligen Zeit absolut entsprechend nahmen die beiden Herren am rechten Bein des Kranken eine Terpentin-Einspritzung vor, mit dem Zweck, »das Blut von der Lunge abzuleiten«, was auch die Senfaufschläge und Schröpfköpfe bewirken sollten.
Am gleichen Tag traf auch Graf Joseph Károly in Funchal ein, der Bruder des ungarischen Revolutionsführers, der vom Jänner bis zum März 1919 »Präsident« Ungarns gewesen war ... Károly wurde nun Zeuge des heiligmäßigen Sterbens seines Königs auf Madeira. [Bemerkung von Erzherzogin Elisabeth: »Graf Joseph Károly war immer ein sehr treuer Anhänger des Königs gewesen, ein absoluter Gegensatz zu seinem Bruder Károly Mihaly «].
Trotz seines schlechten Zustandes empfing der König Graf Károly sofort. Es war der letzte »Staatsakt«, den der junge König setzen sollte ...
Schon am späten Nachmittag des gleichen Tages zeitigte die Terpentin-Injektion die erhoffte »gute« Reaktion: Das Bein schwoll dick an, der neue Entzündungsherd sollte die Entzündung der Lunge entlasten. Aber außer heftigen Schmerzen gab es kein Ergebnis, die Entzündung der Lunge klang nicht ab.
Nun entschlossen sich die beiden Ärzte zu dem Wagnis, auch in das linke Bein Terpentin einzuspritzen.
Wie groß die Qualen waren, die man dem Kaiser damit bereitete, merkte die Umgebung nur, wenn sich der Kranke stöhnend im Schlaf wälzte und bei der geringsten Berührung der Beine zusammenschrak.
Am 23. und 24. März setzten die Ärzte zusätzlich auch Blutegel auf dem Rücken des Patienten an, dreimal täglich, um die Lunge zu »entlasten«. Das Ergebnis war freilich bloß eine Entzündung des Rückens und schließlich das Wundwerden desselben. Wickel sollten den Schweiß treiben.
Donnerstag, den 23. März, entschloß sich die Familie auf Empfehlung der Ärzte, den Kranken aus seinem engen, viel zu kleinen Schlafzimmer im ersten Stock des Landhauses in ein großes, helles, südseitig gelegenes Zimmer zu tragen, das Erzherzogin Maria Theresia, der Stiefgroßmutter des Kaisers, gehört hatte.
Der Kaiser weigerte sich zunächst, auf diesen Vorschlag einzugehen, weil er die Erzherzogin Maria Theresia (eine hervorragende Krankenpflegerin, die nicht nur im Krieg in den Lazaretten viel Erfahrung ge-

sammelt, sondern auch den schwerkranken Vater des Kaisers, Erzherzog Otto, aufopfernd gepflegt hatte) »nicht aus ihrem Zimmer vertreiben« wollte.

Als der Kaiser endlich von der Notwendigkeit der Übersiedlung überzeugt worden war, die schon wegen der besseren Pflegemöglichkeit sich als zwingend erwies, stieg er noch selbst auf die Tragbahre, ohne sich helfen zu lassen.

25. März: Das Fieber steigt auf 40 Grad. Neuerliche Terpentin-Injektionen werden gemacht. Alle drei bis fünf Minuten setzten heftige Hustenanfälle dem Kranken schwer zu. Gräfin Mensdorff, selbst eine geschulte Pflegerin, notiert: »Seine Majestät war von unbeschreiblicher Geduld und Freundlichkeit.« Die Nachtwache hatte, wie seit Beginn der Krankheit, wieder die Kaiserin gehalten.

26. März, Sonntag: Das Fieber bleibt auf 40 Grad, Terpentin-Einspritzungen werden gemacht, die eine »sehr gute Reaktion« zeitigen; der Kaiser ist »sehr zufrieden und ruhig«.

Die Sonntagsmesse wurde in dem Salon neben dem Krankenzimmer, dessen Tür halb offen stand, gefeiert.

Das Evangelium von der wunderbaren Brotvermehrung ließ sich der Kaiser nach dem Gottesdienst nochmals vorlesen. Da der Kaiser immer wieder Flüssigkeit zu sich nehmen mußte, konnte er in den ersten Tagen seiner Erkrankung auch nicht den Leib des Herrn empfangen.

Außerdem wäre es wegen des ständigen, sehr heftigen, ja krampfartigen Hustens zu gefährlich gewesen, dem Kaiser die Hostie zu reichen, fürchtete er doch eine Profanation – an sich eine völlig unberechtigte Angst, weil Entweihung bösen Willen voraussetzt.

Heute gibt man Kranken in ähnlicher Lage eine winzige Parzelle der Hostie in etwas Wasser und läßt sie sie so schlucken, aber das war damals noch nicht üblich.

Auch an jenem Sonntag erinnerte die Kaiserin den Zelebranten an diesen Umstand, als sie Karl besorgt darum bat. Pater Zsambóki hatte den Kaiser ausdrücklich darauf aufmerksam gemacht, daß er in seinem Zustand selbstverständlich auch die Kommunion empfangen dürfe, wenn er »in der Nacht Flüssigkeit zu sich genommen habe«; da der Kaiser aber gegen zwei Uhr früh etwas Biskuit genossen hatte, wagte er es nicht, um den Leib des Herrn zu bitten.

Eine Weile nach Beginn der Messe ließ der Kaiser die Tür zum Salon zur Gänze öffnen: »Ich möchte so gerne den Altar sehen!«

Als nach der Kommunion des Priesters das Confiteor gesprochen wurde, wandte sich der Kranke zur Kaiserin: »Wer kommuniziert?« – »Gräfin Mensdorff« – »Ich möchte auch ...« – »Es ist unmöglich, es ist nur eine einzige Hostie da!«
»Bitte, beeil dich, sag, ich muß zum Tisch des Herrn ...« Die Kaiserin stand auf, und als sie zur Tür ging, sah sie, wie der Priester nach der Kommunion der Gräfin Mensdorff noch eine zweite Hostie aus dem Kelch hob und fragend herüberblickte. Er erzählte später, ein innerer Ruf hätte ihn während der heiligen Handlung veranlaßt, noch eine zweite Hostie zu konsekreieren. Die Kaiserin nickte dem Priester zu, und Karl empfing den Leib des Herrn.
Er war sehr glücklich darüber, und die Kaiserin, die Karls Gewissenhaftigkeit auch in jenen Fragen genau kannte, dachte, er habe vergessen, daß er nachts etwas zu sich genommen hatte.
Aber am Nachmittag kam der Kaiser von selber darauf zu reden: »Als ich das Confiteor hörte, war mir, als stünde der Heiland neben mir und sagte: ›Komm‹ ..., und als ich nicht gleich begreifen wollte, war es, als wiederholte er: ›Komm, schnell ... jetzt ... es gibt kein Hindernis mehr!‹
Da dachte ich an nichts anderes mehr, auch nicht daran, daß ich während der Nacht etwas gegessen hatte, darum war ich auch so aufgeregt und habe dir so wenig freundlich gesagt, daß du schnell gehen solltest ...«
Das Fieber stand den ganzen Sonntag über auf vierzig Grad, und so wurde abermals am rechten Bein eine Terpentin-Einspritzung vorgenommen. Nach einer anfänglichen »guten« Reaktion, in der sich der Kranke sehr ruhig zeigte, schwoll das ganze Bein an und wurde sehr empfindlich.
Große Freude bereitete es dem Kaiser, wenn er durch das offene Fenster seines Krankenzimmers die Stimmen seiner Kinder hereinhörte und wenn sie den Vater riefen. Er unterschied auch die Stimme des Kronprinzen, der auf der Terrasse mit Graf Károly verweilte und ungarisch sprach. Die Erzherzöge Felix und Karl Ludwig waren gleichfalls an Grippe erkrankt und lagen zu Bett. Karl erkundigte sich immer wieder nach deren Befinden, und Gräfin Kerssenbrock, die die Kinder betreute, mußte eingehend berichten.
An jenem Sonntag, dem 26. März, veranstalteten die Bewohner Funchals, wie jedes Jahr, ihre Prozession zur Kirche von Nossa Senhora do

Monte, die ja ganz in der Nähe der Quinta do Monte liegt, in der die kaiserliche Familie wohnte.
Es war der vierte Fastensonntag, und die Gläubigen opferten ihre Teilnahme an der Prozession zu Ehren des kreuztragenden Herrn für »die Gesundung des guten Königs Karl« auf. Viele Menschen kamen nach Abschluß der Feier zur Quinta und erkundigten sich nach dem Befinden des Kranken.
Am 27. März, Montag, notierte Gräfin Mensdorff: »Dieser Tag war sehr schlecht. In der Nacht gab die Kaiserin S.M. etwas Aspik, er wollte es nicht nehmen, ›weil ich dann nicht zur Kommunion gehen kann‹.
›Aber das mußt du ja nicht, aber kräftigen mußt du dich! Der Herrgott würde es sicher auch nicht anders wünschen!‹
›Bist du sicher?‹
Nun nahm Seine Majestät davon und sagte ganz traurig: ›Ich weiß ja, daß ich nicht zur Kommunion gehen muß. Aber ich wünsche es mir so sehr ...‹
Die Kaiserin sprach daraufhin mit Pater Zsambóki, der es für den nächsten Morgen gestattete.
So ging ich es Ihre Majestät dem Kaiser sofort mitteilen, daß er für das schwere Opfer in der Nacht noch die Freude haben dürfe, den Leib des Herrn zu empfangen. Der Kaiser war ganz glücklich darüber, sein Gesicht leuchtete vor Freude.«
Der quälende Husten hatte an diesem Tag nachgelassen, aber die Nacht war sehr schlecht gewesen. Fieberphantasien stellten sich zum ersten Mal ein. Das Fieber stieg auf 40,5 Grad.
Die Atemnot wurde unerträglich, zum ersten Mal auch mußte Sauerstoff gereicht werden.
Als der Kranke die Oxygenballons sah, fragte er: »Steht es schon so schlecht um mich?«
Nachmittags stellten die Ärzte doppelseitige, grippöse Lungenentzündung fest. Daraufhin verabreichten die beiden Herren, Dr. Port und Dr. Monteiro, Kampfer- und Coffein-Injektionen – Kampfer war damals bei Gefahr von Kollaps neben dem die Herztätigkeit anregenden Coffein ein beliebtes Mittel.
Als sich der Zustand des Kranken gegen Abend neuerlich verschlechterte, schlug die Kaiserin, über Anregung von Pater Zsambóki, den Empfang der Krankenölung vor.
Damals war noch das Wort »letzte Ölung« für dieses Sakrament im

Sprachgebrauch ... im Gegensatz zu heute spendete der Priester die Krankenölung weniger in schwerer Krankheit oder Trostbedürftnis zur Stärkung, sondern wirklich nur in Lebensgefahr.

Der Kaiser war mit dem Empfang des Sterbesakraments sofort einverstanden und ließ sich aus dem Rituale alle Einzelheiten vorlesen, um mit vollem Verständnis der heiligen Handlung folgen zu können.

Noch während dieser Vorbereitungen sagte der Kranke freundlich und ruhig, ganz ohne Klage und in tiefster Dankbarkeit: »Ich danke dem Herrgott, daß dieser Tag zur Neige geht. Ich habe nicht gewußt, daß es einen so mühsamen Tag geben kann.«

Nicht einmal die Kaiserin hatte bemerkt, daß Karl an diesem Tag so viel gelitten hatte, weil er eine beispiellose Geduld und Anspruchslosigkeit zeigte. Hierauf verlangte er zu beichten.

Da er erst vor acht Tagen das Bußsakrament empfangen hatte, versuchte die Kaiserin, ihm diese Absicht auszureden, wußte sie doch, daß die neuerliche Gewissenserforschung und der ganze religiöse Ernst Karls ihn abermals zu einer vollen geistigen Anstrengung veranlassen müßten.

Aber der Kaiser bestand darauf: »Bevor ich ein neues Sakrament empfange, will ich beichten«.

Nachher sagte er lächelnd: »Ich habe eine Lebensbeichte abgelegt.«

Die Kinder und die anderen Hausgenossen hatten schon tagsüber ihre ständigen Gebete in der Hauskapelle intensiviert; der Kronprinz nahm sogar auf seinen Spaziergang mit Graf Károly den Rosenkranz mit, um »für Papa zu beten«. Als ihn sein Begleiter fragte, ob er denn draußen unter den Leuten andächtig sein könne, meinte er: »Was gehen uns die Menschen an, wenn wir für Vater beten?«

Am Abend bat der Kaiser den jungen Hausgeistlichen nochmals nahe an sich heran und sagte laut und feierlich: »Ich verzeihe allen meinen Feinden, allen, die mich beleidigt haben und allen, die gegen mich arbeiten.«

Hierauf befahl er: »Otto soll kommen.«

Es war der 27. März, zehn Uhr abends. Man hatte den Kronprinzen bereits geweckt, als ahnte man schon den Wunsch des Kaisers.

Als das Kind kam, rief er den Kronprinzen ganz nahe zum Bett: »Er soll alles gut sehen.« Otto küßte dem Vater die Hand, und er lächelte ihm freundlich zu. Mit großer Andacht folgte nun der Kaiser den Zeremonien der Hl. Ölung.

Nach Ende der Zeremonie, als der Kronprinz wieder entlassen wurde, brach er in Tränen aus, weil sein Vater »so furchtbar elend aussah, mit dem Kreuz in der Hand, als ob er sterben müßte ...«

Nach der Krankenölung, gegen elf Uhr nachts, trat eine Besserung ein, und die Nacht verlief ruhig. Zum ersten Mal gestattete die Kaiserin, daß Gräfin Mensdorff ihr bei der Nachtwache helfe und zum ersten Mal seit vierzehn Tagen ruhte die Kaiserin selbst ein wenig aus, sie blieb jedoch angekleidet. Gegen sieben Uhr erhob sie sich wieder und setzte sich ans Krankenbett. Als sich nun Gräfin Mensdorff ihrerseits nicht zur Ruhe legen wollte, befahl ihr die Kaiserin ausdrücklich, zu Bett zu gehen und sagte:

»Wenn Sie jetzt nicht schlafen gehen, dürfen Sie mir nicht mehr helfen!«

28. März: Keine Besserung. Aber der Kaiser hatte wenigstens eine ruhige Nacht verbracht.

Vormittags sprach er der Kaiserin gegenüber den Wunsch aus, sie möge den Primas von Ungarn, Kardinal Csernoch, sowie den Erzbischof von Wien, Kardinal Theodor Piffl, verständigen, über seinen Zustand berichten und bitten, »mit allen Getreuen zusammen« für ihn beten.

Untertags fragte der Kaiser, wie es Otto gehe. Dann sagte er: »Der arme Bub, ich hätte es ihm gern erspart, aber es war nötig wegen des Beispiels. Er soll wissen, wie man sich in solchen Lagen benimmt, als Kaiser und als Katholik.« Der Kaiser hatte in den vergangenen Tagen fast ununterbrochen gebetet, aber nie um Erleichterung seiner Leiden. Wegen des Hustens konnte er auch nie schlafen. Eines Abends nahm die Kaiserin das Herzjesubild unter seinem Kopfpolster hervor und sagte ihm, es sei notwendig, daß er etwas schlafe, er möge doch den Herrgott darum bitten.

»Ich legte das Bild wieder an seinen Platz zurück, und nach fünf Minuten war der Kaiser fest eingeschlafen – für drei Stunden.« Das dringendst Notwendige war Sauerstoff, um dem Kranken das Atmen zu erleichtern. Man mußte ihn in Beuteln aus Funchal holen lassen. Aber es gab nur wenige Ballons, und es reichte nur sieben Minuten. Als eines Abends der Kaiser schrecklich litt und keinen Augenblick Ruhe fand, suchte Ihre Majestät, ihm Trost zuzureden, und sagte etwa, wie schwer es immer sei, stets geduldig und ergeben zu sein und nie zu murren. Da sagte er ganz erstaunt: »Murren ...? Wenn man den Willen Gottes erkennt, ist alles gut. Mein ganzes Bestreben ist es, in allen Dingen den

Willen Gottes möglichst klar zu erkennen und zu befolgen, und zwar auf das Vollkommenste.« Und, nach einiger Zeit: »Bitte, Herzi, nur nicht murren.«

Im Laufe des 28. März verschlimmerte sich der Zustand des Patienten zusehends.

Seine Umgebung hatte bisher immer von einer »Bronchitis« gesprochen, aber der Kranke ließ sich nicht täuschen, sondern sprach nur lächelnd von seiner »sogenannten« Bronchitis.

Am Abend stellten die Ärzte einen neuen Entzündungsherd in der Lunge fest. Das Fieber stand hartnäckig über vierzig Grad. Als die Herren gegangen waren, fragte der Kaiser: »Was haben die beiden gesagt?« – »Sie sind zufrieden!«

Aber Karl schüttelte lächelnd den Kopf und meinte: »Soviel Portugiesisch kann ich schon, daß ich ihre Bemerkungen verstehe ...«

So aufreibend die Nachtwachen, so anstrengend waren die Tagwachen am Krankenbett. Selbstverständlich wollte man den Kaiser so oft wie möglich in eine andere Ruhelage betten, um ihm in seiner ständigen Atemnot zu helfen.

Immer wieder drang der Todkranke darauf, daß sich die Kaiserin und Gräfin Mensdorff etwas Ruhe gönnten, und so stellte sich Kaiserin Zita oft schlafend, während sie Karl unter halbgeschlossenen Lidern beobachtete.

Als er ein wenig einschlummerte, nahm die Kaiserin eine Zeitung aus Wien zur Hand. Er öffnete die Augen und bat sie, ihm aus der »Reichspost« vorzulesen oder die neuesten Telegramme von der Konferenz in Genua. Die Kaiserin lehnte mit der Begründung ab, es würde ihn zu sehr ermüden. Da sagte er ganz energisch: »Du weißt, daß das ganz einerlei ist, es ist meine Pflicht, auf dem Laufenden zu bleiben und nicht mein Vergnügen. Bitte lies!«

Nachmittags begann er zu phantasieren, was sich dann öfters wiederholte. Aber er merkte es immer sehr bald und sagte, es sei so lästig, darüber nicht Herr werden zu können. Dennoch behielt er auch da zum Staunen der Ärzte seine volle Selbstbeherrschung. Seine kurzen Fieberphantasien zeigten aber, womit sein Geist ständig beschäftigt war. Er sprach von den Kindern, von Zuhause, von der Armee. Besonders beschäftigte ihn immer wieder die Räumung Siebenbürgens vor dem Rumänieneinbruch, all die Leiden der Bevölkerung, die Wortgefechte mit Tisza. Dazu eine Bemerkung Erzherzogin Elisabeths: »Die Räumung Siebenbürgens hat den Kaiser sehr beschäftigt, besonders die Tatsache, daß man die Zivilbevölkerung viel zu spät evakuiert hatte. Und daher die schrecklichen Leiden der Menschen dort. Die Diskussionen mit Tisza hatten aber andere Hintergründe.«

Alles erlebte er noch einmal. Bald sprach er von warmen Mänteln für die Feldwachen, bald wollte er die ihm gereichte Milch nicht trinken, sondern sie den Kindern in Wien schicken (»Die haben es nötiger als ich«), dann wieder, als ihn gerade arger Durst quälte, meinte er, daß arme Tschechen gekommen seien, zu trinken, und er sagte: »Gebt ihnen mein Glas und mein Essen auch dazu, ich will nicht, daß sie leiden.« Immer wieder fürchtete er, Kinder seien im Zimmer und könnten sich anstecken. Und als die Kaiserin ihn beruhigte; »Unsere Kinder sind nicht da«, erwiderte er: »Nein, unsere Kinder nicht, aber andere sind da. Ich höre sie, und ich will nicht, daß eines krank wird.« Dann wieder: »Ich möchte nach Hause; warum lassen sie uns nicht nach Hause. Wir sind so nahe, und sie lassen uns nicht nach Hause.«

Außer einem Herzjesubild, das er sonst immer bei sich getragen und abends neben sein Bett gestellt hatte, lagen unter dem Kopfkissen des Kaisers noch seine Lieblingsreliquien: Ein Kreuzpartikel, ein Stück der Soutane von Papst Pius X. und eine Reliquie von Bruder Konrad. Abends fragte er seine Frau, ob sie auch heute, wie jetzt täglich, seitdem er zu schwach dazu war, an seiner statt alles gebetet habe. Er redete vom Rosenkranz, der Herzjesu-Muttergottes- und Josefslitanei, vom Nachtgebet und dem 90. Psalm.

Obwohl sie es bejahte, betete er still für sich weiter. Auf ihre Bitte, doch zu schlafen, sie habe wirklich alles für ihn gebetet, sagte er: »Nur noch wegen der Glaubensspaltung in Böhmen.« (Während der ganzen Dauer seiner Krankheit betete er wie in seinen gesunden Tagen immer wieder gerade für dieses Anliegen.) Auf die Antwort der Kaiserin, auch das habe sie schon getan, meinte er: »Wohl, aber nur einmal. Ich bete so oft am Tag in dieser Angelegenheit, ich kann nicht oft genug darauf zurückkommen. Und dann noch meine übrigen Anliegen.« Als die Kaiserin ihm versicherte, auch für alle die habe sie gebetet, sagte er gleichsam sie entschuldigend: »Du weißt ja gar nicht, wofür und wieviel ich außerdem noch täglich bete.«

Neben seinem Bett sitzend bemerkte sie gegen Mitternacht stärkere Unruhe, doch war der Grund nicht zu erfragen. Karl dankte immer wieder, es sei alles gut, nur könne er nicht schlafen. Endlich, nach lan-

gem Fragen: »Ich möchte so gern Wasser, aber nur, wenn du deswegen nicht aufstehen mußt und dich dadurch ermüdest.«
Seine außergewöhnliche Selbstbeherrschung trat während der ganzen Krankheit deutlich hervor und die Ärzte sagten, ein Fall solcher Willenskraft sei ihnen noch nie vorgekommen, wo der Kranke seine geistigen Fähigkeiten trotz hohen Fiebers und lähmender Schwäche so in der Hand gehabt hätte. Mit den Ärzten sprach er ausnahmslos Französisch, irrte sich nie, phantasierte nie vor ihnen. Ein einziges Mal, drei Stunden vor dem Tode, sagte er zu ihnen: »Guten Morgen«, berichtigte sich aber gleich und fuhr französisch fort. Von diesem Tag an fragte der Kaiser wiederholt nach dem Ende der Woche: »Ist heute Freitag«, erkundigte er sich bereits am Dienstag. »Kommt bald Freitag? Was für ein Wochentag ist heute?« Es war, als könne er das Ende der Woche nicht erwarten.
29. März: Bis gegen zwei Uhr früh verlief die Nacht ruhig, aber am 29. um vier Uhr früh trat die erste Herzschwäche ein. Die Ärzte sprachen von »Krise«. Stündlich sollte Leinsamen mit Senf aufgelegt werden, eine Prozedur, vor der dem Kranken ekelte: »Jetzt fangen sie wieder an, mich zu quälen mit dem grauslichen Quatsch und beschmieren mir mein reines Bett ...«
In dem ganzen Ungemach war er dankbar dafür, daß es beim Anlegen der Wickel genügte, bloß den rechten Arm freizumachen. Zwischendurch schlummerte er etwas ein, immer wieder kamen Fieberphantasien. Bald aber wuchsen wieder die Beklemmungen und die Atemnot nahm zu. Zwischen diesen Anfällen fragte der Kaiser stets nach den Kindern: Wer von ihnen gesund sei, welche Temperaturen die Kranken hätten. Die Erzherzoge Karl Ludwig und Felix lagen gleichzeitig mit Grippe und Bronchitis zu Bett, und Erzherzog Robert hatte sich eine Darminfektion zugezogen. Auch das Personal war nach und nach von der Grippe befallen worden. Der Kaiser fragte, was Károly mache, ob man gute Nachricht von zuhause habe. Gräfin Mensdorff sprach mit dem Kaiser immer böhmisch, auch in den letzten Stunden. Die Kaiserin hielt Seiner Majestät gewöhnlich die Hand, was ihn bei Angstgefühlen sehr beruhigte. Als sich die Kaiserin ausruhen mußte, bat sie Gräfin Mensdorff nun ihrerseits, des Kaisers Hand zu halten. Karl entschuldigte sich jedesmal, wenn er sich in seiner Not an die Hand der Gräfin klammerte, und sagte noch nach Atem ringend: »Verzeihen Sie, aber es ist schon so, ich kann nichts dafür, aber es beruhigt

mich.« Zum ersten Mal stak die Unruhe in den Händen, die unstet auf der Decke herumsuchten. Wiederholt betrachtete er seine Fingerspitzen, die seit Montag anfingen, blau zu werden.
Erzherzogin Elisabeth, ergänzend: »Meine Mutter erzählte, daß er bei dem Anschauen der blau werdenden Fingerspitzen ganz genau wußte, was dies bedeutete, daß er sozusagen meinte: So weit ist es schon, oder etwas in diesem Sinne.«
Die Schmerzen im Fuß schienen besonders stark zu sein. Es war nun schon der dritte Tag, daß diese Tortur anhielt und daß er nicht vermochte, sich auf die rechte Seite zu legen. »La jambe vous fait mal?« fragte der Arzt. – »Pas du tout.« – Aber der Arzt konstatierte: »Elle doit même vous faire très mal.« Nicht einmal seiner Gemahlin gegenüber wollte Kaiser Karl zugeben, wie sehr er litt. In der Früh rutschte eine Wärmflasche aus der Umhüllung auf die Injektionsstelle. Er biß sich zuerst schmerzlich auf die Lippen und sagte dann ganz freundlich lächelnd: »Es liegt etwas auf meinem Fuß, bitte gib das weg, es brennt so stark.« Die Kaiserin trat an die andere Seite und verlor so noch Zeit, ohne daß Karl auch nur eine Silbe der Ungeduld sagte. Die ganze Pflege war dem Kaiser sehr unangenehm. Trotzdem sagte er der Kaiserin noch in der Nacht: »Ich habe dem Herrgott versprochen, daß, solange ich so krank bin, ich mich ganz der Pflege überlasse, keinen unnötigen Handgriff selbst mache, sondern alles ihm zulieb nach Vorschrift befolgen werde.« So lag er still und ohne Wünsche zu äußern, lag, um niemand zu ermüden, auch ganz ruhig in niederer Lage, trotz seiner Atemnot. Und weil er so ruhig lag, wollte man ihn nicht belästigen. So litt er schweigend. Er war in seinen Phantasien mit den Kindern beschäftigt, aber auch im Wachen weilten seine Gedanken bei den Kindern: »Ich sehne mich so nach den Kindern, aber laß sie mir nicht herein, es wäre dies zu unvorsichtig.«
30. März: In dieser Nacht litt der Kaiser viel. Im Schlaf sagte er sehr oft: »Ich bin so müde, so müde. Schwitze den ganzen Tag, weil die Ärzte es verordnet haben.« Zur Erzherzogin Maria Theresia sagte der Kaiser: »Ich bitte dich, Großmutter, schau, daß ich nicht mehr so schwitzen brauch.« – »Aber die Ärzte haben es gesagt. Es wird dir guttun.« – »Aber ich fürchte, ich werde es nicht mehr lange aushalten können.« Sie zeigte mit der Hand nach dem Kruzifix und sagte nur: »Der für uns Blut geschwitzt hat.« Kaiser Karl folgte mit dem Blick zum Gekreuzigten, neigte das Haupt ein paar Mal und sagte kein Wort mehr über die

Qualen des Schwitzens, die bis zu seinem Tod fortgesetzt wurden. »Bin ich aber mager«, sagte der Kaiser, seine Arme ansehend. »Wie lange werde ich diesmal brauchen, um mich zu erholen. Aber das tut nichts, du bleibst ja bei mir, da ist es einerlei. Die Kinder können in der Nähe spielen, daß ich sie sehen kann.«

An diesem Abend gab es eine kleine Besserung. Am gleichen Abend wurde am linken Fuß eine zweite Injektion gemacht. Obwohl der Kaiser wußte, wie sehr dies seine Schmerzen vermehren würde und er sich nun weder rechts noch links aufstützen konnte, war er sofort und freundlich dazu bereit. In der Nacht wurden zwei große neuerliche Entzündungsherde konstatiert. Zum ersten Mal setzten die Ärzte sechs Schröpfköpfe am Rücken an. Darauf trat zwar eine Erleichterung ein, aber es verursachte neue Qualen. Da man die gleiche Prozedur später noch fünfmal vornahm, wurde der Rücken des Kaisers allmählich zu einer einzigen Wunde, die auch das Liegen zur Qual machte.

Nachmittags phantasierte der Kaiser stark, unter anderem glaubte er, daß Österreicher gekommen seien und empfangen sein wollten. »Aber ich kann ja doch nicht, ich bin so schwach.« Die Kaiserin wollte ihn beruhigen: »Du bist krank, und ich werde gehen, sie zu empfangen.« »Nein«, sagte der Kaiser, »wenn sie schon von so weit her kommen, will ich sie nicht abweisen. Führe sie halt herein, ich will ihnen wenigstens zunicken.« Und er versuchte es mit viel Mühe und sagte: »Aber es macht mich so müde, so müde.« Der Kaiser träumte, daß er österreichischen Studenten einen Vortrag halte, doch inzwischen war er aufgewacht und sagte: »Ist das nicht ungeschickt? Es ist nichts zu machen, es läßt mich nicht los, und dabei ermüdet es mich so sehr.« Der Kaiser wußte nämlich immer genau, wann er phantasierte. Zur Kaiserin sagte er noch: »Arme kleine Elisabeth, was die jetzt schon alles durchmachen muß.«

Erzherzogin Elisabeth kam zwei Monate später, am 31. Mai 1922, in Madrid zur Welt. Zur Erinnerung an den Ankunftstag auf der Verbannungsinsel Madeira, dem Namenstag der hl. Elisabeth, hatte Kaiser Karl den Namen Elisabeth gewählt für den Fall, daß das erwartete Kind eine Tochter wäre ...

Als Gräfin Mensdorff den Kaiser in der Früh umbettete, sagte er: »Es ist doch gut, daß es ein Gottvertrauen gibt, sonst wäre das alles nicht auszuhalten.«

Freitag, 31. März: Ruhige Nacht. Fieber 39.5 Grad, 50 bis 55 Atemzüge in der Minute. Trotzdem konnte der Kaiser ganz laut sprechen. In der Nacht rief er: »Mutter« und »Max, bist du es?« Es wurden zweimal sechs Schröpfköpfe angesetzt, so daß der Kaiser gar nicht mehr atmen konnte. Das Kindermädchen Anna Hubalde kam herein und trug eine in Tücher gehüllte Wärmflasche am Arm. »Ist es das Kleine«, fragte der Kaiser, »geben Sie es her.« Die Schmerzen wurden immer größer, der Rücken ganz wund, entzündet von den Injektionen, ebenso die Arme. Die aufgelegten Senfpflaster verbrannten den schon wunden Rükken so arg, daß der Kaiser vier große Brandblasen hatte. Er wurde furchtbar müde. Eine Rückenlehne wurde angebracht, mit der er aber sehr schlecht saß. Als er den Kopf nicht aufrecht halten konnte, wurde er aufgebunden, was dem Kranken sehr unangenehm war. Der Kaiser wollte ausspucken, fragte aber zuerst in Sorge vor Ansteckung: »Sind die Kinder da?« Die Kaiserin: »Nein, sie sind nicht da.« – »Aber ich habe etwas beim Paravent gehört.« – »Nein, unsere Kinder sind nicht da.« Der Kaiser: »Die Unseren nicht, aber ich will keinem Kind das antun.«

Der Kaiser hat die Rückenlehne, unter der er furchtbar litt, bis 4 Uhr früh behalten. In der Nacht wachte er von kurzem Schlaf auf, blickte nach dem Kreuz und fing an zu beten. Nach einer Weile sagte er: »Ich kann nicht mehr, ich bin zu müde.« Auf Einwendung der Gräfin Mensdorff, er solle lieber schlafen, sagte er: »Ich habe noch soviel zu beten.« Sie wendete ein, es sei der Wunsch der Kaiserin, daß er lieber schlafen sollte. »Hat es die Kaiserin gesagt, so will ich jetzt schlafen.« Er war so schwach, daß Gräfin Mensdorff ihm beim Beten helfen mußte, die Hände zu falten.

1. April, Samstag: früh, 5 Uhr, eine leichte Besserung. Der Kaiser ist bei vollem Bewußtsein und viel frischer, das Fieber ist gesunken. 37.7, dann 38.1, 38.3; um 1/2 8 Uhr sind es 39 Grad, um 11 Uhr 39.7, Puls 140 Schläge. Etwas nach 7 Uhr bettete Gräfin Mensdorff den Kaiser um. Bei der Gelegenheit stellte man Gelenkstarre fest, die bis 3 Uhr anhielt. Furchtbare Beklemmungen traten auf, die Fenster wurden geöffnet, danach fühlte sich der Kaiser wieder etwas wohler. Um 3/4 7 hatte ihm die Kaiserin etwas Milch gereicht, es war das letzte, das er zu sich nahm. Zwischen 7 und 8 Uhr war er zum letzten Mal allein mit ihr. Die Kaiserin hielt die Hand des Sterbenden fortwährend. Man gab Sauerstoff. Der Kaiser schob ihn seiner Frau zu, wollte lieber auf die Erleichterung verzichten, weil er dachte, er täte auch ihr gut.

Gegen viertel acht wurde der Kranke, da sein Bett erneuert werden sollte, auf eine andere Liegestatt umgebettet. Verstärkt trat Gelenkstarre ein; furchtbare Beklemmungen ließen ihn um Atem ringen, die Fenster wurden aufgerissen.
Erzherzogin Maria Theresia hielt dem Kranken ein Kissen schützend vor das Gesicht, damit ihn das helle Licht von draußen nicht blende. Mit blau gewordenen Lippen, fast nicht mehr imstande zu sprechen, sagte Karl: »Bitte, Großmutter, ermüde dich nicht.« Hände und Arme waren eiskalt geworden, aber mit eisernem Griff hielt Karl die Hand der Kaiserin.
Die Ärzte gaben neuerlich Kochsalzinjektionen.
»Zwei Stunden noch«, lautete ihr Urteil.
Gegen 9 Uhr hatte der Kaiser gefragt, welcher Tag heute sei. Die Kaiserin antwortete: »Muttergottestag.« »Ach, Samstag«, sagte der Kranke erfreut lächelnd, weil er den Samstag als Marientag immer besonders gern gehabt hatte. Nach dem Umlegen auf das andere Bett sagte der Kaiser ganz deutlich: »Ich erkläre es nochmals, daß das Novembermanifest Null und nichtig ist, weil es erzwungen worden ist, und das kann mir auch kein Mensch nehmen, daß ich der gekrönte König von Ungarn bin.« Später sagte Seine Majestät: »Der Rakovszky ist der von mir ernannte Ministerpräsident und bleibt es. Und der Minister des Inneren ...«
Ihre Majestät unterbrach: »Ermüde dich nicht so, ich weiß schon, wie sie heißen.« – »Ja, du weißt es ...«
Gräfin Mensdorff notierte kurz: »Furchtbarer Durst, immer raschere Pulsschläge.«
Ein Sonnenstrahl brach durch den Dunst des Morgens, als die Agonie einsetzte.
Als die Kaiserin die Kissen zurechtrückte, sagte er: »Ich will bei dir ausruhen, komm, setz dich zu mir. Halte mich und stütze mich. Jetzt hab ich genug gebetet, ich kann nicht mehr. Ich will nach Hause ... ich will mit dir nach Hause ... Bitte, schau, daß man mich schlafen läßt ...«
Die Kaiserin kam an das rechte Kopfende des Bettes. Der Kaiser lehnte seinen Kopf an ihre linke Schulter, seine Stirn berührte die Wange der Kaiserin.
Ihr Arm war um seine Schulter geschlungen. Mit der Rechten hielt sie die Hand des Kaisers oder sie wischte ihm den Schweiß von der Stirn. Neben der Kaiserin kniete Erzherzogin Maria Theresia, am linken

Kopfende hielt Pater Zsambóki knieend das Allerheiligste, mit dem er den Sterbenden segnete.
»Wie viele Leute sind da?«
»Die Großmutter – Gräfin Mensdorff ... Pater Zsambóki ...«
»Bitte die beiden, mich ein wenig aufzusetzen ...«
Kaum war Karl höher gebettet, sagte er wieder: »Gehen wir nach Hause, gehen wir zusammen nach Hause – wir sind ja schon so nah. Warum wollen sie uns nicht nach Hause lassen?«
Das Fieber stieg auf 39.7 Grad. Der sterbende Kaiser schien zu fühlen, wie die Kräfte schwanden, schwer lastete sein Kopf auf der Schulter der Kaiserin ... es war wie eine ferne, mystische Reminiszenz der Königskrönung von Budapest: Damals hatte der Erzbischof die Schulter der Königin mit der Krone des hl. Stephan berührt, zum Zeichen, daß sie dem auf das Haupt gekrönten König helfen solle, die Last der Krone mitzutragen.
»Soll ich weg?«
»Nein«.
»Bist du müde? Du solltest ein wenig spazierengehen ... wann gehst du?«
»Wenn du wieder gesund bist.«
Der Kaiser nickte und lächelte. Nach einer Weile versuchte die Kaiserin vorsichtig, eine andere Stellung einzunehmen. Karl sagte: »Ja.«
Nun kniete sie an seiner Liegestatt nieder, aber schon nach wenigen Minuten kam die sehnsüchtige Frage: »Bist du nicht mehr müde?«
»Nein – ich war gar nicht müde!«
»Dann komm bitte. Ja – so ist es gut.«
Das Fieber trübte sein Bewußtsein: »Wann kommt Mama?«
Nun geschah eines der merkwürdigsten Begebnisse dieser Tage: »Nicht wahr, du vergißt nicht« – sagte der Kaiser – »der König von Spanien wird dir helfen. Er hat es mir versprochen ...«
Dabei streckte der Kaiser die Hand aus, als wollte er sagen: »Ja, fest in die Hand versprochen hat er mir's ...«
Während die Kaiserin dachte, Karl spreche im Fieber und ihm beruhigend zustimmte, wiederholte der Kaiser: »Vergiß es nicht. Nimm das an. Du kennst ihn ja ... König Alfons ist ritterlich, aber er hat es halt auch schwer ... Aber« – fuhr er fort »er hat es mir fest versprochen!«
Der Kaiser hatte König Alfons XIII. – der war ein Sohn der Erzherzogin Maria Christine von Österreich – schon viele Jahre nicht gesehen.

König Alfons erzählte wenige Wochen später, als er die Kaiserin-Witwe nach Madrid eingeladen hatte (die dort, auch in El Pardo, am 31. Mai 1922 ihre nachgeborene Tochter Elisabeth zur Welt brachte), er habe in der Nacht vor dem Tode des Kaisers auf Madeira ein Traumgesicht gehabt, in dem er von dem Gefühl übermannt wurde, ihn und seine Kinder werde dereinst das gleiche Schicksal treffen wie Kaiser Karl, wenn er sich jetzt nicht um die Familie des sterbenden Kaisers kümmere, dessen Gemahlin unmittelbar vor der Geburt ihres achten Kindes stand. Auch König Alfons (der Großvater von König Juan Carlos) war ein nachgeborener Sohn gewesen ... sein Vater, König Alfons XII., starb als Achtundzwanzigjähriger.
Seine Witwe, Königin Maria Christina, Erzherzogin von Österreich, eine Enkelin Erzherzog Carls, des Siegers von Aspern, führte in einer von Spaniens schwierigsten innenpolitischen Perioden zwischen 1885 und 1902 die Regentschaft für den späteren König Alfons XIII:
Gewiß war König Alfons XIII. von der ungewöhnlichen Gleichartigkeit des Schicksals seiner eigenen Eltern und jenes des jungen Kaisers mit seiner Familie auf Madeira äußerst beeindruckt.
Übrigens setzt sich diese noble, großherzige Tradition des spanischen Königshauses bis in die achtziger Jahre unseres Jahrhunderts hinein fort.
Es war König Juan Carlos, der Enkel und unmittelbare Erbe von König Alfons XIII., der im Jahre 1982, sechzig Jahre nach der Katastrophe von Madeira, durch seine Intervention bei Bundeskanzler Dr. Bruno Kreisky die Heimkehr von Kaiserin Zita nach Österreich – ohne Abgabe irgend einer Erklärung – ermöglicht hatte ...
Erst in diesem Zusammenhang ist es auch richtig zu verstehen, warum die Kaiserin-Mutter im Jahre 1982, als Neunzigjährige, ganz bewußt den 17. August, den Geburtstag Kaiser Karls, als den Tag ihrer Heimkehr wählte: Es war der Tag der innigsten Erinnerung an den Kaiser und König und damit die Erinnerung an seinen Todestag, an dem er von König Alfons XIII. von Spanien gesprochen hatte ...
In diesem Sinne war der Tag der Heimkehr auch ein besonderer Dank an König Juan Carlos, der der Witwe Kaiser Karls nach dreiundsechzig Jahren ungerechtfertigter Verbannung die Heimat wiedergegeben hatte.
An jenem tragischen Samstag – Muttergottestag – dem 1. April 1922 sagte der Kaiser gegen 10 Uhr, und es war, als wollte er für dieses Wort

noch einmal all seine Kräfte sammeln: »Ich muß soviel leiden, damit meine Völker wieder zusammenfinden.«
Die Kaiserin beugte sich über den Kranken und sprach ihm Mut zu: »Bitte doch den Herrgott recht inständig, er möge dich wieder gesund machen!«
Karl faltete die Hände: »Herrgott, wenn es dein Wille ist, mach mich wieder gesund.«
Unmittelbar darauf fühlte ihn die Kaiserin gleichsam innerlich erschauern. Erschreckt blickte sie in sein Antlitz, aber da war es schon wieder vorbei.
Nochmals sprach der Kaiser, ganz leise, die Augen auf das Allerheiligste gerichtet, »Lieber Heiland ... bitte ...« und, unmittelbar darauf, als hätte er eine abschlägige Antwort gehört, begann er den Akt der vollkommenen Reue: »Oh mein Gott, diese und alle meine Sünden und Unvollkommenheiten bereue ich von ganzem Herzen ...«, und es folgte kein Vorsatz mehr: Der Kaiser hatte sein Leben abgeschlossen.
Erzherzogin Maria Theresia, die gerade in diesem Augenblick in das Sterbezimmer zurückkehrte, sah noch diesen unbeschreiblichen Ausdruck in den Gesichtern des jungen, kaiserlichen Paares: Was war hier vorgegangen? Hatte sich die Erkenntnis des unabwendbaren Todes dieses Monarchen bereits in das »Dein Wille geschehe!« gewandelt?
Heute, so viele Jahrzehnte danach, das beispiellose Schicksal und die Lebenshaltung der Kaiserin-Witwe vor Augen, heute, angesichts der blühenden Schar der Kinder und Kindeskinder des Kaiserpaares Karl und Zita vor Augen, heute, mit dem Wissen über die entsetzliche Entwicklung Europas und der Welt nach der sinnlosen Zerstörung der Österreichisch-Ungarischen Monarchie, aber auch im Wissen, daß der junge Kaiser und König auf Madeira in seinem kurzen Erdenleben ohnehin alles Menschenmögliche unternommen hatte und – wäre er damals wieder gesundet – die noch viel größere Qual des ohnmächtigen Zusehens bei all der entsetzlichen Entwicklung der Welt zu neuen Kriegen und neuen Wirrnissen gehabt hätte – darf wohl gesagt werden: Sein früher Tod war eine frühe Erlösung.
Die Gedanken des Kaisers wandten sich nach seinen Völkern den Kindern zu: »Herrgott, bitte beschütze unsere Kinder ... Otto, Adelhaid, Robert, Felix, Karl Ludwig ... wie geht's weiter?«
Die Kaiserin half ihm: »Rudolf ...« und Karl fuhr fort: »Rudolf, Lotti und das ganz, ganz Kleine.

Bewahre sie an Leib und Seele, laß sie lieber sterben als eine Todsünde begehen. Amen. Dein Wille geschehe. Amen.«
Diese letzten Worte sprach er ganz laut und mit besonderem Nachdruck, den er durch den Versuch, den Kopf dabei zu neigen, noch hervorhob.
Nach 11 Uhr hörte man seine Worte: »Jesus ... komm!«
Die Kaiserin betete Karl Stoßgebete vor, die auf den Tod Bezug hatten. Keine Klage kam über ihre Lippen, nichts, was dem Sterbenden Kummer oder Sorge über die ungewisse Zukunft der Familie hätte bereiten können.
Das letzte Worte, das Karl ihr sagte, war: »Ich liebe dich unendlich.«
Als der Kaiser, unter größter Anstrengung zu beten begann »Ave Maria, gratia plena ...«, sagte die Kaiserin: »Bitte nicht beten ... denke nur, der liebe Heiland ist hier und hält dich in seinen Armen. Überlasse dich ganz ihm ...«
»Ja, in seinen Armen und mit dir ... du und ich und unsere lieben Kinderln ...«
»Jesus dir leb' ich, Jesus dir sterb' ich, Jesus dein bin ich im Leben und im Tod ...« leise sprach Karl die Gebete nach.
Wieder wurde, um die Atemnot zu erleichtern, Sauerstoff zugeführt.
Etwa eine halbe Stunde vor seinem Tod öffnete der Kaiser die Augen, sah zuerst das Allerheiligste, dann den Priester: »Heilige Kommunion!«
Als der Pater zögerte, sagte Karl noch einmal in sehr bittendem Ton: »Heilige Kommunion«.
Daraufhin beugte sich die Kaiserin nahe zum Kranken und fragte, ob er wirklich zum dritten Mal den Leib des Herrn empfangen wolle.
Seine Majestät nickte: »Ja«.
Die Kaiserin, die glaubte, nicht richtig verstanden zu haben, fragte nochmals ... »Ja, so furchtbar gerne« war die Antwort.
Pater Zsambóki entschloß sich, die Kommunion als Wegzehrung zu spenden.
Das Antlitz des Sterbenden, vorher so ernst, leuchtete vor Freude auf. Dieses Strahlen sollte bis zu seinem Tod nicht mehr verlöschen.
Plötzlich rief der Kaiser: »Otto!«
Karl wollte den Kronprinzen nochmals sehen, der auch wissen sollte, wie ein Kaiser stirbt. Die Kaiserin nickte zustimmend, und Gräfin Mensdorff eilte, den Erstgeborenen zu holen.

Noch saß der Kaiser ziemlich aufrecht, aber ohne die Atemhilfe sank er bald tief auf die Schulter der Kaiserin.
Pater Zsambóki hielt die Monstranz mit dem Allerheiligsten dicht vor die Augen Karls.
»Sehen Sie, hier ist der Heiland ...« Karl öffnete die Augen ... es war, als schauten sie schon den Himmel.
Gräfin Mensdorff erzählte später: »Es war ganz wunderbar ... er hat nur mehr mit dem Himmel gesprochen. Als der Kronprinz kam, war die Kaiserin in Zweifel, ob sie das dem Sterbenden überhaupt sagen solle.
Um 11.57 Uhr kam der Kronprinz herein, um 12 Uhr setzte der Todesschweiß ein.
Sollte man die Anwesenheit des Kronprinzen verschweigen? Aber es war doch der Wunsch des Kaisers gewesen!
Schließlich sagte Pater Zsambóki mit erhobener Stimme: ›Otto ist da!‹
Der Kronprinz, der neben dem Bett des Kaisers kniete, weinte entsetzlich laut.
Ihre Majestät erzählte später: ›Ich habe alle heiligen Engel angefleht, sie möchten dem Kaiser die Ohren zuhalten, damit er nicht aus seinem himmlischen Frieden in die irdischen Sorgen nochmals zurückgerissen werde ... und darum sagte ich auch dem armen Kind, nicht so furchtbar laut zu schluchzen.‹
Das Wunder geschah: Der Kaiser vernahm nichts mehr von irdischen Dingen.«
Er versuchte weiter zu beten ... nach dem Bericht der Gräfin Mensdorff »erzählte mir später Kronprinz Otto: ›Als Pater Zsambóki den Leib des Herrn so nahe gehalten hat, habe ich den Herrgott so gebeten, daß er ein Wunder wirkt, der Papa stöhnte immer so, als ob er beten wollte ...‹
Bis 12 Uhr und 15 Minuten hielt der Sauerstoff an. Dann Erstickungssymptome, unregelmäßiges Atmen«, registriert Gräfin Mensdorff.
Man konnte dem Sterbenden das Atmen nicht mehr erleichtern: »Die arme Kaiserin hat so entsetzlich gelitten, als sie sah, daß der Sauerstoff ausging.«
Pater Zsambóki sprach dem Kaiser die Sterbegebete ins Ohr. Die Kaiserin reichte ihm das Sterbekreuz zum Kuß, aber er besaß nicht mehr die Kraft dazu und sprach nur den Namen »Jesus« aus.
Etwa zehn Minuten vor dem Tod lehnte er den Kopf erschöpft zurück: »Ich kann nicht mehr.«

»Der Heiland kommt und holt dich«, stärkte ihn die Kaiserin. Der Kaiser hauchte: »Jesus, komm!« und mit verklärtem Antlitz wiederholte er: »Dein Wille geschehe, Jesus ... komm! Ja, ja, mein Jesus, wie du willst – Jesus ...«, es war wie ein Zwiegespräch, an dem die Zeugen teilhaben durften.
Ganz ähnlich berichtet auch die Kinderfrau Franziska Mold, Hebamme und Betreuerin der Kinder, damals aus Funchal:
»...die arme Kaiserin hielt S. M. von 1/2 7 früh bis zum Tod im Arm, dann rief sie ›Karl, was fang ich an allein‹ und flüsterte ihm noch stundenlang ins Ohr ... die Kaiserin machte namenlos verschreckte Augen, als die Katastrophe eingetreten war und fragte die Ärzte, ob denn nichts mehr zu machen sei ...«

In der ersten Nacht wurden Einspritzungen gemacht, um ihn lange zu konservieren, in der zweiten war um 12 Uhr eine Totenmesse, in der dritten Nacht kamen die Ärzte und nahmen das Herz heraus ..., erst am fünften Tag wurde er in den Sarg gelegt.
»Wie schön und jung er aussieht«, sagte die Kaiserin, »und ich muß ihn hergeben ...«
»Der Morgen des 1. April auf Madeira war sonnig und klar gewesen. Unsere Mutter trat in den Garten. Sie trug ein leichtes, rosa Kleid – es war das letzte Mal, daß ich sie in Farbe sah ...«, erinnert sich Otto von Habsburg, der an jenem Tag über Wunsch des Kaisers Zeuge des heroischen Sterbens seines Vaters geworden war.
Aber ab jenem Tag lag die ganze Verantwortung für die Familie – für die Zukunft des Hauses Österreich – auf den Schultern der Kaiserin. So wie Kaiserin Maria Theresia trug sie nach dem Tod ihres Mannes nie etwas anderes als Schwarz ... sie war in einen anderen Stand eingetreten.

»Die Teilnahme des Volkes war unbeschreiblich«, erzählte Gräfin Mensdorff. »Tausende zogen lautlos an den folgenden Tagen an dem toten Kaiser vorüber, Rosenkränze und Bilder anrührend, aber so bescheiden und still, daß die Kaiserin in ihrem Zimmer beim offenen Fenster gar nichts davon hörte, obschon es schwarz war vor dem Haus von Menschen.«

Kaiser Karl
der *erste* – nicht der letzte

Mehr denn je steht die Gestalt Kaiser und König Karls im Vordergrund des Geschehens.

In manchen Schriften wurde ihm der Beiname »der Letzte« gegeben. Das geschah von seiten seiner Gegner, gelegentlich sogar durch irregeführte Freunde. Wenn wir aber heute, so viele Jahre nach des Herrschers Tod, diesen Beinamen betrachten, müssen wir sagen, daß unter den verschiedenen Behauptungen, die über den verewigten Kaiser und König in die Welt gesetzt wurden, kaum eine fälschlicher war als diese. Denn im wahrsten Sinne des Wortes ist Kaiser Karl der *erste* gewesen und nicht der letzte. Heute erkennen wir, daß er nicht am Ende, sondern am Anfang einer Entwicklung stand. Genauso wie einer, der im Herbst sät und bis zum Frühjahr auf das Ergebnis seiner Arbeit warten muß. Das Frühjahr ist da, die Zeit der Reife – und der Ernte! – wird kommen.

Wir stehen nicht nur weltpolitisch in einer großen Wende, auch mit der Struktur unserer Staaten, unserer Wirtschaft, unserer Sozialpolitik ist es nicht anders.

Schon wirft die gewaltige Revolution der Automation und der Atomkraft ihren Schatten.

In dieser Perspektive erkennen wir, daß das Regierungsprogramm Kaiser Karls weit über seine Generation hinaussah. Der Kaiser wurde so vielfach mißverstanden, weil er in die Zukunft sah und weil er sich weigerte, den kurzlebigen Götzen einer vergänglichen Gegenwart zu opfern. Nichts ist mehr angegriffen worden als der Versuch, noch während des Ersten Weltkrieges dem unnützen Morden ein Ende zu setzen und einen aufbauenden Frieden herbeizuführen.

Man hat ihm dafür Feigheit und Verrat vorgeworfen.

Es hat die düstere Tragödie der Berliner Reichskanzlei gebraucht, um diese Frage in ihr richtiges Licht zu rücken. 1945 sollte das ganze deut-

sche Volk, ja wenn möglich ganz Europa der heidnischen Götterdämmerung eines *einzigen* Mannes geopfert werden – im Jahre 1917 aber war der Herrscher *von Gottes Gnaden* bereit, alles auf sich zu nehmen, sogar den Vorwurf des »Wortbruchs«, wenn er nur damit seine Völker von den Schrecken des Krieges befreien konnte.
Das war nicht nur religiös und moralisch, sondern auch politisch richtig. Denn wenn wir heute, nicht nur eingedenk der Zerstörungen von 1918, sondern auch der Trümmer von 1945, unser Europa betrachten, dann sehen wir, daß es, wenn im Jahr 1917 dem großen Morden Einhalt geboten worden wäre, auch um den Preis unvermeidlicher territorialer Einbußen, für Deutschland, für die Donauvölker, ja für alle Europäer und die ganze Welt unendlich besser gewesen wäre.
Wir hätten weder einen Hitler und schon gar nicht einen Stalin gekannt. Millionen Menschen hätten ihr Leben behalten.
Kaiser Karl war Gott und seinen Völkern verbunden. Er war kein demagogischer Tyrann, er wußte, daß der Monarch nicht unersetzlich ist. Er war daher *dort* zu finden, wo seine Völker standen, in vorderster Linie, in der ersten Linie des Kampfes. Jeder Frontsoldat hat ihn gesehen. Kaiser Karl wollte nicht aus dem Hinterland, aus sicherem Unterstand, seine Männer in den Tod schicken. Er brauchte nicht die Stimme der geübten Berufspropagandisten, um seinen persönlichen Mut zu verkünden.
Dies gab ihm aber auch das Recht, im Sinne seiner Herrscherpflicht einen Krieg nicht mehr fortzuführen, wenn dieser seinen *Sinn*, nämlich einen aufbauenden Frieden zu erreichen, bereits verloren hatte. Wenn man für das Leben von Millionen Menschen verantwortlich ist, ist es weder feige noch ehrlos, das Ende eines Kampfes in einem annehmbaren Frieden zu suchen. Schließlich lehrt uns ja die Geschichte, daß stets nur die *Verhandlungsfrieden* wirkliche Dauer hatten. Totaler Sieg oder Siegfrieden haben, ebenso wie bedingungslose Kapitulation immer nur Ruinen auf Ruinen getürmt. Ein wahrer Friede ist nur dann zu erreichen, wenn Sieger und Besiegte an einem Tisch sitzen und in freier Debatte, aufgrund des Rechts und der Gerechtigkeit, ihre gemeinsame Zukunft planen können. Auf diese Weise Frieden zu machen, ist abendländisches Handeln. Kaiser Karl als Europäer hat solches angestrebt.
Heute, da die Absurdität unserer europäischen Bürgerkriege – es waren die Kriege von 1866 imd 1870/71 genauso Bürgerkriege wie jene

von 1914/18 und 1939/45 – klarer denn je zutage tritt, versteht die Welt Kaiser Karls Grundsätze besser. Die Außenpolitik, die er 1917 verfolgte, ist ein halbes Jahrhundert später gerechtfertigt worden.
Innenpolitisch haben die Kriegsereignisse Kaiser Karl nur sehr wenig Zeit gegeben, seine Gedanken durchzusetzen. Trotzdem wollen wir aus der heutigen Perspektive zwei davon besonders herausheben. Als König Karl zum ersten Restaurationsversuch nach Ungarn fuhr, nannte er Graf Sigray als den vornehmsten Punkt seines künftigen Regierungsprogrammes das Wort »Gerechtigkeit«.
Wie ein roter Faden zieht sich durch alle seine Regierungshandlungen der Gedanke des Rechtsstaates.
Heute erleben wir allenthalben, in Ost wie West, den *Machtstaat*, der sich vom göttlichen Recht wie vom menschlichen Recht losgelöst hat. Jeder Machtstaat birgt aber das Moment der Totalität in sich, da er keine andere Quelle des Rechts und keinen anderen Ursprung der Autorität kennt als den schwankenden Willen einer Mehrheit oder eines Tyrannen.
Wir sprechen ständig von »Sicherheit« – aber wir besitzen sie nicht. Wirtschaftliche Sicherheit, auch wenn sie vom Staat versprochen wird, kann über Nacht schwinden, *Rechtssicherheit* aber ist die Waffe der Schwachen. Kaiser Karl hat klar erkannt, daß viele Grundsätze des 19. Jahrhunderts trotz ihrer schönen äußeren Form in ihrem Wesen den Keim der Tyrannei in sich trugen. Er wollte seine Völker vor diesen Gefahren schützen, indem er mit aller Kraft für die Wiederherstellung des Rechtsstaates eintrat. Seine *Amnestie* gehört in diesen Zusammenhang ebenso wie die Einberufung der Volksvertretung oder seine Sozialgesetzgebung.
Erst heute, da wir im Westen die Eroberung so mancher Staaten durch selbstsüchtige, private Interessen beobachten und im Osten einen neuen Feudalismus der Gewalt sehen, verstehen wir, was wir verloren haben.
Mancher hat Kaiser Karl vorgeworfen, er sei nicht »hart« genug, sei insbesondere in der Behandlung der Nationalitäten zu »liberal« gewesen. Nichts ist falscher. Wenn wir einen *Rechtsstaat* anstreben, können und müssen wir die legitimen Rechte aller achten.
Ich sagte: können und müssen, denn nur der Starke kann Freiheit geben. Freiheitsbeschränkung, die Verfolgung des politischen Gegners, ist immer ein Zeichen der Furcht und der Schwäche.

Angst vor Kritik beweist Geistlosigkeit. Und somit ist es der Rechtsstaat in seiner transzendenten Verankerung, der am liberalsten im besten Sinne des Wortes sein kann. Denn Recht ist Wissen um die eigene Beschränkung, ist Respekt vor dem anderen.

Je stärker die Fronten des Allgemeinwohls, je sicherer sie verankert sind, desto weiteren Spielraum können sie der Freiheit geben.

So ragt denn Kaiser Karls Programm des Friedens, der Freiheit und des Rechts bis in unser Atomzeitalter herüber.

Es zeigt uns jene drei Leitmotive, die als Stern im Dunkeln leuchten und die uns und die Völker Europas durch die Stürme der Zukunft führen sollen. Dieses Programm ist heute von ebenso brennender Aktualität wie in der Stunde, da es ausgesprochen oder gedacht wurde.

Allerdings sollten wir es heute besser verstehen, als dies des Kaisers Zeitgenossen vermochten.

Die Geschichte selbst hat uns seine Richtigkeit bewiesen. Eigentlich sollte uns das nicht wundernehmen, denn wir alle wissen, daß Kaiser Karl ein christlicher Herrscher war. Seinen Geist leiteten jene Wahrheiten, die vor nunmehr zweitausend Jahren der Menschheit geoffenbart wurden und die seither in jedem Jahrhundert erneut durch den Ablauf der Geschichte bestätigt werden.

Lieber Doktor von Koerber!

Ich habe die Regierung am heutigen Tage übernommen und bestätige Sie und die übrigen Mitglieder des österreichischen Ministeriums in ihren Stellungen.

Zugleich beauftrage Ich Sie, die beigeschlossene Proklamation an Meine Völker zu verlautbaren.

Wien, am 21. November 1916.

Koerber m. p. Karl m. p.

An Meine Völker!

Tiefbewegt und erschüttert stehe Ich und Mein Haus, stehen Meine treuen Völker an der Bahre des edlen Herrschers, Dessen Händen durch nahezu sieben Jahrzehnte die Geschicke der Monarchie anvertraut waren.

Durch die Gnade des Allmächtigen, die Ihn in frühen Jünglingsjahren auf den Thron berufen hatte, ward Ihm auch die Kraft verliehen, unbeirrt und ungebrochen durch schwerstes menschliches Leid, bis ins hohe Greisenalter nur den Pflichten zu leben, die Sein hehres Herrscheramt und die heiße Liebe zu Seinen Völkern Ihm vorschrieben.

Seine Weisheit, Einsicht und väterliche Fürsorge haben die dauernden Grundlagen friedlichen Zusammenlebens und freier Entwicklung geschaffen und aus schweren Wirren und Gefahren, durch böse und durch gute Tage, Österreich-Ungarn durch eine lange und gesegnete Zeit des Friedens auf die Höhe der Macht geführt, auf der es heute im Verein mit treuen Verbündeten den Kampf gegen Feinde ringsherum besteht.

Sein Werk gilt es fortzusetzen und zu vollenden.

In sturmbewegter Zeit besteige Ich den ehrwürdigen Thron Meiner Vorfahren, den Mein erlauchter Ohm Mir in unvermindertem Glanze hinterläßt.

Noch ist das Ziel nicht erreicht, noch ist der Wahn der Feinde nicht gebrochen, die meinen, in fortgesetztem Ansturme Meine Monarchie und ihre Verbündeten niederringen, ja zertrümmern zu können.

Ich weiß Mich eins mit Meinen Völkern in dem unbeugsamen Entschluß, den Kampf durchzukämpfen, bis der Friede errungen ist, der den Bestand Meiner Monarchie sichert und die festen Grundlagen ihrer ungestörten Entwicklung verbürgt.

In stolzer Zuversicht vertraue Ich darauf, daß Meine heldenmütige Wehrmacht, gestützt auf die aufopfernde Vaterlandsliebe Meiner Völker und in treuer Waffenbrüderschaft mit den verbündeten Heeren auch weiterhin alle Angriffe der Feinde mit Gottes gnädigem Beistande abwehren und den siegreichen Abschluß des Krieges herbeiführen wird.

Ebenso unerschütterlich ist Mein Vertrauen, daß Meine Monarchie, deren Machtstellung in der altverbrieften in Not und Gefahr neubesiegelten untrennbaren Schicksalsgemeinschaft ihrer beiden Staaten wurzelt, nach innen und nach außen gestählt und gekräftigt aus dem Kriege hervorgehen wird; daß Meine Völker, die sich, getragen von dem Gedanken der Zusammengehörigkeit und von tiefer Vaterlandsliebe, heute mit opferfreudiger Entschlossenheit zur Abwehr der äußeren Feinde vereinen, auch zum Werke der friedlichen Erneuerung und Verjüngung zusammenwirken werden, um die beiden Staaten der Monarchie mit den angegliederten Ländern Bosnien und Herzegowina einer Zeit der inneren Blüte, des Aufschwunges und der Erstarkung zuzuführen.

Indem Ich des Himmels Gnade und Segen auf Mich und Mein Haus, wie auf Meine geliebten Völker herabflehe, gelobe Ich vor dem Allmächtigen, das Gut, das Meine Ahnen Mir hinterlassen haben, getreulich zu verwalten.

Ich will alles tun, um die Schrecknisse und Opfer des Krieges in ehester Frist zu bannen, die schwervermißten Segnungen des Friedens Meinen Völkern zurückzugewinnen, sobald es die Ehre unserer Waffen, die Lebensbedingungen Meiner Staaten und ihrer treuen Verbündeten und der Trotz unserer Feinde gestatten werden.

Meinen Völkern will Ich ein gerechter und liebevoller Fürst sein. Ich will ihre verfassungsmäßigen Freiheiten und sonstigen Gerechtsame hochhalten und die Rechtsgleichheit für alle sorgsam hüten. Mein unablässiges Bemühen wird es sein, das sittliche und geistige Wohl Meiner Völker zu fördern, Freiheit und Ordnung in Meinen Staaten zu beschirmen, allen erwerbstätigen Gliedern der Gesellschaft die Früchte redlicher Arbeit zu sichern.

Als kostbares Erbe Meines Vorfahren übernehme Ich die Anhänglichkeit und das innige Vertrauen, das Volk und Krone umschließt. Dieses Vermächtnis soll Mir die Kraft verleihen, den Pflichten Meines hohen und schweren Herrscheramtes gerecht zu werden.

Durchdrungen von dem Glauben an die unvernichtbare Lebenskraft Österreich-Ungarns, beseelt von inniger Liebe zu Meinen Völkern, will Ich Mein Leben und Meine ganze Kraft in den Dienst dieser hohen Aufgabe stellen.

Koerber m. p. Karl m. p.

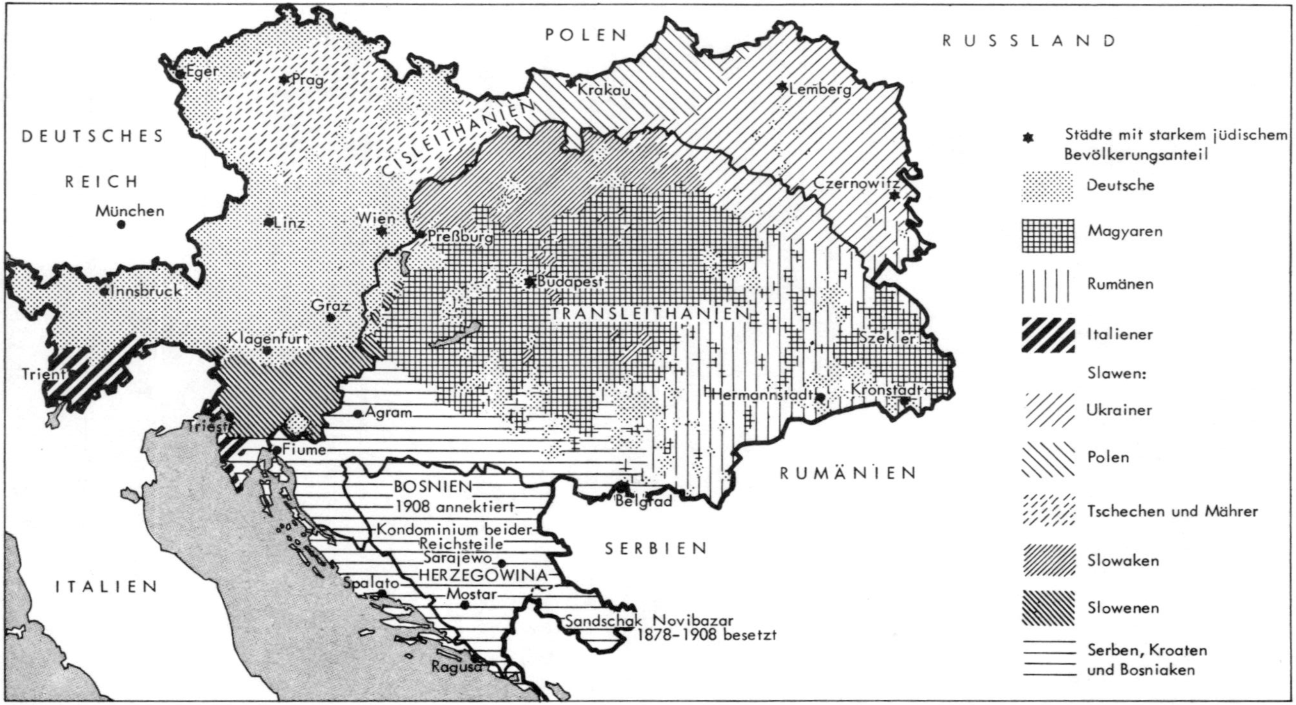

Die Nationalitäten Österreich-Ungarns um 1900

Wiener Zeitung.

Nr. 149. Dienstag, den 3. Juli 1917.

Inhalt.

Amtlicher Teil.
Nichtamtlicher Teil.
Stellung unter zwangsweise Verwaltung. Monatsausweis des k. k. Postsparkassenamtes. Ansteckende Tierkrankheiten in Nieder-Österreich. Verlosungen.
Inland. Wien: Herrenhaus. Wien: Abgeordnetenhaus.
Kleine Chronik. Generalfeldmarschall von Hindenburg in Wien. — K. k. österreichischer Militärwitwen- und -waisenfonds. — Notizen.
Gerichtssaal. Wien: Vom Verwaltungsgerichtshofe. (Schluß.)
Der Krieg.
Telegramme.
Handel, Industrie, Gewerbe und Landwirtschaft.

Amtlicher Teil.

Seine k. und k. Apostolische Majestät haben nachstehendes Allerhöchstes Handschreiben allergnädigst zu erlassen geruht:

Lieber Ritter von Seidler!

Es ist Mein unerschütterlicher Wille, die durch eine göttliche Vorsehung Mir anvertrauten Rechte und Pflichten in der Weise auszuüben, daß Ich die Grundlagen schaffe für eine gedeihliche und segensreiche Entwicklung aller Meiner Völker.

Die Politik des Hasses und der Vergeltung, die, durch unklare Verhältnisse genährt, den Weltkrieg auslöste, wird nach dessen Beendigung unter allen Umständen und überall ersetzt werden müssen durch eine Politik der Versöhnlichkeit. Dieser Geist muß auch im Innern des Staates vorwalten. Es gilt, mit Mut und Einsicht und in wechselseitigem Entgegenkommen Volkerwünsche zu befriedigen.

In diesem Zeichen der Versöhnlichkeit will Ich mit Gottes mächtigem Beistand Meine Regentenpflichten üben und will, als Erster den Weg milder Nachsicht betretend, über alle jene bedauernswerten politischen Verirrungen, die sich vor und während des Krieges ereigneten und die zu strafgerichtlichen Verfolgungen führten, den Schleier des Vergessens breiten.

Ich erlasse den Personen, die von einem Zivil- oder Militärgericht wegen einer der folgenden im Zivilverhältnisse begangenen strafbaren Handlungen verurteilt worden sind, die verhängte Strafe:

Hochverrat (§§ 58—62 Strafgesetz), Majestätsbeleidigung (§ 63), Beleidigung der Mitglieder des kaiserlichen Hauses (§ 64), Störung der öffentlichen Ruhe (§ 65), Aufstand (§§ 68—72), Aufruhr (§§ 73—75), gewaltsames Handeln gegen eine von der Regierung zur Verhandlung öffentlicher Angelegenheiten berufene Versammlung, gegen ein Gericht oder eine andere öffentliche Behörde (§§ 76, 77, 80), ferner die strafbaren Handlungen nach Art I, II und IX des Gesetzes vom 17. Dezember 1862, R. G. Bl. Nr. 8 v. J. 1863, Vorschubleistung zu einem der angeführten Verbrechen (§§ 211—219).

Erfolgte die Verurteilung nicht nur wegen einer der bezeichneten strafbaren Handlungen, so will Ich die Strafe nachsehen, wenn die anderen strafbaren Handlungen entweder verhältnismäßig geringfügig sind oder einen vorwiegend politischen Charakter haben.

Ist das Strafverfahren noch nicht rechtskräftig beendet, so verfüge Ich die Einstellung und Abbrechung des Verfahrens, wenn es nur wegen der eingangs bezeichneten strafbaren Handlungen eingeleitet ist.

Von dieser Gnade sollen jedoch alle Personen ausgenommen sein, die sich der Verfolgung durch Flucht in das Ausland entzogen haben, zum Feinde übergegangen oder nach Ausbruch des Krieges nicht in die Monarchie zurückgekehrt sind.

Zugleich mit der Strafe erlasse Ich die kraft gesetzlicher Vorschriften als Folge der Verurteilung eingetretene Unfähigkeit, bestimmte Rechte, Stellungen und Befugnisse zu erlangen, sowie den Verlust des Wahlrechtes und der Wählbarkeit in öffentliche Korperschaften.

Ich erwarte mit Zuversicht, daß alle Meine Völker, dem Beispiele folgend, das insbesondere die Deutschen und ihre Vertreter durch ihre maßvolle, die Staatsinteressen fördernde Haltung auch bei den jüngsten parlamentarischen Verhandlungen zu Meiner lebhaften Befriedigung gegeben haben, sich in gemeinsamer Arbeit zur Lösung aller jener großen Aufgaben zusammenfinden, die zur Heilung der Wunden, die der Krieg geschlagen hat, und zur Neuordnung der Dinge an der Schwelle einer neuen Zeit an uns herantreten.

Für die dank der unerschütterlichen Haltung Meiner tapferen, braven Soldaten glücklich erfolgte Abwehr der letzten Offensive an der Südwestfront Meines Heeres glaube Ich Meine Dankesschuld an die allgütige Vorsehung und an Meine Völker nicht besser abstatten zu können als durch diesen Gnadenakt.

Ich wähle hiezu den heutigen Tag, an welchem Mein innigstgeliebter ältester, durch Gottes Gnade Mir geschenkter Sohn die Feier Seines heiligen Namenspatrons begeht.

So führt die Hand eines Kindes, welches berufen ist, dereinst die Geschicke Meiner Völker zu leiten, Verirrte ins Vaterland zurück.

Laxenburg, am 2. Juli 1917.

Karl m. p.

Seidler m. p.

Seine k. und k. Apostolische Majestät haben mit Allerhöchster Entschließung vom 22. Juni d. J. dem Oberlandesgerichtsrate des Oberlandesgerichtes in Zara Dr. Nikolaus Depolo taxfrei den Orden der Eisernen Krone dritter Klasse mit der Kriegsdekoration allergnädigst zu verleihen geruht.

Seine k. und k. Apostolische Majestät haben mit Allerhöchster Entschließung vom 9. Juni d. J. in Anerkennung vorzüglicher Dienstleistung in besonderer Verwendung dem Bezirksrichter Adalbert Trampler in Zurawno das Ritterkreuz des Franz Joseph-Ordens mit der Kriegsdekoration und dem Kanzleioffizial Johann Zapolski in Jaroslau das Goldene Verdienstkreuz am Bande der Tapferkeitsmedaille allergnädigst zu verleihen geruht.

Seine k. und k. Apostolische Majestät haben mit Allerhöchster Entschließung vom 22. Juni d. J. dem Rechnungsrate der oberlandesgerichtlichen Rechnungsabteilung in Prag Franz Engel das Ritterkreuz des Franz Joseph-Ordens allergnädigst zu verleihen geruht.

Seine k. und k. Apostolische Majestät haben mit Allerhöchster Entschließung vom 22. Juni d. J. dem Oberlandesgerichtsrate des Oberlandesgerichtes in Zara Alfred Benković taxfrei den Titel und Charakter eines Hofrates allergnädigst zu verleihen geruht.

Schauer m. p.

Seine k. und k. Apostolische Majestät geruhten allergnädigst

anzuordnen:

die Übernahme in den Ruhestand (mit 1. Juli 1917):

des Obersten Hugo Kozányi des Infanterie-

Verkündung der Amnestie für politische Häftlinge, 2.7.1917.

Die Politik des Hasses und der Vergeltung, die, durch unklare Verhältnisse genährt, den Weltkrieg auslöste, wird nach dessen Beendigung unter allen Umständen und überall ersetzt werden müssen durch eine Politik der Versöhnlichkeit. Dieser Geist muß auch im Innern des Staates vorwalten. Es gilt, mit Mut und Einsicht und in wechselseitigem Entgegenkommen Volkerwünsche zu befriedigen.

In diesem Zeichen der Versöhnlichkeit will Ich mit Gottes mächtigem Beistand Meine Regentenpflichten üben und will, als Erster den Weg milder Nachsicht betretend, über alle jene bedauernswerten politischen Verirrungen, die sich vor und während des Krieges ereigneten und die zu strafgerichtlichen Verfolgungen führten, den Schleier des Vergessens breiten.

Ich erlasse den Personen, die von einem Zivil- oder Militärgericht wegen einer der folgenden im Zivilverhältnisse begangenen strafbaren Handlungen verurteilt worden sind, die verhängte Strafe:

Hochverrat (§§ 58—62 Strafgesetz), Majestätsbeleidigung (§ 63), Beleidigung der Mitglieder des kaiserlichen Hauses (§ 64), Störung der öffentlichen Ruhe (§ 65), Aufstand (§§ 68—72), Aufruhr (§§ 73—75), gewaltsames Handeln gegen eine von der Regierung zur Verhandlung öffentlicher Angelegenheiten berufene Versammlung, gegen ein Gericht oder eine andere öffentliche Behörde (§§ 76, 77, 80), ferner die strafbaren Handlungen nach Art I, II und IX des Gesetzes vom 17. Dezember 1862, R. G. Bl. Nr. 8 v. J. 1863, Vorschubleistung zu einem der angeführten Verbrechen (§§ 211—219).

Erfolgte die Verurteilung nicht nur wegen einer der bezeichneten strafbaren Handlungen, so will Ich die Strafe nachsehen, wenn die anderen strafbaren Handlungen entweder verhältnismäßig geringfügig sind oder einen vorwiegend politischen Charakter haben.

Verkündung der Amnestie für politische Häftlinge, 2.7.1917

Reichsgesetzblatt

für die

im Reichsrate vertretenen Königreiche und Länder.

CXLVIII. Stück. — Ausgegeben und versendet am 10. August 1918.

Inhalt: (№ 297—299.) 297. Kundmachung, betreffend die Errichtung des Ministeriums für Volksgesundheit. — 298. Verordnung, betreffend die Uniformierung der dem Ressort dieses Ministeriums angehörigen Staatsbeamten. — 299. Verordnung, betreffend den Vollzug von Zahlungen für Rechnung des Ministeriums für Volksgesundheit durch die k. k. Postsparkasse.

297.

Kundmachung des Gesamtministeriums vom 8. August 1918,

betreffend die Errichtung des Ministeriums für Volksgesundheit.

Seine k. u. k. Apostolische Majestät haben mit Allerhöchster Entschließung vom 24. November 1917 die Errichtung des Ministeriums für Volksgesundheit mit dem in der Anlage festgesetzten Wirkungskreise allergnädigst zu genehmigen geruht.

In Gemäßheit dieser Allerhöchsten Entschließung und auf Grund des Gesetzes vom 27. Juli 1918, R. G. Bl. Nr. 277, womit anläßlich der Errichtung des Ministeriums für Volksgesundheit gesetzliche Bestimmungen über den Wirkungskreis einzelner Ministerien abgeändert, werden, wird das Ministerium für Volksgesundheit seine Wirksamkeit mit 10. August 1918 aufnehmen.

An diesem Tage tritt das bezeichnete Gesetz in Wirksamkeit. Zugleich hört die Amtswirksamkeit der übrigen Ministerien in allen Angelegenheiten auf, die in dem Allerhöchst festgesetzten Wirkungskreise dem Ministerium für Volksgesundheit zugewiesen sind, und geht an das Ministerium für Volksgesundheit über. Demgemäß sind von diesem Zeitpunkte an alle diese Angelegenheiten betreffenden Zuschriften und Berichte von Behörden, wie auch Eingaben von Körperschaften, Anstalten und Parteien ausschließlich an das Ministerium für Volksgesundheit zu richten.

Hussarek m. p. Mataja m. p.
Banhans m. p. Schauer m. p.
Homann m. p. Wimmer m. p.
Czapp m. p. Horbaczewski m. p.
Wieser m. p. Silva-Tarouca m. p.
Paul m. p. Gayer m. p.
Galecki m. p. Madeyski m. p.

§ 12.

Strafen.

Übertretungen dieser Verordnung sowie der auf Grund derselben vom Handelsminister erlassenen Verfügung werden, sofern die Handlung nicht einer strengeren Bestrafung unterliegt, von der politischen Behörde I. Instanz mit Geldstrafen bis zu 5000 K oder mit Arrest bis zu zwei Monaten bestraft.

§ 13.

Auflösung des Fachausschusses.

Die Auflösung des Fachausschusses der Papierhändler erfolgt durch den Handelsminister nach Anhörung des Vorstandes und des Wirtschaftsausschusses der Kaufmannschaft (§ 15 der Verordnung vom 15. Juni 1917, R. G. Bl. Nr. 257).

§ 14.

Wirksamkeitsbeginn.

Diese Verordnung tritt mit dem Tage der Kundmachung in Wirksamkeit.

Wieser m. p.

277.

Gesetz vom 27. Juli 1918,

womit anläßlich der Errichtung des Ministeriums für Volksgesundheit gesetzliche Bestimmungen über den Wirkungskreis einzelner Ministerien abgeändert werden.

Mit Zustimmung beider Häuser des Reichsrates finde Ich anzuordnen, wie folgt:

§ 1.

Insoweit die Angelegenheiten, die nach dem mit Meiner Entschließung vom 24. November 1917 festgesetzten Wirkungskreise dem Ministerium für Volksgesundheit zugewiesen werden, nach den geltenden gesetzlichen Bestimmungen derzeit in den Wirkungskreis anderer Ministerien gehören, hat in diesen Angelegenheiten die Zuständigkeit des Ministeriums für Volksgesundheit einzutreten.

Dies gilt auch für andere verwandte Angelegenheiten, die derzeit in den Wirkungskreis anderer Ministerien gehören, jedoch innerhalb eines Jahres nach Kundmachung dieses Gesetzes dem Ministerium für Volksgesundheit zugewiesen werden.

§ 2.

Durch Kundmachung Meines Gesamtministeriums wird bestimmt, an welchem Tage dieses Gesetz in Wirksamkeit zu treten hat.

Mit dessen Vollzug ist Mein Gesamtministerium betraut.

Reichenau, am 27. Juli 1918.

Karl m. p.

Hussarek m. p.	**Mataja** m. p.
Banhans m. p.	**Schauer** m. p.
Homann m. p.	**Wimmer** m. p.
Czapp m. p.	**Horbaczewski** m. p.
Wieser m. p.	**Silva-Tarouca** m. p.
Paul m. p.	**Gayer** m. p.
Galecki m. p.	**Madeyski** m. p.

278.

Kundmachung des Handelsministers vom 29. Juli 1918,

betreffend Einschränkung des Rotationsdruckpapier-Verbrauches der Zeitungen im Monate August 1918.

Auf Grund des § 3 der Ministerialverordnung vom 12. März 1917, R. G. Bl. Nr. 105, finde ich an, wie folgt:

§ 1.

Die in den §§ 1 und 2 der Kundmachung vom 29. Dezember 1917, R. G. Bl. Nr. 1 ex 1918, für den Monat Jänner 1918 verfügten Beschränkungen bezüglich des Verbrauches von Rotationsdruckpapier durch die Zeitungen haben in gleicher Weise auch für den Monat August 1918 zu gelten.

§ 2.

Diese Kundmachung tritt am 1. August 1918 in Kraft.

Wieser m. p.

Jahrgang 1917.

Reichsgesetzblatt

für die

im Reichsrate vertretenen Königreiche und Länder.

CCXXXI. Stück. — Ausgegeben und versendet am 29. Dezember 1917.

Inhalt: (№ 504 und 505.) 504. Kundmachung, betreffend die Errichtung des Ministeriums für soziale Fürsorge. — 505. Verordnung, betreffend die Uniformierung der dem Ressort des Ministeriums für soziale Fürsorge angehörigen Beamten.

504.

Kundmachung des Gesamtministeriums vom 27. Dezember 1917,

betreffend die Errichtung des Ministeriums für soziale Fürsorge.

Seine k. u. k. Apostolische Majestät haben mit Allerhöchster Entschließung vom 7. Oktober 1917 die Errichtung eines Ministeriums für soziale Fürsorge und mit den Allerhöchsten Entschließungen vom 7. Oktober 1917 und 22. Dezember 1917 dessen aus der Anlage ersichtlichen Wirkungskreis allergnädigst zu genehmigen geruht.

In Gemäßheit dieser Allerhöchsten Entschließungen und auf Grund des Gesetzes vom 22. Dezember 1917, R. G. Bl. Nr. 499, womit anläßlich der Errichtung des Ministeriums für soziale Fürsorge gesetzliche Bestimmungen über den Wirkungskreis einzelner Ministerien abgeändert werden, wird das Ministerium für soziale Fürsorge seine Wirksamkeit mit dem 1. Jänner 1918 aufnehmen.

An diesem Tage tritt das bezeichnete Gesetz in Wirksamkeit. Zugleich hört die Amtswirksamkeit der übrigen Ministerien in allen Angelegenheiten auf, die in dem Allerhöchst festgesetzten Wirkungskreise dem Ministerium für soziale Fürsorge zugewiesen sind, und geht an das Ministerium für soziale Fürsorge über. Demgemäß sind von diesem Zeitpunkte an alle diese Angelegenheiten betreffenden Zuschriften und Berichte von Behörden wie auch Eingaben von Körperschaften, Anstalten und Parteien ausschließlich an das Ministerium für soziale Fürsorge zu richten.

Seidler m. p.	Höfer m. p.
Toggenburg m. p.	Cwiklinski m. p.
Mataja m. p.	Banhans m. p.
Schauer m. p.	Homann m. p.
Wimmer m. p.	Zolger m. p.
Czapp m. p.	Twardowski m. p.
Horbaczewski m. p.	Wieser m. p.

Silva-Tarouca m. p.

A S. 2149 pr. 7. Mai 1918 pm.

Kaiserlich Deutsche Botschaft in Wien!

Wien, den 5. Mai 1918.

Nr. 142.

Vertraulich!

1 Durchschlag.

Mit Kgl. Feldjäger.

Inhalt: Kaiser Karl und die Bourbonen.

Die Frage, in welcher Weise den Einflüssen der Parma-Braganza-Familie auf Kaiser Karl begegnet werden kann, ist in der hiesigen Öffentlichkeit vielfach ventiliert worden und dürfte auch noch eine Rolle im Abgeordnetenhause spielen. Man steht der Frage ziemlich ratlos gegenüber. Kaiser Karl ist mit einer bourbonischen Prinzessin vermählt, die unter dem Einflusse ihrer zahlreichen Familie steht. Diese verwandtschaftlichen Beziehungen sind Imponderabilien, mit denen gerechnet werden muß. Dem Gedanken einer Rückkehr der Prinzen Sixtus und Xaver nach Österreich steht die hiesige öffentliche Meinung ablehnend gegenüber. Man will die in feindlichen Diensten stehenden Brüder hier nicht sehen, und es würde Sturm geben, wenn sie die österreichische Grenze noch einmal während des Krieges überschritten. Man fürchtet, daß sie im französischen Sinne wirken und eine Verbindung nach Paris via die Schweiz offen halten würden. Es dürfte daher meines Erachtens diesen Gedanken auch von unserer Seite nicht näher zu treten sein, zumal seine Ausführung nicht in der Macht Kaiser Karls liegt. Er bliebe nicht nur auf den guten Willen seiner Schwäger, sondern auch der französischen Regierung angewiesen, die den Prinzen die Ausreise nach der Schweiz wohl kaum noch gestatten würde.

Seiner Exzellenz
dem Reichskanzler
Herrn Grafen von Hertling.

Sehr

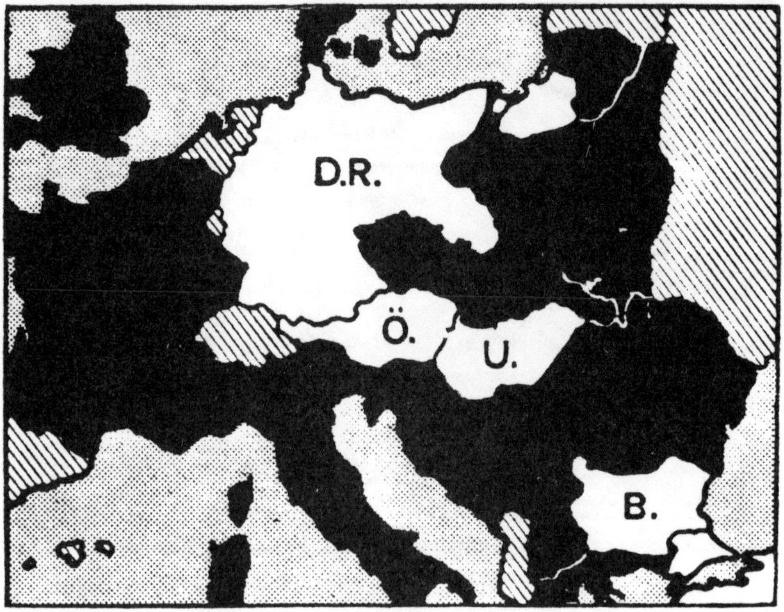

Die Einschnürung von Versailles, St. Germain und Trianon:
Durch die wahnwitzigen Diktate aus den Pariser Vororten sollte ein stählerner Ring um den Rest der Mittelmächte gelegt werden.

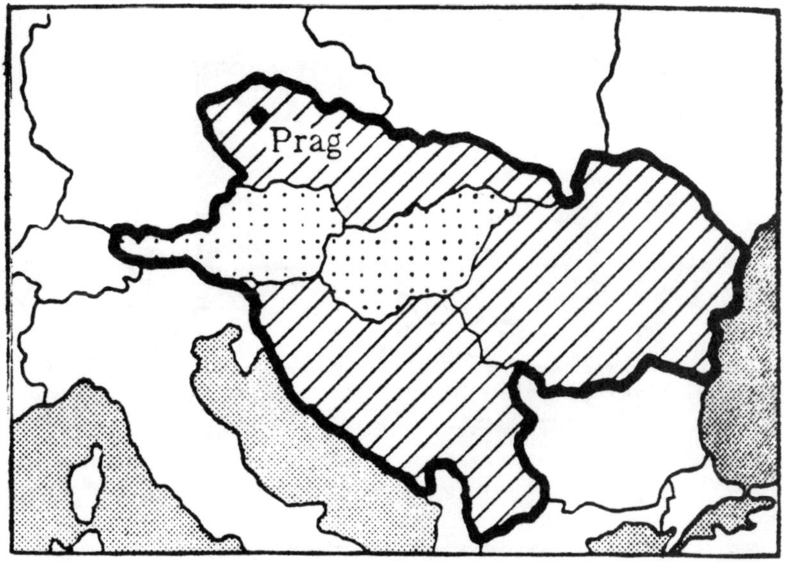

Der »Tardieu-Plan« von 1932 sah ein geeintes Donaubecken vor, sollte aber gleichzeitig das politische und militärische Übergewicht der »Kleinen Entente« gegen Österreich und Ungarn garantieren. Hauptstadt dieses Gebildes sollte Prag werden; 1938 fiel die Tschechoslowakei kampflos in die Hände Hitlers und das ganze System krachte in sich zusammen, noch bevor es überhaupt zum Tragen gekommen war.

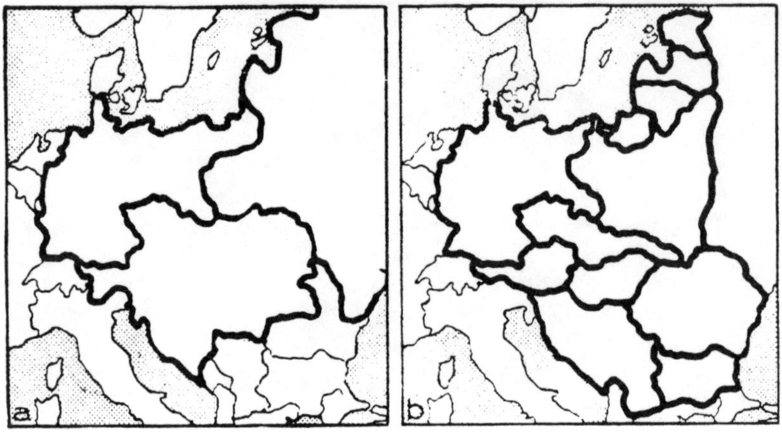

Das war die Aufsplitterung Mitteleuropas durch Clemenceau und Genossen: Ein vollendet wirkendes Staatsgebilde wie Österreich-Ungarn wurde ein Opfer des nationalistischen Wahns.

Allmächtiger Gott!

Von Ewigkeit her hast Du Deinen Diener Karl zur hohen Würde eines Herrschers und zum Vater vieler Völker auserkoren und ihn durch den königlichen Weg des Kreuzes ausgezeichnet. Laß uns, so bitten wir Dich demütig, diesen großen Dulder bald auf unseren Altären verehren und gib uns die Gnade, daß wir durch das Beispiel seiner Tugenden unsere Herzen immer mehr nach dem heiligsten Herzen Deines vielgeliebten Sohnes bilden. Durch denselben Jesus Christus unseren Herrn, der mit Dir lebt und regiert in Einigkeit des Hl. Geistes Gott von Ewigkeit zu Ewigkeit. Amen.

Mit Druckerlaubnis des Erzbischöflichen Ordinariates Wien vom 27. November 1963, Zahl 1227/1/ex 1962

Jede Gebetserhörung wollen Sie bitte melden an das Gebetsliga-Sekretariat: [redacted] zu Händen P. Stephan Sommer, Postfach 16, A-3580 Horn.

Der Diener Gottes

KARL

aus dem Hause Österreich,

17. August 1887 — 1. April 1922

Der Diener Gottes

Karl aus dem Hause Österreich

wurde am 17. August 1887 zu Persenbeug geboren. 1911 vermählte er sich mit Prinzessin Zita von Bourbon-Parma. Diese Ehe wurde von Gott mit acht Kindern gesegnet. Am 21. November 1916, am Feste Mariä Opferung (alle wichtigen Daten in seinem Leben waren mit Marienfesten verbunden), wurde der Diener Gottes Karl in schwerster Zeit Kaiser von Österreich, und am 30. Dezember 1916 wurde er in Budapest zum Apostolischen König von Ungarn gekrönt. Nach dem Ersten Weltkrieg wurde er aus seiner Heimat verbannt. Sein tiefer Glaube und die Ergebenheit in den Willen Gottes gaben dem jungen Kaiser, Gatten und Vater die Kraft, alle Heimsuchungen durchzustehen. Aus seiner Heimat vertrieben, seines Privatbesitzes und aller irdischen Sicherung beraubt, durch Lügen und Verleumdungen geschmäht, starb er am 1. April 1922 mit 35 Jahren in der Verbannung auf Madeira in Gegenwart und in Anbetung des Allerheiligsten Sakramentes mit den Worten:

„Dein Wille geschehe."

Gebetsliga

Als der Diener Gottes Karl ein Kind von acht Jahren war, gab die stigmatisierte Mater Vinzentia vom Kloster der Ursulinen in Sopron den Rat, den jungen Erzherzog „in Gebete einzuhüllen, denn er wird einmal Kaiser werden und viel leiden müssen. Er wird ein besonderer Angriffspunkt der Hölle sein". Von dieser Zeit an wurde in einem kleinen Kreise in dieser Meinung gebetet. Wie notwendig diese Beter an seiner Seite waren, zeigt sein Lebensweg durch Verbannung, Verleumdung und frühen Tod. Gottes Fügung läßt aber heute die Tugenden seines Dieners immer heller erstrahlen und sein wahres Charakterbild erkennen. Vom heiligmäßigen Sterben angefangen bis zum heutigen Tage nehmen immer mehr Bedrückte und Leidende ihre Zuflucht zu ihm, und viele Gebetserhörungen sind die Frucht dieser Anrufungen.

Da Kaiser Karl während seiner kurzen Regierungszeit sich unablässig für den Frieden eingesetzt hat, wird er gewiß auch im Jenseits ein mächtiger Fürbitter für die Befriedung der Welt sein. Aus den stillen Betern von früher ist die Gebetsliga geworden, die sich über Länder und Kontinente ausbreitet. Seit 1949 ist der Seligsprechungsprozeß im Gange.

Die Mitglieder der Gebetsliga wählen einen bestimmten Tag im Monat, um die hl. Messe, die hl. Kommunion oder das Tagewerk aufzuopfern:

1. zur Sühne für alles Unrecht gegen göttliche und menschliche Autorität und für die Erlangung des Friedens unter den Völkern;

2. als Bitte um eine baldige Erhebung des Dieners Gottes KARL aus dem Hause Österreich zur Ehre der Altäre.

Franz I.
† 1835

Marie Louise
† 1847
∞ Napoleon I.

Napoleon Franz
† 1832
Hz. v. Reichstadt

Ferdinand I.
† 1875
regiert bis 1848

Franz Karl
† 1878

Franz Joseph I.
† 1916
∞ Elisabeth,
Hzn. in Bayern
† 1898

Ferdinand Max
† 1867
Kaiser von Mexiko
∞ Charlotte v. Belgien
† 1927

Gisela
† 1932
∞ Prinz Leopold
v. Bayern
† 1930

Rudolf
† 1889
∞ Stephanie v. Belgien

Elisabeth (Erzsi)
Fürstin Windischgrätz
† 1963

Valerie
† 1924
∞ Ezh. Franz Salvator

1. Otto
* 20.11.1912
∞ Regina von Sachsen-Meiningen

2. Adelhaid
* 3.1.1914
† 3.10.1971

3. Robert
* 8.2.1915

4. Felix
* 31.5.191

DES HAUSES HABSBURG-LOTHRINGEN

Max I. Joseph
† 1825
König von Bayern

Sophie
† 1872

Ludowika
† 1902
∞ Max, Hz. in Bayern
† 1888

Karl Ludwig
† 1896

Ludwig Viktor
† 1919

Elisabeth
† 1898
∞ Kaiser Franz Joseph I.

Franz Ferdinand d'Este
∞ Sophie, Gfn. Chotek
Hzn. v. Hohenberg
beide † 28.6.1914

Otto
† 1906
∞ Maria Josepha
v. Sachsen
† 1944

Karl I.
† 1922
∞ Zita v. Parma

Karl Ferdinand
† 1915

aus 2. Ehe mit
Prinzessin Maria Theresia
von Braganza:
1. Maria Annuziata
2. Elisabeth
∞ Alois von Liechtenstein

Franz Joseph II.
von Liechtenstein

. Carl Ludwig
* 10.3.1918

6. Rudolf
* 5.9.1919

7. Charlotte
* 1.3.1921

8. Elisabeth
* 31.5.1922

1. Otto
* 20.11.1912
∞
Regina von
Sachsen-Meiningen
* 6.1.1925

- Andrea 30.5.1953 ∞ Eugen Erbgraf von Neipperg
  - Philipp
  - Benedikt
  - Dominik
  - Hemma
- Monika 13.9.1954 ∞ Herzog von San Angelo
  - Balthasar 1980
  - Gabriel 1983
- Michaela 13.9.1954
- Gabriela 14.10.1956 ∞ Christian Meister
  - Severin 1981
  - Lioba 1983
- Karl 11.1.1961
- Walburga 5.10.1958
- Paul Georg 16.12.1964

3. Robert
* 8.2.1915
∞ Margherita
Prinzessin von Savoyen
* 7.4.1930

- Maria Beatrix 11.12.1954 ∞ Riprand Graf von Arco Zinneberg
  - Anna Therese 1981
  - Margherita 1983
- Lorenz 16.12.1955
- Gerhard 30.10.1957
- Martin 21.12.1959
- Isabella 2.3.1963

4. Felix
* 31.5.1916
∞ Anna Eugenie
Prinzessin von Arenberg
* 5.7.1925

- Maria del Pilar 18.10.1953 ∞ Vollrad Baron von Poschinger
  - Kinga 1981
  - Carl Ludwig 1982
  - Maria Benedicta 1983
- Carl Philipp 18.10.1954
- Kinga 13.10.1955
- Raimund 28.1.1958
- Myriam 21.11.1960 ∞ Jaime Cercueras
- István 22.9.1961
- Viridis 22.9.1961

5. Carl Ludwig
* 5.9.1919
∞ Prinzessin
Yolande de Ligne
* 6.5.1923

Rudolf	Alexandra	Carl Christian	Constanza
* 17.11.1950	10.7.1952	26.8.1954	19.10.1957
∞ Helene Reichsbaronin de Villenfagne de Vogelsanck * 24.3.1954		∞ Prinzessin Marie Astrid von Luxemburg * 17.2.1954	
Carl Christian 1977 Priszilla 1979 Johannes 1981 Thomas 1983		Marie Christine 1983	

6. Rudolf
* 5.9.1919
∞
Xenia Gräfin
Besobrasow
* 11.9.1929
† 20.9.1968

Maria Anna	Carl Peter	Simeon	Johannes
19.5.1954	5.11.1955	29.6.1958	* 11.12.1962
∞ Peter Fürst Gallitzin			† 29.6.1975
Xenia 1983			

2. Ehe Erzherzog Rudolfs
mit Anna Gabriele
Fürstin Wrede
* 11.9.1940

Katharina
1972

7. Charlotte
* 1.3.1921
∞
Herzog Georg
von Mecklenburg
* 4.10.1899
† 6.7.1963

8. Elisabeth
31.5.1922
∞
Prinz Heinrich von Liechtenstein

Vincenz
* 30.7.1950
∞ Helene Gräfin von Cossé Brissac
* 26.9.1960

Adelhaid
1981
Hedwig
1982

Michael
10.10.1951

Charlotte
* 3.7.1953
∞
The Hon. Pieter van der Byl
* 11.11.1923

Pieter Vinzenz
1980
Valerian
1982

Christof
11.4.1956

Karl
31.8.1957

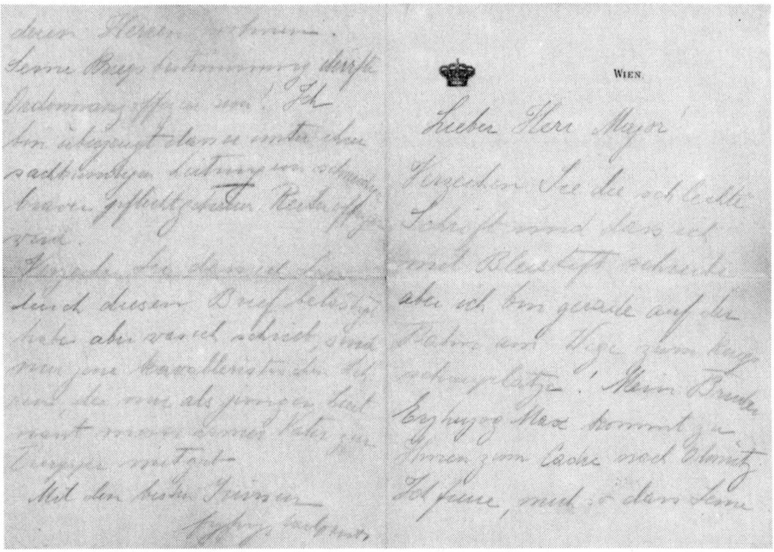
WIEN

Lieber Herr Major!

Verzeihen Sie die schlechte Schrift und dass ich mit Bleistift schreibe, aber ich bin gerade auf der Fahrt am Wege zum Kriegsschauplatze! Mein Bruder Erzherzog Max kommt zu Ihnen [illegible]. Ich freue mich, [illegible]

[illegible]

Verzeihen Sie dass ich Sie durch diesen Brief belästige [illegible]

Mit den besten Grüssen

[illegible]

Brief Kaiser Karls

die Erhaltung Österreichs. Es ist das historische Verdienst Kaiser Karls, in den furchtbaren Jahren nach dem Ende des Krieges, als die Regierenden in der Heimat jedes Selbstvertrauen, ja sogar die Achtung vor dem Vaterland verloren hatten und bedingungslos nach dem Anschluss an Deutschland strebten, die staatliche Existenz und Unabhängigkeit Österreichs gerettet zu haben.

Mit Hilfe seiner hervorragenden Verbindungen nach Paris, aber auch nach London und Washington gelang es dem Kaiser, diese Selbstaufgabe Österreichs zu verhindern und das Land zu bewahren. Dass die Friedensverhandlungen zu St. Germain unter der Führung des Kaisers ein besseres Ergebnis gezeitigt hätten als unter der Leitung von Herren, die Österreich überhaupt aufgeben wollten, bedarf kaum noch der Erwähnung. Dabei hatte man der österreichischen Regierung vorher noch ein Papier zugespielt aus dem eindeutig hervorgeht, dass

Brief Kaiserin Zitas

Annotationen zu "Death of an Empire" von Imre Balassa,(1936)

p.13 Erzherzog Carl angeblich weggehalten von Wien, unvorbereitet ganz Frauenerziehung(sic!)-Z Seit dem Alter von 7 Jahren ausschliessliche Männererziehung. " Army not stiffen him "Z Von unten her gedient bereits Lieutenant mit 16 Jahren ! Garnison in Böhmen, dadurch Universität Prag unmöglich
"Emperor at.31":Z mit 29.

✓

p.19 Zeile 4 - 12 stimmt. Dann nach Fahrt nach Budapest im allerhöchsten Auftrag " Into oblivion safe for occasional leave when he visited his age uncle in Schönbrunn".Z stimmt nicht, er fuhr ununterbrochen auf und ab, war auch durch längere Zeit ganz in Wien.
Zu Seite 19, siehe Nachtrag

✓

p.26 Wortlaut vom Eid nach der Krönung draussen.

p.27 "Tinselled Shallowness" " Dance of Marionettes" .Z Gar nicht als solches empfunden ! sondern als tiefen seligsten Sinn u. tiefsten Erinnerung.

p.27/28 Z Gleich nach Krönung weggefahren, weil sehr viel zu tun bei Regierungsübernahme und weil alle Volksbelustigung wegen dem Krieg abgesagt.

✓

p.28-31 Ausgezeichnet gegen Verleumdungen.

.31 Eigentümliches Detail über zersplittertes Glas über Altar der Krönungskirche. Habe nie davon gehört.

.33/34 Englische Übersetzung von "An meine Völker" 1916.

.35/36 "Time is against us; we must make peace".

.37 Zeile 6 " Later he was to go too far in this endeavour"Z(für den Frieden !!!)

.38 Absatz 4 " Yet he could do nothing to prevent the decision of Germany ".Z Unterseebootkrieg hatte bereits seit ein paar Stunden begonnen als der Admiral mit der Anfrage kam.
Absatz 5: " Had to be swallowed"Z besonders da durch die Eigenen sitzen gelassen.

p.41 Ende des Kapitels sehr gut.

p.44 " The tall figure of Count Erdödy"Z er war klein und dick.

p.45 Zeile 7 und 8,Z natürlich war kein Moment "hesitation"

Annotationen Kaiserin Zitas

Die Biographie der Kaiserin Zita (Erich Feigl, Amalthea 1982) stellt, insbesondere im Hinblick auf die Familiengeschichte, eine wichtige Ergänzung dieses Buches dar.

Quellen

Ungedruckte Quellen

Aufzeichnungen Kaiser Karls

Aufzeichnungen und Notizen (»Anotationen«) Kaiserin Zitas

Gesprächsnotizen mit Prinz Xavier von Bourbon-Parma

Bundesarchiv Bern

Archiv des Auswärtigen Amtes Paris

Public Record Office, London

Bundesarchiv Koblenz

Kriegsarchiv Wien

Militärarchiv Ankara

Gedruckte Quellen

Documents on British Foreign Policy 1919-1931, Vol. I & XXII, H. M. Stationary Office, London 1980

Karl Werkmann, Der Tote auf Madeira, München 1923

Dr. Albin Schager, Die Konfiskation des Privatvermögens der Familie Habsburg-Lothringen und des Kaisers und Königs Karl, Innsbruck 1922

Anton Lehár, Erinnerungen (Hrsg. Dr. Peter Broucek), Verlag f. Geschichte und Politik, Wien 1973

El Rei Dom Miguel I. e a sua Descendencia, Portugalia Editora 1943

Edmund Daniek, Die Bourbonen als Emigranten in Österreich

Österreich-Reihe Band 287/89, Berglandverlag 1965

Kronprinz Rudolf Politische Briefe an einen Freund, Rikola-Verlag, Wien-München-Leipzig 1922

Ludwig Brügel, Soziale Gesetzgebung in Österreich von 1848 bis 1919, Franz Deuticke-Verlag Wien und Leipzig 1919

Alexander Schilling, Dr. Walter Riehl und die Geschichte des Nationalsozialismus, Forum-Verlag Leipzig, 1933

Jack D. Ellis, The Early Life of Clemenceau, The Regents Press of Kansas, 1980

Karl Werkmann (Herausgeber), Aus Kaiser Karls Nachlass, Berlin 1925

Erich Feigl: Kaiserin Zita, Von Österreich nach Österreich, Amalthea Wien, 1982

Etudes maurrassiennes (Centre Charles Maurras, Aix-en-Provence) 2/1973

Georges Wormser, Le septenat de Poincaré, Fayard, 1967

Bertha Zuckerkandl-Szeps, Clemenceau tel que je l'ai connu, Editions de la revue fontaine, Algier 1941

Alexandre Ribot, Lettres a un ami, souvenirs de ma vie politique, Editions Bossard, Paris 1924

Prince Sixte de Bourbon,, L'Offre de Paix séparée de l'Autriche, Paris, Plon, 1920

War Memoirs of David Lloyd George, London, Odhams Press, 1936

Lord Northcliffe, At the war, Hodder & Stoughton, London

The Diplomatic History of the War, ed.by M. P. Price, London 1914

Bildnachweis

Privat
3,4,10-12,14,16,20,22,23,25-35,37,38,40-45,48-55,57-61
Österreichische Nationalbibliothek
5-9,13,15,17,18,19,24,31,31a,36,39,46,47,56
Gräfin Peter zu Eltz 1
Kriegsarchiv 2
Photo Ligay (Action Française) 21
Josef Kiniger 62

Register

Adelhaid, Königin von Portugal 23
Adelhaid, Erzherzogin, Tochter Kaiser Karls 522
Adenauer, Konrad 33
Adler, Friedrich 104
Adler, Viktor 258f
Agar-Robartes 371f, 402
Albert, König der Belgier 23
Albrecht, Erzherzog 74, 105, 189, 333
Alexander III., Zar von Rußland 40f
Alexander von Serbien 60
Alfons, König von Spanien 504f, 537f
Almássy 353, 363
Alois, Fürst von Liechtenstein 25
Andrássy, Ella Gräfin 401, 411f, 429, 431, 435, 437, 440
Andrássy, Julius Graf von 36, 241, 244-246, 248, 250, 268, 324, 340, 364, 410-412, 418, 421, 425, 429, 431, 435-437, 443, 445, 450-452
Apponyi, Graf 324, 418, 463-466
Arago, Etienne 32
Arz von Straussenburg, Freiherr von 104, 107, 201, 223, 252, 260, 272
Asboth, Eduard von 429, 431
Augustin, Pater 521
Aulard, Alphonse 294

Baerenreither, Minister 151, 153, 155
Balfour, Arthur James 304, 308f
Bánffy, de Losoncz Nikolaus Graf 377, 379, 414, 448, 451
Barbier, Jules 44
Bárczy 244
Bardolff, Oberst 106
Barrès, Maurice 51
Bartók, Béla 176
Batthyány, Graf, Minister 254
Batthyanyi, Theodor 393
Bauer, Max 31, 183f, 189, 331-335, 387
Bauer, Otto 62f, 268, 297, 299, 309f, 331
Baudouin, König der Belgier 23
Beck, Baron 203
Benedikt XV., Papst 291, 346-349
Beneš, Eduard 308, 379, 457, 461f, 468, 493, 497f
Beniczky 363
Berchthold, Leopold Graf 103, 107f, 195
Berg, Alban 176
Berzeviczy, Béla 325
Bethlen, Stefan Graf 364, 412f, 420, 448f, 451, 453, 455, 460, 465
Bethmann-Hollweg, Reichskanzler 195
Bienerth, Freiherr von 94
Bismarck, Otto von 7f, 21, 27, 34f, 42, 55, 57
Blanc 55
Blanka, Erzherzogin 204
Blanqui, Louis Auguste 29f
Bolfras, Baron 124f
Bonaparte, Jérôme Prinz 38
Bonzo, Balfré Graf di 346
Boroëvič, Swetozar 218-220, 222
Boroviceny, Agnes 401, 412, 437, 440, 465, 480
Boroviczény, von 340, 404f, 407f, 411f, 421, 428, 435-437, 440, 443, 449, 454f, 458f, 471
Borsinger 273
Boulanger, Georges 39f, 48, 51, 63
Bozo von Dinyeberky, Anton 413, 418f
Bráf 93f
Braun, Gustav 73
Briand, Aristide 286, 301, 307, 337, 340, 345, 359, 368, 373, 375, 378, 457
Broglie, Herzog von 55
Brougier 126
Bruno, Giordano 10
Budissajevič, Hofrat 207
Bülow, Karl von 229f
Buchanan, Sir G. 380, 402, 410, 439, 486, 495
Burian von Rajez, Stefan Baron von 203, 237, 241, 397
Bussche, von dem 185, 194

Cadogan 428
Cambon, José 305

Cambon, Jules Martin 304f, 474
Carlos, König von Portugal 59
Carl-Stefan, Erzherzog 225
Carnegie, Sir L. 402, 453, 487, 493f
Carré, Michel 44
Casey, Bride 75-78, 81
Catinelli, Oberstleutnant 124, 126
Cavriani, Graf 76
Ceschi, Graf 84
Charlotte, Kaiserin von Mexiko 30
Charlotte, Erzherzogin, Tochter Kaiser Karls, Herzogin zu Mecklenburg-Strelitz 170
Chlumecky, Baron 300
Clam-Martinie, Graf 132, 145, 151, 205f
Clemenceau, Benjamin 30
Clemenceau, Georges 11, 18, 21, 24, 27-35, 38-45, 47-51, 53-55, 63f, 140, 211f, 214, 231, 238, 285f, 290-295, 303-306, 308-311, 390
Clemenceau, Paul 42f
Clemenceau , Sopie 42f
Clerk, Sir G. 402, 416, 427, 441, 461, 476, 497
Conrad von Hötzendorf 103-105, 127, 135-137, 168, 189, 201-203, 207, 218, 222f
Coudenhove-Kalergi, Richard Graf 307
Cramon, General von 185, 194, 237
Crowe, Sir E. 314, 366f
Csicserics, General 212
Cunha 500f
Cunningham, Oberst 269, 271
Curzon, Marquess of Kedleston, George 314, 328, 340, 366f, 370-372, 374-380, 384, 402, 410f, 415f, 423-427, 432-434, 439, 441f, 446, 448, 452f, 456f, 461-463, 467f, 472-476, 478f, 486f, 493-497, 502
Czernin, Ottokar Graf 64, 185, 203, 205, 210-212, 214f, 226-228, 237, 268, 329f, 349, 390
Czernoch, Kardinal 325, 448f, 529
Cziráky, Graf 403, 409

Daladier, Edouard 11
d'Almeida João 499
Daudet, Léon 293
Dechanel 340
de Gaulle, Charles 33, 288
Dering, Sir H. 402, 433, 472f
Deronlède, Paul 45
Dietl, Oberst 95
Dinichert 371
Disraeli 47
Draga von Serbien 60
Dutasta, Paul Eugene 305f

Eckardt, Tibor 332, 387
Egger 124
Ehrhart, Robert 187
Eichhorn, von, Generalfeldmarschall 227
Eiffel 53
Eisner-Bubua 177, 179
Elias, Herzog von Parma 38, 253
Elisabeth, Kaiserin von Österreich 12, 23, 77
Elisabeth, Königin der Belgier 23
Elisabeth, Königin von Rumänien 81
Elisabeth, Fürstin von Liechtenstein 25
Elisabeth, Erzherzogin Tochter Kaiser Karls, Prinzessin von Liechtenstein 140, 168, 215, 522, 530, 533f, 538
Esterházy, Fürst 430, 440
Esterházy, Alexander 455, 482
Esterházy, Franz Graf 430, 435
Esterházy, Lulu Gräfin 411f, 430, 435, 440, 443
Esterházy, Moritz Graf 323, 411, 443f, 469-472, 476
Esterházy, Thomas Graf 430, 437
Esterházy, Totiser 455
Eugen, Erzherzog 229
Exner 153

Feer, Professor 500
Felix, Prinz von Bourbon-Parma 108, 253
Felix, Erzherzog, Sohn Kaiser Karls 532
Ferdinand, König von Bulgarien 200
Ferdinand, König von Spanien 22
Ferdinand Karl , Erzherzog 92
Fleischmann, Oberst 419, 422, 429, 471
Floquet, Charles 48, 51
Flotow, von, Botschafter 269
Forst de Battaglia, Otto 182, 300, 316
Franchet d'Esperay, Armeeführer 262, 301
Frank, Ivo 242
Franzel, Emil 99
Franz Ferdinand, Erzherzog, Thronfolger 8f, 12-14, 17, 28, 78f, 92, 95f, 98f, 101, 105f, 231, 308

Franz Joseph I., Kaiser von Österreich 8-10, 12-14, 16f, 21, 23-27, 33, 35f, 41, 43, 52, 55-57, 62f, 77, 85, 90, 93f, 103, 111-114, 121-123, 125, 127-130, 132, 155, 157, 207, 210, 285, 388f
Franz Joseph II., Fürst von Liechtenstein 25
Friedrich, dt. Kaiser 7
Friedrich, Erzherzog 101, 103, 105, 108, 131, 189, 201f, 204, 211f, 229, 333
Frim, Karl 92
Fürstenberg, Fürst, General 223

Galen, Augustinus O. S. B. Pater 402
Gambetta, Léon 18, 21f, 33-35, 37f, 55, 63, 285, 287
Gaspari, Kardinal 347f
Geddes, Sir A. 340
Geggerle, Norbert O. P., Pater 78
Georg V., König von England 322
Georg, Prinz von Sachsen 84
Geyer, Minister 249, 256
Giess, von 40
Giessl, General 108
Giolitti, ital. Außenminister 304
Gisela, Erzherzogin, Tochter Kaiser Franz Josephs 17
Goblet, René 40, 42, 48, 50f, 55
Goebbels, Joseph 189
Goiginger, L. 223
Goldmark, Carl 176
Goll 93
Gömbös, Gyula 329, 332, 335, 438, 455, 466
Gomes, Teixeira 494
Gorton, General 417
Granet, Felix 48
Gratz 410-412, 418, 425, 428-430, 435-441, 443, 452-456, 458, 460, 465, 467
Guggenberg 84

Habsburg, Otto von 17, 67, 196, 215, 387, 528f, 540-542
Habsburg, Rudolf Graf von 67
Hadik, Johann Graf 230f, 244, 252, 324
Haguenin 306
Halmos 340
Hardinge, Lord 374, 402, 434, 439, 442, 446, 448, 502
Harrison 303
Hauracher, Ferdinand 170f
Hauser, Prälat 256, 346
Hegedus, Paul 411f, 417, 420-422, 424, 430
Heinrich, Graf von Chambord, »König Heinrich V.« 16, 18-22, 33f, 38f, 41, 285-287
Heinrich VII. von Reuss 36
Héjjas, Iván 407
Herz, Cornelius 27f, 30f, 44-56, 58, 61-64
Hindenburg, Paul von 109, 214, 229f, 273
Hintze, Paul von 237
Hirsch, Baron 39, 50
Hitler, Adolf 40, 286, 308
Hlinka, Andreas 346
Höfer, Generalmajor 230
Hoffmann, E. T. A. 44, 46, 48
Hoffmann, Max 226
Hohenlohe, Prinz Konrad zu 109
Hohenlohe-Schillingsfürst, Gottfried Prinz zu 109, 216
Hohler, Thomas 341, 343f, 365-370, 378-381, 402, 415, 420, 424-428, 432, 439, 446, 448, 452, 456f, 467f, 478f
Holzlechner, Josef 78-81, 90
Homen, Domherr 502
Horbaczewski, Ivan 154
Horthy, Nikolaus 225, 250, 257f, 326f, 329, 332-336, 343f, 351, 353-365, 387, 398, 412-415, 420-423, 426, 430f, 435f, 450, 465, 478
Howard, Sir E. 378, 402
Hoyos, Graf 124
Hubalde, Anna 535
Hunyady, Graf 126, 255, 471
Hunyadi, Gabrielle, Gräfin 401, 480, 482, 485f, 489-491, 494, 499-501
Hunyady, Joseph 480, 483, 485f, 489f, 492, 499-501
Hussarek, Max Freiherr von 240f
Hye, Baron 300

Isabella, Königin von Spanien 22
Isabella, Erzherzogin 105, 189, 214, 333

Jármy 353
Jaurès, Jean 29, 32, 63, 292f
Jean, Großherzog von Luxemburg 23
Johann Georg, Prinz von Sachsen 85
Jonescu, Take 433
Joseph, Erzherzog 250-254, 264, 324f, 339-342, 347, 350, 363f, 479

Juan-Carlos, König von Spanien 438
Jüptner 126

Kállay, Elisabeth von 122
Kalnoky, Graf 60
Karageorgewitsch, Peter 60
Karl der Große 67
Karl X., König von Frankreich 18-20
Karl, König von Rumänien 81
Karl, Erbprinz von Lucca und Parma 20
Karl von Spanien, Bruder König Ferdinands 22
Karl Ludwig, Erzherzog, Vater von Erzherzog Franz Ferdinand 8, 16-18, 24-26, 56-59, 74, 92
Karl Ludwig, Erzherzog Sohn Kaiser Karls 522, 532
Karolyi, Gräfin 440, 445, 454
Karolyi, Joseph Graf 440, 445, 454f, 524, 528, 532
Károlyi, Michael Graf 242-246, 250-254, 260, 262, 264, 325, 393f, 397
Katharina, Königin von Frankreich 311
Kawai, M. 303f
Keeling 384
Keil, Admiral 225, 257
Kemnitz, Mathilde 189
Kennard 375
Kerssenbrock, Gräfin von 500
Kerzl 124
Ketterl 124
Kissling, Oberst 369
Klein, Franz 312
Klempa, Oberst 412f, 430
Klepsch, Baron 215f
Klofač, Abgeordneter 208, 271
Kodály, Zoltan 176
Kolowrat, Alexander (Sascha) Graf 177-180, 182, 300, 316
Konstantin, König von Griechenland 342
Körber, Ministerpräsident 205
Korngold, Erich Wolfgang 176
Korošec, A. 205f, 346
Krámař 207
Kraus Elislage, Feldmarschalleutnant 106
Krauss, Alfred 138
Kreisky, Bruno 154, 538
Kun, Béla 244f, 310, 324, 346

Lammasch, Heinrich 245, 247, 250, 255f, 269, 312
Landwehr, General 230, 248
Lecomte, General 32
Ledebur, Graf 93
Ledochowski, Graf 122, 126, 300, 403-405
Léhar, Anton 325, 349, 352, 359, 361, 363, 409f, 412, 414, 420, 428-430
Lenin 34
Leo XIII., Papst 62
Leopold II., König der Belgier 23
Leopold, Erzherzog 204
Lesseps, Ferdinand von 49f, 53
Lethbridge 507f
Lindley 314, 370, 385, 402, 411, 416, 496
Lindner, Oberst 261
Linley 366f
Lloyd George, David 238, 402, 517
Lobkowitz Zdenko Prinz von 93, 121ff, 157ff, 279
Lockroy 55
Lónyay, Albert Graf 79
Lörenczy, General 412f
Lorx, von, Oberst 107, 362
Loucheur, Louis 304
Louis Napoleon s. Napoleon III.
Louis Philippe, »Bürgerkönig« von Frankreich 19
Lucacics, Feldmarschalleutnant 252, 324, 363f
Ludendorff, Erich 31, 183, 185, 189, 214f, 273, 329, 331-334
Ludwig III., König von Bayern 217
Ludwig XIV., König von Frankreich 19
Ludwig XVI., König von Frankreich 18f, 31
Ludwig XVIII., König von Frankreich 18
Luiz I. Dom, König von Portugal 47
Lyantey, Marschall 301

Mackensen, August von 229f
MacMahon, 21f, 55
Magasházy, Hauptmann 353, 361f
Mahler, Gustav 176
Maitland-Kirwan, Lionel 484, 486, 488, 498
Malvy 293
Manuel II., König von Portugal 59
Mareš, Zdenko 158-160
Maria Anna, Großherzogin von Luxemburg 23

Maria Annunziata, Erzherzogin 25
Maria Antonia, Herzogin von Parma 16, 23, 214, 279
Maria Christina, Königin von Spanien 538
Maria José, Herzogin in Bayern 23
Maria Josepha, Erzherzogin, Mutter von Kaiser Karl 73f, 76-82, 84-89, 92f, 122
Maria Theresia, Erzherzogin 16-18, 25f, 73f, 157, 214, 524, 533, 536f
Maria Theresia Beatrix, Erzherzogin, Gemahlin des Grafen von Chambord 20, 285
Marie Valerie, Erzherzogin, Tochter Kaiser Franz Josephs 123, 267
Marschall, Gottfried, Bischof 81, 85, 90, 92
MatajaViktor 151, 153
Mathieu 81, 83
Mathilde, Prinzessin von Sachsen 92f
Mattencloit, Baron 82, 90, 281
Maurras, Charles 285-295
Max, Erzherzog, Bruder von Kaiser Karl 78, 92, 109, 404
Maximilian, Kaiser von Mexiko 20, 30, 45, 287
May, Karl 44, 47
Mechmed V. Reşad (Sultan Mehmed V. Reschid) 274
Mechmed VI., Wahid al Din 275
Mensdorff, Gräfin 521f, 525-527, 529f, 532, 534-537, 540-542
Metzger, Feldmarschalleutnant 203
Miguel I. Dom, König von Portugal 23, 47
Miguel, Dom, von Braganza 58
Mihalovic, General 244, 262
Mihalyi 131
Mikes, J. Graf, Bischof 366
Milan, König von Serbien 60
Mill, Stuart 30
Millerand, Alexandre 286, 292f, 295, 313, 321
Milojevitch, M. 365
Milutin, russ. Kriegsminister 41
Mold, Franziska 542
Moltke 31
Montecuccoli, Graf, Marinekommandant 98, 225
Monteiro, Dr., Arzt 523
Montenuovo, Fürst 124
Montjau de 55
Mor, Oberst 108
Motta 371
Muller, Max 402
Muller, W. G. 314
Musger, Anton 168
Musil, Alois 274-276, 279

Nagy, Imre 272, 415
Nagy, Paul von 455
Nagypál, General 420
Napoleon I., Kaiser der Franzosen 18
Napoleon III. 19f, 27, 30-33, 43, 45, 287
Naumann, Friedrich 510, 516
Netrovics, Vizebanus 263
Nostitz, Nora Gräfin von 122

Oberleitner, Sepp 135
Oberleitner, Toni 136f
Obrutschew, General 41
Offenbach, Jacques 43f, 46
Orléans, Johanna von 10
Osztenburg 409-413, 417-423, 429f, 435-437, 450, 469
Ott 93f
Otto, Erzherzog, Vater von Kaiser Karl 8, 17, 73-80, 85-89, 92, 95
Ottrubay 423

Paar, Graf 124f
Paget, Sir A. 60
Painlevé 293
Pallavicini, A. Markgraf 370
Pallavicini, Crescence Markgräfin 73ff, 122
Pantz, Abgeordneter 255
Pasic, serb. Ministerpräsident 231
Pazman 242
Pejacsevic, Graf 76
Perényi, Baronin 78
Pernerstorfer, Engelbert 61f
Peter Ferdinand, Erzherzog 135
Pfaff 93f
Pichon, Stephen 303f
Piffl, Theodor Kardinal 346, 348, 351, 414, 529
Pius VII., Papst 79
Pius X., Papst 291f
Pius XI., Papst 291f, 348f
Pöhner, Ernst 332
Poincaré, Raymond 286, 293, 295, 297f

Polk 303
Polzer, Arthur Graf von 84, 94f, 102, 207, 255
Porto, Dr., Arzt 523
Prónay, Paul von 406

Rakovszky, Stephan von 360, 410f, 413f, 418, 421, 423, 425, 427, 429-431, 435-437, 443, 445, 450-452
Reed, E. J. 48, 64
Reinach, Jacques (Jakob) Baron von 28, 49-51, 53, 64, 311
Reinach, Joseph von 64, 311
René, Prinz von Bourbon-Parma 253
Renner, Karl 28f, 62, 265, 269-272, 303, 310-313
Revertera, Graf 300, 316
Révhégyi, Rittmeister 334f
Rezek 94
Richard, Abgeordneter 63
Riehl, Walter 61
Riepenhausen, von, Legationsrat 194, 329, 331
Robert, Herzog von Parma 16, 23, 38
Robert, Erzherzog, Sohn Kaiser Karls 503, 532
Rot, Generaloberst 281
Rouvier 51
Rudolf, Kronprinz von Österreich 7-15, 17, 19-21, 23-28, 30, 34, 37-39, 41-43, 47-49, 51-61, 86, 96, 285, 304, 311
Rukowansky 124
Russel 402

Salisbury, Marquess of 60
Salm, Augusto Altgraf 78
Schager, Baron 404, 407
Schenk, General 107
Schiessl, Baron 124
Schlager, Baron 320
Schleyer, Feldzeugmeister 236
Schmalzhofer 81
Schmid, Wilhelm, Pater 140
Schmidt 93
Schmidt, Professor 275, 277-279
Schmidt, Franz 176
Schober, Bundeskanzler 249, 261, 273, 385, 411
Schoepfer 153
Schönburg, Prinz 223f
Schönerer, Georg Ritter von 61
Schonta, von 300
Schwaiger 126
Scott 309
Seeholzer 297f, 300, 337, 452, 460
Seidel, Bischof 272
Seidler, Ritter von 151, 154, 195, 206f, 255
Seipel, Ignaz 256
Seitz, Karl 258
Sépibus, Marie Gabrielle de 501
Seydl, Prälat 122f, 348
Sieghart, Rudolf 203
Sigray, Antal Graf 352, 364, 414
Siménfalvy, Oberst 431, 435f, 438, 443-445, 451, 458-460, 463, 465-467, 469
Sixtus, Prinz von Bourbon-Parma 23, 208, 267, 275, 279, 295, 300, 306f, 316, 368, 439
Skrzyński 239
Smolensky 320
Snagge, Arthur 472, 474-477, 481-489
Sonnino, Baron 305
Soós de Badok, Karl 448-451
Sophie, Herzogin von Hohenberg, Gemahlin von Franz Ferdinand 12
Spannbauer 124
Spanyk, Oberst 124
Spencer, Herbert 30
Spengler, Oswald 173
Stanek 241
Steiner, Bruno 386, 452, 492
Stevens, Thaddeus 30
Stöger-Steiner, Rudolf von 252
Strutt, Obert 268-273, 343
Stürgkh, Karl Graf 103f, 1o7f
Summer, Charles 30
Summerhayes, John 268
Svoy, Oberst 421f
Szábo, Nagytady 453
Szápáry, Graf 379
Szechényi, Rezsö Graf 418, 463-466
Szeps, Bertha s. Zuckerkandl, Bertha
Szeps, Julius 52
Szeps, Moriz 7f, 37, 41, 44, 51f, 55
Szeps, Sophie s. Clemenceau, Sophie
Szmrecsányi, Georg 363

Taaffe, Eduard Graf 14, 203

Tardieu, André 286, 301, 306f
Teleki, Graf, Minister 352, 362-364
Teufel, Abgeordneter 255
Theodor, Herzog in Bayern 23
Thiers, Präsident 287
Thomas, General 32
Tisza, Stephan (István) 107f, 131, 242, 245-247, 251, 280, 323-325, 349f, 390, 531
Tittoni, Tommaso 303f, 308
Thanner, Erich 521
Tommasini 315
Tormássy 78, 411
Trifkovic 468
Tucher, Baron 217
Tufton, Charles 375, 384, 494
Tusar, tschech. Gesandter 241, 271

Ulbrich 93f
Unkelhauser, Minister 242
Urban Meier 258f

Vass, Minister 352, 355, 366, 414, 423
Vangeois, Henri 289
Verne, Jules 44, 47
Vetsera, Mary Baroneß 13, 37, 59
Villier, George s. Tardieu, Andre
Vlassics, Baron 262

Waldersee, Graf 7
Waldner, Professor 208
Waldstätten, Baron 218f
Wallis, Georg Graf 77, 79, 81, 83f, 86-90, 92-94
Waterlow, S. P. 376, 502
Wawor, 80
Wedel, Botho Graf von 329f
Weede, van der 261
Wekerle, Alexander 173, 224, 242, 244, 263, 323
Wenckheim, Gräfin 440
Werkmann, Karl 176, 178, 184, 194, 300, 347f, 351, 369, 387
Wilhelm I., dt. Kaiser 7f
Wilhelm II., dt. Kaiser 7f, 35f, 42, 56, 99, 111, 195, 214, 217, 224, 227, 237, 273f, 296, 329, 332, 390
Wilson, Leutnant 485
Wilson, Thomas Woodrow 238-241, 390
Windisch-Graetz, Prinz 223, 231, 248, 279
Wodniansky, Feldmarschalleutnant 106
Wolf, Oberst 250
Wolf, Hugo 176
Wolff, Oberst 264, 460
Woyrsch, Remus von 229

Xavier, Prinz von Bourbon-Parma 10, 23, 279, 295, 300, 306f

Young, Sir A. 402, 423, 468, 496

Zahradnik, Isidor 346
Zamoyska, Zosia 80, 84
Zeidler, Freiherr von, Generalmajor 95, 258, 272
Zenz 124
Zessner, Baron 521, 523
Zeynek, Oberst 233
Zsamboki, Pater 527, 537, 540f
Zsembery 411
Zuckerkandl, Bertha 42f
Zuckerkandl, Emil 42

INHALT

Vorwort des Herausgebers 5
Prolog: Die Ermordung des Kronprinzen Rudolf 7

1. Des Kaisers Herkunft 67
2. Kaiser Karls Jugend 73
3. Der erste Weltkrieg 101
4. Karl wird Kaiser 121
5. Die Monarchie als Sozialstaat 135
6. Der Kaiser im Felde 157
7. Propaganda für und gegen den Kaiser 173
8. Aufzeichnungen Kaiser Karls über seine Regierungszeit . . . 199
9. Kaiser Karl verhindert die Selbstauflösung Österreichs . . . 285
10. Der erste Restaurationsversuch 323
11. Der Erpressungsversuch 373
12. Verteidigungsschrift für den König 387
13. Der zweite Restaurationsversuch: Aufzeichnungen Kaiserin Zitas und Kaiser Karls 401
14. Memorandum für Lethbridge 507
15. Kaiser Karl stirbt 521

Epilog: Kaiser Karl – der erste, nicht der letzte
von Otto von Habsburg 543

Anhang 547
Quellen 566
Bildnachweis 567
Register 568